U0128610

本书为国家社科基金青年项目"夏商周服制的国家认同内涵与社会治理功能"（13CZS008）的最终成果

柔远能迩

先秦服制研究

张利军 著

中国社会科学出版社

图书在版编目（CIP）数据

柔远能迩：先秦服制研究／张利军著．—北京：中国社会科学出版社，2023.6

ISBN 978 - 7 - 5227 - 1934 - 4

Ⅰ.①柔…　Ⅱ.①张…　Ⅲ.①政治制度—研究—中国—先秦时代

Ⅳ.①D691.21

中国国家版本馆 CIP 数据核字（2023）第 088208 号

出 版 人	赵剑英	
责任编辑	安　芳	
责任校对	张爱华	
责任印制	李寡寡	

出　　版	中国社会科学出版社	
社　　址	北京鼓楼西大街甲 158 号	
邮　　编	100720	
网　　址	http://www.csspw.cn	
发 行 部	010 - 84083685	
门 市 部	010 - 84029450	
经　　销	新华书店及其他书店	

印　　刷	北京君升印刷有限公司	
装　　订	廊坊市广阳区广增装订厂	
版　　次	2023 年 6 月第 1 版	
印　　次	2023 年 6 月第 1 次印刷	

开　　本	710×1000　1/16	
印　　张	30.5	
插　　页	2	
字　　数	470 千字	
定　　价	158.00 元	

序

中国古代从很早的时代开始就有两种"服制"。

第一种"服制"是人们的冠冕衣服之制，冠冕衣服的样式、纹饰、颜色，以及衣服上所佩带的玉件及其他东西，是人们社会身份的标识，就连年轻人长大成人也要通过冠礼，带上符合身份的"冠"，才算成人。这种服制关乎全社会的不同阶层的人，所以影响广泛而持久。战国时人或谓，衣服冠冕跟人的爵位极有关系，所以要"度爵而制服……虽有贤身贵体，毋其爵不敢服其服"，就是上至天子、高官也不可逾越服制，其他阶层的人也必须遵从，"天子服文有章，而夫人不敢以燕以飨庙。将军大夫以朝，官吏以命，士止于带缘。散民不敢服杂采，百工商贾不得服长鬈貂，刑余戮民不敢服丝"①。由此可见服制对于各阶层人们的束缚作用，从而彰显了人们的身份等级。可以说它是一种文化符号，也是国家对于社会的一种管理措施。还有"丧服"制度，它是周代以降的长时段里面，社会宗族组织十分强调的规矩。这种丧服之制详细规定了人们参加丧葬礼仪时所穿衣服的样式，以及穿丧服时间的长短，从而表现出生者与死者的宗法关系，可以说它是宗法制度以及尊尊、亲亲、男女有别等社会观念的一种外在表现。

第二种"服制"是国家从政治层面上管理社会的重要工具。主要内容是指国家让社会各种势力集团以及个人服从的措施。这类"服制"的意义，可以简单地说就是让人服从的制度。它涉及了国家的政治架构、

---

① 《管子·立政》，黎翔凤：《管子校注》卷 1，中华书局 2004 年版，第 76 页。按，董仲舒《春秋繁露》有《服制》篇，其内容多袭用《管子·立政》篇之说。

官员等级与任用管理等。显然，这种服制对于国家而言，其作用要比前一种服制，即冠冕衣服之制，要重要得多。这种服制，王国维称之为"服术"，在研究殷周制度异同时，他指出：周代实行以嫡长制为核心的宗法制度，所以，"有立子之制，而君位定。有封建子弟之制，而异姓之势弱，天子之位尊。有嫡庶之制，于是有宗法、有服术，而自国以至天下合为一家"①。制度是服术之纲，服术是实行制度的具体举措，与张利军这部《柔远能迩：先秦服制研究》的理念是一致的。

系统讲这种服制的文献和古文字资料很少，最为人们乐而道之的是西周初年周公讲商代"内服"和"外服"的一小段话。周公是殷周之际的人，他所言的殷商之制应当是很可信的。但因语焉不详，许多具体内容还不清楚，由此而引起的争议也很大。零星发现的关于服制的古文字资料，既不系统，又难以索解。这就为认识中国古代，特别是先秦时代的"服制"增加了难度。

张利军同志研究作为国家管理重要工具的服制有年，他所撰写的《柔远能迩：先秦服制研究》一书对于这个问题的考索有长足进展。其一，此书将服制研究上溯到虞夏时代。这对于说明服制的起源是十分必要的。其二，此书汇集和研究了大量的考古资料和古文字资料，这也是前人相关研究较少关注的问题。从这部书里大家可以看到他并不轻发结论，其结论建立在对于相关史料的翔实研究分析之上，让人觉得其结论可信。

研究历史上国家治理的理念与制度，是学术界近年特别重视的问题，张利军所撰著的这部著作为此做出了努力，把相关的研究向前推进了不少。本书的作者年富力强，学术功力坚实丰厚，今后必当有更多的学术贡献。

晁福林

序于 2022 年元旦。现在虽然是雾霾易发的冬季，但因治理有方，窗外蓝天白云的好日子越来越多，让人欣喜无限。

---

① 王国维：《殷周制度论》，《观堂集林》卷 10，中华书局 1959 年版，第 474 页。

目　录

绪　论 ……………………………………………………… （1）

　一　先秦服制的界定 …………………………………… （2）

　二　服制与中国国家起源的关系 ……………………… （4）

　三　服制与国家的形态 ………………………………… （7）

　四　服制与国家的结构 ………………………………… （9）

　五　服制与国家的社会治理功能 ……………………… （11）

　六　服制与国家的认同意识 …………………………… （12）

　七　理论与方法 ………………………………………… （14）

第一章　先秦服制研究概述 ……………………………… （16）

　第一节　古代经学视野下的先秦服制研究述要 ……… （17）

　　一　以《尚书·禹贡》为中心的虞夏服制研究 ……… （17）

　　二　以《尚书·酒诰》为中心的商代内外服研究 …… （24）

　　三　对《国语·周语上》等典籍所载周代服制的阐发 … （27）

　第二节　近代新史学兴起以来的先秦服制研究 ……… （33）

　　一　服制性质与起源的探讨 ………………………… （34）

　　二　夏代服制的研究 ………………………………… （35）

　　三　商代服制的研究 ………………………………… （37）

　　四　商周之际服制的继承与重建问题 ……………… （39）

　　五　周代服制形态研究 ……………………………… （40）

　　六　对先秦服制历史影响的研究 …………………… （42）

第二章　服制的起源与早期国家形态 ……………………………………（44）

　第一节　服制与中国国家起源 ………………………………………（44）

　　一　服制的内涵 ……………………………………………………（45）

　　二　服制起源 ………………………………………………………（46）

　　三　国家起源的中国道路 …………………………………………（49）

　第二节　新石器时代社会形态的演进与服制的起源 ………………（51）

　　一　新石器时代早期聚落遗址与社会形态 ………………………（52）

　　二　新石器时代中期中心聚落产生与社会形态的发展 …………（55）

　　三　新石器时代晚期不平等的"族邑—村邑"聚落结构

　　　　形态 ………………………………………………………………（57）

　　四　早期铜器时代的社会形态演进与邦国时代 …………………（62）

　第三节　五帝时代族邦联盟国家的演进与服制的逐步建立 ………（65）

　　一　黄帝时代族邦联盟国家初步形成 ……………………………（67）

　　二　颛顼时代宗教改革与权力的集中 ……………………………（72）

　　三　帝喾时代以"中道"治国 ……………………………………（73）

　　四　尧时代"协和万邦"与制定颁行历法 ………………………（75）

　　五　舜时代强化国家对万邦的管理 ………………………………（76）

第三章　服制与夏代王权国家的建立及初步发展 …………………（79）

　第一节　大禹治水与夏代王权国家的建立 …………………………（79）

　　一　早期国家初期大洪水的历史记忆 ……………………………（79）

　　二　大禹治水 ………………………………………………………（80）

　　三　制定贡赋制度与夏邦国建立 …………………………………（83）

　　四　禹的成王之路与夏代王权国家建立 …………………………（87）

　第二节　服制与夏代王权国家结构 …………………………………（90）

　　一　清华简《厚父》所见夏代历史 ………………………………（92）

　　二　新出材料与夏代服制 …………………………………………（104）

　　三　夏代以氏族为主体的社会结构 ………………………………（108）

　　四　夏代王权国家建构 ……………………………………………（110）

　　五　夏代的国家认同建构与历史演进 ……………………………（115）

第三节　夏商之际社会变革与王权秩序再构 …………………（119）

　　一　"殷革夏命"的理论依据 ………………………………（120）

　　二　彝伦攸斁：王权认同转移 ………………………………（123）

　　三　成汤重构国家形态与国家认同 …………………………（129）

第四章　商代外服制度考 ……………………………………………（135）

第一节　甲骨文、殷礼与商代外服的命名 ………………………（135）

　　一　外服"侯"命名于射礼 …………………………………（136）

　　二　外服田命名于田猎之礼 …………………………………（140）

　　三　外服"男"命名于耤田之礼 ……………………………（142）

　　四　外服卫命名于守卫"棠"的礼俗 ………………………（145）

　　五　外服邦伯命名自族邦首领称谓习俗 ……………………（147）

第二节　商代外服侯考 ………………………………………………（150）

　　一　甲骨文中的"侯"为外服职事 …………………………（151）

　　二　甲骨文中侯的数量考 ……………………………………（153）

　　三　甲骨文所见外服侯某史迹考 ……………………………（159）

　　四　甲骨文所见外服某侯史迹考 ……………………………（176）

　　五　外服侯在商王朝国家中的作用 …………………………（210）

第三节　商代外服田考 ………………………………………………（214）

　　一　甲骨文中表示身份的"田"为外服职事 ………………（216）

　　二　甲骨文中所见外服田的史迹与职能 ……………………（221）

　　三　外服田与商代国家结构 …………………………………（229）

第四节　商代外服男（任）考 ………………………………………（235）

　　一　甲骨文中男（任）为外服职名 …………………………（236）

　　二　甲骨文中男（任）践行王事史迹考 ……………………（240）

　　三　外服男（任）在商王朝中的作用 ………………………（246）

第五节　商代外服卫考 ………………………………………………（248）

　　一　甲骨文中"卫"的称名方式 ……………………………（249）

　　二　甲骨文中卫的身份考 ……………………………………（251）

　　三　外服卫的职责及其与商王关系 …………………………（254）

第六节　商代外服伯考 ……………………………………（257）

一　甲骨文中伯的数量考 ………………………………（258）

二　甲骨文中伯的身份 …………………………………（260）

三　外服伯与晚商历史演进 ……………………………（263）

第五章　商代内服制度考 …………………………………（269）

第一节　殷墟王卜辞与殷金文所见内服职官体系 ………（270）

一　行政事务官 …………………………………………（270）

二　经济事务官 …………………………………………（275）

三　军事职官 ……………………………………………（279）

四　宗教文化职官 ………………………………………（282）

五　内廷事务职官 ………………………………………（289）

第二节　殷墟王卜辞中多子与子某践行王事考 …………（295）

一　多子与子某研究概况 ………………………………（296）

二　王卜辞中的多子践行王事考 ………………………（298）

三　子某践行王事考 ……………………………………（301）

第三节　非王卜辞所见贵族践行王事考 …………………（304）

一　甲种子卜辞所见"子"践行王事活动 ………………（305）

二　乙种子卜辞所见"子"践行王事活动 ………………（306）

三　丙种子卜辞所见"子"践行王事活动 ………………（308）

四　圆体类与劣体类子卜辞主人践行王事活动 …………（309）

第六章　商周之际服制演变与国家认同转移 ……………（314）

第一节　商代晚期的政治变革与王权衰落 ………………（314）

一　祖甲改制强化王权 …………………………………（315）

二　康丁加强对内外服的监督管理 ……………………（316）

三　武乙文丁时期周人的崛起 …………………………（320）

四　帝乙时代的四土危机与应对 ………………………（322）

五　帝辛时期内外交困与王权衰落 ……………………（323）

第二节　周文王治国经验与王权认同建构 ………………（325）

一　周初诸诰所述文王治国经验 ………………………… (326)

二　文王受命称王与构建王权认同 ……………………… (328)

三　清华简《保训》与文王遗命 ………………………… (331)

第三节　周武王时期商周变革与王权认同转移 ………… (333)

一　上博简《武王践阼》与周武王的治国策略 ………… (333)

二　周武王设置籍田与祭祀上帝权力转移 ……………… (334)

三　清华简《耆夜》与周人积极进取精神 ……………… (336)

四　《尚书·西伯戡黎》《微子》与殷商亡国征兆 ……… (338)

第七章　服制与西周国家认同建构 ……………………… (341)

第一节　以史为鉴与周初国家认同的建构 ……………… (341)

一　周武王克商后建构王权认同策略 …………………… (342)

二　周公、周成王变革商内外服制重建社会结构 ……… (348)

三　周人以史为鉴的治国方略 …………………………… (353)

第二节　周公、成王时代与周初政局演变 ……………… (357)

一　清华简《金縢》史事考析 …………………………… (357)

二　清华简《周公之琴舞》与周公摄政 ………………… (361)

三　清华简《皇门》与周公摄政之诰 …………………… (375)

四　周公与召公、师尚父共辅成王东征平叛 …………… (379)

五　营建洛邑时的周公、召公与成王 …………………… (384)

第八章　西周五服制的国家形态及其发展演变 ………… (387)

第一节　西周五服制的国家形态建构 …………………… (387)

一　册命朝臣与奠置邦君建立甸服 ……………………… (390)

二　分封诸侯制度与侯服、宾服的建构 ………………… (397)

三　成周会盟与西周国家形态的形成 …………………… (407)

第二节　西周五服制落实的制度保障 …………………… (413)

一　对甸服臣子职事的考核制度 ………………………… (413)

二　检核诸侯职事的系列措施 …………………………… (415)

三　周王干预诸侯国事务 ………………………………… (422)

第三节 五服制视角下西周王朝治边策略与国家认同 …………（423）

    一 要服、荒服：征服后的文化认同建构 …………………（424）

    二 建侯置伯：管理周边族邦 ……………………………（427）

    三 朝觐与巡视：周边族邦的国家认同 …………………（432）

第四节 周代五服制的发展、演变 …………………………（435）

    一 西周前期疆域的开拓与服制的巩固 …………………（436）

    二 西周中期服制的完善 …………………………………（438）

    三 西周晚期服制的异化 …………………………………（443）

    四 东周的重构与服制的衰退 ……………………………（447）

余论 先秦服制的历史影响 ………………………………（451）

    一 王畿建构对后世的影响 ………………………………（452）

    二 从先秦"服事"到两汉"算事" ……………………（454）

    三 从服王事的职责到官僚体系建构 ……………………（457）

    四 由臣子贡纳向藩属者朝贡的转变 ……………………（458）

主要参考书目 ……………………………………………（459）

后 记 ………………………………………………………（476）

绪　　论

　　先秦时期是中国早期国家的发轫和奠基期，尤其是国家制度建构的理念与实践，深刻影响了此后中国历史发展的方向和道路。先秦时代开启了以制度建构作为立国基石的传统，以一系列的制度推行实现国家对全社会的治理和凝聚华夏民族共同体。自此以后，中国古代以制度为中心，通过建章立制、改制更化等方式治理国家，成为重要的政治传统。①恩格斯根据古希腊、罗马等地的资料，探讨人类社会进入国家阶段时，人类社会组织方式由血缘氏族组织过渡到以地区来划分国民的地域组织。而中国先秦时期进入国家阶段时，基本符合这一社会演进规律，整体上呈现以一定的地域区划国民，但并没有打破血缘氏族、宗族社会组织，国民是以氏族、宗族血缘组织为基础，分布在一定的地域区划内，这是具有中国特色的文明与国家起源道路。

　　中国先秦时期以血缘为纽带的社会组织氏族、宗族一直作为社会结构的主体，国家的制度建构以此社会组织为基础，是最具中国特色的国家建构理念与实践。国家通过建章立制，充分吸收社会各层次的族氏力量，参与国家的制度建设和国家对社会的治理。由是中国先秦时代国家的各项制度由初创到逐步完善，利用创制的一系列制度规范来治理国家，形成先秦时期国家治理的重要特色，其中被学界广泛关注的是祭祀制度、贡纳制度、职官制度、宗法制度和封建制度。近年来，先秦服制问题亦逐渐被学界重视，服制贯穿于先秦时期国家发展的不同阶段，与宗法制

---

① 参考晁福林《先秦国家制度建构的理念与实践》，《历史研究》2020 年第 3 期。

度、封建制度等密切关联，深入地揭示服制的起源、发展及其在先秦国家治理中的作用，对于认识先秦时期国家制度的渊源及流变，国家制度建构与中国古代社会演进的关系，制度建设对国家认同意识、华夏民族凝聚力形成的作用，以及制度体现的国家对社会的治理功能等方面具有重要的学术意义。

一　先秦服制的界定

1. 服制的内涵

从文字训诂来看，服字最初有用、事、整治之意，如《说文·舟部》:"服，用也。"《尔雅·释诂上》:"服，事也。"《尔雅·释言》:"服，整也。"从人类社会组织演进历程来看，自新石器时代早期氏族组织形成定居生活的聚落，氏族及聚落内部的社会分工与事务逐渐形成。至新石器时代中期，氏族、宗族组织得到快速发展，出现中心聚落，人类社会组织规模变大，聚落内部各族氏分工明确，出现聚落之间的交流与互鉴，聚落组织的事务范围也在扩大。新石器时代后期，人类社会组织规模更加庞大，出现大型聚落甚至都邑城邦为中心的早期国家组织，国家政治组织产生后，服的事义转化为服政事。如《诗经·大雅·荡》:"曾是在位，曾是在服。"毛传:"服，服政事也。"[1] 殷墟甲骨文所载占卜"王事"及践行王命的辞例反映，商代王事的范围非常广泛，践行王事的族氏亦非常之多，可以说商王武丁时期几乎调动了所有臣服的内外服族群势力，参与到商王朝国家的各类事务之中。践行王事者的身份较为复杂，大体上呈现少部分践行王事者有明确职名，然职责尚不固定;多数践行王事者未有职名，但通过综合考察其他卜辞，亦能确定其身份或为王室贵族或与王室有通婚关系的异姓贵族，或为外服族氏首领及其族属，也就是说践行王事者大体包括在内外服范围之内。而就服的内容考察，有些是具体的事务，有些是官员职责，有些表现为臣服族群的贡纳，而服内涵的事、职、贡三个方面是内外服共有的。再

---

[1]　毛亨传，郑玄笺，孔颖达疏:《毛诗正义》卷18，阮元校刻《十三经注疏》，中华书局 1980 年影印本，第 553 页。

以西周金文所载"服"事例观之，西周金文中"服"字主要有服从和事两种意义，具体是周王把朝臣和诸侯的职事称为"服"，将朝臣和诸侯所纳贡赋称为"服"，还有把朝见于王称作"见服"的情况。商周时期的服政事主要是服王事，其具体表现是：恪尽王事、完成职责、献贡三项内容①，可以概括地说先秦服制具体内涵包括事、职、贡三个方面内容。

2. 服制的性质

关于服制性质，学者多基于研究不同问题的角度出发作出判断。如王贵民探讨商代官制时，指出商代内外服为内外之官，以外服为商代地方长官。② 徐中舒等探讨三代剥削制度与贡赋时，指出商代外服制是一种"指定服役制"③。王冠英探讨殷周外服制时，径称外服为殷的邦君诸侯，即将外服等同于诸侯。④ 王玉哲在论述周代分封诸侯的等级问题时说，"服制是诸侯为周室服务的方式和内容的不同规定，而不是地位等第之差异"⑤。宋镇豪认为，"外服制当指畿外'四土'、'四方'政治疆域内的王权驾驭力度"⑥。金景芳认为，"服，实际上是关于地方政权与中央政权关系的一种规定"⑦。学者所论服制性质时，多是在研究某一具体问题而对其有所提及，并且是以某一历史时期作为参照对象，这对于全面认识先秦服制性质有一定的帮助。学者们的分歧还说明，学界对服制是什么

① 参考拙文《释西周金文中"服"字义——兼说周代存在"服"制》，《考古与文物》2010 年第 6 期及《商周服制与早期国家管理模式》第一章"商周时期的服制形态"，上海古籍出版社 2016 年版。

② 王贵民：《商朝官制及其历史特点》，《历史研究》1986 年第 4 期。按此说实本杨筠如《尚书覈诂》对《酒诰》的注解。

③ 徐中舒、唐嘉弘：《论殷周的外服制——关于中国奴隶制和封建制的分期问题》，《人文杂志》专刊《先秦史论文集》，1982 年。赵世超：《指定服役制度略述》，《陕西师范大学学报》1999 年第 3 期。对此问题进行系统论述的是卢中阳《商周指定服役制度研究》，台湾：花木兰文化出版社 2013 年版。赵世超《服与等级制度》〔《陕西师范大学学报》（哲学社会科学版）2014 年第 2 期〕一文，对此问题再加阐述。

④ 王冠英：《殷周的外服及其演变》，《历史研究》1984 年第 5 期。

⑤ 王玉哲：《中华远古史》，上海人民出版社 2000 年版，第 588 页。

⑥ 宋镇豪：《论商代的政治地理架构》，《中国社会科学院历史研究所学刊》（第一集），社会科学文献出版社 2001 年版，第 23 页。

⑦ 金景芳：《中国奴隶社会史》，上海人民出版社 1983 年版，第 123—124 页。

及其内容尚未有清楚的界定与共识。

我们认为服制内涵事、职、贡三要素起源于前国家社会，伴随早期国家的产生而成为国家制度，服制是先秦国家制度建设的重要组成部分，是中国早期国家建构的途径与国家治理社会的方式，如《尚书·禹贡》记载的"五服"制，五百里整齐规划并非夏代的实际情况，但透过五服可以看到禹是通过服制的形式建构起夏代国家的，通过督促五服内族邦尽职尽服，实现夏国家政权对社会的治理。成汤灭夏，以建立内外服制度的形式构建商代国家政权，并以检查、监督内外服尽服义务，实现商王朝对全社会的治理。武王克商之后因袭内外服制，至周成王时凭借东征平叛重定天下的契机，重新建构五服制的国家结构与国家治理方式。故我们说服制反映了中国早期国家的结构与国家对社会的治理方式。春秋战国时期，王权的衰落，诸侯的崛起，王权统治下的服制逐渐走向瓦解，但服制并未消隐于历史，其内涵职、事、贡皆延续至秦汉及其以后的中国古代社会，并长期盛行不衰，具体表现为国家的官僚制度、赋税徭役制度、朝贡制度。

二 服制与中国国家起源的关系

服制与国家起源关系密切，若梳理清楚此问题，需要说清楚什么是国家，国家起源的中国特色问题。关于国家的界定，世界范围内的学者尚未达成一致认识。然关于国家与前国家社会组织的区别，恩格斯首次系统地进行了论述，他指出：

> 国家是社会在一定发展阶段上的产物；国家是承认：这个社会陷入了不可解决的自我矛盾，分裂为不可调和的对立面而又无力摆脱这些对立面。而为了使这些对立面，这些经济利益互相冲突的阶级，不致在无谓的斗争中把自己和社会消灭，就需要有一种表面上驾于社会之上的力量，这种力量应当缓和冲突，把冲突保持在"秩序"的范围以内；这种从社会中产生但又自居于社会之上并且日益

同社会相异化的力量，就是国家。①

恩格斯认为国家力量的出现是社会发展程度达到出现阶级对立的产物，国家出现的目的是"缓和冲突，把冲突保持在'秩序'的范围以内"，国家的缓和冲突的功能不是靠镇压"以暴制暴"的方式实现的，而是靠其管理功能实现的。恩格斯指出："国家和旧的氏族组织不同的地方，第一点就是它按地区来划分它的国民。""第二个不同点，是公共权力的设立。"国家出现的标志是维护统治阶级利益的公共权力的设立和以地域划分国民。"这种公共权力在每一个国家里都存在。构成这种权力的，不仅有武装的人，而且还有物质的附属物，如监狱和各种强制设施，这种东西都是以前的氏族社会所没有的。"②

恩格斯在《反杜林论》中进一步提出了国家的阶级和统治关系产生的两种模式：一是从社会公共事务的管理和社会职位的世袭中产生统治阶级和公共权力的模式。"在每个这样的公社中，一开始就存在着一定的共同利益，维护这种利益的工作，虽然是在全体的监督之下，却不能不由个别成员来担当：如解决争端；制止个别人越权；监督用水，特别是在炎热的地方；最后，在非常原始的状态下执行宗教职能。""这些职位被赋予了某种全权，这是国家权力的萌芽。""社会职能对社会的这种独立化怎样逐渐上升为对社会的统治；起先的公仆在情况有利时怎样逐步变为主人；这种主人怎样分别成为东方的暴君或总督，希腊的部落首领，凯尔特人的族长等等；在这种转变中，这种主人在什么样的程度上终究也使用了暴力；最后，各个统治人物怎样结合成一个统治阶级。在这里，问题仅仅在于确定这样的事实：政治统治到处都是以执行某种社会职能为基础，而且政治统治只有在它执行了它的这种社会职能时才能持续下去。"③"对于经济的发展，暴力在历史中起着什么样的作用。第一，一切政治权力起先总是以某种经济的、社会的职能为基础的，随着社会成员

① 《马克思恩格斯选集》第4卷，人民出版社2012年版，第186—187页。
② 《马克思恩格斯选集》第4卷，人民出版社2012年版，第187页。
③ 以上论述参见《马克思恩格斯选集》第3卷，人民出版社2012年版，第559—560页。

由于原始公社的瓦解而变为私人生产者，因而和社会公共职能的执行者更加疏远，这种权力不断得到加强。第二，政治权力在对社会独立起来并且从公仆变为主人以后，可以朝两个方向起作用。"① 另外一种模式是，在史前社会末期，"战俘获得了某种价值；因此人们就让他们活下来，并且使用他们的劳动。这样……奴隶制被发现了"②。这是奴隶和奴隶主阶级形成的模式，奴隶主要来源于战俘。综合传世文献及新石器时代考古发现，中国早期国家的起源与形成可能与第一种模式比较接近，但有着极为鲜明的中国特色与道路。

国家具有强制性权力（或称公共权力、合法的垄断的武力，暴力，国家机器，政权机构等），这是国家区别于前国家社会组织的本质特征。国家社会是阶级社会，国家社会已经产生阶级和阶层分化。国家社会超越血缘关系而以地缘关系划分他的国民。恩格斯并没有说产生阶级，阶级瓦解了氏族制度基础之上，按照地域划分国民，从而建立国家的模式是世界上所有地区古代国家形成的唯一道路，至少没有提及古代中国的国家形成道路。国际上的其他学者也只是提供解释国家起源的一种理论模式，并不一定适合世界上所有地区的国家起源途径。

国内学术界经过多年的研讨，学者多已认识到中国古代国家起源的道路与希腊、雅典、罗马等不同，并没有摧毁氏族制度，而是在血缘族组织普遍存在的基础上建构了国家。国家的管理功能所追求的终极目标是社会各阶级、各阶层的和平共处。古代中国国家的起源、形成和初步发展的阶段，走的正是一条各氏族、聚落、族邦相对和平共处的道路。各聚落族群之间虽有战争，但战争是局部的、地域性的，其目的不尽是消灭对手，而是使对方服从于本邦，从而扩大本邦的影响和势力范围。各氏族、聚落、族邦如何以相对和平共处方式使得早期国家得以形成和初步发展，是非常值得探讨的话题。对此，晁福林指出如下关键之处：依靠固有的血缘亲情，加强氏族、部落间的亲密联合，礼是氏族、部落内部及相互间关系的准则，礼对黏合氏族、部落关系起到了重要的作用。

① 《马克思恩格斯选集》第3卷，人民出版社2012年版，第563页。
② 《马克思恩格斯选集》第3卷，人民出版社2012年版，第560页。

在处理氏族、部落与部落联盟外部关系时，联盟与联姻方式是主要的手
段。古代中国的早期国家形成是由于社会管理的需要而促成的。部落联
盟领导权的禅让制是古代中国早期国家构建的重要标识。① 此外，形成于
新石器时代的族内事务、族邦事务，族邦内形成各级管理者的传统，被
征服族氏聚落臣服于征服聚落族邦而服事、献纳贡赋的传统，皆被早期
国家继承和发展，成为国家形成时期的政治制度，即统治者与被施治方
所属关系的确立，明确了构成国家各组成部分的权利与义务关系，并成
为相互间关系的准则，逐步形成为服事制度，可能也是促使古代中国早
期国家得以相对和平共处方式形成与初步发展的重要原因。

三　服制与国家的形态

学界关于中国早期国家的形态有多种理论，如侯外庐较早地提出
"城市国家论"，将中国"城市国家"的起源追溯至晚商时期。② 但该说
并未在中国学术界延续，中国学术界主流在较长一段时间仍以马克思恩
格斯提出的生产方式为主要标准的奴隶制、封建制来解释中国早期国家
的性质与形态问题。日本学术界主要以"都市国家"和"邑制国家"解
释中国商周至春秋时期的国家结构形态。③ 冈村秀典在分析以上早期国家
特性说基础上，从王权与祭祀两大角度考察，提出早期国家为祭仪国家
的特性。④

苏秉琦提出中国古代国家形态演进三模式为"古国—方国—帝国"⑤，

---

① 晁福林：《关于中国早期国家形成的一个理论思考》，《历史研究》2010年第6期。
② 该书1943年出版于重庆，1948年以《中国古代社会史》为题，由新知书局出版了修订
版，1955年改为《中国古代社会史论》，由人民出版社出版。
③ 都市国家论参见〔日〕贝塚茂樹《中國の古代國家》，東京中央公論社1976年版，第
38—53頁；〔日〕宮崎市定：《中國古代史概論》，京都同志社1955年版，第1—35頁。《中國上
代は封建制か都市國家か》，《史林》第33卷第2號，1950年，第1—20頁。邑制国家论参见
〔日〕松丸道雄《殷周國家の構造》，岩波講座《世界歷史》4《東アジア世界の形成Ⅰ》，東京
岩波書店1970年版，第49—100頁。
④ 参见〔日〕冈村秀典《中國古代王權と祭祀》終章《中國の國家形成》，東京学生社
2005年版。
⑤ 该说提出于20世纪90年代初，详细论证参见苏秉琦《中国文明起源新探》，人民出版
社2013年版，第95—125页。

得到多数考古学者的支持。王震中在此基础上进一步提出卓识,将中国早期国家的形态表述为:邦国—王国—帝国三个阶段和三种形态,中国古代最早的国家(或可称为初始国家)是小国寡民式的邦国,邦国的进一步发展是王国,王国以后,通过专制主义的中央集权走向了帝国。① 新近公布的清华简《厚父》可能是商周典册档案的战国楚地传抄本,透漏夏代可能已建立服制。② 简文还提供了中国国家起源的一种理论解释,《厚父》第 5 简载夏代遗民贵族厚父之言"古天降下民,设万邦,作之君,作之师,惟曰其助上帝乱下民"③。厚父将建立国家归于上天,并且谓天降民而设立万邦,并为万邦设立君主、长官,目的是希望君主、长官协助上帝治理下民。这揭示中国早期国家最初的形态是万邦并存,与《左传》《史记·五帝本纪》等传世文献记述黄帝、尧、舜、禹时代为万邦、万国时代相应,亦与新石器时代后期黄河流域、长江流域较为广泛出现的石头城邑相适应,可以视为中国最早的一批邦国。古文献记载,黄帝族邦兴起前的神农氏时代应与农耕文明密切相关,农耕文明已有较快的发展,被古史学家认为是中国古史上的盛世时代,但农耕文明发展到后来,不同的氏族、宗族、聚落之间发生了争夺、冲突甚至战争,然后才有黄帝族做兵,以武力制止史前的战争,可以说黄帝族是以军事实力胜出的族邦,黄帝族邦征服和联合一些大的族邦,形成以黄帝族系为核心的族邦联盟形态的国家。这个国家仍以强大的武力为统治基础,黄帝族武装巡狩这个国家内的众多族邦,随时征讨叛逆者,至尧舜时代可能都是族邦联盟国家形态,尧舜时代的巡狩应是此种治国策略的延续。在舜之时,这个族邦联盟国家首领的权力逐渐加强,吸收周边各大族氏的首领进入国家担任各级职事。因舜时代的治理大洪水,使得国家对联盟的各族邦的控制加强。因禹受舜命治理洪水成功,禹及其族邦在族邦

---

① 王震中:《从邦国到王国再到帝国:先秦国家形态的演进》,《河南大学学报》2003 年第 4 期。

② 张利军:《清华简〈厚父〉的性质与时代》,《管子学刊》2016 年第 3 期。张利军:《清华简〈厚父〉与夏代服制》,《史学理论与史学史学刊》2017 年上卷,社会科学文献出版社 2017 年版,第 65—70 页。

③ 李学勤主编:《清华大学藏战国竹简》(伍),中西书局 2015 年版,第 110 页。

联盟国家中的影响力加强，禹受命建立了夏邦。

　　禹通过征讨三苗、涂山会盟诸侯、制定贡赋制度、铸九鼎逐步确立了对于天下万邦的王权统治，禹成为夏王朝的奠基者，为邦国联盟国家向王朝国家过渡铺平了道路。夏王朝发生的观扈之乱、太康失国等可认为是王朝国家形态尚未稳固。然自少康中兴之后，王朝国家逐步发展，至于商周王朝时期王权逐渐强化，王朝国家的结构形态渐趋完善。夏商可能进入到氏族封建为主体建构的王朝国家，至于西周时期，周成王、周公借东征平叛之机，平定天下四方，通过推行宗法封建制重新构建西周国家结构形态，西周则演变为宗法封建为主体的王朝国家。① 进入东周承续西周宗法封建制而又有新的变化，周王居于洛邑，直接控驭地区逐渐缩小，处于诸侯包围之中，王朝事务多依赖于诸侯国的支持，勉强维持周王权威。由春秋至战国时期，整个社会结构、政治、军事、经济、思想文化等多方面发生重大变革，至秦统一，中国古代国家进入了中央集权的皇权国家时代。

四　服制与国家的结构

　　早期国家的结构问题，是早期国家研究不可或缺的重要内容。据现代国家理论，国家结构是国家政治制度的组成部分，一般是指国家中央政权和地方政权之间，国家整体和部分之间相互关系所采取的制度形式，具体就是国家的各个部分以何种方式整合为国家的问题。现代国家理论将国家结构分为单一制和复合制两种形式。② 世界范围内早期国家的形成途径不尽相同，并且其国家结构非常复杂，中国早期国家的结构不能以现代国家理论划分为单一制或复合制。

　　中国早期国家结构与服制建设密不可分。可以说中国的早期国家结构是通过建立服制的途径逐步形成的。最初的国家结构是诸族的政治联合或以一个核心族群主导多个族群组建形成的族邦国家，如黄帝族邦国

---

① 关于夏商为氏族封建制的国家形态，西周为宗法封建制的国家形态，参考晁福林《夏商西周的社会变迁》第四章"社会性质的演变"，北京师范大学出版社 1996 年版。

② 童之伟：《国家结构形式论》，武汉大学出版社 1997 年版，第 128 页。

家，各个族群在国家事务中承担不同的职责，各个族群首领担任各层次国家机构的管理者。再由不同的族邦间的联合或一个核心族邦征服诸邦形成更高级的族邦联盟国家，族邦联盟国家的首领由势力最强、能力卓著的族邦首领担任，其他族邦的首领担任国家各种职事，参与国家大事的决策制定，如尧舜时期的族邦联盟国家。中国早期国家至舜时期有较大的发展，舜命禹治理洪水，伯益与后稷辅佐禹，治水成功的同时，区分天下为九州①，记录了九州山川、物产、风土，进一步强化九州内邦国对于舜为首的族邦联盟国家的臣服，确立了各州内族邦献纳贡物的制度，若按照各州族邦对于国家的责任义务来划分国家结构，舜时期族邦联盟国家结构亦可称"九服"制。禹治水成功之后，舜对于天下九州内臣服的族邦进行了册封，《尚书·禹贡》称"中邦锡土姓"，亦即舜时期进行了赐姓氏封邦建国的政治活动，这里的姓未必是姓氏制度，可能更多的是族氏徽号之类，舜规划各族氏以徽号称谓和封地，似舜时期已有王权萌芽。禹继任族邦联盟国家首领后，征服三苗，大会天下族邦首领于涂山，并铸造九鼎，逐步确立了王权及禹的夏王地位，但禹似并未称王，禹为族邦联盟国家向夏代王权国家过渡奠定了基础。从考古学文化演进分析，公元前2100年前后石家河文化受到洛阳王湾三期文化晚期的重要影响，考古学者一般认为与文献所载禹征服三苗之事有关。新石器时代晚期万邦并存的状况，逐渐过渡到多元一体的国家结构形式。夏商王朝国家内部由王所在族邦为主封建诸邦，并联合异姓族氏构成内外服国家结构；周武王克商后，一度以内外服制为建构国家结构形式，至周公、成王时期通过平定四方，重建国家结构，形成甸服、侯服、宾服、要服、荒服的五服制国家结构形式。但是五服制并非稳定不变，如荒服和要服在西周后期经常处于动荡之中，时叛时服。平王东迁重构东周国家结构，形成以成周王都为政治中心，周边为甸服朝臣，成周四方为强大侯服、宾服诸侯及淮夷戎狄方国包围，形成异于西周的国家结构。

---

① 虽然学术界对于禹治水成功"画为九州"（《左传》襄公四年）之事尚存争议，但认为禹治水经历了较大的区域，得到了诸多族氏的支持，应是可以信据的。

五　服制与国家的社会治理功能

社会治理是一种现代治国思想，是在坚持国家和政府领导与主导权前提下，鼓励支持并充分调动全社会参与，实现国家治理与社会自我调节、基层居民自治良性互动的，自上而下主动实施的治国方略。在中国上古社会，社会治理的治国方略早已存在，只不过这种治国方略是由于当时的社会结构所决定的，随着社会结构的变迁，上古时代中央对地方的控制逐渐加强，以及中央集权的强化，社会治理逐渐转变为社会管理。

中国先秦时期，构成社会的基本单位是族。这样的社会结构背景，决定了早期国家必须通过发挥地方基层社会组织族的作用，方能使国家下达的各项政策命令、任务通过大小宗族的首领贯彻落实，从而实现国家对全社会的管控。早期国家的社会治理功能概况，早期国家靠哪些国家机器实现治理社会的功能，是否具有一定的规律，这些都是非常值得研究的课题。服制是先秦时期处理国家各组成部分之间权利与义务分配的主要制度形式。虞夏商周统治者将一切臣属地区和族氏，按照向王朝尽“服”的不同标准，加以分类管理，从而使这些臣属地区和族氏成为国家的组成部分。夏商周王朝通过建立和贯彻服制的方式，建构起国家结构形式，再通过检核、监督各族氏向王朝尽服的形式，实现国家的社会治理功能。早期国家通过建立各种国家机器、管理制度，实现国家对全社会的治理，其中最为重要的创造就是作为服制内涵之一并延续后世的官僚制度。在服制盛行时代形成的对官僚选拔、考绩等政治制度理念与实践经验亦对后世产生重大影响。而先秦服制的中“事”内涵，主要表现为服王事，服王事者主要是臣服的从中央到地方的大小族氏。然随着春秋战国社会的变革，服王事逐渐为各族氏向国家献纳赋税、提供徭役所取代，并形成对中国古代社会影响深远的赋税徭役制度。先秦服制内涵之一的“贡”，最初并不仅限于王朝征服的异族要朝王纳贡，即便是内外服族属除服王事外，也要向王朝纳土产贡物。至秦汉以后，朝贡成为处理中原王朝与周边族邦政权，甚至到晚近社会成为处理中国与邻国关系的重要制度——“朝贡制度”。

六　服制与国家的认同意识

先秦时期国家的形成以一定的共同体为基础，并且已经形成初步的国家认同意识。如克赖森所说的"早期国家的合法性在于共同的意识形态"①，也就是国家的形成应建立在共同的意识形态基础上，共同的意识形态就涉及认同问题。关于中国古代的国家认同问题，许倬云认为"中国是个天下国家，所以没有什么认同的问题。……中国人想到的只有文化，而没有国家。而且认同要有一个共同体，当共同体不是很清楚时，就很难产生认同的问题"②。许倬云肯定中国古代是"天下国"③，中国古人存在天下观念的同时，否定了中国古人的国家观念和国家认同，而是强调文化认同的重要性，以中国古代的文化观念否定国家认同观念的存在。其症结在于以近现代西方国家概念衡量中国古代国家，认为中国古代国家实体尚不成熟，"国家共同体尚不清楚"，故很难产生国家认同。以西方近现代国家概念衡量中国古代国家显然是不妥的，况且中国古代国家的起源具有不同于世界其他地区的特点。近年学界的研究倾向于中国古代存在国家认同观念。姚大力认为："中国历史上的国家认同，在民族国家产生以前很久就已经生成，而且一直持续地存在于中国的政治文化中间。""国家认同所讨论的，则是人们对于国家的归属感的状态、性质和表达方式等问题。在近代以前的中国，国家认同主要发生在参与王朝国家统治体系运作的官僚群和作为国家候补官员的读书人中间。"④

其实，"认同"是一个现代汉语词汇，在古代汉语中并无"认同"一

①　［荷兰］克赖森：《关于早期国家的早期研究》，胡磊译，《怀化学院学报》2007 年第 1 期，第 61 页。

②　许倬云：《中国古代文化的特质》，台北：联经出版事业公司 1988 年版，第 49 页。

③　关于"天下国"，据梁漱溟先生说此说为民国时期学者罗梦册先生所提出，认为"中国一面有其天下性，一面又有其国家性，所以是'天下国'"。见梁漱溟《中国文化要义》，上海世纪出版集团 2005 年版，第 22 页。罗志田进一步指出"天下"与"中国"的同一性不仅是历史客观现象，同时也是中国古人普遍的政治观念。参罗志田《先秦的五服制与古代的天下中国观》，载陈平原主编《学人》第十辑，江苏文艺出版社 1996 年版，第 367—400 页。

④　姚大力：《中国历史上的民族关系与国家认同》，载刘东主编《中国学术》（2002 年第 4 期总第 12 辑），商务印书馆 2002 年版。

词，但不意味着中国古代没有"认同"的观念。姚大力认为：所谓"认同"，是指自我在情感上或者信念上与他人或其他对象连接为一体的心理过程。也可以说，认同就是一种归属感。① 彭丰文认为："认同是人类的基本心理活动之一，也是人类的基本社会活动之一，是人们对自身政治身份归属的一种定位，它广泛存在于人类各个时期和各个社会，只要人类社会存在不同个体和团体差异，就必然存在身份认同问题；只要有国家共同体存在，就必然会存在国家认同现象。"② 借此中国古代存在着国家政治组织，就一定存在国家认同，否则不足以凝聚为国家。

先秦时期国家的产生亦有共同的意识形态基础，这个共同的意识形态经历较长时间的发展孕育。自人类社会组织出现而产生，随着人类社会组织的演进，共同的意识形态也在不断地演变，如由最初族群内对于族群首领威信的认同，共同体由族群扩大到族邦时，共同的意识形态基础是对族邦国家首领及族邦各级首领威信力的认同，血缘亲情、共同的祖先崇拜则是族群和族邦长期稳定的凝聚力。从文献记载的五帝时代早期国家发展进程看，黄帝、颛顼、帝喾、尧、舜皆具有极强的魅力，能够和睦九族、平章百姓、协和万邦，这其中都存在着意识形态认同的构建与确立进程。可以说早期国家的认同意识建立在对国家首领权力与威信的认同基础之上，具体表现则是臣服族邦对国家尽服事义务，在国家行政机构中任职、以族为单位向国家提供力役和献纳贡物，表达对国家的认同。至夏商周时期，国家认同意识则建立在以夏商周王权为最高权力认同基础之上，具体表现则为内外服族氏首领进入国家政权机构任职，参与国家的管理，向君王服务尽职，以内外服族氏力量为国家的战争、各类建设提供力役，以内外服封土所产贡献于夏商周王朝国家，即夏商周时期内外服或五服内的宗族向国家尽职、出力役、献贡物三项，表达臣服者对王权及王朝国家的认同。

---

① 姚大力：《中国历史上的民族关系与国家认同》，载刘东主编《中国学术》（2002 年第 4 期总第 12 辑），商务印书馆 2002 年版。

② 彭丰文：《两晋时期国家认同研究》，民族出版社 2009 年版，第 43 页。

七　理论与方法

本书在前人时贤相关研讨基础上进行，吸取既往研究成果，充分利用近年公布的新材料，采取理论研究与实证研究相结合的方法。本研究尝试以马克思、恩格斯相关国家起源理论，特别是恩格斯《家庭、私有制和国家的起源》为宏观理论指导，对先秦服制与中国早期国家社会进行长时段考察。恩格斯探讨国家起源的理论学说影响甚大，西方学术界探讨前国家社会形态、国家起源、国家形态演进等问题，虽提出很多理论假说，但研究方法并未超越恩格斯，甚至可以说都受到恩格斯的相关论析影响或启示。中国的马克思主义史学家在探讨前国家社会形态、阶级与国家起源、国家形态演进、古代社会形态等问题时，亦多以马克思恩格斯的相关理论为指导，或以其理论为相关研究的出发点，建构有中国特色的社会形态理论和探索有中国特色的国家发展道路。

20 世纪法国年鉴学派的代表人物费尔南·布罗代尔提出的"历史时间理论"影响甚大，其理论着眼于探讨影响历史发展的多重因素，并将历史时间分为"长时段""中时段"和"短时段"，提出与这三种时段相适应的概念，分别称为"结构""局势"和"事件"。所谓"结构"，是指长期不变或者变化极慢的，但在历史上起经常、深刻的作用的一些因素，如地理、气候、生态环境、社会组织、思想传统等；所谓"局势"，是指在较短时期（十年、二十年、五十年以至一二百年）内起伏兴衰、形成周期和节奏的一些对历史起重要作用的现象，如人口消长、物价升降、生产增减、工资变化等；所谓"事件"，是指一些突发的事变，如革命、条约、地震等，这些"事件"只是"闪光的尘埃"，转瞬即逝，对整个历史进程只起到微小的作用。① 布罗代尔的历史时间理论对于研究中国先秦历史具有重要的理论意义，在中国早期国家的长时段内，政治制度变迁对社会演进有比较重要的影响，但政权的更迭并未从根本上改变以

---

① 参见［法］费尔南·布罗代尔《论历史》，刘北成、周立红译，北京大学出版社 2008 年版。张芝联：《费尔南·布罗代尔的史学方法》，载［法］费尔南·布罗代尔《15 至 18 世纪的物质文明、经济和资本主义》第 1 卷，顾良、施康强译，生活·读书·新知三联书店 2002 年版，第 7 页。

血缘宗族为基本单位的社会结构，以及按照宗族发动族众组织社会生产的方式，社会生产方式和社会结构变化不大。早期国家的不同阶段的区别如同孔子所述三代礼制的"损益"一样①，应是同大于异。氏族、宗族组织是早期国家阶段社会组织的基本单位，在早期国家的建构与发展中，以族为单位进行权利与义务的分配，故而决定了早期国家阶段国家的形态与国家治理的方法。

在早期国家理论视阈下，对先秦服制进行理论与实证研究，探讨服制起源及先秦服制在中国早期国家形成及初步发展中的作用。具体研究中尝试并探索运用王国维提出的"二重证据法"，通过解析传世文献所述先秦社会形态、国家建构方式，与具体的考古遗址、考古遗迹、考古实物、出土文字材料等结合起来，对本课题相关的重要问题进行系统探讨。从中国早期国家的起源、建立与服制关系展开研讨，讨论服制起源与国家起源关系，先秦服制中蕴含的国家认同内涵，先秦服制所体现国家治理社会的功能，服制在王朝更替、社会变革中的适应性和调整等重要理论与实证问题。

---

① 《论语·为政》载：子张问："十世可知也？"子曰："殷因于夏礼，所损益，可知也；周因于殷礼，所损益，可知也；其或继周者，虽百世可知也。"

第 一 章

先秦服制研究概述

对先秦服制的论述或可追溯到孔子，孔子周游列国来到了陈国，《国语·鲁语下》记载：

> 仲尼在陈，有隼集于陈侯之庭而死，楛矢贯之，石砮其长尺有咫。陈惠公使人以隼如仲尼之馆问之。仲尼曰："隼之来也远矣！此肃慎氏之矢也。昔武王克商，通道于九夷、百蛮，使各以其方贿来贡，使无忘职业。于是肃慎氏贡楛矢、石砮，其长尺有咫。先王欲昭其令德之致远也，以示后人，使永监焉，故铭其栝曰：'肃慎氏之贡矢'，以分大姬，配虞胡公而封诸陈。古者，分同姓以珍玉，展亲也；分异姓以远方之职贡，使无忘服也。故分陈以肃慎氏之贡。君若使有司求诸故府，其可得也。"使求，得之金椟，如之。①

孔子所述周武王克商后，通道于蛮夷地区，使边远方国来朝贡纳，不忘其职业。蛮夷方国的朝贡是对周王朝的职业。其中肃慎贡纳楛矢，被周分赐给武王长女大姬，嫁于虞胡公而封陈国。孔子提及古时分封同姓诸侯赐以宝玉，以示重亲，分封异姓诸侯，赐以边远方国的职贡之物，使异姓诸侯不忘其服。孔子论及周代平定四方，四方方国的朝贡是对周王朝的职业，表明贡纳是服制重要内涵之一。孔子所述分封同姓诸侯，

---

① 上海师范大学古籍整理研究所校点：《国语》，上海古籍出版社1998年版，第214—215页。

赐以珍宝美玉，目的在于重亲，重亲的政治意义在于"封建亲戚以蕃屏周"（《左传》僖公二十四年），这是同姓诸侯最为重要的职责，职是服制的重要内涵之一。孔子所述分封异姓诸侯赐以四方方国贡物，提醒诸侯不忘"服"，即不忘服王事，事亦是服制的重要内涵之一。孔子所论已经触及服制中事、职、贡三项内涵，为后世探讨服制问题提供了很多启示。

第一节　古代经学视野下的先秦服制研究述要

《史记·夏本纪》载太史公曰："自虞、夏时，贡赋备矣。"将先秦服制中的贡赋制度建立的时间追溯到虞夏时代，其史源主要是先秦典籍。先秦服制见载于传世和出土先秦典籍，《尚书·禹贡》记载了舜及禹时期服制建立的情况，禹奉舜命治理洪水，由伯益与后稷、皋陶襄助，以大禹为首的治水团队治理九州范围的洪水，记录九州物产土壤等信息，根据九州土物确定其内臣服族邦的贡赋。其后又记载有"五服"职贡，似亦与夏代的服制有关。《尚书·酒诰》记载："越在外服：侯、甸、男、卫、邦伯；越在内服：百僚、庶尹、惟亚、惟服、宗工越百姓、里居（君）"，是商代服制中的职事内涵。《逸周书·伊尹朝献》载有成汤命伊尹所作"四方献令"，应是商代服制中贡纳内涵的反映。《国语·周语上》载祭公谋父谏周穆王征伐犬戎，述及先王五服制度，"先王之制：邦内甸服，邦外侯服，侯、卫宾服，蛮、夷要服，戎、狄荒服"，是谓周代之五服制度。

汉代以后的经学研究对这些典籍进行训诂解义，涉及对先秦服制问题的理解和阐发，如对《尚书》《逸周书》《诗经》《周礼》《礼记》《左传》《国语》等先秦经典的注解，为后世理解先秦典籍所载服制相关内容提供了重要参考。

一　以《尚书·禹贡》为中心的虞夏服制研究

虞夏时期服制的建立与大禹治水密切相关，《尚书·皋陶谟》载禹自述治水时的社会状况，禹曰："洪水滔天，浩浩怀山襄陵，下民昏垫。予乘四载，随山刊木。暨益奏庶鲜食。予决九川，距四海；濬畎浍，距川。暨稷播，奏庶艰食鲜食。懋迁有无化居，烝民乃粒，万邦作乂。"禹所述洪水来势汹汹，浩浩汤汤包围了山岳，淹没了丘陵，百姓有没溺之患。禹亲赴指挥，循行山岳刊削树木以为表识。与伯益一起向百姓发放山林水泽之生鲜食物。禹疏通九州的河流，使之入海，修通沟渠引导洪水入河流。与稷一起教民播植百谷、果蔬。调动物资，以有余补不足，百姓得以吃到粮食，故万邦才得以安定。

禹自述其治水之艰辛，公而忘私，无暇顾及家眷，忙于完成治水大业。《尚书·皋陶谟》载：禹谓其"娶于涂山，辛、壬、癸、甲。启呱呱而泣，予弗子，惟荒度土功。弼成五服，至于五千，州十有二师。外薄四海，咸建五长，各迪有功。苗顽弗即工，帝其念哉！"孔传："五服，侯、甸、绥、要、荒服也。服五百里，四方相距，为方五千里，治洪水辅成之。"孔疏："水土既平，乃辅成五服，四面相距，至于五千里。"孔疏释传："据《禹贡》所云五服之名数，知五服即'甸、侯、绥、要、荒服'也。彼五服每服五百里，四面相距，为方五千里也。王肃云：'五千里者，直方之数。若其迴邪委曲，动有倍加之较。'是直路五千里也。'治洪水辅成之'者，谓每服之内，为其小数，定其差品，各有所掌，是禹辅成之也。……郑玄云：'辅五服而成之，至于面方各五千里，四面相距，为方万里。'"① 蔡沉《书集传》："五服，甸、侯、绥、要、荒也。言非特平治水土，又因地域之远近以辅成五服之制也。疆理宇内，乃人君之事，非人臣之所当专者，故曰'弼成'也。五千者，每服五百里，五服之地东西南北相距五千里也。"② 孙星衍《尚书今古文注疏》："弼者，《释诂》云：'辅也。'服者，《释诂》云：'采、服，事也。'反覆相训，即采地之名。郑注《职方氏》云：'服，服事天子也。《诗》云"侯服于周"。'韦昭注《周语》云：'服，服其职业也。'五服者，《禹贡》甸服、侯服、绥服、要服、荒服。至于五千者，甸服在千里之内，侯服

① 孔传、孔疏、孔疏释传内容俱见《尚书正义》卷5，阮元校刻《十三经注疏》，中华书局1980年影印本，第143页。

② 蔡沉：《书集传》，中华书局2018年版，第44页。

在二千里之内，绥服在三千里之内，要服在四千里之内，荒服在五千里之内。"① 自孔传、郑玄、王肃、蔡沉、孙星衍皆训弼为辅，然对文意理解有别，仅郑玄认为辅成是在每服五百里之外再增五百里，则为直万里之说。其他学者皆以为禹辅成在于规划每服五百里内再定区划、制定贡纳差品。

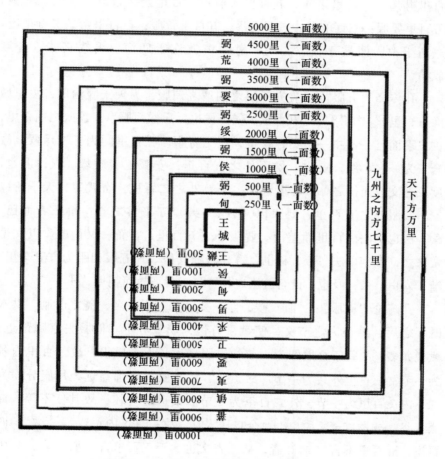

图1—1　郑玄解《皋陶谟》"弼成五服"图

（取自顾颉刚《史林杂识初编》，中华书局1963年版，第16页）

---

① 孙星衍：《尚书今古文注疏》卷2，中华书局2004年版，第114—115页。

　　《尚书·禹贡》载禹治水"弼成五服"的具体情况:"禹敷土,随山刊木,奠高山大川。""九州攸同,四隩既宅,九山刊旅,九川涤源,九泽既陂,四海会同。六府孔修,庶土交正,厎慎财赋。咸则三壤成赋。①中邦锡土姓,祗台德先,不距朕行。五百里甸服:百里赋纳总,二百里纳铚,三百里纳秸服,四百里粟,五百里米。五百里侯服:百里采,二百里男邦,三百里诸侯。五百里绥服:三百里揆文教,二百里奋武卫。五百里要服·三百里夷,二百里蔡。五百里荒服:三百里蛮,二百里流。东渐于海,西被于流沙,朔、南暨声教讫于四海。禹锡玄圭,告厥成功。"

　　孔传释"五服":"规方千里之内谓之甸服,为天子服治田,去王城面五百里。""甸服外之五百里。侯,候也,斥候而服事。侯服之内百里,供王事而已,不主一。男,任也,任王者事。三百里同为王者斥候,故合三为一名。绥,安也。侯服外之五百里,安服王者政教。揆,度也,度王者文教而行之。三百里皆同。文教外之二百里,奋武卫,天子所以安。绥服外之五百里,要束以文教。(夷)守平常之教,事王者而已。蔡,法也。法三百里而差简。要服外之五百里,言荒,又简略。以文德蛮来之,不制以法。流,移也。言政教随其俗。凡五服相距为方五千里。渐,入也。被,及也。此言五服之外皆与王者声教而朝见。"②

　　孔疏论"五服":"甸、侯、绥、要、荒五服之名,尧之旧制。洪水既平之后,禹乃为之节文,使赋役有恒,职掌分定。甸服去京师最近,赋税尤多,故每于百里即为一节。侯服稍远,近者供役,故二百里内各为一节,三百里外共为一节。绥、要、荒三服去京师益远,每服分而为二,内三百里为一节,外二百里为一节。以远近有较,故其任不等。甸服入谷,故发首言赋税也。赋令自送入官,故三百里内每皆言'纳'。四百里、五百里不言'纳'者,从上省文也。于三百里言'服'者,举中以明上下,皆是服王事也。侯服以外,贡不入谷。侯主为斥候,二百里

―――――――――――

　　①　按此处诸本句读或有差异,《尚书正义》《书集传》作"咸则三壤,成赋中邦",孙星衍《尚书今古文注疏》作"咸则三壤成赋","中邦"属下读。比较而言,以孙说为是。
　　②　孔氏传,孔颖达疏:《尚书正义》卷6《禹贡》,阮元校刻《十三经注疏》,中华书局1980年影印本,第153页。

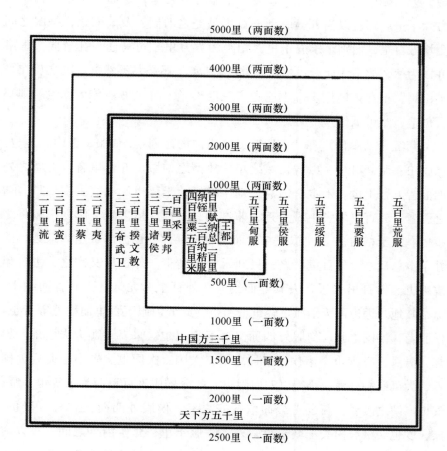

图1—2　《禹贡》五服图

（取自顾颉刚《史林杂识初编》，中华书局1963年版，第6页）

内徭役差多，故各为一名。三百里外同是斥候，故共为一名。自下皆先言三百里，而后二百里，举大率为差等也。"① 孔疏评论汉儒对"五服"的理解："凡五服之别，各五百里，是王城四面，面别二千五百里，四面相距为方五千里也。贾逵、马融以为甸服之外百里至五百里米，特有此

---

① 孔氏传，孔颖达疏：《尚书正义》卷6《禹贡》，阮元校刻《十三经注疏》，中华书局1980年影印本，第153页。

数,去王城千里。其侯、绥、要、荒服各五百里,是面三千里,相距为方六千里。郑玄以为五服服别五百里是尧之旧制,及禹弼之,每服之间更增五百里,面别至于五千里,相距为方万里。司马迁与孔意同。王肃亦以为然,故肃注此云:'贾、马既失其实,郑玄尤不然矣。禹之功在平治山川,不在拓境广土。土地之广三倍于尧,而《书》传无称也。则郑玄创造,难可据信'。"①

蔡沉《书集传》释"五服"及各服内的区划:"甸服,畿内之地也。甸,田;服,事也。以皆田赋之事,故谓之甸服。五百里者,王城之外四面皆五百里也。禾本全曰总。刈禾曰铚,半稿也。半稿去皮曰秸。谓之服者,三百里内去王城为近,非惟纳总、铚、秸,而又使之服输将之事也。独于秸言之者,总前二者而言也。粟,谷也。内百里为最近,故并禾本总赋之。外百里次之,只刈禾半稿纳也。外百里又次之,去稿粗皮纳也。外百里为远,去其穗而纳谷。外百里为尤远,去其谷而纳米。盖量其地之远近而为纳赋之轻重精粗也。此分甸服五百里而为五等者也。侯服者,侯国之服。甸服外四面又各五百里也。采者,卿大夫邑地。男邦,男爵,小国也。诸侯,诸侯之爵,大国、次国也。先小国而后大国者,大可以御外侮,小得以安内附也。此分侯服五百里而为三等也。绥,安也。谓之绥者,渐远王畿而取抚安之义。侯服外四面又各五百里也。揆,度也。绥服内去王城千里,外去荒服千里,介于内外之间,故以内三百里揆文教,外二百里奋武卫。文以治内,武以治外,圣人所以严华夏之辨者如此。此分绥服五百里而为二等也。要服去王畿已远,皆夷狄之地,其文法略于中国。谓之要者,取要约之义,特羁縻之而已。绥服外四面又各五百里也。蔡,放也。《左传》云'蔡蔡叔'是也。流放罪人于此也。此分要服五百里而为二等也。荒服,去王畿益远,而经略之者视要服为尤略也。以其荒野,故谓之荒服,要服外四面又各五百里也。流,流放罪人之地。蔡与流,皆所以处罪人,而罪有轻重,故地有远近

---

① 孔氏传,孔颖达疏:《尚书正义》卷6《禹贡》,阮元校刻《十三经注疏》,中华书局1980年影印本,第153页。

之别也。此分荒服五百里而为二等也。"①

孙星衍《尚书今古文注疏》注："郑康成曰：'甸服者，尧制，赋其田使入谷。禹弼其外。百里者赋入总，谓入刈禾也。二百里铚。铚，断去藁也。三百里秸。秸，又去颖也。四百里入粟，五百里入米者，远弥轻也。甸服之制，本是纳总。禹为之差，使百里从之耳。'"疏："云'禹弼其外'者，郑以禹广辅尧之五服。百里，是甸服之外百里，去王城六百里。下二百里至五百里，皆去五百里甸服之数，与史公及古说异也。"②注：马融曰："采，事也。各受王事者。""蔡，法也。受王者刑法而已。"马融曰："蛮，慢也。礼简怠慢，来不拒，去不禁，流行无城郭常居。甸服之外，每百里为差。所纳总、铚、秸、粟、米者，是甸服之外特为此数。其侯服之外，每言三百、二百里者，还就其服之内别为名耳，非是服外更有其地也。甸服之外五百里，至城千里。其侯、绥、要、荒服，各五百里。是面三千里，相距为方六千里。"郑康成曰："蔡之言杀，减杀其赋。"郑康成曰："蛮者，听从其俗，羁縻其人耳，故言蛮，蛮之言缗也。每言五百里一服，是尧旧服。每服之外，更言三百里、二百里者，是禹所弼之残数也。尧之五服，服五百里耳。禹平水土之后，每服更以五百里辅之，是五服服别千里，故一面而为差至于五千也。尧之时，土广五千里；禹弼成五服，土广万里。"③孙疏主要述郑玄、马融之说，并未提出新的解说。

综上，经学家对《禹贡》所载"五服"的理解或有不同，主要是郑玄主张"弼成五服"为禹在尧时五服基础上有所扩展，每服五百里为尧时旧制，禹治水成功，每服增加五百里，五服各服千里，土广达万里。其他学者并未提及尧时是否有五服制，皆谓五服各服五百里，土广五千里，乃为禹治水成功后所创建。也就说《禹贡》所载各服后面的具体情况，如"五百里甸服：百里纳赋总，二百里纳铚，三百里纳秸服，四百里粟，五百里米"。"甸服"后面的文字是具体说明甸服的情况，还是甸

---

① 蔡沉：《书集传》，中华书局 2018 年点校本，第 84—85 页。
② 孙星衍：《尚书今古文注疏》卷 3《禹贡》，中华书局 2004 年点校本，第 203 页。
③ 以上引马融及郑玄说，见孙星衍《尚书今古文注疏》卷 3《禹贡》，中华书局 2004 年点校本，第 204—205 页。

服外至侯服之间的情况，这是两种不同的理解，郑玄取后一种理解。郑玄认识的基础在于，认为尧时期已经存在五服制度。其认识的症结在于"弼成五服"的理解，皆据《尔雅·释诂下》："弼，俌也。"如《史记·夏本纪》作"辅成五服"，但郑玄却解释为"辅五服而成之"。然而从《禹贡》上下文意分析，及孔疏、蔡传来看，每服后面的文字应是阐释说明该服的具体情况，可能更令人信服。郑玄所谓尧时旧制没有任何的依据，所以其所论未被古代学术界认可。

二 以《尚书·酒诰》为中心的商代内外服研究

《尚书·酒诰》记载周公言："越在外服：侯、甸、男、卫、邦伯；越在内服：百僚、庶尹、惟亚、惟服、宗工，越百姓、里居（君）；罔敢湎于酒。不惟不敢，亦不暇。惟助成王德显，越尹人祇辟。"

孔传："于在外国，侯服、甸服、男服、卫服。国伯，诸侯之长。言皆化汤畏相之德。于在内服，治事百官众正，及次大夫，服事尊官，亦不自逸。于百官族姓，及卿大夫致仕居田里者。自外服至里居，皆无敢沉湎于酒，非徒不敢，志在助君敬法，亦不暇饮酒。所以不暇饮酒，惟助其君成王道，明其德。于正人之道，必正身敬法。其身正，不令而行。"[1] 孔传是以诸侯国解释外服，以周代五服服名理解商代外服职事称谓。孔疏："于是在外之服侯、甸、男、卫、国君之长；于是在内之服治事百官众正，惟次大夫，惟服事尊官，于百官族姓及致仕在田里而居者，皆无敢沉湎于酒。不惟不敢，亦自不暇饮。所以不暇者，惟以助其君成其王道，令德显明；又于正人之道，必正身敬法，正身以化下，不令而行，故不暇饮。是亦可以为法也。"[2] 孔疏之意重在解释孔传。宋蔡沉《书集传》："自御事而下，在外服则有侯、甸、男、卫诸侯与其长伯，在内服则有百僚、庶尹、惟亚、惟服、宗工、国中百姓与夫里居者，亦皆

---

① 孔氏传，孔颖达疏：《尚书正义》卷 14《酒诰》，阮元校刻《十三经注疏》，中华书局1980 年影印本，第 207 页。

② 孔氏传，孔颖达疏：《尚书正义》卷 14《酒诰》，阮元校刻《十三经注疏》，中华书局1980 年影印本，第 207 页。

不敢沉湎于酒。"① 将外服理解为侯、甸、男、卫名号的诸侯及诸侯之长。

清孙星衍《尚书今古文注疏》解释外服谓：

> 《周语》云："先王之制：邦内甸服，邦外侯服，侯卫宾服。"注云："甸，王田也。服，服其职业也。自商以前，并畿内为五服。邦外，邦畿之外也。方五百里之地，谓之侯服。侯服，侯圻也。卫，卫圻也。言自侯圻至卫圻，其间凡五圻，圻五百里，五五二千五百里，中国之界也。五圻者，侯圻之外曰甸圻，甸圻之外曰男圻，男圻之外曰采圻，采圻之外曰卫圻。"据此是"卫"上有"采"。《康诰》曰："侯、甸、男、采、卫。"经文盖省"采"字。邦伯者，《王制》云："千里之外设方伯，五国以为属，百一十国以为州，州有伯，八州八伯。"注云："伯，帅。殷之州长曰伯，虞、夏及周皆曰牧。"又云："八伯各以其属，属于天子之老二人，分天下以为左右二伯。"此邦伯未必是二伯，盖即方伯也。②

孙说据《国语·周语上》所载甸服、侯服、宾服及韦昭注以及《康诰》"侯甸男采卫"，认为《酒诰》之外服应为侯、甸、男、采、卫，邦伯即方伯。实际上这是据《周语上》所述周代五服制度及韦昭注来解释商代外服制，显然存在问题。另外《康诰》所述亦为周初之制，五服为服名，外服侯、甸、男、卫、邦伯为身份称谓，属于不同的系统，似不能随意互解。

孙星衍解释《酒诰》之内服谓："《释诂》云：'僚，官也。''庶，众也。'《释言》云：'尹，正也。''亚，次也。''服，事也。'惟亚，谓正官之倅，惟服，谓任事者，其士与？宗工，谓宗人。百姓里居，谓百官致仕家居者。"③ 关于"里居"，王国维根据史颂簋铭文认为是"里君"

---

① 蔡沉：《书集传》卷 4，中华书局 2018 年点校本，第 200 页。

② 孙星衍：《尚书今古文注疏》卷 16《周书·酒诰》，中华书局 2004 年点校本，第 379—380 页。

③ 孙星衍：《尚书今古文注疏》卷 16《周书·酒诰》，中华书局 2004 年点校本，第 380 页。

之讹①，令方彝铭文亦有基层长官"里君"（《集成》9901）之称。

与商代内外服制度有关的还有《逸周书·王会》所附《伊尹朝献·商书》，是篇载：

> 汤问伊尹曰："诸侯来献，或无马牛之所生而献远方之物，事实相反，不利。今吾欲因其地势所有献之，必易得而不贵，其为四方献令。"伊尹受命，于是为四方令曰："臣请正东……请令以鱼支之鞞、□鲗之酱、鲛盾、利剑为献。正南……请令以珠玑、瑇瑁、象齿、文犀、翠羽、菌鹤、短狗为献。正西……请令以丹青、白旄、纰罽、江历、龙角、神龟为献。正北……请令以橐驼、白玉、野马、騊駼、駃騠、良弓为献。"汤曰："善。"马的名字应作"騊駼、駃騠"。

《王会》篇结束，紧接着有"《伊尹朝献·商书》不《周书》，录中以事类来附"。涉及《伊尹朝献》文本性质，唐大沛云："古《商书》中有此篇，今《周书》簿录中以事与《王会》相类，故取来附录之。""《伊尹朝献》一书文不过二百余字，简古可爱，其为商时古书无疑。因作《王会》者附录之，以传至今数千年，当与商之鼎彝并宝矣。"② 潘振、陈逢衡、丁宗洛等亦认为该篇为《商书》之一篇。王应麟本以"不周书录中以事类来附"为注文。孔晁注本于此十字下无注，或可认为此即为孔晁注文。然孙诒让云："此十字疑刘向校书时所加。若《晏子春秋》、《韩非子》常有此例，恐未必是孔注也。考《汉书·艺文志》无《商书》而小说家有《伊尹》二十七篇，疑《朝献》即《伊尹》书之一篇。秦汉人录附《周书》，而刘向校定，遂因而存之耳。"③ 对于《伊尹朝献》文本的研讨，主要集中于《逸周书汇校集注》所引各家之说，此不备举。

---

① 杨筠如：《尚书覈诂》（陕西人民出版社 2005 年版）第 284 页称引王国维说。
② 唐大沛说见黄怀信、张懋镕、田旭东《逸周书汇校集注》（修订本），上海古籍出版社 2007 年版，第 909、922 页。
③ 孙诒让说见黄怀信、张懋镕、田旭东《逸周书汇校集注》（修订本），上海古籍出版社 2007 年版，第 909 页。

三　对《国语·周语上》等典籍所载周代服制的阐发

1.《国语·周语上》载"五服"制度

《国语·周语上》载祭公谏周穆王征伐犬戎时，追述先王时期的制度建设：

> 夫先王之制：邦内甸服，邦外侯服，侯、卫宾服，蛮、夷要服，戎、狄荒服。甸服者祭，侯服者祀，宾服者享，要服者贡，荒服者王。日祭、月祀、时享、岁贡、终王，先王之训也。有不祭则修意，有不祀则修言，有不享则修文，有不贡则修名，有不王则修德，序成而有不至则修刑。于是乎有刑不祭，伐不祀，征不享，让不贡，告不王。于是乎有刑罚之辟，有攻伐之兵，有征讨之备，有威让之令，有文告之辞。布令陈辞而又不至，则增修于德而无勤民于远，是以近无不听，远无不服。

关于甸服，韦昭注："邦内，谓天子畿内千里之地。《商颂》曰：'邦畿千里，维民所止。'《王制》曰：'千里之内曰甸。'京邑在其中央，故《夏书》曰'五百里甸服'，则古今同矣。甸，王田也。服，服其职业也。自商以前，并畿内为五服。武王克殷，周公致太平，因禹所弼，除畿内更制天下为九服。千里之内谓之王畿，王畿之外曰侯服，侯服之外曰甸服。今谋父谏穆王，称先王之制犹以王畿为甸服者，甸，古名，世俗所习也。故周襄王谓晋文公曰'昔我先王之有天下也，规方千里，以为甸服'是也。《周礼》亦以蛮服为要服，足以相况也。"[①]

"邦内甸服"，董增龄疏：《周礼·职方氏》"乃辨九服之邦国，方千里曰王畿"。《史记·夏本纪》"五百里甸服"，《正义》（按实为《集解》）："孔安国曰：'为天子服治田，去王城面五百里内。'"是夏之甸服即周之王畿。故《汉书·严助传》颜注："封内谓封圻千里之内（也）。甸服，主治王田以共（供）祭祀也。"《周礼·甸师氏》"帅其属而耕耨

---

① 上海师范大学古籍整理研究所校点：《国语》，上海古籍出版社 1998 年版，第 4 页。

王籍",故以公邑甸地之义名官。孔、颜之义殆本诸此。①

关于侯服、宾服,韦昭谓:"邦外,邦畿之外也。方五百里之地谓之侯服。侯服,侯圻也。言诸侯之近者,岁一来见也。此总言之也。侯,侯圻也。卫,卫圻也。言自侯圻至卫圻,其间凡五圻,圻五百里,五五二千五百里,中国之界也。谓之宾服,常以服贡宾见于王也。五圻者,侯圻之外曰甸圻,甸圻之外曰男圻,男圻之外曰采圻,采圻之外曰卫圻,《周书·康诰》曰'侯、甸、男、采、卫'是也。凡此服数,诸家之说皆纷错不同,唯贾君近之。"② "邦外侯服",董增龄疏:《史记·夏本纪》"甸服外五百里侯服",《正义》(按实为《集解》):"孔安国曰:'侯,候也。斥候而服事也。'"《汉书·严助传》颜注:"侯,候也,为王者斥候。"《周礼·职方氏》郑注:"服,服事天子也。《诗》云'侯服于周'。"③ "侯卫宾服",董增龄疏:《禹贡》疏引韦昭注以文武侯卫为安,王宾之,因以名服。《汉书·严助传》服虔注(引者按,当作颜师古注引服虔曰)"侯服之外又有卫服。宾,宾见于王也。侯、卫二服同为宾也"。服氏之意,内举侯,外举卫,以包五圻也。④ 韦昭注、董增龄疏皆受《禹贡》《周礼》所载"五服""九服"影响,以之解《国语》之"五服",可作为参照,但不应以彼五百里之数来约束周之"五服"。"侯、卫宾服",侯、卫非为服名,乃诸侯称谓。

关于要服、荒服,韦昭谓:"蛮,蛮圻。夷,夷圻也。《周礼》,卫圻之外曰蛮圻,去王城三千五百里,九州之界也。夷圻去王城四千里。《周礼》行人职,卫圻之外谓之要服,此言蛮、夷要服,则夷圻朝贡或与蛮圻同也。要者,要结好信而服从也。戎、狄去王城四千五百里也。四千五百里为镇圻,五千里为蕃圻,在九州之外荒裔之地,与戎、狄同俗,故谓之荒,荒忽无常之言也。"⑤ 韦昭以《周礼·大行人》解"要服""荒服",实不可取。"蛮夷要服",董增龄疏:蛮者,慢也。《王制》曰

---

① 董增龄:《国语正义》,巴蜀书社 1985 年版,第 33 页。
② 参上海师范大学古籍整理研究所校点《国语》,上海古籍出版社 1998 年版,第 5 页。
③ 董增龄:《国语正义》,巴蜀书社 1985 年版,第 33 页。
④ 董增龄:《国语正义》,巴蜀书社 1985 年版,第 35—36 页。
⑤ 上海师范大学古籍整理研究所校点:《国语》,上海古籍出版社 1998 年版,第 5 页。

"东方曰夷"，夷者，柢也，言仁而好生，万物柢地而出。故天性柔顺，易以道御，至有君子、不死之国焉。夷有九种，曰畎夷，于夷，方夷，黄夷，白夷，赤夷，玄夷，风夷，阳夷。《尚书》孔传"要束以文教也"。《汉书·严助传》颜注："又在侯卫之外而居九州之地也"要言以文德要来之耳。① "戎狄荒服"，董增龄疏：《后汉书》："西羌之本，出自三苗，姜姓之别（也）。其国近南岳。及舜流四凶，徙之三危，河关之西南羌地是也。滨于赐支，至于河首，绵地千里。赐支者，《禹贡》所谓析支者也。南接蜀、汉徼外蛮夷，西北［接］鄯善、车师诸国。"是羌即戎也。《史记索隐》张晏云："淳维以殷时奔北边"，又乐彦《括地谱》云："夏桀无道，汤放之于鸣条，三年而死。其子獯粥妻桀之众妾，避居北野，随畜移徙，中国谓之匈奴。"《左传》庄公三十年"冬，齐人伐山戎"。杜预云："山戎，北狄"，无终三名，是狄亦得名戎。《风俗通义》："狄者，辟也，其行邪辟"。《尚书》马融注："政教荒忽，因其故俗而治之。"是说荒服之义也。②

关于五服的职责，综合韦昭注等概括如下：甸服者供日祭之物，祭于祖、考也，谓上食也。侯服者供月祀之物，月祀于曾、高也。宾服者供时享之物，时享于二祧也。要服者供岁贡也，六岁一朝见也，岁贡用于祭坛、墠也。荒服者王事天子，朝见嗣王，新首领即位亦来朝见王。③ 祭公还追述了周王朝对五服的管理办法：五服若不尽责，周王朝则通过修意、言、文、名、德，感召五服尽责。如此还有不尽责者，则动用刑诛。

2.《逸周书·王会》所载"四服"

《逸周书·王会》载诸侯会盟，"内台西面者正北方，应侯、曹叔、伯舅、中舅［西方东面正北方，伯父、中子次之］④，比服次之，要服次

---

① 董增龄：《国语正义》，巴蜀书社1985年版，第37页。按《王制》至"阳夷"，实为《后汉书·东夷列传》序文。

② 董增龄：《国语正义》，巴蜀书社1985年版，第37—38页。

③ 参上海师范大学古籍整理研究所校点《国语》，上海古籍出版社1998年版，第5—6页相关注释。

④ 陈逢衡认为："西方东面正北方，伯父、中子次之"十三字当在"比服次之"之上，与上条"伯舅、仲舅"紧接为是。见黄怀信、张懋镕、田旭东《逸周书汇校集注》（修订本），上海古籍出版社2007年版，第810页。

之,荒服次之"。

王应麟云:"服,言服王事也。比,近也。以《职方》九服约之,比服,其侯甸。"陈逢衡云:"比服即《周礼》之采卫。比,犹亲也。则此比服盖谓去侯服不远,有依比亲密之义。"丁宗洛云:"比,辅也。附近王畿之地也。"孙诒让云:"以《国语》考之,'比'当为'宾',一声之转。《禹贡》'蠙珠',《说文·玉部》作'玭',是其例也。此比服、要服、荒服,即《周语》所谓侯卫宾服、蛮夷要服、戎翟荒服也。"① 比较而言,孙诒让说可取。应侯、曹叔、伯父、中子,伯舅、中舅,为同姓诸侯和异姓姻亲诸侯,可能相当于《周语上》的侯服诸侯,与比服、要服、荒服构成四服。关于要服,孔晁云:"此要服于比服转远。"王应麟云:"要服,其男、采、卫。"陈逢衡云:"要取要约之义。《大行人》在甸、男、采、卫之外,即指夷狄之近者。"孙诒让云:"要服当在四千里之内。"关于荒服,王应麟云:"荒服,其蛮夷镇蕃。"孙诒让云:"荒服当在五千里之内。"② 《王会篇》述完成周之会八方族邦所献贡物之后,云:"夏成五服,外薄四海",继而述及四海族氏所献,终言"咸会于中国"。

3.《周礼》所载服制形态

《周礼·夏官·大司马》云:"大司马之职,掌建邦国之九法,以佐王平邦国。"作为九法之一的"施贡分职以任邦国",具体表现在:"乃以九畿之籍,施邦国之政职。方千里曰国畿,其外方五百里曰侯畿,又其外方五百里曰甸畿,又其外方五百里曰男畿,又其外方五百里曰采畿,又其外方五百里曰卫畿,又其外方五百里曰蛮畿,又其外方五百里曰夷畿,又其外方五百里曰镇畿,又其外方五百里曰蕃畿。"

郑玄注:"畿,犹限也。自王城以外五千里为界,有分限者九。籍,其礼差之书也。政职,所共王政之职,谓赋税也。故书畿为近。郑司农云:'近当言畿。《春秋传》曰:"天子一畿,列国一同。"《诗·殷颂》

---

① 王应麟等说见黄怀信、张懋镕、田旭东《逸周书汇校集注》(修订本),上海古籍出版社2007年版,第808—809页。

② 孔晁等说见黄怀信、张懋镕、田旭东《逸周书汇校集注》(修订本),上海古籍出版社2007年版,第809页。

"邦畿千里，维民所止。'"孙诒让疏："九畿，即《职方氏》之九服。国畿，为王国，不在其数。……分建畿服，肇自唐虞，周沿厥制，而数则迥异。"①

国畿之外的"九畿"于《职方氏》则为"九服"，《周礼·夏官·职方氏》云："职方氏掌天下之图，以掌天下之地，辨其邦国、都鄙、四夷、八蛮、七闽、九貉、五戎、六狄之人民与其财用、九谷、六畜之数要，周知其利害。""乃辨九服之邦国，方千里曰王畿，其外方五百里曰侯服，又其外方五百里曰甸服，又其外方五百里曰男服，又其外方五百里曰采服，又其外方五百里曰卫服，又其外方五百里曰蛮服，又其外方五百里曰夷服，又其外方五百里曰镇服，又其外方五百里曰藩服。"以王畿之外有九服：侯服、甸服、男服、采服、卫服、蛮服、夷服、镇服、蕃服。

郑玄注："服，服事天子也。《诗》云：'侯服于周'。"孙诒让疏："乃辨九服之邦国"者，职方制畿服之官法，受之大司马者也。自王畿外，极五千里，四方各以远近分画为九服。自采服以内，与《书·禹贡》五服里数同，而服名则异。服各有界限，故《大司马》谓之九畿，详彼疏。云"方千里曰王畿"者，谓建王国也。《大司马》云"国畿"，《大行人》云"邦畿"，义并同。畿，《周书》作"圻"，字通。孔注云："圻，界也。"云"又其外方五百里曰蛮服"者，《大行人》作"要服"，以内六服两面共七千里，即前九州之地是也。云"又其外方五百里曰藩服"者，《大司马》作"蕃畿"，《大行人》注亦作"蕃服"，藩正字，蕃同声假借字。此夷镇藩三服，即《大行人》所谓蕃国在九州之外者，亦即《布宪》所谓四海是也。畿服名制，详《大司马》疏。注云"服，服事天子也"者，谓九服之内同服事天子，故皆以服为名。《职方》孔注云："服，言服王事也。"《国语·周语》韦注云："服，服其职业也。"说并略同。②

《周礼·秋官·大行人》则载六服与蕃国，及其各自朝贡。《大行人》云："大行人掌大宾之礼及大客之仪，以亲诸侯。""邦畿方千里，其外方

---

① 郑注，孙疏见孙诒让《周礼正义》卷55《夏官·大司马》，第9册，中华书局1987年版，第2292—2293页。

② 孙诒让：《周礼正义》卷64《夏官·职方氏》，第10册，中华书局1987年版，第2684页。

五百里谓之侯服，岁一见，其贡祀物。又其外方五百里谓之甸服，二岁一见，其贡嫔物。又其外方五百里谓之男服，三岁一见，其贡器物。又其外方五百里谓之采服，四岁一见，其贡服物。又其外方五百里谓之卫服，五岁一见，其贡材物。又其外方五百里谓之要服，六岁一见，其贡货物。九州之外谓之蕃国，世一见，各以其所贵宝为挚。"以邦畿之外有六服及蕃国，即侯服、甸服、男服、采服、卫服、要服，以及九州之外的蕃国。

郑玄注："要服，蛮服也。此六服去王城三千五百里，相距方七千里，公侯伯子男封焉。其朝贡之岁，四方各四分趋四时而来，或朝春，或宗夏，或觐秋，或遇冬。祀贡者，牺牲之属。故书嫔作频。郑司农云：'嫔物，妇人所为物也。《尔雅》曰："嫔，妇也。"'玄谓嫔物，丝枲也。器物，尊彝之属。服物，玄纁缔纩也。材物，八材也。货物，龟贝也。"①然与《职方氏》所载九服比较，《大行人》之"要服"，《职方氏》则对应列有"蛮服、夷服、镇服"，郑玄直以要服为蛮服，使《职方氏》与《大行人》所载服制差异不可调和。如前举孙诒让则认为："此夷镇藩三服，即《大行人》所谓蕃国在九州之外者，亦即《布宪》所谓四海是也。"据此《大行人》之蕃国，或可总括夷、镇、藩三服。

以上《周礼》所载九服、六服皆强调畿服之别，邦畿或王畿之内无服王事，邦畿之外分为九服或六服，以服王事。服王事的具体内涵，据《大行人》则为朝见、贡纳，据《大司马》则为贡、职、赋税，综合言之，服王事具体表现为以朝见听从王命为主的服事、献纳贡赋、践履职责三个方面。邦畿之内无服与西周时期的实际情况不符，六服或九服的服名也与《国语·周语上》有较大差异，应是融合了诸侯等邦内外君长称谓侯田男卫采与服名甸服、侯服、侯卫宾服、蛮夷要服、戎狄荒服，创造出来的服制体系。

----

① 郑玄注，贾公彦疏：《周礼注疏》卷37，阮元校刻《十三经注疏》，中华书局1980年影印本，第892页。

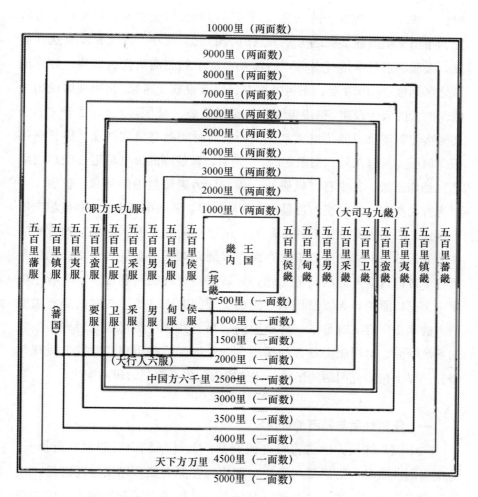

图1—3　《周礼》九服、九畿、六服图

（取自顾颉刚《史林杂识初编·畿服》，中华书局1963年版，第12页）

第二节　近代新史学兴起以来的先秦服制研究

近代以来随着甲骨文的发现与研究，新史学的兴起，王国维《殷卜辞中所见先公先王考》及《续考》《殷周制度论》等的发表，开启了运用传世文献与出土材料相结合的"二重证据法"研究古史的新学风、新时代。1932 年，郭沫若的《金文丛考》出版，以金文与传世文献结合研究，指出文献所载畿服之分是春秋时人的纸上规划，古代并没有这种制度。畿服的名号本于《尚书》诸篇及金文中对殷商诸侯的异称，并非地域之区划也。① 1934 年，王树民发表《畿服说成变考》，指出畿服说出于战国时人的政治设想。② 1940 年，束世澂发表《畿服辨》，以甲骨文、金文考察记载畿服说的传世文献，认为殷周时期确有畿服制度，但只有侯服、甸服，侯服在外，甸服在内。③ 是后，顾颉刚的读书笔记《浪口村随笔》油印出版，其中有《畿服》一篇，认为畿服制中的甸服、侯服、要服为古代所实有，宾服、荒服乃文家从侯服、要服中析出。④ 20 世纪三四十年代开启了先秦服制问题的研究，由最初的有无服制之辨，到分析哪些文献记载可信，确认先秦时期存在服制并对其形态进行考察。此后不断有学者进行这方面的研究工作。先秦服制包含的问题很多，学者主要集中于三代服制有无以及服制形态的实证问题上，关注较多的是有关服制中的朝贡内容，取得了一些重要的成果与共识，然仍缺乏对先秦服制的系统研究，对服制中蕴含的深层次的政治理论和历史经验缺乏重视与研究。以下按研究问题的形式，评述国内外先秦服制的研究现状。

一 服制性质与起源的探讨

关于服制性质，学者多是在研究某一具体问题而对服制有所提及，界定服制性质时，是以某一历史时期作为参照对象，详细情况已见"绪论"部分，此不赘述。这些研究对于全面认识先秦服制性质有一定的帮助。学者们的分歧说明，学界对服制性质与内涵尚未有清楚的界定与共识。

关于服制起源问题，传统文献已有所追溯，其中涉及服制中贡赋的

---

① 郭沫若：《郭沫若全集考古编》（5），科学出版社 2002 年版，第 101 页。
② 王树民：《畿服说成变考》，北京大学潜社编：《史学论丛》第 1 册，1934 年 5 月。
③ 束世澂：《畿服辨》，《史学季刊》第 1 卷第 1 期，1940 年，第 22—27 页。
④ 顾颉刚：《浪口村随笔》卷 2，辽宁教育出版社 1998 年版，第 37 页。20 世纪 60 年代《史林杂识初编》出版时亦收此文，增补了不少金文材料，以金文考察记载畿服制的传世文献，做出了很多有意义的探讨。参顾颉刚《史林杂识初编》，中华书局 1963 年版。

部分，如《尚书·禹贡》载禹治水成功，根据九州各地土地物产状况，确定各地所贡，形成甸服、侯服、绥服、要服、荒服的五服职贡制度。《史记·夏本纪》载太史公则概括为："自虞、夏时，贡赋备矣。"是以舜时命大禹治水，治水成功确立贡纳制度，至禹即位及启继任为君，继承并发扬了原有的贡纳制度，使之成为推行天下的服制重要内容之一。关于服制与先秦朝贡制度的起源，李云泉进行了初步的探讨，集中于朝贡制度之历史起源。[1] 冯时《殷周畿服及相关制度考》一文，提出三代畿服制度因三代封建而形成，三代的封建又根源于古代的邑制。[2] 以制度渊源视角对服制起源的深入考察，颇具启发意义。王贵民探讨先秦贡、赋、税的源流，对于认识先秦服制内涵具有重要参考价值。[3]

二　夏代服制的研究

夏代服制实际上反映的是夏代的国家结构形态问题，学界近年研讨较多，大致有五服[4]，内外服[5]，由夏后氏及其他从属族邦构成的复合制国家结构[6]三种代表性意见。学界主要集中于《尚书·禹贡》内容与夏代社会的研究，如岳红琴的《〈禹贡〉与夏代社会》。[7] 对《禹贡》所载九州、五服制的探讨，如郑杰祥《夏史初探》、邵望平《〈禹贡〉"九州"的考古学研究》、詹子庆《走近夏代文明》、朱渊清《禹画九州论》，赵春青《〈禹贡〉五服的考古学观察》，何驽《夏王朝"五服"内政外交运作制度模式发微》，沈长云《"九州"初谊及"禹划九州"说产生的历史

---

① 李云泉：《五服制与先秦朝贡制度的起源》，《山东师范大学学报》2004 年第 1 期。

② 冯时：《殷周畿服及相关制度考》，载刘庆柱主编《考古学集刊》第 20 集，社会科学文献出版社 2017 年版，第 113—135 页。

③ 王贵民：《试论贡、赋、税的早期历程——先秦时期贡、赋、税源流考》，《中国经济史研究》1988 年第 1 期。

④ 岳红琴：《〈禹贡〉五服制与夏代政治体制》，《晋阳学刊》2006 年第 5 期。

⑤ 沈长云：《夏代是杜撰的吗——与陈淳先生商榷》，《河北师范大学学报》（哲学社会科学版）2005 年第 3 期，后又在沈长云、张渭莲《中国古代国家起源与形成研究》一书中详细论述了这一观点（人民出版社 2009 年版，第 251 页）。

⑥ 王震中：《从复合制国家结构看华夏民族的形成》，《中国社会科学》2013 年第 10 期。

⑦ 岳红琴：《〈禹贡〉与夏代社会》，博士学位论文，郑州大学，2006 年。

背景》，张淑一《"禹画九州"传说流变析论》等。① 对燹公盨铭文所载禹治水成功后制定贡赋制度的探讨。② 夏代服制问题还涉及夏族与夏代族邦的研究，如周苏平《夏代族邦考》，邰丽梅的《夏代国族研究》，以及《夏后氏同姓国族考论》③，杨升南《商代甲骨文所见夏代诸侯》④ 等。

　　五服说的依据是《尚书·禹贡》，该篇记载大禹治水成功后，根据九州土地物产等情况，确定九州族邦应献的贡赋，"中邦锡土姓"，舜册封九州族邦土地和族氏徽号，根据距离中心都邑远近形成甸服、侯服、绥服、要服、荒服五服职贡制度。近年公布的西周中期青铜器遂公盨铸有长篇铭文，记载关于大禹治水、禹德及其治水成功后制定贡赋等事迹，上博简《容成氏》载大禹治水及九州等情况，《清华大学藏战国竹简（伍）·厚父》记载了禹治水成功建立夏邦和夏代服制的情况，皆为夏代服制的研究提供重要新资料。《禹贡》所载五服集中于职贡，并不是夏代服制的全部内容，需要结合新资料对夏代服制进行综合考察。内外服说的主要依据是《尚书·酒诰》所述商代内外服制度向夏代的追溯与推测。复合制国家结构说，主要是从商代内外服制度说演化而来。学者在探讨夏代社会结构与社会性质问题时，也涉及夏代服制相关问题，如晁福林《试论夏代社会结构的若干问题》一文，探讨夏代封建的氏族向夏王朝缴

---

　　① 郑杰祥：《夏史初探》第三章"夏代地理浅论"，中州古籍出版社 1988 年版，第 62—72 页；邵望平：《〈禹贡〉"九州"的考古学研究》，载《邵望平史学、考古学文选》，山东大学出版社 2013 年版，第 3—26 页。詹子庆：《夏代地理蠡测》，载《走近夏代文明》，东北师范大学出版社 2006 年版，第 206—218 页；朱渊清：《禹画九州论》，载北京大学中国考古研究中心、北京大学震旦古代文明研究中心编《古代文明》（第 5 卷），文物出版社 2006 年版，第 55—69 页。赵春青：《〈禹贡〉五服的考古学观察》，《中原文物》2006 年第 5 期。何驽：《夏王朝"五服"内政外交运作制度模式发微》，杜金鹏、许宏主编：《二里头遗址与二里头文化研究》，科学出版社 2006 年版，第 493—497 页。沈长云：《"九州"初谊及"禹划九州"说产生的历史背景》，《西华师范大学学报》（哲学社会科学版）2019 年第 1 期。张淑一：《"禹画九州"传说流变析论》，《西南大学学报》（社会科学版）2020 年第 1 期。

　　② 李学勤：《论燹公盨及其重要意义》，原载《中国历史文物》2002 年第 6 期，收入其著《中国古代文明研究》，华东师范大学出版社 2005 年版，第 126—136 页。

　　③ 周苏平：《夏代族邦考》，《中国史研究》1993 年第 4 期。邰丽梅：《夏代国族研究》，博士学位论文，中国社会科学院研究生院，2009 年。邰丽梅：《夏后氏同姓国族考论》，《殷都学刊》2008 年第 4 期。

　　④ 杨升南：《商代甲骨文所见夏代诸侯》，《四川文物》2014 年第 3 期。

纳贡赋情况，分析《禹贡》所载五服有夏代历史的影子，向夏王朝缴纳各种不同的谷物，当为夏王朝所实有，以及梳理文献所载夏代设官分职的情况。①

综合上述研究，关于夏代服制问题，主要集中于夏代服制形态，以及《尚书·禹贡》、《爨公盨》、上博简《容成氏》、清华简《厚父》等与夏代服制相关的文献研究方面。尚可在夏代服制起源与内涵、夏代服制建立及演变，以及夏代服制对商周服制的影响几个方面做出更加系统的论述。

三　商代服制的研究

商代服制形态为内外服，见于《尚书·酒诰》记载。是篇为周王册命卫康叔的诰文，述及殷商自成汤至帝乙的臣子不敢沉溺于酒，"越在外服：侯、甸、男、卫、邦伯；越在内服：百僚、庶尹、惟亚、惟服、宗工，越百姓、里居（君），罔敢湎于酒。不惟不敢，亦不暇。惟助成王德显，越尹人祗辟"。这是对商代内外服制最为明确且可信据的记述。据学者研究商代已有内外之别的观念，如沈建华指出："商代的内、外服职官很可能是来自于实际的需要，在管理的过程中产生和建立起来的，纳贡便是其中之一。王室根据不同的需求，分成'内服'和'外服'不同等级。"卜辞中的内、外有内邑、外邑之义，可能包含内服和外服的含义。②《合集》24215"□丑卜，大［贞］：卜（外）有求（咎），其又尤。……来艰。"以及《张世放所藏殷墟甲骨集》第 237 片"贞：卜（外）亡尤"③。或许反映了商王的内外忧患意识，表明商代内外之别的观念确实存在。

关于商代外服制，既往研究主要集中于外服与商王的关系探讨，大概有两种意见：一种意见认为商王与外服的君臣之分未明，商代尚

---

① 晁福林：《试论夏代社会结构的若干问题》，载中国先秦史学会、洛阳市第二文物工作队编《夏文化研究论集》，中华书局 1996 年版，第 136—142 页。

② 沈建华：《卜辞所见商代的封疆与纳贡》，《中国史研究》2004 年第 4 期，又收入其著《初学集——沈建华甲骨学论文选》，文物出版社 2008 年版，第 129、130 页。

③ 宋镇豪主编：《张世放所藏殷墟甲骨集》，线装书局 2009 年版，第 127 页。

处于方国联盟的时代，外服与商王是不平等的联盟关系。如王国维、林沄、王冠英等。① 另一种意见认为商代已经跨过了各部族方国大体平等地位的方国联盟的时代，进入了王权国家阶段。商王朝与外服是中央与地方的关系。如杨升南、李伯谦等。② 诚如沈建华指出的那样：商代国家天下观已经很明确，所谓"邦畿千里"真正意义上指王室的势力范围，商王是以"天邑商""中土"与"四封方""四土"相对而言，王畿之外土地，都属于纳贡范围。③ 学界对商代内外服臣正具体人物史事的研究较为突出，集中于对文献及甲骨文所见商王朝内外服臣正及其史事进行了系统梳理，如贞人与卜官、子某、外服侯与伯等。④ 学界探讨商王朝职官制度时，对内外服职官制度、外服职官与中央王朝的关系等问题进行了较好的研究。⑤ 学界对商代外服的构成、外服的身份性质亦有较好探讨，如朱凤瀚对殷墟卜辞中的外服"侯"进行了较为系统的梳理，提出外服侯的性质为职官而非诸侯或爵称，侯必须由商王任命，为"侯"者绝大多数应是非子姓贵族，以驻守边域为基本职责。⑥ 拙著《商周服制与早期国家管理模式》，对商代内外服制度的建立、发展演变进行了系统论述，对商王与内外服的关系从多个角度进行了阐发。⑦

---

① 王国维：《殷周制度论》，《观堂集林》卷10，中华书局1959年版，第466页；林沄：《甲骨文中的商代方国联盟》，《古文字研究》第六辑，中华书局1981年版，第67—92页。王冠英：《殷周的外服及其演变》，《历史研究》1984年第5期。

② 杨升南：《卜辞所见诸侯对商王室的臣属关系》，载胡厚宣主编《甲骨文与殷商史》，上海古籍出版社1983年版，第128—172页；李伯谦：《从殷墟青铜器族徽所代表的族氏的地理分布看商王朝的统辖范围与统辖措施》，载北京大学考古文博学院编《考古学研究》（六），科学出版社2006年版，第119—153页。

③ 沈建华：《卜辞所见商代的封疆与纳贡》，《初学集——沈建华甲骨学论文选》，文物出版社2008年版，第129页。

④ 宋镇豪主编，韩江苏、江林昌著：《商代史》卷二《〈殷本纪〉订补与商史人物徵》，中国社会科学出版社2010年版。

⑤ 宋镇豪主编，王宇信、徐义华著：《商代史》卷四《商代国家与社会》第七章，中国社会科学出版社2011年版。

⑥ 朱凤瀚：《殷墟卜辞中"侯"的身分补证——兼论"侯"、"伯"之异同》，《古文字与古代史》（第四辑），台北："中研院"历史语言研究所2015年版，第1—23页。

⑦ 张利军：《商周服制与早期国家管理模式》，上海古籍出版社2016年版。

关于商代服制中的赋税与贡纳也是探讨的焦点之一，如晁福林《殷代贡赋制度述论》，指出外服对殷商王朝的贡赋关系表现在参与征伐、贡献牲畜、奉献战俘、开采矿石、田猎放牧五个方面，以参与征伐和奉献战俘为最主要。内服势力对于商王朝的贡赋关系表现在耕种王室田地、兵赋、赋纳人员、赋纳牲畜或动物、赋纳卜甲与卜骨、力役、赋纳财物七个方面，以为商王朝力役服务为主。内外服势力对殷商王朝的贡赋主要是以族为单位来进行的，是由殷代族为社会基本结构的特点决定的，内外服势力的贡赋是殷商王朝的主要经济来源。① 杨升南《甲骨文中所见商代的贡纳制度》一文，探讨贡纳用语、贡纳物种类、贡纳者的地域等问题。② 王贵民《甲骨文所记商朝贡纳及所显示的有关制度》一文，对甲骨文所见贡物的种类与数量，贡纳地区及贡纳者进行了较为系统地梳理。③

以上对商代服制相关问题的研究，为系统研讨商代内外服制度，以及商代社会性质与国家形态等问题奠定学术基础。尚缺失对商代内外服相关卜辞资料进行彻底整理，及对卜辞中内外服身份、史迹等问题的再梳理与系统考察。

四　商周之际服制的继承与重建问题

学者对于商周关系研究较多，且并未正视周曾一度为商王朝外服的情况，对商周之际的服制状况涉及较少，对于商王朝其他外服在商周之际的境遇关注不够。葛志毅认为周初对于商代内外服制度曾有继承④，罗志田认为周初曾一度继承商代内外服制而后发展为五服制。⑤ 这一观点似

---

① 晁福林：《殷代贡赋制度述论》，原载《中国古代财政史研究》，中国财政经济出版1990年版，又收入其著《夏商西周史丛考》，商务印书馆2018年版，第542—560页。

② 杨升南：《甲骨文中所见商代的贡纳制度》，《殷都学刊》1999年第2期。

③ 王贵民：《甲骨文所记商朝贡纳及所显示的有关制度》，载王宇信、宋镇豪主编《纪念殷墟甲骨文发现一百周年国际学术研讨会论文集》，社会科学文献出版社2003年版，第415—424页。

④ 葛志毅：《周代分封制度研究》（修订本），黑龙江人民出版社2005年版，第58页。

⑤ 罗志田：《先秦的五服制与古代的天下中国观》，载陈平原、王守堂、汪晖主编《学人》第十辑，江苏文艺出版社1996年版，第367—400页。

乎并未引起学界的重视。最近不少学者研究涉及周代服制问题时，仍以内外服为周代服制的形态。从周初历史发展状况及相关文献反映，周初周武王时期曾继承商代内外服制形式，周成王、周公借东征、南征、北伐的契机，对内外服加以改革，通过册命礼仪的方式建构了五服制。① 从商周之际内外服到五服的服制形态转变视角进行考察，关注商周制度的沿革，为今后进一步研究商周之际国家认同意识的转变及商周国家治理社会方式的演变奠定了学术基础。

五　周代服制形态研究

关于周代的服制问题，古代文献记述为畿服说，大体有以下几种记载：《国语·周语上》载周代五服为"甸服""侯服""宾服""要服""荒服"，将周邦内即后世所称的"王畿"视为甸服，即五服中包括周邦。《逸周书·王会》载诸侯会盟，"应侯、曹叔、伯舅、中舅，比服次之，要服次之，荒服次之"。应侯、曹叔、伯舅、中舅，可能相当于《周语上》的侯服诸侯，与比服、要服、荒服并列，应为四服。《周礼·夏官·职方氏》则载王畿之外有九服：侯服、甸服、男服、采服、卫服、蛮服、夷服、镇服、蕃服。《周礼·夏官·大司马》与此近同，仅将服换成畿，即以国畿之外又有九畿的区划。《周礼·秋官·大行人》则载邦畿之外有六服及蕃国，即侯服、甸服、男服、采服、卫服、要服、蕃国。《周礼》将邦畿与服制区分开来，服制中不包括邦畿。古代经学家主要集中于对经传的注疏，囿于经典的权威，多未怀疑文献所记周代畿服的可靠性，未对服制进行专门的研讨。

直至 1932 年郭沫若的《金文丛考》出版，方指出畿服之分是春秋时人的纸上规划，古代并没有这种制度。畿服的名号本于《尚书》诸篇及金文中对殷商诸侯的异称，并非地域的区划。② 1934 年王树民发表《畿服说成变考》一文，指出畿服说出于战国时人的政治设想。③ 不久，

① 参拙文《以史为鉴与周初社会治理模式的重构》，《古代文明》2015 年第 1 期，以及《服制与中国早期国家管理模式》，《中国社会科学报》2016 年 3 月 1 日第 7 版。
② 郭沫若：《郭沫若全集考古编》（5），科学出版社 2002 年版，第 95—101 页。
③ 王树民：《畿服说成变考》，北京大学潜社编：《史学论丛》第 1 册，1934 年 5 月。

束世澂作《畿服辨》，以甲骨文、金文考察记载畿服说的传世文献，他认为殷周时期确有畿服制度，但只有侯服、甸服，侯服在外，甸服在内。① 20 世纪 40 年代后期，顾颉刚的读书笔记《浪口村随笔》油印出版，其中有《畿服》一篇，认为畿服制中的甸服、侯服、要服为古代所实有，宾服、荒服乃文家从侯服、要服中析出。1963 年，顾颉刚发表《畿服》一文对《周语》所载周代五服制度再次加以肯定，并明确指出周代一些诸侯隶属于某服，如谓"虢、毕、祭、郑皆畿内国，甸服也；齐、鲁、卫、燕受封于王，其国在王畿外，侯服也；杞、宋、陈皆先代遗裔，宾服也；邾、莒、徐、楚者，中原旧国，惟非夏、商之王族与周之姻亲，辄鄙为'蛮夷'，要服也；至于山戎、赤狄、群蛮、百濮之伦，来去飘忽无常，异于要服诸国之易于羁縻，惟有听其自然，斯为荒服矣"②。20 世纪 80 年代以来，学术界大体肯定周代确曾行服制，但对于周代服制形态有不同认识。一部分学者认为周代服制形态为内外服，主要的依据是《尚书·酒诰》所述商代内外服，据此推测周代亦实行内外服制。如王冠英指出周代实行宗法制后，侯、甸、男外服宗法化，变周为以周王为宗主的宗族诸侯联盟的王朝。外服名号由原来的职事渐变为辨别诸侯等级的称谓。③ 即仍以内外服为周代服制形态。王玉哲、贝塚茂树亦称内外服制，但都关注于诸侯、方国对周王朝的义务方式和内容。④ 另有一些学者认为《国语·周语上》所载"五服制"为周代服制形态，⑤ 并有学者根据新出金文对周代五服制进

① 束世澂：《畿服辨》，《史学季刊》第 1 卷第 1 期，1940 年，第 22—27 页。

② 顾颉刚：《浪口村随笔》卷 2，辽宁教育出版社 1998 年版，第 37 页。顾颉刚：《史林杂识初编》，中华书局 1963 年版，第 2 页。

③ 王冠英：《殷周的外服及其演变》，《历史研究》1984 年第 5 期。

④ 王玉哲：《中华远古史》，上海人民出版社 2000 年版，第 588 页。[日] 贝塚茂树：《周代の土地制度——とくに新出西周金文を通じて見た》，《贝塚茂树著作集》第二卷，东京中央公論社 1977 年版，第 171—199 页。

⑤ 王树民：《畿服说考略》，载上官鸿南、朱世光主编《史念海先生八十寿辰学术文集》，陕西师范大学出版社 1996 年版，后收入其著《曙庵文史杂著》，中华书局 1997 年版，第 60—76 页。罗志田《先秦的五服制与古代的天下中国观》，载陈平原、王守堂、汪晖主编《学人》第十辑，江苏文艺出版社 1996 年版，第 367—400 页。陈恩林《先秦两汉文献中所见周代诸侯五等爵》，《历史研究》1994 年第 6 期。张铮《论周代五等爵制与五服制》，《求索》2007 年第 12 期。

行了新证研究。① 晁福林、董珊根据近年新出西周中期士山盘铭文所载"服制"与其他金文及传世文献所述周代服制情况相互印证，确认周代存在服制毋庸置疑，对周代服制所作出的深入探索，为进一步探讨服制的社会治理功能奠定了学术基础。② 王震中提出周代为复合制的国家结构，即"由位于被后世称之为王畿之地的周邦（周王国）与各地的诸侯国所构成"③。亦是在内外服制度基础上的进一步深入研究。也有学者关注周代服制中的朝贡、贡赋、献纳等方面问题，进而申说周代服制形态。④ 学者对周代宗法制度进行系统考论，以宗法制度探讨周代国家结构问题，对宗法制度与西周春秋时期的服制关系等问题作了较好的研讨。⑤ 近年周代地方诸侯国考古遗址发现颇多，尤其是发现大量青铜器，多有长篇铭文，引起学界研究热潮，如围绕诸侯的称谓、职责等方面的探讨，诸侯之间、诸侯与贵族朝臣间的聘问往来，丰富了西周礼制文化和历史内涵。

六　对先秦服制历史影响的研究

有学者研究指出服制于春秋战国之间走向了瓦解，服制体系维系的王权统治逐渐崩溃，意味着服制在历史上的消亡。但先秦服制对后世古代中国产生了深远影响，服制内涵中的职、事、贡三要素都随着王权社会的变迁而融入秦汉以后封建制社会之中。学界集中于服制中的朝贡研究，并且对朝贡制度在后世的演化及羁縻制度的产生作了较好的探讨，代表性的如李云泉、程妮娜的相关研究。⑥ 但是服制内涵中的事与职向后世的演进及对后世的影响等问题，学界在研讨古代中国赋税徭役制度、

①　王晖：《西周蛮夷"要服"新证——兼论"要服"与"荒服"、"侯服"之别》，《民族研究》2003 年第 1 期。

②　晁福林：《从士山盘看周代"服"制》，《中国历史文物》2004 年第 6 期。董珊：《谈士山盘铭文的"服"字义》，《故宫博物院院刊》2004 年第 1 期。

③　王震中：《从复合制国家结构看华夏民族的形成》，《中国社会科学》2013 年第 10 期。

④　杨静刚：《周代之朝贡及畿服制度》，载饶宗颐主编《华学》第九、十辑（上册），上海古籍出版社 2008 年版，第 458—471 页。

⑤　高婧聪：《宗法制度与周代国家结构研究》，中国社会科学出版社 2020 年版。

⑥　李云泉：《万邦来朝：朝贡制度史论》（修订版），新华出版社 2014 年版；程妮娜：《古代东北民族朝贡制度史》，中华书局 2016 年版。

官僚制度等问题时并未给予太多的关注与溯源。从先秦服制演进的视角，结合中国古代社会的变迁，国家制度的承袭与变革，考察服制向后世各项制度的分化与变革，执源而溯流地跨越不同朝代进行长时段历史的研究，应是以后学术研究的重要方向。

第 二 章

服制的起源与早期国家形态

　　服制的起源问题与中国早期国家的建立、初步发展密切相关，乃近年探讨早期国家结构等相关问题时经常涉及的学术话题。在中国先秦文献中记载了关于服制起源的若干信息，学者在探讨相关问题涉及服制时，依据不同的文献进行叙述，因对不同文献所载服制的认识有着较大差异，在追溯服制起源时也出现些不同意见。本章主要从传世文献所提供的关于早期国家及服制起源的记载，以及新石器时代考古发现反映的社会形态演进，传世及出土文献所见五帝时代社会发展状况，对早期国家的出现，服制起源以及服制在早期国家建立、发展进程中的作用等问题作些尝试探讨。

第一节　服制与中国国家起源

　　服制与中国早期国家都孕育于前国家社会，是中华大地上人类社会组织逐渐演进的结果，是中国先民的智慧结晶。先秦时代的社会基本结构为族组织，这是学界认识和探讨先秦社会的共识。服制起源于族内事务，由族内事务扩展到族际甚至族邦事务，以至于国家事务，这样的历史进化的思路应是可以理解和接受的。而中国早期国家政治组织也是由族组织的逐层次发展进化，逐步过渡到国家的发展阶段。目前关于国家起源理论的研究，主要集中于国家出现的条件，即判断某一社会组织为国家的标准条件问题；另一主要问题是人类社会组织步入国家的途径或形式，以及由族到国家演进的动力问题。本节主要探讨服制的内涵、服制起源情况、中国国家起源的特殊性问题，厘清服制与国家起源的关系。

一　服制的内涵

何谓服制？学术界存在较大分歧，至今未能达成共识。考察专家对服制的界定，多是在研究不同问题时有所涉及，如王玉哲在论述周代分封诸侯的等级问题时，判断"服制是诸侯为周室服务的方式和内容的不同规定，而不是地位等第之差异"①。金景芳认为"服，实际上是关于地方政权与中央政权关系的一种规定"②。还有学者对外服的性质有所判断，如徐中舒等研究三代剥削制度与贡赋问题时，认为商代外服制是一种"指定服役制"③。研究官制的学者视内外服为内外之官，以内服为王朝中央职官，外服为地方长官。④ 探讨外服制的学者径称外服为殷周邦君诸侯，即以外服等同于诸侯。⑤ 还有学者从政治地理结构与王权运行角度考察，如宋镇豪认为："外服制当指畿外'四土'、'四方'政治疆域内的王权驾驭力度。"⑥ 王震中认为内外服制反映了夏商西周王朝为多元一统的复合制国家结构。⑦ 诸上研究结论显示，学界对于服制的性质多理解为中央政权与地方政权之间的关系，亦可以说是国家结构问题，只是具体表述及强调的学术问题点存在较大分歧。对于服制内涵与性质尚未有明确的界定，仍需专门的探讨。

界定先秦服制需从文献客观的记载入手，再证以甲骨文、金文。传

① 王玉哲：《中华远古史》，上海人民出版社 2000 年版，第 588 页。

② 金景芳：《中国奴隶社会史》，上海人民出版社 1983 年版，第 123—124 页。

③ 徐中舒、唐嘉弘：《论殷周的外服制——关于中国奴隶制和封建制的分期问题》，专刊《先秦史论文集》，1982 年。赵世超：《指定服役制度略述》，《陕西师范大学学报》1999 年第 3 期。最近循此思路系统论述的是卢中阳《商周指定服役制度研究》，台北：花木兰文化出版社 2013 年版。

④ 王贵民：《商朝官制及其历史特点》，《历史研究》1986 年第 4 期。

⑤ 王冠英：《殷周的外服及其演变》，《历史研究》1984 年第 5 期。

⑥ 宋镇豪：《论商代的政治地理架构》，《中国社会科学院历史研究所学刊》（第一集），社会科学文献出版社 2001 年版，第 23 页。

⑦ 王震中：《夏代"复合型"国家形态简论》，《文史哲》2010 年第 1 期；《论商代复合制国家结构》，《中国史研究》2012 年第 3 期；《从复合制国家结构看华夏民族的形成》，《中国社会科学》2013 年第 10 期；《中国王权的诞生——兼论王权与夏商西周复合制国家结构之关系》，《中国社会科学》2016 年第 6 期。

世早期文献及古代训诂所见"服"之义较多，如《说文·舟部》："服，用也。"《尔雅·释诂上》："服，事也。"《尔雅·释言》："服，整也。"从文字训诂方面看，服字有用、事、整治之意，以事为最基本意思。体现在先秦文献中，《尚书·皋陶谟》载禹自述治水成功"弼成五服"，皋陶称"天命有德，五服五章哉"。《尚书·禹贡》"五百里甸服"，孔疏认为五百里内甸服"皆是服王事也"，则五服皆可判断为服王事者，所服王事主要是贡纳。《尚书·盘庚》载"先王有服，恪谨天命"，"盘庚教于民：由乃在位，以常旧服，正法度。""若农服田力穑，乃亦有秋。"《盘庚》三处"服"字分别为事、职、治之义。《尚书·康诰》载周公告诫就封的卫康叔，明确康叔职责："乃服惟宏王应保殷民，亦惟助王宅天命，作新民。""有叙时，乃大明服。……明乃服命，高乃听，用康乂民。"《康诰》三处"服"皆指卫侯的职责。《尚书·多士》："有服在百僚"，《尚书·多方》："尚尔事，有服在大僚"。说的是殷多士和多方之士将有职事。《诗经·大雅·荡》："曾是在位，曾是在服。"毛传："服，服政事也。"《国语·周语上》："夫先王之制，五百里甸服"，韦昭注："服，服其职业也。"综合传世文献记载，可知虞夏商周时期存在以事、职、贡为内容的服。再以殷墟甲骨文、西周金文所载"服"的事例观之，服政事、服王事的具体表现是：践行王事、恪尽职守、献纳贡物三项内容，[①] 故概括地说先秦服制具体内涵包括事、职、贡三个方面。先秦服制所囊括的三方面内涵，反映了先秦时代国家的形成途径、国家的结构特征、国家的治理功能等实质性问题。

二　服制起源

传统文献追溯到服制的起源问题，可就服制内涵三个方面分别言之。涉及服制中"贡赋"内涵的如《尚书·禹贡》载禹治水成功，根据九州土地物产状况，确定九州诸邦所贡，似形成甸服、侯服、绥服、要服、荒服五类服的贡纳制度，也就是《尚书·皋陶谟》所谓禹"弼成五服"。

---

① 参见拙著《商周服制与早期国家管理模式》第一章"商周时期的服制形态"，上海古籍出版社 2016 年版。

《史记·夏本纪》载太史公言："自虞、夏时，贡赋备矣。"大禹治水成功后确立贡赋制度，应是先民对史前大洪水遥远记忆的一部分，这得到近年公布的西周中期铜器遂公盨的有力支持。遂公盨铭文被认为是西周时期舜之后裔追忆的古史，确证舜之时已有贡纳政治现象。近年经考古学者研究证实，《尚书·禹贡》所载的五服曲折地反映了新石器时代后期龙山文化期中原与四邻的相互关系。如赵春青指出："王湾三期文化大致相当于王畿即甸服，环绕王湾三期文化的中原龙山文化诸文化类型包括后岗二期文化、造律台文化、三里桥类型、杨庄二期类型、下王岗类型、陶寺文化等当为侯服和绥服，分布在中原龙山文化东边的海岱龙山文化、南边的石家河文化、西边的客省庄文化和齐家文化、北边的老虎山文化当为要服和荒服。"① 禹治水成功使各族邦心悦诚服，以献纳贡物的方式表达对以舜为首的族邦联盟国家的臣服。龙山时代，聚落形态发生的最大变化是，城邑较为普遍地出现，以城邑为都邑，并聚合周围的村落社群而形成若干都邑国家。都邑聚落是一定范围内政治、经济、文化和宗教祭祀中心，周围的那些弱小聚落是臣服族氏居民居住区。他们因需要都邑聚落提供神灵护佑和军事保护，可能与都邑聚落存在某种依存和贡纳关系，都邑周边的聚落生产为都邑生活提供经济支持。在新石器时代后期神权政治和残酷战争环境中，贡纳依存关系不仅难以摆脱甚至逐渐强化。至禹即位及启继任为夏王，继承并发扬了贡纳制度，使之成为推行天下的服制重要内容。

关于服制内涵中的职官起源，据《左传》《国语·周语》《尚书·尧典》所载"五帝时代"设官分职的情况，可认为早期国家的职官起源于前国家社会族群的各级首领职责。《左传》昭公十七年载：郯子来朝鲁，昭子问"少皞氏鸟名官"之事，郯子对祖先掌故颇为熟悉，述及黄帝以云，炎帝以火，共工氏以水，太皞氏以龙，少皞氏以鸟名师名官，皆以远物纪师与官；至颛顼以后变为以近物纪名纪官。《国语·楚语下》载观射父论颛顼时期"乃命南正重司天以属神，命火正黎司地以属民"，颛顼设置南正重、火正黎分别掌管祭祀上天与地上民众事务，将民事与神事

---

① 赵春青：《〈禹贡〉五服的考古学观察》，《中原文物》2006 年第 5 期，第 19 页。

分离。《尚书·尧典》载尧"乃命羲和，钦若昊天，历象日月星辰，敬授人时"。"允厘百工，庶绩咸熙。"命羲和之官观测天象，制定历法，以此历法考核百官。《尚书·尧典》载舜时期"伯禹作司空"，平治水土成功，故"使宅百揆亮采"。命禹居百揆之官领导政事。"弃，黎民阻饥，汝后稷，播时百谷。""契，百姓不亲，五品不逊。汝作司徒，敬敷五教，在宽。""皋陶，蛮夷猾夏，寇贼奸宄。汝作士，五刑有服，五服三就。五流有宅，五宅三居。惟明克允。""垂，汝共工。"殳斨与伯与辅之。"益，汝作朕虞。"朱虎与熊罴辅之。伯夷，"汝作秩宗"。"夔，命汝典乐，教胄子。"龙，"命汝作纳言，夙夜出纳朕命，惟允"。从舜所命职官的人选看，担任国家职官者皆为各个族邦的首领。再联系新石器时代后期的龙山文化期都邑国家特征，等级分化明显，早期国家已经产生，必已有明确的职官设置。

服制中的"王事"内涵，当起源于前国家社会族群内的公共事务。族内事务从人类族群产生就一直存在，在阶级分化未出现之前，各个族群首领所肩负事务多为族群发展大计，属于服务性的社会公仆事务。随着农业经济的发展，族群的壮大，对外联系的加强，由一些比较固定的家族、宗族首领担任族群首领，首领的职责、事务逐渐扩大，生产的发展，私欲的膨胀，促进贫富分化出现及阶层的分化。族群的公仆蜕变为统治者，族众为族群所做公共事务固定为各自族氏应尽的事，以此表达对族群或族邦首领的臣服。随着社会组织结构的不断演进，这种"服事"愈加强化，成为臣服者对统治者表达忠心的直接方式，也是不同等次的社会组织得以运行的重要动力，由氏族进而发展为族邦甚至是族邦联盟国家。族内首领与族众关系的"服"由相延习俗，而随着族群、族邦向国家的演进，逐渐演化为国家制度，服的事义转化服王事、服政事。由于族群或族邦演变为国家，族群事务也进化为国家事务，族群的各级管理者出任国家的各级职官，国家的各级官僚组织及臣属族氏所担负的事情成为践行王事的重要内容。从施治者一方说，"服"是制服、征服，使受制者服从，是管理与控制；从受治者一方说，"服"是臣服、服从，服从的具体表现是无职官者为统治者做事、纳贡赋，有职官者践行职事，以及献纳贡赋，以表达服从、臣服的诚意。

可以说，先秦服制与中国早期国家是相伴而生的，在国家产生之前，服的关系已经存在于族组织之中，服制的确立过程，反映了人类社会组织由氏族、宗族构成的聚落向都邑及国家演进的过程，反映了早期国家结构形态确立进程，服制构成了中国早期国家建构与国家运转的一大特色。先秦时代的中国社会以族为基本的社会单位，最高权力的形成过程需要借助大小族氏或族邦势力，以最高权力为代表的国家维持运行也必须借助各级大小族群，所以决定了先秦时代的国家建构的前提是大小族群对最高权力的服从，服从的具体表现是为最高权力做事，表现于商周时期古文字材料中有"由王事""用事"，大小族群的首领进入以最高权力为中心构建的国家机构中，通过担任各级职官参与国家管理，执行王命践行王事，表达政治上的臣服，同时又以此方式实现最高权力与地方族群的互动交流；大小族群皆拥有土地、族众作为其族群生存繁衍的基础，形成大大小小的以血缘族群为基础的地域政治势力，各地域内族群还要献纳土产于国家，声称作为国家祭祀之物，是最高权力在宗教神事领域对大小族群的控制，可能表达的是大小族群对于最高权力的精神认同。

三 国家起源的中国道路

关于国家起源诸说中，都提到的古代国家的特征有：国家具有公共权力（或称"合法的垄断的武力"、强制性权力等）；国家社会是阶级社会，存在阶级和阶级分化（或称"社会分层"）；国家的国民超越了血缘关系而被地缘关系所替代。这些国家起源理论皆有部分文明作为参照，但不是掌握了世界上所有地区文明与国家起源的材料之后而综合分析得出的结论，依据这些国家理论解释中国古代国家起源问题，并不完全合适。中国国家起源理论，应该建立在综合分析中国固有文献材料、考古发现等基础上，参考这些理论，建构起符合中国实际的国家起源理论。

经过学术界多年研究，大体取得的共识是，中国古代国家和文明的形成，建立在家族—氏族—宗族为基本社会结构基础上，在夏商周三代国家社会中，"族氏血缘关系"依旧发挥着重要作用，社会的基层单位依旧是血缘性的宗族，国家还没有彻底与血缘组织分离，宗族依旧是政治、经济、军事等方面的实体，国家的建构和运行都要倚重这些大大小小的宗族组织，这是中国早期国家建构与国家形态的重要特征。

王震中在吸收既往研究国家概念的基础上，充分分析了中国新石器时代的考古遗址和记载五帝时代的文献，指出："国家形成的标志应修正为：一是阶级的存在；二是凌驾于社会之上的公共权力的设立。阶级或阶层的出现是国家这一管理机构得以建立的社会基础，凌驾于全社会之上的公共权力的设立则是国家的社会职能，是国家机器的本质特征。"① 将古代国家定义为："拥有一定领土范围和独立主权，存在阶级、阶层和等级之类的社会分层，具有合法的、带有垄断特征的凌驾于全社会之上的强制性权力的政权组织与社会体系。"② 学术界对国家形成途径或机制的解释上有多种理论观点，但作为国家形成的结果，都有阶级或阶层、等级之类社会分化的存在，都有某种形式的强制性公共权力的设立，则是确凿无疑的。古代中国国家起源的特殊性在于血缘族组织家族——宗族仍是社会的基本单位，在国家形成最初及相当长的一段时间，吸收了原始时代血缘组织维系社会运行的法则，即不同的族担负着不同的社会事务，早期国家建立仍以不同族组织担任国家事务。随着早期国家初期阶段的发展完善，逐步形成国家治理方面的重要制度——服制。从新石器时代考古遗址聚落形态演变看，新石器时代早期的人们以家庭为单位形成聚集的氏族公社组织，可能已存在社会分工，不同家庭承担不同事务。随着农业的大发展，人口繁衍增多，至新石器时代中期聚落遗址范围增大，出现村落甚至聚落群聚的情况，聚落内居民按照家族、氏族进行社会分工，聚落存在向心力即权力中心，聚落群具有族邑属性，邑外有环濠护卫，形成一个有着共同信仰和认同中心的社会组织共同体。新石器时代中期后段各地出现了石头城，应是重要的政治中心，周边附属一些大小聚落。早期国家正是建立在这种邑制基础之上，形成中心为都邑及附属郊、鄙、奠的直接控制政治区域，四方为臣服小邑聚落外藩，

---

① 王震中：《文明与国家——东夷民族的文明起源》，《中国史研究》1990 年第 3 期，收入其著《中国古代文明的探索》，云南人民出版社 2005 年版，第 122 页。

② 王震中：《中国古代国家的起源与王权的形成》，中国社会科学出版社 2013 年版，第 15 页。

构成最早的内外服的国家结构。

关于中国早期国家的出现，学术界曾有不同认识，或认为夏代开始进入了早期国家阶段，夏代以前尚处于部落联盟或酋邦阶段；或认为夏代以前的五帝时代已经进入早期国家初期阶段，其国家形态是族邦联盟。从服制起源的角度考察，服制是早期国家出现以后，国家结构与社会管理职能逐步完善所形成的，而服制的确立又促进了早期国家结构形式的完善，以及早期国家初期阶段向更高层次的发展，逐步迈向王权国家阶段。

然当前学术界对三代以前的五帝时代的研究，仍处于相对低沉的状态。20 世纪前期无论是古书记载的远古历史，还是历史人物、史实皆受到疑古思潮的巨大冲击。从张光直在 20 世纪 60 年代所言"我们都知道所谓黄帝、颛顼、唐尧、虞舜、夏禹都是'神话'中的人物，在东周及东周以后转化为历史上的人物。'古史是神话'这一命题在今天已经是不成其为问题的了"①。至今还有不少学者视五帝时代甚至夏代为神话传说，可见疑古思潮对上古史研究的重大影响。学者多将重建古史的希望寄托在考古新发现上，随着新石器时代考古遗址、文物的不断发现，尝试将之与文献所载古史对应起来，但结果并不太理想。而部分考古学者的观念也发生较大变化，由过去的证史补史，到提出以考古学重建上古史。既然五帝时代不能直接与当下考古发现新石器时代遗址直接对应，那就不能勉强为之。宜作三分法，一是对新石器时代社会形态演进进行细致的分析；二是对文献所载五帝及五帝时代社会发展状况进行深入分析；三是对比两者之间的异同。

第二节　新石器时代社会形态的演进与服制的起源

随着近代以来考古学的发展，特别是近年新石器时代考古遗址的大量发掘与研究，为探讨新石器时代社会形态的演进、服制与国家起源问

---

① 张光直：《商周神话之分类》，《中国青铜时代》，生活·读书·新知三联书店 1999 年版，第 358 页。

题提供了重要资料。距今 12000—9000 年间，在中国的南方和北方都有属于新石器时代早期遗址的发现，距今 9000—7000 年则为中国原始农业文化发展的重要时期。严文明将中国新石器时代分为早、中、晚三期，紧接其后的是铜石并用时代，亦分为早晚两期。① 近年许多学者将距今9000 年左右作为中国新石器时代早期与中期的分界，如王震中结合新石器时代考古的新发现，对新石器时代进行了具体时段的划分，即将距今12000—9000 年左右的阶段划为新石器时代早期，将距今 9000—7000 年左右（前仰韶时代）的阶段划为新石器时代中期，将距今 7000—5000 年左右（仰韶时代）的阶段划为新石器时代晚期，将距今 5000—4000 年左右（龙山时代）的阶段划为早期铜器时代。② 严文明曾对新石器时代聚落形态进行初步的系统考察，对聚落形态反映的聚落居民社会组织形态进行了揭示，这一视角对于认识新石器时代社会形态具有重要的指导意义。③ 王震中以考察新石器时代考古遗址中的聚落遗址为主要视角，根据新石器时代不同时期聚落形态的演进，探讨社会形态演进模式或阶段。④对新石器时代聚落的研究较为系统性的论著已经产生，如裴安平《中国史前聚落群聚形态研究》⑤，显示以考古学聚落遗址为单位，考察史前人类文明及国家社会的演进，为当前的学术前沿与重要研究方法。兹综合上述学者研究成果，并结合新石器时代遗址，对新石器时代到铜石并用时代社会形态试作概述。

一　新石器时代早期聚落遗址与社会形态

农业的起源与农耕聚落的出现为新石器时代文化的开端，更是人类走向文明与国家社会的起点和基础。近年所见新石器时代早期的考古遗

---

① 严文明：《中国史前文明的统一性与多样性》，《文物》1987 年第 3 期。

② 王震中：《中国文明起源的比较研究》（增订本），中国社会科学出版社 2013 年版，第44 页。

③ 严文明：《中国新石器时代聚落形态的考察》，载《庆祝苏秉琦考古五十五年论文集》，文物出版社 1989 年版，第 24—37 页。

④ 王震中：《中国古代国家的起源与王权的形成》，中国社会科学出版社 2013 年版。

⑤ 裴安平：《中国史前聚落群聚形态研究》，中华书局 2014 年版。

址逐渐增多，在南方有距今 1 万年以上的湖南道县寿雁镇白石寨村玉蟾岩遗址、江西万年仙人洞和吊桶环遗址，以及距今 10000—8500 年间的浙江浦江县黄宅镇上山遗址。这些新石器早期遗址都有人工栽培稻谷遗存和陶器的发现，表明长江中下游地区稻作农耕起源大体确定在 1 万年以前。这说明新石器时代早期在长江中下游地区都已经出现了农业的起源和定居生活。在北方有距今 11000—9000 年间的河北徐水县南庄头遗址、河北阳原县于家沟遗址、北京门头沟区东胡林遗址、北京怀柔区转年遗址。在这些新石器时代遗址中发现有谷物加工工具和陶器，如在南庄头遗址发现打制石器、石磨盘、石磨棒及早期陶器陶罐等残片，鹿的骨角做成的锥形器，发现螺、鳖、鸡、鹤、狼、狗、家猪以及鹿类的骨骼，说明该地生活的居民已经掌握原始农业、家畜饲养和制陶技术，其肉食来源仍以捕获野生动物为主。① 在于家沟及转年遗址发现有打制石器、细石器、磨制石器、谷物加工工具、早期陶器②；在东胡林遗址发现打制石器、细石器、磨制石器、谷物加工工具、早期陶器以及火塘、墓葬等③，虽未发现农作物遗存，但谷物加工工具及陶器、火塘、墓葬的存在，表明北方新石器时代早期人类业已出现定居生活。考察这些地区新石器时代早期聚落遗址，大体可见以农耕和畜牧为基础的定居聚落已经产生。

目前发现在中国的南方和北方新石器时代早期遗址反映，其聚落发展程度不同，聚落形态大体有五种类型：洞穴遗址、贝丘遗址、盆地中平坦开阔的聚落遗址、丘陵地带或山区河谷阶地的聚落遗址、平原上的聚落遗址。洞穴遗址类型比较重要的发现有江西万年仙人洞、湖南道县玉蟾岩、广西柳州白莲洞、桂林甑皮岩等，就居住形态言，其可能继承旧石器时代文化而来。从出土的生产工具和大量动植物化石看，当时的

---

① 参见保定地区文物管理所等《河北徐水县南庄头遗址试掘简报》，《考古》1992 年第 11 期。河北省文物研究所等《1997 年河北徐水南庄头遗址发掘报告》，《考古学报》2010 年第 3 期。

② 泥河湾联合考古队：《泥河湾盆地考古发掘获重大成果》，《中国文物报》1998 年 11 月 15 日第 1 版。郁金城等：《北京转年新石器时代早期遗址的发现》，《北京文博》1998 年第 3 期。

③ 北京大学考古文博学院等：《北京市门头沟区东胡林史前遗址》，《考古》2006 年第 7 期。

经济类型还主要是广谱的取食经济。如玉蟾岩遗址出土石制品近千件，骨器、角器有骨铲和骨锥等。洞穴中出动物化石有哺乳类动物和鸟类、鱼类、龟鳖类、螺蚌、昆虫等。哺乳类动物有熊、貉、灵猫、鹿、猪等28个种属，多与洞穴居民的狩猎经济相关。鸟禽类有雁、鸭、鹤、天鹅等27种，其中水栖种类有18种，说明玉蟾岩附近有湖泊存在。鱼类有鲤鱼、草鱼、青鱼等；龟鳖类有鳖、隐颈龟；螺蚌类达26种以上，皆与洞穴居民捕捞食用相关。洞穴中的植物种类达17种，当与洞穴居民的采集食用相关。[①] 再结合该遗址发现种植稻谷遗存和陶器看，在距今1万年前的洞穴居民的生业方式是多样的，在采集、捕鱼、狩猎和种植稻谷多种经济形式共同作用下，过着定居生活。洞穴居民应已采取熟食方式，洞穴遗址中往往发现火塘，如仙人洞中先后发现火塘22处，甑皮岩也发现多处类似遗迹，相信以后会有更多这方面的发现。严文明认为这些火塘的存在，表明洞穴居民已存在较小的社会组织，他们各有火塘而不与别人共用火塘。这种较小的社会组织应是某种家庭性质的结合，而整个洞穴聚落居民的社会组织可能是以氏族为基础的小型公社。[②] 贝丘遗址分布于广东、广西、江西等地沿海和河流转弯处，其居民以采集贝类为主要食物来源。贝丘遗址与洞穴遗址的共性是文化堆积厚，占地面积小，居民发展空间有限，人口数量少，社会组织简单。这两类定居聚落遗址相对于农耕聚落遗址来说，受周边环境及生业方式影响发展缓慢，逐渐落后于农耕聚落。新石器时代早期作为盆地中河谷地带比较开阔平坦的农耕聚落遗址，近年发现比较有代表性的是浙江浦江县黄宅镇上山遗址，其下层年代经碳14测年并校正树轮后确定为距今10000—8500年前。遗址面积2万多平方米，已发掘1800平方米范围内，出土遗迹有可能是干栏式建筑的房址、与祭祀或墓葬有关的灰坑、储藏坑。[③] 丘陵或山区河谷阶地的新石器时代早期聚落遗址，近年发现的东胡林遗址极具代表性。

---

① 袁家荣：《玉蟾岩遗址》，载宿白主编《中华人民共和国重大考古发现：1949—1999》，文物出版社1999年版，第49—50页。

② 严文明：《中国新石器时代聚落形态的考察》，载《庆祝苏秉琦考古五十五年论文集》，文物出版社1989年版，第24—37页。

③ 浙江省文物考古研究所等：《浙江浦江县上山遗址发掘简报》，《考古》2007年第9期。

该遗址年代经碳 14 测定，并经树轮校正后的年代为距今 11000—9000 年前的新石器时代早期。① 经三次发掘，发掘出 3 座墓葬、10 余座火塘和房址、灰坑等遗迹，虽尚未发现栽培的谷物，但出土给谷物脱壳的石磨盘和石磨棒，以及作为收割谷物的骨柄石刃刀，并发现陶器、墓葬、火塘等，说明东胡林人过着定居生活。新石器时代早期发现平原上的聚落遗址，在北方有距今 1 万年前的河北徐水南庄头遗址，已见前述。在南方有距今 8000 多年前处于新石器时代早中期之间的湖南澧县彭头山遗址，在初步发掘的 400 平方米内，发现有房屋、墓葬、灰坑、陶器、石器，陶片中夹有大量的稻壳和稻谷，应出于有意为之。② 说明该聚落居民已处于定居生活，进行稻作农耕，可视为农耕聚落，但其生业方式应不限于稻作农业，狩猎和捕捞亦应占一定比重。

从目前所见新石器时代早期的聚落遗址看，规模大多较小，人口应不多。但从定居生活以及农耕生产活动比重逐渐加大看，聚落人口数量必然逐渐增加，聚落规模亦会逐渐扩大。具有稳定性和一定规模的农耕聚落共同体的出现，使土地的聚落集体所有制得到发展。聚落生产生活需要有人进行组织规划，最初的共同体领袖或领袖集团应已出现了，这样的人应是最具有组织协调能力和威信力，被聚落居民视为英雄。以聚落为单位的经济、军事、宗教、礼仪以及对外关系等一系列活动逐渐形成，同时产生相关社会活动的管理者即社会职事。人类社会以农耕、畜牧定居聚落生活为基础，向着区域化、集中化的方向发展。

二　新石器时代中期中心聚落产生与社会形态的发展

中国的农业起源和农耕聚落出现后，经历 3000 余年的缓慢发展，至新石器时代中期（距今 9000—7000 年）迎来了农业的较大发展，促进农耕聚落的扩展。这一时期代表性的考古遗址有中原地区的河北武安磁山遗址、河南新郑裴李岗遗址、关中及其西部的老官台文化、山东滕县的

---

① 北京大学考古文博学院等：《北京市门头沟区东胡林史前遗址》，《考古》2006 年第 7 期。

② 湖南省文物考古研究所等：《湖南澧县彭头山新石器时代早期遗址发掘简报》，《文物》1990 年第 8 期。

北辛文化、辽河流域内蒙古东部敖汉旗的兴隆洼文化、辽东半岛的小珠山下层文化、黄淮平原的舞阳贾湖遗址、长江中游的澧县彭头山遗址、城背溪文化、浙江萧山跨湖桥遗址、浙江余姚河姆渡遗址等。①

　　新石器时代中期考古农业文化的发现，表明当时农业已有较大发展，已成为主要经济部门，发现的农作物实物资料主要是粮食作物和栽培蔬菜。粮食作物在北方地区主要是粟和黍，在南方地区主要是水稻。在黄河流域的绝大多数遗址中都发现了房屋建筑，有的还发现了原始的村落遗址，表明新石器时代中期农业文化已经产生一定规模的聚落，并且以修筑环濠为此期聚落的主要特点。其中兴隆洼遗址发现房址200余座，均为半地穴式，面积普遍较大，一般约50—70平方米，个别大房子达140多平方米。新石器时代中期的农耕聚落多建于依山傍水、周围有大片较为平坦地面的环境中，聚落遗址面积大，人口众多。从聚落区划和功能方面看，聚落的公共墓地已经形成，生前聚落居民聚族而居，死后也聚集而葬。聚落内可能划分不同的家族，家族内又划分出若干小家庭，说明聚落组织内部已经分成若干层次。另外储藏设施相对独立，呈现成区或成群的存在形式，不归属于单个的住宅，或许表明在生活消费领域尚实行平均共产的原则。在兴隆洼发现环绕聚落的壕沟是当时的一种防御措施，也是聚落共同体与外界相区别的标志。在此聚落共同体中，处于聚落中心的大房子之类公共建筑的设立，说明此时已经存在一个聚落成员所认可的、具有一定权威意义的聚落文化中心，它是聚落内婚姻嫁娶、生产生活、农耕、宗教、礼仪等大小事务的管理与协商中心，是聚落内各个核心家庭和家族等个体单位和个体行为内聚与辐辏的标志性建筑物。② 可以说，新石器时代中期的聚落已经产生不同层次的社会组织与服事关系，聚落共同体的认同意识已经产生。

---

　　① 参考严文明《中国新石器时代聚落形态的考察》，载《庆祝苏秉琦考古五十五年论文集》，文物出版社1989年版，第24—37页。

　　② 参王震中《中国文明起源的比较研究》（增订本），中国社会科学出版社2013年版，第69—70页。

三　新石器时代晚期不平等的"族邑—村邑"聚落结构形态

新石器时代晚期距今 7000—5000 年左右，即仰韶时代。这一时期聚落的形态变化较大，大体可以分为两个阶段：一是距今 7000—6000 年前的新石器时代晚期前段，聚落进一步扩展、完善与内聚，逐渐呈现向心布局。二是距今 6000—5000 年前的新石器时代晚期后段，由内外平等聚落向中心聚落—村邑聚落形态转变，并最终形成内外不平等因素的中心聚落形态，成为后世宗邑与村邑形态的雏形。第一阶段的聚落遗址几乎遍及全国，其中在黄河流域主要属于仰韶文化的半坡期和大汶口文化早期，在长江流域主要是大溪文化前期和马家浜文化，在辽河流域主要是红山文化前期等。其中以仰韶文化半坡类型典型聚落形态遗址较多，如陕西西安半坡、临潼姜寨、宝鸡北首岭、甘肃秦安大地湾第二期遗存等遗址，对于揭示此期社会形态演进具有重要的学术价值。

新石器时代晚期前段的聚落遗址呈现明显的规划布局，如聚落内居住区、手工业作坊区、墓葬区有明确的区划，同时又在空间布局上紧密结合。聚落居住区周围设有较深、宽的环壕围护，墓葬区与陶窑分布于壕沟之外。如半坡遗址居住区约占 3 万平方米，居住区周围设有宽深各 5—6 米的壕沟围护。壕沟外的北面是墓葬区，东北为陶窑生产区。姜寨聚落居住区居中，围以壕沟，东边、南边是墓地，西南是烧制陶器的窑厂。壕沟 HG1 与 HG2 之间，HG1 与 HG4 之间互不衔接，在壕沟空缺处有 F10 和 F103 两座房子，可能为聚落居民向东的出入口，出入口或已设置门禁。聚落居民出东门可达墓地亦可至南山狩猎，以及至聚落东边原野耕作。聚落西南临河西岸有大片平坦耕地，当是聚落居民的主要农耕、畜牧和采集场所。聚落内居住区中各类房屋的分布、排列组合，为考察房屋居住人群的社会关系提供了重要线索。姜寨一期遗存，在大壕沟环绕的居住区内，基本上属于同一时期的房屋大约有 100 座，分成五个大的群落，五个群落房屋中间有一块约 1400 平方米的广场，各群房屋的门均朝向中央广场，形成五组向心的房屋组合。各群落房屋分为小型、中型和大型三类房屋，以大型房屋为主体，中小型房屋围其而筑。小型房屋最多，有圆形和方形两种，面积多为 10 平方米左右，屋内结构是正中为一个灶坑，可能为炊事、照明、取暖之用，地面平整。多数房屋因是居住者主动废弃，屋内空无遗物。少部分房屋因火灾或其他原因房顶突然倒塌，覆盖全屋，室内物品原放位置未动而被保存下来。主要是日常生活用具和生产工具，多放置于屋内前半部分和灶坑周围，屋内后半部极少放置物品。如F14屋内南边摆放陶盆2件、陶钵3件、陶罐5件、陶甑1件；石斧1件、石铲2件、石磨棒2件、石球1个；骨鱼叉2件、骨镞、骨笄各1件，以及装饰品。这样的房屋包括小孩在内能睡三四人，可能是夫妻及一两个子女所构成的家庭。中型房屋均为方形半地穴式，面积在24—40平方米，屋内结构与小型房屋基本相同。中型房子似乎是家族长及其所在家庭的住宅，在五组房屋中，每组只有一座中型房子，说明每组房屋代表一个大家族，即姜寨一期聚落遗址由五个大家族构成。大型房屋面积在53—87平方米，共有五座，分别存在于五个房屋组群内，其中F1最大，达128平方米。房屋均呈方形，门内中央有大型连通灶或灶台，灶坑两边有高出居住面的平台，似为土床，面积因房屋大小而异，约在10—18平方米不等，可住二三十人。床位后面有较大的空地，可容纳较多人举行集体活动。屋内未发现生产工具和生活用具。关于大房子的性质与用途，一般认为是氏族举行集会议事等集体活动的公房或兼作氏族首领的住宅。王震中认为，这类大房子是专供大家族集体活动、大家族内未婚青年谈情说爱和夜宿的家族公房，主要根据是大房子中无生产和生活用具，说明其不是作为家族长及其所在家庭的生活和消费场所，大房子中存在的大型连通灶，说明存在共食共餐，但无陶器等生活用品，说明这种共食共餐是临时性的。屋内灶两边对称的土床，当是为未婚青年男女提供夜宿的固定地方。①

　　姜寨一期聚落五组房屋群可能是五个大家族，由五组房屋门皆朝向中间的广场，说明五个大家族有着共同的向心，已经形成聚落共同体，可能是氏族公社。姜寨聚落的社会组织结构可能为：小家庭—大家族—氏族（聚落共同体）。这样的社会组织结构亦反映仰韶文化早期的社会权

---

　　①　王震中：《中国文明起源的比较研究》（增订本），中国社会科学出版社2013年版，第80—81页。

力结构，五大家族各有其族长，五大家族构成的氏族聚落，亦应有其首领。由聚落中所有房屋的门都朝向中心广场的现象，足以说明聚落一级权力中心的存在。这个权力中心主要是宗教礼仪中心与生产管理中心——对聚落土地等公有资源的统筹管理和对生产的分工安排。从各家族周边分布生产遗址来看，各家族可能存在社会生产分工，如两座圈栏分布于北组房屋分布区内，说明北组房屋所属家族有从事畜牧之责；制陶作坊明显归南组房屋，说明南组房屋所属家族有从事制作陶器的社会职责。

这一时期氏族首领还具有宗教巫术公共权力，以河南濮阳西水坡遗址发现的三组用蚌壳摆成的人与龙虎图像，最能说明该问题。仰韶前期农牧聚落氏族首领还可能具有军事权力，如河南临汝阎村出土的一批仰韶文化陶器，其中有一件作为成人瓮棺葬具的彩陶缸特别引人注目，陶缸上绘画一只白鹳嘴中衔着一条鱼，旁边竖立一把斧子。[①] 严文明认为，这类陶缸瓮棺葬具在伊洛嵩山一带仰韶文化阎村类型的遗址中一再出现，阎村遗址处于这类遗址的中心区域，且各地发现此类陶缸皆朴素无彩，唯独阎村有三件彩陶缸，画《鹳鱼石斧图》的为其中一件，可见其地位的特殊。如果仰韶文化这一类型遗址代表着一个确定的人群共同体，则其规模至少够得上一个部落联盟，阎村遗址很可能是这个联盟中心部落居址。鹳鱼石斧图彩陶缸应是联盟酋长的葬具，白鹳是死者本人所属氏族以及部落联盟中兄弟氏族的图腾，鲢鱼则是敌对联盟中首领氏族图腾，这位酋长生前必定是英武善战的，他曾使用作为权力标志的大石斧，率领白鹳氏族及其联盟与鲢鱼氏族进行殊死战斗，最终取得决定性胜利。他去世之后，为纪念他的功勋，专门烧制了一个最大最好的陶缸，用画笔将他的业绩记录在上面。[②] 王震中认为白鹳与鲢鱼代表两个敌对部落的部落神，大斧为原始部落中军事酋长的权力标志物。大斧与仰韶时代后期和龙山时代在黄河、长江流域都出现的石钺、玉钺以及铜器时代的铜钺一脉相承、连续有序。作为军事统帅权的标志物在仰韶时代前期的出

---

① 临汝县文化馆：《临汝阎村新石器时代遗址调查》，《中原文物》1981 年第 1 期。
② 严文明：《鹳鱼石斧图跋》，《文物》1981 年第 12 期。

现，说明此时已存在固定的军事酋帅职务。[①]

新石器时代晚期后段（公元前4000—前3000年），聚落形态发生了较大变化，前500年由内外平等的聚落形态向不平等的中心聚落形态初级阶段过渡。在中心聚落的初级阶段，社会复杂化程度高，并出现了不平等现象。不同文化的遗址分布地区有显著的扩大，分布密度有所增加，反映族群人口的增长与族群的迁徙，表明该文化所属族群的社会经济、政治的繁荣与发展。不同区系文化之间有着显著的交流、影响和相互作用，如仰韶文化与大汶口文化的交流，仰韶文化庙底沟类型的彩陶，对大汶口文化有明显的影响。庙底沟期关中至豫中仰韶文化对传统炊器的改进，可能受到东方大汶口文化的影响。各地聚落遗址的面积大小和聚落规模的差别已经很明显，中心聚落与普通聚落的等次已经形成。这一时期的社会组织可能已经出现了父系的家族——宗族结构，据王震中研究，江苏邳县刘林遗址和上海青浦松泽遗址的墓群反映，每个墓群的一排或一组代表了一个家族，由三四个近亲家族组成一个墓群，代表了一个近亲家族的联合体——宗族组织，由若干个墓群即若干个宗族墓地构成整个聚落的墓葬区。也就是说这个聚落的社会组织结构是由若干家庭组成一个家族，又由若干近亲家族组成一个宗族，再由若干宗族构成一个聚落共同体。[②]

新石器时代晚期的后500年则由中心聚落初级形态过渡到宗邑—村邑聚落形态。在这一时期已经出现铜矿的冶炼，考古学多将这一时期称为"铜石并用"时期，视其为由石器时代向铜器时代的过渡阶段。此期聚落形态发生巨大变化，各地明显地出现了中心性聚落和神庙文化特色。这一时期较为卓著的考古学文化，除了中原及关中地区的仰韶文化后期外，在甘肃、青海有马家窑文化，在内蒙古东南部和辽宁西部为红山文化后期，在山东和江苏北部为大汶口文化后期，在长江流域为大溪文化后期和屈家岭文化，在长江下游有薛家岗文化、松泽文化和良渚文化早期等。

---

① 王震中：《中国文明起源的比较研究》（增订本），中国社会科学出版社2013年版，第112页。

② 具体论述参见王震中《中国文明起源的比较研究》（增订本），中国社会科学出版社2013年版，第123—125页。

聚落形态变化集中表现在出现中心聚落与半从属聚落等不同的聚落等级；聚落分化的另一种表现在聚落内部布局与父系家族相对独立性的增长。如大汶口文化后期，中心聚落与半从属聚落的贫富悬殊体现经济不平等的情况非常明显，大汶口 133 座墓葬明显地分为大中小三类，大墓有木椁，随葬品丰富且品质高，多的达 180 余种，少的也有五六十种，最精致的黑陶、白陶、彩陶几乎都出于大墓，大墓中还出有玉器、象牙器、镶嵌绿松石的骨雕筒等。中等墓少数也有木椁，随葬器物一般一二十件或二三十件。小墓墓坑较小，仅能容身，随葬器物只有一两件，有的甚至一无所有。[①] 个体家庭包括在家族之中，家族又被包括在宗族之中，所以经济上的不平等，反映了人与人之间，家庭之间，以及家族之间甚至宗族之间的不平等。父系家族与宗族的形成，使得宗族谱系变得清晰连贯，宗族的祖宗明确而实际存在，各家族以及个人与祖宗的关系和在宗族谱系中的位置都是确定和有序的，各家族及其家族成员在家族中的地位也是确定的。在同姓的宗族与宗族之间，那些人口兴旺、经济繁荣、军事实力雄厚的强宗大族，很容易被视为与传说中的氏族始祖或氏族神灵有直接的血缘关系，是其直系后裔，从而确立其主支和在氏族聚落中的领导地位，其宗族长即为聚落酋长。在宗族内部，依据与始祖的血缘亲疏关系而确立各家族及其成员在社会政治上与宗教祭祀上地位的等次性；在宗族与宗族之间，因与现任聚落酋长的亲疏关系不同，而形成主支与分支的等次性。这两类等次关系的存在，必然使聚落与聚落之间出现中心聚落与半从属聚落的组合关系。在外部战争不断的环境下，使得父系家族与宗族的独立性受到限制，不得不团结在居于统帅地位的强宗大族周围，联合该聚落群内众多宗族的力量共同对敌，使得强宗大族的地位不断巩固，而其所在的聚落必然成为中心聚落。强宗族长即为聚落群酋长，掌控着聚落群中最高祭祀权，于其所在的聚落建立宗庙、主持祭祀大典，这样中心聚落成为宗邑，强宗大族成为后世所谓的大宗。宗邑成为该聚落群的政治、经济、军事、宗教、文化中心。另一方面看，

---

① 参考山东省文物管理处、济南市博物馆编《大汶口：新石器时代墓葬发掘报告》第三章"墓葬类型"，文物出版社 1974 年版。

聚落最高祭祀权固定于某一宗族，这一宗族在行政上发号施令代表着神意，其族谱的正统性、所居地的宗邑性、其族的主支地位不可动摇。① 如在良渚文化中，祖先崇拜现象突出，祭坛墓地应是露天祭祖的遗存。良渚玉礼器丰富多样，普遍雕刻有被称为神人兽面纹的形象，图像形式相当规范、标准化，反映良渚文化居民祖先崇拜对象的统一性，应为其族群始祖英雄兼保护神。宗邑与村邑两级等级聚落形态的出现，是聚落内外发展不平等的结果，也是父系家族——宗族社会结构形态演进的产物，宗族聚落的首领由社会的公仆演变为阶级社会的统治者，为早期国家的出现奠定了社会基础。近年的研究表明，红山文化与良渚文化所代表的族群率先进入早期国家阶段，其国家形态被称为族邦国家。

四 早期铜器时代的社会形态演进与邦国时代

继红山文化与良渚文化先后衰落后，进入龙山文化时代。公元前3000—前2000 年这个时段，被划为龙山文化时代，也被称为早期铜器时代，如在此时期发现出土冶铜遗物的遗址二十多处。② 龙山时代聚落形态发生的最大变化是，城邑较为普遍地出现，以城邑为都邑，再结合周围的村落社群而形成最初的邦国。龙山时代都邑的普遍出现，与当时的技术进步有重要关系。仰韶文化时代及其以前，聚落的分布受到生产生活水源的限制，多集中于水源丰富的地区，如河流两岸和河流转弯处、两河交汇处。龙山时代在黄河流域的龙山文化遗址和长江流域的良渚文化遗址都普遍发现了水井，说明凿井技术的发明大大减弱了人们对于江河的依赖性，使得聚落及都邑位置的选择更优化。人们可以到肥沃的冲积平原、富饶的山间盆地生产生活。如徐旭生所说："凿井技术发明以后……人民拣择到平坦易居的地方建设都邑，附近辟为耕田，方圆数十里或百里就成一国。"③ 龙山时代的农牧业生产获得了较快的发展，耕作

---

① 参考王震中《中国文明起源的比较研究》（增订本），中国社会科学出版社 2013 年版，第 156—159 页。

② 参考王震中《中国文明起源的比较研究》（增订本），中国社会科学出版社 2013 年版，第 213—219 页。

③ 徐旭生：《中国古史的传说时代》，广西师范大学出版社 2003 年版，第 179 页。

生产工具以磨制精良的石铲装柄翻土，还发现有大量石犁，石犁的使用带来生产效率的提高，具有翻地快、耕地深的特点。在龙山时代，动物驯化饲养业非常发达，传统的六畜——马、牛、羊、鸡、犬、猪在各地的家畜饲养中大都俱全。龙山时期的手工业也得到快速的发展，最为重要的是制陶、制玉、石器制造、冶铜等手工业的发展。

　　以上龙山时代社会的快速发展，为都邑生活提供了保障。都邑有军事防御功能的城墙，城内已经出现严整的城市规划，出现大型宫殿、宗庙建筑，手工业作坊区，城中大道将各功能区分割开来。建造大型都邑聚落远非单个聚落可以胜任，应是动员了更大范围的人力、物力才得以完成，表明权力中心已经可以在较大的地域范围内行使权力。都邑聚落除具有防御功能外，主要功能已经演变为一定范围内政治、经济、文化和宗教祭祀中心，城内高等级的房屋建筑如宫殿建筑等，应是统治者施政场所和居住场所。都邑周围的那些弱小聚落是普通居民居住地，他们因需要都邑聚落提供神灵护佑和军事保护，可能与都邑聚落存在某种依存和贡纳关系。在神权政治和残酷战争环境中，这种关系难以摆脱甚至逐渐强化。

　　龙山时代聚落内出现新的居住布局形式，主要是排房，由若干小型住宅排列成行，门向基本一致，是一种新的聚族而居形式。在冀南豫北地区，发现由若干单室圆形小住宅排列成行，规律有序，且密集分布于居住区内，一个聚落的居住区往往有若干排这样的住宅。[①] 在陕西关中和豫西、豫西南地区，发现许多成排成行的方形住宅，聚落的居住区也由若干排或若干组这样的小型排房构成。比较典型的是陕西临潼康家聚落遗址，面积约 19 万平方米，房屋分布呈东北—西南向排列，两排房子相距 6—9 米，每排房子又分成数组，少者两三间一组，多者五六间一组，相邻房子共用一个隔墙，每排房子共用一堵后墙，应为统一设计一次统一建成。排房中最中间的一间房子面积较大，一般为 20 平方米，房基位置较同排其他房子向前突出。一般的房屋面积较小，多为 9—12 平方米。

―――――――――

　　① 赵连生、张相梅：《从白营遗址中的房基布局结构看当时的社会性质》，《河南省考古学会论文选集》即《中原文物》1983 年特刊。

多数房屋内中心偏北设有一个规整的圆形灶面，有陶器等生活用具。房子门外有一片不很平整的地面，是人们经常活动的小院落。排房中居中面积较大又向前突出者，应为家族长的住宅。排房内每一单室则为家族内个体小家庭的住宅。康家聚落居住区每排房前后6—9米还存在其他排房，表明在家族组织之上还应有宗族一级社会组织。康家聚落居住区房屋分区分群密集，人口众多，其社会组织规模应不限于一个宗族，可能是由若干宗族组成的村落共同体。龙山时代在城邑中的居住区，也存在排房组合形式，如淮阳平粮台城邑内发现十余座房屋，用土坯砌成的长方形排房。① 河南省漯河市郾城郝家台城邑内也发现数座成排的房基，每座排房长达数十米，宽数米，分成10间左右。② 排房或者由排房组成的院落，反映的社会组织形态可能是家族，若干毗邻的排房或院落组成一个宗族。对于较大规模的聚落来说，可能是若干宗族的聚居地，而对于大量较小聚落来说，则可能只是一个宗族的族居地。

龙山时期聚落面积的普遍缩小，应是社会组织结构形态发生变化的结果，由仰韶时期若干家族构成一两个氏族组成聚落，到龙山时期由若干家族组成一个宗族，一个宗族即可能成为一个聚落单位，宗族可能逐渐成为取代氏族的社会组织单位。而相对应的宗邑和都邑却得到了较大的发展，聚落面积膨胀，周边附属的普通聚落面积普遍缩小。从龙山时代的宗族和家族墓地看，贫富分化和阶级差别已经产生，如夫妻合葬、奴妾殉葬、人殉、人祭的现象已经出现，体现宗族和家族中父权的确立，女子的从属地位，以及非自由人的存在，表明等阶级社会的因素已经普遍存在。龙山时代已进入铜器时代早期，突破了仰韶时代的陶器刻画符号，已经出现了原始的文字，如陕西襄汾陶寺遗址灰坑H3403中出土一件残扁壶，上有朱书两个字符，一个是"文"字，学界已经达成共识。另一个虽存争议，但为文字无疑。龙山时代出现的宗族作为社会组织基本单位，父权制的确立，贫富分化与阶级差别，都邑与从属村邑的依附

---

① 河南省文物研究所等：《河南淮阳平粮台龙山文化城址试掘简报》，《文物》1983年第3期。

② 河南省文物研究所、郾城县许慎纪念馆：《郾城郝家台遗址的发掘》，《华夏考古》1992年第3期。河南省文物考古研究所编：《郾城郝家台》，大象出版社2012年版。

与贡纳关系，铜器的使用，文字的出现等社会文化现象，皆可以视为国家的诞生，是国家政治组织的物化形式。此时期国家的形态是以都邑为中心，众多附属宗邑或村邑构成的城邦联盟国家。龙山时代各地存在大大小小的都邑城邦，这些城邦可能以不同区域已经形成主从关系的联盟国家，与古史记载所说的五帝时代或万邦时代颇为接近，五帝时代已经形成邦国间的联盟，且存在主从关系和各级职官的设置。诚如任式楠对新石器时代城址的考察后指出的那样：最迟在公元前第三千年纪中叶，黄河中下游和长江中下游的龙山文化、中原龙山文化、石家河文化、良渚文化等几支发达的考古学文化中，由若干小范围的先进地区为先导，以汇集了社会经济文化发展成就并具有地区权力中心地位的大中型城市为基地，由点到面，各自陆续建立起一批邦国型国家，进入了初期文明社会。在众多城邑中尤其是邦国的都邑，成为集中体现初期文明社会的综合载体。这便是夏代王朝国家建立以前数百年之久"万国林立"的邦国时代。① 考古发现的新石器时代晚期重要古城遗址有良渚古城遗址、陕西神木石峁古城、襄汾陶寺古城等，经学界专家研究认为这些古城遗址所代表的社会组织皆已发展至城邦国家甚至是"主从式的邦国联盟"国家阶段。②

第三节 五帝时代族邦联盟国家的 演进与服制的逐步建立

从《庄子·天运》《吕氏春秋·先己》《荀子·大略》等所论五帝看，战国后期学者多将五帝视为夏商周三代以前的一个古史时代。至西汉司马迁撰《史记·五帝本纪》亦将五帝作为先于夏商周的一个时代。太史公曰：

> 学者多称五帝，尚矣。然《尚书》独载尧以来；而百家言黄帝，

---

① 任式楠：《中国史前城址考察》，《考古》1998 年第 1 期。
② 戴向明：《文明、国家与早期中国》，《南方文物》2020 年第 3 期。

其文不雅驯，荐绅先生难言之。孔子所传《宰予问五帝德》及《帝
系姓》，儒者或不传。余尝西至空桐，北过涿鹿，东渐于海，南浮江
淮矣，至长老皆各往往称黄帝、尧、舜之处，风教固殊焉，总之不
离古文者近是。予观《春秋》、《国语》，其发明《五帝德》、《帝系
姓》章矣，顾弟弗深考，其所表见皆不虚。《书》缺有间矣，其轶乃
时时见于他说。非好学深思，心知其意，固难为浅见寡闻道也。余
并论次，择其言尤雅者，故著为本纪书首。①

司马迁据"雅驯""不离古文"的资料互补，这些资料涉及《尚书》
《大戴礼记·五帝德》及《帝系姓》《左传》《国语》等，并踏访调查古
迹，参照各地长老的口述历史，写成《五帝本纪》。徐中舒对司马迁整理
的五帝系统给予较高的评价，"他所据的'古文'是战国时代六国流传下
来的资料，是保存了古代人民对于过去的酋长各据一方及其互相次第代
立的史传"②。

由《国语·鲁语上》载鲁国展禽历数黄帝、炎帝、颛顼、帝喾、尧、
舜、禹、契、弃远古部族首领的功绩，以及《尚书·虞夏书》诸篇所载
尧舜禹时代的众多部族首领，可知夏商周的始祖皆出自五帝时代，并且
与五帝有着密切的关系。故欲深入探讨夏商周时代，必须对五帝时代有
深入的认识，而不能仅以传说时代视之。王国维曾指出："上古之事，传
说与史实混而不分。史实之中固不免有所缘饰，与传说无异；而传说之
中亦往往有史实为之素地，二者不易区别。此世界各国之所同也。""虽
古书之未得证明者，不能加以否定；而其已得证明者，不能不加以肯定，
可断言也。"③ 今天研究三代以前的古史，既要在方法上有所改进和突破，
亦要于史学观念上有所突破。在研究方法上需要将考古学、古文字学以
及史学等多学科研究方法结合起来，并将考古遗迹资料、古文字资料、
传世文献资料进行深入剖析，最大限度地发挥各类资料的价值，重构古

① 司马迁：《史记》卷1《五帝本纪》，中华书局2013年修订版，第54—55页。
② 徐中舒：《先秦史论稿》，巴蜀书社1992年版，第16页。
③ 王国维：《古史新证》，清华大学出版社1996年版，第1页及第2—3页。

史。在史学观念上，宜以孔子的"毋意、毋必、毋固、毋我"（《论语·子罕》）的学术态度，对待一切研究素材和以往学术观点，以期推进五帝时代的研究。三代之前有个五帝时代，首要的前提是五帝英雄人物是否真实存在。在这方面，自王国维《古史新证》以来续有探讨，近年王晖《出土文字资料与五帝新证》一文做了很好的探索，其所论五帝黄帝、颛顼、帝喾、尧、舜，在剖析前人已有研究基础上，证之以殷墟甲骨文、两周金文、石刻、战国竹简，大体肯定五帝为古代部族的先祖。① 在这个学术背景下，再来探讨五帝时代的社会演进就具有了坚实的基础。

一 黄帝时代族邦联盟国家初步形成

《国语·晋语四》："昔少典娶于有蟜氏，生黄帝、炎帝。黄帝以姬水成，炎帝以姜水成。成而异德，故黄帝为姬，炎帝为姜，二帝用师以相济也，异德之故也。"② 据此黄帝、炎帝两族是从互通婚姻的少典氏与有蟜氏繁衍而来。史载黄帝族群处于不断的迁徙中，在今陕西宝鸡附近的姬水，可能是黄帝族迁徙至周原地区而带来的水名。在中国的古史记载中，黄帝和炎帝被视为最著名的部族首领。在氏族、聚落林立的时代，黄帝族群、炎帝族群能够脱颖而出，成为中原地区族邦联盟国家的核心力量，最为重要的原因是他们在长时间里经过了长途跋涉迁徙，与许多氏族、聚落接触融合，汲取了他族的长处，扩展了本族的影响力，才具有旺盛的生命力并迅速发展壮大。

《上海博物馆藏战国楚竹书（七）·武王践阼》亦述及黄帝之事，其第1—2简载商周之际的周武王问于师尚父："不知黄帝、颛顼、尧、舜之道在乎？意微丧不可得而睹乎？"师尚父曰："在丹书。王如欲观之，盍斋乎？将以书见。"③ 若此记载可信，则周武王时期尚保留黄帝、颛顼、尧、舜之治道，黄帝之事似是商周时期人心目中的古代历史。《逸周书·

---

① 王晖：《出土文字资料与五帝新证》，《考古学报》2007 年第 1 期。

② 上海师范大学古籍整理研究所校点：《国语》卷 10《晋语四》，上海古籍出版社 1998 年版，第 356 页。

③ 马承源主编：《上海博物馆藏战国楚竹书》（七），上海古籍出版社 2008 年版，图版第 15—16 页；释文第 151—152 页。

尝麦》载:"蚩尤乃逐帝,争于涿鹿之河,九隅无遗。赤帝大慑,乃说于黄帝,执蚩尤,杀之于中冀。"①《庄子·盗跖》亦谓炎黄与蚩尤双方"战于涿鹿之野,血流百里"。据李学勤研究,《逸周书·尝麦》的文字风格多类似西周较早的金文,很可能是周穆王初年作品。② 可见,在西周前期黄帝之名、黄帝之事已经见诸史载,其史学渊源应更早,不能简单以传说论之。

目前所见出土文献中明确记录黄帝的材料最早在战国时代,如陈侯因𪔂敦铭文,"陈侯因𪔂曰:皇考孝武桓公龏(恭)戴大慕(谟)克成。其惟因𪔂扬皇考,邵緟高祖黄啻(帝),伣嗣桓、文,朝闻(问)诸侯,合(答)扬厥德。诸侯夤荐吉金,用作孝武桓公祭器敦,台(以)登(烝)台(以)尝,保有齐邦,世万子孙,永为典尚(常)"(《集成》4649)。黄帝为有虞氏之后陈氏的远祖,徐中舒考证该敦作于战国齐威王即位初年,乃齐威王为葬桓公午所作祭器。③ 据此铭文知,齐威王未称王之前仍称陈侯,且明确说黄帝是田齐的高祖。《左传》昭公八年载史赵云:"陈,颛顼之族也,岁在鹑火,是以卒灭。陈将如之。……自幕至于瞽瞍无违命,舜重之以明德,寘德于遂。遂世守之。及胡公不淫,故周赐之姓,使祀虞帝。"《国语·鲁语上》载:"故有虞氏禘黄帝而祖颛顼,郊尧而宗舜。"④ 王晖据此提出卓识,西周春秋时期的陈国乃周所封之国,祭祀先祖的权力仅至虞舜而不及黄帝,至战国时期已为诸侯霸主的齐威王,虽未称王但以王自居而禘祀黄帝,并称黄帝为本族高祖。⑤ 黄帝为曾经存在的族氏首领,后来该族发展壮大发生分化,将其视为该族始祖,

①　黄怀信、张懋镕、田旭东:《逸周书汇校集注》(修订本),上海古籍出版社 2007 年版,第 732—733 页。

②　李学勤:《尝麦篇研究》,《当代学者自选文库·李学勤卷》,安徽教育出版社 1999 年版,第 575 页。

③　徐中舒:《陈侯四器考释》,《徐中舒历史论文选辑》,中华书局 1998 年版,第 425 页。

④　上海师范大学古籍整理研究所校点:《国语》卷 4《鲁语上》,上海古籍出版社 1998 年版,第 166 页。

⑤　王晖:《出土文字资料与五帝新证》,《考古学报》2007 年第 1 期。

追其神灵为帝，与商代称逝去的王为帝具有一致性。①

《左传》昭公十七年载郯子谓"昔者黄帝氏以云纪，故为云师而云名"，杜预注："黄帝受命有云瑞，故以云纪事，百官师长皆以云为名号，缙云氏盖其一官也。"② 似说明黄帝时期已经设官分职，对当时的族邦事务进行有效的管理。在儒家所传的经典中系统记述黄帝之事，如《大戴礼记·五帝德》载：

> 孔子曰："黄帝，少典之子也，曰轩辕。生而神灵，弱而能言，幼而慧齐，长而敦敏，成而聪明。治五气，设五量，抚万民，度四方，教熊罴貔豹虎，以与赤帝战于版泉之野。三战，然后得行其志。黄帝黼黻衣，大带，黼裳，乘龙扆云，以顺天地之纪，幽明之故，死生之说，存亡之难。时播百谷草木，故教化淳鸟兽昆虫，历离日月星辰，极畋土石金玉，劳心力耳目，节用水火材物。生而民得其利百年，死而民畏其神百年，亡而民用其教百年，故曰三百年。"③

这则材料反映黄帝本人智慧超群，能力卓特，善战，制服炎帝部族，推行教化，重视农业生产，制定天文历法，声教传播甚为广远，民得其利，民敬畏其威信。黄帝族众视黄帝为英雄人物，死后成为部族之神，其事迹被世代传颂。一说黄帝时期已经设置史官，或许已有简略的黄帝史迹记录或传颂。④

《史记·五帝本纪》记述黄帝史迹基本上承袭《五帝德》材料，但其取材范围更广。《五帝本纪》载黄帝：

---

① 常玉芝：《由商代的"帝"看所谓"黄帝"》，《文史哲》2008 年第 6 期，认为商代甲骨文、金文中的"帝"系指天神上帝，商王尚不生称帝，传说生活在四五千年前的黄帝，也不会是人间帝王。称之为"黄帝"乃后人为之，应属对逝去的祖先的尊崇。

② 杜预注，孔颖达疏：《春秋左传正义》卷 48，阮元校刻《十三经注疏》下册，中华书局 1980 年影印本，第 2083 页。

③ 王聘珍：《大戴礼记解诂》，中华书局 1983 年版，第 117—119 页。

④ 《世本·作篇》谓："沮诵、苍颉作书。"《史通·外篇·史官建置第一》："盖史之建官，其来尚矣。昔轩辕氏受命，仓颉、沮诵实居其职。"仓颉、沮诵创造文字，是否意味着已经产生历史记述，尚不能确定。

生而神灵，弱而能言，幼而徇齐，长而敦敏，成而聪明。轩辕之时，神农氏世衰。诸侯相侵伐，暴虐百姓，而神农氏弗能征。于是轩辕乃习用干戈，以征不享，诸侯咸来宾从。而蚩尤最为暴，莫能伐。炎帝欲侵陵诸侯，诸侯咸归轩辕。轩辕乃修德振兵，治五气，艺五种，抚万民，度四方，教熊罴貔貅䝙虎，以与炎帝战于阪泉之野。三战，然后得其志。蚩尤作乱，不用帝命。于是黄帝乃征师诸侯，与蚩尤战于涿鹿之野，遂禽杀蚩尤。而诸侯咸尊轩辕为天子，代神农氏，是为黄帝。天下有不顺者，黄帝从而征之，平者去之，披山通道，未尝宁居。东至于海，登丸山，及岱宗。西至于空桐，登鸡头。南至于江，登熊、湘。北逐荤粥，合符釜山，而邑于涿鹿之阿。迁徙往来无常处，以师兵为营卫。官名皆以云命，为云师。置左右大监，监于万国。万国和，而鬼神山川封禅与为多焉。获宝鼎，迎日推筴。举风后、力牧、常先、大鸿以治民。顺天地之纪，幽明之占，死生之说，存亡之难。时播百谷草木，淳化鸟兽虫蛾，旁罗日月星辰水波土石金玉，劳勤心力耳目，节用水火材物。有土德之瑞，故号黄帝。黄帝二十五子，其得姓者十四人。①

《五帝本纪》较之《五帝德》增加了神农氏世衰，诸侯相侵伐，黄帝战蚩尤等内容。而且视黄帝为一个时代，接续神农氏时代之后。黄帝以巡狩方式对族邦国家进行统治。取《左传》所述黄帝以云名官及黄帝族系的繁衍内容。据《五帝本纪》所载，在黄帝之前尚有神农氏时代，黄帝族即将崛起时的背景是"神农氏世衰"。神农氏时代应是中国农业文明起源与发展的早期阶段，由《逸周书》："神农之时天雨粟，神农耕而种之；作陶冶斤斧，破木为耜鉏耨，以垦草莽，然后五谷兴，以助菓蓏之实。"②《孟子·梁惠王上》有关于神农氏发明农具，与此相近。神农氏时代发现了原始的栽培农业，发明耕作工具及耕作方法，创造了制作陶

---

① 司马迁：《史记》卷 1《五帝本纪》，中华书局 2013 年修订本，第 2—11 页。

② 《逸周书》逸文，见引于《通鉴外纪》《太平御览》《艺文类聚》诸书，朱右曾认为是《逸周书·考德篇》逸文，详见朱右曾《逸周书集训校释》卷 11《逸文》，商务印书馆 1937 年版，第 167 页。

器技术。初期的原始栽培农作物所获粟等产量较低，尚未成为当时居民的主食，仅是采集、狩猎生业的补充。这种情况与中国新石器时代早期原始农业发明时期的社会发展状况相适应，原始的人工栽培水稻和粟、黍已经出现，至新石器时代中期才成为南北方居民的主要食物来源，陶器制作已经发明并且技术改进种类增多，石制、骨制耒耜等农耕工具已经应用。神农氏时代应是农业革命兴起，并经漫长发展的历史时期。当神农氏衰落之时，正是各地聚落发展壮大，建立带有防御功能的环壕聚落，甚至出现中心聚落或城邑，聚落间的争夺战争频繁，战争愈演愈烈，聚落形态也发生较大变化，各地城邦拔地而起，城邦间的战争升级，成为神农氏时代后期的社会特征，此应与古史记载所说的万邦时代接近。黄帝族邦在征服周边族邦过程中势力逐渐壮大，形成以黄帝族邦为核心的族邦联盟，并与炎帝族邦联盟发生争端，黄帝族邦联盟战胜炎帝族邦联盟，双方联合形成更大范围的族邦联盟集团，又与向北发展的东夷、苗蛮族邦联盟发生战争，炎黄集团与以蚩尤为首的东夷族邦联盟在涿鹿发生旷日持久的史前战争，最终以蚩尤战败而结束，黄帝得到天下众族邦的拥护，构建族邦联盟的国家，黄帝则成为族邦联盟国家的首领。黄帝族邦以不断的迁徙，巡察于天下万邦，与各族邦交融，汲取各邦优长，逐渐壮大实力和扩展影响力。黄帝族邦掌控着军事征伐大权，"天下有不顺者，黄帝从而征之，平者去之"，又设置监管万邦事务的职官"置左右大监，监于万国"，实现黄帝族邦对当时的"万邦"进行治理。

综上，黄帝、炎帝战蚩尤，是原始时代规模很大、旷日持久的史前族邦战争的反映。黄帝的巨大功绩在于终止族邦间的残酷战争，使万邦和，团结各部族、邦国，初步形成了具有统治中心的族邦联盟国家，使各地出现的早期文明成果免毁于史前战争，使刚刚孕育的早期文明在相对和平的环境中得以交融发展。在此历史进程中，黄帝族邦通过不断的迁徙，与各邦进行交流，吸取各邦中先进文化，逐渐壮大力量扩展影响力。黄帝族邦与万邦之间是较为松散的政治、军事联盟体，黄帝族邦处于万邦之中同时又是万邦的核心。黄帝族邦通过设置监官的形式处理万邦事务，同时又掌控着军事征伐权，以巡守万邦的形式，对万邦进行治理。也可以说，黄帝时期已经初步建构起族邦联盟的国家，开始设官分职，并以军事力量作为统治国家的基础。

二 颛顼时代宗教改革与权力的集中

20 世纪 80 年代，在陕西省凤翔县南指挥村秦公一号大墓出土石磬铭文，"天子匽喜，龚（共）桓是嗣。高阳有灵，四方以鼏平"①。秦公称继承秦共公、秦桓公，应是春秋中叶的秦景公。秦景公将高阳视为祖神，祈求高阳的神灵来保护秦人平定天下四方。《史记·五帝本纪》云："帝颛顼高阳者"，《史记索隐》引宋衷云："颛顼，名；高阳，有天下号也。"引张晏云："高阳者，所兴地名也。"②《秦本纪》正义云："黄帝之孙，号高阳氏。"高阳虽有别解，但称高阳即是帝颛顼应无大问题。石磬铭文"高阳"，学者多认为是帝颛顼高阳。《史记·秦本纪》载："秦之先，帝颛顼之苗裔孙，曰女修。女修织，玄鸟陨卵，女修吞之，生子大业。"此所记秦之起源，《史记·六国年表序》称据秦国史书《秦记》写成，应属秦的古史记载，可以信据。秦嘉谟《世本辑补》谓："秦氏，本自颛顼后，为国号，因以命氏。"③秦公大墓出土石磬铭文与《史记·秦本纪》《世本》所载相合，皆以秦出自颛顼高阳氏，亦可以说帝颛顼高阳氏并非传说，应是秦族先祖人物。④

《史记·五帝本纪》载帝颛顼高阳"静渊以有谋，疏通而知事；养材以任地，载时以象天，依鬼神以制义，治气以教化，絜诚以祭祀。北至于幽陵，南至于交趾，西至于流沙，东至于蟠木。动静之物，大小之神，日月所照，莫不砥属"。《五帝本纪》所载颛顼事大体承袭自《大戴礼记·五帝德》，是篇载：孔子曰："颛顼，黄帝之孙，昌意之子也，曰高阳。洪渊以有谋，疏通而知事，养材以任地，履时以象天，依鬼神以制义；治气以教民，絜诚以祭祀。乘龙而至四海，北至于幽陵，南至于交趾，西济于流沙，东至于蟠木。动静之物，大小之神，日月所照，莫不

---

① 王辉：《秦出土文献编年》，台北：新文丰出版公司 2000 年版，第 33 页。

② 司马迁：《史记》卷 1《五帝本纪》，中华书局 2013 年修订本，第 14 页。

③ 秦嘉谟：《世本辑补》卷 7《氏姓》，宋衷注、秦嘉谟等辑：《世本八种》，中华书局 2008 年版，第 284 页。

④ 详参王晖《出土文字资料与五帝新证》，《考古学报》2007 年第 1 期。

祗励。""颛顼，黄帝之孙"，未必是黄帝族系苗裔，也可以理解为黄帝建立的族邦联盟国家中的一支族邦，也就是说颛顼继承黄帝所建族邦联盟国家的首领之位，族邦联盟国家的核心转移到颛顼族系。所谓"依鬼神以制义"，似指颛顼之时的"绝地天通"改革宗教祭祀制度措施。《国语·楚语下》载观射父言"古者民神不杂"，"及少皞之衰也，九黎乱德，民神杂糅，不可方物。夫人作享，家为巫史，无所要质。民匮于祀，而不知其福。烝享无度，民神同位。民渎齐盟，无有严威。神狎民则，不蠲其为。嘉生不降，无物以享。祸灾荐臻，莫尽其气。颛顼受之，乃命南正重司天以属神，命火正黎司地以属民，使复旧常，无相侵渎，是谓绝地天通"。[1]

据《国语·楚语下》所载，颛顼成为首领之前，以黄帝族邦为核心建构起来的族邦联盟国家，曾一度陷入衰落甚至秩序混乱，也就是在少皞后期，出现了族邦各自为政的局面。至颛顼时期，颛顼任命南正重司天，主理神事；任命火正黎司地，主理民事；将民神之事分离，神事由专门的官员掌管，使神事专门化，统一由国家支配，也使得国家干预民众的神灵信仰成为常态，由族邦联盟国家统一宗教神灵信仰。颛顼的最大功绩是，通过族邦联盟国家设置专门主管天神和民事的官员，将神事与民事分离，削弱了各族邦宗教与政治的独立权，以"神道设教"强化了族邦联盟国家首领的权力。新石器时代后期龙山文化阶段，宗教礼仪活动逐渐走向制度化，与颛顼时期开始宗教职官专门化可相印证。如黄河流域广泛流行卜骨，是同一宗教信仰下巫师所使用的宗教法器，专职巫师已成为特殊阶层，肩负沟通人神之间联系的职责，由专门职官掌管宗教礼仪活动似已成为制度。

三　帝喾时代以"中道"治国

《礼记·祭法》谓："殷人禘喾而郊冥，祖契而宗汤。"经王国维《殷卜辞中所见先公先王考》一文证实：喾即殷墟甲骨文中的夒，"喾为

---

① 上海师范大学古籍整理研究所校点：《国语》卷18《楚语下》，上海古籍出版社1998年版，第562页。

契父，为商人所自出之帝，故商人禘之。卜辞称高祖夒"①。如"乙亥卜，高祖夒燎二十牛。"（《屯南》4528）"叀高祖夒祝用，王受又。"（《合集》30398）"于夒高祖祷。"（《合集》30399）"□戌贞：其告秋隹于高祖夒六牛。"（《合集》33227）商人向其所出之始祖（高祖）夒举行祭祀，与《祭法》所载相合。

帝喾号高辛氏，《史记·五帝本纪》载："高辛于颛顼为族子。高辛生而神灵，自言其名。普施利物，不于其身。聪以知远，明以察微。顺天之义，知民之急。仁而威，惠而信，修身而天下服。取地之财而节用之，抚教万民而利诲之，历日月而迎送之，明鬼神而敬事之。其色郁郁，其德嶷嶷。其动也时，其服也士。帝喾溉执中而遍天下。日月所照，风雨所至，莫不从服。"② 司马迁此段记述基本取材于《大戴礼记·五帝德》，是篇记载：

> 宰我曰："请问帝喾。"孔子曰："玄嚣之孙，蟜极之子也，曰高辛。生而神灵，自言其名。博施利物，不于其身。聪以知远，明以察微。顺天之义，知民之急。仁而威，惠而信，修身而天下服。取地之财而节用之，抚教万民而利诲之，历日月而迎送之，明鬼神而敬事之。其色郁郁，其德嶷嶷。其动也时，其服也士。春夏乘龙，秋冬乘马，黄黼黻衣，执中而获天下，日月所照，风雨所至，莫不从顺。"③

帝喾与颛顼族系有密切关系，但是否为血缘关系，实难断定。《五帝本纪》未取《五帝德》所载帝喾乘龙之说，两者关键之处都特别注意帝喾如何治理国家的问题，即"执中而获天下"。帝喾成为族邦联盟国家首领时，"执中而获天下；日月所照，风雨所至，莫不从顺"。帝喾作为族邦联盟国家首领的重要贡献在于"执中而得天下"。关于"执中"问题，

---

① 王国维：《殷卜辞中所见先公先王考》，《观堂集林》卷9，中华书局1959年版，第413页。

② 司马迁：《史记》卷1《五帝本纪》，中华书局2013年修订本，第16页。

③ 王聘珍：《大戴礼记解诂》，中华书局1983年版，第120—121页。

近年公布的清华简《保训》载有周文王遗言，提及舜时顺民欲、测阴阳为"中"，上甲微时得族众为"中"，因得中而获得成功。帝喾亦因得中而得到天下拥护，可谓获天下之心。"博施利物，不于其身。聪以知远，明以察微。顺天之义，知民之急。仁而威，惠而信，修身而天下服。取地之财而节用之，抚教万民而利诲之，历日月而迎送之，明鬼神而敬事之。"当是帝喾治理国家的重要举措，可视为帝喾"执中"的方略。也可以说，在高辛氏时代的帝喾建构了天下万邦对以帝喾为首领的族邦联盟国家的认同。

四　尧时代"协和万邦"与制定颁行历法

尧作为族邦联盟国家首领是以修德者的形象出现的，《尚书·尧典》载：尧"钦明文思安安，允恭克让，光被四表，格于上下。克明俊德，以亲九族。九族既睦，平章百姓。百姓昭明，协和万邦，黎民于变时雍"。尧因"克明俊德"，尧个人及其族邦的影响力增强，尧团结九族，九族和睦，最终达到"协和万邦"的结果，得到天下众族邦的拥护。尧的具体为政行为见于《大戴礼记·五帝德》所载孔子之言：

> 高辛之子也，曰放勋。其仁如天，其知如神，就之如日，望之如云。富而不骄，贵而不豫。黄黼黻衣，丹车白马。伯夷主礼，龙、夔教舞，举舜、彭祖而任之，四时先民治之。流共工于幽州，以变北狄；放驩兜于崇山，以变南蛮；杀三苗于三危，以变西戎；殛鲧于羽山，以变东夷。其言不贰，其行不回，四海之内，舟舆所至，莫不说夷。[①]

按据《尧典》，此"伯夷主礼，龙、夔教舞"，乃舜时的为政任人措施。《尧典》载尧任命羲和职官观察日月运行，制定历法，"钦若昊天，历象日月星辰，敬授人时"，"定四时成岁"，即此"四时先民治之"之义。尧考察舜并选其为继承人，尧谓舜："询事考言，乃言厎可绩。三

---

① 王聘珍：《大戴礼记解诂》，中华书局 1983 年版，第 121—122 页。

载，汝陟帝位。"　"舜让于德，弗嗣（辞）。"于省吾考证认为嗣即辞，《尚书校释译论》据此认为"弗嗣"即"弗辞"亦即弗获辞。① 舜让于有德者，然不获推辞，故于"正月上日，受终于文祖"。"受终"敦煌本《经典释文音义》"伯3315""本又作冬，皆古终字"。杨筠如推测"终"假为"中"，《艺文类聚》引《尚书大传》"冬，中也"。则"受终"当为"受中"之意。王国维《释史》一文认为"中乃贮册之器"，《尚书校释译论》据此认为"受终"为受传国宝册。② 尧授舜"中"，见载于《论语·尧曰》：尧曰："咨！尔舜！天之历数在尔躬，允执厥中。"近出清华简《保训》载周文王临终遗言，向太子发传"宝训"，述及舜得"中"之事，当与尧授舜国之宝册有关。《五帝德》所载的"流共工于幽州，以变北狄；放驩兜于崇山，以变南蛮；杀三苗于三危，以变西戎；殛鲧于羽山，以变东夷"。据《尧典》知这几件事乃尧让位于舜时期，虽出自舜命，因尧尚在世，舜的决策或许受到尧的影响，故后世儒家仍视为尧的重要作为。

尧后期发生大洪水，尧听从四岳建议，以鲧治理洪水，但"九载，绩用弗成"（《尚书·尧典》），尧时期治理洪水并未成功。尧时期管理国家的重要举措是制定历法，"允厘百工，庶绩咸熙"。以此规定百官职事，众事皆兴起。所谓百官不仅限于尧所处的族邦联盟国家机构中的官员，即众族邦首领，还应包括这些首领所在的族邦，也就是说尧时期制定的历法推行于族邦联盟国家治下的各个族邦。能够制定并在一定区域内颁行历法，可以视为族邦联盟国家的一项重要社会管理功能。尧在世时经过严格考察，确立了舜为族邦联盟国家首领，并支持舜制定刑罚，惩处四凶，为舜执掌族邦联盟国家铺平了道路。

五　舜时代强化国家对万邦的管理

近年公布的清华简《保训》记载了周文王遗言，晁福林对于该篇所

---

① 于省吾：《双剑誃尚书新证》，《双剑誃群经新证》，上海书店1999年版，第64页。顾颉刚、刘起釪：《尚书校释译论》第一册，中华书局2005年版，第111页。

② 杨筠如：《尚书覈诂》，陕西人民出版社2005年版，第27—28页。顾颉刚、刘起釪：《尚书校释译论》第一册，中华书局2005年版，第112页。

反映的先秦时代"中"观念进行了很好的探讨，指出简文的"中"皆为周文王述舜及上甲微之事时所提到，文王所述舜时顺民欲、测阴阳为"中"，上甲微时得族众为"中"，不仅与上古史实颇相符合，也与商周之际正处在由作为实体形态的"中"向作为观念形态的"中"转化的阶段相符合。从观念史演变的视角对《保训》进行考察，大体可以确定《保训》思想内容来自周文王时期的实录。① 若此，关于舜之事，在周文王所处的商代晚期已经较为盛行，且作为重要的治国理政经验而得以流传下来，并非晚到战国秦汉以后。

《尚书·尧典》记载了舜的主要事迹，舜初亦以德闻名，主要是其孝行。《大戴礼记·五帝德》载孔子称其"好学孝友，闻于四海，陶家事亲，宽裕温良，敦敏而知时，畏天而爱民，恤远而亲亲"。舜即位后的一些为政措施，见于《大戴礼记·五帝德》载孔子之言：

> 使禹敷土，主名山川，以利于民；使后稷播种，务勤嘉谷，以作饮食；羲、和掌历，敬授民时；使益行火，以辟山莱；伯夷主礼，以节天下；夔作乐，以歌籥舞，和以钟鼓；皋陶作士，忠信疏通，知民之情；契作司徒，教民孝友，敬政率经。其言不惑，其德不懈，举贤而天下平。

这些措施有些是继承尧时，有些则是舜时创举，皆反映了舜时期强化族邦联盟国家对臣服族邦的管理与控制。《尚书·尧典》载舜任命禹、伯益、弃、契等二十二族首领为族邦联盟国家的职官，确定对各类职官的考绩制度，"三载考绩，三考黜陟幽明，庶绩咸熙"。舜巡狩四方族邦，确立巡守朝见制度，"五载一巡守，群后四朝"。舜制定刑罚，"象以典刑，流宥五刑，鞭作官刑，扑作教刑，金作赎刑。眚灾肆赦，怙终贼刑。钦哉，钦哉！惟刑之恤哉"，并告诫敬慎用刑。舜时期惩治四凶"流共工于幽州，放驩兜于崇山，窜三苗于三危，殛鲧于羽山，四罪而天下咸

---

① 晁福林：《观念史研究的一个标本——清华简〈保训〉补释》，《文史哲》2015 年第 3 期。

服"。舜命禹、稷、伯益等治理洪水，"濬川"定高山大川，据《禹贡》载禹受命治水，划天下为九州，确定九州臣服族邦的贡纳。这些举措实际上都强化了国家对联盟族邦的管控。《禹贡》述及九州贡纳之后，有云："中邦锡土、姓，祗台德先，不距朕行。"九州之内分赐土地、姓氏，赐土姓之准则是敬以德先，不违背舜的施政措施。表明舜时代还以册命形式，承认天下诸族邦的政治实体地位及族氏称号，可以视为舜时代以封建族邦的形式建构有主从关系的族邦联盟国家。舜治国的重要举措还有确定禹为族邦联盟国家首领继承人。

综上，五帝时期的社会结构特征为族群众多、万邦林立，决定了族邦联盟国家的建构模式。这个国家的首领及各级职官都是各个族邦的首领，国家领导人通过推选产生，实施选贤与能的用人标准，实以族邦实力及首领能力为基础，形成所谓的禅让与礼让的君主继承现象。黄帝时期为对抗共同的敌人，如讨伐蚩尤、苗蛮，与炎帝族邦等结成稳固的族邦联盟国家共同体，作为国家组成部分的各个族邦有相对独立的治权，国家最初通过承认各族邦的自治实现对全社会的治理，黄帝所在的族邦具有高于众邦的地位，以设置官职及监国方式管理众邦事务，以其军事巡狩方式，平定叛乱和讨伐敌对邦国。颛顼时期，改变由各族邦自由祭祀天神权力的混乱状况，设置专门官员掌管祭祀天神上帝事务，将宗教祭祀权力收归族邦联盟国家独有，建立各族邦对于族邦联盟国家宗教祭祀的认同。尧时期注意德行和威信力，具有沟通和睦众邦的社会活动能力，通过设置专门职官观察天象制定历法，并颁行于各族邦国家，实现对各族邦国家的治理。舜时期通过巡狩四方，制定巡狩朝见制度，制定刑罚，惩处四凶，使"天下"族邦臣服。舜任命禹、伯益、稷及四岳，动员作为国家组成部分的各族邦力量，共同对抗大洪水，并最终治理了洪水，在此过程中得到了更多族邦的支持与臣服。通过区划九州，记载九州山川地貌、土地物产等，确立九州内各族邦应尽贡赋，实现族邦联盟国家对整个国家内不同族邦的治理。舜通过册命赐土、赐族氏徽号的方式，承认天下族邦的政治地位，但以舜所在族邦居于众邦之上，以德及听命为原则，对万邦进行治理。

第 三 章

服制与夏代王权国家的建立及初步发展

中国早期国家初期阶段国家形态逐步发展演变，由族邦联盟国家过渡到王权国家，是值得探讨的重要问题。由上章探讨可知，五帝时代族邦联盟国家的治国策略逐渐丰富，反映首领权力的扩大与集中，似已有王权的萌芽。禹继任联盟国家首领后，通过一系列的举措，逐步建构了王权国家的基础。新近出土材料印证了夏史与夏代服制，为探讨夏代社会结构与王权国家的服制建构，服制与夏代的历史演进，夏商之际的社会变迁与王权秩序再构等问题提供了新素材。

第一节　大禹治水与夏代王权国家的建立

一　早期国家初期大洪水的历史记忆

中国古代经典文献《尚书》《诗经》以及先秦诸子之书对大洪水都有所记述，更得近年商周出土文献及新石器时代考古学证据的支持，可以确信新石器时代后期（公元前 4000 年前后），在中国北方的黄河流域、淮河流域、海河流域都发生了持续时间较久、波及广远、影响甚巨的大洪水。

《尚书·尧典》记载尧、舜时期大洪水泛滥，"汤汤洪水""浩浩滔天"（《尧典》），"怀山襄陵"（《皋陶谟》），足见洪水来势凶猛。尧命鲧治水，九年没有成功，舜命禹为司空使治水，"十三年过家不入门"（《史记·河渠书》），可见洪水肆虐时间长达二十余年。《禹贡》、上博简《容成氏》《左传》襄公四年言禹治水范围"画为九州"，说明洪水影响地区之广。研究者对史前异常洪水事件进行调查研究，认为公元前 4000 年前后在黄河流域、淮河流域和海河流域普遍出现不同形式的史前异常洪水事件。异常洪水事件的出现与当时的降温有密切关系，气候变冷引发的相对湿度加大和降雨量增多，可能是造成这次异常洪水事件的主要原因。①

尧舜时期发生的大洪水不仅对当时影响甚巨，并且作为一种深刻的历史记忆流传于后世。夏禹治水成功，禹治水之大德成为夏族甚至夏代众族邦的信仰与崇拜。至成汤灭夏仍视为夏先哲王最大的德，以夏德为历史借鉴，记录于商代政治典册文诰之中。② 降至于西周中期的青铜器《遂公盨》亦载大禹治水之事，并将其视为禹之大德。可以说在中国早期国家初期，特别是族邦联盟国家形态下，发生了影响巨大的大洪水事件，大洪水已经成为先秦时代各族邦先民的历史记忆。在族邦联盟国家中，各个族邦都参与了治水，对于洪水有着深刻的记忆，已经成为各自族邦人民共同的历史记忆。随着历史的演进，不同的族邦先后主宰众邦，成为天下共主或最高权力核心，对此期发生的大洪水以不同形式加以追忆，并视为其族系渊源和历史功绩的见证。除在代表不同王朝的经典文献中记载大洪水，春秋战国时期的诸子著作中，也普遍述及尧舜时期的大洪水，如《孟子·滕文公上》："当尧之时，天下犹未平，洪水横流，泛滥于天下，草木畅茂，禽兽繁殖，五谷不登，禽兽偪人。"可视为此次浩瀚大洪水历史记忆的延续。

二 大禹治水

尧舜时期早期族邦联盟国家机制渐趋完善，通过任命鲧、禹为司空，专门负责治理洪水。所以鲧禹治水所经族邦之地，都得到了当地族邦的支持。《尚书·尧典》载：帝尧听从金、岳建议，命鲧治理洪水，但"九载，绩用弗成"，舜继任族邦联盟国家首领后，惩罚四罪而天下咸服，视

---

① 参见夏正楷、杨晓燕《我国北方 4Ka BP 前后异常洪水事件的初步研究》，《第四纪研究》2003 年第 6 期。

② 见于清华简《厚父》，具体观点参见拙文《清华简〈厚父〉的性质与时代》，《管子学刊》2016 年第 3 期。

治水失败的鲧为四罪之一，"殛鲧于羽山"。舜又听从金的建议，任命时为司空的禹平治水土，又经过各族邦十余年艰苦卓绝的奋战，终于治理了水患。

一般认为鲧治水失败是因为他壅堵洪水，而禹的成功在于他采用了疏导洪水的方法。《国语·周语下》载春秋时期周灵王太子晋就持这种看法，周灵王二十二年，谷水、洛水上涨，危及王宫，"王欲壅之"，太子晋进谏言："古之长民者，不堕山，不崇薮，不防川，不窦泽"，"昔共工氏弃此道也，虞于湛乐，淫失其身，欲壅防百川，堕高堙庳，以害天下。皇天弗福，庶民弗助，祸乱并兴，共工用灭。其在有虞，有崇伯鲧，播其淫心，称遂共工之过，尧用殛之于羽山。其后伯禹念前之非度，厘改制量，象物天地，比类百则，仪之于民，而度之于群生，共之从孙四岳佐之，高高下下，疏川导滞，钟水丰物，封崇九山，决汩九川，陂鄣九泽，丰殖九薮，汩越九原，宅居九隩，合通四海。故天无伏阴，地无散阳，水无沈气，火无灾燀，神无间行，民无淫心，时无逆数，物无害生。"若按太子晋所言，禹为鲧之子，四岳为共工之后，鲧与共工都因为没有遵守"古之长民者，不堕山，不崇薮，不防川，不窦泽"的历史经验，而是"壅防百川，堕高堙庳"，而禹在益、稷、四岳的佐助之下，采取"高高下下，疏川导滞"，治水领域达至最广，涉及山、川、泽、薮、原、隩、海等各种地形地貌，顺应地势地貌，引洪水入海。上博简第九册《举治王天下》第30—32简述及禹治水事，"禹事尧，天下大水。尧乃就禹曰：'气（乞）女（汝）其往，疏川起浴（谷），以濆天下。禹疏江为三，疏河为九，百川皆道（导），塞敷九十，抶濆三百，百纠旨（置）身鳞鲭，禹使民以二和，民乃尽力，百川既道（导），天下能恒"①。《尚书·洪范》："鲧堙洪水，汩陈其五行。帝乃震怒，不畀洪范九畴，彝伦攸斁。鲧则殛死，禹乃嗣兴。天乃锡禹洪范九畴，彝伦攸叙。"以上是鲧壅堵洪水，禹疏导洪水的证明。

战国时期的屈原对鲧禹治水有过不同认识，于《天对》篇述鲧"盗

---

① 马承源主编：《上海博物馆藏战国楚竹书》（九），上海古籍出版社 2012 年版，第 227—231 页。

堙息壤，招帝震怒。赋刑在下，投弃于羽"。《山海经·海内经》载："鲧窃帝之息壤，以堙洪水，帝令祝融杀鲧于羽郊"，是为证明。《天问》载："顺欲成功，帝何刑焉？"洪兴祖补注解释为顺帝之欲。① 回观《尧典》所载鲧被任命治水情景，尧向四岳征询治理洪水人才，佥推荐伯鲧，尧表示不同意，理由是"方命圮族"，鲧违逆命令，毁败族类。岳坚持举荐鲧治水，并要求让鲧试试。在这种情况下，尧同意鲧前往治水。《国语·晋语八》亦云："昔者鲧违帝命，殛之于羽山。"从这几处文献记载看，鲧治水并非出于尧之本意，尧认为鲧违逆其命，治水九年未能成功，故而刑杀鲧。《天问》"伯禹愎鲧，夫何以变化？纂就前绪，遂成考功。何续初继业，而厥谋不同？"鲧禹治水方法相近，禹在鲧治水成果及方法基础上，在更大范围内动员众族邦势力参与治理洪水，持续十余年才最终战胜洪水。如果说禹与鲧治水有所不同，恐怕在于禹之德与谋，如《尚书·皋陶谟》载禹自称治洪水之方："予乘四载，随山刊木。暨益奏庶鲜食。予决九川距四海，浚畎浍距川。暨稷播，奏庶艰食、鲜食，懋迁有无化居。烝民乃粒，万邦作乂。"伯益与稷辅助禹治水主要体现在解决灾民吃饭问题，"益奏庶鲜食"，伯益为虞官掌管山泽禽兽，故能提供"鲜食"。"稷播奏庶艰食、鲜食"，周族始祖弃为后稷，掌管种植五谷，为灾民提供粮食、蔬果。"烝民乃粒，万邦作乂"，众民安定，万邦乃治。禹与益、稷皆为族邦联盟国家职事，并受首领舜之命，可以有效调配粮食等救灾物资，使遭遇灾害的族邦民众和劝勉迁徙的族邦民众无后顾之忧。如此治水便得到所到之地族众的配合，更好地从治理洪水全局考虑分洪泄洪，最终平息水患。

另外，最为关键的是大禹及其族邦勤劳不懈的治水精神，被当时天下族众及后世称颂为"禹之德"。《尚书·皋陶谟》载禹向舜汇报："（予）娶于涂山，辛、壬、癸、甲。启呱呱而泣，予弗子，惟荒度土功。"禹自述治水公而忘私，辛日新婚，第四天就赶往治水；儿子启降生也无暇顾及抚养，而是忙于治水之事。近年公布的清华简《厚父》很可能是《尚书·商书》战国楚地抄本，其载王监前文人恭明德史迹，举到

---

① 洪兴祖补注：《楚辞补注》，中华书局 1983 年版，第 90 页。

的第一位前贤便是大禹，将治理洪水视为禹之大德。西周中期《遂公盨》载："天命禹敷土，堕山濬川，乃差地设征。降民监德，乃自作配享民，成父母。生我王、作臣，厥沫唯德民，好明德，忧在天下，用厥邵（绍）好，益美懿德，康亡不懋。孝友玗明㤻（经）齐，好祀无废。心好德，婚媾亦唯协。天釐用考神，复用猶（被）录（禄），永御于宁。遂公曰：民唯克用兹德，亡海（悔）。"（《铭图》① 05677）遂公所述禹受天命而治理洪水，治水的结果是定九州、山川，建立贡赋制度。天监察禹德而降民，禹践君位，为民父母。天立我王及臣子，所看重的是有功德于民，好明德，忧念及于天下，以之继好求于美德，则美德广大无所不勉。如孝友大明常齐，隆重祭祀而不废辍。内心向德，婚媾亦得和谐。天赐以寿，神报以福禄，永治于宁。遂公所述禹事迹和禹之德，以及禹德之影响，是以禹为君王之典范，说明治民者应有德于民，为民父母的治国思想。《国语·鲁语上》："鲧障洪水而殛死，禹能以德修鲧之功。"禹德及其族治水精神，亦见于诸子著作，如《孟子·滕文公上》："禹疏九河，瀹济、漯，而注诸海，决汝、汉，排淮、泗，而注之江。然后中国可得而食也。当是时也，禹八年于外，三过其门而不入。"《孟子·滕文公下》："使禹治之，禹掘地而注之海；驱蛇龙而放之菹。水由地中行，江、淮、河、汉是也。险阻既远，鸟兽之害人者消，然后人得平土而居之。"《吕氏春秋·古乐》："禹立，勤劳天下，日夜不懈。通大川，决壅塞，凿龙门，降通漻水以导河，疏三江五湖，注之东海，以利黔首。"禹治水之勤劳，以及治水成功泽被当世，亦对后世产生巨大影响。

三　制定贡赋制度与夏邦国建立

《尚书·皋陶谟》载禹向舜汇报："予娶于涂山，辛、壬、癸、甲。启呱呱而泣，予弗子，惟荒度土功，弼成五服，至于五千，州十有二师。外薄四海，咸建五长，各迪有功。苗顽弗即工，帝其念哉。"禹治水公而忘私，其治水成功，四海咸服，划天下为五服。《尚书·禹贡》较为完整

---

① 吴镇烽编著：《商周青铜器铭文暨图像集成》第 12 册，上海古籍出版社 2012 年版，第 457 页。

记录禹治水情况，"禹敷土，随山刊木，奠高山大川"。禹治理洪水，按照九州自然地理，奠定山川地形地貌，治水所经族邦多臣服听命，奠定族邦联盟国家疆土。由于虞官伯益与后稷弃协同禹治水，所以治水过程也记录了各州的山川、土壤和物产，以及根据各州土田等级和经济发展状况确定各州内各族邦贡赋的情况。

表 3—1　　　　　　　　九州及土、田、贡、赋、品列表

九州	土	田	赋	贡	筐	包
冀州	白壤	中中	上上错			
兖州	黑坟	中下	贞（下下）	漆、丝	织文	
青州	白坟	上下	中上	盐、绨、海物；岱畎贡丝、枲、铅、松、怪石；莱夷贡农牧产品	㕒丝（柞丝）	
徐州	赤埴坟	上中	中中	五色土；羽山谷贡大雉之羽；泗水之滨贡石以为磬；淮夷贡珍珠与鱼	玄纤缟（黑细缯）	
扬州	涂泥	下下	下上，上错	金三品；瑶、琨、篠、簜、齿、革、羽、毛	织贝	橘柚锡贡
荆州	涂泥	下中	上下	羽、毛、齿、革与金三品；杶、榦、栝、柏；砺、砥（磨石）、砮、丹与箘簬、楛；三邦贡其名产；九江纳锡大龟	（三邦）彩色帛与贯珠之缀	（三邦）杨梅与菁茅
豫州	柔，下土黏粗	中上	错上中	漆、枲、绨、纻麻；锡贡磬错（治玉磬之石）	纤、纩	
梁州	青黎	下上	下中，三错	璆、铁、银、镂、砮、磬；熊、罴、狐、狸		
雍州	黄壤	上上	中下	球、琳、琅玕		

冀州地区族邦有赋无贡，说明冀州地区很可能是舜统治的核心地区。《禹贡》述及禹治水成功后，云："九州攸同，四隩既宅，九山刊旅，九川涤源，九泽既陂，四海会同。六府孔修，庶土交正，底慎财赋，咸则

三壤成赋。中邦锡土、姓，祗台德先，不距朕行。"九州之中万邦赐土、赐姓，原则是敬以德为先，不违抗舜的治国措施与命令。由是自族邦联盟国家都城向外扩展至天下九州，九州内臣服族邦献纳贡赋，形成政治格局五服：距都城五百里内为甸服，甸服内每百里为限，其赋分别献纳总、铚、秸、粟、米；甸服之外五百里为侯服，侯服内自近及远，以百里为采，服王事者；二百里男邦，任王事。三百里为诸侯。侯服外五百里为绥服，自近及远，三百里内诸侯职责度文教，再二百里内诸侯职责为奋武卫，即起到藩卫族邦联盟国家作用。绥服外五百里为要服，要服内自近及远，三百里夷，再二百里蔡。要服之外五百里为荒服，荒服内自近及远三百里蛮，再二百里流。

　　专家认为《禹贡》中关于"五服"的叙述，"显然是后加的，它是与全篇的自然地理根本不相协的，略有点古史事实背景而大抵出于虚构的有关政治地理的一个空想性规划"[1]。《禹贡》所载九州献贡赋制度，强调以经济、宗教方面的臣服；五服叙述处于赐土赐姓封建族邦之后，强调的是族邦的职事，向王献纳职与事，强调政治方面的服从。九州与五服并不矛盾，两者的结合反映族邦联盟国家权力的集中。《禹贡》篇末言禹治水成功后的影响："东渐于海，西被于流沙，朔南暨，声教讫于四海。禹锡玄圭，告厥成功。"以舜为首的族邦联盟国家影响力扩大，声教达于四海。舜赐禹玄圭，昭告天下治水成功。《禹贡》虽述及舜对天下九州内族邦赐土赐姓，但对禹的封赐并没有具体说明。《国语·周语下》载，春秋时期太子晋述及舜对禹治水的嘉奖："帅象禹之功，度之于轨仪，莫非嘉绩，克厌帝心。皇天嘉之，祚以天下，赐姓曰'姒'、氏曰'有夏'，谓其能以嘉祉殷富生物也。祚四岳国，命以侯伯，赐姓曰'姜'、氏曰'有吕'，谓其能为禹股肱心膂，以养物丰民人也。"[2] 舜以族邦联盟国家首领的身份封赐禹族姒姓、有夏氏，册封助禹治水的四岳为侯、伯，赐姜姓、有吕氏，古代有"天子建德因生以赐姓，胙之土而

---

① 顾颉刚、刘起釪：《尚书校释译论》第二册，中华书局 2005 年版，第 521 页。
② 上海师范大学古籍整理研究所校点：《国语》卷 3《周语下》，上海古籍出版社 1998 年版，第 104 页。

命之氏"① 的传统，舜时代也"以德先"和不违朕命为前提，封建赐姓、
胙土命氏，即禹经舜封赐成为姒姓众氏的首领，以所胙之土与民建夏邦，
成为禹直接掌管的邦国。清华简《厚父》1—2 简载"遹闻禹
□□□□□□□□□□川，乃降之民，建夏邦"②。禹治水成功后，帝降
禹民，建立夏邦，亦揭示禹治水成功与夏的建国关系密切。舜赐禹之族
氏（邦）称号"氏曰有夏"，有夏的邦土与《逸周书·度邑》所载周武
王所述"有夏之居"有关，是篇载："自洛汭延于伊汭，居阳无固，其有
夏之居。我南望过于三涂，我北望过于岳鄙，顾瞻过于河，宛瞻于伊洛，
无远天室。"③ 邹衡综合分析先秦典籍及古注，指出所谓"有夏之居"，
是在靠近中岳嵩山的地区。北有黄河，南有伊、洛，北有太行（豫北）
或霍山（晋南），南有三涂山。大约包括了今天河南省的嵩县临汝、洛
宁、宜阳、伊川、洛阳、孟津、偃师、巩县、登封、禹县等地。④ 周武王
所述"有夏之居"应是夏王朝直接统治地区的分布范围，舜始封有夏的
地望应在这个范围内，但作为天下"万邦"之一的夏邦要远小于此范围。

　　禹治水过程及治水成功，加强了以舜为首的族邦联盟国家与各地区
族邦的密切联系，甚至有更多的族邦加入族邦联盟国家中。舜根据族邦
联盟国家内各个族邦的具体所产，确定各个族邦应尽的义务与献纳表示
服从族邦联盟国家的贡物，《禹贡》所载九州贡赋与五服职事为我们了解
虞夏时期的服制提供参照。尧舜时期治理大洪水之事，反映国家这一政
治组织在调动人力、物力，集合全社会力量以对抗人类遇到的自然灾害
方面的优势，促使早期松散的族邦联盟国家向王权国家与王朝的转变。
而治水成功之后所确定的五服制度，则以政治形式缔结了各地族邦对于
以舜为首的族邦联盟国家的臣服，并且成为一种定制，初步确立了原始
的中央与地方关系。

---

① 《左传》隐公八年众仲之语。
② 李学勤主编：《清华大学藏战国竹简》（伍），中西书局 2015 年版，第 110 页。
③ 黄怀信、张懋镕、田旭东：《逸周书汇校集注》卷 5《度邑》，上海古籍出版社 2007 年
版，第 480—481 页。
④ 邹衡：《夏文化分布区域内有关夏人传说的地望考》，《夏商周考古学论文集》，文物出
版社 1980 年版，第 221 页。

四　禹的成王之路与夏代王权国家建立

《史记·五帝本纪》载尧时"三苗在江淮、荆州数为乱。于是舜归而言于帝，请流共工于幽陵，以变北狄；放驩兜于崇山，以变南蛮；迁三苗于三危，以变西戎；殛鲧于羽山，以变东夷。四罪而天下咸服"。尧时对三苗取得的胜利是暂时的，至舜在位时，三苗仍是族邦联盟国家的重要威胁。《尚书·皋陶谟》载禹向舜汇报治水情况时，提及治水成功后，整编臣服的族邦纳贡赋的情况，形成五服，但是"苗顽弗即工"，苗民冥顽不化，不肯献贡，是以有舜禹征讨三苗之战争。舜亲往征讨三苗，《尧典》说舜"陟方乃死"，《史记·五帝本纪》称舜"南巡狩，崩于苍梧之野"，而《淮南子·兵略训》载"舜伐有苗"，《修务训》载舜"南征三苗，道死苍梧"。高诱注："三苗之国在彭蠡，舜时不服，故往征之。《书》曰'舜陟方乃死。'时舜死苍梧，葬于九疑之山，在苍梧冯乘县东北，零陵之南千里也。"[1] 舜之南巡或即南征三苗，未果而崩。禹继承族邦联盟国家首领后，征讨三苗。禹发布《禹誓》："禹曰：济济有众，咸听朕言。非惟小子敢行称乱，蠢兹有苗，用天之罚。若予既率尔群对诸群，以征有苗。"[2] 考古学者从江汉平原新石器时代考古学文化变迁来理解"禹征三苗"事件，龙山文化前、后期之交，以洛阳王湾三期文化为主体的中原龙山文化大幅度向南扩张，代替了湖北、豫南地区的石家河文化，又保留了当地的一些文化特点，从而形成了同属于中原龙山文化系统的五类文化遗存。[3] 以禹为首领的中原族邦联盟国家对苗蛮集团的彻底征服，改变了当地的文化面貌。禹通过征服三苗的军事行动，掌握了中原地区族邦联盟国家的军事权力。

禹征服三苗后，在涂山大会天下族邦，《左传》哀公七年载："禹合

---

① 刘文典：《淮南鸿烈集解》卷 19《修务训》，中华书局 1989 年版，第 631 页。
② 《墨子·兼爱下》引，禹征三苗还见于《墨子·非攻下》。
③ 杨新改、韩建业：《禹征三苗探索》，《中原文物》1995 年第 2 期。湖北省文物考古研究所：《大洪山南麓史前聚落调查——以石家河为中心》，《江汉考古》2009 年第 1 期。

诸侯于涂山，执玉帛者万国。"杜预注："涂山在寿春东北。"① 《尚书·
皋陶谟》载禹向舜汇报时，提及自己娶涂山氏之女，表明禹的族氏曾与
涂山氏结成联盟，禹合诸侯于涂山，因此地乃有涂山氏支持的缘故。涂
山所在现在学者多认为在安徽蚌埠，蚌埠禹会村发现了龙山时期大规模
祭祀遗存以及多种文化因素共存的现象。发掘者认为禹会村遗址集中出
土多种文化背景的陶器，应是来自不同地区的人们在此参加某种盟会的
结果，这与文献记载的"禹会涂山"可相契合。② 禹以天下共主的身份会
盟诸侯，诸侯执玉帛来朝来贡献，表达对禹的臣服，禹在政治礼仪上成
为居于万邦之上的王。

　　禹因为治水成功的大功绩，以及禹之德传布天下，备受各族邦的拥
戴。禹成为族邦联盟国家首领后，开始了强化权力的进程，即由族邦联
盟国家首领向凌驾于万邦之上的王的转变。禹所统摄的各族邦，在舜时
期已被赐族氏名号，成为有土有民的政治实体。至禹征服三苗，打败各
族邦的共同威胁，会盟天下族邦首领于涂山，事实上成为天下万邦之
共主。

　　禹铸九鼎，最终确立了王权对天下九州的统治秩序。关于禹铸九鼎，
《左传》宣公三年载楚庄王问鼎中原，周定王派王孙满慰劳楚师，回应楚
庄王问九鼎之大小轻重时，述及九鼎的历史："昔夏之方有德也，远方图
物，贡金九牧，铸鼎象物，百物而为之备，使民知神、奸。故民入川泽、
山林，不逢不若。螭魅罔两，莫能逢之。用能协于上下，以承天休。桀
有昏德，鼎迁于商，载祀六百。商纣暴虐，鼎迁于周。德之休明，虽小，
重也。其奸回昏乱，虽大，轻也。天祚明德，有所厎止。成王定鼎于郏
鄏，卜世三十，卜年七百，天所命也。周德虽衰，天命未改。鼎之轻重，
未可问也。"关于"夏之方有德"，杜预注"禹之世"，孙星衍谓"启之
世"，其依据是《墨子·耕柱》述及启作九鼎。夏之有德莫过于禹治水大

---

① 杜预注，孔颖达疏：《春秋左传正义》卷58，阮元校刻《十三经注疏》下册，中华书局
1980 年影印本，第 2163 页。
② 中国社会科学院考古研究所、安徽省蚌埠市博物馆编著：《蚌埠禹会村》，科学出版社
2013 年版；王吉怀：《"禹会诸侯"之地：禹会村遗址的考古学解读》，《中国社会科学报》2014
年 7 月 4 日第 3 版。

德，禹因治水成功，被当时的族邦联盟国家首领舜赐姒姓，命以"有夏氏"，而建立夏邦，是对禹大德的赞美与肯定。王孙满将九鼎渊源追溯到禹，可谓对禹铸九鼎最为直接的记述。铸九鼎的目的在于祭祀皇天上帝，将九州之代表物绘图，并以九州所献铜矿石，铸造九鼎，鼎上纹饰以九州代表物的图像。铸造九鼎，纹饰以九州之物，象征九州族邦献祭，以禹及夏邦代表天下九州族邦，向上天举行祭祀，表明禹获得了代表天下九州内族邦祭祀上天的权力，禹掌握了国家宗教祭祀大权。而《禹贡》载禹治水成功分天下九州，"中邦锡土、姓"，锡土姓的依据有二：有德与听从帝命。也就是说在舜时期对已经存在的原始政治实体族邦加以封赐，建立所谓天下万邦的联邦国家。夏邦亦是万邦之一，但禹及夏邦的影响绝非普通的万邦之一。经过禹治水的重大功绩以及征服三苗、涂山会盟万邦，逐渐确立了禹及其夏邦独尊的地位，而通过铸九鼎，在宗教神权与政治权力方面，禹及夏邦确立了独尊地位，"铸鼎象物"可以说是九州之内万邦向以禹为首的族邦联盟国家献贡的"五服制"的宗教化表现，禹及其夏邦实质上已由万邦之一演变为凌驾于万邦之上的王与王权国家的核心。

然禹并未遽改固有传统，选择族邦联盟国家首领的继承人仍以传统"禅让制"推选方式产生。禹利用传统"禅让制"形式曾选年纪与己相仿的皋陶辅政，史载皋陶不及禅让而先于禹亡故，禹复选政治影响力不大的东夷族伯益为继承人。至禹故去，益依禅让制传统，让首领位置于禹之子启，然天下万邦不朝伯益而朝启。因禹在世时已经确立了夏邦的独尊地位，而伯益所在族邦相对于禹及其族邦并未对天下做出如此之大贡献。但是伯益不甘心失败，出现"益干启位"事件。启打败伯益，并讨伐有扈氏，巩固了君位，建立了夏王朝国家。《上博简·容成氏》第33—34简载："禹有子五人，不以其子为后，见皋陶之贤也，而欲以为后。皋陶乃五让以天下之贤者，遂称疾不出而死。禹于是乎让益，启于是乎攻益自取。"①《战国策·燕策》载："禹名传天下于益，其实令启

① 马承源主编：《上海博物馆藏战国楚竹书》（二），上海古籍出版社2002年版，第276页。

自取之。"① 《容成氏》推崇古制，以启破坏传统，谓之"攻益自取"。《燕策》所载可能更接近实情，禹利用传统的禅让制为启继承君位，开启"家天下"的新局面奠定了基础。

第二节　服制与夏代王权国家结构

欲探讨夏代服制，需对夏史的可信性加以证实。关于夏史，20 世纪 30 年代始学术界曾有较多讨论，限于当时学术发展程度及考古发现商以前遗存较少，有些学者对夏史的存在性提出质疑，如杨宽曾认为"夏代之有无，本属疑问，吾人尚无实物以明证其必有"。"夏殷二代密接，而卜辞中迄未发现夏代之踪迹。""夏代之器物文字，至今未有发现，殷以前之为先史时代，近人已多公认。""夏史大部为周人依据东西神话辗转演述而成者，故周人盛称之，而殷人则不知，亦无怪乎卜辞之不见其踪迹矣。"② 陈梦家曾指出帝禹至帝癸十四世，即商先公帝喾至示癸十四世，汤桀之革命，不过亲族间之争夺而已。也就是说，夏史是由商先公的历史改编而成。③ 受疑古史学思潮影响及所见资料的限制，他们提出的重要依据是，没有发现夏代文字，甲骨文中没有发现夏的踪迹。

近八十余年，随着中国考古学的发展、夏文化探研的展开，发现了商代以前的文化遗址二里头文化，学者多认可其文明程度为王权国家。国内多数学者据此认为二里头文化就是夏文化的典型，其表现出的文明程度已经达到较高水平，并对夏史进行了较为系统的论述。相关研究颇多，仅从学界多次对相关论文进行结集可见一斑，如中国先秦史学会编

---

① 《战国策》卷 29《燕策一》，上海古籍出版社 1998 年版，第 1059 页。
② 杨宽：《中国上古史导论》第十篇《说夏》，《古史辨》第七册上，上海古籍出版社 1983 年版，第 280、281 页。
③ 参见陈梦家《商代的神话与巫术》中"夏世即商世说"一节，《燕京学报》第二十期，此节又收入《古史辨》第七册下，上海古籍出版社 1983 年版，第 330—333 页。

《夏史论丛》，郑杰祥选编《夏文化论文选集》，郑杰祥编《夏文化论集》等①，以及系统论述夏史的专著。② 这期间仍有一些外国学者重拾过去观点，认为夏非历史上存在的朝代。如苏联学者刘克甫《夏民族国家：事实还是传说?》一文，提出"一个民族国家要证实自己的存在，所依据的文献必须是书写的而非口传的，是当时的记录者写就的而非后来的，是用本民族的语言而非其他民族的语言写成的，而目前有关夏的种种证据，均不具备以上三个要素"③。美国学者艾兰的《夏存在吗? ——历史方法论诸问题》一文，认为周代文献关于夏的记载是从商代二元神话衍生出来的。"考古发掘中尚未见夏代甲骨文出土；而商代的甲骨文金文以及后来的《诗经》、《易经》中都缺少有关夏代的记载。"④ 日本学术界也多对夏代的存在，抱持谨慎的态度，多不承认二里头文化属于夏文化。近年部分日本学者始认可夏王朝真实存在，如饭岛武次、冈村秀典、宫本一夫等。⑤ 否定夏王朝存在的学者仍未脱离 20 世纪 30 年代学者提出的观点，主要仍强调考古尚未发现夏的文字资料，而将夏归于传说。不少中国学者已经对此进行了回应，如张国硕《论夏王朝存在的依据》一文，从可信的西周及以后文献对夏史的记录，以及商以前的二里头文化为夏文化，出土材料中夏至东周有关夏的文字资料三个角度论证夏王朝的存

---

① 　中国先秦史学会编：《夏史论丛》，齐鲁书社 1985 年版；郑杰祥选编：《夏文化论文选集》，中州古籍出版社 1985 年版；郑杰祥编：《夏文化论集》，文物出版社 2002 年版，据该书"前言"称至 1998 年发表的夏文化相关论文近 600 篇，具体的研究论文情况，可参该书后张立东、段惠青编《夏文化研究论著目录索引》。

② 　郑杰祥：《夏史初探》，中州古籍出版社 1987 年版；郑杰祥：《新石器文化与夏代文化》，江苏教育出版社 2005 年版；詹子庆：《走近夏代文明》，东北师范大学出版社 2006 年版；孙庆伟：《鼏宅禹迹：夏代信史的考古学重建》，生活·读书·新知三联书店 2018 年版。

③ 　刘克甫：《夏民族国家：事实还是传说?》，转见闫敏《洛杉矶"夏文化国际研讨会"英文本论文译述》，《人文杂志》1991 年第 4 期，第 94 页。

④ 　该文收入艾兰《早期中国历史、思想与文化》，杨民等译，辽宁教育出版社 1999 年版，第三章"夏之谜"。

⑤ 　［日］飯岛武次：《中国考古学概论》，東京：同成社 2003 年版。［日］冈村秀典：《夏王朝：王権誕生の考古学》東京：講談社 2003 年版；《中国文明：農業と礼制の考古学》，京都大学学术出版会 2008 年版。［日］宫本一夫：《从神话到历史：神话时代、夏王朝》，吴菲译，广西师范大学出版社 2014 年版，皆从考古学角度论证夏王朝的真实存在。

在性。① 沈长云指出甲骨文中有夏后裔杞的材料，并且对夏的存在作了较为系统的论述。② 陈絜从商周出土资料中找寻夏遗的踪迹，夏代姒姓诸氏费氏、杞氏、辛氏、鲍氏、瘦氏、缯氏等主要分布于山东境内，其姻亲族氏寒氏、雍氏、举氏、邾氏、卫氏等大部分处于鲁豫之间，与夏有关的地与族如有扈氏、斟灌氏、斟寻氏、有冥氏、戈族，甘地、原地、沦（纶）地等基本分布于山东及豫东、豫北一带。指出探索夏代早期历史，海岱地区及豫鲁交界地带应引起关注。③

综观以往对夏代存在性的论述，学界主流认为二里头文化为夏代中后期文化。目前学界认为出土和传世文献中尚未发现明确的夏代文字档案与历史书写材料，无法如殷墟甲骨文印证商史那样直接印证夏史。甲骨文金文中发现的夏遗诸姒及夏史相关族氏和地名的资料，是印证夏存在的间接证据，商代的史料中并未发现直接记录夏史的情况，以往研究用以论证夏王朝存在的证据都是周代的历史书写材料。而最近刊布的《清华大学藏战国竹简（伍）·厚父》，记录了夏贵族自述的部分夏史，为证明夏王朝的存在及夏史提供了新的证据。

一　清华简《厚父》所见夏代历史④

（一）清华简《厚父》为史官实录的战国传本

《清华大学藏战国竹简（伍）·厚父》共 13 支简，第 1 支上下两端残缺，余为完简。简背有表示竹简顺序的号码，第 13 简背面有"厚父"二字篇题。赵平安对于简文的整理有筚路蓝缕之功，初步判断《厚父》为《尚书》类文献。该篇大意基本明确，由王与厚父的问答构成，谈论的主题是夏先哲王的明德事迹与对夏民的治理策略。⑤ 其后又有李学勤、

---

① 张国硕：《论夏王朝存在的依据》，《中国历史文物》2010 年第 4 期。

② 沈长云：《夏代是杜撰的吗？——与陈淳先生商榷》，《河北师范大学学报》（哲学社会科学版）2005 年第 3 期；《关于夏代国家产生的若干理论与实证问题》，《中原文化研究》2015 年第 1 期。

③ 陈絜：《商周东土夏遗与夏史探索》，《历史研究》2020 年第 1 期。

④ 这部分内容作为《历史书写与史学功能——以清华简〈厚父〉所述夏史为例》一文的核心内容，发表于《史学理论研究》2021 年第 3 期，收入书中有所改动。

⑤ 赵平安：《〈厚父〉的性质及其蕴含的夏代历史文化》，《文物》2014 年第 12 期。

杜勇、黄国辉等对《厚父》性质进行研讨，有《夏书》说①、《商书》说②、《周书》说③、战国时代墨家"语"类作品④等不同意见。这些探讨推进了学界对《厚父》文本的理解及其性质的认识。

为讨论方便，参考整理者释文，录《厚父》释文于下：

□□□□王监劼（嘉）绩，问前文人之恭明德。王若曰："厚父！遹闻禹□□□□□□□□□□［一］川，乃降之民，建夏邦。启惟后，帝亦弗巩启之经德，少命咎（皋）繇（陶）下为之卿事，兹咸有神，能格于上，［二］智（知）天之畏（威）哉，闻民之若否，惟天乃永保夏邑。在夏之哲王，廼严寅畏皇天上帝之命，朝夕肆祀，不［三］盘于庚（康），以庶民惟政之恭，天则弗戡，永保夏邦。其在寺（时）后王之卿（飨）或（国），肆祀三后，永叙在服，惟如台？"厚［四］父拜手稽首，曰："者（都），鲁天子！古天降下民，埶（设）万邦，作之君，作之帀（师），惟曰其助上帝乱下民。之匪（愿）王廼渴（竭）［五］失其命，弗甬（用）先哲王孔甲之典刑，真（颠）復（覆）厥德，湳（沉）湎于非彝，天廼弗若（赦），廼述（坠）厥命，亡厥邦。［六］惟寺（时）下民堆帝之子，咸天之臣民，廼弗慎厥德，甬（用）叙在服。"王曰："钦之哉，厚父！惟寺（时）余经［七］念乃高祖克宪皇天之政工（功），廼虔

---

① 郭永秉：《论清华简〈厚父〉应为〈夏书〉之一篇》，载李学勤主编《出土文献》第七辑，中西书局 2015 年版，第 118—132 页。

② ［日］福田哲之：《清华简〈厚父〉的时代暨其性质》，载台湾大学文学院《先秦两汉出土文献与学术新视野国际研讨会论文》，2015 年，第 173—187 页。张利军：《清华简〈厚父〉的性质与时代》，《管子学刊》2016 年第 3 期。王晖：《清华简〈厚父〉属性及时代背景新认识——从"之匪王乃渴失其命"的断句释读说起》，《史学集刊》2019 年第 4 期。

③ 程浩：《清华简〈厚父〉"周书"说》，载李学勤主编《出土文献》第五辑，中西书局2014 年版，第 145—147 页；李学勤：《清华简〈厚父〉与〈孟子〉引〈书〉》，《深圳大学学报》（人文社会科学版）2015 年第 3 期；杜勇：《清华简〈厚父〉与早期民本思想》，《西华师范大学学报》2016 年第 2 期；黄国辉：《清华简〈厚父〉新探——兼谈用字和书写之于古书成篇与流传的重要性》，《清华大学学报》（哲学社会科学版）2016 年第 3 期；刘国忠：《也谈清华简〈厚父〉的撰作时代和性质》，《扬州大学学报》2017 年第 6 期；刘光胜：《清华简〈厚父〉时代归属新论》，《学术交流》2019 年第 1 期。

④ 李若晖：《〈厚父〉"典刑"考》，《哲学与文化》2017 年第 10 期。

秉厥德，作辟事三后，肆如其若龟筮之言，亦勿可专改。兹［八］少（小）人之德，惟如台？"厚父曰："於（呜）虖（呼），天子！天命不可漗斯，民心难测，民式克共（恭）心苟（敬）悢（畏），畏不恙（祥），保教明德，慎肆祀。惟所役之司民启之，民其亡谅。廼弗畏不恙（祥），亡显于民，亦惟祸之卣（攸）及，惟司民之所取。今民［一〇］莫不曰'余保教明德，亦鲜克以诲（谋）。'曰'民心惟本，厥作惟枼（葉），引（矧）其能丁良于友人，廼洹（宣）弔（淑）厥心。［一一］若山厥高，若水厥甬（深），如玉之在石，如丹之在朱，廼是惟人。'曰'天监司民，厥升（征）女（汝）左（佐）之服于人。民式克［一二］苟（敬）德，母（毋）湛于酒。'民曰'惟酒甬（用）肆祀，亦惟酒甬（用）庚（康）乐。'曰'酒非食，惟神之卿（飨）。民亦惟酒甬（用）败畏（威）义（仪），亦惟酒甬（用）恒狂。'"［一三］①

目前《厚父》性质四说中《夏书》说和战国时代说皆不可信②，《周书》说支持者较多，《商书》说亦有可能性，但《厚父》为《书》类文献，则是学界共识。《书》类文献是当时史事和言论的实录，皆有其史源，因具有重要的历史借鉴意义而流传于世。《厚父》可能是商代史官实录王言的档案，后经典化成为《商书》的篇章，并通过官学教育流传于世。福田哲之指出"《厚父》中王与厚父的问答，是将夏的灭亡作为历史的教训，以天与民作为主题展开的，包括对于戒酒的言及，以及以民为中心的后半部分的问答，也应该在这一贯的背景之中来理解。因此，可以说将与厚父问答的王直接理解为商王最为稳当"③。这个认识是可信的。关于《厚父》的性质，我们可以从以下四个方面略作探讨。

---

① 参考李学勤主编《清华大学藏战国竹简》（伍），中西书局2015年版，第110页。

② 对《夏书》说的辨析参见张利军《清华简〈厚父〉的性质与时代》，《管子学刊》2016年第3期。对战国时代说的辨析参见刘光胜《清华简〈厚父〉时代归属新论》，《学术交流》2019年第1期。

③ ［日］福田哲之：《清华简〈厚父〉的时代暨其性质》，载台湾大学文学院《先秦两汉出土文献与学术新视野国际研讨会论文》，2015年，第184页。

第一，商代存在长篇典册，商代史官具有记录长篇史事和言论的能力，有书写《厚父》这类长篇文献的可能性。《尚书·多士》载周公谓殷遗多士："惟尔知，惟殷先人，有册有典，殷革夏命。"① 商代典册记载了"殷革夏命"即成汤灭夏的历史，但直到周人克商之后才为周公亲见。殷墟甲骨文、殷金文、玉戈铭文有十余位"作册"（《合集》1724 反、5658 反，《集成》2711）职官，职责即为制作、书写典册。殷墟甲骨文有制作简册之占卜："丁子（巳）卜，出［贞］：今日益编，［卒］。之日允卒。"（《合集》26801）黄天树谓："'编'是个会意字，表示用编绳来编连简册之意。其后被改造成为从'糸''扁'声的形声字。《说文·糸部》说：'编，次简也，从糸扁声。''次简'是说用编绳依次编联竹简成为册书。"② 该条卜辞占卜今日增加制作简册能否完成，这足以证明商代存在典册是不争的事实。黄天树进一步研究指出，商代的主要书写工具是毛笔，主要的书写材料是简册，长篇纪事的殷金文以及甲骨文中存有少量篇幅较长的记事刻辞，如宰丰骨刻辞、牛距骨刻辞、鹿头骨刻辞、虎骨刻辞、家谱刻辞、大司空刻辞胛骨等，说明商代已经出现长篇的叙事文字。商代记事刻辞中存有骨牍，如小臣墙骨牍，应是模仿商代木牍而制作的；在记事刻辞的行与行间画有一道道竖线，应该是受到了简册书写方式的影响。③ 由于制作典册的竹简容易腐朽，所以至今尚未发现春秋以前的简册。《清华大学藏战国竹简》中的《尹至》《尹诰》及《傅说之命》等篇，学界主流意见认为皆是《尚书·商书》的战国楚地传抄本，《尹至》《尹诰》皆与成汤灭夏有关，应是记载"殷革夏命"典册的传本；《傅说之命》是记载商王武丁对傅说的册命，系《商书·说命》的战国楚地传抄本，这些应是商代存在《书》类文献的直接证据。

第二，周人自称"明德"思想来源于殷商，而非夏，说明《厚父》

---

① 孔氏传，孔颖达疏：《尚书正义》卷 16，阮元校刻《十三经注疏》，中华书局 1980 年影印本，第 220 页。

② 黄天树：《读契札记二则》，宋镇豪主编《甲骨文与殷商史》（新五辑），上海古籍出版社 2015 年版，第 58 页。

③ 黄天树：《关于商代文字书写与契刻的几个问题》，赵敏俐主编《中国诗歌研究》（第 18 辑），社会科学文献出版社 2019 年版，第 1—14 页。

中的"王"可能不是周王而是商王。《尚书·康诰》载周公言:"今民将在祗遹乃文考,绍闻衣(殷)德言。往敷求于殷先哲王,用保乂民。"①周人在提及"明德"时,自认为"明德"乃周文王向殷商哲王学习"德言"的结果。如果像学者所说《厚父》为周武王访夏贵族询问夏哲王恭明德之事,为何周公不提明德思想来源于夏反而称述来自殷商先哲王。《厚父》所载夏先哲王"明德"之事,不见于《周书》各篇,《周书》所见者恰恰是殷商先哲王皆能明德的记载,如《尚书·多士》载周公言:"自成汤至于帝乙,罔不明德恤祀。"②《尚书·多方》载周公所说:"乃惟成汤,克以尔多方,简代夏作民主……以至于帝乙,罔不明德慎罚。"③清华简《傅说之命》(下)第8—9简载武丁所述商王大戊之德:"昔在大戊,克渐五祀,天章之甬(用)九德,弗易(赐)百青(姓)。惟寺(时)大戊盍(谦)曰:'余不克辟万民。余罔紨(坠)天休,弋(式)惟叁(三)德赐我,吾乃尃(敷)之于百青(姓)。余惟弗雍天之嘏命。"④大戊能够恤祀,上天以九德彰显奖掖他,而不赐百姓。大戊谦逊仅请以三德赐之,并布之于百姓,这是大戊明德恤祀的反映。大戊明德恤祀,可能是遵循成汤学习夏先哲王"恭明德"事迹而总结的治国理念。

第三,从周人追述夏历史时对夏的称呼看,《厚父》之王似非周王。《周书》中《召诰》载周公言:"相古先民有夏,天迪从子保,面稽天若,今时既坠厥命。今相有殷,天迪格保,面稽天若,今时既坠厥命。"⑤《立政》载周公言:"古之人迪惟有夏,乃有室大竞籲俊尊上帝,迪知忱恂于九德之行……桀德惟乃弗作往任,是惟暴德罔后。"⑥周公在诰文中

---

① 孔氏传,孔颖达疏:《尚书正义》卷14,阮元校刻《十三经注疏》,中华书局1980年影印本,第203页。

② 孔氏传,孔颖达疏:《尚书正义》卷16,阮元校刻《十三经注疏》,中华书局1980年影印本,第220页。

③ 孔氏传,孔颖达疏:《尚书正义》卷17,阮元校刻《十三经注疏》,中华书局1980年影印本,第228页。

④ 李学勤主编:《清华大学藏战国竹简》(叁),中西书局2012年版,第128页。

⑤ 孔氏传,孔颖达疏:《尚书正义》卷15,阮元校刻《十三经注疏》,中华书局1980年影印本,第212页。

⑥ 孔氏传,孔颖达疏:《尚书正义》卷17,阮元校刻《十三经注疏》,中华书局1980年影印本,第230页。

称夏为"古先民""古之人",称商为"今有殷"。周人称时代久远的夏为"古",称刚被其取代的商为"今"。而《厚父》中王称夏桀"其在寺(时)后王",厚父称夏桀"之(此)㦤王",呼夏桀为"此后王""此㦤王",皆为近指,说明王与厚父的时代距离亡国之君"之㦤王"(即夏桀)不远或同时。《厚父》中的王若为周王,这种对话的情景是无法解释的。

第四,《厚父》所载国家起源理论反映其文本具有早期特征。赵平安认为《厚父》成书很早且有古本流传,清华简《厚父》是在晋系文本基础上,用楚系文字转抄而来。① 不仅《厚父》传本有古本依据,其思想内涵也有古老的渊源。《厚父》第5简载:"古天降下民,埶(设)万邦,作之君,作之币(师),惟曰其助上帝乱下民。"② 这似乎是一个古老的中国国家起源的史学理论,是先秦时期"天命论"的一种表述形式,反映统治者以"神道设教"的方式论证建立国家的合法性。天降民设立万邦,为万邦置君主及众官长,并希望其助上帝治理下民。古代最初建立的国家形态是邦国,而且是万邦,这与《左传》哀公七年所载"禹合诸侯于塗山,执玉帛者万国"③ 的情景颇为相似,亦与考古发现新石器时代后期龙山文化时代各地城邦拔地而起的情况相合。厚父所谓的古时或许是禹以前,并将建立邦国、设立君主和官僚之事归于上天的权能与神威。《厚父》第1—2简所述天命禹治水成功后,降禹民建立夏邦,是《厚父》第5简所述中国国家起源理论即天降民,建立邦国,设置君主、官长在夏代的实践。《逸周书·度邑》载:"维天建殷,厥征名民三百六十夫。"④ 亦是说天建立殷邦,曾降天民三百六十族,是为商的建国实例。夏商建国理论与厚父所述古老的建国理论如出一辙,此国家起源理论亦

---

① 赵平安:《谈谈战国文字中值得注意的一些现象——以清华简〈厚父〉为例》,载复旦大学出土文献与古文字研究中心编《出土文献与古文字研究》第6辑,上海古籍出版社2015年版,第303—309页。

② 李学勤主编:《清华大学藏战国竹简》(伍),中西书局2015年版,第110页。

③ 杜预注,孔颖达疏:《春秋左传正义》卷58,阮元校刻《十三经注疏》,中华书局1980年影印本,第2163页。

④ 黄怀信、张懋镕、田旭东:《逸周书汇校集注》(修订本),上海古籍出版社2007年版,第470页。

被战国诸子所称引，词句或有不同，然皆是流变。

目前学界虽对《厚父》性质尚存分歧，但对厚父为夏王室贵族这一点则基本达成共识。《厚父》所述夏史的背景放在夏商之际似更为稳妥，成汤灭夏后，以夏史为鉴，[①] 向夏贵族厚父垂询夏先哲王恭敬明德之事，由史官实录形成官方档案，经过商王朝史官的整理，作为重要的历史典册在商代官学教育中传诵。至周初，周公在诸诰中多次谈到"明德"的主题，尤其是讲到成汤灭夏后实行了"明德慎罚"的措施，或许是周公看到了商代类似《厚父》典册的缘故。[②] 清华简《厚父》可能是类似的史官实录档案的战国楚地传抄本，在流传过程中加入了后世的词语和观念。若按此思路理解，《厚父》可能是商代史官记言性的实录档案，在历史积淀中经典化，成为商代的《书》。即便《厚父》为《周书》篇章，其内容也是史官记录的夏贵族与王讲述的夏史，具有实录性质。这种比较系统地叙述夏史的篇章为以往先秦材料所未见，其史料价值弥足珍贵。所以，《厚父》可能为史官实录作品，其史事的真实性、可信度应极高，以其所载夏代史事证明夏史应具有较大可信性。

（二）清华简《厚父》所述夏史考

赵平安对《厚父》所述夏史进行了初步的研究，勾勒清楚《厚父》中蕴含夏史的几个方面问题，如皋陶卒于何时，孔甲是怎样的君王，"三后"的具体所指，夏代的酒文化问题[③]，对于进一步利用相关文献疏通证明夏代的存在与夏史奠定了基础。

《厚父》可能为商初史官记录的典册档案，较为完整地书写了夏代历史发展的线索，对于证明夏史具有重要的史料价值。《厚父》证明夏史主要有如下方面：

第一，《厚父》明确记载了夏邦建立者是禹。《厚父》第1—2简载王

① 成汤借鉴夏史可由清华简《尹诰》得以证实，是篇所载伊尹之言"夏自绝其有民，亦惟厥众。非民亡（无）与守邑，厥辟作怨于民，民复之用麗（离）心，我捷灭夏。今后胡不监？"释文参见李学勤主编《清华大学藏战国竹简》（壹），中西书局2011年版，第133页。

② 《墨子·贵义》载周公旦朝读书百篇，周公对商史非常娴熟，于诸诰中称引、训诰殷遗民，可为明证。

③ 赵平安：《〈厚父〉的性质及其所蕴含的夏代历史文化》，《文物》2014年第12期。

若曰："厚父！遹闻禹□□□□□□□□□□川，乃降之民，建夏邦。"
整理者认为"禹""川"之间残缺十字左右，内容应为禹治水之事迹。[1]
关于禹治水之事此前最早的记述是西周中期青铜器《遂公盨》载："天令
禹敷土，堕山濬川，乃差地设征。降民监德，乃自作配享民，成父母，
生我王、作臣，厥沬唯德民，好明德，忧在天下。"（《铭图》5677）将
大禹治水建邦作为禹明德的事迹，与简文颇为一致。[2]《尚书·禹贡》：
"禹敷土，随山刊木，奠高山大川。"《厚父》记载禹受天命治水，治水成
功，天于是降禹民，建立夏邦。天降民而建立邦国的说法与《逸周书·
度邑》载周武王所讲"维天建殷，厥征名民三百六十夫"[3]。天建殷邦登
进贤民三百六十族，是相近的。如前文所论这个建国政治理论可能与厚
父所说的"古天降下民，埶（设）万邦，作之君，作之币（师），惟曰
其助上帝乱（治）下民"[4]。这一古老的政治观念有关，可视为天降民建
立夏商国家的史源。夏邦国的建立确与禹治水成功有关，如前所述《禹
贡》载禹治洪水成功，分天下九州，"中邦锡土姓，祗台德先，不距朕
行"，舜将九州内族邦赐土赐姓，进行封建族邦。据《国语·周语下》载
禹及其族因治洪水成功有大功，被赐姒姓，氏曰有夏。此可谓帝舜封建
夏邦的史料依据。

　　第二，启为夏后，皋陶被任命为卿事。《厚父》第2—3简"启惟后，
帝亦弗巩启之经德，少命咎（皋）繇（縣）下为之卿事，兹咸有神，能
格于上，智（知）天之畏（威）哉，闻[5]民之若否，惟天乃永保夏邑"。
据《毛公鼎》"不（丕）巩先王配命"（《集成》2841），简文中"弗巩"
可能初为"不巩"，流传致误，实为"丕巩"，大巩之义。帝命皋陶自天

---

① 李学勤主编：《清华大学藏战国竹简》（伍），中西书局 2015 年版，第 111 页。

② 饶宗颐先生即认为盨铭与禹德有关，见《豳公盨与夏书佚篇〈禹之总德〉》，载《华学》
第六辑，紫禁城出版社 2003 年版。

③ 此句原作"维天建殷，厥征天民名三百六十夫"。今据刘师培意见"天"为衍文，"民
名"倒文，则应为"名民"，贤民之意。陈逢衡认为"夫"当作"天"字，唐大沛认为是
"夫"，男丁通称。此处以作"夫"为确，且属上读。诸说参见黄怀信、张懋镕、田旭东《逸周
书汇校集注》（修订本），上海古籍出版社 2007 年版，第 470 页。

④ 李学勤主编：《清华大学藏战国竹简》（伍），中西书局 2015 年版，第 110 页。

⑤ 简文为"闻"的本字，整理者释读为"问"，乃用通假字，此处宜释读为本字"闻"。

降下为启卿事，① 正是大巩启之常德的举措。"兹咸有神"指夏启与皋陶皆能通神。"格于上"与《尚书·君奭》"成汤既受命，时则有若伊尹，格于皇天"句式相近，夏启、皋陶有神能，可与上天相通，知天之威。"若否"，《诗经·大雅·烝民》："邦国若否，仲山甫明之"，郑玄笺："若，顺也。顺否犹臧否，谓善恶也。"② 诗义言仲山甫知邦国之善恶，而简文说夏启、皋陶闻知百姓之善恶，能格于上天，与天沟通，知天之威，又下知百姓善恶，故天长保夏邑。前举赵平安文对皋陶卒年，已有考察。上博简《容成氏》第33—34简载："禹有子五人，不以其子为后，见皋陶之贤也，而欲以为后。皋陶乃五壤（让）以天下之贤者，述（遂）禹（称）疾不出而死。"③ 据《史记·夏本纪》载"帝禹立而举皋陶荐之，且授政焉，而皋陶卒。"即皋陶未及事禹而卒。《史记正义》引《帝王世纪》谓："舜禅禹，禹即帝位，以咎陶最贤，荐之于天，将有禅之意。未及禅，会皋陶卒。"④ 禹欲禅位于皋陶，然皋陶卒，禹或即位多年方有禅位之意，即皋陶曾事禹。《容成氏》载禹欲以皋陶为继任者，皋陶五次推让不成，最后谎称生病而死，或实为未死。而《帝王世纪》《夏本纪》为更晚之作品，直视皋陶真死。⑤《厚父》载皋陶用事于夏启朝，这可从《左传》所引《夏书》中得到印证，如《左传》昭公十四年载叔向言："《夏书》曰：'昏、墨、贼，杀'，皋陶之刑也。"⑥《左传》庄公八年载："《夏书》曰：'皋陶迈种德'，德乃降。"⑦ 皋陶辅佐夏后治国，曾制定

---

① 《尚书·甘誓》载夏启征伐有扈氏，"大战于甘，乃召六卿"。商代青铜器《小子𪔎簋》（《集成》3904）已有"卿事"之职，可能夏代已有卿事职官。

② 毛亨传，郑玄笺，孔颖达疏：《毛诗正义》卷18，《十三经注疏》上册，中华书局1980年影印本，第568页。

③ 马承源主编：《上海博物馆藏战国楚竹书》（二），上海古籍出版社2002年版，第276页。

④ 司马迁：《史记》卷2《夏本纪》，中华书局2013年版，第102页。

⑤ 王震中认为皋陶为族氏名，辅佐夏启的皋陶为皋陶的后人，可备一说。参见王震中《清华简〈厚父〉篇"咎繇"与虞夏两代国家形态结构》，《南方文物》2016年第4期。

⑥ 杜预注，孔颖达疏：《春秋左传正义》卷47，阮元校刻《十三经注疏》，中华书局1980年影印本，第2076页。

⑦ 杜预注，孔颖达疏：《春秋左传正义》卷8，阮元校刻《十三经注疏》，中华书局1980年影印本，第1765页。

昏、墨、贼三罪为死刑等刑罚，皋陶能行布德，德下洽于民。① 皋陶之德也是简文所述夏前文人敬明德的事迹。

第三，启以后的夏先哲王因能敬畏天命，而保有夏邦。《厚父》第3—4简载："在夏之哲王，乃严禋畏皇天上帝之命，朝夕肆祀，不盘于庚（康），以庶民惟政之恭，天则弗斁，永保夏邦。"这里的"在夏之哲王"，指夏贤明的君王。简文"廼严禋畏皇天上帝之命"，与《尚书·无逸》："昔在殷王中宗，严恭寅畏天命"，句式颇相合，严、恭、寅皆有敬义，敬皇天上帝之命与敬畏天命一义也。简文具体说明敬畏天命的表现是朝夕祭祀上天，不乐于安康。简文"不盘于康，以庶民惟政之恭"与《尚书·无逸》述文王事迹"文王不敢盘于游田，以庶邦惟正之供"相近。② "以"表示"率领"，"政"是"恭"的宾语，通过"之"字前置。③《国语·楚语上》引《尚书·无逸》作"唯政之恭"而无"以庶邦"三字。④ 吴汝纶谓：高诱注《秦策》："以，犹使也。"郑玄《士丧礼》注："正，善也。"《诗》传："共，法也。"以庶邦唯正之供者，使众国唯善是法也。⑤ 参照《无逸》文句，简文可理解为使庶民唯善是法。弗斁，即不斁，不厌也。⑥ 天于是不厌弃夏的哲王，永保夏邦。此处值得注意的是，《厚父》所述夏启至夏桀之间的列王仅以"在夏之哲王"一笔带过，对于像太康失国这样的夏史内容，可能是不符合"监前文人恭明德"的需要，而未被述及。

第四，孔甲为夏哲王，并曾制定典刑。厚父谓愿王（夏桀）"弗甬（用）先哲王孔甲之典刑"，"先哲王孔甲"，即《左传》昭公二十九年"及有夏孔甲，扰于有帝，帝赐之乘龙河、汉各二，各有雌雄"。杜预注：

---

① 孔颖达疏："言皋陶能行布其德，德乃下洽于民。"见《春秋左传正义》卷8，阮元校刻《十三经注疏》，中华书局1980年影印本，第1765页。

② 孔氏传，孔颖达疏：《尚书正义》卷16，阮元校刻《十三经注疏》，中华书局1980年影印本，第222页。

③ 李学勤主编：《清华大学藏战国竹简》（伍），中西书局2015年版，第112页。

④ 《国语》，上海古籍出版社1998年版，第551页。

⑤ 吴汝纶：《尚书故》，中西书局2014年标点本，第238页。

⑥ 参李学勤主编《清华大学藏战国竹简》（伍），中西书局2015年版，第112—113页，注释18。

"孔甲,少康之后九世君也。其德能顺于天。"① "典刑" 见于《诗经·大雅·荡》:"虽无老成人,尚有典刑",郑玄笺:"老成人谓若伊尹、伊陟、臣扈之属,虽无此臣,犹有常事故法可案用也。"② 清华简《厚父》与《左传》皆以孔甲为贤王,但《史记·夏本纪》谓"帝孔甲立,好方鬼神,事淫乱。夏后氏德衰,诸侯畔之"。"自孔甲以来而诸侯多畔夏",以孔甲为昏乱之君。对孔甲的不同评论,反映出两种不同的史观:《厚父》反映治理国家以德治为主,德刑相辅,末世君王德治衰弱,用以典刑,对于延续夏王朝的统治来说,孔甲做出了重要贡献;《夏本纪》的撰述可能深受汉初政治环境的影响,批判法家刑法治国,推崇儒家德治,故对制定典刑并以之治国的孔甲持非议态度,但也认为夏后氏德衰,造成了夏的灭亡。之慝王违失帝命,又不用先哲王孔甲所制刑罚。说明孔甲制定刑罚,是德行衰落而代之治国策略,失德而用刑也不失为治国之策。说孔甲为昏乱之君,着眼于以德治国;说孔甲为贤王,着眼于孔甲制刑以挽救衰落的夏王朝。

第五,亡国之君夏桀之事。《厚父》第 4 简载王曰:"其在寺(时)后王之卿(饗)或(国),肆祀三后,永叙在服,惟如台?"此处的"其在时后王"与《尚书·无逸》"其在高宗""其在祖甲"语句结构相同,"其在",在其也,其为句中语助。寺通时,是也,此也。在其此后王,当指亡国之君夏桀。《尚书·酒诰》《多士》称"在今后嗣王"指称纣王,简文"其在寺(时)后王"与此是一样的用法,指称亡国之君。马楠认为"或"属上读,卿或读为《尚书》习见之"饗国"或"享国",犹在位。③ 整理者认为"三后"指夏代的三位贤君,据简文语境可能是简文所提到的禹、启、孔甲。④《尔雅·释诂上》:"永,长也。"《说文》:

---

① 杜预注,孔颖达疏:《春秋左传正义》卷 53,阮元校刻《十三经注疏》下册,中华书局 1980 年影印本,第 2123 页。

② 毛亨传,郑玄笺,孔颖达疏:《毛诗正义》卷 18,阮元校刻《十三经注疏》上册,中华书局 1980 年影印本,第 554 页。

③ 马楠:《清华简第五册补释六则》,载李学勤主编《出土文献》第 6 辑,中西书局 2015 年版,第 224 页。

④ 赵平安:《〈厚父〉的性质及其所蕴含的夏代历史文化》,《文物》2014 年第 12 期。

"叙，次弟也。"《尔雅·释诂上》："叙，绪也。"《尔雅·释诂上》："服，事也。"《诗经·大雅·荡》："曾是在位，曾是在服。"毛传："服，服政事。"在服，在事、在职也。《尚书·多士》载殷多士谓殷革夏命之后，"夏迪简在王庭，有服在百僚"。夏人臣服商王朝，做了商王朝内服大臣。夏虽灭国但其后裔被封为杞，成为臣服于商王朝的外服。如台，奈何也。简文意为在此后王（指夏桀）享国，祭祀夏的三位先王，夏却永久地居臣职事①，这又是为何？

　　夏桀及朝臣有恶行，终失天命、亡国。《厚父》第5—7简载厚父回答王的提问，言："之匿（慝）王乃渴（竭）（失）其命，弗甬（用）先哲王孔甲之典刑，真（颠）復（覆）厥德，湎（沉）湎于非彝，天乃弗若（赦），乃述（坠）厥命，亡厥邦。惟寺（时）下民鸣帝之子，咸天之臣民，乃弗慎厥德，甬（用）叙在服。"②简文"匿"通"慝"，"之慝王"，此慝王也。《大盂鼎》称武王伐纣为"闢厥慝"（《集成》2837），与简文中厚父将夏桀称"此慝王"相近。"竭失其命"，尽失天命。此处天命如简文之意是"助上帝治下民"。关于夏桀失天命，见于《尚书·多士》"我闻曰：'上帝引逸'。有夏不适逸则，惟帝降格，向于时。夏弗克庸帝，大淫泆有辞。惟时天罔念闻，厥惟废元命，降致罚，乃命尔先祖成汤革夏，俊民甸四方"。《尚书·多方》："洪惟图天之命，弗永寅念于祀。惟帝降格于夏，有夏诞厥逸，不肯戚言于民。乃大淫昏，不克终日劝于帝之迪，乃尔攸闻。厥图帝之命，不克开于民之丽，乃大降罚，崇乱有夏。"上帝不纵人逸乐，有逸乐者则收引之，不使大过。③夏桀不能用上帝教命，放纵淫乐且有罪辞。故上帝不顾念夏先王之德，废黜夏桀享国大命，降下最大的惩罚，命令成汤革除夏命，正民而治理天下四方。

　　夏桀弗用先哲王孔甲的典刑，与《逸周书·商誓》所载"今纣弃成汤之典"近似。"颠覆厥德，沉湎于非彝"与《诗·大雅·抑》："颠覆

---

　　① 马楠认为"永叙在服"谓永在臣职，与"永保夏邦"文义相反。参马楠《清华简第五册补释六则》，清华大学出土文献研究与保护中心编：《出土文献》第六辑，中西书局2015年版，第225页。

　　② 李学勤主编：《清华大学藏战国竹简》（伍），中西书局2015年版，第110页。

　　③ （清）俞樾：《群经平议》，《清经解续编》（第5册），上海书店1988年版，第1055页。

厥德，荒湛于酒"近似。《尚书·酒诰》载商纣王"诞惟厥纵淫泆于非彝，用燕丧威仪，民罔不尽伤心"。亦说纣纵淫泆于酒，因燕饮无度丧失威仪。简文"沉湎于非彝"当指沉湎于酒。简文"天乃弗若（赦），乃述（坠）厥命，亡厥邦"与《尚书·多士》载天亡夏："惟时天罔念闻，厥惟废元命，降致罚，乃命尔先祖成汤革夏，俊民甸四方"意思相近，天不加顾念，不赦免夏桀之罪，乃使其天命坠失，灭亡夏邦。而《尚书·多士》具体谈到天降罚夏桀，命汤灭夏治理夏民和四方。

《厚父》载厚父言夏桀朝臣不尽职、不慎德，是夏灭亡的重要原因。"寺"假为时，是也。璊字，整理者提供了两种解读意见：借为庸，训为乃也；读为共，训为皆也。① 简文"下民璊帝之子，咸天之臣民"与《逸周书·度邑》所言天赐予成汤三百六十贤民，以及《尚书·高宗肜日》"王司敬民，罔非天胤"的观念是一致的。"慎厥德"见于陈剑《说慎》一文所举《师望鼎》《克鼎》《梁其钟》《井人佞钟》《番生簋》诸器中②，这几个器铭都是说周的朝臣能慎厥德的情况，而简文说夏的朝臣不能慎厥德，不能自上而下尽其职守。夏桀朝臣不慎德，不尽职守的情况见于《尚书·多方》。《多方》载："因甲于内乱，不克灵承于旅。罔丕惟进之恭，洪舒于民。亦为有夏之民叨懫日钦，劓割夏邑"。夏王朝的官员借着内乱而聚敛钱财，③ 甚至荼毒百姓。导致夏民贪财风气日盛，残害了夏国。

二　新出材料与夏代服制④

夏代服制问题，学界近年研讨较多，大致有五服⑤、内外服⑥两种代

---

① 李学勤主编：《清华大学藏战国竹简》（伍），中西书局 2015 年版，第 114 页注释三十。

② 参陈剑《说慎》，李学勤、谢桂华主编：《简帛研究》（二〇〇一），广西师范大学出版社 2001 年版，第 208 页。

③ 孙星衍以"近"为赍，财也。恭通共，《尔雅·释诂》"具也"。参《尚书今古文注疏》，中华书局 2004 年版，第 462 页。

④ 此部分内容曾以《清华简〈厚父〉与夏代服制》为题，发表于《史学理论与史学史学刊》2017 年秋季卷，收入本书时有所改动。

⑤ 岳红琴：《〈禹贡〉五服制与夏代政治体制》，《晋阳学刊》2006 年第 5 期。

⑥ 沈长云：《夏代是杜撰的吗——与陈淳先生商榷》，《河北师范大学学报》（哲学社会科学版）2005 年第 3 期，后又在沈长云、张渭莲《中国古代国家起源与形成研究》一书中详细论述了这一观点（人民出版社 2009 年版，第 251 页）。

表性意见。五服说的依据是《尚书·禹贡》,大禹治水成功后乃制定五服贡赋制度,而近年公布的西周中期青铜器遂公盨铭文亦载禹受天命治水,成功之后而制定征收贡赋的制度,无疑支持了这一说法。但是《禹贡》所载五服仅限于朝贡,并不是夏代服制的全部内容。内外服说的主要依据是《尚书·酒诰》所述商代内外服制度以及《令方彝》(《集成》9901)所载周初内外服制向更古的历史追溯。清华简《厚父》的公布,为进一步探讨夏代服制提供了契机,增加了非常宝贵的资料。

清华简《厚父》共 13 支简,记载王与夏遗民厚父的对话,从追述夏史展开深入讨论。该篇简文经由赵平安整理,通篇简文大意清楚。赵先生还对该篇进行专门研究,认为《厚父》为《尚书》类文献,并对其中所蕴含的夏代历史文化问题进行了初步的探讨。① 后又陆续有程浩、李学勤、郭永秉、福田哲之、杜勇、黄国辉等对《厚父》性质进行研讨,推进了对《厚父》的认识,已见前述。

研读清华简《厚父》简文及专家高论,发现《厚父》简文还反映了夏代服制的相关信息。清华简《厚父》第 1 简载禹治水成功后,"乃降之民,建夏邦",而无《遂公盨》《尚书·禹贡》等文献所说的制定贡赋制度的相关内容。《厚父》第 4 简载王言:"其在寺(时)后王之卿(饗)或(国),肆祀三后,永叙在服?"在其此后王,当指亡国之君夏桀。《尚书·酒诰》《多士》"在今后嗣王"指称纣王,简文"其在寺(时)后王"与此一样的叙事方法,指称亡国之君夏桀。马楠认为"或"属上读,卿或读为《尚书》习见之"饗国"或"享国"②。服谓职事,在服,即在事、在职也。《尚书·多士》载"夏迪简在王庭,有服在百僚"。夏人臣服商王朝,作了商王朝内服大臣。简文意为在此后王(指夏桀)享国,祭祀夏的三位先王,却永久地居臣职事,这又是为何?

厚父言"惟寺(时)下民纯帝之子,咸天之臣民,乃弗慎厥德,甬(用)叙在服"。寺假为时,是也。下民既为上帝之子又是天之臣民,当

① 赵平安:《〈厚父〉的性质及其蕴含的夏代历史文化》,《文物》2014 年第 12 期。
② 马楠:《清华简第五册补释六则》,李学勤主编:《出土文献》第六辑,中西书局 2015年版,第 224 页。

是大禹治水成功后，天所降下民以建夏邦的那些臣子后代。他们世居臣职，至夏桀时，夏的各级朝臣不能慎德，不能各尽其职守。夏桀朝臣不慎德，不尽职守的情况见于《尚书·多方》。夏王朝的官员借着内乱而聚敛钱财①，甚至荼毒百姓。导致夏民贪财风气日盛，残害了夏国。简文"甬（用）叙在服"，意为夏的臣子们不能以次第尽其职守。

《厚父》简文反映"王"将夏的臣子职事称"服"，夏代遗民厚父将夏王朝大臣的职事称"服"。这与商周时期称臣子职事为"服"是一致的。《尚书·酒诰》称"越在内服：百寮、庶尹、惟亚、惟服、宗工，越百姓、里君；越在外服：侯、甸、男、卫、邦伯"。概述商代的职事系统为"内外服"，证以殷墟甲骨文相关材料，商代职官体系为内外服是可信的。② 殷墟甲骨文有将寮职事称为服的记载，《合集》36909"丁亥卜，在蠿次，贞：韦师寮妹有宦，王其令宦，亡每。克由王〔令〕。弜改，呼宦。韦师寮亡宦，王其示京师，有册。若。""韦师寮妹有宦"与《大盂鼎》"汝妹辰有大服"（《集成》2837）例相近，宦为动词"事"义，商王命令韦师寮服政事也。郭沫若理解此版卜辞大意：下段是说"韦师寮昧爽之前有（职）事，王令从事，不悔，克行王令"。中段是说"弗改，仍令从事"。上段是说"不令韦师寮从事，王用典册告于京师，事情照此办理"③。这版卜辞显示，商王就是否任命韦师寮践行某项王事而占卜，商王不命令韦师寮践服王事，商王以典册形式布告于京师，是否任命韦师寮服王事照此办理。这条卜辞中的"韦师寮"记载非常可贵，为我们提供了商王朝内服存在僚属组织的实证，说明商王朝内服已经成为有系统的僚属组织，韦师寮只是众多僚属组织之一，这与《尚书·酒诰》所载商代内服"百寮"正相符合。这版甲骨卜辞说明商代将王朝臣子的职事称作"服"的事实。

《尚书·酒诰》记载：周公说商代有"内外服"，谈到周代的制度时也是以内外为据划分，内外并举频见。王冠英认为周代的服以周邦来划

① 孙星衍以"近"为賮，乃财义。恭与共通，《尔雅·释诂》"具也"。参《尚书今古文注疏》，中华书局2004年版，第462页。
② 参拙文《〈尚书·酒诰〉所见商代"内外服"考论》，《史学史研究》2008年第4期。
③ 郭沫若：《殷契余论》，《郭沫若全集考古编》1，科学出版社2002年版，第368页。

分亦称内外，周分封的作为外服的诸侯，迳称"诸侯""邦君诸侯"或"四方"；内服则称"百辟""三事"或"三事大夫"①，此外周人亦将职事称为"服"。如《尚书·康诰》载周公告诫康叔"乃服惟弘王应保殷民，亦惟助王宅天命，作新民"。康叔的职事有三：弘王应保殷民一事也；助王宅天命二事也；助王作新民三事也。② 从西周金文记载看，周王把臣下的职事称为"服"，如《大盂鼎》载周康王谓盂"汝妹辰有大服"（《集成》2837），即汝早有大职事。③ 周王朝的臣子亦自称其职事为"服"，西周早期铜器《高卣盖》载"尹其亘万年受厥永鲁，亡竞在服"（《集成》5431）。周王还把诸侯的职事称为"服"，如《井侯簋》载："唯三月王令荣及内史曰：'匄井侯服，赐臣三品：州人、熏人、塘人'。"（《集成》4241）诸侯、方国的贡赋也被称作"服"，如《驹父盨盖》载"唯王十又八年正月，南仲邦父命驹父就南诸侯。率高父视南淮夷厥取厥服。董夷俗遂不敢不敬畏王命，逆见我厥献厥服。我乃至于淮，小大邦无敢不述（坠），俱逆王命"（《集成》4464）。西周金文载朝见于王称为"见服""见事"，如《作册魖卣》："唯公太史见服于宗周年，在二月既望乙亥，公太史咸见服于辟王，辨（遍）于多正。"（《集成》5432）公太史从他的职位以政事朝觐周王及朝中执政者。《匽侯旨鼎》："匽侯旨初见事于宗周。"（《集成》2628）匽侯旨首次以其政事朝觐周王于宗周。文献与西周金文将朝臣、诸侯对周王朝所尽职事称"服"，将诸侯、方国所纳贡赋称为"服"者，还有把朝觐于王称作"见服"的情况，表明周代存在服制。④

综上，商周时期将内外臣子职事称"服"，是服制存在的标志。那么清华简《厚父》所载王与厚父将夏王朝臣子职事称"服"，表明夏代可能存在近于商周王朝的服制。夏代服制可能还只是初创阶段，具体内容虽

---

① 王冠英：《殷周的外服及其演变》，《历史研究》1984 年第 5 期。

② 王国维：《古史新证》，清华大学出版社 1996 年版，第 274—275 页。

③ "妹辰"的解释有很多种，此处取陈梦家先生的解释，见《西周铜器断代》，中华书局 2004 年版，第 103 页。

④ 拙文《释西周金文中"服"字义——兼说周代存在"服"制》，《考古与文物》2010 年第 6 期。

不可考，但大体可以确定的是臣服族群除为夏王朝服政事外，还要根据各自所产献纳贡赋。如西周中期铜器《遂公盨》记述大禹治水后，曾"差地设征"，即区别不同的土地，规定各自的贡赋。[①]

三 夏代以氏族为主体的社会结构

夏代社会结构既保留族邦联盟国家时代族邦林立的特色，又具有王权国家的雏形。从服制的内涵之一职事的视角看，夏代设官分职与"中邦锡土、姓"（《尚书·禹贡》）的封建制合为一体的内外服制度，开后世官僚制度与封建制度的先河，又与战国秦汉国家的官僚制度相区别。从服制内涵之一贡赋的视角看，夏代应是继承了舜时代确立的五服贡纳制度。探讨夏代社会结构，对于认识夏代国家性质、社会形态等问题至为关键。

在夏代，氏族仍是最为基础的社会组织结构。舜时期封赐禹为姒姓族长，建立夏邦。禹继任联盟国家首领后，通过一系列措施，扩大姒姓及夏邦的影响，夏邦一跃而为凌驾于万邦之上的王国。禹及其后的夏王继承舜时期"中邦锡土、姓"的封建传统，将姒姓进行了分封建邦，《史记·夏本纪》谓："禹为姒姓，其后分封，用国为姓，故有夏后氏、有扈氏、有男氏、斟寻氏、彤城氏、褒氏、费氏、杞氏、缯氏、辛氏、冥氏、斟戈氏。"此外，夏代还存在一些异姓族邦，学者进行了较多研究，综合如表3—2所示。

表3—2　　　　　　　　　　　　夏代异姓氏族

氏族	族姓与来源	都邑或居地	史迹	根据
涂山氏		安徽蚌埠	禹娶涂山氏；禹合诸侯于涂山	《尚书·皋陶谟》；《左传》哀公七年
有仍氏	不明	山东泰安	少康母家，少康为有仍氏牧正	《左传》哀公元年
有缗氏	不明	山东济宁金乡县	有缗叛桀	《左传》昭公四年、昭公十一年

---

① 李学勤：《论燹公盨及其重要意义》，《中国古代文明研究》，华东师范大学出版社2005年版，第133页。

续表

氏族	族姓与来源	都邑或居地	史迹	根据
有虞氏	姚姓，舜子商均封国	河南虞城	少康为有虞氏疱正，借助有虞氏力量复国	《左传》哀公元年
有鬲氏	偃姓，皋陶之后	山东德州	参与后羿代夏和少康复国	《左传》襄公四年
有穷氏	东夷	先居河南滑县后迁洛阳	后羿代夏的主要依靠力量	《左传》襄公四年；《说文·邑部》"穷"下
寒氏	不明	寒在山东潍坊；过在山东莱州；戈在宋郑之间	寒浞代后羿，据有其妻室，生浇及豷，封于过及戈	《左传》襄公四年
观	姚姓，舜后	河南濮阳	观势力颇盛，为夏之隐患	《左传》昭公元年赵孟谓"虞有三苗，夏有观、扈，商有姺、邳，周有徐、奄"
吕、申	姜姓，四岳之后	河南南阳	四岳佐禹治水有功，封吕、申	《国语·周语下》；《史记·齐太公世家》
豕韦	彭姓，祝融之后	河南滑县	成汤伐夏先攻克豕韦	《诗经·商颂·长发》；《国语·郑语》史伯与郑文公对话
豲夷	董姓，祝融之后	山东定陶	舜封豢龙氏于鬷川，夏灭豲夷与豢龙氏；汤伐三豲	《左传》昭公二十九年蔡墨语；《国语·郑语》史伯论祝融八姓；《史记·殷本纪》
顾	己姓，祝融之后	顾为齐地		《左传》哀公二十八年杜预注及《元和郡县图志》濮州范县"故顾城在县东二十八里，夏之顾国也"
昆吾	己姓，祝融之后	原居卫，夏时迁许昌	昆吾为夏伯，夏桀时期叛乱	《诗经·商颂·长发》及郑玄笺；《国语·郑语》及韦昭注
葛	嬴姓，少皞之后	河南宁陵	为夏伯，被成汤征伐	《尚书》逸篇《汤征》之《书序》；《孟子·滕文公下》及赵岐注；《史记·殷本纪》

续表

氏族	族姓与来源	都邑或居地	史迹	根据
有施氏	喜姓,黄帝之后	不明	夏桀伐有施氏,有施氏以妹喜女之,妹喜与伊尹比而亡夏	《国语·晋语一》及韦昭注;《国语·晋语四》司空季子论黄帝十二姓
岷山氏	不明	四川岷山	夏桀伐岷山,岷山女桀二人琬与琰;桀宠二女而弃元妃妹喜,妹喜以与伊尹交,遂以间夏	古本《竹书纪年》;清华简《尹至》

除以上所举夏同姓、异姓族邦外,夏代还存在一些重要族邦,如周的祖先弃、商的祖先契,皆曾任职于舜为首的族邦联盟国家,至夏亦应是较大实力的族邦。东周时期周王朝太子晋谓:"帅象禹之功,度之于轨仪,莫非嘉绩,克厌帝心,皇天嘉之,祚以天下,赐姓曰'姒',氏曰'有夏',谓其能以嘉祉殷富生物也。祚四岳国,命以侯伯,赐姓曰'姜',氏曰'有吕',谓其能为禹股肱心膂,以养物丰民人也。"①此处所赐的姓应是古老的有影响力的大族,而氏是姓族的分支,有不少是古代的族邦。有夏、有吕皆为上古时代颇具影响力且以血缘关系为基础的大族邦。五帝时代族邦联盟国家的族邦与夏代族邦有着前后承袭的关系,而夏代的氏族多以族邦的形式出现,即夏代的族邦就是夏代社会最大的氏族。夏代的氏族制度已经与五帝时代国家社会的氏族结构产生重大差异,五帝时代的氏族结构是人类社会组织自然发展而来的,族邦联盟国家以一定的形式承认各族的政治地位,而夏代的氏族中已经出现封建制度,即夏代建立的国家主要是以封建的政治礼仪形式重新建构了氏族组织,由族氏发展为封建族邦。

四 夏代王权国家建构

夏王朝国家建立在同姓族氏与异姓族氏共存的基础之上,以姒姓夏族为主,其他异姓或以其族长在王朝担任职官服王事的形式参与夏王朝

---

① 上海师范大学古籍整理研究所校点:《国语》卷3《周语下》,上海古籍出版社1998年版,第104页。

国家行政，或以某族邦臣服于夏王朝，尽职贡义务表示臣服。通过这两种方式，夏王朝建构起内外服制度，内外服制度的核心在于突出王权的独尊地位，内外服都向夏王负责。

夏代以夏族为基础，联合各族邦建构起内外服的国家结构，内外服可以概括从中央到地方的王朝职事系统。中央的官僚机构称内服，传世文献曾对虞夏商周官职数量有所推测，如《礼记·明堂位》载："有虞氏官五十，夏后氏官百，殷二百，周三百。"反映上古时代官僚机构由小到大，并逐渐繁复的进程。《尚书·甘誓》载夏王之下有六卿，似既是行政长官，又是战时军事指挥官。商周时期称卿事，"辛未王卜，在召庭，惟择，其令卿事。"（《合集》37468）"乙未，卿事赐小子𫊐贝二百，用作父丁尊簋。举。"（商代晚期《小子𫊐簋》，《集成》3904）西周时期卿事有自己的僚属组织，金文称"卿事寮"（《集成》6061、2841、4326）。王朝卿事是辅佐王的重要官职，可能是从夏代延续下来的职官称谓。

夏代已经建立宗教事务官，或许有周代太史寮之雏形。《吕氏春秋·先识》载夏代末年，夏桀昏乱，太史令终古出夏奔商，说明夏代存在史官系统。卜筮之官也已产生，《左传》哀公十八年引《夏书》曰："官占，唯能蔽志，昆命于元龟。"杜预注："官占，卜筮之官。蔽，断也。昆，后也。言当先断意，后用龟也。"[1] 夏代已设立掌管天文历法之官，《史记·夏本纪》载："帝中康时，羲、和湎淫，废时乱日"。《集解》引孔安国曰："羲氏、和氏，掌天地四时之官。"[2] 据《尚书·尧典》载尧时羲氏、和氏就负责观象授时，此后其后代羲氏、和氏世守其职。夏代中康时羲和曾失职，但也表明夏代仍设有掌管天文历法职官。夏代已经设掌管祭祀用乐的乐师，《左传》昭公十七年针对六月朔日发生日食现象，鲁太史引《夏书》曰"辰不集于房，瞽奏鼓，啬夫驰，庶人走"为证，申说救日之法。太史述及日食发生"于是乎百官降物，君不举，辟移时；乐奏鼓，祝用币，史用辞"。而夏代以瞽为乐官，伐鼓，《汉书·

---

① 杜预注，孔颖达疏：《春秋左传正义》卷60，阮元校刻《十三经注疏》下册，中华书局1980年影印本，第2180页。

② 司马迁：《史记》卷2《夏本纪》，中华书局2013年修订本，第105页。

五行志下》谓"啬夫，掌币吏"。则春秋时期救日之法伐鼓、奏乐与献币和夏代基本一致，这也是鲁太史引证《夏书》作为证据的原因所在。

夏代已设置农事职官，如主管农业的稷官，《尚书·尧典》记述舜时曾命周人祖先为稷官，"帝曰：'弃，黎民阻饥，汝后稷播时百谷。'"①《国语·周语上》载："昔我先王世后稷，以服事虞、夏。及夏之衰也，弃稷不务，我先王不窋用失其官，而自窜于戎狄之间。"② 主管畜牧业的"牧正"，《左传》哀公元年载："后缗方娠，逃出自窦，归于有仍，生少康焉，为仍牧正。"牧正，杜预注："牧官之长。"③ 少康长大后担任有仍氏族邦的牧官之长，牧正职官应为夏王朝以至于各族邦常设职官。商族祖先冥任夏王朝主管水利的水官，《国语·鲁语上》："冥勤其官而水死"，韦昭注："冥，契后六世孙、根圉之子也，为夏水官，勤于其职而死于水也。"④ 因冥在商族历史上有此卓越贡献，商族后代对其举行郊祀，如《礼记·祭法》云："殷人禘喾而郊冥。"

夏代可能已设置掌管刑狱之官"士"，《尧典》载舜任命东夷族皋陶为士官，掌管刑狱之事。禹继位后，应继续以皋陶为士官。新近公布的清华简《厚父》载夏启时以皋陶为士师，仍担任夏王朝主理刑狱职责的士官。《左传》昭公十四年载叔向言："《夏书》曰：'昏、墨、贼，杀'，皋陶之刑也。"⑤ 皋陶辅佐夏后治国，曾制定昏、墨、贼等刑罚，可视为皋陶掌管刑狱士官的证据。

夏代可能已经设置沟通中央与地方族邦的行人职官，《左传》襄公十四年引《夏书》曰："遒人以木铎循于路。"杜预注："遒人，行人之官

----

① 孙星衍谓：后者，《汉书·百官表》注："应劭曰：'后，主也，为此稷官之主也。'"（见《尚书今古文注疏》，中华书局 2004 年版，第 63 页）

② 上海师范大学古籍整理研究所校点：《国语》卷 1《周语上》，上海古籍出版社 1998 年版，第 2—3 页。

③ 杜预注，孔颖达疏：《春秋左传正义》卷 57，阮元校刻《十三经注疏》下册，中华书局 1980 年影印本，第 2154 页。

④ 上海师范大学古籍整理研究所校点：《国语》卷 4《鲁语上》，上海古籍出版社 1998 年版，第 168 页。

⑤ 杜预注，孔颖达疏：《春秋左传正义》卷 47，阮元校刻《十三经注疏》，中华书局 1980 年影印本，第 2076 页。

也。木铎，木舌金铃，徇于路，求歌谣之言。"① 《夏书》此句见于今本《尚书·胤征》，孔氏传："遒人，宣令之官。木铎，金铃木舌，所以振文教。"② 徇以木铎，是遒人手摇木铎，巡行于道路，宣布王命教化。至商代称"使人"（《合集》1022），西周称"出入使人"（《集成》2456、2733）都与此宣王命的行人职官有关。

夏代可能已经设置掌管宫廷事务的职官，如车正、庖正，如《左传》定公元年载"薛之皇祖奚仲居薛，以为夏车正"，《左传》哀公元年载少康"逃奔有虞，为之庖正"。有虞氏虽为夏的一个臣服封邦，其设有庖正之职，或许反映夏代亦有此职官设置。

夏代的军事长官，由六卿担任，统领六军，如《尚书·甘誓》："大战于甘，乃召六卿。"夏代军队作战的方式是车战，《甘誓》载夏启誓师："左不攻于左，汝不恭命；右不攻于右，汝不恭命；御非其马之正，汝不恭命。"《史记集解》引郑玄曰："左，车左。右，车右。"引孔安国曰："御以正马为政也。三者有失，皆不奉我命也。"③ 实际是对车战将士各司其职的告诫。蔡沉解释《甘誓》时谓："古者车战之法，甲士三人，一居左以主射，一居右以主击刺，御者居中，以主马之驰驱也。"④ 夏启所称"有扈氏威侮五行，怠弃三正"，视为有扈氏之罪，五行具体所指不可知。"三正"，《尔雅·释诂》："正，长也。"三正，三长也。据《立政》实为三类官长，有扈氏之罪是懈怠抛弃三类官长不用。这亦可印证《尚书·立政》述及夏代官制时所说"三正"应较可信。

在夏朝任官职的邦国首领文献记载较少，如《国语·郑语》载"昆吾为夏伯"，《左传》定公元年载"薛之皇祖奚仲居薛，以为夏车正"。如上举《国语·鲁语上》载："冥勤其官而水死。"韦昭注："冥，契后

---

① 杜预注，孔颖达疏：《春秋左传正义》卷32，阮元校刻《十三经注疏》下册，中华书局1980年影印本，第1958页。

② 孔氏传，孔颖达疏：《尚书正义》卷7《胤征》，阮元校刻《十三经注疏》上册，中华书局1980年影印本，第157页。

③ 司马迁：《史记》卷2《夏本纪》，中华书局2013年修订本，第104页。

④ 蔡沉：《书集传》，中华书局2018年版，第87—88页。

六世孙，根圉之子也，为夏水官，勤于其职而死于水也。"① 商人祖先亦任职于夏王朝。

《清华大学藏战国竹简（伍）·厚父》第 1 简载禹受帝命治水成功，而帝"乃降之民，建夏邦"。将夏邦的建立归于上帝，以示权威，乃"神道设教"。帝所降之民，为夏国家主体的族氏，即应为夏族。关于夏族问题，沈长云认为"'夏族'（或曰'夏民族'、'夏部族'）是构成夏代国家主体的众多夏后氏的同姓与异姓氏族的统称"。"构成夏代国家主体的那些氏族应该就是作为夏代国家内服成员的氏族邦方，所谓'夏族'主要应是指这些氏族。"② 夏代国家结构呈现中邦以夏独尊，"天下万邦"臣服共存的政治格局，《左传》哀公七年载："禹合诸侯于涂山，执玉帛者万国。"《吕氏春秋·用民》谓"当禹之时，天下万国，至于汤而三千余国"。后世文献所称万国在当时应称"万邦"，即夏代所谓万国实际上是众多族邦。夏代称这些族邦为某某氏，如夏后氏、有莘氏、有虞氏、昆吾氏、斟寻氏、斟灌氏等已见前述。这些邦方可能是由氏族、宗族性质的血缘亲属组织组建而成的族邦。它们以其对夏王朝的服属关系的不同，可分为内服与外服两个部分。夏族应当包括夏代夏后氏的同姓氏族；夏后氏及其他姒姓氏族的姻亲氏族；这些氏族、宗族分支首领可能在夏代国家中担任朝廷官职，而形成新的族氏，也属于夏族之列。夏后氏的同姓氏族，《史记·夏本纪》谓："禹为姒姓，其后分封，用国为姓，故有夏后氏、有扈氏、有男氏、斟寻氏、彤城氏、褒氏、费氏、杞氏、缯氏、辛氏、冥氏、斟戈氏。"所谓"分封"的氏族是指从姒姓族中分化繁衍出去的各个氏族，但这些氏族的分化并不都发生在夏代，可以确知的夏代姒姓族有夏王所自出的夏后氏，《左传》昭公元年载"夏有观、扈"的有扈氏和斟灌氏，《左传》襄公四年、《左传》哀公元年所记的斟寻氏，在夏后氏与寒浞的斗争中发挥重要作用。《世本·氏姓篇中》称辛氏为启

---

① 上海师范大学古籍整理研究所校点：《国语》卷 4《鲁语上》，上海古籍出版社 1998 年版，第 168 页。

② 沈长云：《说"夏族"——兼及夏文化研究中一些亟待解决的认识问题》，《文史哲》2005 年第 3 期。

支子所封。① 寒氏姒姓，见于西周晚期寒姒鼎（《集成》2598）。夏的姻亲氏族主要有涂山氏，禹曾娶涂山氏。有仍氏，《左传·哀公元年》载有仍氏为夏后相妻后缗的母家。《左传·哀公元年》载少康被过、浇追杀，逃到有虞氏，"虞君于是妻之以二姚"。即有虞氏曾嫁女于少康。

夏代已有刑罚与监狱。《左传》昭公六年载："夏有乱政而作禹刑。"禹刑应是继承自舜时代士官皋陶所作刑罚，由《左传》昭公十四年载叔向谓："己恶而掠美为昏，贪以败官为墨，杀人不忌为贼。《夏书》曰：'昏、墨、贼，杀'，皋陶之刑也。"春秋时期晋国大夫叔向解释昏、墨、贼罪名，"己恶而掠美为昏，贪以败官为墨，杀人不忌为贼"。杜预注："掠，取也。昏，乱也。墨，不洁之称。忌，畏也。三者皆死刑。"② 三罪分别为抢劫、贪污、杀人。皋陶制刑的同时，也强调德的重要性，勉育德，如《左传》庄公八年谓："《夏书》曰：'皋陶迈种德'，德乃降。"皋陶德刑相辅的治国思想为夏商周延续下来。《史记·夏本纪》载夏桀时"乃召汤而囚之夏台，已而释之"。司马贞《索隐》认为夏台，"狱名。夏曰均台。皇甫谧云'地在阳翟'是也"③。

夏代的外服族邦已见于前引《史记·夏本纪》所述姒姓众氏及表3—2"夏代异姓氏族"，学者根据商周出土材料进一步确认夏的外服族氏，如杨升南确证殷墟甲骨文中所见杞、曾、六、戈、雇，是夏代已经受封的诸侯，至商代被续封，仍保有诸侯的地位。④ 此处不再赘述。

五　夏代的国家认同建构与历史演进

《左传》哀公七年载"禹合诸侯于涂山，执玉帛者万国"。此以春秋时期诸侯国观念解释禹时族邦，"万国"并非春秋时期的诸侯国，而是类似于新石器时代后期各地兴起的城邦，可视为邦国。古文献称这些邦、国为氏、为族，如少典氏、少昊氏、共工氏、祝融氏、有扈氏等，《左

---

① 《世本》秦嘉谟辑补本，秦嘉谟等辑：《世本八种》，中华书局2008年版，第263页。
② 杜预注，孔颖达疏：《春秋左传正义》卷47，阮元校刻《十三经注疏》，中华书局1980年影印本，第2076页。
③ 司马迁：《史记》卷2《夏本纪》，中华书局2013年修订本，第109页。
④ 杨升南：《商代甲骨文所见夏代诸侯》，《四川文物》2014年第3期。

传》昭公八年"陈，颛顼之族也"，《左传》文公十八年"高阳氏有不才
子八人……高辛氏有不才子八人……此十六族者，世济其美"。某氏又繁
衍出若干族。《史记·夏本纪》所载："禹为姒姓，其后分封，用国为姓，
故有夏后氏、有扈氏、有男氏、斟寻氏、彤城氏、褒氏、费氏、杞氏、
缯氏、辛氏、冥氏、斟戈氏。"这些氏族都是与夏后氏同姓的姒姓族的繁
衍和分化。

禹在族邦林立的时代背景下，通过一系列举措构建国家认同。大禹
治水成功，建立旷世功德，得到九州族邦的拥护。禹征伐三苗，《战国
策·魏策一》载："昔者，三苗之居，左彭蠡之波，右有洞庭之水，文山
在其南，而衡山在其北。"[1] 三苗活动区域大体上在长江中游一带，尧舜
禹几代讨伐三苗，最后禹把它彻底征服，一部分迁到甘肃，一部分被融
合到中原龙山文化之中。禹于涂山会盟众族邦，以会同礼仪构建万邦的
认同。禹避舜子而隐居阳城，因让国美德而受万邦拥戴。

禹去世后，按照族邦联盟国家推选首领的"禅让"制度，伯益为继
承人，如上博简《容成氏》第33、34 简载："禹有子五人，不以其子为
后，见皋陶之贤也，而欲以为后。皋陶乃五让以天下之贤者，遂称疾不
出而死。禹于是乎让益，启于是乎攻益而自取。"[2] 但当时的天下万邦多
追随禹子启，这是禹生前所构建的王权认同的结果，对于禹及其族邦的
认同成为主流社会思想。于是出现了伯益与启之间争夺权力的战争，最
终以启获胜。启即位后，在钧台会盟诸侯，接受各族邦的朝见与献贡。
《左传》昭公四年述及此事，称"启有钧台之享"，将之与"成汤景亳之
命""周武孟津之誓"连称，在叙述者看来，夏启钧台之享对于夏代政权
的巩固至关重要。有扈氏未来朝献表达臣服，夏启讨伐不服从的有扈氏，
《尚书·甘誓》记载了夏启以统一天下的王者面目出现，宣称有扈氏之罪
"威侮五行，怠弃三正"，"天用剿绝其命"，启宣称代表天意，执行上天
的命令，讨伐有扈氏。启俨然已是集政治、军事、宗教权力于一身的王

---

① 《战国策》卷22《魏策一》，上海古籍出版社1998年版，第782页。

② 马承源主编：《上海博物馆藏战国楚竹书》（二），上海古籍出版社2002年版，第276
页。

者，早期国家的王权时代已经确立。启在平定反对势力后，注意拉拢不同的族系来维系统治，如任用东夷族的首领皋陶为卿士治国，任用商人、周人的祖先为职官，构建天下族邦对其王权的认同。

　　然至其子太康即位，"盘于游田，不恤民事，为羿所逐，不得反国"①。《后汉书·东夷传》亦载："夏后氏太康失德，夷人始叛。"《史记·夏本纪》只是说"太康失国"，其后仅列中康、少康世系传承，对于太康失国到少康复国中兴的历史缺载。而《左传》襄公四年和哀公元年记录了夏代这段历史。东夷族的后羿逐走太康，而立太康之子中康为夏王，实权控制在后羿手中。中康死后，又立其子相，不久后羿赶走了相，自己当上了王，《左传》襄公四年杜预注："禹孙大康淫放失国，夏人立其弟仲康。仲康亦微弱。仲康卒，子相立，羿遂代相，号曰有穷。"② 后羿恃其武力，不修民事，沉湎于田猎，任用伯明氏谗子弟寒浞治理朝政。寒浞又取代羿而当上王，占据了后羿的妻室，生子浇和豷。寒浞派浇杀死躲在夏人同姓斟灌氏的相，并剿灭斟灌氏和斟寻氏。寒浞又派浇占领过地，派豷占领戈地。夏王相虽死，其妻后缗当时已怀孕，逃回母家有仍氏，生下少康，少康长大后任有仍氏的"牧正"职官。寒浞的儿子浇讨伐少康，少康逃到了有虞氏，当上了有虞氏的"庖正"，娶有虞氏二女为妻，在纶处设置城邑，"有田一成，有众一旅。能布其德，而兆其谋，以收夏众，抚其官职"（《左传》哀公元年）。少康实施德政，积聚力量，逐渐收拢夏众。夏禹与启的声威尚在，夏代农业已经发展至较高水平，夏众不满于东夷族田游的社会生活。夏臣靡在后羿代夏时逃奔到有鬲氏，并收拢了夏同姓斟灌氏、斟寻氏的残余族众，少康与有鬲氏联合起来，经过长期准备，灭掉寒浞而立少康为夏王。具体策略是，少康"使女艾谍浇，使季杼诱豷。遂灭过、戈，复禹之绩，祀夏配天，不失旧物"（《左传》哀公元年）。具体的战役是"少康灭浇于过，后杼灭豷于戈，有穷遂亡"（《左传》襄公四年）。少康重建夏王朝的统治。

---

　　① 此为《史记集解》引孔安国说（《史记》卷2《夏本纪》，第105页），孔安国说应是其解释《古文尚书·五子之歌》的话，当属可信。

　　② 杜预注，孔颖达疏：《春秋左传正义》卷29，阮元校刻《十三经注疏》，中华书局1980年影印本，第1933页。

少康在位时采取了一些有力措施,如恢复农业生产,复田稷之官,负责管理农业生产,组织治水,任用商族首领冥治水,颇得后人赞誉。《竹书纪年》载"三年,复田稷"。"十一年,使商侯冥治水。"古本《竹书纪年》称"少康即位,方夷来宾"①。方夷为东夷族群之一支,前来朝见夏王,表示臣服。随后其他东夷分支或亦纷纷来朝表示臣服,《后汉书·东夷传》载"自少康已后,世服王化,遂宾于王门,献其乐舞"。少康之后,夏王朝历六世七王,开疆拓土,促进夏代中期的繁盛。如《左传》襄公四年载:"后杼灭豷于戈",助其父少康平定有穷氏,重建夏王朝统治,居功至伟。《国语·鲁语上》载展禽之言:"杼,能帅禹者也,夏后氏报焉。"《太平御览》卷82《皇王部》引《纪年》曰:"帝宁居原,自迁于老丘。"《太平御览》卷909《兽部》引《书纪年》曰:"……夏伯杼子东征,获狐九尾。"《山海经·海外东经》载:"青丘国在朝阳北,其狐九尾。"郭璞注:"《竹书》曰:'伯杼征于东海,及三寿,得一狐九尾。'"《逸周书·王会》载东方诸国所贡之物有"青丘狐九尾",孔晁注:"青丘,海东地名。"夏后杼东征达于海外,猎获海东青丘之地特产九尾狐。《后汉书·东夷传》注引《竹书纪年》曰:"后芬发即位,三年,九夷来御。"《东夷传》所载九夷即畎夷、于夷、方夷、黄夷、白夷、赤夷、玄夷、风夷、阳夷。《墨子·非攻中》:"九夷之国,莫不宾服。"孙诒让云:"此九夷与吴楚相近,盖即淮夷。"②《太平御览》卷82《皇王部》引《纪年》曰:"后芒即位,元年,以玄珪宾于河,东狩于海,获大鱼。后芒陟位,五十八年。"《后汉书·东夷传》注引《竹书纪年》曰:"后泄二十一年,命畎夷、白夷、赤夷、玄夷、风夷、阳夷。"③《太平御览》卷82《皇王部》引《纪年》曰:"不降即位,六年,伐九苑。"④ 大

---

① 《后汉书·东夷传》李贤注引,见范晔《后汉书》卷85《东夷列传》,中华书局1965年版,第2807页。

② 孙诒让:《墨子间诂》卷5《非攻中》,中华书局2001年版,第137页。

③ 《后汉书·东夷传》注引《竹书纪年》,见范晔《后汉书》,中华书局1965年版,第2807页。

④ 诸上《太平御览》卷82《皇王部》所引《纪年》,参见李昉等《太平御览》,中华书局1960年版,第384—385页。

体上少康之后的几位夏王皆有作为，主要向东南方扩展影响。

至后孔甲即位，《史记·夏本纪》称："好方鬼神，事淫乱。夏后氏德衰，诸侯畔之。"孔甲时期，夏后氏德衰而制作典刑，以刑罚加强对国家的治理，后世史家认为夏的衰落自孔甲始，《国语·周语下》称："昔孔甲乱夏，四世而陨。"孔甲、皋、发、癸（桀）四世而夏亡。《太平御览》卷四《天部》引《汲冢书》曰："胤甲居于河西，天有妖孽，十日并出。"《太平御览》卷82《皇王部》、《山海经·海外东经》注引《汲冢书》都述及此事，可能胤甲即孔甲即位后，发生了灾异现象。《后汉书·东夷传》注引《竹书纪年》曰："后发即位，元年，诸夷宾于王门，诸夷入舞。"夏桀时期，德衰又不肯用孔甲所制作的典刑治国，王朝职官未能尽职，沉湎于酒，政治腐败，而导致夏王朝覆灭。

第三节　夏商之际社会变革与王权秩序再构①

史学大师王国维在《殷周制度论》中指出夏商间的政治文化变革不如殷周间变革剧烈②，这个论断非常有道理。大概受材料的局限以及此论的影响，学术界探讨殷周之际的政治文化因革较多，而对夏商之际的政治制度、社会秩序的变革谈之较少。晁福林在《天玄地黄——中国上古文化溯源》一书第三章专列"夏商之际的变革"一目③，可谓对夏商之际社会变革的专论，其中有许多深刻的见解，至今仍对相关研究具有重要指导意义。夏商之际的社会变革，于周初就已引起周人的注意，周武王克商后，对于夏、商、周的政权更迭进行了深刻的反思和历史经验的总结，其中有一些谈及夏商之际社会变革的史料。这些史料对认识夏商关系以及夏商之际社会秩序的重构有着重要的参考价值。由《尚书》中的周初诸诰记载的夏商社会治理经验，得见成汤通过建立内外服制等措施重新建构了王权秩序。

---

①　本节内容曾以"历史记载与社会重构：夏商之际社会新秩序的建构"为题，发表于《中原文化研究》2014年第3期，收入本书时有较大改动。

②　王国维：《王国维遗书》（第一册），上海书店1996年版，第467页。

③　晁福林：《天玄地黄——中国上古文化溯源》，巴蜀书社1990年版，第184—204页。

一　"殷革夏命"的理论依据

夏商之际最大的政治变革就是"殷革夏命"，《尚书·多士》记载周公迁殷遗民于洛邑时，对殷商遗民说"惟尔知，惟殷先人有册有典，殷革夏命"。意谓"你们知道的，你们的先王早有记载史实的典籍，记载了殷人推翻夏朝的过程"。这说明成汤灭夏的历史被商的史官记录下来，并作为商代重要的历史记载得以保存下来。周公把夏、商、周政权的更迭借以天命的转移进行解释，认为夏、商、周政权的转移就是天命的转移。这实为夏商变革找到了理论依据，即上帝的神意，是以当时人们对上帝的敬畏与信仰，采取"神道设教"的形式，为夏商政权的转移寻求理论依据，实为了更好地论证商周政权转移的合理性。《尚书·多方》记载周公对多方告诫时，追述了夏末商初的政治形势：夏桀的残暴统治，引起上帝的不满，上帝另求民之君主，转移了夏桀的国命给成汤。《尚书·多方》有云：

> 洪惟图天之命，弗永寅念于祀。惟帝降格于夏，有夏诞厥逸，不肯感言于民，乃大淫昏，不克终日劝于帝之迪，乃尔攸闻。厥图帝之命，不克开于民之丽，乃大降罚，崇乱有夏。因甲于内乱，不克灵承于旅。罔丕惟进之恭，洪舒于民。亦惟有夏之民叨懫日钦，劓割夏邑。天惟时求民主，乃大降显休命于成汤：刑殄有夏。

此段第一句总论夏桀的过失，以下是对夏桀的过失进行具体说明。这段文字大意是：夏桀鄙弃天命[1]，不能永远虔敬地关心祭祀。当上帝降临到人间，夏桀大纵逸乐，不愿忧戚其民，且更加昏乱，不能终一日勉于上帝的道，这些情况你们是知道的。夏桀鄙弃上帝所降的命令，又不能放

---

[1]　"图天之命"，古今注解解释纷纭，大致有图谋天命、闭塞天之命、败坏天命、鄙弃天命、偏重天命五说，本书取于省吾鄙弃天命之说，参见《双剑誃尚书新证》，《双剑誃群经新证》，上海书店 1999 年版，第114—115 页。

开对民众的罗网，还大降刑罚，使夏国大乱。夏王朝的官员因习于内乱①，不能善受嘉休。② 无不聚敛钱财③，大荼毒于民众。④ 夏民贪财风气日盛，残害了夏国。天于时寻求人民的君主，并大降光明美好的大命给成汤：刑绝夏桀。

夏桀失去帝命，成汤得帝命的关键在于他们是否"克庸帝"，是否用帝命，是否信仰上帝。《尚书·多士》载："我闻曰：'上帝引逸。'有夏不适逸则，惟帝降格向于时。夏弗克庸帝，大淫泆有辞。惟时天罔念闻，厥惟废元命，降致罚，乃命尔先祖成汤革夏，俊民甸四方。""上帝引逸"，"言上帝不纵人逸乐，有逸乐者则收引之勿使大过也"⑤。夏桀不自节其逸乐⑥，天以祸福升降善恶，向于是，冀其省改。⑦ 夏桀不能用帝教令，大游乐且有罪辞。于是天不念不闻，废黜夏桀享国之大命，降下最大的惩罚。天命令成汤革除夏的大命，正民而治理天下四方。⑧ 故而成汤率其多士，联合诸方国"简代夏作民主"大代夏作民之君主。

《尚书·多方》记载，周公对多方的诰命时谈到天转移夏商末代君主的大命，并不是因为天厌弃夏⑨，也并非天厌弃殷，而是夏商的末代之君

---

① 《尔雅·释言》："甲，狎也。"郝懿行云："狎者，《释诂》云：'习也。'甲者，《诗·芄兰》传：'甲，狎也。'言'甲'即'狎'字。《释文》：'甲，《韩诗》作狎'，是韩用本字，毛假借也。"郝懿行：《尔雅义疏》，中华书局 2017 年版，第 363 页。

② 于省吾《双剑誃尚书新证》以善释灵，以旅谓嘉休也。"灵承"语例为自下奉上之词，不克灵承于旅者，不克善受于嘉休也。参《双剑誃群经新证》，上海书店 1999 年版，第 115 页。

③ 孙星衍以此处进为賮，乃财义。恭与共通，《尔雅·释诂》"具也"。参孙星衍《尚书今古文注疏》，中华书局 2004 年版，第 462 页。

④ 《周礼·考工记》注："荼，古文舒。"王应麟《困学纪闻》曰舒，古文作荼。则荼与舒为古今字。杨筠如认为舒与荼通假，"洪舒于民"，谓大荼毒于民也。参杨筠如《尚书覈诂》，陕西人民出版社 2005 年版，第 383 页。

⑤ 俞樾：《群经平议》，《清经解续编》（第 5 册），上海书店 1988 年版，第 1055 页。

⑥ 俞樾认为适与节同义，参《群经平议》卷 6《清经解续编》（第 5 册），上海书店 1988 年版，第 1055 页。

⑦ 孙星衍：《尚书今古文注疏》，中华书局 2004 年版，第 426 页。

⑧ 一说释俊为贤，以贤民治四方，但"革夏命""俊民甸四方"的主动者是成汤，是天命成汤的内容。疑"俊民"为西周时期"畯正乃民"（《大盂鼎》，《集成》2837）的省语。

⑨ 于省吾：《双剑誃尚书新证》，《双剑誃群经新证》，上海书店 1999 年版，第 108 页释"释"为數，厌也。整句为"非天用厌有夏也"。伪孔传以弃训释。合两说为"非天厌弃有夏也"。

桀、纣与多方的君主鄙弃天命，并且有罪辞。夏桀败坏其政，不就享天命。天降此丧，于是商取代了夏。但上帝并非立刻就转移了夏、殷的天命，《尚书·多方》云：“天惟五年须暇（夏）之子孙，诞作民主，罔可念听。天惟求尔多方，大动以威，开厥顾天；惟尔多方，罔堪顾之。惟我周王灵承于旅，克堪用德，惟典神天；天惟时教我用休，简畀殷命，尹尔多方。”天用五年时间等待夏的子孙作民的君主，但夏的子孙没有可以顾念听命的。天又求于多方，大动天威，明（勉）其顾念于天①，但多方也不能胜任上天的眷顾。独有周文王善受嘉休②，能胜用德，能主神天之祀，天于是教我周文王用嘉休，大予殷命（给我周）③，并治理多方。这段文字反映出周公承认上帝降予周的天命本属于殷商，上帝将殷商国命转予给了周。《尚书·汤誓》载成汤征伐夏桀时，也宣称是受天命所为，“有夏多罪，天命殛之”，“予畏上帝，不敢不征”。成汤得天命而讨伐夏桀的历史被商代的史官记载下来，保存在商代重要历史典籍中。周取代商后，这样的典籍应尚保存，并且为周公亲见④，所以周公在颁布诰命时经常引述夏商史事来说理，以此劝告殷遗民听从天命及面对政治现实。

　　殷革夏命的历史亦成为商族子孙历史记忆的一部分，直到春秋晚期仕于齐国的商族后裔宋国公族叔夷尚能追述祖先成汤事迹，叔夷钟铭文载：“夷典其先旧，及其高祖赫赫成唐有严在帝所，尃受天命，翦伐夏后，败厥灵师。伊小臣惟辅，咸有九州，处禹之堵”（《集成》275—

---

　　① 于省吾读開为勖，训为明，参《双剑誃尚书新证》，《双剑誃群经新证》，上海书店1999年版，第115页。

　　② 于省吾《双剑誃尚书新证》训灵为善，训旅为嘉休，见《双剑誃群经新证》，上海书店1999年版，第115页。

　　③ 《尔雅·释诂一》：“简，大也。”《说文》：“畀，相付与之约在阁上也。”段玉裁注：“疑此有夺文，当云相付与也。付与之物在阁上，从丌。”（许慎撰，段玉裁注：《说文解字注》，上海古籍出版社1981年版，第200页）畀当训为付与、赐予之义。《尔雅·释诂》：“畀，予也。”《尚书·洪范》：“不畀洪范九畴”，传云：“畀，与”。《顾命》：“付畀四方”，传云：“付与四方之国”（关于畀训为与、予的材料，参桂馥《说文解字义证》，中华书局1987年版，第403页）。

　　④ 《墨子·贵义》称“昔者周公旦朝读书百篇”，当是这一情况的反映。

276）。典，稽考之意，所谓数典不忘祖也。① 叔夷稽考、追述祖先事迹，至高祖成汤在上帝左右，大受天命"翦伐夏后②，败厥灵师"。成汤征伐夏后，打败夏的军队，在小臣伊尹的辅佐下，尽有天下九州，占据了大禹治水开辟的疆土。清华大学藏战国竹简《尹诰》第 1 简载"尹念天之败西邑夏"③，亦把夏的灭亡归于天命的转移，说明成汤受天命讨伐夏桀的历史记忆与历史记载影响深远，至战国时期作为一种历史文本仍流传于楚地，天命神权政治理论逐渐物化，成为后世改朝换代的政治理论依据。

二　彝伦攸斁：王权认同转移

周公通过学习记载商代历史的典册，及其亲身经历总结出夏商时代的社会治理经验。在宗教神权方面，夏、商政权的转移都是天命转移的结果。但从根本上讲，夏桀的失败灭国与其改变了旧有的任官制度，破坏了国家政治结构密切相关，造成夏代内外服势力对夏后的王权认同消减。夏以内外服势力为基本的统治力量，夏桀对待内外服的政策失误，造成其与王朝统治支柱的内服族氏的决裂。夏桀任用多方的逃犯为官长，导致民怨沸腾。《尚书·立政》载周公言："桀德惟乃弗作往任，是惟暴德、罔后。"杨筠如云："《燕礼》、《聘礼》、《乡射礼》注并云：'使也。'任，即下文任人，如牧夫亦单言牧也。往任，谓往日之老臣也。罔后，谓绝其世也。"④ 意思是夏桀的行为不遵循以往任人的原则，是以暴虐断了后嗣。"作往任"即任用旧家大族为臣，这应该是自尧、舜、夏、

① 郭沫若：《郭沫若全集考古编》（8），科学出版社 2002 年版，第 438 页。

② 翦字原作𢧵，过去曾有多种解释，孙诒让释为尅伐，吴闿生释作"删伐夏后"，马承源主编《商周青铜器铭文选》释作"扁伐夏后"。因为是宋代的摹本，字形摹写失真，实应与《兮甲盘》《禹鼎》《胡钟》中曾被释为"撲伐"的字相同，刘钊据郭店楚简释读此字为"翦"，翦伐"带有斩尽杀绝的意味"。参刘钊《利用郭店楚简字形考释金文一例》，《古文字研究》第 24 辑，中华书局 2002 年版，第 280 页。

③ 李学勤主编：《清华大学藏战国竹简》（壹），中西书局 2010 年版，第 133 页。

④ 杨筠如：《尚书覈诂》，陕西人民出版社 2005 年版，第 398 页。

商、周以来任官的重要政治传统，① 若《尚书·盘庚》所载商代贤臣迟任所说"人惟求旧"。夏桀不能继续任用旧人即旧家大族的势力巩固统治，违背先王任人政策的传统，导致夏王朝赖以存在的政治基础被破坏了。这表现在夏的臣子弃夏奔商，夏的百姓亲附成汤。周族的首领世代担任夏王朝的农官，"及夏之衰也，弃稷不务，我先王不窋用失其官"②，周族首领不窋失去后稷之官当与夏桀"弗作往任"有关。商族首领曾担任夏的水官③，据《史记·夏本纪》载夏桀却将商族首领汤囚禁于夏台，汤由是失去在夏王朝中的官职。《吕氏春秋·先识》载："夏太史令终古，出其图法，执而泣之，夏桀迷惑暴乱愈甚，太史令终古乃出奔如商。"《淮南子·氾论训》《今本竹书纪年》皆载夏的太史令终古出奔商事。《路史·国名纪》谓"黄帝后任姓有终国，终古其后"，据此终古为任姓终国首领曾任职于夏王朝。《史记·秦本纪》载秦之先祖"费昌当夏桀之时，去夏归商，为汤御，以败桀于鸣条"。在夏商鼎革之际，确有不少夏的臣子弃夏奔商，表明夏代晚期内服势力对夏桀的王权认同发生了危机，王权的认同逐渐向汤转移。

《清华大学藏战国竹简·尹至》记载夏的民众对夏桀的厌恶和对汤的亲附，补充了以往所见材料的不足，丰富了对夏王朝内乱等相关问题的认识。《吕氏春秋·慎大》载成汤与伊尹谋间夏之事，《尹至》则载伊尹间夏归来到汤都亳，把夏国内的情况尤其是夏众对夏桀的不满情绪告知成汤：

---

① 《尚书·尧典》记述尧舜禹时期，夏、商、周族的首领禹、契、弃分别被任命司空、司徒、后稷，其他被任命者皋陶、伯夷都是诸族的首领。

② 上海师范大学古籍整理研究所校点：《国语》卷1《周语上》，上海古籍出版社1998年版，第2—3页。

③ 《国语·鲁语上》："冥勤其官而水死"，韦昭注："冥，契后六世孙、根圉之子也，为夏水官，勤于其职而死于水也。"（上海师范大学古籍整理研究所校点：《国语》卷4《鲁语上》，上海古籍出版社1998年版，第168页）

尹曰："后，我来，越今旬日。余微（闻）其：有夏众□吉好，① 其有后厥志其仓（爽）②，龙（宠）二玉，③ 弗虞其有众。民沈曰：'余迟（及）汝皆（偕）亡。'惟戡（灾）④：虐德、暴僮、亡典。夏有恙（祥），在西在东，见章于天。其有民率曰：'惟我速祸。'⑤ 咸曰：'蒿（曷）今东恙（祥）不章？'今其如台？⑥"汤曰："汝告我夏隐⑦，率若寺（时）⑧？"尹曰："若寺（时）。"汤盟誓迟（及）尹，兹乃柔大蘩。

上引《尹至》简文可语译为：伊尹对汤说，我来，及⑨今十日。我闻之有夏众言吉好，其君（夏桀）之志忒，宠爱岷山氏二女琬、璜，不体恤夏众。民聚而语之，曰"我与你偕亡"。桀为祸：虐德、暴癃、亡典。当夏东西天空出现变异之气，夏民皆说"速祸我"，"为何今东方的吉气不彰显？"伊尹问成汤"现在该怎么办呢？"汤说："你告诉我夏的隐情，确实

----

① 微字，整理者认为微为明母微部字，与明母文部的闵字对转，读为闵。见李学勤主编：《清华大学藏战国竹简》（壹），中西书局 2010 年版，第 129 页。沈建华先生认为读为"闻"，"吉"字前所缺文疑为"言"字，参《清华楚简〈尹至〉释文试释》，《中国史研究》2011 年第 1 期。"有夏众言吉好"是指简文中夏民对夏桀的怨恨之语对成汤来说是善好。《经传释词》卷 5："其，犹之也。"（王引之：《经传释词》，岳麓书社 1985 年版，第 112 页）

② 整理者认为仓为清母阳部字，疑读为心母阳部之"爽"字。《尔雅·释言》："爽，差也。"又"忒也"。参李学勤主编《清华大学藏战国竹简》（壹），中西书局 2010 年版，第 129 页。沈建华先生据《国语·周语下》"晋侯爽二"韦昭注："爽当读丧"及《山海经·南山经》郭璞注"爽一作丧"而读爽为丧。（沈建华：《清华楚简〈尹至〉释文试释》，《中国史研究》2011 年第 1 期）

③ 整理者据《太平御览》卷 135 引《竹书纪年》载夏桀伐岷山氏得二女曰琬、璜，即夏桀专宠岷山氏二女。参见李学勤主编《清华大学藏战国竹简》（壹），中西书局 2010 年版，第 129 页。

④ "惟，为也。"参王引之《经传释词》卷 3，岳麓书社 1985 年版，第 56 页。"惟灾"为祸之意。

⑤ 整理者读为速祸，训为召祸之意。"惟我速祸"，乃我召祸之意。夏民以天空东西出现的祥为变异之气，所以有召我祸的愿望，即恨不得夏桀早亡。

⑥ "今其如台"是尹问成汤的话，与此语境最为相近的是《尚书·西伯戡黎》"今王其如台"，意为现在王该怎么办呢。

⑦ 隐，整理者训为痛。《说文》："隐，蔽也。"由《吕氏春秋·慎大》所载成汤派伊尹到夏邑为间谍了解夏邑的情况，知夏隐即夏邑的隐情。

⑧ 寺，原书释文读为时，应解释为是。"率若寺（时）"，皆如是之意。

⑨ "越，及也。"参王引之《经传释词》卷 2，岳麓书社 1985 年版，第 29 页。

是这样吗？"伊尹答曰确实如是。于是汤与尹盟誓，以示必灭夏。从《尹至》看，汤敢于征伐夏桀，是得到了伊尹告之的夏国内隐情，即夏民众对夏桀统治的不满情绪，以及对商师的期盼。这当是《尚书·汤誓》中成汤誓师时，提到"夏王率遏众力，率割夏邑"即夏桀尽竭民之力，剥削夏邑的暴政，使得夏众处于水深火热状态的史源。夏的内乱还表现于夏桀专宠岷山氏二女而北迁都城安邑，弃其元妃妹喜于洛。① 夏桀尽竭民力"作倾宫，饰瑶台，作琼室，立玉门"②。

夏末诸侯、方国的离心倾向越来越明显，《尚书·多方》记载，夏桀的灭亡亦与追随夏的多方密切相关："惟天不畀纯，乃惟以尔多方之义民，不克永于多享。惟夏之恭多士，大不克明保享于民，乃胥惟虐于民，至于百为，大不克开。乃惟成汤，克以尔多方简代夏，作民主。""惟"在此段文字中顺次是发语词、是、以、为、独等用法。③ 天不与以众，乃是因为夏的多方的邪民④不能长久享国。夏的具臣大多不能勉励安养其民，还相为暴虐于民，以至于无恶不作，不能导民向善。独有成汤能借助多方的力量代夏，作民之君主。夏桀为加强对诸侯的控制，征讨不服诸侯，结果招致了诸侯的众叛亲离。夏桀曾征讨喜姓的有施国，"有施人以妹喜女焉"，实则有施氏以妹喜间夏，据古本《竹书纪年》载，妹喜被夏桀抛弃后曾与间夏的伊尹联系，共同灭夏。"夏桀为仍之会，有缗叛之"（《左传》昭公四年），"桀克有缗以丧其国"（《左传》昭公十一年）。夏桀在仍地会盟诸侯，有缗在会盟时反叛夏桀，夏桀讨伐有缗虽然胜利，但夏桀失去了诸方国部族的支持，最终走向了灭亡。夏桀时期，发生了夏众对夏桀暴虐统治的不满与怨恨，夏的臣子弃夏奔商，与夏桀

---

① 参考《太平御览》卷135《皇亲部》引《竹书纪年》及《上海博物馆藏战国楚竹书·容成氏》第38简。

② 参李昉等《太平御览》卷82《皇王部》引古本《竹书纪年》，中华书局1960年版，第385页。《上海博物馆藏战国楚竹书·容成氏》第38简亦有近似记载。

③ 参王引之《经传释词》卷3，岳麓书社1985年版，第54—56页。

④ 王念孙解《立政》篇"兹乃三宅无义民"中"义"与"俄"同，"邪也"。见王引之《经义述闻》卷4，江苏古籍出版社1985年版，第101页。俞樾《群经平议》认为此处也当如王念孙意见读为俄，"言天所以不与桀，以其惟用汝多方倾邪之民为臣，故不能长久多享国也"（《群经平议》卷6，王先谦编《清经解续编》第5册，上海书店1988年版，第1057页）。

联盟的诸侯部族也纷纷叛离的诸种现象，表明夏末主流社会观念已经不再认同夏桀的权威，说明此时社会观念发生了较大的变化。晁福林指出："从禹、启时代开始，历经少康中兴和夏代中、后期诸王的统治，刚刚登上历史舞台的王权虽然初试锋芒，显示了其威力，但是王权的专制和暴力、强逼与欺压，毕竟引起了人们普遍的心灵震颤。对原始民主的留恋、对部落联盟制度下的自由与平等的怀念，形成了夏商之际社会思潮的主流。"① 而成汤顺应这样的社会思潮采取了相应的措施，社会认同逐渐转向了成汤。可以说夏末以夏桀为代表的夏王朝发生了国家认同的危机，在这种社会观念推动下，夏王朝走向了灭亡。

与夏桀相反，成汤打着尊重传统的大旗，内修德政，逐渐取得了社会的普遍认同。成汤修德主要表现为，于其封国内制定礼制，确立等级秩序，招揽贤才，并以刑法约束社会各阶层的行为，稳固了国内的统治。王应麟《困学纪闻》卷2："《殷传》有《帝告篇》引《书》曰'施章乃服，明上下。'"宋刘恕《资治通鉴外纪》卷2引《尚书大传》："汤令未命为士者，车不得朱轩及有飞铃，不得乘饰车骈马，衣纹绣。命，然后得以顺有德。"郑樵《通志·器服略》："汤令未命之士，不得朱轩及飞铃，不得饰车骈马，衣纹绣。既命，然后得，以旌有德。"② 成汤制定服饰、车舆制度，旨在建立等级礼仪，使社会各阶层之士依照礼仪规范行事。成汤根据民有触犯政令的情况，制定了法典。《左传·昭公六年》载"商有乱政，而作汤刑"。由《史记·殷本纪》知成汤也非常重视招揽人才，正是在伊尹、奚仲、女鸠、女房、义伯、仲伯、仲虺、咎单等贤臣的辅佐下，成汤最终取代夏成为天下共主。

成汤联合反对夏桀的诸侯，按照原始民主、平等的原则组成反对夏王朝的方国联盟强大势力。《史记·夏本纪》云："汤修德，诸侯皆归商。"汤示德于诸侯，争取诸侯的支持。《史记·殷本纪》载汤去掉张网之三面，只留一面网，亲自祝祷："欲左，左；欲右，右。不用命，乃入吾网。"诸侯听说后认为"汤德至矣，及禽兽"。成汤借助德及于禽兽的

---

① 晁福林：《天玄地黄——中国上古文化溯源》，巴蜀书社1990年版，第203—204页。
② 陈寿祺辑校：《尚书大传》，中华书局1985年版，第43页。

行为，喻指成汤与诸侯方国的关系。"欲左，左；欲右，右"反映的原始民主、平等原则，较之夏桀加强王权的统治具有更大的吸引力。有夏的外服族邦纷纷服膺成汤，《帝王世纪》称："诸侯由是咸叛桀附汤，同日供职者五百国。"① 于是夏桀赖以统治的族邦联盟被瓦解了。成汤借助夏方伯的身份征讨不服从的诸侯。② 首先征服了自己的邻居葛伯，理由是葛伯没有供给夏王朝的祭祀之物，不能敬夏王之命。③ 其后成汤又讨伐了有罪的有洛氏和荆伯，《逸周书·史记》载："昔者，有洛氏宫室无常，池囿广大，工功日进，以后更前，民不得休，农失其时，饥馑无食，成汤伐之。有洛以亡。"《越绝书·吴内传》："汤献牛荆之伯。之伯者，荆州之君也。汤行仁义，敬鬼神，天下皆一心归之。当是时，荆伯未从也，汤于是乃饰牺牛以事，荆伯乃媿然曰：'失事圣人礼。'乃委其诚心。此谓汤献牛荆之伯也。"④《今本竹书纪年》称："帝癸二十一年，商师征有洛，克之。遂征荆，荆降。"洛与荆皆夏的臣属国，被成汤征伐的原因是其君不敬鬼神，贪图安逸享乐而失去民心。成汤修仁义又讨伐不义之君，与夏桀的残暴贪婪形成鲜明的对比，汤在诸邦国中的威信日高，势力逐渐强大，开始翦伐夏国。《今本竹书纪年》载："二十六年，商灭温。二十八年，昆吾氏伐商。商会诸侯于景亳，遂征韦，商师取韦，遂征顾。""二十九年，商师取顾。"《诗经·商颂·长发》载"韦顾既伐，昆吾夏桀"。成汤征服豕韦、顾国之后，最后征服昆吾国和夏桀。⑤

成汤讨伐夏桀之前做了誓师的准备，对于不支持战争的臣子进行劝告，如《尚书·汤誓》载"有夏多罪，天命殛之。今尔有众，女曰：'我后不恤我众，舍我穑事而割（曷）正（征）？'予惟闻女众言夏氏有罪；予畏上帝，不敢不正。"于是臣众又询问夏桀的罪状，成汤举到"夏王率

---

① 徐宗元辑：《帝王世纪辑存》，中华书局1964年版，第64页。

② 《史记集解》引孔安国曰："（汤）为夏方伯，得专征伐。"参见《史记》卷3《殷本纪》，中华书局2013年版，第122页。

③ 《史记·殷本纪》作"葛伯不祀"，这与《左传》僖公四年所说"尔贡苞茅不入，王祭不共，无以缩酒"相类。

④ 李步嘉：《越绝书校释》，武汉大学出版社1992年版，第74—75页。

⑤ "韦顾既伐，昆吾夏桀"，郑玄笺："三国党于桀恶，汤先伐韦、顾，克之。昆吾、夏桀则同时诛也。"

遏众力，率割夏邑，有众率怠弗协，曰'时日曷丧？予与女偕亡！'夏德若兹，今朕必往。尔尚辅予一人，致天之罚。予其大赉汝！尔无不信，朕不食言。尔不从誓言，予则孥戮汝，罔有攸赦"。为了说服族众，争取民心，成汤反复指出夏桀多罪，并打着天命的旗号，表明征伐夏桀是正义之举，并提出对师众的奖惩措施。在稳定士众后，成汤开始讨伐夏桀。

上海博物馆藏战国楚竹书《容成氏》载成汤打败夏桀的经过，成汤从武遂①进攻住在安邑的夏桀，夏桀逃往历山氏，成汤趁势追击，败夏桀于鸣条，夏桀逃往南巢氏。成汤继续追击，夏桀逃往苍梧之野。于是汤征召天下九州军队，四海之内征讨，夏桀残存势力皆服，汤得众而有天下。② 从殷革夏命的历史进程来看，"夏王朝失去了诸方国部落的支持，这是夏王朝覆灭的根本原因"③。

三　成汤重构国家形态与国家认同

成汤代夏，革夏之天命后，逐步构建国家认同，即天下族邦对汤统治与王权的认同。他注重改革夏桀弊政，实行"明德慎罚"的政治策略。《清华大学藏战国竹简·尹诰》记载了伊尹向汤告诫应吸取夏灭亡的教训，表现了成汤"明德"的具体举措。简文有云：

> 尹曰："夏自绝其有民，亦惟厥众。非民亡（无）与守邑，厥辟作怨于民，民复之用麗（离）心，我捷灭夏。今后曷不监？"挚告汤曰："我克协我友，今惟民远邦归志。"汤曰："呜呼，吾可（何）乍（作）于民，卑（俾）我众勿违朕言？"挚曰："后其赉之，其有夏之［金］玉日（实）邑，舍之吉言。"乃至（致）众于白（亳）中邑。

---

① 武遂，据整理者释出，称在今山西垣曲东南临黄河处。可能相当于《尚书·汤誓序》的"陑"。参马承源主编《上海博物馆藏战国楚竹书》（二），上海古籍出版社 2002 年版，第 281 页。

② 《上海博物馆藏战国楚竹书·容成氏》第 39—42 简，上海古籍出版社 2002 年版，第 280—283 页。汤败夏桀于鸣条与《尚书·汤誓序》所载相合，夏桀逃往南巢氏与《太平御览》卷 82《皇王部》所引《竹书纪年》相合。

③ 晁福林：《天玄地黄——中国上古文化溯源》，巴蜀书社 1990 年版，第 193 页。

此段简文大意为，伊尹说："夏自绝弃其民与其众①，并非民不为夏桀守城，而是其君引起民众的怨恨，民报之以离心，故我迅疾灭掉夏。现在王何不以夏桀灭亡为鉴。"伊尹告知汤说："我能和我友，今民去其家邦者有回归之志。"汤说："呜呼，我如何赐福于民，可使我众不违我命？"挚说："王若赏赐民众②，以夏的金玉充实都邑③，并赐予美言。"④ 于是汤召集众于商邑。

《尚书·多方》记载汤代夏后，还实施了一些慎罚的举措，主要表现为"劝民"，"慎厥丽，乃劝；厥民刑，用劝；以至于帝乙，罔不明德慎罚，亦克用劝；要囚，殄戮多罪，亦克用劝；开释无辜，亦克用劝。"丽，孙星衍认为"丽于狱也"⑤。杨筠如认为："丽，谓刑律。"⑥ 慎厥丽即慎其刑罚的意思。此处一连用了几个劝字尤其应该注意，劝字之义为勉。《说文·力部》："劝，勉也。"《广雅·释诂》："劝，教也。"上举劝字之义更多的有勉之使悦从或教之使悦从。"劝"已然成为一种政治思想、政治谋略。成汤至于帝乙的商代列王都能够"明德慎罚"，能够用"劝"。在处理幽囚之罪、处死罪犯时也能够用劝。昭明无辜者也能够用劝。"明德慎罚"政治理念的提出，为成汤争取了大量的支持者，对于那些亡国的夏族子孙和民众也是一种安慰。

夏商制度因袭多于变革，成汤效仿夏代立官长设职的经验，并吸取了夏桀任人政策失误的教训，建立了内服制度。《尚书·立政》记载："古之人迪惟有夏乃有室大竞籲，俊尊上帝，迪知忱恂于九德之行。乃敢告厥后曰：拜手稽首后矣。曰：宅乃事，宅乃牧，宅乃准，兹惟后矣。谋面用丕训德，则乃宅人，兹乃三宅无义民。"迪惟，发语词。有夏乃有

---

①　"惟，与也。"参王引之《经传释词》卷3，岳麓书社1985年版，第56页。

②　"其，若也。"参王引之《经传释词》卷5，岳麓书社1985年版，第110页。

③　"其，犹以也。"参裴学海《古书虚字集释》，中华书局1954年版，第397页。《释名·释天》："日，实也。"

④　在西周金文中"舍命"、舍某人物品的用法习见，为赐予之意，"舍之吉言"，意为赐予美言。

⑤　孙星衍：《尚书今古文注疏》，中华书局2004年版，第461页。

⑥　杨筠如：《尚书覈诂》，陕西人民出版社2005年版，第385页。

室，指夏的卿大夫。① 《说文》："兢，竞也。一曰兢，敬也。"籲，《小尔雅·广言》："和也。"夏的卿大夫大能敬和、大尊奉上帝，蹈知诚信于九德之行。② 然后告教夏王说"拜手稽首后矣"，选择好事官、牧官、准官，你才成为君主。黾勉地以顺德标准择用这三种官，③ 那么此三种官就没有邪民。④ 但是到了夏桀时期则"桀德惟乃弗作往任，是惟暴德，罔后"，不用先王任用旧家大族的传统政策，而任以暴德之人，是以绝后。成汤代夏之后，也着手设立官长之事："丕厘上帝之耿命，乃用三有宅，克即宅；曰三有俊；克即俊。严惟丕式，克用三宅、三俊，其在商邑，用协于厥邑；其在四方，用丕式见德。"成汤的善于立官长，乃是吸取夏代先王的政治经验，其立政主要表现在善于任人为官治理朝政。"成汤能救理天之光命，乃用事、牧、准三宅之官，能就其所居之位。言称职。举三德之俊，能就其俊德。言不失实。惟严以用人，能用三宅三俊。其在京邑，以和于其邑；其在四方以能用人见其德。"⑤ 如在举用伊尹一事上，《史记·殷本纪》记述了汤举用伊尹的经过，从殷墟甲骨文中对于伊尹的祭祀情况看，伊尹在汤代夏过程中以及商王朝早期的发展中一定起到了重大的作用，而前引《清华大学藏战国竹简》中《尹至》《尹诰》篇也恰好说明了这一点，故甲骨文中见到伊尹一直受到商族的祭奠。

　　汤建立内服的主体是支持汤灭夏的三百六十族的族长。《逸周书·度

---

　　① 孙星衍：《尚书今古文注疏》，中华书局 2004 年版，第 470 页。

　　② 迪，《尔雅·释诂》："道（导）也。"忱，《诗·大雅·大明》"天难忱斯，不易为王"，毛传："信也。"《尔雅·释诂》："恂，信也。"九德之行，《尚书·皋陶谟》有"亦行有九德"，即以九德检核的行为。

　　③ 于省吾《双剑誃尚书新证》谓："谋面"即《尔雅·释诂》之"覭髳"，《诗·小雅·十月之交》之"黾勉"，《汉书·刘向传》之"密勿"，皆同声假字也。汉石经"谋面"上有"乱"字，凡《尚书》"乱"字多为"率"字之讹，与丕并为语词。"谋面用丕训德者"，黾勉用以顺德也。参于省吾《双剑誃群经新证》，上海书店 1999 年版，第 119 页。

　　④ 义民，王念孙释为邪民，此句言夏先王谋勉用大顺之德，然后居贤人于官而任之，则三宅皆无倾邪之民也。参王引之《经义述闻》卷 4，江苏古籍出版社 1985 年版，第 101 页。孙星衍取"邪民"说，释上段材料"言既诚信所知之人有九德之行，乃敢拜手稽首以告其君曰：居乃职事之人，居乃作牧之人，居乃平法之人，兹乃在我后矣。察其言，观其色，用大顺德之人，乃以官居人，此乃职事、作牧、平法之人皆无邪民矣"（《尚书今古文注疏》卷 24，中华书局 2004 年版，第 471 页）。

　　⑤ 孙星衍：《尚书今古文注疏》，中华书局 2004 年版，第 471 页。

邑》篇记载周武王说成汤代夏时"维天建殷,厥征天名民三百六十夫,弗顾亦不宾威,用戾于今"。天登进三百六十贤民就是支持成汤的族属,是成汤代夏时的基本力量。于是成汤以这三百六十个族属的力量为基础,重用这些族长为商王朝各级长官建立了内服制度,此后商代内服主要的来源于这三百六十个族属之中。成汤建立的内服中还重用了夏的多士,让他们在商王朝中做了大官,以争取夏代遗民贵族的支持。《尚书·多士》载殷遗多士所说:"夏迪简在王庭,有服在百僚。"王先谦云:"殷革夏命,时夏之人有进择在王庭而大用者,有服事在百官而小用者。举前事以形周之不用殷士。"① 即殷士说商革夏命,任用了夏的臣子在朝中,有职位在百官之中。《尚书·酒诰》载内服包括百寮、庶尹、惟亚惟服、宗工与百姓、里君。

　　夏、商政权转移的真正原因是多方力量的转移,实质是方国联盟首领的转移。成汤经过频繁征伐至灭夏②,在打败夏桀之后,占领了原来夏人统治地区,出现了可供支配的大面积土地和大量人口。此时成汤对与之联合的众多邦国的关系做了一些调整,建立了统一诸侯、方国体系的外服制。《尚书·酒诰》载成汤建立的外服有侯、甸(田)、男、卫、邦伯。成汤所建立的外服制可能只是初具规模,这些诸侯、方国多半是早已存在的部族势力,以政治册命的形式加以承认和封赐。仅有一小部分可能是汤将"商人各武装宗族安置在夏人居地,建立武装据点,拥有独立的军政大权,形成防卫力量,能够有效地控制被征服地区。"③ 其性质是分封的授民授疆土的诸侯。汤将夏的贵族和夏民以册命分封外服的形式,迁徙至杞,以夏法进行治理。④ 成汤试图迁移夏王朝存在的标志性建

① 王先谦:《尚书孔传参正》,中华书局2011年版,第759页。

② 关于成汤的征伐古籍所载有不同说法,《太平御览》卷83,引古本《竹书纪年》说"九征",《孟子·滕文公下》"十一征",《太平御览》卷83引《帝王世纪》云"二十七征",实际上反映了汤是经过频繁的征伐才达到"诸侯毕服"的效果。

③ 宋镇豪主编,王宇信、徐义华著:《商代史》卷四《商代国家与社会》,中国社会科学出版社2011年版,第316页。

④ 《史记·夏本纪》云:"汤乃践天子位,代夏朝天下,汤封夏之后,至周封于杞也。"《史记·留侯世家》云:"昔汤伐桀,封其后于杞。"殷墟甲骨文中有"杞侯"(《合集》13890),当是夏之后裔被册封为商王朝外服侯。

筑——夏社，但考虑没有可以代替者，遂作罢，作《夏社》说明不迁移夏社的原因。大概是根据礼制丧国之社不能接受天阳之气，① 于是在夏社上盖屋。② 由重臣伊尹公告此事于天下，示意尊奉夏社又守礼制。实际上汤要迁移夏社，欲改造作为前朝政治中心的夏朝都城。又宣布不迁移夏社的用意在于稳定夏的遗民和诸方国，将夏旧都变为商王朝政治经济中心之一，充分利用其人力物力资源，尤其是先进的手工业和先进文化，保证商王朝有一个较高的起点。③

《史记·殷本纪》载："于是诸侯毕服，汤乃践天子位，平定海内。"诸侯毕服的标志就是朝王纳贡。成汤以法令的形式制定了四方诸侯朝王纳贡之"服"，成为此后商代的重要政治制度。《逸周书·王会》所附《商书·伊尹朝献》记载了成汤命令伊尹制定四方朝王纳贡的《四方令》，并以法令形式颁布于四方诸侯，其文云："汤问伊尹曰：'诸侯来献，或无马牛之所生而献远方之物，事实相反，不利。今吾欲因其地势所有献之，必亦得而不贵，其为'四方献令'。伊尹受命，于是为《四方令》。"这里的"四方令"，乃成汤命令伊尹向四方诸侯、方国即外服颁布的命令，命令的内容是关于因各地所产而贡献于王朝的规定。④ 四方令以四方诸侯为接受命令的对象，说明成汤时制定了外服向商王朝应尽的"服"。《诗》云："昔有成汤，自彼氏羌。莫敢不来享，莫敢不来王，曰商是常。"郑《笺》："氏羌，夷狄国，在西方者也。享，献也。""成汤之时，乃氏羌远夷之国来献、来见，曰商王是吾常君也。"⑤ 此诗反映了成汤时期诸侯朝王纳贡的史实。

---

① 参《礼记·郊特牲》"是故丧国之社屋之，不受天阳也"。

② 《今本竹书纪年》："（成汤）十八年，始屋夏社。"

③ 参罗琨《二里头考古新发现与汤"欲迁夏社"的思考》，杜金鹏、许宏主编：《二里头遗址与二里头文化研究》，科学出版社 2006 年版，第 27 页。

④ 这种记载应是可信的，商代甲骨文中所记各部族方国贡献商王，也是以各地所产或离某物产较近之地而贡纳之。其以四方令诰命诸侯的形式在周初《令方彝》中亦有体现，器铭载作器者明保把王令其"尹三事四方，受卿士寮"的职事诰令于四方诸侯。四方献令的具体内容未必是其原貌，更多的是东周以后的地理与各地物产的反映，只备参考。

⑤ 毛亨传，郑玄笺，孔颖达疏：《毛诗正义》卷 20，阮元校刻《十三经注疏》，中华书局 1980 年影印本，第 627 页。

《史记·殷本纪》载成汤在亳都东郊殷见前来朝见的诸侯,作《汤诰》,诰命的对象是"诸侯群后",规定了外服诸侯的职事,汤要求诸侯群后"有功于民,勤力乃事",否则将"大罚殛汝"。诸侯群后所勤力之事主要是要有功于其治下的民众,这是他们最为重要的"服"。诸侯有功于民,即帮助成汤治理地方,是诸侯群后服从汤的象征之一。成汤又告诫诸侯群后,"不道,毋之在国",若诸侯无道,成汤就不会让他在君位。由上面的论述可知商代的外服对于商王朝主要有两个重要的服:朝王纳贡;守土,即帮助商王治理好一方。外服制的建立表明,成汤与诸侯、方国的关系由灭夏以前以成汤为代表的商部族为核心的相对平等、民主的政治、军事联盟,演变为以商王为代表的中央是商王朝的政治、军事、经济、宗教文化核心,诸侯、方国纳入外服体制中作为商王朝国家结构一部分协助商王治理地方社会,但诸侯、方国拥有很大的自治权。成汤所建内外服制只是初始形态,初步建构了商王朝的国家体制。随着商王朝势力的发展,内外服制也在不断发展完善。

综上,成汤以追随其伐夏的三百六十族为基本力量(《逸周书·度邑》),并择选吸收部分夏遗民贵族入朝为官(《尚书·多士》),吸取夏代贤王设官分职经验(《尚书·立政》),建立内服制度。成汤以追随其灭夏的邦国为主要力量,并可能在重要的军事据点封赐部分同族建立新外服势力,重构外服制度。内外服构成了商代国家结构形式,商王通过管理内外服的方式来治理国家。夏商之际的政治变革的结果,不但是王权的转移与国家的重构,更是社会结构的重组。由夏族为主的社会结构,转变为以商族为主,夏与多方贵族参与的新社会结构。

成汤以"明德慎罚"为治国方略,塑造以成汤为代表的商王国国家认同意识,建构起以内外服为主的国家结构形态。成汤对外服加以告诫和约束,并制定四方献令,以政治形式朝见纳贡确立了外服及臣服族邦对商王朝的职责和义务。

第 四 章

商代外服制度考

　　既往对商代外服制的研究，取得了不少重要的成果，如前此拙著《商周服制与早期国家管理模式》第二章对商代内外服的建立、发展演变进行了探讨，但尚未见有对侯、田、男、卫、伯每一类外服展开系统论述。近年随着各公私机构收藏甲骨文的陆续刊布，获得了一批借以研究商代史的重要材料，其中有些涉及商代外服的重要资料，为分类探讨商代外服提供了可能。宋镇豪主编十一卷本《商代史》的出版，推进了甲骨学和商史研究。战国竹简中经、史文献，尤其是清华大学藏战国竹简中"书"类、史类文献涉及商周历史重要内容，亦推动商代历史的研究进程。在这样的学术背景下，本章尝试通过系统整理殷墟卜辞、金文，对商代外服侯、田、男（任）、卫、伯进行分类研究，探讨其社会身份，每一类外服的史迹，以及他们在商王朝发展中的作用。

第一节　甲骨文、殷礼与商代外服的命名[①]

　　成汤灭夏之后初步建立的外服侯、田、男、卫、伯，主体部分是追随成汤灭夏的族邦，经过成汤以册命礼仪的形式加以承认和封赐。外服中的小部分可能是成汤将"商人各武装宗族安置在夏人居地，建立武装

---

　　① 本节内容为著者于 2009 年完成的博士学位论文中一节内容，经修改后曾发表于《中国国家博物馆馆刊》2018 年第 3 期，收入本书时略有改动。

据点，拥有独立的军政大权，形成防卫力量，能够有效地控制被征服地区"①。其性质是册命在大邑商之外的职官。② 从这一点看，裘锡圭提出诸侯侯、田、男、卫起源于商王派驻的在外地之官的意见，③ 是非常有道理的，且有西周康王时期大盂鼎铭文"殷边侯田"（《集成》2837）的支持。杨树达在解读令方彝铭文时，对该铭中侯、田、男命名之义进行了探讨，提出"善射者谓之侯，善狩猎者谓之田，善耕作者谓之男"④ 的重要意见。这启发我们探讨商王朝通过何种途径授予外服以侯、田、男、卫、伯等称号。近来学界利用甲骨文复原殷代礼制的研究取得了较大的进展，为从殷礼角度考察商王朝对外服的命名提供了可能。"国之大事在祀与戎"（《左传》成公十三年），礼俗则在祀与戎事中体现出来。在早期国家阶段，职事与礼俗的关系可谓相为表里，礼来源于远古的生产、生活中的民俗，而职事是远古生产、生活习俗中各自的责任和义务的固化。礼要通过职事的执行来表现，职事的落实体现礼的指导原则。王贵民指出商代的职官尚具有原始性，保留了许多职事产生时的特点。⑤ 商代外服侯、田、男、卫、伯的命名，亦保留了与原始礼俗密切相关的特点。古有"礼，政之舆也"⑥的观念，商王可能通过某种礼仪的形式，授予地方臣服族邦以侯、田、男、卫、伯的称号，以礼施政实现商王朝对地方社会的治理。

一　外服"侯"命名于射礼

殷商射礼有赖于殷墟花园庄东地甲骨与作册般铜鼋铭文而得以证

---

① 宋镇豪主编，王宇信、徐义华著：《商代史》卷四《商代国家与社会》，中国社会科学出版社 2011 年版，第 316 页。

② 关于《尚书·酒诰》所载商代外服"侯甸男卫邦伯"过去曾有不同理解，参证卜辞、金文，商代外服应为侯、甸、男、卫、邦伯五种称号，参拙文《〈尚书·酒诰〉所见商代"内外服"考论》，《史学史研究》2008 年第 4 期。又近年公布的湖北叶家山西周墓出土的西周早期青铜鼎铭文有"多邦伯"，亦证明"邦伯"是重要的外服称号。

③ 裘锡圭：《甲骨卜辞中所见的"田""牧""卫"等职官的研究——兼论"侯""甸""男""卫"等几种诸侯的起源》，《文史》（第 19 辑），中华书局 1983 年版。

④ 杨树达：《积微居金文说》（增订本），中华书局 1997 年版，第 9 页。

⑤ 王贵民：《商朝官制及其历史特点》，《历史研究》1986 年第 4 期。

⑥ 《左传》襄公十一年载晋大夫叔向语。

实。① 这是讨论外服侯命名与射礼相关的学术基础。杨树达指出："盖草昧之世，禽兽逼人，又他族之人来相侵犯，其时以弓矢为武器，一群之中，如有强力善射之士能保卫其群者，则众必欣戴之以为雄长。古人质朴，能其事者即以其事或物名之，其人能发矢中侯，故谓之侯也。"② 从甲骨文及相关文献记载看，外服侯与射礼的关系尤为密切。

商代外服"侯"在甲骨文中称某侯、侯某或"多侯"，侯字作⌐形，与《说文》所载射箭中"侯"的厌相同，《说文》释侯字形谓"张布矢在其下"，知商代外服"侯"的命名可能与射礼中的"射侯"有关。《说文》释"侯"云：

> 春飨所射侯也。从人，从厂，象张布，矢在其下。天子射熊、虎、豹，服猛也。诸侯射熊、虎，大夫射麋，麋，惑也。士射鹿、豕，为田除害也。其祝曰："毋若不宁侯，不朝于王所，故伉而射汝也。"

"侯"是指祭祀之前举行大射礼③的"射侯"，朱骏声认为："厌，射侯也。矦，五等爵也。从人、厌声，天子、公、矦、伯、子、男，皆于人取义。古书借矦为厌，相承误合二字为一耳"④。"厂"似崖边状，释"侯"的形状，实际上应是人形。⑤ 这可能是以射侯喻指诸侯。

举行射礼时祭祀射侯的祝辞以"射侯"为诸侯，亦说明诸侯与射礼有关。《周礼·考工记·梓人》云："祭侯之礼，以酒脯醢，其辞曰：'惟

① 宋镇豪：《从新出甲骨金文考述晚商射礼》，《中国历史文物》2006 年第 1 期。
② 杨树达：《积微居金文说》（增订本），中华书局 1997 年版，第 8 页。
③ 《周礼·天官·司裘》郑注："大射者，为祭祀射。"见《十三经注疏》上册，中华书局 1980 年影印本，第 683 页。
④ 朱骏声：《说文通训定声》，中华书局 1984 年版，第 349 页。
⑤ 王国维：《殷卜辞中所见先公先王续考》，《观堂集林》卷 9（中华书局 1959 年版）认为侯字所从厂实为人形讹变。杨树达：《读胡厚宣君殷人疾病考》，《积微居甲文说》，上海古籍出版社 2006 年版，第 85 页指出此点。《周礼·考工记》载梓人制作射侯的形状亦与人形相近。射侯至迟在商代甲骨文、金文中已经出现，《殷墟花园庄东地甲骨》（450、451、252）有似人形之图，韩江苏先生考证为射礼的"侯"，参见韩江苏《殷墟花东 H3 卜辞主人"子"研究》，线装书局 2008 年版，第 380 页。

若宁侯,毋或若女不宁侯,不属于王所,故抗而射女。强饮强食,诒女曾孙诸侯百福。'"《大戴礼记·投壶》载:"嗟尔不宁侯,为尔不朝于王所,故亢而射女,强食,食尔曾孙侯氏百福。"意为你们这些安顺的诸侯同我一起射那些不安顺、不朝觐王的诸侯。这里带有诅咒的色彩,表明射礼是对朝王者的拉拢、团结,对不朝王者施以惩罚。

商代甲骨文有祭祀前举行射礼的记载,《小屯南地甲骨》771"癸未,贞:兹祝,用。癸未卜,叀侯射。癸未卜,其⚭。弜⚭"。侯字倒书,⚭字为祭名,不明意义。祝,祝告、祝祷之义。用,表示根据此次占卜实施。射,可能指射礼。卜辞大意是在癸未日贞问,是否让侯射,是否举行⚭祭。《礼记·射义》载:"天子将祭,必先习射于泽。泽者,所以择士也。已射于泽,而后射于射宫,射中者则得与于祭,不中者不得与于祭"。意谓天子举行祭祀之前必先举行射礼,通过射礼选拔参加祭祀的人选。《屯南》771卜辞可能相互关联,所卜实际是通过射礼方式选拔外服侯参加祭礼。《合集》27348"甲戌卜,秦☒。于小乙秦。于祖丁[秦]。于父己秦。于父甲秦。其射。"父己、父甲乃廪辛、康丁称孝己、祖甲,则祖丁乃廪辛、康丁称武丁。秦,一般释为祷。辞意是对武丁、孝己、祖甲举行祷祭而行射礼。《合集》39460有"射牲图"更是祭礼有行射礼的明确证据。

举行射礼时,中射侯者被命为侯,是外服侯职事命名于射礼的直接反映。《仪礼·大射》"量侯道",郑注:"尊者射之,以威不宁侯;卑者射之,以求为侯。"①《礼记·射义》记载天子举行大射之礼谓之射"侯","射侯者,射为诸侯也:射中则得为诸侯,射不中则不得为诸侯"。据郑玄注及《礼记·射义》,商王举行大射礼,商王射侯用来威慑不安宁的侯;不是侯者射中征求作侯,即射礼是命侯的重要途径,但是否命某为侯,主要取决于其与商王朝的关系。卜辞载册命商于某地为侯的情况:

————————————

① 郑玄注,贾公彦疏:《仪礼注疏》卷16《大射》,阮元校刻《十三经注疏》上册,中华书局1980年影印本,第1028页。

（1）癸亥，贞：王其奠卣。　　　　　　　　　　　（《屯南》862）

（2）乙丑，贞：王其奠卣侯商，于父庚告，又□。

（《屯南》1059）

（3）丙寅，贞：王其奠卣侯，告［祖乙］。—

丙寅，贞：王其奠卣侯，告祖乙。—

［丙寅］，贞：王其奠卣侯，告祖乙。—　　（《合集》32811）

（4）［己］巳，贞：商于卣奠。

己巳，贞：商于汝奠。　　　　　　　　　　　（《屯南》1059）

（5）己巳，贞：商于卣奠。

己巳，贞：商于汝奠。

辛未，贞：其告商于祖乙，若。

辛未，贞：夕告于祖乙。　　　　　　　　　　（《屯南》4049）

（6）乙亥，贞：王其夕令卣侯商，于祖乙门。

于父丁门令卣侯商。　　　　　　　　　　　（《屯南》1059）

（7）［丁］丑，［贞］：令□侯。　　　　　　　　（《屯南》4049）

以上按时间先后排列卜问次序。卜辞所载与册命、安置侯商有关的事。辞中奠字，裘锡圭释为置，认为是商人处置服属者的一种方法，商统治者往往将战败的族或其他臣服族邦的一部或全部奠置在控制的地区内。① 卣、汝为地名。商，人名。祖乙门指祖乙宗庙门。癸亥日卜问商王将向卣地安置侯商。乙丑日又卜问商王将安置卣侯商事，告父庚庙。次日丙寅又卜问王将安置卣侯商事，向祖乙庙告。三日后的己巳日卜问安置侯商于卣地还是汝地。辛未日卜问将册命侯商事告知祖乙宗庙。下一旬的乙亥日卜问，傍晚于祖乙庙门还是父丁庙门册命卣侯商。丁丑日又卜问册命卣侯之事。册命外服侯是商王朝重大事件，商王祭祀并祷告于祖先，祈求祖先神灵的保佑。卜问行册命侯商礼仪的地点，又卜问册命外服侯商于何地。册命外服侯前，商王祭祀祖先，侯可能参加了祭礼而受到册命。

————————

① 裘锡圭：《说殷墟卜辞的“奠”——试论商人处置服属者的一种方法》，《“中研院”历史语言研究所集刊》第64本第3分，1993年。

对卣侯的册命发生在祖先庙门与周代册命仪式多举行于宗庙大室的情况是相近的。

综上，外服"侯"字形与射侯字形相同，以射侯为人形喻指诸侯，知外服侯可能与射礼有关。举行射礼前祭射侯祝辞以射侯代指诸侯的侯，知外服侯可能获名于射礼时射中射侯。射中射侯者被命为侯是外服侯命名于射礼的直接反映。从这三个方面看，商代外服侯得名于射礼，商代外服侯在晚商时期依然参加射礼，甲骨文中侯的职事主要是协助商王征伐不服从、不来朝的方国，正反映射礼之义。

二 外服田命名于田猎之礼

《尚书·酒诰》说成汤时期外服田职事已经存在，成汤之时田职事的情况文献不足征，但考察卜辞中"田"职事的主要活动亦可窥见外服田职事得名之概貌。"田"作为外服在卜辞中是有据的，《合集》21099"癸卯卜，丘，令田围逆，戈"，据同版卜辞"辛丑卜，留逆方"，知逆为方国名。此为师组小字类卜辞，辞意是武丁命令外服"田"围攻逆方。杨树达曾云："初民之世，民不知耕种蚕桑，必恃狩猎以供衣食迫切之求，故田为大事。""故一族之中有搏射勇敢，多获禽兽者，则必为其一族所推尊而以为魁杰，田之命名，盖以此也。"[1] 杨先生把诸侯名号"田"的起源归于狩猎习俗，是颇具启发的灼见。作为商代外服的"田"可能也与田猎大蒐礼有关。商代的田猎大蒐之礼，钟柏生有较为系统的论述。[2] 参加大蒐礼的亦有外服，其中尤以外服田与大蒐礼关系密切。

从文字学角度讲，甲骨文所见外服田，在文献中称甸，《逸周书·职方》孔晁注："甸，田也，治田入谷也。"但专家早已指出在商代田与治田入谷不相涉，甸即田，不是耕田之田，而是田猎之田。[3]《说文》云："田，陈也。"段玉裁注解："陈者，列也。田与陈古皆音阵，故以叠韵为

---

① 杨树达：《积微居金文说》（增订本），中华书局1997年版，第8页。

② 钟柏生：《卜辞中所见殷代的军礼之二——殷代的大蒐礼》，《中国文字》（新16期），中国文字社1992年版，第41—163页。

③ 杨升南：《殷契卜辞"田"字说》，载四川大学历史系编《徐中舒先生九十寿辰纪念文集》，巴蜀书社1989年版。

训，取其阵列之整齐谓之田。凡言田田者，即陈陈相因也。陈陈当作敶敶，陈敬仲之后为田氏。田即陈字，假田为陈也。"① 田之本义不在猎，而在于行伍陈列训练军队。田职事的命名方式当自戎事求之。

从甲骨文所载外服田的史迹看，田多为商王朝从事征伐，商王命令"田"所做的事情，多关于武事。如前举《合集》21099 田围攻逆方。《合集》27893 "以多田伐又（右）封乃⊠"，大意是卜问多个田征伐封方之事。卜辞亦有商王命令田做某事或王令某比田做某事，以及贞问多田无灾的情况：

（8）丁丑，贞：王令阄归侯以田。　　　　　　　　　　（《屯南》2273）

（9）⊠比克田，弗其由王事。　　　　　　　　　　　　（《合集》5483 正）

（10）贞：犬比田。　　　　　　　　　　　　　　　　（《怀特》1344）

"侯以田"当是外服侯与外服田②，"王令阄归侯以田"，就是商王命令馈赠侯与田，可能是侯、田协同为王办事有功而受赐。"克田"为外服田的名，与外服某侯的称名方式相同。比，亲密联合之义。③ "由"字释读学界尚未有定论。④ 大致是与践行王事有关的命语，与周代册命金文习见的"用事"即用王事意义相近。犬为外服犬侯，与外服田共同执行王事。以上卜辞为外服田与其他外服相互配合共同为商王朝办事。

---

① 许慎撰，段玉裁注：《说文解字注》，上海古籍出版社 1981 年版，第 694 页。

② 中国社会科学院考古研究所：《小屯南地甲骨》下册第二册（中华书局 1983 年版）第 995 页，在 2273 号释文下认为此条卜辞有两种可能的解释：第一种，阄为人名，归为动词，为馈之假字，侯是某侯之省，即"王令阄馈某侯以田"；第二种，阄为动词，归侯是侯名，即郭沫若所说"后世之夔国"，辞义可能是王赐归侯以田。二者孰是，不能遽定。于省吾主编：《甲骨文字诂林》第三册，中华书局 1996 年版，第 2088 页，阄字下姚孝遂按语提供另外一种可能的理解，"田"即"甸"，"侯以田"可能为"侯与甸"。

③ 林沄：《甲骨文中的商代方国联盟》，四川大学历史系古文字研究室编：《古文字研究》（第 6 辑），中华书局 1981 年版，第 74 页。

④ 按此字过去释读为古、甾、叶、由诸说，近年又有新说，如连劭名承孙诒让说释"由"，进一步做出解释，蔡哲茂读为"赞"，陈剑读为"堪"，参见何景成编撰《甲骨文字诂林补编》，中华书局 2017 年版，第 191—213 页。

商代田猎的主要作用在于训练军队等武事①，并非捕获猎物和治田入谷，捕获猎物与治田入谷只是田猎的附带作用。春秋时人还保有田猎活动主要目的是训练军队的观念，《左传》隐公五年载，臧僖伯劝谏鲁隐公不要到棠地观鱼时说："故春蒐、夏苗、秋狝、冬狩，皆于农隙以讲事也。三年而治兵，入而振旅。归而饮至，以数军实。昭文章，明贵贱，辨等列，顺少长，习威仪也。"春夏秋冬四季田猎是在农闲时候讲武事。此引文下言治兵之事把田猎的功用说得最明白不过了。通过训练武事达到"明贵贱，辨等列，顺少长，习威仪"的目的。田猎所获得的动物则在入庙行饮至之礼时祭祀宗庙了。田猎的功能主要为整齐队列，操练军队，提高战斗力和军令的贯彻落实。同时田猎也起到沟通参与者之间感情和加强团结的作用。

外服田职事即命名于王举行训练军队以观军心的大蒐礼。② 大蒐礼中履行一定职责者逐渐在此礼推行中成为其固定职事。而参与此礼的不仅有商王同姓贵族及各部族首长，各部族首长逐渐发展成为类于后世诸侯身份者，商王在举行田猎之礼时，规定了他们的一些职事，由于主要是助王田猎而遂称之为"田"，并不一定是因为他们善于田猎。

由卜辞观之，田是相对于侯更加亲近商王的势力，尚未见有田反叛的事例。作为商王朝外服职事的田可能与商王的关系较密切，且距离商王朝直接控制的区域较近，受到商王频繁的田猎影响，自主活动的空间较小。

三 外服"男"命名于耤田之礼

杨宽《"耤礼"新探》一文指出耤田礼"是由原始公社制末期的'礼'转变而来。"③ 岛邦男认为："王以籍田之礼祈求天下丰穰，农业为

① 汉代学者郑玄已经指出田猎是习兵之礼，见《周礼·春官·甸祝》"掌四时之田"郑玄注，阮元校刻《十三经注疏》上册，中华书局1980年影印本，第815页下栏。
② 关于大蒐礼具体仪式及性质参考杨宽《"大蒐礼"新探》，《西周史》，上海人民出版社2003年版，第693—715页。
③ 杨宽：《西周史》，上海人民出版社2003年版，第274页。

殷代社会的基础。"① 陈戍国根据甲骨文材料对殷商时期的"耤田礼"作了初步的探讨②，最近又有学者撰文讨论这一问题。③ 前文引及杨树达曾认为男与善于耕田之事有关。这些可谓讨论外服男与耤田礼关系的学术基础。《尚书·酒诰》称成汤时期男已为外服称谓，甲骨文亦有外服男，如《合集》3451"贞：男不其☒"，《合集》21954"庚辰卜，贞：男羌取，亡吷"。商王贞问取男所献羌，是否顺利，表明男有为商王朝贡献羌人的义务，商王对其行事表示关心。

首先，从造字之义上看，男与耕田之事有关，《说文》云："男，丈夫也，从田、力，言男子力于田也。"甲骨文男字作🀲（《合集》3451片）形，力在田旁或田上，周代金文男字从田、从力作🀲（《集成》9901）或在力上加手形作🀲（《集成》4561、4562），知男字本象使用由木棒式的原始农具发展而来的"力"农具耕田，④《说文》释"男"与耕田之事有关，是有道理的。

其次，文献旧注为理解"男"的命名途径提供了思路。《逸周书·职方》孔晁注"男，任也，任王事"。男与任字古通假，且作为职事讲亦相通。男既与耕田有关，又为王任事，那么男所耕之田非一般丈夫自耕之田，而应是为王耕田。为王耕田古时称为"耤田"，即助王耕田。

作为耕作方式之一的耤田，产生很早，新石器时代农业出现时，人们聚族而居共同生产生活，在耕作方式上也要族人合力完成，如翻土、播种等，耤字正是这种生产生活的写照。在甲骨文中耤字作🀲（《合集》9505），商金文中作🀲（《集成》4945），西周早期金文作🀲（《集成》2803），似耕者手足并用以耒发土的情境。耒是当时常用的一种下部分叉

---

① ［日］岛邦男：《殷墟卜辞研究》（日文版），弘前大学文理学部中国学研究会 1958 年版，"自序"第 1 页。

② 陈戍国：《中国礼制史》先秦卷第三章"殷礼"第十一节"殷商耤田礼及其他"，湖南教育出版社 2002 年版，第 192—195 页。

③ 张俊成：《商代耤田考》，《殷都学刊》2016 年第 1 期；宁镇疆：《周代"籍礼"补议——兼说商代无"籍田"及"籍礼"》，《中国史研究》2016 年第 1 期。

④ 参见裘锡圭《甲骨文中所见的商代农业》，载《全国商史学术讨论会论文集》（《殷都学刊》增刊），1985 年，第 210 页。

的发土工具，由树杈做的原始农具发展而来。① 甲骨文中凡言耕种事多用
"耤"字，贞问耤田于某地是否会有好收成，如：

> （11）丁酉卜，㱿贞：我受甫耤在妲年，三月。
> 　　　丁酉卜，㱿贞：我弗其受甫耤在妲年。 （《合集》900 正）

这是武丁时期的两条正反对贞卜辞，"我"是商王武丁自称，甫是
武丁时期重要外服任的名（《甲骨文合集补编》60 正甲）。妲，地名，
该地有王田。这条卜辞语序应作"甫耤在妲，我受年"。即是贞问甫任
在妲地为我耤田，我是否会有丰年。文献旧注说耤有借义，于此借甫族
之力耕王田亦可证。耤之借义已经是耤田上升到礼制之后的引申义，承
耤字本义借助耒这一农具耕田发展引申而来，礼制中的耤田是借助族人
力量以耕王田。以往人们谈到耤田礼都以周代耤田礼为据，事实上商代
的耤田已经不仅是一种耕作方式，而且是商王鼓励耕作的礼制。卜辞
有云：

> （12）己亥卜，贞：王往观耤，彶（遂）往。 （《合集》9501）
> （13）庚子卜，贞：王其观耤，惟往，十二月。（《合集》9500）

两辞皆为武丁时期，贞问王前往观看耤田，验辞是"惟往""遂往"。
武家璧将《合集》5604 缀于《合集》9500 下，两辞干支相邻，这就意味
着商王欲查看耤田之礼的情况，而于前一日命ㄓ为小耤臣，主要负责举行
耤田之礼所需的准备工作。② 商王武丁要亲自查看耤田情况，这与《国
语·周语上》所载周代的耤田之礼有相似性，都是王要亲往参与，以示
对劳作的重视和鼓励，其实质都是借助族众的力量为王耕田，因此将商
代的耤田视为礼制应该没有大问题。耤田礼的形成应该早于成汤时代，

---

① 徐中舒：《耒耜考》，《徐中舒历史论文选辑》，中华书局 1998 年版，第 72—127 页。
② 参考武家璧《从卜辞"观籍"看殷历的建正问题》，载饶宗颐主编《华学》第 8 辑，紫
禁城出版社 2006 年版，第 82—88 页。

因为耤田之事和耤田礼制必然已经实行，然后才会有成汤以男命名的职事出现。商代设有专门管理耤田事务的内服官员，卜辞称"⚉小耤臣"（《合集》5603），⚉是商代重要的族长的称号，其族活动主要有贡献龟甲、祭祀商先王，奠置子方，巡查商都边鄙，率部狩猎，率兵驻守某地等，其权力或义务遍及政治、军事、经济各个领域。可见商王对此族的重视，以及此族势力的强大，是商王对内、外统治的重要依靠力量。从相关卜辞可见，同为商王朝耤田的尚有雷、鞅、弜、攸侯等人物。外服男命名于耤田之礼，有男（任）为商王朝耤田的甲骨文实例为据。商代晚期为商王朝耤田的可能不限于男职事，这或许是耤田之礼进一步发展的结果。

外服男可能获名于耤田的职事，随着商代社会的发展，外服男的职事也不仅限于耤田，并且耤田之事也不专属于外服男，这可能是商代职事与职责不完全相符的官制特点的直接反映。① 男字的本义是借"力"工具以耕田，商代外服男的获名可能源于为王耤田的礼俗。

四　外服卫命名于守卫"堂"的礼俗

裘锡圭认为"在某卫"应是被商王派驻在商都以外某地保卫商王国的武官，外服卫即起源于这种武官。② 王贵民提出卫服起源于古代的守卫制度的观点。③ 商代的外服卫并不是服名，而是商王朝的外服职事称号。甲骨文中有商代外服卫存在的证据，《合集》555 正"甲寅卜，永贞：卫致仆，率用。贞：卫致仆，勿率用。贞：卫致仆，率用"。卜辞反复卜问是否用卫向商王朝致送的仆为祭祀牺牲。此处卫或以为是人名、族名，但据《屯南》771 有贞问外服侯"射"的记载，知可以单言外服侯，而不书其名，致送仆的"卫"亦可以理解为商代外服称号"卫"。甲骨文中亦有外服某卫，类于外服某侯、某伯。如"工卫"（《合集》9575）、"㞢卫"（《合集》32999）等。

---

① 参考王贵民《商朝官制及其历史特点》，《历史研究》1986 年第 4 期。

② 裘锡圭：《甲骨卜辞中所见的"田""牧""卫"等职官的研究——兼论"侯""甸""男""卫"等几种诸侯的起源》，《文史》（第 19 辑），中华书局 1983 年版，第 9 页。

③ 王贵民：《"卫服"的起源和古代社会的守卫制度》，《中华文史论丛》1982 年第 3 辑，第 58 页。

　　甲骨文、早期金文中卫字作□外加四趾围绕，或再加"行"字之状，王贵民认为字像人们巡行城下或宫室外围，守卫之像甚显。① 字形表示巡行、保卫□之意是没有疑问的。甲骨文例中的卫作动词时，多用如保卫之义。如"癸酉卜，古贞：勿卫年"（《合集》9614）。"贞：乙保黍年。乙弗保黍年。"（《合集》10133）两辞皆为武丁时期，其中卫与保同义无疑，是求得丰年的卜辞。卜辞中有多犬卫（《合集》5665）、多马卫（《合集》5711）、多射卫（《合集》9575），据卜辞内容看，"多某卫"是名词性词组，可能是某种身份组成的卫队。作为卫队的主要职责也是守卫。卜辞中还有在某卫的辞例：

　　　　（14）□亥，贞：在□卫来。　　　　　　　　　（《合集》32937）

　　　　（15）丁亥卜，在陟卫酌，邑敜典册有奏方豚，今秋王其使□□。
　　　　　　　　　　　　　　　　　　　　　　　　　　　（《合集》28009）

　　　　（16）□巳卜，在寻卫□。　　　　　　　　　　　（《合集》28060）

　　　　（17）其取在潢卫，凡于隽，王弗悔。　　　　　　（《屯南》1008）

　　据裘锡圭判断"在某（地名）卫"的"卫"是职官，"来"，为来王之义，即朝觐商王。贞问外服在□卫来朝觐商王。卜辞载有卫与职官名射、亚并称（《合集》27941），说明卫也是职官名。"在陟卫酌"可能是在陟卫之地行酒祭。"其取在潢卫"，取外服潢卫应向商王朝缴纳的贡物。

　　商代外服卫的获名不在边地的官员，而在对于人们居住生活的"堂"的保卫习俗。首先，从文字角度分析，卫字所从"□"书作"方"仅是表述"□"的形状，并非其造字之义，□字实为堂字初文，表示穴居或半穴居②，是房屋、宗庙等建筑的核心部分。其次，从古人居住的习惯看，堂是古人居住、社会活动的主要场所，在这样的建筑周围设置武装巡视，实际上是对活动在堂内的人们的保护与守卫。由守卫古人居住和

<hr>

① 王贵民：《商周制度考信》，河北教育出版社2014年版，第99页。
② 晁福林：《试释甲骨文"堂"字并论商代祭祀制度的若干问题》，《北京师范大学学报》1995年第1期。

活动场所的堂演变为守卫宫殿、宗庙、都城、疆土等，乃是早期国家产生后，这种守卫习俗进一步发展的结果。

甲骨文中关于卫的辞例，多关于保卫的内容，作为商代外服卫的主要职责也是为王守卫、捍卫。据王贵民研究，考古发掘的商王室宫殿、宗庙建筑有守卫的陈设，都城有守卫，封疆上也有守卫的活动。① 这些都是商代外服卫存在以及发挥作用的重要明证。从卫职事的起源来说，商代外服卫可能源于上古时代在人们居住、祭祀活动的建筑堂设置守卫的习俗。

五　外服邦伯命名自族邦首领称谓习俗

《尚书·酒诰》所载商代外服"邦伯"，在殷墟甲骨文中作"封伯"，古邦、封为一字，《释名·释州国》："邦，封也。"《合集》32287 中"三封伯"之封作，与金文邦字所从正同，邦是在封字基础上，加上"邑"表示其有城邑。所以周人称晚商外服邦伯，实则是甲骨文中的封伯，即受到商王朝册封的伯。这类受商王朝册封的伯，在甲骨文中有某伯、伯某、某方伯等称呼。最近公布的湖北叶家山西周墓的出土的西周早期青铜器荆子鼎铭文有"多邦伯"，亦证明"邦伯"是重要的外服称号。诸伯纳入商王朝外服体系的原因可能有所差异，或为寻求保护而主动亲附，或被商王朝征服，但与商王朝的关系不如其他外服稳定。从商王朝角度看，纳入外服体系之中而被称为伯，则是尊重其族邦首领固有称谓习俗。

商代外服某伯或伯某的用字多为代表着一定区域的地名，《尔雅·释诂下》："伯，长也。"《广雅·释诂一》："伯，君也。"某伯就是某地的君长，商代某一地区的君长就是一个相对独立的统治者。从甲骨卜辞看，被册封而纳入商王朝外服系统的伯，要听从商王的号令，朝觐商王。商王朝从某伯处征取其应缴纳的贡物，商王还联合某伯进行一些征伐敌对方国的军事行动。卜辞中妇某伯，即是通过联姻的方式巩固商王朝与外服伯的关系。商王还呼某伯参加飨礼，以及商王祭祀某位祖先求保佑

---

① 王贵民：《"卫服"的起源和古代社会的守卫制度》，《中华文史论丛》1982 年第 3 辑，第 58 页。

某伯。

商代外服邦伯中还有一部分是受封的方伯，他们是商王朝无力征服的强大方国，商王朝通过册封礼仪的形式，承认其存在的合法性，任命其辅助商王朝管理附近的邦国。这些方伯与商王朝的关系时好时坏，甲骨文载有叛乱方伯战败遭擒而被用于祭祀，如《合集》32287"甲申，贞：其执三封伯于父丁"。《合集》28086"壬戌卜，王其寻二方伯。王其寻二方伯于师辟"。此处的封伯是被商王朝封赐的势力强大的方国首领。"执三封伯于父丁"就是俘获三个封伯用于祭祀父丁。① "二方伯"是两个方国首领，具体所指则不知。寻二方伯即是用俘获的敌国君长二人为祭。② 用擒获的叛乱方伯为牺牲进行祭祀后，有将此事刻于其头骨上的风俗。③

甲骨卜辞载商王把一些方国首领册封为方伯的情况，如《合集》36528 反"册敢方、羌方、羞方、纟惠方"四封方，《合集》36530"三封方"都属于商王朝曾册封强大族邦首领为方伯的实例。又如周原甲骨文有关于商王册封周文王为周方伯的珍贵记载：

（18）贞：王其祷又（侑）大甲，册周方伯□斯正不左于王受佑。

（《周原甲骨文》H11：84）

（19）☑文武☑王其邵帝☑天□典册周方伯□□斯正亡左☑［王］受有佑。 （《周甲》H11：82）

（20）彝文武丁［宗］，贞：王翌日乙酉，其秦（祷）册中

① 商王朝派内服臣子或商王亲自率领外服侯、田或多个田与多个伯的军事力量共同讨伐受封方伯的叛乱（《合集》36530、《合集》36528 反），可知某方伯的军事实力非常强大，当属于商王朝无力征服而自我形成的方伯，商王朝曾对其册封承认其存在的合法性。

② 李学勤：《续释"寻"字》，《中国古代文明研究》，华东师范大学出版社 2005 年版，第177 页。

③ 目前所见的人头骨记事刻辞如《合集》28097、《合集》38758 等，宋镇豪《中国风俗通史·夏商卷》（上海文艺出版社 2001 年版，第737—739 页）一书，统计殷墟出土人头骨刻辞共15 片，宋镇豪、焦智勤、孙亚冰编著《殷墟甲骨拾遗》（中国社会科学出版社 2015 年版）第646 片为人头骨刻辞，共有 16 片。

（旗），□武丁豊……佐王。　　　　　　　　　（《周甲》H11：112）

从卜甲形制上看，这三片甲骨属于周人的卜辞，陕西岐山周公庙发现的有字甲骨与此形制相同，更加证实上举甲骨卜辞当归属于周人。卜辞中的誓字，《说文》训为"告"，以命周方伯事告于商先王大甲和天，可能即是册命周方伯之事。李学勤认为《周甲》H11：112的"禹旗"即西周金文中的"禹旗"，在金文中"禹旗"指建起旗帜之义，是与册命有关的礼仪。[①] 很可能"禹旗"就是册命周方伯礼仪的一部分，上举周原甲骨文反映商王祭祀先王大甲或天，告知册命周方伯之事。这与《孟子·离娄上》《尽心下》《史记·殷本纪》所载周文王"为西伯"相符合。商王受对周文王的册命礼仪非常隆重，文王的卜官参与了这次典礼的部分占卜，册命之后，卜官把他参与占卜的甲骨带回了周地，作为档案留存。这几片卜辞可能是周文王被商王帝辛命为西伯说最为直接的史源。伯与方伯都要经过商王的册命，才具有在政治上对于商王朝的合法性。这些方原本是各自独立的族邦，或因不堪周边强大方国的侵扰而亲附商王朝，或经过商王及其臣属势力的征伐，迫使其服从。商王朝对这些臣服的方国首领通过册命礼仪授予伯、方伯的称号，是尊重其首领称"伯"的固有习俗，使其纳入商王朝外服之中加以管理。

综上，殷礼与礼之初始形态接近，距中国早期国家的职事产生时间较近。把礼的早期发展与早期国家的职事联系起来，考察商代外服侯、田、男、卫、邦伯职事命名途径，得见外服侯可能命名于射礼，外服田可能命名于田猎之礼，外服男可能命名于为王耕田的耤田礼，外服卫的职责主要是守卫，这种守卫源于古人对于生活、祭祀场所"堂"的守卫习俗。外服邦伯是某地邦族的首领，它们臣服于商王朝后，商王朝尊重其习俗名号，而册封其为伯。这可能是因为邦伯与商王朝的关系较为疏远，距离王都也较远，不易控制的缘故。通过对商代外服命名方式的考察，得到早期国家的职事与古礼俗密切相关的认识，希望能对今后研究

① 李学勤：《商卜辞还是周卜辞》，《当代学者自选文库·李学勤卷》，安徽教育出版社1999年版，第99页。

中国古代国家起源和早期国家相关问题提供新的思路和视角。

第二节　商代外服侯考

在甲骨学殷商史研究领域中，对某一类社会身份的研究一直备受关注。考察甲骨文中某一类社会身份，对于认识商代社会结构、国家形态诸方面具有重要意义。20世纪30年代，董作宾已认识到整理甲骨文中人物身份对于推进甲骨学商史研究的重要性，其于《甲骨文断代研究例》文中特举"贞人""人物"两项断代标准，"人物"项列举了史官、诸侯、小臣三类社会身份。于《五等爵在殷商》文中，则主要针对中国上古史中所谓"公侯伯子男"五等爵身份制在甲骨文中是否存在进行论证，否定了甲骨文中"公"作为五等爵中"公"的含义，肯定了侯、伯、子、男为商代爵称，具体列举了其所见甲骨文中这四种称谓的资料，对四种身份称谓内涵作了扼要的论述。[①] 其后陆续有胡厚宣、陈梦家、岛邦男、张秉权、裘锡圭、杨升南、朱凤瀚等，对甲骨文中的表示社会身份的侯称谓进行了更为深入的研究，推进了学界对于甲骨文中侯的认识。[②] 然而诸家认识存在较大分歧，如对其中最为重要的侯的身份、侯的数量、侯的史迹、侯在商王朝中的作用等方面皆有不同认识。既往对侯的研究，多是举例证明式的，根据有限的侯的数量和甲骨卜辞得出相关认识，缺乏以全面系统整理甲骨文"侯"的资料为基础的系统研究。近年新出土甲骨材料及国内外所藏甲骨的整理公布，为全面系统掌握甲骨文中侯的历史信息和研讨侯的史迹提供了坚实的资料基础。基于以上学术背景，

---

① 董作宾：《甲骨文断代研究例》，《庆祝蔡元培先生六十五岁论文集》上册，"中研院"历史语言研究所1933年版，以及《五等爵在殷商》，《"中研院"历史语言研究所集刊》第6本第3分，1936年。

② 胡厚宣、陈梦家、岛邦男、张秉权、杨升南等的研究概况见王宇信、杨升南主编《甲骨学一百年》第11章，社会科学文献出版社1999年版，第462—470页；裘锡圭：《甲骨卜辞中所见的"田""牧""卫"等职官的研究——兼论"侯""甸""男""卫"等几种诸侯的起源》，《裘锡圭学术文集》第五卷，复旦大学出版社2012年版，第153—168页。朱凤瀚：《殷墟卜辞中"侯"的身分补证——兼论"侯"、"伯"之异同》，《古文字与古代史》第四辑，台北："中研院"历史语言研究所2015年版，第1—36页。

以下主要对侯的身份、侯的数量、侯的史迹、侯在商王朝中的作用等问题再做探讨，希望能够推进对相关问题的认识。

一　甲骨文中的"侯"为外服职事

《尚书·酒诰》载："越在外服：侯、甸、男、卫、邦伯"，商代的外服主要有侯、甸、男、卫、邦伯，这些外服称谓在殷墟甲骨文中皆有证。既往研究对甲骨文中"侯"的身份有不同认识，主要有诸侯说、爵称说、职官说。1936 年董作宾于《五等爵在殷商》一文中，从甲骨卜辞考察所谓的"公、侯、伯、子、男"五等爵，指出甲骨文中"公"并非表示爵称，而侯、伯、子、男为殷代爵称。① 其后胡厚宣《殷代封建制度考》、陈梦家《殷虚卜辞综述》、岛邦男《殷墟卜辞研究》、张秉权《甲骨文与甲骨学》、杨升南《卜辞中所见诸侯对商王室的臣属关系》等，对此问题做了更加深入的探讨。② 这些研究对甲骨文中一部分"侯"相关的史事作了考证，多肯定侯为爵称，但并未对甲骨文中的"侯"为爵称进行正面论证，甚至有学者认为甲骨文中"侯"的身份与西周时期分封的诸侯国君主一样。

有学者提出新说，"侯"本为职官而于商代后期发展为诸侯，如裘锡圭在《逸周书·职方》孔晁注"侯，为王斥候也"以及劳干《"侯"与"射侯"后记》所云"诸侯之事，最先本为斥候"意见的基础上，结合甲骨文中侯的史迹，指出"侯本是驻在边地保卫王国的主要武官"，"虽然在商代后期，侯已经具有诸侯的性质，但从商王可以将田、牧等职官派驻在侯的封域之内的情况来看，商王对侯的控制显然仍是比较严格的，侯对王国所负的保卫之责大概也还是比较明确的"③。

---

① 董作宾：《五等爵在殷商》，《"中研院"历史语言研究所集刊》第 6 本第 3 分，1936 年。

② 具体参见王宇信、杨升南主编《甲骨学一百年》第 11 章第 2 节"殷正百辟与殷边侯甸"，社会科学文献出版社 1999 年版，第 462—463 页。

③ 裘锡圭：《甲骨卜辞中所见的"田""牧""卫"等职官的研究——兼论"侯""甸""男""卫"等几种诸侯的起源》，《文史》（第 19 辑），中华书局 1983 年版，又收入《裘锡圭学术文集》第五卷，复旦大学出版社 2012 年版，第 165 页。

　　此后又有学者提出"外服职官是指臣属于商朝的诸侯"①，以及甲骨文中的侯是诸侯身份而作了外服职官，如《甲骨学一百年》对外服职官系统进行梳理，统计外服侯的数量，以侯为诸侯身份做了商王朝外服职官，探讨了外服职官对于商王朝的职责。②拙文《〈尚书·酒诰〉所见商代"内外服"考论》认为商代内外服即内外职事，证诸甲骨文、金文，侯、田、男、卫、伯皆为商王朝外服职事称谓。③徐义华《商王朝的外服职官制度》一文视侯为外服职官，但尚未形成爵级制度。④韩江苏对甲骨文中辞例较为完整的 17 个外服侯的事迹进行了详细考察，认为外服侯为商代职官系统，但仍然以外服侯、甸、男、卫、邦伯为诸侯身份。⑤

　　以上认为商代有爵制的观点是以周代存在爵制为前提的，近年随着新发现的西周金文资料增多，以及金文和西周史研究的深入，学者对西周时期有无"五等爵"问题有了较多新认识，如吉本道雅考察西周金文中有"公""侯""伯""仲""叔""季"等称谓，指出西周王朝的秩序"内諸侯における公—伯仲叔季なる序列""外諸侯（本族）—内諸侯（分族）の関係における侯—伯仲叔季なる序列""外服における侯—伯の序列が形成されていたこと"。⑥内诸侯即指作为王朝大臣有公、伯、仲、叔、季称谓序列，在外诸侯与内诸侯的关系方面有侯与伯、仲、叔、季序列；在外服有侯、伯称谓序列；也就是说这些称谓属于不同的系统，西周时期并不存在《春秋经》那样整然有序的五等爵身份秩序。李峰亦对"五等爵"称来源进行了考察，认为虽然公、侯、伯、子、男五种称谓于西周时期均已存在，但分属于不同的社会"秩序"，而从未形成过一个等级制度。"五等爵"称的形成很可能与春秋时期国与国关系间的霸主

---

　　①　李学勤主编：《中国古代文明与国家形成研究》，云南人民出版社 1997 年版，第 431 页。

　　②　王宇信、杨升南主编：《甲骨学一百年》，社会科学文献出版社 1999 年版，第 462—470页。

　　③　张利军：《〈尚书·酒诰〉所见商代"内外服"考论》，《史学史研究》2008 年第 4 期。

　　④　徐义华：《商王朝的外服职官制度》，王宇信、宋镇豪、徐义华主编：《纪念王懿荣发现甲骨文 110 周年国际学术研讨会论文集》，社会科学文献出版社 2009 年版，第 346—364 页。

　　⑤　韩江苏、江林昌：《〈殷本纪〉订补与商史人物徵》，中国社会科学出版社 2010 年版，第 475—506 页。

　　⑥　[日] 吉本道雅：《春秋五等爵考》，《東方學》第 87 辑，1994 年，第 19 页。

制度有关。① 这些新认识促使学者进一步反思殷商侯的身份问题，如朱凤瀚《殷墟卜辞中"侯"的身分补证——兼论"侯"、"伯"之异同》一文，对殷墟卜辞中"侯"的身份进行了新的探讨，认为卜辞中"侯"为商王任命的外服职官，并非爵称，大多数为非子姓的贵族，侯的职能主要是驻守边域，辅助王师出征。商王与侯的关系较为复杂，商王可以命侯，侯时有反叛之举，商王在处理与侯关系时较为慎重。②

综合上述研究情况看，殷墟甲骨文中"侯"为外服职官问题不大，有《尚书·酒诰》可靠文献记载互证。外服职官侯在商代晚期是否发展为诸侯身份而成为爵称，还需要更多的研究。然以现有出土资料来看，从称谓角度考察，殷墟甲骨文有"多侯""多田""多任""多卫""多伯"等各类集合称谓，未见有将侯、田、任、卫、伯放在一起的集合称谓"诸侯"，《尚书·酒诰》载周公追述商代史事称"侯、甸、男、卫、邦伯"为"外服"，而没有称为"诸侯"，至今所见西周早期的令方彝铭文始称"诸侯：侯、田、男"（《集成》9901），将侯、田、男统称为诸侯，应是周代分封诸侯制度建立后的重要称谓方式。商代外服中的侯、田、男、卫、伯等各类规模不同，互不统属而各自独立，且皆听命于商王，对商王朝担负的职责不同，在商王朝中的地位和作用有别，是否可以视为商王朝中的不同等级，尚需要更多的材料支持。

二　甲骨文中侯的数量考

不同时代学者由于所见材料多寡有别，判断误差等原因，对甲骨文中侯的数量及史事的考察存在较大的分歧。兹列举各家所考侯的数量，进行比较分析，并逐一核对相关甲骨拓片，综合新近发现的甲骨材料，确定目前甲骨文中侯的数量。这对于深入研究甲骨文中侯的相关问题是最为基础的工作。甲骨文中的侯主要有侯某与某侯两种称谓方式，兹从侯某、某侯两个方面分别进行考察。

---

① 参见李峰《论"五等爵"称的起源》，《古文字与古代史》第三辑，"中研院"历史语言研究所 2012 年版，第 159—184 页。

② 朱凤瀚：《殷墟卜辞中"侯"的身分补证——兼论"侯"、"伯"之异同》，《古文字与古代史》第四辑，"中研院"历史语言研究所 2015 年版，第 1—36 页。

（一）甲骨文中"侯某"数量考

从诸家研究所举甲骨文所见侯某异同入手，不失为有效的研讨途径，或许可以发现既往对甲骨文释读理解的一些问题，再一一核实具体情况及全面搜罗甲骨文关于侯某的辞例，最后确定甲骨文所见侯某具体情况。兹选取代表性的研究成果进行对比分析，如董作宾《五等爵在殷商》列举侯虎、侯喜、侯光、侯专、侯告、侯奴、侯佣、侯盾、侯綌、侯敖共 10 位；胡厚宣《殷代封建制度考》较之多出侯奠、侯雀、侯唐、侯呙，共 14 位；陈梦家《殷虚卜辞综述》列有侯光、侯专、侯告、侯奴、侯佣、侯盾、侯唐、侯涅、侯𠂤、侯光、侯敖共 11 位，岛邦男《殷墟卜辞研究》统计侯敖、侯光、侯专、侯奴、侯綌、侯佣、侯盾、侯𠂤、侯汾、侯奠、侯屯，共 11 位；张秉权《甲骨文与甲骨学》列侯专、侯告、侯奴、侯汾、侯奠、侯綌、侯唐、侯敖，共 8 位，王宇信、杨升南主编《甲骨学一百年》统计有侯光、侯专、侯告、侯奴、侯佣、侯盾、侯綌、侯唐、侯涅、侯𠂤、侯屯、侯奠、侯殳、侯前、侯𡏇、侯任、侯田、侯侯、侯敖共 19 位；韩江苏、江林昌著《〈殷本纪〉订补及商史人物徵》基本与此同，仅改侯涅为侯徒，改侯前为侯湔。

核实已刊布甲骨材料，所谓侯侯（《合集》20650）、侯田（《合集》36528），皆应句读开释读，不是具体的侯名。侯屯（《合集》32187）也不是侯名，卜辞原作"用侯屯"，宜如蔡哲茂意见，理解为用侯带来的屯为人牲。[①]"侯殳"，见于"丙子卜，［惟］虎令比角［葬］☒［侯］殳。"（《合集》3306）为残辞，难以确定为侯名。岛邦男、张秉权提到的"侯汾"，据《合集》9154 确知为外服侯名。董作宾、胡厚宣、张秉权提到的侯綌，据《合集》36345 应为"献侯綌"，献为族邦名，綌为献侯的私名，宜归入外服某侯之列。胡厚宣提到的侯雀，所据《甲编》440 为残辞，不能证明是侯名。胡厚宣所举"侯虎"，与某侯中的"𠃑侯豹"为同一外服，宜归入某侯之列。胡厚宣所举"侯呗"即《甲骨学一百年》所举的《英藏》1772"呙侯"，该片仅存此二字不能确定为外服侯名。陈梦

---

① 蔡哲茂：《殷卜辞"用侯屯"辨》，宋镇豪主编，刘源副主编：《甲骨文与殷商史》新 2 辑，上海古籍出版社 2011 年版，第 127 页。

家提到的侯𬨎，因《库方二氏所藏甲骨》1809系摹写有失误，据收入《英藏》191的拓片确定该条卜辞为“癸丑卜，叀王自沚比□北伐［侯］☑”，亦不能确定为侯名。诸家所列侯专，据卜辞“丙寅卜，争：呼龎失侯专求（咎）𢆶。”（《合集》6834正）失侯专与失侯为同一外服，失为族名、地名，专为侯的私名，故宜列入外服“某侯”之中。诸家所举的“侯毌”，应从林沄意见释为“侯盾”。① 经考察所得，目前甲骨文中外服侯某共14位，具体列表于下。

表4—1　　殷卜辞中“侯某”表

侯告（《合集》20060、33039、7408）	侯唐（《英藏》186）	侯光（《合集》3358、《合集》20057）	侯盾（《合集》3356、《合补》6569）
侯𠬝（《合集》3353、5777）	侯奠（《合集》3351）	侯量（《合集》19852）	侯𠂤（《合集》1026）
侯前（《合集》8656）	侯汾（《合集》9154）	侯敖（《合集》20066、3357）	侯徒（涩）（《合集》8656）
侯𠁁（《合集》20024）	侯任（《怀特》434、《合集》6963、《合集》6799）		

（二）殷卜辞中“某侯”数量考

诸家对外服某侯的数量分歧更大，从诸家研究所举卜辞所见某侯异同入手，应为最为便捷研讨途径，再通过核实卜辞具体情况，以及全面搜罗卜辞关于某侯的辞例，最后确定卜辞所见某侯具体情况。董作宾所举某侯有蒙侯、攸侯、杞侯、𪏭侯弹、周侯、丁侯、犬侯、禾侯、雚侯、先侯、𬉰侯、𣂔侯、亚侯、𡗜侯、𫲨侯、𤕫侯、示侯共17位，胡厚宣所举𫲨侯虎、攸侯喜、杞侯、𪏭侯、周侯、丁侯、犬侯、禾侯、先侯、𬉰侯、𣂔侯、亚侯、𡗜侯、伊侯、𤕫侯、𠧟侯、示侯共17位；陈梦家所举某侯有𫲨侯虎、攸侯喜、杞侯艺、犬侯、禾侯、雚侯、先侯、𬉰侯、亚侯、𫲨侯、𤕫侯、𠧟侯、攸侯、上丝侯，攸侯喜与攸侯应为同一外服，共有13位。

---

① 林沄：《说干、盾》，《古文字研究》第22辑，中华书局2000年版，第93—95页。

岛邦男所举[illegible]侯虎、攸侯喜、杞侯艺、㯱侯弹、周侯、犬侯、禾侯、雈侯、先侯、㬥侯、斲侯、[illegible]侯、[illegible]侯、[illegible]侯、[illegible]侯、[illegible]侯、示侯、[illegible]侯、[illegible]侯、宾侯、㞢侯、上丝侯、攸侯；张秉权所举仓侯虎、攸侯喜、杞侯艺、㯱侯弹、犬侯、禾侯、雈侯、先侯、㬥侯、斲侯、[illegible]侯、舞侯、[illegible]侯、[illegible]侯、[illegible]侯、示侯、[illegible]侯、伊侯、宾侯、上丝侯、工侯；《甲骨学一百年》列举[illegible]侯虎、攸侯、虣侯、取侯、亚侯、龙侯盾、犬侯、禾侯、雈侯、先侯、㬥侯、斲侯、[illegible]侯、蔡侯、[illegible]侯、[illegible]侯、[illegible]侯、[illegible]侯、虤侯、吕侯、宠侯、㞢侯、上丝侯、弜侯、[illegible]侯、献侯、竹侯、覃侯、戈侯、休侯、黍侯，共31位；《商代史》卷二与之相比少取侯、虣侯，而多出杞侯、龟侯，其余基本相同。

岛邦男、张秉权所举的[illegible]侯（《乙编》4645）实作“虣侯”，收入《合集》3332，与《合集》697为同一外服“暴侯”。胡厚宣、董作宾、岛邦男、张秉权所举的㯱侯弹，与《甲骨学一百年》所谓的[illegible]侯及《商代史》卷二的“爿侯”为同一侯名，王子杨释读为“𢷾侯发”，即将诸家释为两个字的𢷾，释为一个字[1]，这符合外服“某侯某”的称名原则，侯前一字为地名或族名，侯后一字为私名。所谓龟侯，应为兔侯。[2] 所谓“周侯”，朱凤瀚已辨其非是。[3] 所谓“龙侯盾”（《合集》3356）与侯某中的侯盾为同一外服，所谓龙字实为龏，作动词使用。所谓“取侯”，核实《合集》3331拓片为残辞，可能为征取侯应献贡物的辞例，而非侯名。《邺》下38.3所谓“丁侯”，岛邦男指出是“多”的残字，[4] “丁侯”实即“多侯”（《合集》11024、《屯南》3396），是侯的集合称谓，非侯名。诸家所谓“先侯”，赵平安释读为“失”，对照《逸周书·世俘解》应为

① 王子杨：《揭示帝乙、帝辛时期对西土的一次用兵》，载宋镇豪主编《甲骨文与殷商史》新8辑，上海古籍出版社2018年版，第224页。

② 参见刘钊主编《新甲骨文编》（增订本），福建人民出版社2014年版，第572—573页。

③ 朱凤瀚：《关于殷墟卜辞中的“周侯”》，《考古与文物》1986年第4期。

④ ［日］岛邦男：《殷墟卜辞研究》（日文版），弘前大学文理学部中国学研究会1958年版，第432页。

商代的"佚侯"。① 侯虎与《合集》23560 侯为同一外服。胡厚宣所举
"伊侯"(《龟甲兽骨文字》2.3.18),实为攸侯。岛邦男所举" 侯"
(《库方》1670),其判断为侯的前提是 与 为一字,据《合集》584 正
与《合集》6068 正面刻辞同占一事,一作" 戈化",一作" 友化",
可以确认二者为同一族氏。② 但《库方》1670 辞残不成文,难以断定为
侯名。《英藏》1772"呂侯",仅此二字不能确定为外服侯名。《甲骨学
一百年》所举"宠侯",核对《合集》3333 拓片,实为窫侯。黍侯,
据林宏明《醉古集》344 组缀合,可确定为侯名。③ 覃侯见于《合集》
3326,仅有此二字系残辞,卜辞有征伐覃方的占卜,覃为方国,无法断
定此片所载必为外服侯名。张秉权所举"工侯"(《前》6.29.7),收
入《合集》23558,残辞,工与侯二字分属不同卜辞。所谓"示侯",
《甲编》57"己未卜,令藉示侯。"藉为人名,示侯并非侯名,示为动
词,与际同,《说文》:"视,瞻也。从示、见。际,古文视。"示则有
检视、查看之义,该卜辞卜问命令内服藉检视侯的职责。所谓屮侯,卜
辞中有屮侯与屮伯,"戊□〔卜〕,屮侯〔亡〕𡇥。中"(《合集》20061
屮类)。屮侯似不为侯名,屮为动词,佑助、求佑之义。验辞"中"字
训为得,知卜问内容得以实现,即求佑侯无灾戾这件事情得以实现。所
谓戈侯(《合集》3335),不能确定是侯名,戈可能是表征伐进击的动
词,戈侯可能是征伐侯,如《合集》33208"王戈𠂤侯",即王伐𠂤侯。
经由以上核查分辨,再加上殷金文所见,目前外服"某侯"可确定的
有 28 个,具体列为表 4—2。

---

① 赵平安:《从佚字的释读谈到商代的佚侯》,《中国社会科学院历史研究所学刊》第一
集,中国社会科学出版社 2001 年版。

② 裘锡圭释读为"徵",参见其文《古文字释读三则》,载《徐中舒先生九十寿辰纪念文
集》,巴蜀书社 1990 年版,收入《裘锡圭学术文集·金文及其他古文字卷》,复旦大学出版社
2012 年版,第 430—432 页。

③ 林宏明:《醉古集:甲骨的缀合与研究》,台北:万卷楼 2011 年版,释文见第 187 页,
图版见第 407 页。

表4—2　　　　　　　　殷卜辞、金文中所见"某侯"表

𡉚侯（《屯南》1059、《合集》32811）	攸侯（《合集》20072、《合集》32982）	㽙侯（《合集》8125、《合集》6）	众侯（《合集》3318、《屯南》586）
犬侯（《合集》6812正、《合集》6813、《屯南》2293）	晅侯（《俄藏》179、《合集》32806）	亚侯（《合集》5505、《合补》499、《屯南》502）	失侯（《合集》3309、《合集》6834）
雀侯（《合集》3321、《合集》6839）	斬侯（《合集》3325、《集成》10770戈铭文）	羒（养）侯（《屯南》1024、《合集》32416）	竹侯（《合集》3324、《屯南》1116、《英藏》1822）
景侯（《合集》36416、36525）	禾侯（《合集》3336正、《合集》7076正）	杞侯（《合集》13890）	凷侯（《合补》67正）
⻏侯（《合补》6734、《合集》17096正）	嘼侯（《合集》33071、《合集》33208）	上丝侯（《合集》23560、3336正）	攀侯发（《合集》36344、36347、《合补》1248甲）
黍侯（《合集》9934正）	㱿侯妊（《铭图》11462）	窒侯（《合集》3333）	休侯（《怀特》1592）
暴侯（《合集》697、《合集》3332）	献侯矜（《合集》36345）	围侯（《集成》3127）	兔侯（《合集》13925正）

　　综上，目前所见甲骨文中共42个具体称名的外服侯，最常见的外服称谓方式是"某侯""侯某"，某一般是地名、族名、人名。此外，外服侯有单称"侯"，如"甲申卜，王贞：侯其戕嵩。"（《合集》6842）"贞：侯值不其复。"（《英藏》189）戕字释读意见颇多，用于征伐有关的意义，表示征伐而获胜①。这两条卜辞分别卜问外服侯讨伐嵩，外服侯军事巡察回到商王朝复命，据卜辞不能确指哪个外服侯。卜辞还有"多侯"（《屯南》3396正、《屯南》3397反、《合集》11024、《合集》20592）之称，乃多个外服侯集合称谓。

---

　　① 参见于省吾主编《甲骨文字诂林》，中华书局1996年版，第2367—2383页。何景成编撰：《甲骨文字诂林补编》，中华书局2017年版，第592—603页。

三 甲骨文所见外服侯某史迹考

1. 侯告

侯告见于师组、宾组、历组等卜辞，亦见于非王卜辞中的妇女类卜辞，为商王朝重要外服侯。侯为外服职名，告应为族名。在师组卜辞中，侯告与般、雀、贾一起勤劳王事，如"☐令雀比侯告"（《合集》20059）。"☐☐卜，☐般［比］侯告。"（《合集》20058）"令贾比侯告。"（《合集》20060），商王卜问命令雀、般、贾与侯告协同践行王事。"壬午卜，令般比侯告。癸未卜，令般比侯告。"（《合集》32812 甲，师、历间类）非王卜辞"壬午卜，令般比侯告"（《合集》22299 妇女类①）。也占卜命令般与侯告一起践行王事。从"令般比侯告"这一事件来看，王卜辞的师组、历组与非王卜辞妇女类的时代有交叉。侯告践行的王事可能是对夷方的战争，如卜辞"侯告伐夷方"（《合集》33039 师历间类）。

武丁时期征伐夷方，命令侯告参与的战事大概有两次，第一次发生在武丁某年的六月，武丁就是否调遣外服侯告进行了多次占卜，首先占问出兵讨伐夷方的日子，如："［丙］寅卜，王，今来［戊］辰出，征夷……［六］月。"（《合集》6458 典宾）商王于丙寅日卜问戊辰日王亲自出兵讨伐夷方是否顺利。

己巳日商王又卜问率领侯告征伐夷方之事，"［己巳］卜，☐贞：［☐☐比］侯告征夷。［贞：☐］勿比侯告"（《合集》6457 宾一）。"王占曰：☐☐比侯告"（《合集》6457 反宾一）。与是否率领侯告征夷有关的卜问尚有"贞：王［叀］侯告比。六月。"（《合集》3340 宾一）"［己］巳卜，殻贞：王比侯告。"（《合集》3339 宾一）"贞：王叀侯告比。勿惟侯告。"（《合集》13490）"贞：王叀侯告比征夷。六月。贞：王勿惟侯告比。"（《合集》6460 正，宾一）商王又卜问是册命侯告讨伐夷方，还是派遣外服易伯协助侯告讨伐夷方。"［己］巳卜，殻贞：王勿卒𢆶侯告。贞：其叀易［伯］☐。"（《合集》3342 典宾）"己巳卜，殻贞：王叀易伯

---

① 李爱辉、蒋玉斌在该版上先后加缀《合集》22473、《京人》3144，详见黄天树主编《甲骨拼合四集》第930则，学苑出版社2016年版，第140页图版，第289—290页说明与考释。

蔟☒。□□卜，殻贞：侯告再册，王☒。☒叀侯告□☒。"（《英藏》197）"己巳卜，争贞：侯告再册，王勿卒☒。庚午卜，争贞：王惟易伯☒。"（《合集》7410典宾）"己巳卜，争贞：侯告再册，王勿卒☒。庚午卜，争贞：王☒。"（《合集》7408典宾）其中较为关键的是"再册"，学界有颇多争议，主要有册封、报告军情、誓师等几种观点，《说文》："再，并举也。"岛邦男据此认为"再册"为"奉举简册的意思"，奉举简册应包括两层含义：一为接受王命；一为向王报告。上举卜辞中"侯告再册"应是侯告上报军情传递边报。卒字从裘锡圭释读。[①] ☒字，徐中舒《甲骨文字典》疑为孳字异体。[②] 蔡哲茂读为孳，义为相助，和金文之"孳"、文献之"义"同义。[③] 商王就侯告所报边境受到敌方侵犯，而占卜如何应对。以上几条卜辞反映，己巳日侯告上报受到敌方侵犯，商王占卜是否亲自出兵相助，于次日占卜命临近的外服易伯相助侯告。一直拖延到第四日壬申还在贞问解决侯告受侵犯之事。如卜辞："［壬］申卜，□贞：侯告再册☒。"（《合集》7414典宾）六月份这次讨伐夷方似乎没有取得大的胜利，自乙亥至第八日壬午、第九日癸未商王武丁又卜问由内服师般协同侯告征伐夷方。癸未日后的第十一日甲午、第十二日乙未，商王武丁又卜问由妇好率兵征伐夷方或由妇好协同侯告的兵力讨伐夷方。卜辞如："甲午卜，宾贞：王惟妇［好］令征夷。乙未卜，宾贞：王惟妇［好］令征［夷］。"（《合补》332）"贞：王令妇好比侯告伐夷。贞：王勿令妇好比侯［告伐夷］。"（《合集》6480典宾）从丙寅日商王武丁卜问于戊辰日亲自率兵讨伐夷方，至乙未日命令妇好联合侯告讨伐夷方，时间持续三十日。

甲骨文所见侯告的主要史迹是征伐夷方，其地望大致位于殷东。从以上有关外服侯告的卜辞看，侯告主要活动于商王武丁时期，与商王朝内服贵族共同维护着商王朝的统治秩序和边境安危。《合集》517正"侯告羌得"。《合集》401"贞：翌丁巳用侯告岁羌三，卯牢"。前一条卜辞

---

① 裘锡圭：《释殷墟卜辞中的"卒"和"裈"》，《中原文物》1990年第3期。
② 徐中舒主编：《甲骨文字典》，四川辞书出版社1989年版，第1555页。刘钊主编：《新甲骨文编》（增订本）卷14亦将此字列在"孳"字下，见是书第821页。
③ 蔡哲茂：《甲骨缀合集》第110组，台北：乐学书局有限公司1999年版，第384页。

说侯告获得羌人俘虏。后一条卜辞占卜丁巳日用侯告所献岁贡羌俘三个、剖杀太牢献祭。商王武丁时期，侯告还曾献羌人俘虏于商王朝用于祭祀。

宾类卜辞另有"告子"之称，告亦为族名，子为其族长之称谓。如"贞：告子其㞢（有）囚①。贞：告子亡囚"（《合集》4735正，典宾）。商王关心告族族长的安危，当与告子践行王事有关。目前尚难确定告子是否与侯告必然有关，仅列存疑。

2. 侯光

侯光亦单称光，见于师组、宾组、无名组王卜辞，以及午组非王卜辞。侯光受命践行王事，如"丙寅卜，王贞：侯光若，［其］往束，嘉。□□侯光。□月"（《合集》20057师小类）。商王武丁为侯光奉命到束地办事安顺与否担心。"☑王贞：次弗戎于光。"（《合集》7008师宾间类）次为伯次（《合集》3414）省称，商王占卜希望伯次不要侵犯侯光。

侯光任用王事一个重要方面是俘获羌人，并朝见商王，将俘获的羌人献于朝。如"甲辰卜，亘贞：今三月光呼来。王占曰：其呼来，乞至惟乙。旬又二日乙卯，允有来自光，以羌刍五十"（《合集》94正，典宾）。"丙午，王寻占光。卜曰：不吉，有求（咎），兹呼来。"（《合集》94反，典宾）辞义是甲辰日命令侯光三月来朝见、进献。到了丙午日王又占问侯光是否来进献。卜兆显示不吉，此时命令侯光来会有祸。故迟至十二日后的乙卯日才有自侯光地进献羌刍五十人。商王对侯光没有及时来朝见、进献羌人的原因进行占问，如"贞：光不其来。□□卜，宾贞：光来"（《合集》4481）。"贞：光获羌。"（《合集》182典宾）"光不其获羌，弗其及。"（《合集》183典宾）"光不其获羌。"（《合集》184典宾）侯光没有及时俘获羌人，故未能及时来朝觐、进献羌俘。当侯光捕获羌人来进献时，商王命令迎接侯光献的羌俘。如"光不其获羌。呼逆执"（《合集》185典宾）。"☑光来羌。"（《合集》245典宾）逆义为迎，执指代俘获的羌人。非王卜辞主人亦关心侯光践行王事，如："丁未卜，贞：令戉、光有获羌刍五十。"（《合集》22043午组）"丁未卜，光☑。

①　按此字释读意见颇多，过去释读为祸、咎，近年裘锡圭释读为忧、宋华强释读为庚影响较大，具体参见何景成编撰《甲骨文诂林补编》，中华书局2017年版，第539—550页。

六月。光亡卣（尤）。"（《合集》22174 劣体类）非王卜辞主人占卜的时间恰在上举辞例"丙午"王占的次日"丁未"，其为侯光俘获羌人行动中的安危担忧，可能是其宗族武装参与了此王事，故担忧本族武装是否遭受损失。

　　侯光除向商王朝进献羌人外，还有进献刍牧者的义务，"呼洗、光刍"（《合集》1380 宾一）。洗曾为商王朝的敌对者，称洗方，武丁时期被商王朝征服，册命为外服侯（《合集》8656 宾一），此条卜辞是命令侯洗与侯光进献刍牧者。"叀綁匕（比）侯光，吏（事）。"（《合集》3358 宾三）綁为族名，商王朝外服伯綁（《合集》20088 师肥）省称。匕读为比，协同、会合之意。事为动词，《说文》："事，职也。"《尔雅·释诂下》："事，勤也。"郭璞注："由事事，故为勤。"邢昺疏："皆谓勤劳也。""由能事事有功者，亦为勤。"① 卜辞是命令外服伯綁协同侯光践行王事。侯光还有协助商王朝讨伐敌对邦国的义务，卜辞如"王占曰：有咎。兹鱿执光。王占曰：惟既"（《合集》6566 反）。"贞：戉弗其戠洗方。□□卜，□贞：光其戠。王占曰：不惟［既］。"（《合集》6568）戠字释读有多种意见，至今未能达成共识，但都认为与军事征伐有关。据同版戉戠洗方看，侯光所戠的洗方承前省略了。由《合集》6566 知戉、侯光是讨伐洗方的主要军事将领，卜辞意为命令戉还是侯光讨伐敌对的洗方。商王还占卜侯光讨伐洗方是否会取胜，如《甲骨缀合续集》第437组："□戉卜，殼贞：戉戠洗方。贞：戉弗其戠洗。贞：光戠。贞：亡其疾。贞：光不其戠。"② 商王特别为侯光族安危担忧，如卜辞"甲午卜，宾贞：光亡尤。王占曰：［光］☒。甲午卜，宾贞：光其有尤。二月"（《合集》6566 正）。"王占曰：有求（咎）。叡、光其有来艰。乞至六日戊戌，允有［来艰］。有仆在受，宰在□，其☒晨，亦焚廪三。十一月。"（《合集》583 反）叡为武丁时期贞人，此条卜辞中作地名。仆、宰皆为劳动者。廪即仓廪。辞义为商王判断兆的吉凶认为有灾祸，将从叡及外

---

　　① 郭璞注，邢昺疏：《尔雅注疏》卷2，《释诂下》，阮元校刻《十三经注疏》，中华书局1980年影印本，第2574页。

　　② 蔡哲茂编著：《甲骨缀合续集》，台北：文津出版社有限公司2004年版，第69、183页。

服侯光居地传来灾祸的消息。果然第六日戊戌，在受地的仆、宰发生了暴乱，并焚烧了三个仓廪。侯光之地的仓廪当与商王朝密切相关，很可能为商王朝在侯光领地所设。

商王室与侯光可能还有婚姻关系，如卜辞"☑品妇光"（《合集》2811 宾三）。妇光可能是来自侯光族女子嫁于王室贵族。

综上，侯光作为商王朝外服之一，一直臣服于商王朝。外服侯光向商王朝纳贡，说明其有封地和民众。侯光以其族氏力量为商王朝事务而奔波，如俘获并进献羌刍，侯光出兵协助商王征伐不服从的敌对方国，商王为侯光的安危担忧。商王在侯光之地建有仓廪。商王为拉拢侯光族，而与之保持婚姻关系。

3. 侯盾

侯盾又单称盾，为商王朝外服侯之一，见于师组、子组、宾组、历组卜辞。侯盾是商王朝军事行动的重要参与者，卜辞如，"贞：王［比］侯盾"（《合集》3355 宾一）。"□□卜，王比侯盾☑"（《合集》32813 师历间类）。"戊子［卜］，王弜［比］侯盾。"（《合补》6569）贞问王会同侯盾进行某事是否可行。侯盾所处之地位于商王都西部边境，"贞：盾禹册，御"（《合集》7427 正，典宾）。有方国来犯，侯盾举册接受商王朝命令，抵御来犯方国。侯盾讨伐的方国有方方、周方，如"辛亥卜，贞：盾其取方。八月"（《合集》6754 师历间类）。"戊戌卜，贞：盾其以方，［敦］。"（《合集》9082 宾一）商王于八月辛亥日卜问，侯盾是否能够战胜方。戊戌日盾到达方，敦伐之。"贞：盾弗戋周。"（《合集》6825 宾一）贞问盾是否能战胜周方。

侯盾距离雀、疋、甫之地不远，商王担心盾与他们产生摩擦，如卜辞："丁巳［卜］，贞：盾［弗］戋雀。五月。"（《合集》6971 师宾间类）"盾其戋疋。"（《合集》6974 师宾间类）"☑贞：雀受盾又（佑）。雀以。"（《英藏》387）上举甲骨文中雀为商王朝外服男（《合集》3452），疋为外服任（《甲骨拼合四集》907），商王担心侯盾与他们产生冲突，希望侯盾能起到保护雀任、疋任的作用。侯盾有朝觐商王并贡纳的义务，如"侯盾来"（《合集》3354），来即来享、来朝之义，侯盾来朝王纳贡。卜辞所见盾曾捕获鸟贡献给商王朝，"庚戌卜，盾获网雉。获十五"（《合集》10514）。

侯盾还要为商王朝的祭祀大典献牺牲，"乙未〔卜〕，岁祖□三十牢□。兹用。羞盾岁，祐雨，不延雨。"（《合集》33986 历二）"☑叀☑用。赢侯盾，王不潇。"（《合集》3356 宾一）羞，《说文》："进献也。"段玉裁注："引申之，凡进皆曰羞。"① 辞意为乙未日卜问岁祭祖某用三十头牛，可行。进献侯盾所献牛牲举行岁祭，祈求降雨，但不要连续下雨。"用"字前应也是关于祭祀的内容，赢读为赢，《广雅·释诂一》："赢，益也。"潇作为吉凶用语，有凶祸、灾害之义。② 商王举行的祭祀益于侯盾，王亦不遇祸殃。商王还为践行王事的侯盾安危担忧，"丙子卜，贞：盾亡不若。六月。"（《合集》16347 宾一）辞义为侯盾执行王事没有不顺利吧。

甲骨文所见外服侯盾的活动，反映侯盾地处商王都西部与周、雀、甫、疋不远，常与这些外服交往。侯盾主要的职责是为商王朝守卫西部疆土，向商王朝贡纳祭祀之物，侯盾执行王命为王朝办事时受到商王的关心。这些事实说明外服侯盾一直臣属于商王朝，践行王事。

4. 侯唐

侯唐又称唐，唐亦为地名、族名，主要活跃于武丁时期。卜辞有"唐子"，是商王同姓贵族，受到武丁的祭祀。"侑于唐子伐"（《合集》456 正，典宾），"贞：唐子伐。〔贞〕：唐子燮父乙。"（《合集》973 正，宾一）"贞：唐子亡其咎。"（《合集》3281 宾三）唐子被商王祭祀，唐子与父乙有关，父乙乃武丁之父小乙，唐子或可能为小乙的子辈，如此武丁与唐子或为兄弟关系。唐子的后代继续居唐地，其族长被称为"唐"，如卜辞"贞：御唐于母己"（《合集》4517 宾三）。唐族首领有祸患，商王向母己举行御祭，被除唐子之不祥。受祭的唐子或因与时王武丁血缘关系较近，其后代被封为外服侯的可能性很大。

商王武丁命令雀和僑到唐地度量其地的范围，并且在唐地建造城邑。"庚午卜，令雀、僑量唐。"（《合集》19822 师小类）"贞：作大邑于唐

---

① 段玉裁：《说文解字注》，上海古籍出版社 1981 年版，第 745 页。

② 赵诚编著：《甲骨文简明词典——卜辞分类读本》，中华书局 1988 年版，第 282 页。

土。"（《英藏》1105 正）"贞：帝孳唐邑。贞：帝弗孳唐邑。"（《合集》14208 正，师宾间类）"丁卯卜，争贞：王作邑，帝若我从之唐。"（《合集》14200 典宾）孳，有灾祸之义，饶宗颐谓天命降灾伤害于兹邑也。①商王武丁在唐地修筑城邑，占卜希望上帝不要降灾祸于唐邑。商王武丁建大邑于唐土，或即册封唐族为外服侯唐。

　　侯唐之地是重要田猎区，"辛卯卜，［贞］：方其出［于］唐"（《合集》6715）。"辛卯卜，贞：［方］不出于唐。□月。"（《合集》6716）"□□卜，凸贞：王狩唐，若。舌方其大［出］。"（《合集》10998 反）"［田］于唐。叀尸、犬呼田。"（《合集》11000）以上卜辞意为商王卜问希望舌方不要侵扰侯唐之地。商王武丁于唐地狩猎，顺利与否，结果舌方出动来侵扰。商王于唐地田猎，呼命尸与犬参加田猎。据此侯唐之地与舌方临近，舌方在今晋中汾水流域灵石、介休以东，靠近晋东南地区。②侯唐是商王朝抵御舌方的重要基地，商王向唐地派驻兵力，"贞：使人往于唐"（《合集》5544），并占卜是否会合侯唐采取军事行动，"□巳卜，王：［惟比侯］唐；不惟侯唐"（《英藏》186）。应与讨伐进犯的方方有关。侯唐之地还是重要的农业区，"贞：我受黍年，于唐"（《合集》9948）。商王卜问于唐地获得好的收成。商王向唐地征集饲养放牧者，"唐刍"（《合集》145），说明侯唐之地可能有畜牧区。

　　侯唐有向商王朝纳贡的职责，主要贡献与祭祀、占卜等宗教活动有关的物品。《合集》892 反"唐入十"，《合集》9811"唐入十"，《合集》5776 反"唐来四十"，《合集》9269"唐入二。廳"，这是侯唐所献大龟的记载，唐曾多次贡献过二只、十只、四十只不等的大龟，用于商王朝的占卜活动。商王朝还多次向侯唐征取祭祀所用牺牲䭆，《合补》95："乙亥卜，贞：取唐䭆。乙亥卜，王贞：我取唐䭆大甲，不䖝，保。乙亥卜，王贞：我取唐䭆大甲，其䖝我。乙亥卜，王贞：我取唐䭆祖乙。"《合集》1295："乙巳卜，殻贞：王其取唐䭆⊠，受佑又。"《合集》1296：

①　饶宗颐：《殷代贞卜人物通考》，香港大学出版社 1959 年版，第 118 页。
②　朱凤瀚：《武丁时期商王国北部与西北部之边患与政治地理》，《中国国家博物馆馆藏文物研究丛书·甲骨卷》，上海古籍出版社 2007 年版，第 281 页。

"癸未卜，宾贞：王取唐斁。七月。"《合集》1297："☑贞：王其取唐斁。"《合补》84："贞：王取唐［斁］。"《合集》1299："丙寅卜，［贞］：王取［唐］斁。贞：勿取唐斁。九月。"《合集》1300："贞：翌甲申勿［取］唐斁。"《合集》5739："贞：人。勿卒人。贞：人。取唐斁。"这些占卜表明商王朝曾多次向唐征取祭祀牺牲斁，或许这种牺牲为唐地所特有，是唐地向商王朝固有的贡献。

由卜辞材料所见，唐子原为前代商王之子，乃王室贵胄，可能与武丁为兄弟关系，受到武丁祭祀。武丁因与唐子亲近的血缘关系，以及巩固疆土的需要，将唐族册封在地理位置重要的殷都西北部，建立外服侯唐，作为抵御舌方的重要基地。商王朝在侯唐之地建有城邑，向其增派兵力，举行田猎，设有农业、畜牧业区域。侯唐有向商王朝贡纳的义务，主要是用于占卜的龟与祭祀牺牲等。

5. 侯奠

侯奠亦称奠，侯为外服职名，奠为族名。外服侯奠听命于商王，有朝觐商王，向商王朝纳贡的义务。如："甲寅卜，王呼以，侯奠来□，六月。"（《合集》3351 宾一）"贞：勿曰侯奠。"（《合集》3352 宾一）商王命令致献贡物，外服侯奠会来朝觐商王，时在六月甲寅日。商王卜问是否诰令侯奠。"丙子卜，古贞：奠姪不以。贞：其至，七月。丙子卜，古贞：翌丁丑姪至，七月。丙子卜，古贞：翌丁丑奠至，七月。"（《合集》8473 宾三）丙子日卜问当日外服侯奠是否致女奴姪于商王朝，时在七月。丙子日又卜问翌日丁丑外服侯奠来朝，致送女姪。相关辞例还有"辛卯卜，争贞：呼取奠女子。辛卯卜，争贞：勿呼取奠女子"（《合集》536）。卜问是否命令征取奠地女子。

侯奠还有向商王朝贡纳占卜用龟的义务，如《合集》151 反"奠入二"。《合集》152 反"奠来十"。《合集》5439"奠来四，在襄"。《合集》10345 反"奠来五"。《合集》6654 反"奠来十"。《合集》9613 反"奠来三十"。《合集》110 反"奠入十"。《合集》506 反"奠来十"。《合集》2415 反"奠入二十"。以上几条皆为甲桥记事刻辞，入、来为贡纳卜龟的用语。奠分批次进贡二只、四只、五只、十只、三十只数量不等的大龟，说明其有一定的封地且产龟。《合集》5439 表明侯奠的封地与襄地有关。外服侯奠还要向商王朝提供劳动力，《合集》635 反 "共奠臣"，共即贡，意为向商王朝贡纳奠臣。

外服侯奠还进献占卜用牛胛骨，如 "奠示十屯又一。永"（《合集》6527 臼）骨臼记事刻辞载奠一次贡纳了十对零一块卜骨，贞人永作了记录。商王朝与外服侯奠关系密切，商王曾命令会同外服侯奠一起取三个邑（《合集》7074），商王担心外服侯奠的疾病，"贞：奠肩兴 [有疾]。奠弗其兴有疾。于妣甲御。勿于妣甲"（《醉古集》第 250 组①）。肩训为克，② 兴意思是 "起"，肩兴有疾的意思是克兴有疾，也就是说疾病状况好转。③ 向妣甲举行禳除灾祸的御祭，目的是祈求奠的疾病好起来。商王举行御祭而禳除灾祸的对象多为王室成员，知侯奠可能与商王室有血缘关系。从武丁时期到帝乙、帝辛时期的甲骨卜辞看，商王可以在奠地活动，卜辞如：

贞：今日勿步于奠。　　　　　　　　　　　（《合集》7876 典宾）

贞：刍 [于] 奠。　　　　　　　（《合集》11417 正，典宾）

甲子卜，中贞：求（咎）奠，示奠。　　　（《俄藏》④ 67 出二）

在奠 [贞]：王田师东，往来亡灾。兹御。获鹿六，狐十。

（《合集》37410 黄类）

商王可以在外服侯奠的封地举行占卜、田猎、放牧、巡视等活动，关心奠地的安危，说明侯奠作为商王朝的外服侯一直臣服于商王朝，并且与商王朝保持友好关系。

卜辞另有子奠，"庚寅卜，争贞：子奠惟令"（《合集》3195 甲，宾一）。语序当为 "惟子奠令"。商王就是否命令贵族子奠践行王事进行占

---

① 林宏明：《醉古集——甲骨的缀合与研究》，台北：万卷楼 2011 年版，第 158、285 页。

② 裘锡圭：《说 "口凡有疾"》，《故宫博物院院刊》2000 年第 1 期。

③ 蔡哲茂：《殷卜辞 "肩凡有疾" 解》，《屈万里先生百岁诞辰国际学术研讨会论文集》，台北："国家图书馆" 2006 年版，第 389—431 页。

④ 宋镇豪、玛丽娅主编：《俄罗斯国立爱米塔什博物馆藏殷墟甲骨》，上海古籍出版社 2013 年版，第 34 页。

卜。子奠属于内服商人家族，由商王为侯奠向妣甲举行御祭被除疾病，说明侯奠与商王有血缘关系，不排除侯奠与子奠为同一族的不同分支的可能性，子奠为内服，侯奠为外服。

6. 侯臣 ①

商爵有族氏铭文"臣"（《集成》7495），说明臣为族氏名。甲骨文"在臣"（《合集》8192），臣为地名。"辛丑卜，勿呼雀凵，雀取侯十臣。"② （《合集》19852 师类）凵字横刻，此种刻法还见于《合集》32328、32393、《英藏》2398，由《合集》32392"三匚二示"与《合集》32393"三凵"对读，可将凵读为报。十臣表示十个臣族人。雀向侯征取十个臣族人，此侯即为臣地、臣族之侯，应是向侯臣征取十人。卜辞意为辛丑日商王卜问不要命令雀参与报祭，而是让雀征取侯臣十个人的贡纳。甲骨文所见外服侯臣的事迹主要是向商王朝贡纳占卜所用的龟、骨。甲桥刻辞记载侯臣主动多次贡纳占卜用龟，如贡纳龟一只（《合集》3521反）、十只（《合集》9250）、一百只（《合集》12396反）不等。相较而言，侯臣所献占卜用的牛肩胛骨更多些，一些典宾类骨面刻辞或骨臼刻辞记载了此事：

壬子，殼乞自臣。　　　　　　　　　（《英藏》786 骨面刻辞）

丁丑☫乞于臣二十屯。河。　　　　　（《合集》9399 骨面刻辞）

乙囗，邑乞自臣五屯，十二月。　　　（《合集》9400 骨面刻辞）

癸卯［帚］井示四屯。自臣［乞］。　　　　（9790 骨臼）

自臣五十屯。　　　　（《合集》9396、9397、9398 骨面刻辞）

乞自臣五十［屯］。　　　　　　　　（《合集》9401 骨面刻辞）

---

① 臣 为两竖目张望之形，近周忠兵释读为"眙"的本字，参周忠兵《出土文献所见"仆臣台"之"台"考》，《"中研院"历史语言研究所集刊》第 90 本第 3 分，2019 年，第 381 页。

② 按，关于此辞的释读尚未能达成共识，《殷墟甲骨刻辞摹释总集》读为一辞，作"辛丑卜勿呼雀凵雀取侯臣"；《甲骨文合集释文》读为二辞，作"辛丑卜，勿乎雀取臣。凵雀侯。"《甲骨文校释总集》沿袭《甲骨文合集释文》而微异，作"辛丑卜，勿乎雀取臣。匚雀厌。（'匚'字横刻）"比较而言，采取释为一辞意见，且核对拓片"侯"下还有"十"字。

于省吾指出气字在甲骨文中有三种用法："一为气求之气，一读为迄至之迄，一读为终止之讫。"① 于先生对于记事刻辞中"气"的意义未作明确说明。胡厚宣《武丁时五种记事刻辞考》从于先生说将此字释为气，读为取。② 目前多数学者对于记事刻辞中"气"理解为乞求之意，并直接写作乞。③ 而季旭升在《说气》一文认为将甲骨文中的"气（乞）"训为"乞求"在辞义上并不妥帖，应释为给与、贡献、致送之意。④ 乞本有二义，《广雅·释诂三》："乞，求也。""乞，予也。"方稚松在此基础上提出，记事刻辞中"乞"的含义，既有"给与"义，也具有"求取"义。⑤ 上举辞例为"自畐乞"或"乞自畐"，表明占卜所用骨求取自侯畐，这种情况一般记有某求取自侯畐。或称来自侯畐所贡献，这种情况一般不标明求取者。

侯畐还接受王命，为践行王事奔波，商王命令门、畐、曾三族一起践行王事（《合集》19095 正，典宾）。"令畐眔戈。"（《合集》4495 师小类）眔，多数学者认为在甲骨文中用为接续词，其义如及、与。⑥ 戈为商王朝臣属，辞义是商王命令侯畐与戈践行王事。商王关心侯畐，为其安危和生死担忧，如"贞：畐其死。畐不［死］。贞：畐有囚。"（《合集》4498 反，宾一）《醉古集》第 35 组为正反对贞卜辞："壬申卜，宾贞：畐不死。"（《乙编》1482 + 《合集》17083 甲，宾一）"壬申卜，宾贞：畐［死］。"（《乙编》1481 + 《合集》17083 乙）⑦ 字作人处棺椁之中形，张

①　于省吾：《双剑誃殷契骈枝》，中华书局 2009 年版，第 121—122 页。

②　胡厚宣：《武丁时五种记事刻辞考》，《甲骨学商史论丛》（外一种）上册，河北教育出版社 2002 年版，第 437 页。

③　晁福林提出新说，认为一般释读为"气"的字应释为"中"字，训为得。参《甲骨文"中"字说》，《殷都学刊》1987 年第 3 期。

④　季旭升：《说气》，《中国文字》新 26 期，台北：艺文印书馆 2000 年版，第 139—148 页。

⑤　方稚松：《殷墟甲骨文五种记事刻辞研究》，线装书局 2009 年版，第 59 页。

⑥　于省吾主编：《甲骨文字诂林》第一册，中华书局 1996 年版，第 566—569 页。

⑦　林宏明：《醉古集：甲骨的缀合与研究》，台北：万卷楼 2011 年版，第 39 页。

政烺释读为"晜"①，陈剑读为文献中意为暴死的"昏""殙"②。这两条卜辞记载商王卜问外服侯匽是否会因有灾祸而死去。外服侯匽所受灾祸可能与方方侵犯有关，卜辞有"壬寅卜，古贞：方匽［不其佑］囗。贞：方匽其佑囗。"（《合集》4300 正，典宾）

外服侯匽以其族众和领地臣服于商王朝，是商代国家的组成部分。外服侯匽践行的主要王事当与军事征伐有关，此外还要向王朝贡纳占卜用的龟甲和牛肩胛骨，表达在政治宗教方面对商王权威的服从。外服侯匽与商王朝的敌对势力方方临近，商王关心其是否会受到方方的侵扰。

7. 侯𡇅

目前所见甲骨文中侯𡇅辞例不多，主要见于师组、宾组、子组。外服侯𡇅向商王朝贡献占卜用龟，如《合集》20024"侯𡇅来"，《合集》9377"𡇅入"，乃甲尾记事刻辞，入、来皆有贡献之意。说明这两个龟版是外服侯𡇅所贡献。外服侯𡇅还要接受商王的命令，率族人践行王事，如卜辞：

己卯卜，王，咸𢦔失。余曰：雀、𡇅人伐面不。

（《合集》7020 师宾间类）

囗朕余曰：𡇅召爱囗 （《合集》20338 师肥类）

"咸𢦔"，见于周初方鼎"惟周公于征伐东夷，丰伯、薄姑咸𢦔"（《集成》2739），表示大获全胜之意。余，商王自称，曰，谓、问之意。雀为外服雀任，雀人、𡇅人，为雀任、侯𡇅军队。面，为族名，可能参与失方侵犯商。己卯日王亲自卜问战胜失方后，是否命令雀人与𡇅人征伐反商的面族。经此一役，失方被征服而纳入外服侯系统，详见失侯部分。非王卜辞主人亦关心商王对侯𡇅的任使，"乙巳卜，贾告人囗呼𡇅囗"（《合集》21641 子类）。或许与该族众参与侯𡇅所践行的王事有关。

---

① 张政烺：《释甲骨文"俄"、"隶"、"蕴"三字》，《中国语文》1965 年第 4 期；《张政烺文集·甲骨金文与商周史研究》，第 14—17 页。

② 陈剑：《殷墟卜辞的分期分类对甲骨文字考释的重要性》，《甲骨金文考释论集》，线装书局 2007 年版，第 427—436 页。

8. 侯佫

有关侯佫卜辞皆为商王武丁时期，侯佫有贡纳与听从商王命令的义务。卜辞有云：

戊申卜，侯佫以人。　　　　　　　　　　（《合集》1026 师宾间类）

☐易罙佫以，由。　　　　　　　　　　　（《合集》19026 典宾）

贞：惟佫令罙卯。　　　　　　　　　　　（《英藏》321）

以，致送也。由，"由王事"的省略语。释为"由"的这个字释读意见颇多，影响比较大的有由王事、古王事、甾王事、赞王事、堪王事等①，但该字明显与古、甾不同，释为"由"字较为可信，《广雅·释诂四》："由，用也"。辞意为商王命令侯佫致送人众给商王朝。命令易和侯佫致贡，用王事。"惟佫令罙卯"是"惟令佫罙卯"之倒语，意为命令侯佫与名卯者践行某王事。外服侯佫还有贡献占卜所用牛肩胛骨的义务："辛酉，佫示六屯。叙。"（17615 臼，典宾）　"壬戌，佫示三屯，岳。"（《合集》17616 典宾）记事刻辞中的"示"的含义历来争议较多，刘一曼、曹定云在《论殷墟花园庄东地 H3 的记事刻辞》一文曾对"示"字各家意见有所归纳②，其中以释示为视，意为省视、检视的意见影响较大。据裘锡圭《关于殷墟卜辞的"瞀"》文中释读《合集》5299 臼"乙巳瞀示屯。亘"中"示"上一字为女性之瞀的专字。③ 那么，在记事刻辞中释读"示"为"视"似有不妥。比较而言，赵诚认为记事刻辞中的"示"用作动词，有交纳、进贡、奉献之义④，能够通读卜辞。外服侯佫进贡六对牛肩胛骨，由叙做了记录。外服侯佫进贡了三对牛肩胛骨，由岳

---

① 相关研究参见于省吾主编《甲骨文字诂林》第一册，中华书局 1996 年版，第 699—706 页，以及何景成编撰《甲骨文字诂林补编》，中华书局 2017 年版，第 191—213 页诸说。

② 刘一曼、曹定云：《论殷墟花园庄东地 H3 的记事刻辞》，王宇信、宋镇豪、孟宪武主编：《2004 年安阳殷商文明国际学术研讨会论文集》，社会科学文献出版社 2004 年版，第 42—43 页。

③ 裘锡圭：《关于殷墟卜辞的"瞀"》，王宇信、宋镇豪、孟宪武主编：《2004 年安阳殷商文明国际学术研讨会论文集》，社会科学文献出版社 2004 年版，第 1—5 页。

④ 赵诚：《甲骨学简明词典》，中华书局 1988 年版，第 320 页。

做了记录。从相关卜辞看，外服侯倘听从商王朝调遣，任用王事，有向商王朝贡人、贡卜用牛胛骨的贡纳职责。

9. 侯洗（姒）

关于这一侯名用字，大致有如下形体：

𠁡（《合集》8621）、𡥀（《屯南》917）；𡦏（《合集》1380）、𠁡（《合集》4822）

另有字形相关的方国名，字体如下：

𡦏方（《合集》6567）

罗振玉将侯名之字与方国名都释读为洗[①]，王子杨对此字进行了补释，赞成罗振玉释读为洗的意见。[②] 作为方国名的𡦏，下部所从直为盥洗之盘的象形，亦可直接释读为洗。杨树达认为："洗与莘为双声，与侁、姺则声类相同之字也。"[③] 此侯之族氏可能是文献上所载的有姺氏，有姺氏为姒姓，乃夏的后裔，史载商汤曾与有姺氏联姻，并重用该族出身的伊尹辅政，以至于间夏、灭夏，也可以说有姺氏是商王朝建立的重要同盟功臣。

外服侯洗事例主要见于武丁时期，侯洗听从王命，主要职责应是配合王师讨伐敌方，如"庚子卜，贞：曰侯洗出自方。庚子卜，贞：呼侯浞出自方"（《合集》8656＝19327 宾一）。方为地名或方国名，辞义是商王命令侯洗从方地出动。王"呼洗、韦"（《合集》1777 典宾），"令吴、洗"（《合集》667 反，典宾），"勿呼弘、洗"（《合集》4771 宾一）。韦、吴、弘为人名，商王命令侯洗与他们一起践行王事。"入洗"（《英藏》

---

① 罗振玉：《增订殷虚书契考释》卷中，《罗振玉学术论著集》第一集，上海古籍出版社2010年版，第278页。

② 王子杨：《甲骨文字形类组差异现象研究》5.2.2《"洗"字补释》，中西书局2013年版。

③ 杨树达：《积微居甲文说》，上海古籍出版社2006年版，第12—13页。

750），洗作为地名，应是侯洗的居地。侯洗向商王朝纳贡，并为王事奔波。甲骨文如：

贞：洗、雍刍。 　　　　　　　　　　　　　　（《合集》123 宾一）

呼洗、光刍。 　　　　　　　　　　　　　　（《合集》1380 宾一）

丙申卜，古贞：呼见洗、甫刍，弗其擒。

丙申卜，古贞：呼见洗、甫刍，擒。

　　　　　　（《合集》9504 正 + 《乙编》4982 + 《乙补》6091)①

呼洗有刍。洗牛臣刍。 　　　　　　　　（《合集》1115 正典宾）

贞：勿呼洗陷。 　　　　　　　　　　　　（《合集》4822 宾一）

刍，放牧者。雍为人名，甲骨文中有"子雍"（《合集》3122）。光为外服侯光（《合集》3358），甫为外服甫任（《合集》1248），"牛臣"为管理牧牛事务的职官。商王命令侯洗与子雍、侯光献刍牧者。商王命令侯洗与甫任献刍牧者，并卜问是否能够捕获到刍牧者。卜辞命令侯洗以陷的方式参与狩猎。商王为侯洗执行王事活动的安危担忧，"贞：洗其有田（忧）。"（《合集》8620）"其洗有蛊（害）"（《屯南》917），"丁巳卜，宾贞：呼洗若。"（《合集》4819 典宾） "丁巳［卜］，亘贞：洗［若］。"（《合集》4820 宾一）"贞：其佑洗。"（《怀特》43）辞义是商王担心侯洗有灾祸，以及践行王事是否顺利，希望神灵佑助侯洗。

从以上卜辞看，侯洗作为外服，很可能是支持商汤灭夏的有姒氏后裔，亦即商汤册封的姒姓夏族作为外服，对商王朝纳贡，听从商王调遣，践行王事；其主要职责是巩固商王朝北部疆土，协同王师讨伐方方。商王武丁亦为侯洗践行王事的安危担心。

10. 侯汾

外服侯汾原为与商为敌的方国，称汾方，早期卜辞如：

戋汾方。 　　　　　　　　　　　　　（《合集》6659 师宾间类）

---

① 林宏明：《醉古集：甲骨的缀合与研究》，台北：万卷楼 2011 年版，第 138 页。

弗^以伐汾〔方〕。　　　　　　　　　　　　　　　（《合集》6660 师宾间类）

甲申卜，我弗其受分（汾）方〔又〕。　　　　（《合集》9728 典宾）

商王朝征伐汾方，并占卜是否会受到神灵的佑助。汾方可能是被商王朝征服后，被封为外服侯汾，仍据有原族众与土地。外服侯汾要听从商王命令，为商王朝进贡和践行王事。卜辞如：

□巳卜，贞：以侯汾。　　　　　　　　　　　（《合集》9154 典宾）

贞：汾女呼于郭。　　　　　　　　　　　　（《合集》7852 宾一）

癸未卜，兔以汾人，允来。　　　　　　　　　　（《屯南》427）

癸酉〔卜〕，疋弜于入圉，汾比。　　　　　　（《合集》19956）

☑分（汾）牧。　　　　　　　　　　　　　（《合集》11398 宾一）

以，致也。卜辞一般用为致送贡物之意，语序当为"侯汾以"，即贞问外服侯汾致送贡物。"呼汾女于郭"，辞义为命令献汾女于郭地。癸未日卜问名兔者率领汾人能否来到。疋为人名，或为外服疋任。卜问外服疋任进入圉地，会同汾侯的军队践行王事。与"☑分（汾）牧"辞例相近者有《合集》5597"壬辰卜，贞：商牧。贞：勿商牧，六月"。《合集》11395"贞：于南牧"。汾、商、南都是地名，卜辞贞问在某地放牧。侯汾有为商王朝进贡和致送人众以及配合商王朝的军事行动等职责。商王朝可以在侯汾的居地放牧。商王十分关心任王事的侯汾的安危，卜辞"王臣其右（佑）汾。〔王〕臣其弗右（佑）汾"（《合集》117），商王希望王臣能够佑助外服侯汾。

11. 侯敖

甲骨文中关于外服侯敖的材料不多，所见如下：

壬寅卜，蔽贞：呼侯敖紒，十一月。　　（《合集》3357 师宾间类）

戊寅卜，呼侯敖田。　　　　　　　　　　（《合集》10559 宾一）

乙巳卜，扶，羸侯敖。　　　　　　　　　（《合集》20066 师小类）

紟，韩江苏结合《花东》中紟的相关辞例，认为紟用于宗庙中，取其威严之义，即西周宗庙中的"斧扆"，因是丝织品，故又称黼。因设于户牖之间，户牖之间称扆，故又称扆，或称斧扆（依）。① 据《合集》9002："乙丑卜，宾贞：壴以紟。贞：壴不以紟。"知为贡纳物品。以上卜辞义为商王命令外服侯敳贡纳物品紟。商王命令外服侯敳参与田猎活动。嬴读为赢，《广雅·释诂一》："赢，益也。"大意是卜问神灵是否助益外服侯敳践行王事，反映商王对践行王事活动的外服侯敳的安危担心。

12. 侯任

关于"侯任"，目前所见有占卜同一事项的三条卜辞。《怀特》434："甲辰［卜］，王，雀弗其获侯任，在方。"《合集》6963："甲辰卜，王，雀获侯任，［在］方。"《合集》6799："［甲辰卜］，王，［雀］获［侯］任，［在］方。""侯任"不能理解为侯与任，侯、任作为外服的不同类型，其各自数量很多，卜辞称"多侯""多任"，若将"侯任"理解为侯与任，卜辞辞意不明。据此，"侯任"作为外服侯名是明确的。商王卜问雀能否捕获"在方"的外服侯任。这或许说明外服侯任叛离商王朝，可能归附到方方国，也可能是外服侯任居地处方方国附近。

13. 侯㳄

甲骨文中关于侯㳄的材料甚少，单称"㳄"的辞例，一般是动词，与侯㳄无关。目前仅见"庚子卜，贞：呼侯㳄出自方。"（《合集》8656正）方可能是卜辞中的"方"方国，辞义是商王命令外服侯㳄从方方国附近出兵，这或与商王朝征伐方方国的军事行动有关。商王可以命令外服侯㳄出兵参与征伐方方国的战争。卜辞有"辛丑卜，☒𡚻伯弗☒㳄☒"（《合集》3405）、"辛☒𡚻［伯］☒"（《合集》13350）可能是侯㳄遭到𡚻伯的侵扰，商王为侯㳄的安危担忧。从外服侯㳄的相关辞例看，外服侯为商王朝守土，商王朝亦为外服侯提供相应的军事保护。

14. 侯奴

甲骨文中关于外服侯奴材料甚少，仅发现以下两条："惟犹呼比侯奴。"（《合集》3353）"□□卜，亘贞：令侯奴。"（《合集》5777）犹

---

① 韩江苏：《释甲骨文中的"紟"字》，《殷都学刊》2006年第2期。

在此辞是人名,据呼某比某的辞例看,通常是内服比外服,且多与军事行动有关,故犰为商王朝内服臣子的可能性较大。相关卜辞反映,商王曾命令向其征取刍牧者(《合集》117)。这两辞义分别为商王命令内服臣子犰会同外服侯奴践行军事征伐相关王事,命令侯奴执行王事。侯奴为商王朝外服,听从王命践行王事,且其主要职责是协同王师讨伐敌方。

综上,对殷墟甲骨文所见 14 位外服侯某进行考察,侯为外服职名,某一般为族名、地名。由于外服侯某的甲骨文材料多寡不一,以致外服侯某的史迹详略有别。大体可见外服侯某由商王册封,有封地、族众,至于外服侯某册封的来源或有不同,目前所见有商王同姓贵族被封为外服职官侯,如侯唐、侯奠。有被征服的方国,就地册封为外服侯,如侯汾、侯洗。外服侯某主要分布于大邑商外缘,与商的敌对方国呈犬牙交错的状态,其主要职责是捍卫商王朝疆土,协同王师征讨敌方。外服侯某听从商王调遣,向商王朝纳贡,所贡主要是占卜祭祀之物以及俘虏、劳动力等,表达对商王权威的认同和对商王朝的臣服。商王可以在外服侯某居地进行田猎、耕种土地、设置仓廪、举行祭祀、占卜活动等,表明外服侯某居地为商王朝疆土的重要组成部分。商王关心践行王事的外服侯某之安危,部分外服侯某还与商王室有婚姻关系,多数外服侯某臣服于商王朝,仅见个别外服侯某曾经叛乱,而被商王朝征服,如侯任。

四 甲骨文所见外服某侯史迹考

殷卜辞中有较多某侯之称,可以视为商代国家的一类重要社会身份。某一般是地名、族名,侯为外服职名。承前文所考,目前所见卜辞中共有外服某侯 32 位,具体考证如下。

1. 卤侯

卤为地名、人名,"乙丑卜,扶:卤呼来"(《合集》20017 自组)。呼命卤来朝觐商王。"庚寅,王令及卤。"(《甲骨拼合四集》938 师肥类)①

---

① 《合集》20242 + 《合集》20601 李爱辉缀,黄天树主编:《甲骨拼合四集》,学苑出版社 2016 年版,第 148 页图版,第 293 页 "说明与考释"。

商王命令至卤地。"乙丑卜，閼其戎罙卤。"（《合集》6848 师宾间类）
"壬辰卜，閼囗戎罙卤。"（《合集》6849）閼为外服伯閼（《合集》3418），
罙字在甲骨文中一般用作及、至，戎用为动词，或可理解为出兵。卜问
伯閼出兵至卤地。据辞例"囗戎卤侯，二月"（《合集》3329 典宾），卤地
应即卤侯之地，伯閼或与卤侯发生冲突。"汜方其戋卤囗。"（《合补》
10418 历二类）卤侯遭到汜方的侵犯，可能损失较重。商王针对如何安置
卤侯问题进行了多次占卜，如关于奠置卤侯选址的占卜，为奠置卤侯告祭
祖先的占卜：

> 癸亥，贞：王其奠卤。　　　　　　　　　（《屯南》862 历二类）
>
> 乙丑，贞：王其奠卤侯商，于父丁告。　（《屯南》1059 历二类）
>
> 丙寅贞：王其奠卤侯，告祖乙。　　　（《合集》32811 历组二类）
>
> 己巳贞：商于卤奠。
>
> 己巳贞：商于𤲸奠。
>
> 辛未贞：其告商于祖乙，若。
>
> 辛未贞：夕告商于祖乙。　　　　　　（《屯南》4049 历组二类）
>
> 乙亥贞：王其夕令卤侯商，于祖乙门。
>
> 于父丁门令卤侯商。　　　　　　　　　　　（《屯南》1059）

以上卜辞皆为历二类，主要属于祖庚时期，亲属称谓父丁为商王武丁，
祖乙为小乙。以上卜辞所载与册命、安置侯商有关的事。辞中奠字，裘
锡圭释为置，认为奠是商人处置服属者的一种方法，商统治者往往将战
败的异族或其他臣服族属的一部或全部奠置在控制的地区内。① 从前引师
类卜辞看，因敌对方国侵犯侯商，商王奠置侯商，而举行相关册命礼仪。
卤、𤲸为地名。商，外服侯名。癸亥日卜问商王将向卤地安置服属者。乙
丑日又卜问商王将安置卤侯商，向武丁告庙。次日丙寅又卜问王将安置卤
侯商，向小乙告庙。三日后的己巳日卜问安置侯商于卤地还是𤲸地。辛未

---

① 裘锡圭：《说殷墟卜辞的"奠"——试论商人处置服属者的一种方法》，《"中研院"历
史语言研究所集刊》第 64 本第 3 分，1993 年，第 669 页。

日卜问将册命侯商事告知祖乙宗庙。下一旬的乙亥日卜问，傍晚于祖乙庙门还是父丁庙门册命卣侯商。奠置册命侯是商王朝重大事件，商王要告知其祖先，并祭祀祖先，祈求祖先神灵的保佑。卜问册命侯商的地点，又卜问册命外服侯商安置于何地。"择卣"（《合集》5903 宾一）反映商王最终选择卣地安置侯商。以上卜辞是册命外服侯的重要材料，有商王祭祀祖先的行为，卣侯可能参加了祭礼而受到册命，商王在祭祀祖先时，册命其为侯。对卣侯的册命礼仪发生在祖先庙门，与周代册命仪式多进行于宗庙大室的情况是相近的。

对于安置好的卣侯，商王朝采取一些怀柔政策，《屯南》920 "癸丑贞：王令刚宓卣侯。"刚，为人名，内服臣子。宓，从裘锡圭释读，意为宁、安。① 辞义为商王命令名刚者出使安抚卣侯。卣侯为商王朝尽王事，卜辞如："乙亥卜，卣以。"（《合集》9086 宾一）"壬寅☒亡其来自卣。五月。贞：允［其］来自卣。"（《合集》8143 宾三）"甲午卜，宾贞：取刚于卣。"（《合集》6）"壬□［卜］，［王］令□取［卣］侯以。十一月。"（《合集》3331 宾三）以，致送之义。卜辞大意为卜问卣是否来致送贡物。取，为征取之意。刚，罗振玉释作"犅"，②《说文》："犅，特牛也。"卜问商王派人征取祭祀所用特牛于卣。殷墟侯家庄 1001 号大墓出土残玉斧上有残存铭刻"卣侯"，表示卣侯向商王朝献纳玉斧的可能性很大。

卣侯还衔负军事职责，"☒率示求，其比卣侯。七月"（《合集》3327 宾三）。"乙异史比卣眔□若。"（《苏德美日所见甲骨集》S007）某比卣侯，外服卣侯会同某位臣子一起执行王事，一般是军事行动。"庚寅卜，䟽令卣。"（《合集》4480 宾三）䟽为人名，辞义为䟽命令卣侯做某事。"丁卯卜，贞：望、卣多方示甾乍（作）大□。七月。"（《合集》25）③卣侯的封地与多方比邻，其主要职责是接受商王命令捍卫疆土，商王命令望乘与之监视多方动向。

---

① 裘锡圭：《裘锡圭学术文集·甲骨文卷》，复旦大学出版社 2012 年版，第 61 页。

② 罗振玉：《增订殷虚书契考释》卷中，《罗振玉学术论著集》第一集，上海古籍出版社 2010 年版，第 196 页。

③ 该版已有新缀合，见《甲骨拼合四集》956 则，学苑出版社 2016 年版，第 168 页。

因卤侯之地近于舌方，对于商王朝来说战略位置非常重要，"甲戌卜，
凹［贞］：舌方其［敦］卤𧆛"（《合集》8529 典宾）。"□□卜，□贞：舌
乞卤。"（《合集》8585 宾三）舌方处于商王都之西，为商王朝劲敌。这两
条卜辞义为舌方敦伐卤侯之地，向卤侯索要物品。故商王朝对殷都西部的
卤侯之地加强经营，卜辞有如：

令阜卤。　　　　　　　　　　　　（《合集》20600 师肥类）

☑入射于卤。　　　　　　　　　　　（《英藏》527）

丁未卜，王，卤允出。丁未卜，王，来使人［于］卤。

　　　　　　　　　　　　　　　（《合集》20345 师肥类）

勿令田于卤，受年。　　　　　　　（《合集》9911 宾三）

勿令周往于卤。　　　　　　　　　（《合集》4883 宾三）

☑勿往卤。　　　　　　　　　　　（《合集》8141 正，典宾）

……见卤，王值［于之若］。　　　（《合集》33389 历二）

阜为动词，辞义当与修筑城墙，加强防御有关。"入射"可能是输送射
手，即输入射手加强卤的远程防御能力。"使人于卤"，派驻兵力人众守
卫卤地。命令族众田猎于卤地，加强军事训练和配合作战能力。卜辞"雀
田［于］卤。十一月"（《合集》10979 宾一）。命令雀田猎于卤地，应与
此事有关。命令周族军事力量赶赴支持卤侯。商王亲临卤侯之地召见卤
侯，然后又在附近巡守。外服卤侯有践行王事职责，《甲骨拼合集》第 20
则"丁未卜，𧈠由卤罙古。丁未卜，卤罙。辛亥卜，卤由，在枼。"（《屯
南》2691 +《合集》4935 遥缀）① 该辞有简省，正常语序和辞例或为
"丁未卜，卤罙古由，在𧈠"，"由"，"由王事"的省略语，乃占卜卤侯与
古一起用王事。卜辞"甲辰卜，□贞：令侯商归。"（《天理》L177）则
是贞问命令卤侯回朝复命。"丁亥贞：王令保老因（蕴）侯商。丁亥贞：
王令陕彭因（蕴）侯商。"（《屯南》1066）因字旧释颇多，主要有释读

---

① 黄天树：《甲骨新缀廿二例》第 22 例，收入黄天树主编《甲骨拼合集》第 20 则，学苑
出版社 2010 年版，第 367 页。

为囚，释读为死，释读为因等意见。① 在这条卜辞中，以读为盅，相当于古书上的蕴，有埋葬的意思较为适合。② 辞义是商王命令臣子保老、陕彭埋葬一代盅侯名商者之事。

至于出组、黄组卜辞，盅则变为商王巡行、留宿并占卜的地方，如"贞：亡尤，在盅卜。辛未卜，行贞：王宾裸，亡田（忧）。"（《合集》24360 出二）"丁卯卜，行贞：今夕亡田，在盅。戊辰卜，行贞：今夕亡田，在盅。己巳卜，行贞：今夕亡田，在盅。"（《合集》24361 出二）"己巳卜，［行］贞：王宾夕奠亡田。贞：亡尤，在正月，在盅卜。庚午卜，行贞：王宾夕奠亡田，在盅卜。贞：亡尤，在盅卜。"（《合集》24362 出二）"贞：其雨，在盅卜。"（《合集》24365 出二）"癸巳卜，在埠贞：王步于盅，［亡］灾。"（《合集》36775 黄类）"壬午卜，在盅贞：王田……往［来］亡灾。"（《合集》37797 黄类）在商代祖甲以后，盅侯之地俨然成为商王朝直接控制的地区。

2. 攸侯

关于攸的卜辞见于师组、历组、宾组、出组、黄组，出现攸侯由、攸亢（侯亢）、攸侯喜三代攸侯之名。在时代较早的师组、历组卜辞中，外服攸侯为商王朝的畜牧业服务，卜辞如："……南日来告。先出来告。允先。旬出二日至，攸侯来告马。"（《合集》20072 师组）"戊戌贞：又（右）牧于爿，攸侯由鄙。中牧于义，攸侯由鄙。"（《合集》32982 历组）卜问臣属者来商王朝报告情况，验辞记载外服攸侯来告马，即报告牧场养马的情况。由为攸侯私名，爿、义为攸侯由都鄙内的地名，其地设有牧场如"爿牧"（《合集》36969），右牧、中牧则是商王朝管理牧场的职官。右牧、中牧分别到攸侯由鄙内的爿地、义地放牧。外服攸侯之地也有农田，商王关心攸地的雨水，"不攸雨。攸雨。"（《合集》34176 历组）外服攸侯接受商王命令，践行王事，相关卜辞有：

① 参见省吾主编《甲骨文字诂林》第 1 册，中华书局 1996 年版，第 92—103、304—309 页。

② 张政烺：《释甲骨文"俄"、"隶"、"蕴"三字》，《中国语文》1965 年第 4 期，又收入《张政烺文史论集》，中华书局 2004 年版，第 438—443 页。

甲戌卜，宾贞：攸侯令其凶，舌曰：洗若之。五月。

（《合集》5760 正，典宾）

贞：王共人。十一月。贞：王勿共人。贞：不其受年。贞：舌攸侯。贞：呼黍于□［受］年。

（《英藏》188 + 《合集》7278① 典宾）

言攸侯。　（《合集》9511 典宾）

癸卯卜，亘贞：呼窜、攸令。　（《合集》17569 正典宾）

己酉卜，攸亢告启商。　（《屯南》312）

［己］酉卜，宾贞：攸牛于［上甲］。　（《英藏》609）

贞：☑取□于攸。　（《合集》7899 正，宾一）

"舌攸侯"与"言攸侯"同义，告知、命令攸侯之义。窜又称"子窜"（《合集》3151），商王命令内服子窜与外服攸侯一起践行王事。据《殷墟甲骨拾遗》190"侯亢来"，攸亢为攸侯亢之省称，启为军事行动中的先头部队，与《屯南》312 文例相同的卜辞："辛卯卜，宾贞：沚䣌启巴，王叀之比。五月。辛卯卜，宾贞：沚䣌启巴，王弜惟之比。"（《丙编》276）"沚䣌启巴"乃是沚䣌为前军以伐巴方的省语。"攸亢告启商"则是告攸亢启商，即命令攸亢为讨伐侯商的前军。侯商当是前文讨论过的卣侯商，曾与商王朝为敌，被征服后重新奠置于卣地。"攸牛于上甲"是以攸侯所献牛祭祀上甲。"取□于攸"是向攸侯征取某种贡物。

外服攸侯之地成为征伐夷方的重要军事据点，商王朝在其地驻有军队。"己巳卜，尹贞：今夕亡田（忧），在十一月，在师攸。辛未卜，尹贞：今夕亡田（忧），在师攸。"（《合集》24260 出类）"甲午王卜，贞：乍余彫，［朕辇］［酉］，余步，比侯喜正（征）夷方，其☑。"（《合集》36483 黄类）"甲午王卜，贞：乍余彫，朕辇酉，余步，比侯喜正（征）夷方，上下、得示受余有佑，不䖒戋。肩告于大邑商，［亡蚩］在畎。王占曰：吉。在九月，遘上甲壹，惟十祀。"（《合集》36482）"癸卯卜，黄

① 王红：《甲骨缀合第十八则》，黄天树主编：《甲骨拼合三集》第766则，学苑出版社2013年版，第383页。

贞：王旬亡畎。在正月，王来正（征）夷方，在攸侯喜鄙，永。"（《合集》36484）"癸卯王卜，贞：旬亡畎。在正月，王来征夷方，在攸侯喜师。"（《合补》11232）攸侯之地成为商王经营东方的重要战略要地，商王屯驻军事力量于此，并率领攸侯讨伐夷方。

3. 𡩋侯豹

𡩋侯豹又称侯豹、𡩋侯，侯为外服职名，豹为私名。该字曾有释读为庸、蒙、匡、𪊺、仓诸说①，目前尚无定论。𡩋侯豹的封地在商王都西面，参与了商王朝对壴、周方、䗥方和舌方的战争。𡩋侯豹作为商王朝外服，在保卫边境安宁方面做出了重要贡献。

外服𡩋侯的封地是交通要道，"乙亥卜，贞：令多马、亚𬀩、菁、祱省陕廪，至于𡩋侯，从楣川比［蔡侯］。九月"（《合补》1711 正）。多马、亚𬀩、祱同见于《合集》4587，是商王朝内服职名和人名，陕见于《合集》6047，为地名。楣川见于《合集》9083，水名。辞意为商王命令多马、亚𬀩、菁、祱视察陕地的仓廪，途经外服𡩋侯之地后，又经过楣川会同外服蔡侯共同前往陕地视察仓廪。商王朝在讨伐西部诸方时，都要倚重外服𡩋侯豹。卜辞有𡩋侯豹奉商王命讨伐壴、䗥方的记载，"☐侯豹允来，䀹有事壴。五月"（《合集》3295 典宾）。"癸亥卜，宾贞：令𡩋侯求围壴。贞：勿令𡩋侯，七月。"（《合集》6 宾三）䀹为册告之意，古代国之大事在祀与戎，此"有事壴"，当指战争之事。辞意是五月外服𡩋侯豹以简册向商王朝汇报，将对壴进行战争。七月王占卜是否命令𡩋侯包围壴。"己丑卜，㱿贞：今春王伐䗥方，受有佑。十三月。己丑卜，㱿贞：今春王叀征，受有佑。"（《甲骨缀合续集》第 465 组，典宾）"辛巳卜，㱿贞：王叀𡩋侯豹［比］伐䗥方，受有又（佑）。"（《合集》3287 + 6552② 典宾）"贞：今春［王］比𡩋侯豹伐䗥方，受有佑。贞：勿比𡩋侯。"（《合集》6554 典宾）同文卜辞是《合集》6553 + 《英藏》669 "贞：今春王

---

① 于省吾主编：《甲骨文字诂林》，中华书局 1996 年版，第 3114—3119 页。

② 方稚松缀合，载黄天树主编《甲骨拼合集》第 82 则，学苑出版社 2010 年版，第 400 页。

比🅰侯豹伐𦍌方，受有佑。贞：勿比侯。"① 𦍌方，即《尚书·牧誓》所载武王伐纣率领的"庸、蜀、羌、𦍌、微、卢、彭、濮"中的𦍌。② 𦍌方地望，在山西南部滨河之地。③ 壴和𦍌方被讨伐大概是因为危及西土安全，卜辞"贞：王叀𦍌𦍌"（《合集》17357）。𦍌方在西土边境作孽为祸，所以商王卜问率领🅰侯豹军队共同讨伐𦍌方。

舌方进犯商王朝边境，商王为此事占卜。"贞：舌方出，惟黄尹蚩（害）。贞：曰🅰侯出，步。"（《合集》6083 典宾）舌方入侵是否为旧臣黄尹所降灾害，商王命令🅰侯迎敌，以步兵与舌方作战。舌方在今晋中汾水流域灵石、介休以东，靠近晋东南地区。④ 商王对🅰侯豹率军征伐舌方之事反复贞问，"勿惟𢧵比。叀沚𢧵比。勿惟🅰侯比。叀🅰侯比"（《合集》7503 正，典宾）。沚𢧵为商王都西部重要外服伯，是征伐舌方的主要军事将领，商王卜问由沚𢧵还是🅰侯豹作为此次战争的主力。《甲骨缀合续集》488 组"□□卜，𣪊贞：王乞令𠂤☑。☑𣪊贞：叀王往伐舌方"⑤。沈培认为"说'乞令'、'乞步伐'的卜辞可能就是最后提出的行动方案"⑥。商王最终确定要讨伐舌方，令𠂤与外服侯豹为主将。以下一组卜辞涉及商王会同外服侯豹讨伐舌方之事：

戊戌卜，𣪊贞：王曰：侯豹，逸，余不爾（尔）⑦ 其合，以乃史（使）归。

① 王子杨：《宾组胛骨新缀一例》，载黄天树主编《甲骨拼合续集》第425则，学苑出版社 2011 年版，第 382 页。

② 于省吾：《甲骨文字释林》，中华书局 1979 年版，第 16—17 页。

③ 杨筠如：《尚书覈诂》，陕西人民出版社 2005 年版，第 199 页。

④ 朱凤瀚：《武丁时期商王国北部与西北部之边患与政治地理》，《中国国家博物馆馆藏文物研究丛书·甲骨卷》，上海古籍出版社 2007 年版，第 281 页。

⑤ 蔡哲茂编著：《甲骨缀合续集》，台北：文津出版社有限公司 2004 年版，第 113 及 191 页。

⑥ 沈培：《申论殷墟甲骨文"气"字的虚词用法》，《北京大学中国古文献研究中心集刊》第三辑，北京大学出版社 2002 年版，第 11—28 页。

⑦ 朱凤瀚据《何尊》释读为尔，可从。参见《殷墟卜辞中"侯"的身分补证——兼论"侯"、"伯"之异同》，《古文字与古代史》第四辑，台北："中研院"历史语言研究所 2015 年版，第 13 页注释 27。

戊戌卜，㱿贞：王曰：侯豹，毋归，御。

己亥卜，㱿贞：王曰：侯豹，余其得汝史（使），受。

贞：王曰：侯豹，得汝史（使）**叴**受。

（《合集》3297 正，典宾）

［戊］戌卜，［㱿贞］：王曰：侯［豹］，毋归。

己亥卜，㱿贞：王曰：侯豹，余其得汝史（使），受。

（《合集》2859 + 3301 典宾）①

乙丑卜，㱿贞：曰舌方其至于［象土，其有败］。

贞：曰侯豹，得汝史，受。 （《合集》6130 + 18377 正②典宾）

☐侯豹：逸，余不尔其合，以乃史归。

☐曰：舌方其至于象土，亡败③。

☐曰：侯豹，得汝史（使），**叴**（协）受。（《合集》3298 典宾）

这组卜辞涉及商王与外服侯豹的军事配合，"余不尔其合"即余不其合尔，戊戌日占卜王命令侯豹，我不与尔会合，我与汝使归，汝毋归，继续抵御敌方。次日己亥占卜商王告谕侯豹，我获汝使，授予尔。我得汝使多位，一起授予尔。又过了二十余日的乙丑，占卜舌方侵犯到了象土，侯豹将有败。商王告谕侯豹，获得尔使，授还尔。最后一版卜辞与上一辞相关，应为同时所卜，卜问商王告谕侯豹，不与尔会，以乃使先归。舌方侵犯到了象土，希望勿败侯豹。告谕侯豹，得汝使多位，一起授还尔。

外服𢀛侯还参与了讨伐周方的军事行动，"☐贞：令旃比𢀛侯撲周，受有佑"（《合集》6816 宾一）。"戊子卜，夬贞：王曰：余其曰多尹，其令二侯上丝罘𢀛侯其和☐☐☐周。"（《合集》23560 出二类）商王命令旃族与𢀛侯协同撲周，商王命令上丝侯与𢀛侯协同伐周。此处周的所指，学

---

① 刘影缀合，黄天树主编：《甲骨拼合集》第 136 则，学苑出版社 2010 年版，第 425 页。

② 此版为严一萍缀合，见蔡哲茂《甲骨缀合集》第 55 页 "《甲骨文合集》缀合号码表"，台北：乐学书局有限公司 1999 年版。同文卜辞有方稚松缀合的《合集》3300 +《合集》4620 正，收入黄天树主编《甲骨拼合集》第 87 则，学苑出版社 2010 年版，第 403 页。

③ 败字从于省吾释读，见《甲骨文字释林》，中华书局 1979 年版，第 53—54 页。

界尚有争议，旧说多倾向居于周原而灭商的周。董珊提出周可能是妘姓周族的琱，推论武丁至祖甲时期占据周原地区应是妘姓的周族。[1]

外服髟侯豹听命于商王，为商王朝事务奔波，"丁酉［卜］，髟侯惟令"（《合集》3292 典宾）。"贞勿［令］髟侯，在二月。"（《殷契遗珠》276）"贞：惟侯豹比。贞：勿惟侯豹比。"（《合集》10080 典宾）"丙戌卜，亘贞：髟侯豹其御。贞：不其御。"（《合补》495 正，典宾）商王命令髟侯践行王命，或命令内服与之协同践行王命。商王对践行王命的外服髟侯进行管理，如派遣内服检查外服践行职事的情况，"视髟侯，六月。丁酉卜，古贞：令菁视髟侯。六月。"（《合补》496）商王命令内服菁检视外服髟侯对商王朝尽职情况。商王希望完成王命的外服髟侯及时回朝复命，"贞：令髟侯归"（《合集》3289 正，典宾）。"贞：［叀］陕［令］比髟侯归不。贞：叀象令比髟侯归不。［贞：叀］陕［令比髟］侯［归］。贞：叀象令比髟侯［归］。"（《合集》3291 典宾）"贞：令髟侯归。"（《合集》3294 典宾）内服臣子与外服髟侯协同践行王事，商王命令他们一起回朝复命。

4. ✕侯

关于✕侯的卜辞不多，但大体反映其作为商王朝外服的一些史迹。甲骨文记录了一代✕侯之名，如"己未卜，✕侯万其☐"（《合集》3320）。万应为✕侯的私名。✕侯有向商王朝贡献祭祀物品的职责，相关卜辞如："贞：其彳，✕侯以雩☐，卯二牛。"（《合集》3318 宾三）"甲午，贞：✕侯☐，兹用。大乙羌三，祖乙羌三，卯三牛，乙未酚。"（《屯南》586）辞意大体与✕侯所献祭祀物有关，将举行彳祭，以✕侯所献，并卯杀二头牛为牺牲。甲午日卜问，次日以✕侯所献羌人为牺牲，祭祀大乙、祖乙各三个羌人并卯杀三头牛为牺牲。

✕侯还有向商王朝贡献巫、奴隶的职责，卜辞如："☐令周取巫于✕。"（《合集》8115 宾一）商王命令周征取巫于✕侯、✕地。"贞：呼取✕臣。"（《合集》938 正典宾）商王卜问征取✕地的奴隶。卜辞中还有不少

① 董珊：《试论殷墟卜辞之"周"为金文中的妘姓之琱》，《中国国家博物馆馆刊》2013年第 7 期。

以☒所献的俘虏为祭祀祖先的牺牲，如"酚妣己尽☒"（《合集》716 正，宾一）。"勿屮☒于妣庚。屮尽妣庚☒。勿屮。"（《合集》721 正，宾一）"贞：侑于妣甲☒尽、卯牢。"（《合集》787 正，典宾）册告妣己以☒侯所献俘虏为牺牲。侑祭妣庚以☒侯所献俘虏为牺牲。侑祭妣甲以☒侯所献俘虏和卯杀牛为牲。

外服☒侯的主要职责在于拱卫疆土和协同王师讨伐敌方，如："壬申卜，比于☒侯。"（《乙编》8406）商王联合☒侯进行军事活动。"疟比□侯，遘比羽，祓比☒侯，九月。"（《合集》3317 反，宾三）"乙亥卜，贞：令多马、亚疟、菁、祓省陕廪，至于冏侯，从楅川比〔☒侯〕，九月。"（《合补》1711 正）从外服冏侯居地经过楅川就可抵达☒侯之地。由周征取☒所献巫卜辞，说明☒侯与周同在殷西。"己酉卜，殷贞：呼（葬）①☒侯。贞：勿呼圃（葬）☒侯。"（《合集》6943 典宾）那么，这两条卜辞实反映商王呼命葬外服侯。

☒地战略地位重要，"癸丑卜，贞：勿嚞令逆比尽于☒"（《合集》4914 宾一）。"丙寅卜，贞：令逆比尽于☒。〔六〕月。"（《合补》61）"丙寅卜，贞：勿嚞令逆比尽于☒。六月。"（《合集》4918 宾一）商王于癸丑日卜问之后，至丙寅日多次占卜是否命令逆与尽在☒地会合践行王事。商王还在☒地举行祭祀，卜辞如："乙丑卜，贞：〔王〕囗〔寻〕于☒。"（《合集》8116 宾一）"壬申卜，弜于☒，允。"（《合集》22186 午组）商王与贵族分别卜问在☒地举行寻祭、弜祭。

5. 犬侯

甲骨文中有作为祭祀牺牲的动物犬，亦有作为王朝田猎职事的犬，还有作为外服的犬侯。犬侯臣属于商，作为商王都西部重要外服，在商王朝经营西部边疆与诸方战争中发挥了重要的作用。犬侯有自己的军队，称犬师。"丁酉卜，翌日王叀犬师比，弗悔，亡戈，不遘雨。"（《屯南》2618）商王关心与犬侯的军队联合行动是否会遭遇降雨。

"□辰贞：令犬侯由王事。"（《合集》32966）反映犬侯受商王的调

---

① 此字释为葬，参王贵民《试释甲骨文的乇口、多口、殉、葬和诞字》，《古文字研究》第 21 辑，中华书局 2001 年版，第 127—128 页。

遣，践行王事。犬侯曾接受商王命令讨伐西部的周方，"己卯卜，亘贞：令多子族比犬侯撲①周，由王事，五月。"（《合集》6812 正，宾一）"贞：令多子族罙犬侯〔撲〕周，由王事。贞：令多子族比犬罙亘蜀，由王事。"（《合集》6813② 宾一）商王武丁命令多个子族率其族众会同犬侯、亘蜀的军队一起撲伐周，执行王事。商王还命令犬侯出兵抵御我方侵扰，"己巳卜，王呼犬戎我"（《合集》5048 典宾）。"我"为我方，是活跃于商王都西北部的强方。犬侯还受命讨伐亘方，"贞：犬追亘有及。犬追亘亡其及"（《合集》6946 典宾）。亘方亦是商王朝西部强方，卜辞贞问犬侯追逐亘方是否有获。至于商王康丁时期，犬侯的军队仍是商王朝捍卫西土的重要倚重力量，如"庚戌卜，王其比犬师，叀辛亡戋"（《英藏》2326 无名组）。"丁酉卜，翌日王叀犬师比，弗悔，亡戋。"（《屯南》2618 无名组）商王关心王师与犬侯之师协同行动是否有灾祸。从犬侯受命讨伐周及方国皆在商王都西部，说明犬侯居地亦在殷西。

犬侯有向王朝贡纳祭祀牺牲的义务，"辛巳贞：犬侯以羌，其用自〔大乙〕"（《屯南》2293）。占卜以犬侯所献羌人祭祀大乙。犬侯还进贡占卜用的牛肩胛骨，"甲寅，犬见，皋示七屯。亝"（《合集》6768 臼，宾三）。"甲寅，犬见，皋示七屯。"（《合集》6769 臼，宾三）见当读为献③，示，交纳。这两条骨臼记事刻辞表明甲寅日犬侯献上牛肩胛骨，由内服皋交纳七对，史官亝记录了此事。"己巳卜，殻贞：犬诞其工（贡）。"（《合补》1244 正甲，典宾）"☒令雒曰犬诞田。"（《合补》1245 宾三）"贞：犬诞其有工（贡）。己巳卜，殻贞：犬诞亡其工（贡）。六月"（《合补》1246 典宾）犬侯除贡献义务外，可能还曾入商王朝服政事，"☒二十屯。𠂤示。犬"（《合集》17599 反，典宾）。犬侯参与了记录检视占卜所用牛肩胛骨有关的宗教活动。

---

① 此字唐兰释为璞，读为"撲伐"之"撲"，应比较可信，后来刘桓、林沄等对此说进行了补充论证。刘钊认为此字读为"翦伐"之"翦"，此条卜辞读为"翦周"。参见何景成编撰《甲骨文字诂林补编》，中华书局 2017 年版，第 512—513 页。

② 另有同文卜辞《合集》6820 + 《洹宝》101 + 《合集》5451 + 《合集》17466，蔡哲茂、黄天树缀合，载黄天树主编《甲骨拼合集》第 45 则，学苑出版社 2010 年版，第 379 页。

③ 杨树达：《卜辞求义》，上海古籍出版社 1986 年版，第 37 页。

商王关心犬侯的疾病情况，"辛亥卜，贞：犬肩兴疾，抑？"（《醉古集》266 组[①]）卜辞"克兴有疾"与"肩兴有疾"意思一样，克训为能，肩也表示助动词能。[②] 兴，起也。商王为犬侯的病情担忧，卜问是否能起疾，即病情好转。犬侯的居地是商王朝重要的农业区，商王关心犬侯居地的农业收成，"辛酉贞：犬受年，十一月"（《合集》9793 典宾）。

6. 𡆥（崇）侯

𡆥侯相关辞例见于宾组和历组卜辞，𡆥在具体辞例中作为地名、族名、外服侯名。𡆥与㒸为一字之繁简，可读为崇。[③] 以下径书作"崇"。崇族曾与商王朝为敌，如《合集》8099 ☑ "令☑戫崇☑"。戫在卜辞中用于表示征伐有关的辞例，如《合集》6300—6304 "呼戫舌方"，则《合集》8099 表示命令臣子对崇族的征讨。崇族臣服商王朝后，商王对崇族进行安置，如"甲寅卜，王叀蓂示崇，五月"（《合集》10474）。蓂读为晨，示在该辞中为动词，或可读为寘。该条卜辞占卜商王于五月甲寅日晨奠置崇族，很可能其族首领被册封为外服侯，其族人任商王朝内服犬官，如《合集》5568 "贞：令犬崇，受☑"，占卜商王命令犬崇做事是否会有好结果。《合集》10976 正"贞：□呼犬崇省，从南"。商王还命令犬崇自南土出发巡察。

外服崇侯要定期朝觐商王，如："戊寅卜，崇侯允来。不来。戊寅卜，于木月至。"（《俄藏》179）"己卯卜，崇侯于木月至。"（《合集》32806 师历间类）"戊寅［卜］，允来崇侯。庚辰卜，不来崇侯。"（《合集》32804，师历间类）戊寅、己卯、庚辰三日连续占卜外服崇侯是否来朝王，还是下月来朝王，可能是崇侯当来朝而未及时朝觐的反映。商王关心外服崇侯来朝路上平安无虞，"贞：崇往来亡囚。崇［其有］囚"（《合集》152 正，典宾）。"王占曰：亡囚。"（《合集》152 反）商王命令外服崇侯践行王事，并祈祷其顺利完成任务。如"癸酉贞：☑崇侯令。

---

① 林宏明：《醉古集——甲骨的缀合与研究》，台北：万卷楼 2011 年版，第 303 页拓片。
② 黄天树：《殷墟甲骨文助动词补说》，《古汉语研究》2008 年第 4 期。
③ 陈剑：《释"琼"及相关诸字》，《甲骨金文考释论集》，线装书局 2007 年版，第 303—304 页。

乙亥［酻］莘（祷）①"（《合集》32805）。商王朝还派内服臣子至外服崇侯之地，《合集》5505"贞：臿立史于崇侯，六月"。《合补》499"戊辰卜，争贞：翌己巳立崇侯史"。《合集》8092"贞：叀豆令视于崇"。《合集》8095"己丑卜，叀□令立崇［侯史］"。《合集》8098"贞：并于崇"。这几条卜辞中的臿、豆、并皆为商王朝内服重臣，商王派遣他们出使到外服崇侯之地，衔负传达命令、检视外服尽职、安抚外服等任务。

外服崇侯还参与王朝祭祀之事，如"□寅贞：其延崇于丁。叀庚延崇"（《合集》32981 历草类）。延为祭名，祭而复祭乃谓之延。② 商王朝派重臣犬诞与外服崇侯协同讨伐敌人，"其先诞。其先崇"（《合集》7076）。据该版卜辞"其先雀，戋"，知该辞例是占卜犬延、还是崇侯为先锋。"☒贞：惟☒比崇侯。□月。"（《合补》500）"贞：惟□令比崇侯。"（《合集》3310）"己未贞：王其告其比崇侯。"（《合集》32807）"☒并其比崇☒。"（《合集》32808）"崇侯☒敦☒。"（《合补》510）"丁亥卜，宾贞：崇侯御，不惟兹。"（《合集》3311 宾三）"不惟兹"乃占卜用语，"惟，为也。"③ 商王就会同外服崇侯举行军事行动而占卜，是否命令其践行征伐王事。

外服崇侯有田猎献获的职责，"呼崇，获豕。崇不其获豕"（《合集》6949 正）。商王朝还向外服崇侯征取物品，"□□［卜］，□贞：呼取令于崇。翌丁亥叀上甲祝用"（《合集》8093，典宾）。占卜呼命征取物品于外服崇侯。

崇作为地名时或作䖒，主要见于黄组贞旬卜辞，如《合补》12870"癸酉［卜，在］䖒贞：［王旬］亡［㕚］。癸丑卜，在牷贞：王旬亡㕚"。《合补》11283"癸丑卜，在洛贞：王旬亡㕚。癸亥卜，在䖒次，贞：王旬亡㕚。癸酉卜，在䖒次贞：王旬亡㕚。在十月又二。癸未卜，在崇贞：王旬亡㕚。［癸］巳卜，在牷［贞：王］旬亡㕚，［在］十月二"。《合补》11283 中崇、䖒共版，且为一个月内上旬、中旬连续占卜，应为同地。与

---

① 该字近年有释读为祷、祈、求、祓四种不同意见，参见何景成编撰《甲骨文字诂林补编》，中华书局 2017 年版，第 387—393 页。

② 于省吾主编：《甲骨文字诂林》第 3 册，中华书局 1996 年版，第 2234 页姚孝遂按语。

③ 详见王引之《经传释词》卷 3，岳麓书社 1985 年版，第 56 页。

崇地同在一版的几个地方都在河南且距离洛阳不远，又由殷商铜器崇父丁爵（《集成》8472）1927 年出于河南洛阳市①，大致可以确定崇地在河南洛阳附近。

　　商末崇侯叛商，《上海博物馆藏战国楚竹书》（二）《容成氏》第45—47 简载反叛商王朝的九邦中包括宗（崇），周文王接受商纣王命令伐宗（崇）侯。② 1993 年山西曲沃北赵晋公室墓地 M31 出土文王玉环铭云："文王卜曰：我及唐人弘战虘人。"③ 李学勤认为是周文王与唐人结盟，以环献神，此环留在唐地。周公灭唐，成王以其地封晋，此玉环便为晋公室所有。④ 据此知周文王伐崇侯之役曾与侯唐结盟。

　　7. 亚侯

　　甲骨文中的亚字有多种用法，如为官名、宗庙名以及"次"的意思。⑤ 殷墟卜辞有"多亚""多侯"，说明亚与侯各自表示一类社会身份，一般认为"亚"为商王朝内服武官，单称"亚某"，集合称谓"多亚"。殷卜辞中的"亚侯"理解为亚地的侯，可能较为符合卜辞文例。如"甲午卜，鼄贞：亚受年。甲午卜，鼄贞：不其受年"（《合集》9788 正，宾二）。卜问亚地收成。商王朝与外服亚侯建立婚姻关系，如卜辞"帚亚来"（《合集》2813 反）。妇亚应是来自外服亚侯的女子，成为商王室之妇。

　　商王派臣子向外服亚侯传达王命，"乙酉贞：王令疋达⑥亚侯，侑"（《合集》32911 历二）。"丙子贞：赤其达亚侯令，亡田"（《殷墟甲骨拾遗》454 历二）。商王关心疋、赤向外服亚侯传达王命，是否会遇到灾咎，

　　①　中国社会科学院考古研究所：《殷周金文集成》（修订增补本），中华书局 2007 年版，第 5279 页。

　　②　马承源主编：《上海博物馆藏战国楚竹书》（贰），上海古籍出版社 2002 年版，第 286—287 页释文。

　　③　山西省考古所、北京大学考古系：《天马—曲村遗址北赵晋侯墓地第三次发掘》，《文物》1994 年第 8 期。

　　④　李学勤：《文王玉环考》，饶宗颐主编：《华学》第 1 辑，中山大学出版社 1995 年版，第 71 页。

　　⑤　参见于省吾主编《甲骨文字诂林》，中华书局 1996 年版，第 2898—2905 页。

　　⑥　达字释读参考赵平安《"达"字两系说——兼释甲骨文所谓"途"和齐金文中所谓"造"字》，《中国文字》新 27 期，台北：艺文印书馆 2001 年版，第 51—64 页。

反映商王担心的是对外服亚侯的命令是否顺利传达。外服亚侯听从商王调遣，有践行王事的职责。商王为亚侯践行王事担忧，"乙未贞：其令亚侯归，惟小☒"（《屯南》502）。希望亚侯完成王事后，回朝复命。

廪辛康丁时期，商王朝于亚地举行田猎，此后卜辞未再见"亚侯"，或已为商王直接控制区域。"惟亚田省。"（《合集》29374 无名类、《屯南》888）"惟亚田省，延往于向，亡灾，永［王］。不遘雨。"（《合集》30122 无名类）"庚戌卜，夏贞：亚其往宫，往来亡灾。"（《合集》27930何一）商王巡视亚田后继续前行至向地。亚地与向地当相去不远，距离宫地亦不远，可在一日内来回。向与宫距离亦不远，卜辞"于丧，亡灾。于孟，亡灾。于向，亡灾。翌日壬，王其迟于孟，亡灾。于宫，亡灾。［王］迟于桼至于向，亡灾"（《合集》28947 无名类）。桼地距离向地不远，桼即徐，今沁阳东 30 里沁水南岸有徐堡镇，或即桼之地望。① 向地，可能是《诗经·小雅·十月之交》"作都于向"的向，在今河南济源以南。② 亚侯之地可能在商王国西南边域。

8. 𢦔（失）侯

关于这个侯名用字尚有不同释读意见，过去通常释读为"先"，赵平安和刘桓先后释读为"失"，赵平安认为失侯即是《逸周书·世俘》所载商代外服"佚侯"，认为洛阳马坡成批出土失族的铜器，佚侯故地当在此。③ 其说可从。

失族可能曾一度与商王朝为敌，见于以下数例卜辞：

壬申卜，贞：雀弗其克𢦔失。

壬申卜，［贞］：雀克𢦔失。　　（《拼合集》第 26 则，宾一）④

甲戌卜，贞：𠂤弗其𢦔失。　　　　　　　　（《天理》171）

---

① 陈梦家：《殷虚卜辞综述》，中华书局 1988 年版，第 261 页。

② 郭沫若：《郭沫若全集考古编》第二卷，科学出版社 2002 年版，第 497 页。

③ 赵平安：《从失字的释读谈到商代的佚侯》，《中国社会科学院历史研究所学刊》第一集，社会科学文献出版社 2001 年版。

④ 黄天树：《甲骨新缀 11 例》第 6 例，收入黄天树主编《甲骨拼合集》第 26 则，学苑出版社 2010 年版，第 369 页。

乙亥卜，幸（執）失。乙亥卜，弗幸（執）失。

（《合集》33010 师历间类）

丙子卜，𢦏𢦶失。　　　　　　　（《合集》7017 师宾间类）

贞：𢦏𢦶失。　　　　　　　　　　（《合集》7016 师宾间类）

己卯卜，王咸𢦶失，余曰雀：𠂤口人伐臣。

（《合集》7020 师宾间类）

己卯卜，王贞：余呼𢦏敦失，余弗𢦏。

（《合集》7014 师宾间类）

□□［卜］，□贞：余勿呼□敦失，𢦶。

（《合集》7018 师宾间类）

壬申卜，王：御弜于祖乙。

戊戌卜，贞：𢦏弗其𢦶失。

［戊］戌卜，［贞］：𢦏𢦶失。☑𢦶失。

（《甲骨拼合集》第 258 则①，师宾间类）

戒［𢦶］，失征。　　　　　　　（《合集》20558 𡆥类）

庚戌卜，令比𢦏伐失。　　　　　（《合集》19773 𡆥类）

辛巳贞：𢦏亡囏，在失。其壬𢦶失。其癸𢦶失。☑禽☑。

甲午卜，𢦏其甲𢦶失。小一月。

其乙𢦶失。其丙𢦶失。其丁𢦶失。其戊𢦶失。［其］□（己）

［𢦶］□（失）。庚☑□☑。

（《符凯栋所藏殷虚甲骨》第 1 片正面②，师组）

商王于辛未至庚戌日长达四十天占卜讨伐失之事。商王命令𢦏、雀伐失，命令王师协同𢦏伐失。最后一版记载商王辛巳日占卜在失地的𢦏无灾咎，于壬日、癸日战胜失有所擒获。此后第十四日甲午再次卜问𢦏于甲、乙、丙、丁、戊、己、庚诸日中的某一日战胜失。

---

① 何会：《龟腹甲新缀第八则》，黄天树主编：《甲骨拼合集》第 258 则，学苑出版社 2010 年版，第 476 页。

② 宋镇豪编著：《符凯栋所藏殷虚甲骨》，上海古籍出版社 2018 年版，第 4 页拓片、第 63 页释文。

商王朝征讨失族持续较长时间，最终征服了失，俘获其首领，"辛亥卜，殻贞：侑失伯于父乙"（《合集》1780 正，宾三）。以俘获的失族首领为牺牲侑祭于父乙。卜辞显示以失族俘虏百人为牺牲祭祀成汤，如："丙子卜，亘贞：王有报于唐，百失。贞：王有报于唐，百失，勿用。"（《合集》1115 正典宾）被征服后的失族，另立首领授予外服侯的称号，称失侯（《怀特》360）、侯专、失侯专，为商王朝践行王事。"癸亥卜，王贞：余比侯专，八月。"（《合集》3346 宾一） "☑侯专启☑，余受〔佑〕。"（《英藏》373）余为商王自称，商王于某年的八月癸亥日，亲自卜问率领侯专的军队征伐，以侯专为先导的军事行动是否会受神灵祐助。

商王关心侯专践行王命后，回归王朝复命（《合集》3349 宾一）。"庚辰卜，丙贞：侯专肩兴有疾。"（《佚存》8）商王希望侯专的疾病好转。商王就协同外服侯专的军事行动向祖神祈祷，如"☑九示自大乙至丁祖，其比侯专"（《合集》20065 师宾间类）。丁祖当是祖丁，九示可能是大乙、大丁、大甲、大庚、大戊、中丁、祖乙、祖辛、祖丁九位直系先王神主，商王祭祀自大乙至于祖丁的九位祖先，祈求会同侯专的军事行动取得胜利。外服失侯听从商王调遣，对商王朝担负着重要的军事职责，"乙巳卜，叀失令。乙巳卜，叀□令。乙巳卜，叀西惟比。乙巳卜，叀北惟比"（《合集》32906 历一）。"乙酉，令失。"（《合集》32907，历一）商王就是否命令失侯践行王事，以及失侯与西部还是北部外服协同行动进行占卜。

> 丁卯卜，宾贞：翌己未令多射罙失于□。
>
> 贞：翌己未勿令多射罙失☑。　　　　　　（《合补》1725 典宾）
>
> 乙酉卜，争贞：今夕失以多射先陟自☑。（《合集》5738 宾三）
>
> ☑令失呼多射。　　　　　　　　　　　　（《合集》5743 典宾）
>
> 贞：呼子画以失新射。　　　　　　　　　（《合集》5785 典宾）
>
> 丙寅卜，争：呼赢失侯专求（咎）双。
>
> 　　　　　　　　　　　　　　　　（《合集》6834 正，典宾）

"多射"为多个射手队的称谓，是商王朝军队的兵种之一。前三例卜辞是命令外服失侯率领王朝弓箭手践行军事职责。"失新射"可能是失侯所贡献的射手组织，辞意是命子画指挥失侯所献新射军事组织。最后这条卜辞证明失侯与侯专为同一外服，权又称子权（《合集》20045），商王呼命助外服失侯专咎灾于子权。

失侯朝觐商王并有向王朝献贡的职责，"辛亥卜，失侯来，勿☒甲寅☒"（《合集》3309，宾三）。辛亥日卜问失侯来朝，不希望晚至甲寅来朝。"贞：失不其获羌。"（《合集》188 正，典宾）"贞：失不其获羌。"（《合集》189 正，典宾）"贞：失获羌。"（《合集》207 典宾）商王关心失侯是否捕获羌人，并以失侯所献羌人祭祀祖先。《甲骨拼合续集》第 60 则"辛亥卜，贞：失来七羌，翌甲寅择用于夫（大甲），十三月"。辛亥日失侯来献七个羌人，甲寅日择用其所献羌人祭祀于大甲。"贞：侯以骨乌，允以。己未卜，争贞：失、齐亡田。"（《合集》98 正，典宾）"癸丑卜，𦥑其克甫、失。乙卯卜，乍𠂤执。贞：𦥑不亦（夜）来。"（《合集》7024）商王希望失侯能够献上乌牧人员，果然送达。商王担心𦥑打败外服甫任、失侯，希望𦥑不要夜间进犯，命𠂤执获𦥑。"失以五十。"（《合集》1779 反，典宾）"失［以］☒"（《合集》3737 反，甲桥刻辞）以，致送之义。失侯还曾一次贡献占卜的龟五十只。"失示三屯，宾。"（《合集》2362 典宾）失侯贡献三对骨版，宾作了记录。"庚午卜，出贞：王、⅄曰：以。失、贾、齐以。"（《英藏》1994 出类）至祖庚祖甲时，失侯仍为商王朝外服，献贡于商王朝。

商王朝派人到失侯封地上开垦田地，《甲骨拼合续集》第 542 则"□□［卜］，□［贞］：今日［令受］壅①田于失侯。十二月。癸□［卜］，□贞：［今日］令受壅［田］于失侯。十二月"（《合集》3307 + 《合集》9486 + 《合集》227②，宾三）。"壬戌卜，争贞：乞令受田于失侯，十月。"（《合集》10923 典宾）受可在失侯之地壅田，说明

---

① 壅指平整土地、修筑田垄等工作。壅字释读，参考裘锡圭《甲骨文中所见的商代农业》，《古文论集》，中华书局 1992 年版，第 179—182 页。

② 前两版为赵鹏缀合，载黄天树主编《甲骨拼合集》第 60 则，学苑出版社 2010 年版，第 389 页。李延彦在此基础上加缀第三版，载黄天树主编《甲骨拼合续集》第 542 则，学苑出版社 2011 年版，第 436 页。

两地距离不远，为外服失侯属地位置提供了信息。商王派臣子在失侯封地开垦土地，商王在失侯封地行使王权，表明外服失侯为商代国家的组成部分。

从目前所见有关失侯的卜辞看，失侯主要活动于商王武丁时期，原为失方，其首领称失伯，曾与商王朝为敌，被征服后纳入商王朝外服侯系统，与商王朝关系亲密。失侯贡献弓箭手组成"新射"军事组织，率领王朝军队"多射"征伐敌人，具有捍卫商王朝疆土的职责。失侯还有向商王朝献羌俘、贡献占卜用龟甲、牛骨，贡献刍牧人员等职贡。失侯领地上有供王朝耕作的土地，表明失侯是臣服于商王朝的外服，失侯属地为商王朝疆土的重要组成部分。

9. 崔侯

外服崔侯（《合集》3321、3323）有领地称崔（《合集》8720 正），其族众被称为"崔人"（《合集》10976 反），外服崔侯也省称为崔，如卜辞"崔不其☑"（《合集》4729），"王占曰：其呼依、崔。勿呼依、崔"（《合集》4730 反）。"依"为人名（《合集》6169），与之并受王命的崔亦为人名。据崔侯与崔地合一的情况，可知表示人名的崔与崔侯应为一人。

商王命令外服崔侯讨伐罣，卜辞如："☑崔侯。壬寅卜，崔侯弗"戋罣。"（《合集》6839）"癸亥卜，［崔］侯其"戋罣。"（《合集》6840）"贞：侯弗敦罣。"（《合集》6841）"癸亥卜，崔其同，惟戎，其［亡］☑。"（《合集》4727）卜问会合崔侯征伐敌方，是否会有灾祸。与崔侯讨伐罣相关的卜辞可能还有："□丑卜，☑出☑崔侯☑"戋。"（《合集》3322）"丙子卜，侯其敦罣。"（《合集》39923）罣的身份为伯（《合集》3401），或因叛乱遭到商王派遣外服侯的讨伐。商王朝的军事征伐活动，一般以调动与敌方较近的外服势力为原则，所以崔侯距离罣伯应不远。

外服崔侯曾受到方方国侵扰，如"□申卜，方敦崔"（《合集》6785）。外服崔侯可能距离方方国不远，商王担心其受到方方国的威胁。"戊寅卜，方至不。之日有曰：方在崔鄙。"（《合集》20485 师小字类）戊寅日卜问方方国是否会侵犯崔侯之地，验辞载当日有报告称方方国进入

了崔侯领地的鄙内。"庚午卜，崔侯其获囷方。"（《甲骨拼合四集》962
则①）崔侯似亦反攻方方，卜问崔侯囷方方国，是否有所俘获。外服崔侯
似遭受方方国侵害，商王朝命人前往安置其族众。"贞：共崔人，呼宅
崔。"（《合集》8720 正，宾一）"贞：呼往奠于崔。弜呼奠于崔。"（《合
集》10976 反，宾一）商王重新置奠战败的外服崔侯，仍就地安置。方方
的活动范围非常广泛，是以游牧或半游牧、半农经济生活方式的北方族
群。②崔侯居地受到方方侵扰，甚至打到郊鄙，可知外服崔侯与方方距离
不远，大致在商王国北部边域。商王非常重视崔地，商王田猎、巡行于外
服崔侯之地。"呼田于崔"（《合集》10983），"☐值崔☐"（《合集》
7272）。商王朝于崔地设有犬官，如卜辞"犬崔其☐"（《合集》20369）
皆与外服崔侯衔负军事防卫敌方的职责相关。

10. 靳侯

殷卜辞有"靳侯"（《合集》3325），出土于河南安阳的商代晚期青铜
戈上铸有铭文"靳侯"（《集成》10770），确证商代外服靳侯的存在。关
于"靳侯"的材料有限，有关靳地的卜辞，对于了解外服靳侯有所帮助。
如"☐靳射于靳"（《合集》5787）。"乙亥贞：令内以新射于靳。"（《合
集》32996 历二）"辛未贞：遘以新射于靳。"（《合集》32997 历二）"辛
卯贞：从靳涉。"（《合集》32903 历二）岛邦男认为靳侯是靳地的封侯。③
那么也可以说外服靳侯封地在靳。

商王可能亲临外服靳侯领地，于其地举行祭祀礼仪，如《合集》488
反"贞：燎于靳"。《合集》946 正"御齿于靳，御齿勿于靳"。《乙编》
8165"贞：勿于靳御齿"。《合集》7919 正"乙亥卜，宾贞：燎于靳，三
豕"。《合集》7920"贞：侑于靳"。商王曾在靳侯之地举行燎祭，用三头
豕为牲。商王在靳举行侑祭，商王在靳侯之地被除齿疾。外服靳侯封地就

---

① 黄天树主编：《甲骨拼合四集》，学苑出版社 2016 年版，第 175 页图版，第 303 页说明
与考释。

② 朱凤瀚：《由殷墟出土北方式青铜器看商人与北方族群的联系》，《考古学报》2013 年第
1 期。

③ ［日］岛邦男：《殷墟卜辞研究》（日文版），弘前大学文理学部中国学研究会 1958 年
版，第 429 页。

是商王朝国土，商王可以自由行使权力，举行宗教礼仪活动，集结射手军事力量等。靳侯贡纳物品，以示臣服于商王权威，带有"靳侯"铭文的青铜戈出土于安阳，或许是外服靳侯所献之贡物。

11. 羏（养）侯

故宫博物院藏商代鸟形玉佩正反刻有"羏（养）侯"二字，说明玉佩为养侯所有。养为国名，在今河南沈丘一带。① 殷卜辞中没有出现"养侯"，但养作为人名、地名是存在的，应与养侯有关。"辛未，贞：于大甲告养。"（《屯南》1024）"辛未，贞：于大乙告羏。辛未，贞：于大甲告羏。"（《合补》13330，历二）养为人名，商王占卜向大乙、大甲为养祈祷，养与商王室可能有亲缘关系。卜辞"癸酉卜，古贞：呼伲取虎于养鄙"（《合集》11003）。养有其城邑，商王命令内服臣子亚伲于外服侯城邑的边鄙捕取老虎。

12. 竹侯

商代的外服竹侯，以往学者多有论及，如彭邦炯将殷卜辞中的竹侯与金文孤竹联系起来考察，认为外服竹侯地望"在今日河北东北部到长城外的辽宁西部、内蒙古东南一隅的范围内；而卢龙则是该国族的中心区或首邑所在，喀左等地则可能是当时竹国范围内的重要城邑了"②。殷卜辞中外服竹侯（《合集》3324），或省称"竹"，听命于商王而践行王事。如"壬辰卜，扶，令竹☑"（《合集》20230）。"庚午卜，宾贞：令☑竹归于☑。"（《合集》4744）"辛☑［卜］，争贞：☑竹归。"（《合集》4747）外服竹侯的主要职责是捍卫疆土，协同王师讨伐敌方。殷卜辞记载外服竹侯参与了抵御鬼方的战争，"辛卯卜，㱿贞：惟罙呼竹蚊［鬼］"（《合集》1108正）。"辛卯卜，㱿贞，惟罙呼竹蚊鬼。"（《合集》1109正）"贞：不惟罙呼竹蚊鬼。"（《合集》1110正）"☑罙呼竹蚊鬼。"（《合集》1111正）"贞：不□罙呼竹☑。"（《合集》1112）"贞：不惟竹蚊。"（《合集》1113）竹侯可能与召方有过战争，如卜辞"己亥卜，贞：

---

① 李学勤：《商至周初的玉石器铭文》，《李学勤文集》，上海辞书出版社 2005 年版，第174 页。

② 彭邦炯：《从商的竹国论及商代北疆诸氏》，王宇信主编：《甲骨文与殷商史》第三辑，上海古籍出版社 1991 年版，第 380—384 页。

竹来以召方于大乙束"(《屯南》1116)。"□□卜,贞:竹来以召方☑彘于大乙。"(《屯南》4317)外服竹侯战胜召方而有所俘获,向商王朝行献俘礼,商王占卜以竹侯所献召方的俘虏为牺牲,祭祀先王大乙。

外服竹侯有贡纳义务,"取竹刍于丘"(《合集》108)。"贞:其用竹甗(献)羌,更酌彡用。"(《合集》451)"竹入十。"(《合集》902 反)"之日用,戊寅,竹侑。贞:侑于阳甲、父庚、父辛一牛。贞:勿侑于阳甲、父庚、父辛一牛。"(《合集》6647 正)"王用竹,若。"(《合集》15411)商王征取竹侯应献刍牧者于丘地。以竹侯所献羌人为牲,进行酌祭、彡祭时用。① 竹侯一次贡纳十只大龟。"戊寅竹侑",戊寅日以竹侯所献举行侑祭,侑祭阳甲、父庚、父辛三位神主各一牛,说明竹侯所献为牛。"王用竹",亦有省略,不应是王用竹为牺牲,应指王以竹侯所献为牲。

外服竹侯族人在商王朝作贞人,如"丁丑卜,竹、争贞:大以子商臣于盖"(《合集》637 宾三)。"丙寅卜,疑贞:卜竹曰其出于丁牢。王曰弜寿,翌丁卯率若。八月。"(《合集》23805 出一类)竹与争共贞,臣子大率领子商的族众赶往盖地。丙寅日疑对卜竹和王的占卜进行再贞,卜竹谓将侑祭丁以牢,王谓勿久,翌日丁卯侑祭于丁皆善。这两条卜辞反映外服竹侯族人在商王朝占卜机构中担任占卜职官,也可以视为外服竹侯的一项重要职事。彭邦炯谓"到了祖庚祖甲时,竹氏还有人担任王朝卜人,与贞人疑共事于朝,同时为商王占卜问卦"②。

商王关心竹侯、竹地的安危。"丁丑卜,王贞:令竹、蔡、兀于外田,由朕事。"(《合集》20333 师小类)商王为在外践行王事的竹侯安危担忧,不希望竹侯遇到灾咎。外服竹侯有驻守边地,拱卫殷邦的军事职责,当敌方侵犯时,要向商王朝汇报敌情。卜辞如:"王占曰:有求(咎),其有来艰。迄至九日辛卯,允有来艰自北,蚁妻笯告土方侵我田十人。"(《合集》6057 反)妻笯为竹氏之女将,驻守在蚁地,当北方的土方入侵,

---

① 甗字考释及读为献的意见,参考朱凤瀚《释"𤉡羌"》,宋镇豪主编:《甲骨文与殷商史》新五辑,上海古籍出版社 2015 年版,第 1—7 页。

② 彭邦炯:《从商的竹国论及商代北疆诸氏》,王宇信主编:《甲骨文与殷商史》第三辑,上海古籍出版社 1991 年版,第 381 页。

守将将土方入侵及掠夺人口等损失情况向商王武丁做了汇报。

关于竹与孤竹的关系，曹定云指出殷墟甲骨文中的竹与殷代金文中的"觳竹"是前后承袭的发展阶段，祖甲以前称"竹"，廪辛（可能包括祖甲后期）以后称"觳竹"。"觳竹"就是后世典籍中所载的"孤竹"。①殷墟卜辞中的竹侯与文献及金文中的"觳（孤）竹"实为先后继承的关系。殷墟妇好墓出土长条形石磬所刻"妊竹入（纳）石"，曹定云认为妊竹应读为任竹，任是竹之职称（或身份）。②孤竹、任竹都可能是外服竹侯这一族氏的分化、繁衍。

13. 夒侯

朱凤瀚认为"夒氏"属于"夒"宗族的一个分支，于商代晚期夒氏族长被商王册命为侯，称"夒侯"，"亚（中）夒侯"铭文青铜器多为商周之际，与"夒"组成复合氏名，此"夒侯"作为氏名使用，在周初周王重新册封夒氏族长为侯，称夒侯。并据春秋时期青铜器夒侯簋铭文"夒侯作夒井姜妢母媵尊簋，其万年，子子孙孙永宝用"，推测夒氏为姜姓。③夒侯之称始见于商代晚期的黄类卜辞，如："癸未卜，在次贞：舍巫九骼，王☒于夒侯告师，王其在夒☒，正（征）☒。"（《合集》36525）商王驻扎于夒侯的属地，于夒侯告师内占卜，王将在夒地举行祭祀。据此条卜辞知，黄类卜辞中的夒地应指夒侯告的居地。夒作为地名、族名早见于宾三类卜辞，如：《合集》9570"甲子卜，宂贞：于翌乙丑屍夒。乙丑允屍夒，不［遘］☒"。该辞中的屍为动词，专家释读"屍……田"辞例未有定论，比较而言，胡厚宣认为字与《说文》"徙"字古文为一字，李家浩、裘锡圭都认为有理，近年单晓伟对该字进行了再梳理，认为该字读音为沙，人坐于沙上，沙有流动性，人亦随之而动，会意为"徙"字。④ 此辞

---

① 曹定云：《殷墟妇好墓铭文研究》，云南人民出版社 2007 年版，第 55—56 页。

② 曹定云：《殷墟妇好墓铭文研究》，云南人民出版社 2007 年版，第 50 页。

③ 朱凤瀚：《殷墟卜辞中"侯"的身分补证——兼论"侯"、"伯"之异同》，《古文字与古代史》第四辑，台北："中研院"历史语言研究所 2015 年版，第 17—18 页。

④ 单晓伟：《甲骨文中"徙"字及"徙"田问题研究》，《中国历史文物》2007 年第 1 期。关于胡厚宣、李家浩、裘锡圭以及单晓伟的观点，可参见何景成编撰《甲骨文字诂林补编》，中华书局 2017 年版，第 2—4 页。

"徙矗"应是迁徙矗族之意。尚无证据表明宾类卜辞中的矗地指矗侯之地，不能由此断定此时商王朝已经建立矗侯。疑作为族氏名已见于历组、出组卜辞，如："□［亥］贞：疑以☒。"（《合集》32908）与疑族致送贡物有关。然此时该族是否被册命为外服侯，分化出矗侯之氏，无由证明。可以确定的是，商代晚期矗侯作为外服是存在的，商王于其领地内驻军，亲临其居地，并在其邑内举行祭祀。商王此行当与晚商时期讨伐敌方的军事行动有关，所以外服矗侯的主要职责仍是以拱卫疆土，协同商王讨伐敌方的军事方面为主。

14. 黍侯

"黍侯"是否为外服侯名，曾有争议。卜辞"癸卯卜，古贞：王于黍侯受黍年，十三月。癸卯卜，古贞：王勿于黍侯受［黍］年。☒我［受］黍年。王占曰：吉。我受黍年"（《醉古集》344组[1]）。于省吾认为"王于黍侯受黍年"中的"侯"为时候的"候"，贞问"王在黍子熟的时候能获得黍子的丰收"[2]。朱凤瀚大概是受此说影响，而认为"黍侯"不能确定是侯名。该卜辞中的"黍侯"可能是以外服黍侯名代指黍侯之地，此类辞例颇多，如《合补》1711"乙亥卜，贞：令多马、亚伲、菁、弢省陵廪，至于𢽳侯"，其中的"𢽳侯"就是以侯名代指地名。《合集》10923"壬戌卜，争贞：乞令受田于失侯，十月"。其中的"田于失侯"也是指田于失侯之地，是以外服失侯之名指代地名。据此种情况，亦当存在外服"黍侯"。

殷卜辞中黍侯之领地也简称"黍"，如"辛未卜，㱿贞：我共人乞在黍，不漕，受有年。贞：我弗其受黍年"（《合集》795）。在黍即在黍地，商王征召人众于黍地耕种，是否获得丰收。这与《合集》9934正所载商王于黍侯之地耕种获得好收成，当属占卜同一事类。此黍地即黍侯之地的省称，也就是说黍侯可能是以地名命名的外服。商王特别关心黍侯封地的农业收成，说明黍侯的农田收成是商王朝财政收入的重要组成部分，

---

① 林宏明：《醉古集：甲骨的缀合与研究》，台北：万卷楼2011年版，释文见第187页，图版见407页。

② 于省吾：《释黍、斋、秾》，《甲骨文字释林》，中华书局1979年版，第244页。

或者可以说黍侯封地是商代国家领土的组成部分，商王关心其治下农田收成与占卜商王朝四土获得丰收有着相同的意义。

16.禾侯

关于禾侯的卜辞材料有限，目前所见几条关于商王命禾侯践行征伐王事。如："□□〔卜〕，争贞：令上丝眔禾侯，〔若〕。贞：令中人，七月。"（《合集》3336正）"□□卜，争〔贞：令〕上丝眔□侯，若。贞：〔令〕中〔人〕。"（《合集》3337）七月的某日，贞问命令上丝侯与禾侯践行王事，是否会顺利。对比卜辞"戊子卜，疑贞：王曰：余其曰多尹，其令二侯上丝眔𢀛侯其和□□□周"（《合集》23560出二类）。商王命令上丝侯与𢀛侯协同伐周。董珊提出此周为居于周原的妘姓琱氏①，说明上丝位于殷都西部，而《合集》3336正载王命上丝与禾侯共同践行王事，说明禾侯与上丝相去不远，大体也在殷都西部距离周不远之地。禾侯族女子可能被进献于商王室，如卜辞"贞：允其肇妖。贞：不其肇妖"（《合集》7076正）。肇，进献之义。② 与此相近的辞例有："肇马，左、右、中，人三百，六月。"（《合集》5825）"其肇马，有征。弜肇。"（《合集》29693）"其肇马。弜肇。"（《合集》31181）"贞：肇丁用百羊、百犬、百豕，十月。"（《合集》15521）孟世凯认为肇当是一种献牲的祭祀③，是以肇有进献之义。"肇马"即进献马队军事组织，将有战事。"肇妖"当是进献禾侯族女子于商王室。

16.杞侯

外服杞侯即《史记·夏本纪》所载夏的后裔所建立的杞，夏亡后臣属于商，受到商王朝的册封而进入外服系统，成为商王朝国家的组成部分。"丁酉卜，㱿贞：杞侯𦏧弗其肩兴有疾。"（《合集》13890）武丁祈求外服杞侯疾病好转。商王向外服杞侯征取贡物，"癸巳卜，今夕共责（积）杞"（《合集》22214）。"共"表示向臣属者征取贡物的用语。责与

① 董珊：《试论殷墟卜辞之"周"为金文中的妘姓之琱》，《中国国家博物馆馆刊》2013年第7期。

② 罗立方推考甲骨文例，认为肇有"奉献"之义，参见其文《殷墟花园庄东地甲骨卜辞考释三则》，《古文字研究》第26辑，中华书局2006年版，第46—48页。

③ 孟世凯：《甲骨学辞典》，上海人民出版社2009年版，第619页。

积古通用，如兮甲盘、小臣缶方鼎等铭文，为责田税之义。① 商王田猎、巡狩往来于杞。"己卯卜，行贞：王其田，亡灾，在杞。庚辰卜，行贞：王其步自杞于囗，亡灾。"（《合集》24473）占卜商王在杞地的田猎、巡视不会遇到灾祸。

外服杞侯与商王室有婚姻关系，"妇杞示屮七屯。宾"（《合集》8995臼）。"妇杞示七屯又一版。宾。"（《合集》13443臼）"妇杞"之称表明来自杞侯的女子做了商王室贵族之妇，说明外服杞侯与商王室贵族有婚姻关系。"杞妇"之称还见于商末杞妇卣"亚醜，杞妇"（《集成》5097）。亚醜与卜辞中"小臣醜"及"醜"同为醜族。山东青州市苏埠屯商代墓地出土多件"亚醜"铭文青铜器，其器物特征和埋葬制度与安阳殷墟晚期文化完全相同。② 可能醜族原为内服贵族，于商王廪辛时期始转封于东方，成为商王朝经营东方的军事重镇。而"杞妇"称谓表明该女子来自外服杞侯，杞妇卣铭文反映亚醜族与外服杞侯有婚姻关系。

夏后裔杞于夏王朝灭亡后，被商王朝封为外服杞侯，直至商代后期依然存在。甲骨文反映杞侯不但与商王室贵族有通婚关系，且与晚商时期东方的雄族亚醜族有联姻关系，说明杞侯至商代晚期与商王朝关系依然密切且实力稳固，并成为晚商时期商王朝征伐夷方的重要前哨。

17. 闽侯

该侯名目前仅一见，但足以证明其为商王朝外服侯。卜辞"囗贞：翌甲寅囗闽侯［于］柚京以羌，自上甲至于丁"（《合补》67正）。闽为地名，侯为外服职名。贞问是否用闽侯所献羌人，祭祀上甲至于丁的诸位神主。这位外服侯献纳俘获的羌人，以表达对商王朝的臣服。

18. 窒侯

窒侯之称见于宾一类卜辞，而宾二类卜辞有"子窒"，据卜辞分类断代研究成果，宾一大都处于武丁中期，宾二类处于武丁晚期至祖庚时期主要是武丁晚期，所以子窒由商王室成员而被封为侯的观点是不妥的。岛

① 饶宗颐：《殷代贞卜人物通考》，香港大学出版社1959年版，第765页。
② 中国社会科学院考古研究所编：《中国考古学·夏商卷》，中国社会科学出版社2003年版，第313—315页。

邦男认为作为地名的窜与子窜及窜侯的邑在同一地，从窜地出发经由某地可达殷北的盂方，即窜地在殷西北，窜侯为该地的封侯。① 子为商人族长通称，子窜应是其族族长。也就是说窜为族名，此外服是以族名作为侯名。

窜侯听从商王调遣，践行王事，如"丙申卜，永贞：呼窜侯。贞：勿呼窜侯"（《合集》3333 宾一）。商王占卜是否命令窜侯践行王事。该侯的主要职责亦为捍卫疆土，抵御敌方，卜辞如："辛卯卜，贞：在窜，其先遘戎。五月。贞：在襄，王其先遘戎。五月。"（《英藏》593）商王卜问在外服窜侯领地，王师先锋部队是否遭遇敌人，时在五月。又贞问在襄地，王的先锋部队是否遭遇敌军。"乙卯卜，𢍺贞：𢦔及𢀛方于窜。"（《怀特》382）乙卯日占卜，商王朝臣子𢦔率师追赶𢀛方到了外服窜侯领地。

子窜或许为窜族的分支，子为其族长称谓。"己未卜，亘贞：子窜亡蛊（害）。贞：子窜有蛊（害）。贞：勿于妣己御子窜。贞：于妣己御子窜。"（典宾《合集》905 正，武丁晚期）"贞：子窜不延有疾。"（《合集》13890 典宾）关于子窜的辞例，主要是商王关心其身体安危，并向王室女性祖先妣己举行御祭，被除子窜灾祸。子窜的辞例时代晚于外服窜侯，是否可以作这样的推论，封侯者为长子，留在王朝大邑商内辅佐商王的为次子或子辈，与西周时期长子就封，次子留相王室的传统类似。②

19. 𢎥侯

现有卜辞反映，外服𢎥侯曾叛离商王朝，而遭到商王朝讨伐，似乎商王先亲征讨伐叛乱，如卜辞：

甲子卜，王从东戈（伐）𢎥侯，𢀛。

乙丑卜，王从南戈（伐）𢎥侯，𢀛。

丙寅卜，王从西戈（伐）𢎥侯，𢀛。

丁卯卜，王从北戈（伐）𢎥侯，𢀛。

----

① ［日］岛邦男：《殷墟卜辞研究》（日文版），弘前大学文理学部中国学研究会 1958 年版，第 381 页及 429 页。

② 关于西周时期长子就封，次子留相王室的金文证据，参考高婧聪《师𥂖钟、姬寏母豆铭文所见人物关系与族属——兼论西周国家建构模式》，《管子学刊》2019 年第 1 期。

戊辰卜，〼（《合集》33208）

〓可能是〓字的异体，戈有攻伐、进击之义。[①] 〓字学界释读分歧较大，吴振武认为字形是彤沙之“沙”的象形，早期卜辞用为表示克或战胜意义的〓（杀）[②]。这版卜辞连续四天占卜商王从东南西北哪个方向进击〓侯可以获胜。殷墟卜辞载商王命令雀伐〓侯，应与此为同一战事所卜。如：“辛卯卜，令雀伐［〓］侯。”（《京都大学人文科学研究所藏甲骨》3226）“戊［子］卜，令雀伐〓侯。”（《合集》33072 师历间）上举辞例中丁卯之后第 24 日“辛卯”又卜问命令雀讨伐〓侯是否可行，另一条卜问是否以雀讨伐〓侯的卜辞，应距此辛卯日时间较近，很可能是戊子日，细查拓片“戊”下一字尚有残存与〓（子）字上端颇为接近，试补“子”字。最后商王确定命令雀讨伐〓侯，由下面一组卜辞可知：

甲辰卜，侯㝉（宾）雀。

甲辰卜，雀〓〓侯。

［甲辰］卜，〓侯［〓］雀。

甲辰卜，雀受侯又（佑）。（《殷契佚存》604 =《合集》33071）

辛卯之后第 13 日甲辰日占卜雀与〓侯战争的胜负，侯是〓侯省称，雀受〓侯佑，即雀获胜。商王关心的是战争结果〓侯战胜雀，还是雀战胜〓侯。上述卜辞载商王于讨伐〓侯一事极为重视，商王亲征〓侯，命令雀讨伐〓侯，结果可能是雀战胜了〓侯。

20. 上丝侯

武丁时期，上丝侯与禾侯一起践行王事，如“□□［卜］，争贞：令上丝眔禾侯，［若］”（《合集》3336 正）。“□□［卜］，争［贞：令］上丝［眔禾］侯，若。”（《合集》3337）至祖甲时，上丝侯与〓侯一起践行

---

① 参见黄天树《殷墟王卜辞的分类与断代》，科学出版社 2007 年版，第 40 页。张玉金《甲骨文虚词词典》，中华书局 1997 年版，第 71 页。吴振武《〈合〉33208 号卜辞的文字学解释》，《史学集刊》2000 年第 1 期。

② 吴振武：《〈合〉33208 号卜辞的文字学解释》，《史学集刊》2000 年第 1 期。

伐周的王事，如："戊子卜，疑贞：王曰：余其曰多尹其令二侯上丝罘⿱侯其和□□□周。"（《合集》23560 出二）郭沫若认为"⿱侯当即它辞习见之⿱侯"①。《合集》23560 占卜的是王的话，王将告多尹向二侯上丝与⿱侯传达王命，可能是伐周之事。上丝侯与⿱侯并称二侯，可确认上丝为外服侯。商王命令上丝侯与⿱侯共同践行撲周的王事，说明上丝与⿱侯居地皆距周不远。

21. 鑾侯发

关于此侯名，曾有不同认识。如前文经比较诸说，核实拓片，可以确认鑾为地名，"发"为侯之私名。黄类卜辞记载，晚商时期商王朝册命鑾侯发之事。如：

乙巳王卜，贞：⿰鑾侯［发，晋］嚻伯拇②罘二姝，余其比发酋戈，亡左，自上下于禣，余受有佑。不曾⿰戈。王占曰：吉。在二月，在寻彝。　　　　　　　　　（《合集》36347＋36355＋36747③）

丁丑王卜，贞：畬巫九备，⿰鑾侯发，晋［嚻伯］拇罘二姝，余其比［发酋］戈，亡左。自上下［于禣，余］受有佑，不曾⿰戈。肩［告于大］邑商，亡蚩，在赋。　　　　　　　　　　　　　　　　　（《合集》36344）

☑鑾侯发☑发酋戈，亡［左］。肩告于［大邑商］☑。

　　　　　　　　　　　　　　　　　　（《合集》36348）

畬巫九备，作为命辞内容之一，据朱凤瀚研究，大意是考核用"巫九"筮术所得到的占辞，进一步用占卜的方式对筮占结果可信性加以验

---

①　郭沫若：《卜辞通纂》别录二·五，《郭沫若全集考古编》第 2 卷，科学出版社 2002 年版，第 602 页。

②　"拇"字释读参见陈剑《甲骨金文旧释"尤"之字及相关诸字新释》，《甲骨金文考释论集》，线装书局 2007 年版，第 59—80 页。

③　殷德昭：《黄组甲骨缀合一则》，中国社会科学院历史研究所先秦史研究室网站，2015 年 11 月 13 日。

证。① 筮占的内容和结论据卜辞应是"册爨侯发，曹［齒伯］拇罙二妘，余其比［发甾］戈，亡左。自上下［于褅，余］受有佑，不曹𢆶。"商王既用筮占，又亲自与占卜机构同时龟占此事，可见册封爨侯发之事的重要性。理解卜辞内涵的关键还在于两个册字，经多位学者研究已经大体清楚，谢明文在学界前辈研究基础上，明确指出𠕋本义是称册，主要在黄类周祭卜辞或战争卜辞中用于同盟方国之前，而曹则用于敌对方国之前。② 前者为册命之义，后者应为告意。商王册命爨侯发，并进一步占卜命其协同商王征讨敌方，是否受到佑助。商王册命调遣爨侯发征讨的敌方是齒地称伯私名为拇者与二妘。齒字董珊认为从"曾"得声，表示国名"缯"的专字，缯为姒姓，西缯活动于陕西和甘肃的交通要道。③ 董珊并未明确殷卜辞中这个缯相当于他所说的三曾中的哪个，王子杨继此进行推论，将这个齒伯与商周时期活跃于甘陕一带的齒族相联系。二妘，是两个妘族势力④，距离齒伯之地当不远，俱在西土。商代晚期的帝乙、帝辛时期，西土的外服齒伯拇与妘族联合叛乱，军情传报到大邑商，帝乙（或帝辛）就册命爨侯发并与之联合讨伐叛乱之事进行了筮占，丁丑日商王亲自进行了龟卜，结果是吉兆，商王命将卜兆和占辞告大邑商"无害"，时商王处于猒地。又过了二十七日的乙巳日，商王又对此事进行占卜，结果也是吉兆，时在二月商王处于寻地。寻地应是商王西征路线上的重要地点，也就是商王在西征叛乱过程中，进行的占卜。由商王朝征讨敌方的卜辞显示，一般商王调集敌方附近的内外服军事力量，所以商王册命调遣的爨侯发也必是商王朝西土的重要外服势力。由商王册命爨侯发协同讨伐敌方的卜辞知，外服爨侯发的主要职责是军事方面，协助商王讨伐叛乱方国，巩固商王朝疆土。

---

① 朱凤瀚：《黄组卜辞中的"𡧊巫九备"试论》，宋镇豪主编：《甲骨文与殷商史》新三辑，上海古籍出版社 2013 年版，第 164 页。

② 参见谢明文《伙、𠂤等字补释》，《中国文字》新三十六期，台北：艺文印书馆 2011 年版，第 100 页。

③ 董珊：《从出土文献谈曾分为三》，《出土文献与古文字研究》第五辑，上海古籍出版社 2013 年版，第 154—161 页。

④ 妘族见于《殷周金文集成》7270 商代晚期铜觚，铭文一般释作"子妘"，作器者应是殷卜辞金文习见的族长称谓"子某"，故隶定作子妘更好些。

22. 兔侯

关于外服兔侯之侯名用字，以往有些释读分歧，但兔子有上翘的短尾巴，是"兔"字区别其他动物的典型特征。"贞：兔侯呼宅。"（《合集》13925）商王呼命外服兔侯居于某地，或许与册封外服兔侯居地有关。与其他外服称名方式一样，兔侯亦可省称兔。

外服兔侯听从商王调遣，如"己卯卜，争贞：今者令兔田，从戋至于淹，获羌。王占曰：艰"（《合集》199）。"贞：令兔归□我。勿令兔［归］。"（《合集》419 正）占卜今日命令外服兔侯田猎，是否会俘获羌人。占卜践行王事的兔侯归朝复命，"□辰卜，亘贞：兔其呼☑。［王］占曰：兔其呼来。"（《合集》4619）商王呼命外服兔侯来朝见商王。

商王非常关心兔侯是否执获羌人，是否来献羌俘。如《合集》200"庚子卜，宾贞：兔获羌"。《合集》201"丙申卜，宾贞：兔获四羌，其至于鬲。贞：兔获［羌至］于鬲"。《合集》202"贞：兔不其多获羌"。《合集》223"壬午卜，宾贞：令兔执羌"。《合集》226 正"壬辰［卜，□贞：兔］其［来五十］羌。☑兔不其来五十羌"。说明外服兔侯濒近于羌人活动区域，且兔侯有献俘义务，以此表示臣服于商王。商王亦关心践行王事的外服兔侯之安危，如《合集》4616"甲申卜，争贞：兔亡田。十二月"。关于外服兔侯的卜辞皆为典宾类，也就是说外服兔侯活跃于武丁时期，一直臣服于商王朝。

23. 献侯絴

目前所见关于外服献侯絴的卜辞较少，商王命令内服协同外服侯絴进行军事行动，《合集》27888"叀小臣墙令呼比，王受佑。弜令。叀絴令。弜令"。《合集》32919"冉比絴眔羽"。商王关心外服侯絴的疾病安危，《合集》13902"［侯］絴肩兴有疾"。商代晚期外服侯絴参与征伐夷方之事。如："乙丑王卜，贞：畣巫九备，祚余噂（尊），启告献侯絴，册二十。"（《合集》36345 黄类）　"□□卜，贞：畣巫［九备］……夷方……率刿……侯絴……孚，余□比侯……"（《合集》36508 黄类）这两条卜辞都是对筮占的结果进行龟占验证，前一辞商王问册告献侯絴于神灵，用牲二十可行否。据后一条卜辞向神册告献侯絴或与商王朝征伐夷方有关，可能是征伐夷方需要调集外服献侯矜，协同王师行动，而向神灵问是否可行。商代外服献侯一直延续至周初，臣服于周而被封为侯，见于献侯嚣鼎（《集成》2626）。

24. 甌侯妊

保利艺术博物馆藏一件商代晚期的青铜尊，器内壁铸铭文"甌侯妊"（《铭图》11462）。甌字还见于商代后期青铜卣"夏入（纳）文父丁甌"（《文父丁卣》，《集成》5155）。夏为人名，宜为器主，甌为族氏名。器主献纳祭祀父丁，器主出自甌族，应与甌侯有关，或为一代甌侯。据此可以确定"甌侯妊"中甌为族氏名，侯为外服职名，妊为侯之私名，属于外服"某侯某"的称谓形式。可以确定，这件商代晚期的青铜尊的作器者是商代外服侯。

25. ⻏侯

"庚子☑⻏侯☑"（《东京大学东洋文化研究所藏甲骨》B.0559b）核诸拓片和照片，⻏与侯连读的可能性很大。《英藏》1813："辛酉卜，𡧊弗敦⻏，又（侑）南庚。"《合集》7025："贞：𡧊其𢦔⻏。"《合集》7024："癸丑卜，𡧊其克甫、失。乙卯卜，乍⻏执𡧊。贞：𡧊不亦（夜）来。"《合集》20576："戊午卜，⻏克贝、𡧊南邦方。己未卜，惟𡧊方其克贝、⻏，在南土。"⻏在拱卫商王朝疆土方面发挥着重要的作用。由⻏克南邦方的卜辞知，其应是扼守商王朝南土的外服侯。

26. 休侯

目前能够确证外服休侯的仅有一条卜辞，"☑休侯羌☑丁用"（《怀特》1592）。辞义为用休侯所献羌人为牺牲，祭祀日名为丁的祖先。献羌俘于商王朝，表达对商王权威及商王朝的臣服，这是外服侯较为普遍的职责之一。

27. 暴侯

卜辞中有表示外服侯称谓的"暴侯"，如："贞：呼比暴侯。"（《合集》697正，宾一）商王武丁命令协同暴侯一起践行征伐类王事。"庚戌卜，争贞：令暴归。"（《战后京津新获甲骨集》2177）命令暴侯归朝向商王复命。

晚期卜辞有瀑地可能是暴侯居地，"壬寅卜，在曹贞：王步于瀑，亡

灾。甲辰卜，在□贞：王步于曹，亡灾"（《合集》36828）。 "☑在瀑
［贞］：［王］步于□，亡灾。"（《合集》36955）裘锡圭认为卜辞瀑地即
《春秋》文公八年"公子遂会雒戎于暴"的暴，在今河南原阳县一带。①
商代晚期商王占卜从曹地到瀑地巡视，有无灾祸，而不提暴侯，或许表
明暴侯封地已经融入商王直接控制区域。

28. 围侯

1976 年出土于殷墟小屯村北 M18 铜簋上有⑰（《集成》3127），器物
时代属于殷墟二期②，证明外服围侯存在的事实。殷卜辞中关于围的记
载，或与围侯有关。《英藏》428："戊寅，围示二屯。"围贡纳占卜用骨
两对。"壬寅卜，王令围伐□□于卫。壬寅，呼围伐□卫戎☑。"（《合集》
19957）"丁未卜，令围，围屮，亳。"（《合集》20398 师历间类）"贞：
围亡尤，十一月。"（《合集》16934 典宾）这三例中围皆为人名，商王命
令围进行军事征伐，商王期望围践行王事，不会遇到灾祸。

综上考证，甲骨文、金文反映商代外服某侯有 28 位，称侯者一般一
直臣属于商王朝，与方国时叛时服的情况不相若。卜辞反映外服某侯有
族众、土地和城邑，外服某侯的史迹或职责主要是守卫疆土，以其族众
协同王师或内服所率军队征伐敌方。商王占卜册命外服侯为将征讨敌方，
以及册命安置外服侯的情况，反映外服侯要由商王册命，才具有相应的
权力和职责。卜辞还记载外服侯践行王事的其他情况，如听从商王调遣，
献羌俘等祭祀贡物和劳动者，朝见商王等表示外服侯对商王臣服及权力
的认同。而商王田猎巡查外服侯的属地，商王派臣子在侯的土地上耕田，
商王关心外服侯疾病、安危、祸福，以及外服侯领地的农业收成，并在
外服侯遭到敌方侵扰时，派兵保护和讨伐敌方，反映外服侯的领地是商
代国家的重要组成部分。侯所处的地方相对于大邑商的位置或远或近，
主要分布于商王朝与方国争锋之地。

---

① 裘锡圭：《说"玄衣朱襮裣"——兼释甲骨文"虣"》，《文物》1976 年第 12 期。
② 中国社会科学院考古研究所安阳工作队：《安阳小屯村北的两座殷代墓》，《考古学报》
1981 年第 4 期。

五　外服侯在商王朝国家中的作用

由诸上详考卜辞中侯的史迹，确认外服侯及其族属领地是商王国的领土，是商代王权国家的重要组成部分。西周康王时期铜器大盂鼎铭文称"殷边侯田与殷正百辟"（《集成》2837），在周人看来外服侯处于殷邦边域，但仍是商王朝的"御事"即内外服职官群体。以往学者多从讨论外服与商王的关系视角出发，进而判断商代国家性质，如杨升南以外服为诸侯身份，提出商是统一的王权国家，"诸侯是商王的臣，其地位和王室的官吏相当"，商王可以呼令外服践行王事，商王在外服治域内可行使开拓耕地、狩猎、巡行，以其地为征伐敌方的基地等权利，反映商王对外服的统治权。外服对商王朝负担军事和经济两个方面的义务，军事方面主要表现在戍守边土、报告敌情，追从王师讨伐敌方；在经济方面主要表现在贡纳各种物品、奴隶、牲畜、谷类，还要为王室耕种耤田。外服为商王室担负这些义务，正是他们臣属于商王朝的结果。"诸侯政权对商王室的臣属关系，在实质上，就是后世中央政权与地方政权的一种初期形态。"① 还有学者从侯的起源角度探讨外服侯在商王朝国家的作用问题，如劳干指出"诸侯之事，最先本为斥候，封建诸侯由斥候者变为封国，和汉代的从候官改为县是循着相类似的轨道"②。裘锡圭在此基础上提出，甲骨文中侯的前身是在边境等地为王斥候的武官，侯对商王国所负主要职责在于保卫。③ 朱凤瀚指出："商后期王国于边域所设置的'侯'之职能应该大致合乎早期'侯'作为'斥候'的身份，即以驻守边域为基本职能。而当王命商人高级贵族率王朝军队出征地方时，会依其所征地方地理方位就近调集一些侯，此种情况下侯是作为王师之辅助

---

①　参杨升南《卜辞中所见诸侯对商王室的臣属关系》，《甲骨文与殷商史》，上海古籍出版社1983年版，第128—172页。

②　劳干：《"侯"与"射侯"后记》，《"中研院"历史语言研究所集刊》第22本，1950年，第127—128页。

③　裘锡圭：《甲骨卜辞中所见的"田""牧""卫"等职官的研究——兼论"侯""甸""男""卫"等几种诸侯的起源》，《文史》（第19辑），中华书局1983年版，第1—13页。

兵力配合王师出征的。"① 诸家所论侯的职责主要本于《逸周书·职方》"方五百里为侯服"孔晁注："侯，为王者斥候也，服，言服王事也。"此言侯服诸侯的职责而非"侯"的职责。斥候职官始见于西汉，以斥候释"侯"，应是受到汉代职官制度的影响。甲骨文中外服侯的起源不应是侦查防卫的斥候，而应是持弓矢以武装捍卫疆土的族氏首领称号，被商王册命为王朝职事"侯"。诸家对外服侯之起源虽有歧见，然基本肯定外服侯的主要职责为以军事力量拱卫王朝边域，这是可取的意见。但还宜从更加广泛的视角考察外服侯在商王朝国家中的作用，以其更加充分理解商代国家结构属性及其文明发展程度。

从外服侯的来源看，外服侯多与商王不同族，如侯洗为姒姓夏族有姺氏，杞侯为夏后裔，侯汾为周族等，异姓外服侯与商王室有婚姻关系，如侯光等。部分外服侯原为方国，被商王朝征服后，重新安置另立首领册命以侯的称号，如崇侯、失侯等。朱凤瀚指出："在卜辞中基本上见不到称'侯'者参与商王室祭祀，或商王为之祭祀王室先人以求佑的卜辞。"但个别外服侯可能为王室亲戚，如侯唐、侯奠。外服侯建立的途径是，商王通过册命等一系列礼仪，授予某族首领以侯称号，将其族纳入到商王朝国家体系之内，最为典型的例子是商王对卣侯商的册命。

从国家结构形式看，外服侯听从商王调遣，接受商王的命令，卜辞所见外服侯"称册"而践行王事，就是这方面的证明之一。外服侯有其土地、族众、城邑，这些是其践行王事的物质基础。商王可以在外服侯的封地上驻扎、耕种以及举行各种礼仪，外服侯本人或其族内贵族子弟入朝担任一定职事，践行王事，表达其对于商王朝的臣服，两个方面都显示外服侯族属及领地为商王朝国家的组成部分。极个别外服侯有反叛或不听命而遭到商王朝的讨伐，如侯任、𫚇侯。

从国家安全的防卫机制角度看，外服侯以其族众武装守卫王朝边域，抵御敌对方国的侵扰，并及时向商王朝汇报边境危机。商王朝获知

<hr />

① 朱凤瀚：《殷墟卜辞中"侯"的身分补证——兼论"侯"、"伯"之异同》，《古文字与古代史》第四辑，台北："中研院"历史语言研究所 2015 年版，第 13 页。

外服侯受到侵扰后，做出决策调动内服族氏武装、王朝军事武装协同外服侯及其附近的其他外服支持外服侯共同抗敌，说明商王负有保护外服侯的义务。从商王朝征伐敌方的军事行动看，内外服军事力量，以及商王朝的军队共同捍卫着商王朝的国家安全。如《合集》36528 反"乙丑王卜，贞：舍巫九备，余乍噂（尊），启告侯、田，曶馘方、羌方、羞方，譬方，余其比侯、田'弋伐四封方"。辞意是商王向外服侯与外服田宣告四封方的叛乱罪行，并率领外服侯、田军事力量讨伐四封方。《殷墟甲骨辑佚》689 "己未，王卜贞：舍［巫九备，夷方伐东］或（国），册东侯，曶［夷方，余其比多侯］甾戈夷方，亡［蚩在畎……］"《合集》36182 +《殷墟甲骨辑佚》690："丁巳，王卜贞：舍巫九备，屯（蠢）① 夷方率伐东国，东册东侯，曶夷方，妥（绥）余一［人］，［余］其比多侯，亡左，自上下于禙示，余受有佑。王占曰：大吉……彤□，王彝在□□［宗］。"② 此两版占卜夷方侵伐东国，商王册命东国之外服侯，告夷方之罪，并率领东国的多位外服侯共同讨伐夷方。外服侯居于边域四国，是保卫商王国国家安全的重要屏障，同时商王亦为处于四国的外服侯的安危提供保障。目前甲骨文中仅见外服'侯与侯任叛乱而遭到商王朝征伐之例，如《合集》33208 载王伐'侯，《合集》33071、《合集》33072 载雀伐'侯，《怀特》434 "甲辰卜，王，雀弗其获侯任在方"。《合补》2240 "甲辰卜，王，雀弗其获侯任在方"。众多外服侯皆臣服于商王朝，践行王事，武丁以后部分外服侯的封地似乎已经成为商王直接控驭的地区，主要体现在征伐东夷和控制西部方国的边域上。

从国家经济收入方面看，外服侯封地的收获物部分进入王朝仓廪，外服侯封地的劳动者有可能贡献于商王朝牧场，外服侯向商王朝贡献特产用于王室祭祀。《乙编》4583 "□申卜，殼贞：侯弗其以骨刍"。《合集》98 正 "贞：侯以骨刍。允以"。如前文所举侯告、侯光献羌俘与羌

---

① 此字释为屯，读为蠢，参见蒋玉斌《释甲骨金文的"蠢"兼论相关问题》，《复旦学报》（社会科学版）2018 年第 5 期。

② 该版缀合参见段振美、焦智勤、党相魁、党宁《殷墟甲骨辑佚：安阳民间藏甲骨》，文物出版社 2008 年版，第 151 页。

刍；侯盾献田猎获鸟和岁贡牺牲；侯唐之地是重要的农业区域，"贞：我受黍年，于唐"（《合集》9948）。商王卜问于唐地获得好的收成，又向唐地征集饲养放牧者，"唐刍"（《合集》145），说明侯唐之地有重要的畜牧区。商王命令外服侯敖贡纳丝织物绐。商王派遣内服职事在失侯封地上耕田，失侯贡献刍牧人员。竹侯贡献刍牧人员；黍侯土地收入关系商王朝的年成；商王向外服杞侯征取贡物等。

从商代青铜文明的影响看，部分外服侯也有制作青铜器的迹象，如洛阳马坡出土成批带有"失"字族氏铭文铜器，当与商代外服失侯有关。出土于安阳的商代晚期铜戈上铸有铭文"斳侯"（《集成》10770），保利艺术博物馆收藏商代后期青铜尊，铸有铭文"甌侯妊"（《新收》1585），1976 年出土于殷墟小屯村北 M18 铜簋铭文"围侯"（《集成》3127），器物时代属于殷墟二期，应为围侯族所作青铜器。这些事例或可作为外服侯接受商代青铜文化的明证。由于制作青铜器的原料属于稀有物品，制作工艺主要控制在商王朝的百工之手，未获商王授权，外服侯恐难以得到制作青铜器的权利。若从这个角度看，目前所见外服侯制作青铜器数量少，主要应出于王权的控制，未必是外服侯不认同商文化。

商代宗教意识形态方面看，外服侯以贡纳祭祀牺牲的方式参与商王国的宗教祭祀礼仪，如《合集》39707"甲申卜，王贞：令侯伐北示十又六示"。以及前举侯唐贡献祭祀牺牲，攸侯贡纳祭祀牺牲牛；竝侯贡献祭祀牺牲、贡献巫以及奴隶；犬侯贡献羌人以为祭祀牺牲；失侯贡献羌俘用以祭祀；竹侯献俘祭祀大乙，竹侯献羌人为牺牲，兔侯执获并献纳羌俘；休侯献羌俘。外服侯还通过贡纳占卜所用的龟甲、牛肩胛骨，参与商王朝宗教活动，如侯唐、侯奠贡献占卜用龟，侯徝贡纳占卜用的牛肩胛骨；失侯贡献占卜所用龟和牛肩胛骨；竹侯贡龟，其族人担任王朝贞人，参与占卜决疑之事。也就是说商王允许外服侯通过贡献牺牲，参与到商王朝另一主流文化——祭祀礼仪之中。商王命令外服侯提供占卜所用的龟甲、牛肩胛骨，允许部分外服侯本人或其子弟进入商王朝服务，作为贞人参与占卜程序等方式，参与到商王朝占卜决疑的政治宗教文化之中。

综合上述对殷商外服侯的相关研究分析得知，学界对商代社会身份的关注一直是学术热点，通过梳理学者有关外服侯社会身份的研讨，大体得见商代的侯为外服职官说，与传世文献及甲骨文反映的外服侯情况较为相符。对甲骨文、金文所见外服侯的数量的考核，为全面考察目前所见外服侯的史迹提供了坚实的学术基础。通过对目前所见的 14 位外服"侯某"和 28 位外服"某侯"史迹的考察，大体确定商代后期尤其是武丁时期，外服侯由少数子姓族氏和多数异姓族氏构成，商王通过占卜、祭祀、册命等一系列仪礼形式，根据商王朝开疆拓土的需要，于四国政治地理之中建构起外服侯系统。外服侯以其封地、族众为基础听从商王调遣，践行王事；商王在外服侯封地驻扎、耕种、巡视、祭祀等活动，反映外服侯为商代国家的组成部分。外服侯封地的农业收成部分进入王朝仓廪，其战俘、劳动力、土产贡献于商王朝，成为王室经济收入和各类事务开支的组成部分。部分外服侯之名见于青铜器，且为器主，表明商王赐予部分外服侯作器的权利，并认同商文化的表现之一。外服侯以贡纳祭祀牺牲的方式参与商王朝的宗教祭祀礼仪，外服侯还通过贡纳占卜所用的龟甲、牛肩胛骨，参与商王朝宗教活动，商王允许部分外服侯本人或其子弟进入商王朝服务，作为贞人参与占卜程序等方式，纳入商王朝占卜决疑的政治宗教文化之中。基于以上诸方面考虑，商王朝建立的外服侯系统，已经成为商代国家政治实体的重要组成部分，外服侯的军事守卫疆土职能于边疆危机时期最为明显。此外，外服侯在商王朝政治、经济、宗教文化、意识形态等方面也具有不可替代的作用，是商代国家运行的基石。

第三节　商代外服田考

《尚书·酒诰》载周公谓：自成汤咸至于帝乙"越在外服：侯、甸、男、卫、邦伯"，说明周初周人认为商代存在外服侯、甸、男、卫、邦伯。《尚书》其他各篇述及周克商后的殷商外服或有简省，如《酒诰》谓"汝劼毖殷献臣侯、甸、男、卫"，《尚书·召诰》称"庶殷：侯、甸、男、邦伯"，彼时其身份为臣服于周的殷献臣；《君奭》则省称"侯、甸"，《大盂鼎》称"殷边侯田"（《集成》2837），这两处是周人称述殷商历史时提及外服"侯甸"。以上涉及殷商外服的几处文献记载表明，周初称殷商外服为"侯、甸、男、卫、邦伯"，有时也以最为重要的侯与甸来概括殷商的外服。侯、田、男、卫、伯外服称号皆见于卜辞，且为听命于商王的外服职事。卜辞中侯的研究已取得一些重要成果①，以及前文的探讨，对于外服侯的性质及其在商王朝中的地位的认识逐渐清晰。相对而言，地位与侯比肩的外服田的探讨要少得多，且多为探讨某一问题时对外服田有所涉及，尚缺乏对外服田进行专门系统探讨。② 就目前的研究状况看，既往研究对甲骨文中田的身份、田的命名方式、田的史迹、田与王的关系等问题尚存诸多分歧及不明之处。兹在以往研究基础上，借鉴外服侯的相关研究成果，通读甲骨文与金文中表示社会身份的"田"的资料，从分析田的身份入手，对甲骨文所见外服田及其相关问题进行系统考察。

---

① 具体参见董作宾《五等爵在殷商》，《"中研院"历史语言研究所集刊》第六本三分，1936 年，第 414—417 页；胡厚宣：《殷代封建制度考》，《甲骨学商史论丛初集》，河北教育出版社 2002 年版，第 60—62 页；陈梦家：《殷虚卜辞综述》，中华书局 1988 年版，第 328—332 页；[日] 岛邦男：《殷墟卜辞研究》（日文版），弘前大学文理学部中国学研究会 1958 年版，第 426—434 页；张秉权：《甲骨文与甲骨学》，台北："国立"编译馆 1988 年版，第 425—428 页；杨升南：《卜辞中所见诸侯对商王室的臣属关系》，胡厚宣编：《甲骨文与殷商史》，上海古籍出版社 1983 年版；裘锡圭：《甲骨卜辞中所见的"田""牧""卫"等职官的研究——兼论"侯""甸""男""卫"等几种诸侯的起源》，《文史》（第 19 辑），中华书局 1983 年版，第 9—10 页。王冠英：《殷周的外服及其演变》，《历史研究》1984 年第 5 期。王宇信、杨升南主编：《甲骨学一百年》，社会科学文献出版社 1999 年版，第 462—464 页；徐义华：《商王朝的外服职官制度》，王宇信、宋镇豪、徐义华主编：《纪念王懿荣发现甲骨文 110 周年国际学术研讨会论文集》，社会科学文献出版社 2009 年版，第 346—364 页；韩江苏、江林昌：《〈殷本纪〉订补与商史人物徵》，中国社会科学出版社 2011 年版，第 475—507 页；韦心滢：《殷代商王国政治地理结构研究》，上海古籍出版社 2013 年版，第 296—302 页；朱凤瀚：《殷墟卜辞中"侯"的身分补证——兼论"侯"、"伯"之异同》，李宗焜主编：《古文字与古代史》第四辑，台北："中研院"历史语言研究所 2015 年版，第 1—36 页。

② 愚见所及仅有以下研究有所涉及，如裘锡圭：《甲骨卜辞中所见的"田""牧""卫"等职官的研究——兼论"侯""甸""男""卫"等几种诸侯的起源》，《文史》（第 19 辑），中华书局 1983 年版，第 2—7 页。王冠英：《殷周的外服及其演变》，《历史研究》1984 年第 5 期。杨升南：《殷契卜辞"田"字说》，四川大学历史系编：《徐中舒先生九十寿辰纪念文集》，巴蜀书社 1990 年版，第 53—71 页；王贵民：《商周制度考信》，河北教育出版社 2014 年版，第 97—99 页。王宇信、杨升南主编：《甲骨学一百年》，社会科学文献出版社 1999 年版，第 467 页。韦心滢：《殷代商王国政治地理结构研究》，上海古籍出版社 2013 年版，第 302—304 页。

一　甲骨文中表示身份的"田"为外服职事

甲骨文中"田"以"在某（地名）田某（人名）"为主要的称名方式，① 此外还有"田某"，如克田（《合集》5483 正）与侯称"侯某"的称谓方式一致。卜辞载田与其他外服并称，如侯与田（《屯南》2273，《合集》32528 反），某一区域的外服田，如"西田"（《合集》36511）即西方的外服田，多田与多伯并称（《合集》36511、《合集》36513），多田与亚、任并称（《合集》32992 反）。田的集合称谓"多田"，见于历类（《合集》32992 反）、无名类（《合集》27892、《合集》27893）、黄类（《合补》11242）卜辞，"多田"称谓存在于商王武丁至帝乙、帝辛时期，可以确定"田"作为一种社会身份存在的事实。甲骨文有单称"田"表示一类社会身份，如："癸卯卜，丘，令田围芦（逆），𢦔 。"（《合集》21099）据同版卜辞知逆为方国名，该辞卜问命令外服田征讨逆方。对卜辞中田的身份与性质以往有诸侯说、爵称说、职官说、外服说诸意见，以下逐一对此四说进行分析。

1. 甲骨文中表示身份的"田"为诸侯说。或许是受到周初铜器《令方彝》载明公向成周地区传达王命时称"诸侯：侯、田、男"（《集成》9901）的影响，学界一般将《尚书·酒诰》所载商代外服"侯、甸、男、卫、邦伯"理解为诸侯，遂以卜辞中表示社会身份的"田"为诸侯。② 陈梦家曾谓："据《酒诰》所述殷制，殷的诸侯有侯、甸、男、卫、邦伯等阶层。""卜辞的'侯田'似是一个名词，不能拆为侯与田。因为卜辞有'某侯''某白'而从无'某田'，有'多田''多白'而从无'多侯'，所以'侯田'应是一词。北京图书馆藏骨有'从侯甾……'之残

---

① 参裘锡圭《甲骨卜辞中所见的"田""牧""卫"等职官的研究——兼论"侯""甸""男""卫"等几种诸侯的起源》，《文史》（第 19 辑），中华书局 1983 年版，第 2—3 页。

② 如《殷契粹编》1189 有"多田于（与）多伯"，郭沫若考释谓："多田于多伯，余释为多甸与多伯。《矢彝》有'诸侯侯田男'之语，田亦是甸。唯古人言甸，与侯伯同意耳。"（《郭沫若全集考古编》3，科学出版社 2002 年版，第 656—657 页）《小屯南地甲骨考释》亦认为："卜辞有'多侯'、'多伯'、'多田'，约略相当于后世之诸侯。"（参姚孝遂、肖丁《小屯南地甲骨考释》，中华书局 1985 年版，第 108 页）

辞当是'从侯田畄……'之省。所谓'侯田'乃指多田，而多田实即多侯，即周代的诸侯。"① 岛邦男曾举出《邺中片羽初集》1.38.3"多侯"，但并未质疑陈说。陈梦家的论证存在矛盾之处，既说卜辞无"多侯"之称，又释卜辞"侯田"指"多田"，又以"多田"为"多侯"，似不承认卜辞中"田"的独立身份。前揭裘锡圭文已经指出，侯田非指多田，而是侯与田，如卜辞"丁丑贞：王令阖归侯以（与）田"（《屯南》2273）。多田非多侯，甲骨文另有"多侯"（《屯南》3396 正、《屯南》3397 反）。甲骨文也存在"某田"，如"☑比克田，弗其由王事"（典宾，《合集》5483 正）。据"比某"卜辞特点，被比者一般是人名或族名，表示某比某共同践行王事。克田应是人名，其名构成方式是地名 + 职名，即克地的田职事，与侯名构成方式之一的"某侯"一致。商代的"多侯"是多个侯之意，不包括田、男等，这与周代封建的诸侯包括侯、田、男类型有着明显的区别。若将《尚书·酒诰》所载外服理解为诸侯，实与《酒诰》明确说外服而非"诸侯"的情况相悖，以《令方彝》所载西周"诸侯侯田男"（《集成》9901）来衡量殷卜辞之侯、田、男，是将商周制度混为一谈。《尚书》中仅有《酒诰》追述的是殷商内外服制度，其他各篇提及者都是周初服属于周的殷献臣，亦不能确指为诸侯身份。目前就卜辞研究的进展情况看，甲骨文中表示身份的田与侯为诸侯身份的可能性不大。

2. 甲骨文中表示身份的田为爵称说。杨升南指出卜辞中的"田"有表示商代爵称的用法：

甲骨文中侯、伯、任都是爵称，与其对称、连言的"田"也应是一种爵称。胡厚宣言："男与田意义相同，疑当为一字之演变，武乙文丁时作男，帝乙帝辛时男亦作田，其实一也。"《礼记·王制》"天子之制爵禄，公侯伯子男凡五等"，男是五等爵之一，《尚书·酒诰》中言商时诸侯是"侯甸男卫邦伯"，男爵称已见于商代。卜辞中

---

① 陈梦家：《殷虚卜辞综述》，中华书局 1988 年版，第 328 页。

的"田"即文献中的"男"是爵称之一种。①

　　杨先生以卜辞中表示身份的田为爵称的判断，建立在以下学术认识
基础上：《尚书·酒诰》载商代外服"侯、甸、男、卫、邦伯"为诸侯爵
称，甲骨文中侯、伯、任为诸侯爵称，与其对言的田也应是爵称。又田
与男为一字，文献载男为爵称，故田也为爵称。但这几个学术前提存在
认识分歧，《酒诰》所述外服很明确与周初所称诸侯不同，近年的研究认
为甲骨文中的侯、伯、任作为爵称的可能性不大，甲骨文中田与男为二
字是非常明确的，甲骨文中表示社会身份的男是爵称的可能性不大，所
以由此上几点推论甲骨文中田为爵称，目前来看还存在着问题。岛邦男
否认卜辞中田作为爵称的可能，谓："'田'には'白'の如く人名を冠
して用るられている例がないから爵名ではなく、而'伯'と並稱され
ることは'侯甸男邦伯'，'侯甸男邦伯'の侯甸が邦伯と並稱されてい
るのと同樣であって、侯甸が大盂鼎には上揭の如く侯田に作られている
から、多田は多侯甸即ち多侯（鄴1.38.3）に外ならず。"② 岛邦男判断
的根据是卜辞中"伯"前冠有人名，而"田"前无冠人名例，故田不是
爵名。"田"与"伯"并称，如《酒诰》所载外服"侯、甸、男、卫、
邦伯"中的"侯甸"与"邦伯"并称一样。"多田"当为"多侯甸"即
"多侯"（《邺中》1.38.3）。岛邦男已经看到卜辞中有"多田""多侯"
异称，还坚持认为多田即是多侯，在否认田为爵称的同时，而将卜辞中
作为社会身份的"田"的存在一并否定了。所谓商代有爵制的观点是以
周代存在爵制为前提的，但"五等爵"中并不包括"田"。又前文述及近
年学界对周代爵制问题研究有较大推进，商代存在爵称说的学术前提似
存在问题。

　　3. 甲骨文中表示身份的田为职官说，细分又有田在商末发展为诸侯
与未发展为诸侯的不同观点。《逸周书·职方》载"九服之国"，述及甸

---

　　① 杨升南：《殷契卜辞"田"字说》，四川大学历史系编：《徐中舒先生九十寿辰纪念文
集》，巴蜀书社1989年版，第59页。
　　② ［日］岛邦男：《殷墟卜辞研究》，弘前大学文理学部中国学研究会1958年版，第425
页。

服，孔晁注："甸，田也，治田入谷也。"① 以"治田入谷"解释甸服职责，是汉代以来经学家的共识。裘锡圭在孔晁注基础上，判断外服田的性质时谓：

> 卜辞常称"田"为"在某田"，这种人应该是被商王朝派驻于商都之外某地从事农垦的职官。在商代后期，生产力有很大提高，"田"完全有可能长期固定在一个地方进行农垦，由于当时存在世官制，拥有族众和武装的"田"，显然是相当容易发展成为诸侯那样的人。从西周时代把"甸（田）"当作一种诸侯封号这一点来看，在商代晚期"田"应该已经大量发展成为诸侯，并且商王已经有可能在主动建立称为"田"的诸侯了。由黄组卜辞田与侯、伯并称，协同征伐敌对方国，说明"田"已经成为商王征伐方国时所依靠的极为重要力量，其地位与侯、伯相当。这应该是当时的"田"大部分已经具有诸侯的性质的反映。②

裘文认为卜辞中表示身份的田的性质最初为商王朝派驻商都之外从事农垦的职官，于商代后期逐渐发展为诸侯。田的性质为商王朝派驻商都以外职官，与卜辞辞例相符。但田为农垦职官，仍然是无从证明的，因为据目前所见卜辞田的职责与垦田之事无关。近年来学者对卜辞中侯身份的研究取得了较大进展，如朱凤瀚指出："西周封国在长时期内，仍具有王国政区性质，'侯'的基本身份仍然是王国边域上的军事长官，只是因受封而同时兼有封君身份。西周的'侯'制显然是脱胎于商后期商王朝之作为外服职官的'侯'，而有所改造（主要体现于封君身份上），则商王朝的'侯'应该有更强的、较为单纯的边域军事职官

---

① 孔晁注《逸周书》卷8，王云五主编《丛书集成初编》本，商务印书馆1937年版，第277页。

② 裘锡圭：《甲骨卜辞中所见的"田""牧""卫"等职官的研究——兼论"侯""甸""男""卫"等几种诸侯的起源》，《文史》（第19辑），中华书局1983年版，第7页。

性质。"① 据此晚商卜辞中与侯比肩表示社会身份的田似也应属于职官性质，发展成如西周时代诸侯身份的可能性不大。

4. 甲骨文中表示社会身份的田为殷代外服，但对外服的性质有不同的认识。徐中舒主编《甲骨文字典》卷十三"田"字下谓："殷代外服侯田男卫之田，典籍作甸。"② 段渝认为：外服制下的田称号，是方国之君，表明的是贡纳关系，而非职官制度和等级划分。③ 李学勤讨论新见征人方卜辞时，指出"侯甸为商朝外服之臣"④。徐义华《商王朝的外服职官制度》一文认为田是外服职官，但到商代晚期发展为诸侯身份。⑤ 认为卜辞中表示社会身份的"田"为外服职事。外服的主要职责是为商王朝服政事，具体表现是接受商王命令践行王事与献贡。⑥ 外服田既非诸侯身份亦与官僚制度有所区别，而应是二者的源头。

综上，大体可以确定商代表示身份的田，尚未发展为若西周时代分封的诸侯，也不构成爵级，或说商代未有爵称。那么，是否可以称表示社会身份的田为职官？如果为了研究的方便可以称其为职官，如杨筠如解《尚书·酒诰》称外服"侯甸男卫邦伯"为在外之官⑦，那么甲骨文中表示身份的"田"只是商王朝派驻王都以外担负军事防御、驻守重要军事据点的武官。商周时代的人以"外服"称呼这类职事者，应与后世的官僚制度有一定的差别。不若就商周时期固有习惯称之为"服"⑧，服

---

① 参考朱凤瀚《关于西周封国君主称谓的几点认识》，陕西省考古研究院、上海博物馆编：《两周封国论衡》，上海古籍出版社 2014 年版，第 272—285 页。朱凤瀚：《殷墟卜辞中"侯"的身份补证——兼论"侯"、"伯"之异同》，李宗焜主编：《古文字与古代史》第四辑，台北："中研院"历史语言研究所 2015 年版，第 4 页。

② 徐中舒主编：《甲骨文字典》，四川辞书出版社 1989 年版，第 1468 页。

③ 段渝：《论殷代外服制与西周分封制》，四川联合大学历史系主编：《徐中舒先生百年诞辰纪念文集》，巴蜀书社 1998 年版，第 254 页。

④ 李学勤：《论新出现的一片征人方卜辞》，《殷都学刊》2005 年第 1 期。

⑤ 徐义华：《商王朝的外服职官制度》，王宇信、宋镇豪、徐义华主编：《纪念王懿荣发现甲骨文 110 周年国际学术研讨会论文集》，社会科学文献出版社 2009 年版，第 349—350 页。

⑥ 张利军：《〈尚书·酒诰〉所见商代"内外服"考论》，《史学史研究》2008 年第 4 期及《商周服制与早期国家管理模式》，上海古籍出版社 2016 年版，第 15 页。

⑦ 杨筠如：《尚书覈诂》，陕西人民出版社 2005 年版，第 284 页。

⑧ 如《合集》36909 称韦师寮的职事为"服"，西周金文频见臣子职事被称为"服"。详参拙著《商周服制与早期国家管理模式》第一章的相关论述。

者，事也。甲骨文中田主要为王服政事，即接受王命践行王事与献贡。甲骨文中表示社会身份的田，作为商王朝设置于边域地区为王朝服政事的一类外服称谓，应更近于商代社会的实际情况。

二　甲骨文中所见外服田的史迹与职能

甲骨文中外服田的数量虽较侯、伯少，但从武丁时期到帝辛时期一直都存在，说明田是商王朝常设外服之一，"多田"之称贯穿商王武丁至帝乙、帝辛时期，说明外服田已达到一定规模。兹在以往研究基础上，遍检甲骨文、金文，可确定为外服田者共有十二个，兹逐一考证，以窥见外服田的职能。

1. 克田

"☑比克田，弗其由王事。"（典宾《合集》5483 正）"克田"作为"比"的对象应是人名，其名构成方式是地名 + 职名，即克地的田职事，与侯名构成方式之一的"某侯"一致。① 甲骨文中"比"的含义，学者讨论颇多，如林沄提出比有亲密联合之义②，杨升南认为比为辅助之义③，刘源认为比的本义是两人距离很近，引申出近、密、同等义，"某比某"有二人会同、协力的意思。④ 刘源所举"比某"卜辞中最为关键的是《合集》6812 正："己卯卜，宊贞：令多子族比犬侯扑周，由王事。五月。"⑤ 与《合集》6813："贞：令多子族罧犬侯扑周，由王事。"这两条卜辞对比可以确定比与罧具有同样的意义和用法，但《合集》6813 还有一条至为关键的卜辞"贞：令多子族比犬罧画蜀，由王事"。据该条卜辞

---

① 比克田，还可能理解为"比克，田"，与克一起田猎。但这种可能性要小，王比某田猎的卜辞，后面多占问擒获的情况。而"比某，由王事"的辞例更加常见，比的后面一般是人名。

② 林沄：《甲骨文中的商代方国联盟》，《古文字研究》第 6 辑，中华书局 1982 年版，第 74 页。

③ 参杨升南《卜辞所见诸侯对商王室的臣属关系》，胡厚宣主编：《甲骨文与殷商史》，上海古籍出版社 1983 年版，第 151—152 页。

④ 刘源：《殷墟"比某"卜辞补说》，《古文字研究》第 27 辑，中华书局 2008 年版，第 114 页。

⑤ 由字释读参陈剑《释屮》，《出土文献与古文字研究》第 3 辑，复旦大学出版社 2010 年版，第 13—32 页。

方能确定眔有与、会、和等义项与用法，故比也有这几个义项。"由王事"学界的理解有较大分歧，大体为与践行王事有关的册命用语，与周代册命金文习见之"用事"意义相近。载有"克田"的这条卜辞可能是卜问命令某位臣子与外服克田一起践行王事。克田也省称克，如卜辞"☒贞：取克彐"（《合集》114）。取，征取。彐，放牧者。商王朝向克田征取用于放牧的劳动力。商王为克的安危担心，如"癸未卜，内贞：克亡𡆥"（《合集》4529）。"贞：于羌甲御克往疾。"（《合集》641 正）商王向祖先羌甲举行御祭以祓除克的旧疾，据此克田或许与商王有一定的亲缘关系。

2. 攸田

"贞：在攸田武，其来告。贞：武其来告。"（《合集》10989 正）"贞：武其告。"（《殷虚文字乙编》2997）"武来告。"（《乙编》2998）"呼比攸武。"（《乙编》3429）前揭裘文指出攸武为"在攸田武"的省称，实为一人。攸为地名，武为人名，与外服攸侯为一地。攸地，郭沫若认为在今安徽桐城附近。[1] 陈梦家认为，攸即《左传》定公四年鲁公所分殷民六族中的条氏，在今河南永城南部，安徽宿州西北一带。[2]

3. 宁田

外服宁田卜辞"乙未卜，暊贞：在宁田黄，又（右）赤驳其犁（辔），［不步］"（《合集》28196）。"在宁田黄"，属于裘锡圭所称"在某（地名）田某（人名）"的外服田称谓方式，宁为地名，如"在宁贞"（《合集》36934）、"在宁"（《英藏》745），田为外服职名，黄为人名、族名。与"右赤驳其犁"辞例相近者见于《通纂》731"庚戌卜，王曰：贞其犁左马。庚戌卜，王曰：贞其犁右马"。郭沫若指出殷末王车骈驾二马，左马、右马应为王车左右驾，犁字疑假借为辔字。[3] 乙未日贞问在外服宁田之地，王车右赤马无祸。据卜辞"辛未卜，争贞：我𢁭獬，在宁"（《合集》3061 正）。獬为方国名，在山东历城附近，[4] 商王朝征讨獬方，在宁地驻扎，说明宁是东方地区一个重要的军事据点，如"在宁次"（黄

① 郭沫若：《郭沫若全集考古编》2，科学出版社 2002 年版，第 464 页。
② 陈梦家：《殷虚卜辞综述》，中华书局 1988 年版，第 306 页。
③ 参郭沫若《郭沫若全集考古编》2，科学出版社 2002 年版，第 526、528 页。
④ 参唐兰《殷虚文字记》，中华书局 1981 年版，第 35—36 页。

类《合集》36949）。商王武丁时期为征讨猷，还曾在宁地进行巡狩、军事训练，如"丙戌卜，殻贞：翌丁亥我狩宁。贞：翌丁亥勿狩宁"（宾二《合集》11006 正）。"庚辰卜，王贞：余从宾（？）步［于］宁。"（《合集》8274）至武乙、文丁时期宁地仍作为重要田猎地，是商王朝经营东方的重要军事基地，如"辛巳卜，贞：王宁田，亡戈，在牢卜"（无名类《合集》33575）。以上诸卜辞反映商王朝在宁地设置外服田的意图非常明显，欲使其成为经营东方的重要军事据点。

4. 庞田

甲骨文"叀在庞田封示，王弗悔？［𤰒］，大吉。叀在裸田右示，王弗悔？𤰒，吉。叀在泞田亞示，王弗悔？𤰒，吉"（《屯南》2409）。裸字从李宗焜编著《甲骨文字编》隶定①，裘锡圭将外服田名释作"在庞田封""在裸田右""在泞田亞"②，韦心滢指出或许可以理解为"在封示中的庞田""在右示中的裸田""在亞示中的泞田"③。此辞关键之处是"示"的含义，宜如朱凤瀚意见作区域名称使用，与奠同音的同一行政区域名。④ 关于奠的性质，赵林亦指出："奠为商王室所设的地方行政单位之一"，"商奠之设置乃以供应王室或王朝农、牧以及织之需求为要务，奠因此亦为一个地方性的生产单位。"⑤"在庞田封示"，强调的是"在某示"，庞田封是设置于庞地的外服田名封者，示为外服庞田设置的行政区域。庞地地理位置非常重要，是商王朝征伐敌方的重要基地。武丁时期曾就命师般、妇好集结军队于庞地，进行多次占卜。如《合集》1035："贞：师般来人于庞。"《合集》7283"甲申卜，殻贞：呼妇好先共人于

① 李宗焜编著：《甲骨文字编》1316 裸字，中华书局 2012 年版，第 400 页。
② 裘锡圭：《甲骨卜辞中所见的"田""牧""卫"等职官的研究——兼论"侯""甸""男""卫"等几种诸侯的起源》，《文史》（第 19 辑），中华书局 1983 年版，第 2 页。
③ 韦心滢：《殷代商王国政治地理结构研究》，上海古籍出版社 2013 年版，第 304 页，注释 5。
④ 朱凤瀚：《武丁时期商王国北部与西北部之边患与政治地理——再读有关边患的武丁大版牛胛骨卜辞》，《中国国家博物馆藏文物研究丛书·甲骨卷》，上海古籍出版社 2007 年版，第 275—276 页。
⑤ 赵林：《殷契释亲：论商代的亲属称谓及亲属组织制度》，上海古籍出版社 2011 年版，第 412 页。

庞"。《合集》7288"乙酉卜，争贞：呼妇好先共人于庞"。《合集》7285
"乙酉卜，殻贞：勿呼妇先于庞共人"。《合集》7287"丙戌卜，殻贞：
勿呼妇好先共人于庞"。尤其是对妇好是否于庞地集结军队之事，甲申、
乙酉、丙戌三日连续占卜，且于乙酉日占卜次数最多。商王朝于庞地驻
扎军队，如《合集》7358"贞：余于庞次"。《合集》7359"曰￥次于
庞"。《屯南》2782"丁卯卜，王于庞☒"。《英藏》2422"乙巳，贞：令
多射在庞"。多个射手队也集结于庞地。商王希望神佑助庞地及军队取得胜
利，如《合集》19527"癸丑［卜］，殻贞：师其出。贞：庞出"。庞地可能
还有商王朝农田，商王关心庞地的农业收成，如《合集》9771"☒庞不其
受年"。外服庞田可能与商王室有联姻关系，如"丙午［妇］庞示十屯"
（《合集》14008 臼）。"己亥妇庞示二屯。宾"（《合集》17393 臼）这类骨
臼刻辞中的"示"意，一般认为与检视卜骨有关，"妇庞"是指嫁于商王
室的庞族女子，从事检视卜骨活动，表明其参与商王室宗教事务。

5. 裸田

《屯南》2409"叀在裸田右示，王弗悔？𤔲，吉"。与"在庞田封示"
同理，"在裸田右示"是指在外服裸田右设置的示这一地方区域。

6. 泞田

《屯南》2409"叀在泞田𠤕示，王弗悔？𤔲，吉"。与"在庞田封示"
同理，"在泞田𠤕示"是指在外服泞田名𠤕者居邑的示地方区域。泞为重
要地名，商王朝于该地有军事据点，如卜辞"人于泞次"（历草《合集》
32277、历一《合集》32278）。泞地可能近于羌方，如"于泞，帝呼御羌
方，于之戈"（无名《合集》27972）。商王呼告上帝，在泞地抵御羌方能
够大捷。说明商王朝可能曾于该地抵御羌方。泞地还见于非王卜辞中，
如《花东》467"戊戌卜，在泞，子射若？不用。戊戌卜，在泞，子弜射
于之，若？"卜问非王卜辞主人子是否到泞地举行竞射活动。

7. 义田

《屯南》2179"丁丑卜，在义田来执羌，王其㞢于□□、大乙、祖
乙，有正"。在义田表示在义地的田职事。义地或与羌方邻近，卜问外服
义田来朝献俘获的羌人，商王用此羌人祭祀上甲、大乙、祖乙等祖先。
义地是商王朝征伐羌方的重要军事基地，如卜辞"其呼戍御羌方于义祖

乙，"戋羌方，不丧众。"（《合补》8969）商王将命令成抵御羌方于义地之事向祖乙祷告，希望祖乙保佑战胜羌方，士众无损。"戉叀义行，用，遭羌方，有戋。弜用义行，弗遭方。"（无名《合集》27979）占卜成这一军事组织赶往义地，遭遇羌方，希望能获胜。

8. 狁田

"丁酉，中彔卜，在兮贞：在狁田菫，其以右人甾，亡灾。"（黄组《甲编》2562）屈万里《殷虚文字甲编考释》："中彔，贞人名。兮，地名；已见690及2542片。狁，地名，而不能识。菫当是与田猎有关之动词，亦未能知其音义。……以，使也。右人甾，谓右队之甾人；盖此时之右队乃以甾人组成者也。田猎与战阵相类，故亦有右人之称。"[1] "在狁田菫"应属于裘锡圭所说的"在某（地名）田某（人名）"类型的外服田称名方式，即在狁地的田菫。甾，在此辞中为动词，"用作动词时，乃指某种具体的军事行动而言。卜辞常见'逆伐'……逆伐谓迎击。'甾伐'疑为追击之义"[2]。该条卜辞是商王占卜外服狁田菫率领右队进行甾的军事行动，希望此军事行动顺利无害。

9. 林田

商代玉戈铭："曰餒王大乙，在林田馀㣇（献）。"[3] 商代青铜鬲铭："林㣇，作父辛宝尊彝。亚馀。"（《集成》613）李学勤认为："餒"为祭名，王大乙即汤。"在林田"即在林地田猎。馀为氏名，与小臣馀犀尊器主为一人。㣇有侍奉之义。"后又认为㣇为职官。"馀㣇"有多种解释，裘锡圭认为"驻在林这个地方的'田'，'馀㣇'为其氏和名"[4]。宋镇豪

① 屈万里：《殷虚文字甲编考释》（下），台北"中研院"历史语言研究所1961年版，第324页。

② 姚孝遂、肖丁：《小屯南地甲骨考释》，中华书局1985年版，第121页。

③ 李学勤：《论美澳收藏的几件商周文物》，《文物》1979年第12期，又见《新出青铜器研究》，文物出版社1990年版，第312—313页。李学勤：《殷商至西周的㣇与㣇臣》，《殷都学刊》2008年第3期。

④ 裘锡圭：《甲骨卜辞中所见的"田""牧""卫"等职官的研究——兼论"侯""甸""男""卫"等几种诸侯的起源》，《文史》（第19辑），中华书局1983年版，第3页。

认为艅为人名，瓞为动词，有奉持之意。① 青铜鬲铭"亚艅"为职名与族氏名组成的复合族氏铭文，亚表明其所出之族首领曾为王朝武官，由此可确认玉戈铭文艅为族氏名，即"在林田艅"表示在林地的外服田艅。理解瓞的意义应联系此玉戈的用途和出土地点，玉戈若发现于安阳殷墟，则为林田贡献贡品，铭文属于纪事性质，与妇好墓出土刻有铭文"卢方□人戈五"的玉戈性质相同。玉戈若发现于王都之外林田居地，则表明玉戈为林田光耀自己参加王朝祭礼的事迹而勒功，但这种情况一般伴随有王的赏赐行为。瓞字之义与《墙盘》"方蛮亡不瓞见"（《集成》10175）意思相同，徐中舒指出此字在"甲骨文、金文皆作跽而双手举戈上献之形，当献之本字"。 "献之本义为降，引申之则为一切献纳之称。"② 据此，玉戈铭文反映的是外服林田向商王朝贡献之事。外服林田与商王室或有姻亲关系，如《合集》9741 正"呼取女于林"。取女即娶女。林地有王朝军事驻地（《合集》36547），林田的设立，或许与商王朝经营林方有关，如《合集》36968、《英藏》2563 载有关于占卜王征伐林方的辞例。

10. 靳田

"□子卜，在靳田龙祷汖赛其［亡］囚，伐。"（无名类《合集》29365）靳，地名，与外服靳侯同在一地。"在靳田龙"属于裘锡圭所说的"在某（地名）田某（人名）"类型的外服田称名方式，即在靳地的外服田龙。汖为人名，如卜问"汖获羌"（《合集》204），"呼汖出"（《合集》974 反）。祷、赛皆为与神事相关的动词，伐为杀牲的方法，此辞是用伐牲祭神。《周礼·春官·小祝》"将事侯禳祷祠之祝号"，贾公彦疏："求福谓之祷，报赛谓之祠，皆有祝号。"③ 这条卜辞可能是在外服靳田龙之地，为汖举行祈福报神的祭祀，用以伐牲。靳地见于卜辞，《屯南》1009

① 宋镇豪：《先秦秦汉时期的墨迹书法》，《中国美术分类全集·中国法书全集·第1卷·先秦秦汉》，文物出版社 2009 年版，第5页。

② 徐中舒：《西周墙盘铭文笺释》，《徐中舒历史论文选辑》，中华书局 1998 年版，第 1302页。

③ 郑玄注，贾公彦疏：《周礼注疏》卷 25，阮元校刻《十三经注疏》，中华书局 1980 年影印本，第 812 页。

"庚辰贞：方来，即使于犬延。庚辰贞：至河，皋其捍，向方。辛卯贞：从卢涉。辛卯贞：从兽卢涉"。《合集》32903"□□贞：犬延亡田。辛卯贞：从斳涉。辛卯贞：从兽卢涉"。由这两例卜辞知，斳地位置非常重要，是去方方和犬延的必经之地，其距离犬延及方方当不远，为商王朝经营西部的重要据点。卜辞反映商王朝在斳地集结和训练军队，如征召与训练射手，"□多射甾马□于斳"（《屯南》7）。"□新射于斳。"（《合集》5787）"乙亥，贞：令内以新射于斳。"（历二《合集》32996）"辛未，贞：遘以新射于斳。"（历二《合集》32997）商王经营西部边疆，可能莅临斳地，并在该地举行多种祭礼，如上举《合集》29365 即是王的祭祷占卜。此外还在该地举行燎祭（《合集》488 反、《合集》7919 正）、㞢祭（《合集》7920）。

11. 田告

《集成》9257 载殷觥器铭作"田告"，盖铭作"告田"，皆为复合族氏铭文，知"田告"与"告田"同指一族，田是外服称谓，"告"可能是族氏而不是私名。田告是以外服职事与族氏名组合成的复合族氏铭文。殷器铭文"田告"表明告族被任命为商王朝的外服田，后其族以外服"田告"或"告田"职名作为族氏名号，如殷鼎铭"告田"（《集成》1482、《集成》1483），殷觯铭"告田"（《集成》6191、《集成》6192）。至西周早期"田告"与"告田"仍作为复合族氏名延续使用，如西周早期鼎铭"田告父丁"（《集成》1849），西周早期鼎器盖同铭"田告作母辛尊"（《集成》2145），西周早期鼎铭"己亥，王赐黑贝，用作祖乙尊。田告亚"（《集成》2506），西周早期卣"田告父乙"（《集成》5056），说明殷商外服田告家族有用事于周王朝者，受王赏赐而作祭祀祖先的青铜器。因材料所限，外服田告的具体史迹不明。

12. 夆田

二祀邙其卣铭文："丙辰，王令邙其兄（贶）𣥧（来殷）于夆田渴，宾贝五朋。在正月，遘于妣丙肜日大乙爽。唯王二祀，既𩁹于上下帝。"（《集成》5412）夆为地名，见于黄类卜辞，如《合集》37507"在夆［贞］"。渴为外服夆田的私名。二祀邙其卣铭文载在夆地的外服田渴来参加商王朝举行的殷见礼，商王命令臣子邙其转赐外服田礼物，外服夆田宾赠邙其贝五朋作为答谢。时在正月，肜祭大乙配偶妣丙的日子，在王二年，刚举行完献祭上帝之礼。夅作为人名或族名见于山东省济南市济阳刘台子二号、三号西周早期墓出土青铜器夅簋上，铭曰"夅彝"（《集成》3130、3131）。《左传》昭公二十年载晏子对齐景公曰："昔爽鸠氏始居此地，季萴因之，有逢伯陵因之，薄姑氏因之，而后大公因之。"杜预注："逢伯陵，殷诸侯，姜姓。"① 春秋时期齐国地域即今山东淄博、潍坊一带，于商代时曾有姜姓逢伯。据这两处记载，商代晚期外服夅田的居地很可能也在山东。

目前所见甲骨文、金文中可确定为外服田的仅有上举十二位，且各自材料有限，只能勾勒外服田的大致情形。外服田为商王朝重要臣属，为王朝恪尽王事，多占据在商王朝经营边疆的重要军事据点，时常与外服侯配合设置。外服田要向商王朝报告敌方情况，如《合集》10989 所载攸田，并有协同商王对敌作战的义务，如《合集》5483 正所载之克田，《乙》3429 所载之攸田武。单称外服"田"征伐方国，如《合集》21099 载王命令田征讨逆方。外服田还要向商王朝有所贡献，如《屯南》2179 所载"义田"贡献战俘，外服林田俞向商王朝进献玉器。商王在外服田之地举行祭礼，如《合集》29365"靳田"。外服田要定期朝见商王，如二祀邲其卣所载"夅田"参加帝辛二年举行的殷见典礼。

由卜辞所载"多田"事例，也可窥见外服田的职责。"多田"最早见于历组二类卜辞（《合集》32992 反），据卜辞分类断代的研究成果，这类卜辞时代主要是武丁至祖庚时期。此时期商王朝命内外服协同践行王事，如《合集》32992 反"☑以多田、亚、任☑"，也有以不同类型的外服协同践行王事，尤其是军事征伐之事，如卜辞"丁丑贞：王令阔归侯以（与）田"（《屯南》2273）。表明外服田与外服侯组成军事联合，践行王事。在无名类卜辞中，商王关心践行征伐王事的"多田"的安危，如卜辞"多田亡戈"（无名类《合集》27892），"以多田伐有封"（无名类《合集》27893），"☑王叀多田☑"（《屯南》1460）。晚期的黄类卜辞载外服田常与外服侯、外服伯一起践行征伐王事，如见于《合集》

① 杜预注，孔颖达疏：《春秋左传正义》卷49，阮元校刻《十三经注疏》下册，中华书局1980 年影印本，第 2094 页。

36511、36513、36518、《合补》11241、11242 诸片的征伐盂方伯之事。[①]晚商时期商王册命外服侯、田，册告四邦方之罪，商王率领外服侯、田征讨西方的四邦方羌人方国联盟，如卜辞："乙丑王卜，贞：舍巫九备，余作障，启告侯、田，册卣方、羌方、羞方、礜方。余其比侯、田，迪残四封方。"（黄类《合集》36528 反）羌人方国联盟处于西部，所以此侯、田也是处于西国的外服。《合补》11242 载盂方侵犯西国，商王册告"西田"，卜问内容有"余比多田"，则此西田与多田同指。"西田"是位于商王都西部的田，在商王朝的西国范围内，同样东国范围内也可能存在"东田"，如前举宁田、夆田皆位于东方。

综而言之，卜辞反映外服田拥有自己的治域、军队、族众，其主要职责是驻守和防御边域，向商王朝报告敌方情况，并听从商王册命，与王师协同对敌作战。外服田还要向商王朝有所贡献，朝见商王，参与商王朝举行的国家典礼。商王可以调遣任命外服田践行王事，可以在外服田的领地举行祭祀活动，为外服田践行王事担忧、祈福。卜辞从未见有外服田叛乱之事，而外服侯、伯则不乏因叛乱见征的例子。或许说明商王与外服田的关系较之与侯、伯的关系要稳定得多。部分外服田可能出身于王室贵族，如前文述及商王关心克田的安危，向祖先羌甲举行御祭被除克田的旧疾。至帝乙、帝辛时期，田成为与侯比肩的重要外服，其军事职责愈加凸显，尤其是西部外服田担负征伐西方敌对盂方及羌方的重要军事职责，东部外服田成为商王朝征伐东夷的重要基地。

三 外服田与商代国家结构

外服田与商王的关系涉及商代国家结构及商代国家的发展阶段问题。若从人类社会政治组织形式考察，一般认为人类社会政治组织经历着前国家社会（部落联盟或酋邦社会）、早期国家、成熟国家等阶段；如日本学者都出比吕志针对日本古代国家的形成提出：首长制—早期国家—成

---

① 关于商王朝征盂方的具体情况，参考罗琨《商代战争与军制》，中国社会科学出版社 2010 年版，第 330 页。李学勤：《释读两片征盂方卜辞》，宋镇豪主编：《甲骨文与殷商史》新三辑，上海古籍出版社 2013 年版，第 1—4 页。

熟国家的国家形成论。① 国内学者谢维扬较早地关注西方早期国家研究成果，并用以解释中国上古国家发展阶段，认为早期国家产生于夏，商周为中国早期国家的典型期，春秋战国处于早期国家的转型期。② 但学界关于早期国家的形态有多种理论，如侯外庐较早地提出"城市国家论"，将中国"城市国家"的起源追溯至晚商时期。③ 但该说并未在国内学术界延续，国内学术界主流在较长一段时间仍以马克思恩格斯提出的生产方式为主要标准的奴隶制、封建制来解释中国早期国家的性质与形态问题。④ 日本学术界主要以都市国家论和邑制国家论解释中国商周至春秋时期的国家结构。⑤

在商代国家性质与形态问题上，学者关注较多的是商王与地方势力的关系。自王国维《殷周制度论》提出"诸侯之于天子，犹后世诸侯之于盟主，未有君臣之分也"⑥。其后学者进行研究的认识前提是商王仅是商邦国之君、诸侯之长，商代外服的身份为诸侯，部分学者认为商与外服是邦与邦的关系，提出商代社会是邦国联盟体制。⑦ 另有学者提出商是统一的王权国家，"诸侯是商王的臣，其地位和王室的官吏相当"，商王

① ［日］都出比吕志：《国家形成の诸段階：首长制·初期国家·成熟国家》，《歴史評論》第551號，1996年3月号，第3—16页。

② 参见谢维扬《中国早期国家》（浙江人民出版社1995年版）第六、七、八章的相关论述。

③ 该书1943年出版于重庆，1948年以"中国古代社会史"为题，由新知书局出版了初版的修订版，1955年改为《中国古代社会史论》，由人民出版社出版。

④ 相关研究参见罗新慧《二十世纪中国古史分期问题论辩》，百花洲文艺出版社2004年版；王彦辉、薛洪波《古史体系的建构与重塑——古史分期与社会形态理论研究》，河南大学出版社2010年版。

⑤ 都市国家论参考貝塚茂樹《中國の古代國家》，東京：弘文堂1952年版，第38—53页；宮崎市定：《中國古代史概論》，京都：同志社1954年版，第1—35页。《中國上代は封建制か都市國家か》，《史林》第33卷第2號，1958年，第1—20页。邑制国家论参考松丸道雄《殷周国家の構造》，岩波講座《世界历史》4《東アジア世界の形成Ⅰ》，東京：岩波書店1970年版，第49—100页。近年冈村秀典在分析以上早期国家特性说基础上，从王权与祭祀两个角度考察，提出早期国家为祭仪国家的特性，参见冈村秀典《中国古代王権と祭祀》终章《中国の国家形成》，東京：学生社2005年版。

⑥ 王国维：《殷周制度论》，《观堂集林》卷10，中华书局1959年版，第466页。

⑦ 参见林沄《甲骨文中的商代方国联盟》，《古文字研究》第6辑，中华书局1981年版，第74—92页。苏秉琦甚至认为"商王仅是方国之君"（《中国文明起源新探》，生活·读书·新知三联书店1999年版，第145页）。

可以呼令外服诸侯践行王事，商王在外服诸侯国治域内可行使开拓耕地、狩猎、巡行，以其地为征伐敌方的基地等权利，反映商王对外服诸侯的统治权。外服诸侯对商王室负担军事和经济两个方面的义务，军事方面主要表现在戍守边土、报告敌情，追从王师讨伐敌方；在经济方面主要表现在贡纳各种物品、奴隶、牲畜、谷类等，还要为王室耕种籍田。外服诸侯为商王室担负这些义务，正是他们臣属于商王室的结果。"诸侯政权对商王室的臣属关系，在实质上，就是后世中央政权与地方政权的一种初期形态。"① 也有学者从商王朝内外服在国家政令、国防及领土利益、经济一体化特征诸方面具有统一性，以及商王直接统治的王畿及外服诸侯治理的领土皆有行政区划，论证商王朝为统一的中央集权的王权国家。② 王震中提出商王朝是内外服复合制的国家结构说，内外服皆为商代国家重要组成部分，并进行了系统的论证。③ 以上这些研究对于认识商代国家结构形式都具有重要学术价值。

经由前文的讨论，甲骨文所见表示社会身份的"田"为商王朝的外服职事，其服王事主要体现在践行王命与献纳贡物两个方面，是商王朝国家结构的重要组成部分。前文探讨外服田的卜辞亦透漏出有关商代国家结构的重要信息，尤其是《合补》11242 载盂方侵犯西国，王册告"西田"，率领西部多田讨伐盂方，揭示商代国家结构中存在西国，西国中有外服田，盂方不在西国范围。西国的存在对于认识商代国家结构提供了新的思考角度。

新近发现的征夷方卜辞证实殷商政治地理存在东国，如《殷墟甲骨辑佚》689："己未，王卜，贞：畬［巫九备，夷方伐东］或（国），册东侯，曹［夷方，余其比多侯］甾戋夷方，亡［蚩在㱿……］""丁巳，王卜，贞：畬巫九备，蠡夷方率伐东国，东册东侯，曹夷方，妥（绥）余一

① 参杨升南《卜辞中所见诸侯对商王室的臣属关系》，胡厚宣主编：《甲骨文与殷商史》，上海古籍出版社 1983 年版，第 128—172 页。

② 杜勇：《商朝政区蠡测》，载王宇信、宋镇豪、孟宪武主编《2004 年安阳殷商文明国际学术研讨会论文集》，社会科学文献出版社 2004 年版，第 195—203 页。

③ 王震中：《商代都邑》第七章"商的王畿四土与都鄙结构"，中国社会科学出版社 2010 年版，以及《论商代复合制国家结构》，《中国史研究》2012 年第 3 期。

[人]，[余]其比多侯，亡左。自上下于褐示，余受有佑。王占曰：大吉……肜□，王彝在□□[宗]。"(《合集》36182 +《殷墟甲骨辑佚》690）卜辞占卜夷方侵伐东国，商王册命东国之侯，说明商王朝东国范围内存在侯，而夷方为商王朝敌人，侵犯东国，显然不包括在商王朝的东国政治结构之中。由周初《保卣》"东国五侯"乃指侯田男卫伯五类诸侯①，以及前揭商王朝征伐盂方伯诸卜辞，确知西国政治区域内存在着侯、田、伯等外服，推知商代东国政治区域内除存在外服侯，也应有外服田、男、卫、伯的分布。商朝在占卜与敌对方国关系时，称敌方侵犯东国、西国，可能也存在南国、北国的称谓，即在国家政治地理结构这个层面，殷商王朝以四国为限，敌对方国不在四国之内。四国之内包含着外服侯、田、男、卫、伯以及商王朝重要的内服族属势力。商代的国家结构或可以进一步细分为以都邑为中心附属有郊、鄙、奠的商（大邑商），其外为四土（四国），期间分布着外服侯、田、男、卫、伯以及商王朝内服强宗大族，四国范围之外为多方（四方），多方与四国内的内外服势力呈犬牙交错的分布状态，多方在政治形态上与商并列，但实力或不如商强大，与商王朝关系叛服不定。②

到了晚商时期，随着商王朝与诸方国关系的紧张，战事增多，外服田的地位可能有所提升，由原来某地的军事驻守、防御职责，提升为与外服侯、伯协同辅助王师讨伐敌对方国的军事征伐职能，外服田与王的关系变得复杂了。如《合集》36528 反"乙丑，王卜，贞：畜巫九备，余其酈（尊），启告侯、田，册啟方、羌方、羞方、缫方，余其比侯、田，甾戋（残）四封方"。辞意是商王向外服侯与外服田宣告四封方的叛乱罪行，并率领外服侯、田讨伐四封方。商王调动外服侯与田进行征伐活动，需要向其说明充分的理由，而不是直接下达命令。商王与外服侯的关系

---

① 参张利军《保卣铭文与周王朝对内外服的统治策略》，《中国国家博物馆馆刊》2011 年第 10 期。

② 刘源先生指出：卜辞中的"侯"并非商代方国的君长，而是商王所封的诸侯。商王国的封国与其疆域之外的方国也不同。（《殷墟"比某"卜辞补说》，《古文字研究》第 27 辑，第 113 页）对于理解外服与方国的区别有重要意义。

较为复杂，如朱凤瀚分析商王与侯豹相处的几条卜辞。① 如果因此条卜辞涉及王与侯的相处，所以王要向外服侯、田告知四邦方之罪，那么以下为征伐盂方而单独占卜册告多田的卜辞，或许更能说明王与外服田关系的一些问题。如卜辞载："乙巳，王贞：启呼兄（祝）曰：'盂方共人其出伐，屯师高。'其令束（速）会［于］高，弗每，不曹嗤。王占曰：'吉。'"（黄类《合集》36518）启为商王朝的先锋部队，祝，告也。先锋部队派人向商王报告，盂方集合人众而出战，屯师于高地。商王占卜命令商军快速赶往盂方军队所在的高地。商王亲卜册命西部外服田，册告关于盂方之罪，然后联合多个外服田的力量讨伐盂方。如卜辞："甲戌，王卜，贞：畲巫九备，屯（蠢）盂方率伐西或（国），册西田，曾盂［方］，妥余一人，余其比多田，佃正（征）盂方，亡又，自上下于褐□。"（黄类《合补》11242）此册字做双手举册状，李学勤指出其与宾类卜辞中的"再册"同义，商王以册命告西田，册告盂方的罪责。② 商王亲自占卜率领多个外服田与多个外服伯征伐盂方伯炎，卜辞如："□戌王卜，贞：畲巫九备，［余其］从多田于（与）多伯征盂方［伯炎］。□［不曹］嗤，［肩］告于兹大［邑商］□。"（黄类《合集》36513）"丁卯王卜，贞：畲巫九备，余其从多田于（与）多伯征盂方伯炎。夷卒翌日步，亡尤。自上下于褐示，余受有佑。不曹嗤，［肩］告于兹大邑商，亡蚩（害）在畎。［王占曰］：引吉。在十月，遘大丁翼。"（黄类《合集》36511）"□［贞］其征盂方，夷今□受佑，不曹嗤，亡□占曰：吉。在十月，王九［祀］□。"（《合补》11241）从，训为率领。商王率领西部多田与多伯的军队共同讨伐盂方伯。商王选择率领多田与多伯征伐盂方伯日期时的纠结，反映商王与之关系的复杂性。商王向外服侯、田、伯发布命令，调遣其军队之前，要向其传达敌人之罪，商王对外服此种态度与商王对待内服直接下达命令的态度是明显不同的。如《合补》11242所示，外服随王师讨伐敌方的军事行动，是遵循着以调动靠近敌方的外服

---

① 朱凤瀚：《殷墟卜辞中"侯"的身分补证——兼论"侯"、"伯"之异同》，李宗焜主编：《古文字与古代史》第四辑，台北："中研院"历史语言研究所2015年版，第14—15页。

② 李学勤：《论一片新出现的征人方卜辞》，《殷都学刊》2005年第1期。

侯、田、伯为原则。仅以上举帝乙时期调动外服田讨伐盂方伯为例，商王对于如何调遣外服田经过多日多次占卜，显示商王的犹豫与难以决断。乙巳日占卜反映盂方内侵，边地告急（《合集》36518），《合补》11242载向西方外服田告盂方之罪，商王将联合外服田讨伐盂方，《合集》36512、36515、36532、36514似占卜相同内容，但时间不同，且有"征""弜征"对贞，是否出征尚在决策阶段。《合集》36532干支为"乙丑"距离边地告急的乙巳日最少已过一旬，征伐西部敌人盂方的决策及是否调动西部外服多田，商王经过反复斟酌。《合集》36511显示最终于十月确定商王亲征并以西部外服多田与多伯协同征伐盂方伯。晚商时期商王就是否调集外服田的军事力量讨伐敌方反复占卜，显示双方关系的复杂与纠结，从侧面反映此时外服田势力的增长，以及商王对外服田的统治力可能有所下降，商王朝国家结构渐趋松动。

综上，甲骨文中表示社会身份的"田"，既不类西周时期分封的诸侯，亦非商代爵称，而应遵循商周传统以"外服"职事称之。外服田的称谓不限于"在某（地名）田某（人名或族名）"的形式，还有"某田"。卜辞"多田"（《合集》32992反）称谓，反映外服田的数量达到一定规模。外服田可能由商王命于田猎大蒐之礼，是相对于外服侯更加亲近于商王的地方势力，尚未见有田反叛商王朝的实例。商王朝将外服田与外服侯配合设置，占据在商王朝经营边疆的重要军事据点，其职责以武事为主。外服田为商王朝恪尽职守，主要表现在践行王命与献纳贡物两个方面。卜辞显示，至商末外服田已经发展为与外服侯、伯并称，在商王朝中的地位与其比肩，成为商王朝讨伐东西方敌对方国的重要依靠力量，政治与军事的自由度皆有所提升，但尚未发展为像西周时期的封国诸侯。对外服田身份、史迹及田与商王关系的考察，为探讨商代国家结构提供实证案例。商王朝的国家结构由大邑商与四国构成，大邑商主要居住着商王室贵胄及内服贵族，四国不包括方国，四国内主要是外服侯、田、男、卫、伯。

第四节　商代外服男（任）考

《尚书·酒诰》载周公述商代外服"侯、甸、男、卫、邦、伯"，是称述殷商外服制度。《酒诰》又载周公之言"予惟曰：汝劼毖殷献臣侯、甸、男、卫"，《召诰》载"周公乃朝用书命庶殷侯、甸、男、邦伯"，皆是周公称述降周的殷商外服。在周人看来"侯、甸、男、卫、邦、伯"是殷商的外服，而"侯、甸、男"是殷商外服中最为重要的三个类型。近年学界对殷卜辞中外服进行了较多探讨，对外服侯、田、伯的研究已较为深入，但对与侯、田并提的外服"男"的确认仍存在分歧，以至于影响了对外服男研究的深入。文献上男与任相通假，如《尚书·酒诰》"侯甸男卫"，《白虎通·爵》篇引作"侯甸任卫"，《白虎通·嫁娶》篇谓："男者，任也，任功业也。"《尚书·禹贡》"二百里男邦"，《史记·夏本纪》引作"任国"。《逸周书·职方》孔晁注谓："男，任也，任王事。"古代经学家以男与任为古今异文，丁山在此基础上又据卜辞"多田亚任"与青铜器令方彝铭文"侯田男"（《集成》9901），提出"任本商制，男乃周名"。[1] 但甲骨文中表示身份的"男"与"任"并见，任与男可能为同一类外服。故宫博物院藏甲骨中有"多任"（《合集》19034）、卜辞另有"多田亚任"（《合集》32992 反，历二）即多田、多亚、多任，由甲骨文"多任"集合称谓证明，"任"作为一种身份已经构成一类社会群体。关于卜辞中的"男"与"任"，前辈学者多借此探讨殷商爵制有无问题，取得了不少重要成果。[2] 但近年来学界对五等爵的研究取得了较大的突破，春秋以前并未产生爵称，卜辞中的"侯"不是诸侯身份也就更

---

①　丁山：《甲骨文所见氏族及其制度》，中华书局 1988 年版，第 46 页。

②　董作宾：《五等爵在殷商》，《"中研院"历史语言研究所集刊》第六本第三分，1936年。胡厚宣：《殷代封建制度考》，《甲骨学商史论丛初集》，河北教育出版社 2002 年版，第 70—76 页；裘锡圭：《甲骨卜辞中所见的"田""牧""卫"等职官的研究——兼论"侯""甸""男""卫"等几种诸侯的起源》，《文史》（第 19 辑），中华书局 1983 年版。杨升南：《卜辞中所见诸侯对商王室的臣属关系》，胡厚宣主编：《甲骨文与殷商史》，上海古籍出版社 1983 年版；杨升南：《甲骨文中的"男"为爵称说》，《纪念殷墟甲骨文发现一百周年国际学术研讨会论文集》，社会科学文献出版社 1999 年版。

谈不上爵称。① 与侯并提的"男"的社会身份确认、男的史迹及其在商王朝发展中的作用等问题亦有待探讨。兹以卜辞中男（任）的身份切入，对殷卜辞所见商代外服男（任）相关问题进行系统考察。

一　甲骨文中男（任）为外服职名

目前所见甲骨文有关男的概有《合集》3451—3457、《合集》21954及《殷契摭遗续编》129，共9片，卜辞中的任大概有15位。甲骨文中男（任）的身份颇多争议，有爵称说、非爵称说、方国联盟首领说、诸侯说、外服职名说。以下逐一对各说进行分析。

1. 甲骨文中"男"为爵称说。董作宾《五等爵在殷商》一文，举"庚辰卜，贞：男艻亡畎"（《合集》21954）。"贞：男不其☒。"（《合集》3451）"□□卜，贞：雀……男受〔又〕。"（《合集》3452）三例，认为：三辞之男字，皆可作男爵解，曰"男"犹侯之简称"侯"，"伯"之简称为"白"。曰"男苟"犹侯称"侯某"，白称"白某"。第三辞尤有关系，称"雀男"，亦尤侯称"某侯"，白称"某白"。男为附庸，在卜辞中雀男为吟侯之附庸。② 李孝定《甲骨文字集释》"男"字条下按语："疑爵名。"③ 杨升南《甲骨文中的"男"为爵称说》一文，考证甲骨文中有"雀男""受男""男苟""男克"，其辞例与侯、伯相同，侯伯为殷代爵称，所以男也为爵称。又将《酒诰》所载殷商外服男理解为殷商诸侯爵称，至周初诸侯仍有男爵称，从而再加确认甲骨文男为爵称。④ 王宇信、杨升南主编《甲骨学一百年》在杨升南文章基础上，认为甲骨文中的任

---

① 李峰：《论"五等爵"称的起源》，《古文字与古代史》第三辑，台北："中研院"历史语言研究所2012年版，第159—184页。朱凤瀚：《殷墟卜辞中"侯"的身分补证——兼论"侯"、"伯"之异同》，《古文字与古代史》第四辑，台北："中研院"历史语言研究所2015年版，第1—36页。

② 董作宾：《五等爵在殷商》，《"中研院"历史语言研究所集刊》第六本第三分，1936年，第429页。

③ 李孝定编述：《甲骨文字集释》卷十三，第七册，台北："中研院"历史语言研究所，1970年，第4047页。

④ 杨升南：《甲骨文中的"男"为爵称说》，《纪念殷墟甲骨文发现一百周年国际学术研讨会论文集》，社会科学文献出版社1999年版，第433—438页。

即男，仍为爵称，统计有 15 位任。① 爵称说的论证逻辑思路如下，默认
《孟子》所述"公侯伯子男"五等爵称可信，《尚书·酒诰》等所述殷商
外服"侯甸男卫邦伯"为殷商诸侯爵称，甲骨文"男某""某男"表示
人身份的男，与侯、伯称谓一样，侯伯为爵称，故男也应为爵称，且与
文献所载男爵对比，再次确认甲骨文之男应是爵称。

　　不少学者认为甲骨文中"男"不为爵称。胡厚宣《殷代封建制度考》
一文指出："故侯白男田，皆不过为诸侯之异称而已，绝无所谓贵贱等级
之分。"五等爵之说乃战国时期儒家的托古改制。② 实际上否定了男为爵
称。岛邦男曾举出 8 片有"男"字的甲骨，除《合集》所见者，尚有
《乙编》363、954，但这两片并无"男"字。他认为"雀男""男苟"作
为封爵之称证据不足。指出：据"卜雀不受年"（《京》541）、"贞从苟"
（《甲》2591）辞，知雀、苟是人名或地名，因此认为"雀""苟"为封
爵名并非不妥。如以"男"为封爵名，后文当有侯、伯用例，仅以此两
例确认为男爵是不妥的。③ 林沄指出："男"在甲骨文中作"任"（甲骨
文中另有男字，但均无法确定为爵称）。④ 裘锡圭认为董作宾将《龟甲兽
骨文字》2.22.12 即《合集》3452"雀男"连读是误读，《合集》3455
中的"'男'确有是爵名或职名的可能，但也不能说没有别的解释。如果
仅仅这一条卜辞就断定商代有男爵，显然是十分危险的"⑤。姚孝遂于
《甲骨文字诂林》"男"字条下按语："李孝定疑为爵名，非是。五等爵
之名，语出《孟子》，商周均无此典制。"⑥ 认为爵称说证据不足的学者
从甲骨文中称"男"的辞例释读存在问题，称"男某"或"某男"的辞

---

　　①　王宇信、杨升南主编：《甲骨学一百年》，社会科学文献出版社 1999 年版，第 464—466
页。

　　②　胡厚宣：《殷代封建制度考》，《甲骨学商史论丛初集》，河北教育出版社 2002 年版，第
80 页。

　　③　［日］岛邦男：《殷墟卜辞研究》（日文版），弘前大学文理学部中国学研究会 1958 年
版，第 425 页。

　　④　林沄：《甲骨文中的方国联盟》，《古文字研究》（第 6 辑），中华书局 1981 年版，第 85
页。

　　⑤　裘锡圭：《甲骨卜辞中所见的"田""牧""卫"等职官的研究——兼论"侯""甸"
"男""卫"等几种诸侯的起源》，《文史》（第 19 辑），中华书局 1983 年版。

　　⑥　于省吾主编：《甲骨文字诂林》，中华书局 1996 年版，第 2132 页。

例有限，不足以说明问题。或认为商周时期没有五等爵，所以男不为爵称。爵称说推论的前提存在争议，如《孟子》所述五等爵说历来都有争议，《尚书·酒诰》明确说殷商"侯、甸、男、卫、邦伯"是外服，周人并不认为是殷商诸侯，也无所谓爵称。甲骨文确有"男某""某男"表示社会身份的称谓，与侯、伯称谓方式相同，但侯、伯是否为爵称尚有较大争议。目前的研究趋势是，学者多支持侯、伯非爵称说。甲骨文"男"为爵称说的论证前提都是有待证明的，爵称说的重要学术贡献在于肯定甲骨文中"男"为一类社会身份，在商代有着重要社会地位。

2. 甲骨文中"男（任）"为方国联盟首领说。林沄否定男为爵称而提出新说："任、男古代音同字通，《酒诰》'侯甸男卫邦伯'，《白虎通·爵篇》作'侯甸任卫作国伯'；《夏本纪》'二百里任国'，《汉书·地理志》作'二百里男国'。可见任即男，亦古代方国首领之一种。在卜辞中，'而伯'又称'而任'（见乙7746），也可证'任'是方国首领之称。"[1]《酒诰》所述外服侯甸男卫邦伯是否是方国首领称谓，核诸卜辞，多数商的敌对方国首领即某方并未同时有侯甸男卫伯的称号，部分敌对方国被征服，有可能被授予外服称号。但拥有外服侯、田、男、卫、伯称号者，皆为商王朝的臣属者，仅见个别外服叛乱被征伐。《合集》36528反"乙丑王卜，贞：咎巫九备，余其膡，启告侯、田，册馘方、羌方、羞方、缌方，余其比侯、田甾残四封方"。辞意是商王向外服侯与外服田宣告四封方的叛乱罪行，并率领外服侯、田讨伐四封方。卜辞显示商王对多方与外服是有明显区别的，多方与商是邦与邦的并列关系，外服则是商王国内部的臣属者。如果说任是方国首领，显然是忽视了方国与外服的区别。

3. 甲骨文中"男（任）"为诸侯说。胡厚宣在《殷代封建制度考》一文指出："殷代封建，除妇子之外虽有侯白男田四目，然侯与白通，男与田通，且侯与田，虽可分为二类，然其用实亦无严格之别。故侯白男田，皆不过为诸侯之异称而已，绝无所谓贵贱等级之分。""直至战国新

---

① 林沄：《甲骨文中的方国联盟》，《古文字研究》第六辑，中华书局1981年版，第77页。

儒家兴起之后，托古改制，始造成所谓公侯伯子男五等爵禄之说。"① 认为男非爵称是有道理的，但以男为诸侯，是以周代分封诸侯之制理解商代外服制度。

4. 甲骨文中"男（任）"为男服说。段渝认为《尚书·酒诰》所述"越在外服：侯甸男卫邦伯""汝劼毖殷献臣侯甸男卫"之侯、甸、男、卫就是殷代外服制下各服的名称。② 这种意见实受经学家以《国语·周语上》所述五服及韦昭注解读《酒诰》外服称谓的影响。如伪孔传释《酒诰》："越在外服侯甸男卫邦伯"为"于在外国，侯服、甸服、男服、卫服，国伯诸侯之长"。孙星衍《尚书今古文注疏》直接引述《国语·周语上》祭公谋父所述"五服"及韦昭注解释《酒诰》所述"外服"。③ 如果按照这一理解思路，《酒诰》所述内服"百僚庶尹惟亚惟服宗工越百姓里君"亦应理解为内服之名，但显然是解释不通的。所以视《酒诰》述外服侯甸男卫为服名是难以通解的。就《酒诰》所述内外服对举的文理，"侯甸男卫邦伯"与"百僚庶尹惟亚惟服宗工越百姓里君"理解为内外服的具体称谓似更合理。

5. 甲骨文中"男（任）"为外服职名说。徐中舒主编《甲骨文字典》于"男"字下释义："殷代外服侯田男卫之男。"④ 所据辞例为《合集》3451、3456。裘锡圭提出一种可能性："也许任本是侯、伯等所委派的，率领人专门为王朝服役的一种职官。'而任'是'而伯'委派的任，'侯任'则是某个侯所委派的任。后来他们之中大概也有一部分人演变为诸侯，所以'任（男）'也变成了一种诸侯的称号。""由于缺乏证据，上面所说的看法仅仅是一种假设。但是'男（任）'本为职名而非爵名这一点，似乎可以肯定下来。"⑤ 男（任）为外服职名说有

①　胡厚宣：《殷代封建制度考》，《甲骨学商史论丛初集》（外一种），河北教育出版社2002年版，第80页。

②　段渝：《论殷代外服制与西周分封制》，《徐中舒先生百年诞辰纪念文集》，巴蜀书社1998年版，第252页。段渝：《楚为殷代男服说》，《江汉论坛》1982年第9期。

③　孙星衍：《尚书今古文注疏》，中华书局2004年版，第379页。

④　徐中舒主编：《甲骨文字典》卷13，四川辞书出版社1988年版，第1477页。

⑤　裘锡圭：《甲骨卜辞中所见的"田""牧""卫"等职官的研究——兼论"侯""甸""男""卫"等几种诸侯的起源》，《文史》（第19辑），中华书局1983年版。

《尚书·酒诰》可信文献的支持，又有"男（任）"践行王事的殷墟卜辞印证，令人信服。

殷墟卜辞中"男"作为一种社会身份是存在的，并且相关卜辞反映"男"应为殷商国家外服职名。男芳（《合集》21954），"男克"（《合集》3457），犹如侯某的称谓方式。由这两例可推知《合集》3455"男□"也应是男某的称谓方式。《合集》3451"贞：男不其☒"，男作为人名、族名卜辞未见，此例与卜辞中外服侯单称"侯"，而没有具体指出是哪位侯相同，此例中男也应作为一种社会身份。关于男的卜辞虽多残缺，但比照外服侯的称名方式，可以确定其为一类社会身份。卜辞"庚辰卜，贞：男芳取，亡畎"（《合集》21954）。取是征取臣子向商王朝进贡的专用语之一，意为占卜向男芳征取职贡，反映男芳为商王朝践行献纳贡物职事。由此亦可以确认其他称名"男某"的也应为商王朝的职官。若对比外服侯的称名方式，卜辞中的"雀任"犹如外服"某侯"的称名方式，所以雀任的任也应是一类社会身份。再考虑男与任相通，且共见于卜辞，如"雀任"（《合集》19033）、菁任（《合集》7049）践行王事，可以确定任为外服类型之一，视男与任属于同一类型外服应不致大误。从目前所见卜辞材料看，商代男（任）的身份不类西周时期的诸侯，不若以殷周时期固有称谓外服称之。

综上，甲骨文中"男（任）"表示一种社会身份，但无法证明其为殷商爵称。否定爵称说者，连同男表示社会身份的情况也一并否定了。诸侯说以西周诸侯有男的类型而上推殷商外服男为诸侯，将殷商外服制与西周封建诸侯之制混为一谈。据《尚书·酒诰》及殷墟卜辞，侯、田、男、卫、伯只是殷商外服的不同类型称谓，并没有上下之别，更谈不上爵禄等级。所谓"外服"，杨筠如谓："外服，外事，外正，同谓在外之官。"① 故"男（任）"是殷商国家践行在外职事者的称谓之一。

二 甲骨文中男（任）践行王事史迹考

甲骨文中关于男的辞例虽多残缺，但大体可以确认男某、某男称谓

---

① 杨筠如：《尚书覈诂》，陕西人民出版社2005年版，第284页。

以及通称"男"外服称谓的存在。而与男属于同一类型外服的任的辞例相对完整，可以借以讨论男（任）的史迹与职责。殷卜辞中表示身份的任，据《甲骨学一百年》第466页所列有如表4—3所示。

表4—3　　　　　《甲骨学一百年》所列外服任统计表

雀任（《合集》19003）	甫任（《合集》1248）	㞢任（《合集》3521）
大任亚（《合集》4889）	蘆任（《合集》5944）	苦任（《合集》7049）
骨任（《合集》7854）	而任（《合集》10988）	卜任（《合集》17920）
树任（《合集》18409）	析任（《合集》27746）	名任（《屯南》668）
㞍任（《东京》280）	弜任（《合集》25255）	任肉虎（《合集》10917）

经核实甲骨拓片，上表中《合集》18409残辞过甚，不确定为外服某任名。《东京》280应为帚壬即妇壬，非外服任名。弜任，查《合集》25255无，应为《乙编》5255。《合集》17920实应为"长任"，据《合集》18250，可将《合集》10917隶作任肉虎。其他可以成立。裘锡圭列举表示身份"任"的卜辞时，举到了有关"侯任"的两条，并认为侯任是某个侯所委派的任。① 但也不排除表示身份为侯名为任者，即侯任属于外服侯而非外服任。可补充"戈任"（《合集》3929）、疋任（《甲骨拼合四集》907）。目前所见甲骨文中可以确认有15位称名为任的外服，即雀任、戈任、蘆任、而任、甫任、㞢任、骨任、析任、名任、大任、任肉虎、苦任、弜任、长任、疋任。卜辞"多任"（宾一《合集》19034）称谓，表明外服任的数量已达到一定规模，作为一类社会身份是客观存在的。关于甲骨文中外服任具体详考于下：

1. 雀任

外服雀任（《合集》19033典宾）的称谓方式是以雀为人名、族名，任为外服职名。关于雀的史迹，张惟捷《殷商武丁时期人物"雀"史迹

———————

① 裘锡圭：《甲骨卜辞中所见的"田""牧""卫"等职官的研究——兼论"侯""甸""男""卫"等几种诸侯的起源》，《文史》（第19辑），中华书局1983年版。

研究》一文有详细论述。① 然其文据《合集》19852 判断雀为侯爵，实不可从。因该版卜辞释读存有较大争议，"雀"与"侯"不能连读。卜辞所见雀是一位十分活跃的人物，参与各种国家事务。他可能出身王族，担任内服职官亚，称"亚雀"（《合集》5679 师小），后被商王命为外服任，派往商都之西与外服侯盾及方方较近之地。商王担心侯盾与雀任发生冲突，"丁巳［卜］，贞：盾［弗］戋雀。五月"（《合集》6971）。"☑贞：雀受盾又。"（《英藏》387）雀也参与商王朝的军事行动，他与外服侯盾一起防卫殷商西南的方方。"贞：令雀敦亘。"（《合集》6958）"……雀获亘……"（《合补》1039）参与讨伐亘方的战役。商王调遣雀的武装力量，"□□卜，殻贞：令雀以人于蜀"（《殷墟甲骨拾遗》24，宾一）。命令雀率族众部署在蜀地。"贞：雀亡囚（忧），在蜀。二月。辛□，雀亡囚（忧），在蜀。二月。戊辰，己巳步省。"（《合补》6918）希望雀在蜀地践行王事，不会遇到灾祸。雀可能参与了讨伐獋方的战役，"呼雀先往敦獋"（《历史研究所藏甲骨集》② 120）。外服侯任发生叛乱，商王占卜雀是否能捕获归附方方的侯任，"甲辰卜王：雀获侯任［在］方"（《殷契拾掇》二 115）。"甲辰［卜］王：雀弗其获侯任在方。"（《怀特》434）雀参与征伐基方缶之役（《合集》6834 正），征伐祭方（《合集》1051）。雀接受商王命令，讨伐羌人、異方，雀践行王事，如卜辞："癸亥卜，令雀伐羌、異，雀由王事，不米众。"（《村中南甲骨》343，师组）"壬子卜：王令雀、瞫伐異，十月。"（《合集》6960）"贞：多犬及異、微。"（《合集》5663）"不米众"见于《合集》70、71，以及《村中南甲骨》302 "戊申卜：不米众"。《合补》10449 "己巳贞：王米囹其登于祖乙"。陈梦家释米或是粊或侎字，《说文》"抚也"。米众即安抚众人。③ 征伐卜辞常见"不丧众""不雉众"，意为不失众，不希望损兵折将。不米众或为士兵有所折损。雀受命讨伐反判的𡆥侯（《合集》33071、33072）雀曾

① 张惟捷：《殷商武丁时期人物"雀"史迹研究》，《"中研院"历史语言研究所集刊》第85 本第 4 分，2014 年。

② 中国社会科学院历史研究所编：《中国社会科学院历史研究所藏甲骨集》，上海古籍出版社 2011 年版。

③ 陈梦家：《殷虚卜辞综述》，中华书局 1988 年版，第 608 页。

受命为使者向罞安抚，"癸卯卜，雀其有憂。癸卯卜，贞：雀宓罞，亡田（憂）"（《合补》6917）。

商王为践行王事的雀的安危担忧，如："丁酉卜，殻贞：雀［亡］憂。"（《合集》4124）"有田（憂）雀。"（《俄藏》6）"贞：雀有保。"（《笢之甲骨拓本集一》① 53）"囗雀弗保。"（《合集》4149）"壬戌［卜］，贞：雀受又（祐）。"（《历史研究所藏甲骨集》26）商王希望神灵保佑雀。商王向父乙举行御祭，"甲申卜，御雀父乙一牛。用。甲申卜，贞：雀不死。七月。允不"（《村中南甲骨》341 师组）。"甲申卜贞：雀不死。允不。甲申卜贞：雀其死。不。"（《村中南甲骨》342 师组）被除雀的灾祸，不希望雀死去。

外服雀任贡纳占卜用龟，"雀入二百五十"（《合集》5298 反，甲桥刻辞）。雀一次贡纳二百五十只龟，可能以贡纳占卜用龟的方式参与商王朝的宗教事务，表达对商王权威的认同。雀任还献纳本族的弓箭手，"［癸］未卜，［王］呼雀［来］射"（《合集》5794）。来为来朝、来献之义，王命令雀来献射手，充实商王朝军队中的射手队武装。

2. 甫任

商代外服甫任称谓以族名甫与外服职名"任"构成。如："贞：呼取甫任于罴。"（《合集》1248 正）取，获取，取得，卜辞习见征取贡物用语。呼取甫任，意谓呼命征取甫任的贡物。所征取的贡物或许与甫任为商王朝耤田的收获物有关。罴，地名。甫任省称甫，如："丁酉卜，宾贞：令甫取元伯殳，及。贞：令祓保甫。六月。"（《合集》6）取还有战胜、取胜之义，商王命令甫任捕取元伯殳，命令臣子祓保护甫的行动安危。"戊寅卜，贞：令甫比二侯及罞元，王循，于之若。"（《合集》7242）占卜命令甫任协同二侯追及元伯，王师随后往之，会顺利吧。甫任参与的王朝军事活动可能还有讨伐舌方，"贞：甫弗其菁舌方"（《合集》6196）。商王不希望甫任与舌方遭遇。甫任领地当是重要的农耕、畜牧、渔猎区，对于商王朝经济至关重要。商王亲自卜问，甫任种黍会有好的年成，"庚辰卜，王，甫往黍囗，受年。一月"（《合集》20649）。

---

① 宋镇豪主编，赵鹏编纂：《笢之甲骨拓本集》，上海古籍出版社 2016 年版。

"甫弗其受黍年。"（《东大》1013）"丁酉卜，㱿贞：我受甫耤在妼年，三月。丁酉卜，㱿贞：我弗其受甫耤在妼年。"（《合集》900 正）这是武丁时期的两条正反对贞卜辞，"我"是商王武丁自称，甫是武丁时期重要外服任的族名（《合补》60 正甲）。妼，地名，该地有王田。这条卜辞语序应作"甫耤在妼，我受年"。即是贞问甫任在妼地为我耤田，我是否会有丰年。

商王关心甫任田猎是否有所捕获，"辛巳卜，师贞：甫往，兔、犬、鹿不其［获］"（《合集》20715）。"壬申卜，㱿贞：甫擒麋。丙子陷，允擒二百又九。"（《合集》10349）"□□卜，令甫［逐］麋，擒，十月。"（《合集》28359）甫地设有捕鱼场所，如"贞：其［雨］，十月。在甫鱼"（《合集》7894）。"贞：今其雨，十月。在甫鱼。"（《合集》7895）"贞：今其雨，［十月］。在甫鱼。"（《合集》7896）

外服甫任有其领地与族众，如上举关于甫任种黍、耕种耤田、田猎、协助王朝军队讨伐敌方，都是命令甫任率其族众来完成的，甫任之地有农田、畜牧、田猎等场所，说明甫任有其领地，以上辞例还可见甫任领地的罳、甫、妼地名。甫任也兼有军事守卫职能，主要发生于敌方进犯之时，而少见王调遣甫任族众主动征伐敌方的占卜。外服甫任的主要贡献似在于经济方面，是商王朝的粮食产区、畜牧业养殖地区，关乎商王朝的政治经济生活。

3. 骨任

目前所见外服骨任的主要辞例是关于纳贡之事，如："己酉卜，㱿贞：勿呼𦥑取骨任伐，弗其以。□□［卜］，㱿贞：呼𦥑取骨任伐，以。"（《合集》7854 正）"贞：呼𦥑取骨任。"（《合集》7859 正）卜辞意为命令臣子𦥑征取外服骨任用于伐祭的贡物，是否能够致送于朝。这反映外服骨任有向商王朝贡献祭祀牺牲的义务。

4. 戈任

外服戈任的辞例仅一见，"□□卜，庐贞：戈任疾亡☒"（《殷虚书契前编》1.37.6）。商王关心戈任的疾病。

5. 蘆任

"己巳卜，王贞：史其执蘆任，六月。允执。"（《合集》5944）商王亲自占卜，史将执获蘆任，时在六月。结果确实执获了蘆任。该条卜辞可能表明蘆任一度反叛商王朝而被擒获。

6. 而任

前文所举裘锡圭文提出"而任"有出自"而伯"（《合集》6480）委派的可能性，若为同族，或为而族之不同分支，但目前所见卜辞尚未表明二者有直接的关系。从其他的任听命于商王的情况看，而任也应是受命于商王践行王事的外服任。"贞：而任霓获畀舟。"（《合集》10989 正）霓为而任的私名，"畀舟"为其所服王事之一。

7. 屮任

"［贞：令旨比屰］徒屮任廪畀唐，若；贞：勿令旨比屰徒屮任廪［畀唐，若］。"（《合集》3521 正）据此辞，商王朝在屮任领地设有仓廪，屮任之地有商王朝农田。或可推知屮任的一项职责是为商王朝治田入谷。该版卜辞从正反对贞是否命令旨协同屰徒往屮任领地的仓廪至唐地，希望此行动会顺利。

8. 大任

"贞：令萃以（与）文取大任、亚。"（《合集》4889）萃与文皆为商王臣子，取为征取，贡纳专用语。商王命令两名臣子征取大任与亚当贡之物。

9. 析任

"辛酉卜，贞：其呼析任曰帰鸣☒母（毋）若，弗悔，在三月。"（《合集》27746 何二）商王呼命析任践行王事，卜辞残缺，所践行王事不明。

10. 名任

"癸亥卜，令𠂤呼比泜戈剢☒土石奠名任。"（《合集》32048）商王命令小臣𠂤协同外服泜伯共同践行王事，其王事为"奠名任"，奠置外服名任。"☒奠名任。"（《屯南》668）奠，置也。裘锡圭认为奠是商王朝安置臣服国族的一种措施。甲骨文中有臣服于商王朝的族属被方国侵扰，名任可能是外服某任的称名方式，因为某些原因而被商王朝安置于某地或即名地。

11. 苜任

"丁卯卜，曰苜任有征归。允征。☒归人征苜任。"（《合集》7049）

归为族名、邦名。甲骨文"伐归伯"（《合集》33070），"己亥［卜，□侯］启，王伐归，若。庚子卜，伐归受祐，八月。"（《合集》33069）归邦首领称归伯，商王命令外服苦任协同配合商王朝征伐不服从的归伯。卜问苦任是否能去征伐归伯，验辞是确实往征。外服苦任有拱卫商朝边疆安全的职责。

12. 任肉虎

"丁巳卜，史贞：呼任肉虎䢍。十月。"（《合集》10917宾组）䢍为动词，商王武丁命令外服任肉虎践行与征伐相关的王事，时在十月。

13. 弘任

"贞：呼取弘任。"（《乙编》5255＋《乙编》5286＝《合集》13934正）《甲骨文合集释文》与《甲骨文校释总集》皆将任字释为"伐"，弘字缺释。核查《乙编》5255片，字体清晰可辨，应为"任"字。弘字目前卜辞仅一见，可能为族名、人名，但该条辞例清楚，取为卜辞征取贡物的习用语，辞义是商王命令向外服弘任征取贡物。

14. 长任

"戊寅卜，内贞：呼□长任□。"（《合集》17920）长或为族名，商王可以呼命者，一般为是臣属于商王朝的势力，呼命长任践行王事。

15. 疋任

疋任确定为外服，得益于近年学者的甲骨缀合成果，如《甲骨拼合四集》907："贞：呼取疋任于彔。"（《合集》8825＋《合集》17988何会缀合）取，《说文》："捕取也。"在卜辞中则有获取、征取，以及战胜、取胜的不同辞例。商王呼命取疋任于彔地，可能是捕取，但并未说明由哪些臣属去捕取。也有可能是征取疋任之贡物，彔地或为疋任领地，或为与其领地较近之地名。其相近辞例有上举多位外服任，如"贞：呼取甫任于罳"（《合集》1248正）。不大可能是捕取外服甫任，甫任绝对臣服于商王朝，并且所践行王事皆很重要，是商王朝运行的重要支柱。所以关于疋任这条卜辞亦应为征取其所贡之物。

三　外服男（任）在商王朝中的作用

既往研究或认为男为诸侯，或认为男为方国首领，故在外服男与商王关系问题上，主张外服男为独立政治实体，与商是邦与邦的关系。如林沄指出："在甲骨文中有许多贡纳的记载，武丁时代卜辞中有关贡纳的尤多，却尚未发现过一条联盟方国向商王贡纳谷物的记载。"但其举卜辞《乙编》3212 载有关甫参加服田事。甫即外服甫任，证明被林先生释为方国首领的任有贡纳谷物的义务。由前举九例外服男卜辞，大体反映外服男听命于商王，商王关心践行王事的外服男安危，商王向外服男征取贡物，反映外服男政治上臣属于商王朝。甲骨文中外服任与外服田并称，如《合集》32992 反"☑以多田、亚、任☑"，大致意思是多个田、多个亚、多个任共同践行王事。"凡师行能左右之曰以"（《左传》僖公二十六年），表明外服任与外服田、与内服亚一样听从商王的命令，受商王的节制。从商王对外服任相关卜辞的措辞来看，商王以"呼""令"加之于外服任，与任使内服职官措辞无别，仅在具体命令的事项上有所区别，这可能是因为内外服不同的职责所致，反映外服任与内服一样，皆为听命于商王的臣子。

在军事方面，部分外服任协助商王讨伐敌对方国，如《合集》7049 载商王命令苦任征伐归伯，《村中南甲骨》343 载王命令雀任讨伐羌方、異方。经济方面，外服任为商王朝耕种耤田，《合集》20649 载甫任种黍，商王朝受丰年。卜辞"丁酉卜，㱿贞：我受甫耤在娟年，三月。丁酉卜，㱿贞：我弗其受甫耤在娟年"（《合集》900 正）。贞问甫任在娟地为商王耤田，商王朝是否会有丰年。屮任居地设有商王朝的仓廪（《合集》3521 正），说明其地有王朝农田，可能出自屮任族众耕种。商王朝向外服任征取贡物，如而任畀舟（《合集》10989 正），取甫任（《合集》1248 正），取大任（《合集》4889），取骨任伐（《合集》7854 正），取弔任（《乙编》5255）。商王以呼、命的方式向外服任发出指令，或令其讨伐敌方，或令其耕种王田，或令内服职事向外服任征取物品。限于材料，目前所见外服任中只有雀任、甫任的材料相对丰富，用事于商王朝各种政事。这也反映了外服任发展不平衡，或与其同商王关系亲疏有关。卜辞极少见到外服任叛乱被伐的例子，仅见蘆任被商王朝内服臣子所执获（《合集》5944）。

商王关心践行王事的外服任的安危，如关心戈任的疾病（《前编》

1.37.6），为甫任的安危担忧（《合集》20219），奠置名任（《屯南》668）。外服任向商王朝献贡物，或商王令某臣取男、任的应贡之物，少有令其征伐之事，这或许与其所处地区多为商王朝的农田区，少与敌方接壤有关，这就决定了外服任的主要职责是为王朝耕田，献纳农产品等贡物。只有外服任附近发生敌方入侵时，商王朝才有可能调动其武装讨伐敌人，说明外服任也有武装，主要用于守土。外服任普遍具有献纳贡物的职责，或者说商王朝向外服任征取贡物的权力，表明外服任通过献纳贡物表达其对商王权力的敬畏与臣服；商王朝向外服任征取贡物，下达践行王事的命令，表明王权对外服任具有支配作用。

第五节　商代外服卫考[①]

殷卜辞中表示社会身份的"卫"，既往研究主要围绕"卫"的称名形式、卫的职责、诸侯卫及卫服的起源等问题，取得了一些重要成果，[②] 倾向于卫于商代晚期可能已经由职官发展为诸侯，对于外服卫的性质有了较为丰富的认识。但近年对商代外服研究的开展，尤其是关于卜辞中"侯"研究的深入，外服侯、田、男（任）终有商一代可能尚未发展为诸侯，侯田男被称为诸侯应是进入周代以后的事情。[③] 那么，据《尚书·酒诰》所述与外服侯田男并称的外服卫及卜辞中"卫"的相关问题很有必要再作探讨。以下借鉴外服侯、田、男的相关研究成果，对卜辞中卫的称名方式与身份、卫的职责及卫与商王的关系等问题进行讨论。

---

① 本节内容曾以"卜辞所见商代外服卫考"为题，发表于宋镇豪主编《甲骨文与殷商史》新八辑，上海古籍出版社 2018 年版，第 214—221 页。

② 裘锡圭：《甲骨卜辞中所见的"田""牧""卫"等职官的研究——兼论"侯""甸""男""卫"等几种诸侯的起源》，《文史》（第 19 辑），中华书局 1983 年版。王贵民：《"卫服"的起源和古代社会的守卫制度》，《中华文史论丛》1982 年第 3 辑（总第 23 辑），上海古籍出版社 1982 年版。王宇信、杨升南主编：《甲骨学一百年》，社会科学文献出版社 1999 年版，第 467—469 页。

③ 朱凤瀚：《关于西周封国君主称谓的几点认识》，《两周封国论衡》，上海古籍出版社 2014 年版，第 272—285 页。朱凤瀚：《殷墟卜辞中"侯"的身分补证——兼论"侯"、"伯"之异同》，《古文字与古代史》第四辑，台北："中研院"历史语言研究所 2015 年版，第 1—36 页。张利军：《商周服制与早期国家管理模式》，上海古籍出版社 2016 年版。

一　甲骨文中"卫"的称名方式

裴锡圭指出甲骨文中"在某（地名）卫"是外服卫的主要称名方式，① 按照这一原则，"在某卫"者都应归为商代外服卫之列，其意义应为在某地的职事卫，如"在陷卫"（《合集》28009 无名类）、"在嘼卫"（《合集》28060 无名组）、"在𠂤卫"（《合集》32937 历二）、"在潢卫"（《屯南》1008）等，由卜辞"在嘼贞"（《合集》36914）、"在潢卜"（《合集》31685）确认嘼、潢皆为地名。"□亥贞：在𠂤卫来"（《合集》32937 历二），来为来朝、来献之义，知"在𠂤卫"等在某地的卫确为商王朝职事。

考察关于卫的卜辞，还有一些称谓可能也表示外服卫，即甲骨文中外服卫的称名方式除"在某（地名）卫"外，可能还有其他形式。如有单称"卫"表示外服卫的情况，卜辞"贞：呼卫②从舃北。贞：勿呼卫"（《合集》7565 正）。"甲寅卜，永贞：卫以仆，率用。贞：卫以仆，勿率用。贞：卫以仆，率用。"（《合集》555 正）前一例卜辞呼命卫践行王事，后一例卜辞卜问是否用卫向商王朝致送的仆为祭祀牺牲。此处卫或以为是人名、族名，但据《屯南》771 有贞问外服侯"射"的记载，知可以单言外服侯，而不书其名，卫担负着为商王朝践行王事职责，则单称"卫"亦可用来表示商代职事称号。且卜辞载卫与其他职事一起践行王事，如"乃呼归卫、射、亚☒"（《合集》27941 何类），卫与职事亚、射一同接受商王的命令，更可确定卫为商王朝职事称谓。

卜辞中表示身份的卫亦有"某卫"的称名方式，类于外服"某侯""某伯"，如卜辞"庚寅卜，争贞：令登𡊰龏弜工卫，有擒"（《合集》9575）。"己酉，贞：令𣅊卫比☒。"（《合集》32999）在前一辞中𡊰前后

---

① 裴锡圭：《甲骨卜辞中所见的"田""牧""卫"等职官的研究——兼论"侯""甸""男""卫"等几种诸侯的起源》，《文史》（第 19 辑），中华书局 1983 年版。

② 该字郭沫若《卜辞通纂》第 475 片考释指出"疑是防字之异"（科学出版社 2002 年版）。裴锡圭：《甲骨文字特殊书写习惯对甲骨文考释的影响举例》亦认为释读为防卫的"防"字（《古文字论集》，中华书局 1992 年版，第 151 页）。作为动词使用时，防、卫同义，但作为名词使用时释读为防似有不妥。不若释读为卫字，作动词时训诂为防。

的登与巍应为人名，是王命对象，工卫是以职名代指某人，据后文"有擒"，知矤应为动词。后一辞属于卜辞习见的令某比某辞例，戋卫作为王命令的对象之一，应是人名或职名，表示戋地的卫职事。

卜辞还有"多某卫"的称呼，如"☑令郭以多射卫示，呼◌。六月"（《合集》5746）。"癸亥卜，贞：呼多射卫。"（《合集》5748）"癸酉卜，争贞：令多射卫。"（《合集》9575）　"庚戌卜，古贞：令多马卫从盖。贞：令多马卫于北。"（《合集》5711）　"□□卜，宾贞：☑蕎以多马卫⿰。"（《合集》5712）"己酉卜，亘贞：呼多犬卫"（《合集》5665）。射、马、犬是官名，王宇信认为多某卫的卫应是守卫之意。① 王贵民认为是卫队之意。② 但卜辞"□戌卜，永贞：令旨以多犬卫比多壘羊☑比□"（《合集》5666 正）。表明多犬卫是受王命支配的对象，辞意为命令名旨的臣子率领多犬卫联合多某践行王事，多犬卫应是商王朝职事称谓。学者已经指出多马卫是官名或职司③，那么以上卜辞中的多射卫、多马卫、多犬卫都可以理解为多个射手队、多个马队、多个犬组成的职事卫，或许可以称此种卫的构成为复合职事的卫。

卜辞有"多卫"之称，为以往研究所未见。《殷墟甲骨辑佚》256"□□〔卜〕，宾贞：获征多卫☑"，说明卫是商王朝社会身份之一种，其与多侯、多田、多任、多伯一样表示数量众多，足以成为商王朝一类职事称谓，并且其主要活动在王都之外，以军事保卫职责为主，可据《尚书·酒诰》"越在外服：侯、甸、男、卫、邦伯"视其为商王朝的外服职事。

综上，卜辞中表示社会身份的卫不仅有"在某（地名）卫"的称名方式，还有单称"卫"的称名方式，以及卫与其他王朝职事共同接受王命践行王事，表明卫为商王朝职事称谓。也存在称"某卫"者践行王事

---

① 王宇信：《甲骨文"马"、"射"的再考察——兼驳马、射与战车相配置》，中国文物研究所编：《出土文献研究》第五辑，科学出版社 1999 年版，第 69 页。

② 王贵民：《"卫服"的起源和古代社会的守卫制度》，《中华文史论丛》1982 年第 3 辑，（总第 23 辑），上海古籍出版社 1982 年版。

③ 宋镇豪主编，罗琨著：《商代史》卷九《商代战争与军制》，中国社会科学出版社 2010 年版，第 411 页。

的辞例，表明"某卫"也是商王朝职事称谓。卜辞"多某卫"是卫的复合职事称谓，践行王事的"多卫"卜辞的出现，为卫作为商王朝一类职事称谓提供了最为直接的证据。

二 甲骨文中卫的身份考

卜辞中表示社会身份的卫的性质，既往研究大体有三说：一说为武官后发展为诸侯；一说商代的卫由武官发展为卫服；一说以卜辞中的卫有表示外服卫的用法，既非职官也非等级划分，细分又有表明一种贡纳关系和表示商王朝职事称谓两种观点。

1. 卫由武官于商代后期发展为诸侯说。陈梦家于《殷虚卜辞综述》一书中把卫列为武官之一种，指出"'卫'在卜辞中为边地的一种官"，又说"它可能是'侯、甸、男、卫'之卫，乃界于边域上的小诸侯"①。裘锡圭在此基础上提出"'在某卫'应是被商王派驻在商都以外某地保卫商王国的武官。'卫'后来也成为一种诸侯的名称"。"卫应该象田、牧一样，先是一种职官，后来演变成诸侯，中间经历了一个发展过程。"② 判断卜辞中的卫为商代武官，周代的诸侯卫即起源于这种武官，是颇具道理的。卫于商代已发展为诸侯之说，实受学者对《尚书·酒诰》述商代"越在外服：侯甸男卫邦伯"之外服解释为诸侯的一般认识的影响。如蔡沉《书集传》谓："在外服则有侯甸男卫诸侯与其长伯"③，曾运乾《尚书正读》："外服，诸侯也。"④ 周秉均《尚书易解》"外服，即外官，指诸侯。侯甸男卫邦伯，即侯甸男卫之邦伯，邦伯，谓诸侯也。"⑤

2. 卫由武官发展为卫服诸侯说。王贵民提出卫本是一种负责守卫的武装，驻外地者以所驻地族为名，发展为后来的卫服，成为商王朝的外

---

① 陈梦家：《殷虚卜辞综述》，中华书局 1988 年版，第 328、512 页。
② 裘锡圭：《甲骨卜辞中所见的"田""牧""卫"等职官的研究——兼论"侯""甸""男""卫"等几种诸侯的起源》，《文史》（第 19 辑），中华书局 1983 年版，第 9 页。
③ 蔡沉：《书集传》，中华书局 2018 年版，第 200 页。
④ 曾运乾：《尚书正读》，中华书局 2015 年版，第 177 页。
⑤ 周秉均：《尚书易解》，华东师范大学 2010 年版，第 176 页。

服诸侯。① 此说与裘文基本接近，区别在于判断外服卫为卫服名。其立论的前提是理解《尚书·酒诰》述商代"越在外服：侯甸男卫邦伯"为服名，即侯服、甸服、男服、卫服等服。这种意见实受学者以《国语·周语上》所述五服及韦昭注解读《酒诰》外服称谓的影响。如伪孔传释《酒诰》："越在外服侯甸男卫邦伯"为"于在外国，侯服、甸服、男服、卫服，国伯诸侯之长。"孙星衍《尚书今古文注疏》则直接引述《国语·周语上》祭公谋父所述"五服"及韦昭注，来解释《酒诰》所述"外服"。②

卫由武官发展为诸侯或为卫服诸侯，恐于甲骨文无证，且都存在受古今学者对《尚书·酒诰》"越在外服"解读的影响，而失于对卜辞所反映卫情况的客观分析。卫于周代是否为诸侯称号，尚属疑问，如《令方彝》称"诸侯侯田男"（《集成》9901），并不包括卫。周人在谈到商代外服及降周的殷商势力时才提及卫，但有时也省略，如《尚书·酒诰》"越在外服：侯、甸、男、卫、邦伯"，"汝劼毖殷献臣侯、甸、男、卫"，《尚书·召诰》称"庶殷：侯、甸、男、邦伯"，《君奭》则省称"侯、甸"，《大盂鼎》称"殷边侯、田（甸）"（《集成》2837），可能在周人看来，商代外服中卫不如侯、甸、男的地位重要。最近的研究表明，"西周封国在长时期内，仍具有王国政区性质，'侯'的基本身份仍然是王国边域上的军事长官，只是因受封而同时兼有封君身份。西周的'侯'制显然是脱胎于商后期商王朝之作为外服职官的'侯'，而有所改造（主要体现于封君身份上），则商王朝的'侯'应该有更强的、较为单纯的边域军事职官性质"。在商代地位最为重要的侯，有更强的、较为单纯的边域军事职官性质，尚未发展为如西周时期的诸侯。③ 与外服侯相比，实力与地位远逊的外服卫，终有商一代发展为诸侯的能力与可能性极小。至于

---

① 王贵民：《"卫服"的起源和古代社会的守卫制度》，《中华文史论丛》1982 年第 3 辑（总第 23 辑），上海古籍出版社 1982 年版。

② 孙星衍：《尚书今古文注疏》，中华书局 2004 年版，第 379 页。

③ 参考朱凤瀚《关于西周封国君主称谓的几点认识》，《两周封国论衡》，上海古籍出版社 2014 年版，第 272—285 页。朱凤瀚《殷墟卜辞中"侯"的身分补证——兼论"侯"、"伯"之异同》，《古文字与古代史》第四辑，台北："中研院"历史语言研究所 2015 年版。

卫由武官演化为卫服，可能与对《尚书·酒诰》"越在外服：侯、甸、男、卫、邦伯"的理解有关，若视侯甸男卫邦伯各为外服中的一服，自然会将卜辞中的卫理解为服名卫服。但商代服只分内外，侯、甸、男、卫、邦伯只是外服的不同称谓，其称谓多与外服各自的职责和命名方式有关。即便是到了西周，服的分化更加复杂，也未真正出现过卫服。

3. 卜辞中的卫为外服，既非职官亦非等级划分。如徐中舒主编《甲骨文字典》卷二"卫"字下谓："疑为侯田男卫之卫"，所举卜辞为《合集》7565 正"贞：呼卫从�北"①。段渝认为卜辞中的卫既不是职官，也不是等级划分，而表明一种贡纳关系的指定服役制度。② 拙文《〈尚书·酒诰〉所见商代"内外服"考论》及拙著《商周服制与早期国家管理模式》第一章，综合文献记载与卜辞，认为卜辞中表示社会身份的"卫"为外服职事称谓。③ 卜辞中表示社会身份的卫既不是职官，也非表示诸侯等级划分，这是比较客观的认识。卜辞中卫确有贡纳的义务，但贡纳并非卫的全部职责，卫的职责也并非指定不变的，也不好确切地说是为王朝服役，卫的职责可能更多地带有其职事产生时的原始性特点。④ 卜辞中的职事卫与侯、田、男等皆为商王朝的外服职事，是商代国家结构的重要组成部分。⑤

综上，卜辞中的卫既不是诸侯身份亦与官僚制度有所区别，而应是二者的源头。卜辞中的卫身份应是商王朝的外服职事，宜以商周时期固有称呼外服"御事"⑥ 称之，可能更加符合客观情况。至于周代的卫转变为诸侯或诸侯附庸，有商周之际政治变革促成的因素。

---

① 徐中舒主编：《甲骨文字典》卷 2，四川辞书出版社 1985 年版，第 185 页。

② 段渝：《论殷代外服制与西周分封制》，《徐中舒先生百年诞辰纪念文集》，巴蜀书社 1998 年版，第 254 页。

③ 张利军：《〈尚书·酒诰〉所见商代"内外服"考论》，《史学史研究》2008 年第 4 期及《商周服制与早期国家管理模式》，上海古籍出版社 2016 年版，第 15 页。

④ 商朝官制具有原始性特点，参王贵民《商朝官制及其历史特点》，《历史研究》1986 年第 4 期。

⑤ 王震中先生提出商代是由内外服组成的复合制的国家结构，参见王震中《论商代复合制国家结构》，《中国史研究》2012 年第 3 期。

⑥ 《尚书·酒诰》将殷商内外服统称为"御事"，即践行王事者。

三　外服卫的职责及其与商王关系

既往研究多认为卜辞中"卫"之职责是守卫、保卫，可能多少受到了古文献及古注的影响，如《逸周书·职方》述所谓周代"九服"，孔晁注："卫，为王捍卫也。"考察有关卫的卜辞，可见卫具体担负职责及其与商王的关系。

商王可以用"呼""令"等向外服卫发布命令，命卫践行王事。如卜辞："贞：呼卫从㖷北。贞：勿呼卫。"（《合集》7565 正，典宾）呼命卫赶往㖷地之北，践行王事。"己酉卜，亘贞：呼多犬卫。"（《合集》5665 典宾）"□戌卜，永贞：令旨以多犬卫比多壘羊☑比□。"（《合集》5666 正，典宾）呼命多犬卫践行王事，命令内服臣子旨率领多犬卫与多壘践行王事。"己酉，令辰以多射［卫］☑。己酉，贞：令𫞩卫比☑。"（《合集》32999 历二）卜问命令内服辰率领多射卫践行王事。命令率领外服𫞩卫践行王事。"癸亥卜，贞：呼多射卫。"（《合集》5748 宾三）"癸酉卜，争贞：令多射卫。"（《合集》9575 宾三）这两条卜辞贞问呼命多射卫践行王事。"庚戌卜，古贞：令多马卫从盖。贞：令多马卫于北。"（《合集》5711 宾三）命令多马卫往于北地践行王事。

商王驻留外服卫属地以及在外服卫属地举行祭祀活动，卜辞"丁亥卜，在阺卫彫，邑焂典册有祷方刻，今秋王其事□□"（《合集》28009 无名）。刻字从唐兰释读①，动词，陈炜湛谓"从豕从刀，其本义当为杀猪，引申之则或有杀伐、凶杀义"，卜辞屡见"有刻"与"有祸""有祟""有来艰"辞例相同，其义颇与灾异不吉之事有关。② 此辞占卜在阺地卫职事的领地举行彫祭礼仪时，内服御事邑焂称册祷告方方国是否为祸，今秋商王是否有征伐之事。

商王有向外服卫征取祭祀所用贡物的权利，卜辞如："其取在潢卫，凡于隽，王弗悔。"（《屯南》1008）卜辞"取某"，一般表示商王朝向某

---

① 唐兰：《天壤阁甲骨文存并考释》二十三页下，宋镇豪、段志洪主编：《甲骨文献集成》第二册，四川大学出版社 2001 年版，第 476 页。

② 陈炜湛：《甲骨文异字同形例》，《古文字研究》第 6 辑，中华书局 1981 年版，第 244 页。

臣属征取贡物。征取在潢卫的贡物，用于在隽地的凡祭。从外服卫的角度看，也可以说卫有朝见商王并献纳贡物的职责，如"□亥，贞：在𐎡卫来"（《合集》32937 历二）。卜辞中某人来，一般是指来朝见商王或来献贡物之义，辞义为在𐎡地的外服卫前来朝见商王。"甲寅卜，永贞：卫以仆，率用。贞：卫以仆，勿率用。"（《合集》555 正）"贞：卫以仆，率用。"（《合集》555 反）"贞：卫以仆。"（《合集》556 正）"壬申卜，古贞：卫弗其以仆。"（《合集》556 反）商王从正反对贞卫是否致送俘获的仆方人，并是否以之用于祭祀。

卫有阻击敌方入侵保卫殷邦的军事职责，如卜辞："弜益瀼人，方不出于之。弜益涂人，方不出于之。王其呼卫于眹，方出于之，有戈。"（《合集》28012 无名类）益字形与西周成王时期德鼎、德簋、叔德簋中益字构型相近，彼处读为简省的易（赐），[1] 此条卜辞读为益，其义为增益，表示济师之意。益字相同用法见于《合集》5458"甲戌卜，宾贞：益𐎡启，由[2]王事"。辞义为不用济师于瀼地，方方国不会于此出没，不用济师于涂地，方方国不会于此出没。商王呼命卫前往眹地，方方国会于此出动，希望卫取得大捷。卫负有军事职责，还见于如下卜辞：

癸酉卜，争贞：令多射［卫］。

庚寅卜，争贞：令登罙𢼊弜工卫，有擒。

癸□［卜］，争［贞］：令帚罙卫以宿卫，有擒。（《甲编》1167 ＝《合集》9575 宾三）

□□卜，宾，贞：☒冓以多马卫𢔕。　　　（《合集》5712 宾三）

□□［卜］，宾贞：获征多卫☒。　　　（《殷墟甲骨辑佚》256）

☒令郭以多射卫示，呼𐎡。六月。

（《通纂》477 ＝《合集》5746 宾三）

---

① 马承源主编《商周青铜器铭文选（三）》（文物出版社 1987 年版，第 27 页）谓"此为易之繁体，象容器中有水溢出，为益字之初文，后简省大部分笔划成为易字，然声义犹存，引申为增益义，又引申为赐义"。

② 由字释读参考陈剑《释𪊨》，《出土文献与古文字研究》第三辑，复旦大学出版社 2010年版，第 13—32 页。

屈万里指出：登字"于此为人名。眔，及也。于此亦人名也。弥字已见
1067 片，其义未详。工，官名，见上 1161 片。擒，盖谓擒获敌人，非指
禽兽而言"①。弥，从弓从斤，唐兰疑是弩的本字，《玉篇》弩同别。② 李
孝定"以字形言之，象以斤（斫）弓形……在卜辞之义不明"。③ 姚孝遂
指出弥在卜辞中有为人名、祭祀动词文例。④ 辞义是癸酉日占卜命令多射
卫践行王事。庚寅日占卜命令内服御事登与麄弥工卫而有所擒获。翳字诸
家多认为在卜辞中用作地名、人名，从俞。⑤ 翳作为地名辞例见于"贞：
方不出于翳。十一月"（《合补》2298 甲）。"壬午卜，□贞：曰方出翳。
允其……十一月。"（《合补》2298 乙）叶玉森认为从矢镞形，或为医
字。⑥《说文·匸部》"医，藏弓弩矢器也。从匸从矢。《国语》曰'兵不
解医'"今本《国语·齐语》作"兵不解翳"，韦昭注："翳，所以蔽兵
也。"《国语·周语下》："而又夺之资以益其灾，是去其藏而翳其人也。"
韦昭注："一曰翳，灭也。"在该条卜辞应为动词，或与征伐之事有关。
大概是命令内服臣子菁率领多马卫践行与征伐相关王事。"获征多卫"可
能是"多卫征获"的语序，即命令多卫征伐而有所擒获。最后一条卜辞
占卜命令内服御事郭率领多射卫视察地方，践行王事。从以上外服卫负
有的职责，以及商王对外服卫拥有的权力看，外服卫是完全臣服于商王
朝的臣子，是商代国家的重要组成部分。《尚书·多方》载周公谓："天
惟求尔多方，大动以威，开厥顾天。惟尔多方罔堪顾之。"天向与商并立
的多方寻求可代商为民主者，大动声威开导多方，但多方没有能堪任的。
从这个角度看，商与多方是邦与邦的并存关系，商与外服侯田男卫邦伯
并非邦与邦的关系，外服恰为商邦重要组成部分。商王将与商并存的方

---

①　屈万里：《殷虚文字甲编考释》（上），台北："中研院"历史语言研究所，1961 年，第
169 页。

②　唐兰：《古文字学导论》，齐鲁书社 1981 年版，第 190 页。

③　李孝定：《甲骨文字集释》，台北："中研院"历史语言研究所，1965 年，第 4099—
4100 页。

④　于省吾主编：《甲骨文字诂林》第三册，中华书局 1996 年版，第 2622 页按语。

⑤　参于省吾主编《甲骨文字诂林》第三册，中华书局 1996 年版，第 2193—2194 页。

⑥　叶玉森：《殷虚书契前编集释》卷六，第 34 页背面，宋镇豪、段志洪主编《甲骨文献
集成》第七册，四川大学出版社 2001 年版，第 451 页。

国称"多方"，卜辞有"叀多方"（《合集》28007）。"丁酉卜，其呼以多方屯小臣。"（《合集》28008）但从未将外服侯田男卫邦伯称为"多方"，显然商王是将外服与方国区别开来的。外服多是接受商王命令践行王事者，与内服一起被称为"御事"，仅有少部分外服因叛商而被商征伐的例子，而方国常与商为敌，侵扰商邦是常有之事，方国被征服也有可能被纳入到外服体系。

综上，甲骨文中表示社会身份的卫不仅有"在某（地名）卫"的称名方式，还有单称"卫""某卫"表示职事称谓，"多某卫"是卫的复合职事称谓，践行王事的"多卫"卜辞的发现，为卫作为商王朝一类职事称谓提供了最为直接证据。甲骨文中的卫既不是诸侯身份亦与官僚制度有所区别，卫应是商王朝的外服职事，宜以商周时期固有称呼外服"御事"称之。卜辞反映商王可以用"呼""令"等向卫发布命令，命外服卫践行王事。商王有权驻留外服卫属地以及在外服卫属地举行祭祀活动，商王有向外服卫征取祭祀所用贡物的权利。外服卫有以其族众武装阻击敌方入侵，保卫殷邦的军事职责。外服卫以其族属力量践行王事，是早期国家阶段臣子履职的重要特点，虽与后世官僚制度下的官僚个人履职的方式不同，但仍是臣服于商王朝的臣子，构成商代国家的重要组成部分。

第六节　商代外服伯考

甲骨文中表示社会身份的伯有"方伯"和"伯"两种，方伯是指某方的首领，如盂方首领称"盂方伯"（《合集》36511），夷方首领称夷方伯，危方首领称"危伯"。"伯"一般是指臣服于商王朝的地方雄族首领称谓，其族、地被商王朝纳入外服加以管理，从而成为商代国家的重要组成部分。方伯与伯并非绝然分别，个别方伯被商王朝征服后，可能被授予"伯"称号而纳入外服系统。我们要探讨的是作为外服的"伯"。关于卜辞中"伯"，既往研究主要集中于伯的数量、伯的身份、伯的史迹、商王与伯的关系等问题，取得了不少重要成果。① 但在伯的数量考察方面，由于不同时代学者占有甲骨文数量有别及对甲骨文释读的差异，致使至今对甲骨文中伯的数量未能达成共识。对于伯的身份则有诸侯说、方国首领说、外服职官说等分歧的看法。对于伯的史迹主要在于探讨伯数量多寡与史迹详略的差异；商王与伯的关系问题与伯的身份问题密切相关，既往研究认为伯为诸侯爵称以及方国首领者，多认为王与伯为邦与邦之间的关系，或认为商王国与伯结成了方国联盟。也有学者认可伯为商代外服，但认为其身份为诸侯，商王与诸侯关系反映了中央集权与地方关系的早期形态。随着近年甲骨学及商史研究的推进，特别是对于与伯比肩的外服侯、田等研究的推进②，以及国内外所藏殷墟甲骨的陆续刊布，为系统讨论殷卜辞中"伯"问题提供了可能性。

一　甲骨文中伯的数量考

甲骨文中的"伯"有时指代一种称谓，有时是具体的人或邦国，伯分某伯和伯某两类称谓形式，伯的数量已达到一定规模，卜辞称"多伯"（《英藏》199 正、《合集》36510）。不同时代学者囿于所见资料多寡，对伯的数量有不同的认识。20 世纪 80 年代以来，随着《甲骨文合集》《甲骨文合集补编》等大型甲骨著录书的出版，以及近年来国内外收藏甲骨陆续刊布，又有新出土甲骨的刊布，为较全面准确掌握卜辞中"伯"的数量提供了可能。早期的研究者在材料有限且分散的情况下，做出了重要贡献，如董作宾《五等爵在殷商》一文，将非方国之伯分类列举，共得九位伯。胡厚宣《殷代封建制度考》一文举称伯者有 17 位。陈梦家《殷虚卜辞综述》将伯与方伯列在一起，去除重复共 26 位称伯者，但方伯不当在

---

① 董作宾：《五等爵在殷商》，《"中研院"历史语言研究所集刊》第 6 本 3 分，1936 年；胡厚宣：《殷代封建制度考》，《甲骨学商史论丛初集》，河北教育出版社 2002 年版，第 85—94 页；陈梦家：《殷虚卜辞综述》，中华书局 1988 年版，第 325—332 页；[日] 岛邦男：《殷墟卜辞研究》（日文版），弘前大学文理学部中国学研究会 1958 年版；杨升南、王宇信主编：《甲骨学一百年》，社会科学文献出版社 1999 年版，第 464 页；韩江苏、江林昌：《〈殷本纪〉订补与商史人物徵》，中国社会科学出版社 2010 年版，第 507—537 页。

② 朱凤瀚：《殷墟卜辞中"侯"的身分补证——兼论"侯"、"伯"之异同》，《古文字与古代史》第四辑，台北："中研院"历史语言研究所 2015 年版，第 1—36 页。

外服称伯者之列，故实际上其所列称伯者应为 22 位。岛邦男亦以卜辞中伯
有爵名的用法，其统计伯有 40 位。岛邦男也将方伯与伯放在同类中加以论
列，这与我们讨论的作为外服的非邦伯之伯不同，剔除方伯，称伯者实有
36 位。为研讨此问题的便利，我们这里以近年比较全面的材料为研讨的
基础。

《甲骨学一百年》在排除方伯的情况下，将外服伯分为伯某和某伯两
类，统计伯某 12 位，某伯 33 位，共有 45 位伯。① 《〈殷本纪〉订补与商
史人物徵》一书，在《甲骨学一百年》的基础上，改正了一些出处错误，
剔除了部分重复者，于伯某增加伯木，即伯某 13 位，于某伯增加帚伯
纾、枚伯，即某伯 35 位，其统计称伯者达 48 位。② 核查有关外服伯的卜
辞拓片，发现尚有部分外服伯需要进行补充说明，部分外服伯存在不能
确定的情况，应存疑。所谓"伯垂"，核实所据《合集》3439 拓片，为
残辞，仅有此二字，文字刻写不在一列，难以确定是伯某。《合集》3405
伯名用字应从人，《甲骨学一百年》摹写字形是对的。暮伯，《合集》
41011 为摹本，为金璋氏旧藏甲骨，著录于《英藏》1978。所谓"𤞤伯"，
核实《屯南》86 "□寅卜，王其射𤞤白狐，湄日无灾。" 此为田猎刻辞，
王射𤞤地白狐，与外服某伯似不相涉。沚伯与伯𢦏似为同一族氏，因卜辞
尚有臣服于商王朝的沚𢦏族氏。《合集》20463 反 "己□卜，使人帚伯
纾"。妇伯纾，当为嫁女于伯纾，辞义为商王派遣使者嫁送商女于伯纾，
并不存在帚伯纾这一伯名。卢伯应是方伯，据《屯南》667 "卢方伯𤀭"，
宜排除在伯称之外。伯某之某一般是族名、地名，如伯次、伯弘等。某伯
之某也多半是地名、族名，如兒伯、易伯等。某伯某的称谓方式中，后
一个某一般是伯的私名，如宋伯歪等。以上诸家统计伯名应去除伯垂、𤞤
伯、卢伯，沚伯与伯𢦏取其一，共得称伯者 45 位。若日后发现更多材料，
此数字还会变动。以下探讨甲骨文中伯的相关问题，皆以此统计为基础，
故列下两表 4—4、4—5。

---

① 参见王宇信、杨升南主编《甲骨学一百年》，社会科学文献出版社 1999 年版，第 464
页。

② 外服伯的列表，参韩江苏、江林昌《〈殷本纪〉订补与商史人物徵》，中国社会科学出
版社 2010 年版，第 536—537 页。

表4—4　　　　　　　　　　　　甲骨文所见伯某

伯由《合集》2341	伯次《合集》3414	伯𡥠《合集》3418	伯弘《合集》3440
伯畞《合集》5945	伯紸《合集》5949	伯弘《合集》20086	伯商《合集》20087
伯求《合集》20095	伯率《合集》21936	伯剌《合集》34409	伯木《合集》33380

表4—5　　　　　　　　　　　　甲骨文所见某伯

元伯《合集》6	去伯《合集》635	丹伯《合集》716	绊伯《合集》1118
失伯《合集》1780	易伯《合集》3380	𢆶伯《合集》3395	塘伯《合集》3396
兒伯《合集》3397	罘伯《合集》3401	翌伯《合集》3406 反	藝伯《合集》3407
子伯《合集》3409	不伯《合集》3410	屮伯《合集》3444	息伯《合集》3449
彔伯《合集》3450	而伯《合集》6480	孽伯《合集》6827	微伯《合集》6987
寻伯《合集》8947	雇伯《合集》13925	敄伯《合集》20017	宋伯《合集》20075
归伯《合集》33070	枚伯《合集》28094	散伯《合集》29407	邮伯《合集》36346
暮伯《英藏》1978	林伯《邺》3.46.15	叚伯《合集》23265	鈇伯《南明》472
可伯《合集》27990、27991			

二　甲骨文中伯的身份

对于甲骨文中"伯"的身份，以往研究概有爵称说、诸侯说、非商人族群首领称号、外服职官说。以下逐一分析各说可取之处及不足，希望对伯的身份问题得到比较客观的认识。

1. 爵称说。董作宾在《五等爵在殷商》一文指出："伯之见于卜辞中者，其例略同于侯，可证伯与侯皆为殷代封爵。"即区分为"方伯"与非"方伯"之"伯"，非方伯之伯称谓分为某伯某，兼举国名及人名；某伯，但称伯及国名；伯某，但称伯及人名；多伯，表明伯之多，多位伯。"伯与侯，均为殷代封建之制似已毫无疑义，其侯与伯，厘然有别，称伯者不称侯，称侯者亦不称伯，非如春秋时代侯伯名义，可相淆乱。"① 董先生所论甲骨文"侯""伯"的称谓分类至确，但并未对侯与伯为殷代封建者及殷代爵称加以论证。

其后，赞成卜辞"伯"为殷代爵称者，亦未能给予论证。如岛邦男亦以卜辞"白"有爵名用法。② 张秉权认为卜辞中"伯"为爵位之称。③

2. 诸侯说。胡厚宣《殷代封建制度考》一文指出："故侯白男田，皆不过为诸侯之异称而已，绝无所谓贵贱等级之分。"五等爵之说乃战国时期儒家的托古改制。④ 陈梦家指出：《召诰》《酒诰》述殷制的"侯、甸、男、卫、邦伯"，而《酒诰》谓之外服，故"邦伯"是所谓外服的诸侯。"卜辞'多田于多白'征盂方白，则多伯既非侯田亦非方白。多白的性质，与多田大约相近；他们和《酒诰》所称妹土的'庶伯'相近。他们也有在边域上的，也有在邦境内的。""卜辞的'多白'与'多君'则属于邦内的诸侯。"但都与五等爵无关。⑤

3. 非商人族群首领称号。朱凤瀚指出：卜辞与商金文中，未见商人有称"伯"者，表明商人并无称"伯"之习俗。商人称其他非商人之族首领为"伯"，可能是这些"伯"所属族群自己使用的称呼，未必均是商人为之所起的名号。商人只是沿用了这一称呼，并将之扩大至对所有异族群首领之泛称。伯并非商王朝外服职官，由于其对商王朝的忠诚程度不如侯，还不足以让商王委任其职官，其族属作为处于商王国边域附近服从于商王朝的非商人族群，比起"侯"的族属来与商人关系更是相对疏远，加之并无承担商王朝委派的军事职务，伯的政治地位要

---

① 董作宾：《甲骨文断代研究例》，载《庆祝蔡元培先生六十五岁论文集》上册，"中研院"历史语言研究所1933年版。《五等爵在殷商》，《"中研院"历史语言研究所集刊》第六本第三分，1936年。

② ［日］岛邦男：《殷墟卜辞研究》（日文版），弘前大学文理学部中国学研究会1958年版，第434页。

③ 张秉权：《甲骨文与甲骨学》，台北："国立"编译馆1988年版，第425页。

④ 胡厚宣：《殷代封建制度考》，《甲骨学商史论丛初集》，河北教育出版社2002年版，第80页。

⑤ 陈梦家：《殷虚卜辞综述》，中华书局1988年版，第326、328、331页。

相对低于侯。① 伯为非商人族群首领，这是可信的。但卜辞中存在商王命令某伯践行王事，与军事征伐有关，如："甲午卜，扶：令去、襄求（咎）方。"（《合集》20464）去当是去伯的省称（《合集》635 正），武丁命令去伯与襄讨伐方方。"贞：彭其有……其由王事。戊辰卜，争贞：彭亡囚，由王事。"（《合集》5448）彭为彭伯省称（《合集》6987正），商王关心彭伯的安危，希望其能够顺利践行王事。显然商王视彭伯为王朝践行王事者，即与《酒诰》所载服王事的伯是一致的，故不能将伯从外服系统中排除。

4. 外服职事说。《甲骨学一百年》以《尚书·酒诰》及大盂鼎铭文为据，将商代官制分为内外服职官系统，虽以伯为爵称，但将伯归为商代外服职官系统。②《〈尚书·酒诰〉所见商代"内外服"考论》及《商周服制与早期国家管理模式》一书亦认为卜辞中非邦伯之"伯"为商代外服职事，但认为此伯并非诸侯之号及爵称。《尚书·酒诰》所载"越在外服：侯、甸、男、卫、邦伯"，服，事也，为王服政事，如卜辞之"由王事"，卜辞之"伯"号为商王朝册封，册封的根据是其族邦首领在邦内的固有称呼。卜辞之"伯"应与侯、田、男、卫一样，皆为商王朝外服职事。

综上，殷卜辞中非邦伯之伯是臣服于商王朝的地方族群首领，重新审视以往研究中判断其在商王朝中的政治地位诸说，其中爵称说很明显应被扬弃，此说对侯伯之别的论述及伯的分类论述都是积极可取的，但视伯为殷代爵称明显是难于证明的。诸侯说的前提是认为商代已经实施封建诸侯之制，将侯、伯、子、妇等社会与政治身份视同周代以后的诸侯身份。而陈梦家又称多伯为邦内诸侯，邦内诸侯之称亦存在较大争议。非商人族群首领说，揭示的是伯的社会身份，认为这些伯是商王朝的臣服者，而对于其在商王朝的政治身份未予更多的关注。外服职事说较为符合古文献记载及卜辞中伯的史迹，《尚书·酒诰》明确记载"越

---

① 朱凤瀚：《殷墟卜辞中"侯"的身分补证——兼论"侯"、"伯"之异同》，《古文字与古代史》第四辑，台北："中研院"历史语言研究所 2015 年版，第 1—36 页。

② 杨升南、王宇信主编：《甲骨学一百年》第十一章第二节"殷正百辟与殷边侯甸"，社会科学文献出版社 1999 年版。

在外服：侯甸男卫邦伯"，卜辞中伯所践行的王事不仅限于纳贡，也有如侯、田、男相同的政治义务，辅助王师讨伐敌方等政治军事职责。不若尊重古文献及卜辞所述伯之史迹的客观情况，称卜辞中非邦伯之伯为商代外服职事。如卜辞："癸亥卜，永贞：皋克以多伯，二月。"（《英藏》199 正）商王朝内服皋能率多位伯的军事力量践行王事，说明伯作为一类社会身份确实存在，多伯为商代外服职事伯的集合称谓。

三　外服伯与晚商历史演进

关于卜辞中伯的史迹，既往研究对具体的伯某或某伯的考证研究已较多，这是研究外服伯史迹的基础性工作。从以往学者研究伯的史迹看，伯对于商王朝来说是被征服之邦，但与方国又是不同的。被征服的伯纳入外服伯的体系听从商王命令，如武丁时期卜辞"癸亥卜，永贞：皋克以多伯，二月"（《英藏》199 正）。外服伯成为商代国家的组成部分，部分外服伯于武丁之后不见活动踪迹，成为商王朝的地名，意味着已经融合到商王朝直接控制的版图之中。外服伯与其他类别的外服相比，因其本为异族邦伯性质，自由度较大，部分外服伯时叛时服。而方国则完全不同，他与殷邦是并列关系，被征服的方国被称为某方伯，但对于商王朝时叛时服，并不作为商王朝的组成部分。

1. 外服伯多为异族，由独立于商王朝之外的异族被征服而纳入外服伯系统，后融入版图。此种情况以髟最为典型。髟原为独立族邦，是否为方，尚不能确认。武丁时期或被征服或归附于商王朝，"甲申[卜]，亘贞：有髟，王卫。有髟，王勿卫"（《合集》7571 正）。"贞：雀弗其获征髟。"（《合集》6986）"贞：令射串于髟。"（《英藏》528）异族髟出动，王占卜是否进行防卫，命令雀征伐髟，商王派出射手武装赶往髟地。这些是商王朝对于异族髟出动做出的反应。髟被商王朝征服，卜辞"贞：髟人于砅奠"（《合集》39858 典宾），商王占卜奠置髟人于砅地。据裘锡圭研究认为是商人处置服属者的一种方法，商统治者往往将战败的族或其他臣服族邦的一部或全部奠置在控制的地区内。①
商王对髟族首领加以册命承认其政治地位，延续其异族首领称伯的习
俗，命其为髟伯，纳入外服伯的系统加以管理。作为臣服者的外服髟
伯，商王朝命令其践行王事，"贞：呼比髟告取史"（《合集》4555）。
"告读为诰，戒命之也。"②

髟伯向商王朝交纳贡物。"贞：呼取髟伯。贞：勿取髟伯。"（《合
集》6987 正）商王朝向髟伯征取贡纳，表达商王朝对外服髟伯的统治。
"壬子卜，贞：髟伯卽亡疾。"（《合集》20084）商王关心髟伯会不会
生病。

至于帝乙帝辛时期，髟地已经成为商王征伐西部诸方军事行动的重
要据点，俨然已经融入商王朝的版图之中。"己亥卜，在髟，［令］亚其
比田伯伐□方，不酋鼎，在十月又□。"（《合集》36346 黄类）商王在髟
地占卜命令亚其协同田伯伐某方，说明髟地距田地不远，大体皆在殷都之
西北。髟地在晚商时期可能成为商王直接控驭的疆土。

2. 叛服无常的伯。这方面的例子较多，如伯鬲（《合集》4143），省
称鬲。关于伯鬲的主要活动在武丁中期，见于师宾间类、典宾类、宾一类
卜辞，由于时间较短，很难理清伯鬲叛服的时段。关于伯鬲数量较为集中
的师宾间类卜辞，既有伯鬲臣服的情况，也有其反叛的占卜。兹按照臣服
与反叛两个方面进行论列，伯鬲作为外服臣服于商王朝时，听从商王调
遣，"丁卯贞：王令鬼、鬲、刚于京"（《怀特》1650）。"壬子卜，伯鬲其
启，七月。"（《合集》3418 师宾间类）商王命令伯鬲等至于京地听命。
从事与军事征伐相关职事，伯鬲协同王师征伐敌方，曾为王师先锋。外服
伯鬲来朝见商王，向商王朝纳贡，"辛卯卜，贞：鬲其来"（《英藏》
1785）。"令鬲☑□以羌☑而二十☑。"（《合集》286 典宾）"☑伯鬲入，八
月。"（《合集》3422 师宾间类）伯鬲可能还献纳了俘获的羌人，臣服者
通过献纳战争俘虏的方式，表达对王者权威的认同。

---

① 裘锡圭：《说殷墟卜辞的"奠"——试论商人处置服属者的一种方法》，《"中研院"
历史语言研究所集刊》第 64 本第 3 分，1993 年。

② 屈万里：《殷虚文字甲编考释》，台北"中研院"历史语言研究所 1961 年影印本，第
389 页。

商王为践行王事的外服伯畵安危担忧，"□寅卜，畵［弗］其［有］
囚"（《合集》16438 典宾）。"□亥卜，王贞：伯畵亡囚。"（《辑佚》
31）"辛☑畵其降败。"（《合集》17312）"贞：师畵其有囚。"（《合集》
3438 甲，师宾间类）师畵，或为伯畵担任过商王朝的师官，但亦可理解
为践行王事的外服伯畵师众，商王担心伯畵的师众遭受灾祸即损兵
折将。

伯畵虽为外服，但独立性和活动自由空间较大，常与商王朝臣属发生
冲突，"丙寅卜，畵有其降囚。畵亡其降囚。今昧方其大出。今昧方不大
出"（《甲骨拼合集》148）。"贞：畵、父壬弗蛊王。贞：畵、父壬蛊王。"
（《合集》1823 正）商王占卜不希望伯畵降害。但伯畵依然时与其他外服
产生战争，"庚戌卜，王贞：伯畵允其服角"（《合集》20532 师小）。"庚
戌卜，王贞：伯畵允其服角。"（《合集》20533 师小）"乙丑卜，畵其戎
罘卤。"（《合集》6848）"丁亥卜，畵其敦寐，五月。"（《合集》6846）
"辛卯卜，伯［畵］嵌寐。伯畵弗嵌寐。"（《合集》6845）"畵弗敦寐。"
（《合集》6847）"角"为族名，"角妇由王事"（《合集》5495）角族或
许与商王室有婚姻关系。位于殷西有徵友角（《合集》6057 正），角族或
即该分支。卤为商王朝外服卤侯（《合集》3328），两者都处于殷西。敦、
戎皆为与军事征伐相关的动词，辞义是说伯畵侵扰这两个族氏，表明伯畵
其地亦处殷西。伯畵侵犯商王朝外服侯、伯属地，形同于反叛商王朝。于
是商王调兵遣将讨伐伯畵，"辛酉卜，我伐畵"（《合集》6853 师宾间
类）。"壬戌卜，伐畵，嵌。二月。"（《合集》6854 师宾间类）商王亲自
占卜讨伐伯畵，希望战胜伯畵，时在二月。伯畵可能再次臣服于商王朝，
至于祖甲时期来朝致送羌俘，"庚戌卜，□贞：畵来［羌］。辛亥卜，旅
贞：有来羌其用。在四月"（《合集》22539 出二）。占卜用伯畵所献羌俘
为祭祀牺牲。此后卜辞不见伯畵活动踪迹。

3. 部分外服伯只存在于商王武丁时期，应是武丁时期开疆拓土需要
而册命为伯。随着商王朝势力的扩大，这些伯的族氏与领地成了商王朝
直接控驭的疆土。如伯弘（《合集》20086），听从商王武丁调遣，"贞：
勿呼比弘"（《合集》4811）。"丁巳卜，宾贞：呼弘宓它、夸，弗丧。"
（《合集》4813）商王命令伯弘参与田猎（《合集》5658 正），占卜伯弘是

否有所捕获（《合集》4812）。武丁之后不见伯弘踪迹。武丁时期去伯践行王事，"甲午卜，扶：令去、襄求（咎）方"（《合集》20464）。"贞：呼去伯于娩。"（《合集》635 正）至商代晚期，去成为商王朝直接控驭区内的地名，如"在去贞"（《合集》37392）。武丁时期外服丹伯听从调遣，"呼比丹伯。勿呼比丹伯"（《合集》716 正）。至祖甲时期丹仅作为地名存在，成为商王巡察的重要地点，如"王步自丹"（《合集》24238 出二类），"王在丹"（《合集》24235）。商王武丁就册令侯告还是易伯协同王师讨伐夷方进行多次占卜，说明作为外服的易伯的主要职责是捍卫领土。易伯之地设有畜牧区，商王向易地征取牛（《合集》39710），在易取马（《合集》20631），易贡纳龟甲二十板（《丙编》6），武丁以后不见易伯活动。兒伯位于殷东，武丁时期卜辞的验辞部分记录了子画向商王朝报告兒伯有事（《合集》3397、1075 正），兒伯听从王命（《合集》3400），商王武丁向兒伯征取贡物（《合集》20534 师组），命令兒伯来朝（《合集》3399）。寻伯仅一见于武丁时期的宾类卜辞，商王命令寻伯出牛贡纳（《合集》8947 正）。雇伯仅一见于典宾类卜辞，"贞：呼取雇伯"（《合集》13925 正）。商王命人向雇伯征取物品。在晚商时期黄类卜辞中，雇成为商王朝征伐夷方途中的重要地名出现，"王征夷方，在雇"（《合集》36485）。

4. 部分外服伯是由方被征服而授予伯的称号。如伯次原为次方，商王关心次方将涉河东（《合集》8409），次方侵犯商王朝外服侯光属地（《合集》7008），于是商王朝调遣军事力量讨伐次方，"辛巳卜，〔王〕，妇不戎于次"（《合集》7007）。商王亲自卜问王室妇某征伐次。商王朝派出哪些族众讨伐次方，未见其他卜辞材料。可以确认次方被征服而纳入外服伯系统，商王命令犬延率族众到次的领地去开辟荒地（《合集》9479），商王派遣内服臣子到次地去狩猎（《合集》10949），王众到次领地进行某种建筑活动（《屯南》4330），次参与商王朝的田猎活动（《合集》10977）。商王为践行王事的伯次安危担忧，"贞：伯次囚"（《合集》3413）。伯次领地应已成为商王朝国家的组成部分。

5. 部分方国被征服后，虽未有伯名，但仍践行王事，然叛服不定，于晚商时期结成联盟，其首领称"某方伯"。"癸亥贞：危方以牛其登于来甲申。乙卯贞：又彡伐于伊。□酉……牛其登自上甲。辛酉贞：危方以牛其登于来甲申。"（《合补》10484）以危方致送的牛作为祭祀牺牲。"丁未贞：王令卯达（挞）危方"（《合集》32897）。"庚辰贞：令乘望达（挞）危方。"（《合集》32899）商王命令卯挞伐危方，命令望乘挞伐危方。危方被征服，其首领可能被杀死祭祀，如"用危方囚于妣庚，王宾"（《合集》28092），用危方的头颅祭祀妣庚。危众可能被商王安置（《合集》27999）。盂方于武丁时期尚服属于商，《合集》8473"丙子卜，古贞：令盂方归。贞：勿令归，七月"。盂方听从商王命令，回朝复命。商末盂方兴起，侵伐商。《合集》36518"乙巳王贞：启呼祝曰：盂方共人，其出伐，屯师高。其令东会于高，弗每（悔），不誖戋。王占曰：吉"。商王亲自贞问：先导部队呼告"盂方共人，将出伐，屯聚于师高"，命令先导部队东会于高地，不更改这个命令，不会有灾祸吧。帝乙、帝辛时期夷方崛起，黄类卜辞频见征伐夷方的占卜，"甲午王卜，贞：乍余彭，朕奉酉（酒），余步，比侯喜正（征）夷方。上下、褐示受余又（有）又（祐），不誖戋，肩①告于大邑商，［亡㞢（害）］在畎。王占曰：吉。在九月，遘上甲酓，惟十祀"（《合集》36482）。商王十祀九月，商王占卜率领外服攸侯喜一同讨伐夷方，希望天地神灵祐助，大获全胜。商代晚期部分方国强大起来，结成反商联盟，如卜辞所见被征讨的方国联盟的首领盂方伯、危方伯、夷方伯、二方伯、四封方等，商王就近调动外服多侯、多田、多伯的军事力量协同王师讨伐这些方国。晚商时期方国的崛起，使得商王朝出现四土危机，商王权威逐渐消减，商王朝实力被逐渐消耗，以至于亡国。

综上，商代外服伯皆出于商王册命，占据一定的都邑与族群，以都邑为中心和据点控制一定的政治地理范围，在事实上成为商王朝地

---

① 诸家多将此字属上读，难于解释清楚。对该字的释读亦存分歧。裘锡圭先生释《合集》20576 正"雀亡囚南土肩告事"，"肩告事"的"肩"似以训"任"为妥。（《说"口凡有疾"》，《故宫博物院院刊》2000 年第 1 期）刘桓先生认为囚告为一词，可释为《尚书·多士》《多方》《大诰》之"猷告"，其说参见《说卜辞囚字的几个成语及失、宾二字》，载王宇信、宋镇豪主编《纪念殷墟甲骨文发现一百周年国际学术研讨会论文集》，社会科学文献出版社 2003 年版，第 181—183 页。

方统治者，反映了外服伯对地方社会的治理，构成商代国家结构的重要一环。外服伯所控制的族与土，是外服守土卫疆职责的体现，外服伯践行王命，协同王师征伐敌方，体现外服伯对商王权的认同，即商王所代表的国家政权的认同。外服伯向商王朝贡纳祭祀等物，表达对商王朝的臣服，以及对商王所代表的神权的认同。由于外服伯相较于侯、田、男、卫等有较大独立性，与商王朝的关系相对疏远，当商王朝势力衰落时，外服伯时常叛离甚至发展壮大结为与商为敌的方国联盟。

第 五 章

商代内服制度考

《尚书·酒诰》载周人叙述的商代内外服职事系统，于殷墟甲骨文中皆已证实。① 早期从事甲骨文研究的学者就已注意到甲骨文所反映的商代职官内容。如罗振玉《殷虚书契考释》中列举"殷之官制"有：卿事、大史、方、小臣、竖、埽臣等。② 王国维《释史》更提出"古之官名多由史出"说，举甲骨文中"卿史""御史"为地位较高的官吏。③ 后来学者续有研究，陈梦家、岛邦男对殷墟卜辞所反映的商朝职官进行了系统整理、研究。20 世纪七八十年代岛邦男编《殷墟卜辞综类》和郭沫若主编《甲骨文合集》、姚孝遂主编《殷墟甲骨刻辞类纂》的出版，推进了学界对商代职官的系统研究。④ 综观以往对商代内服的研究，主要着眼于职官方面的研究，但殷墟卜辞广泛存在没有职名的各族氏服政事、服王事的记录，这也是进行内服研究必须要考虑的部分。本章在以往研究内服

---

① 参拙文《〈尚书·酒诰〉所见商代"内外服"考论》，《史学史研究》2008 年第 4 期。

② 罗振玉：《增订殷虚书契考释》卷下，《罗振玉学术论著集》第一集，上海古籍出版社 2010 年版，第 426—428 页。

③ 王国维：《观堂集林》卷 6，中华书局 1959 年版，第 263—274 页。

④ 代表性的有张亚初《商代职官研究》，《古文字研究》第 13 辑，中华书局 1986 年版，第 82—117 页。王贵民：《商朝官制及其历史特点》，《历史研究》1986 年第 4 期。白钢主编《中国政治制度通史》第二卷《先秦》，第三章第四节"商朝的职官制度"（杨升南执笔），人民出版社 1996 年版，将内服职官分为政务性职官、事务性职官、军事性职官、宗教文化类职官、宫廷内职官五类，其后的王宇信、杨升南主编《甲骨学一百年》（社会科学文献出版社 1999 年版）第十一章第二节"殷正百辟与殷边侯甸"，宋镇豪主编、王宇信、徐义华著《商代史》卷四《商代国家与社会》第七章第一节"商王朝的内服官制度"（中国社会科学出版社 2011 年版），皆大体承袭此分类方法。

职官的基础上，系统整理商代服王事、服政事相关甲骨卜辞、金文，对内服职官及内服族氏服王事的内容进行更加系统的研究。

第一节　殷墟王卜辞与殷金文所见内服职官体系

殷墟甲骨文中对内服职官有概括性称谓，如表示名词的"御事"，"是对为王室政事服务的官职一种概括性的称谓"①，卜辞如"癸巳卜，其呼北御事卫"（《合集》27897）。周初亦沿用此称谓，频见于《尚书·周书》。又如"三事"，《乙编》7797："己未卜，古贞：我三事使人。"这与《尚书·立政》"任人、准夫、牧作三事"，《诗经·小雅·雨无正》"三事大夫"，《诗经·小雅·十月之交》"三有事"，《逸周书·大匡》"三吏（事）大夫"，西周早期铜器《小盂鼎》"三事大夫"（《集成》2839），《令方彝》"三事四方"（《集成》9901）以及《左传》成公二年"王使委于三吏（事）"，可能都是对王朝三方面政务官员的简称。由"我三事使人"知，商王将三事称为王的"使人"即服王事之人。"这种对官职的概括称谓，反映了当时一部分官职分工尚不严格的状况。甲骨文其他内容也反映出这种状况。'尹'可'作大田'，'多尹'又'作王寝'，小耤臣的𢀛既兼小众人臣，又活动在多种事务上面。很多在王室活动的人物也少见附有固定官名或职司。"② 本节综合以往研究内服职官的分类标准，就殷墟卜辞与金文中可以确定为职官名的相关材料进行系统整理，以期对内服职官系统有个概括的认识。

一　行政事务官

1. 王朝卿士

《尚书·君奭》载周公言："我闻在昔成汤既受命，时则有若伊尹，格于皇天。在太甲，时则有若保衡。在太戊，时则有若伊陟、臣扈，格

---

① 王贵民:《说御史》，胡厚宣等:《甲骨探史录》，生活·读书·新知三联书店1982年版，第335页。

② 王贵民:《说御史》，胡厚宣等:《甲骨探史录》，生活·读书·新知三联书店1982年版，第335—336页。

于上帝；巫咸乂王家。在祖乙，时则有若巫贤。在武丁，时则有若甘盘。率惟兹有陈，保乂有殷。"周公称述商代贤王都有重臣辅佐，通于上帝，保乂殷商。后世史家称这些贤佐为相，如《左传》定公元年："仲虺居薛，以为汤左相。"《帝王世纪》："伊尹为丞相，仲虺为左相。"① 《史记·殷本纪》载："帝太戊立伊陟为相。""伊陟赞言于巫咸，巫咸治王家有成。"但"相"这一职官在商代是否已经设立，尚不足以证明。据商代甲骨文、金文及《诗经·商颂·长发》载，辅佐王政贤臣被称为"卿事"，如"辛未，王卜，在召庭，惟执，其令卿事"（《合集》37468）。"乙未，卿事赐小子𣄰贝二百，用作父丁尊簋。举。"（《集成》3904） 对照殷金文中子对小子某的赏赐辞例，此卿事的身份亦应是小子的宗主"子"。𣄰为族名，见于殷墟卜辞，如《合集》96 占卜𣄰是否致送𣄰族之𠭯。《合集》22135"甲辰贞：羌𣄰不死"。《诗经·商颂·长发》载："允也天子，降予卿士。实维阿衡，实左右商王"。成汤确为天之子，上天降予卿士贤佐，是为阿衡伊尹，乃助成汤。《尚书·洪范》载殷商箕子言商王朝决策机制"谋及卿士，谋及庶人"。卿事应不止一人，《史记·殷本纪》载武丁即位后，"思复兴殷，而未得其佐。三年不言，政事决定于冢宰，以观国风"。《史记集解》引郑玄曰："冢宰，天官卿贰王事者。"以冢宰职官卿贰王事，也就是说最高辅政职官可以是不同的职官，但必须具有王朝卿事身份，才是最高辅政者。如《左传》隐公三年"郑武公、庄公为平王卿士。"杜预注："王卿之执政者"。郑武公、庄公皆以诸侯国君身份执政。今本《竹书纪年》称武丁"命卿士甘盘"。即《尚书·君奭》所载武丁时期贤佐甘盘，乃卿士身份。卿事或有相关僚属组织，如周代之卿事寮。殷墟卜辞载军事长官已有僚属组织，如"韦师寮"（《合集》36909），卿事作为商王的辅政大臣亦应有僚属组织。如韩国磐认为"卿事、太史二寮，均起于殷代"②。王宇信、杨升南则认为："在商代或在晚期仅有'大史寮'以主持政务与宗教文化事宜，两寮的分设

---

① 《北堂书钞》卷五十引《帝王世纪》，徐宗元辑：《帝王世纪辑存》，中华书局 1964 年版，第 68 页。

② 韩国磐：《关于卿事寮》，《历史研究》1990 年第 4 期。

是西周时方形成。"①　所谓"大史寮"的卜辞如下：□未令……其惟在大史寮令。(《合集》36423)

2. 多君

卿士主政官之下，由多君组成的谋士集团，属于商王朝的决策团体。相关卜辞如："辛未，王卜，曰余告多君曰：般卜又（有）求（咎）。"(《合集》24135)"□未，王卜，[曰]余告[多]君曰：般[卜]吉。"(《合集》24137)"戊子卜，疑贞：王曰余其曰多尹，其令二侯上丝罙𡦦侯，其和□□□周。"(《合集》23560)"乙巳卜，疑贞：多君曰：其启，汪宰若，示弗左。"(《俄藏》22)这几条卜辞反映了商王朝国家大事的决策情况，占卜以决疑，商王亲卜，王告多君，般卜是否吉。另一条是贞人疑卜问，王告多君，告的内容是命令二侯上丝侯和𡦦侯征伐周。最后一条卜辞也是由贞人所卜，卜问的内容是多君决策以汪宰为先锋善，神主是否祐助。商王与多君显然是决策的两个重要的组成部分，贞卜职官亦在其中起到重要作用。

3. 一般政务官——某尹

王贵民指出："'尹'是治理之意，也是最古的纯粹的官名之一，但它本身并无职位高低之别。"②　范毓周认为尹是"一种主管王的行政事务的行政官"，"西周金文《令方彝》中地位仅次于'卿事寮'的'诸尹'可能就是这种'多尹'发展而来"③。尹这类职官在《尚书·酒诰》载商代外服次于"百僚"之下称"庶尹"即众尹，卜辞称"多尹"即多位尹。钟柏生总结认为商代的尹与多尹可以参与军事、追捕罪犯、参与祭祀、主持建筑王寝工程、负责裒田等多种事务。④　这类尹一般是具体执行王命的职官，与上文所述参与决策的多君是不同的职官称谓。卜辞显示其承担王事具体如下：作王寝，"甲午，贞：其令多尹作王寝"(《合集》32980)。裒田："癸亥，贞：王令多尹裒田于西，受禾。"(《合集》

---

① 王宇信、杨升南主编：《甲骨学一百年》，社会科学文献出版社1999年版，第456页。
② 王贵民：《商代官制及其历史特点》，《历史研究》1986年第4期。
③ 范毓周：《甲骨文中的"尹"与"工"》，《史学月刊》1995年第1期。
④ 钟柏生：《卜辞中所见的尹官》，《中国文字》1999年第25期。

33209）作大田："令尹作大田。勿令尹作大田。"（《合集》9472）狩猎："甲午卜，呼束尹有擒。"（《合集》5618）追捕逃犯：壬午卜，殼贞：尹执羆。王占曰：其执。七日戊［子］尹允执。（《合集》5840）尹与其他人一起践行王事："甲申卜，争贞：尹以𢎚子。贞：尹弗其以𢎚子。"（《合集》9790 正）"贞：叀多尹令比𠭯蜀，由王事。贞：叀多子族令比𠭯蜀，由王事。"（《合集》5450）还有其他事务："多尹以于商。"（《合集》20357）"呼多束尹次于教。"（《合集》5617）"呼多尹往甾。"（《合集》31981）商王命令多尹致送物品，命令多尹武装力量驻扎于某地，命令多尹武装前往征伐。

　　4. 王庭与外服沟通的途径——使人

　　殷墟卜辞常见商王"吏（使）人于某地"，即商王向地方派遣衔负王命的使者。有时商王还专门在某外服设置使人，负责王庭与外服之间的沟通。殷墟卜辞载商王就是否向某一外服派遣使者进行占卜：

　　　　贞：使人于［唐］。勿使［人于］唐。　　　　（《合集》1305 反）
　　　　王勿使人于沚。王使人于沚，若。　　　　（《合集》5530 甲、乙）
　　　　贞：王勿比沚戜。王比沚戜。贞：勿使人于歆。（《合补》2095）

上引卜辞中，"唐"为外服侯唐，沚戜为外服伯戜，卜辞意在商王就是否向外服侯唐、伯戜派遣使者进行占卜。卜辞所载商王命令某内服往于某外服之地，可以理解为商王命某内服作为使者到外服之地处理相关事务。如："丁卯卜，贞：阜往失。"（《合集》4068）"辛亥卜，殼贞：呼戉往宓沚。"（《合集》4284）"勿令周往于旅。"（《合集》4883）"甲寅卜，王：令絑使于余诞。庚申卜，王：叀余令伯絑使旅。"（《合集》20088 +《俄藏》11）[①]"丁巳卜，殼贞：呼师般往微。"（《合补》1246）

　　商王为使者的安危担忧，为践行王事的使者祷告祈福。卜辞如："甲辰卜，王：羌弗𢦔朕使，二月。"（《合集》6599）"贞：方其𢦔我使。贞：

---

　　①　此为宋镇豪先生缀合，参见胡厚宣、宋镇豪《苏联国立爱米塔什博物馆所藏甲骨文字考释》，载国家文物局古文献研究室编《出土文献研究续集》，文物出版社 1989 年版，第 15 页。

方弗其𢦡我使。贞：我使其𢦡方。我使弗其𢦡方。"（《合集》6771 正）
"癸亥卜，殻贞：我使𢦡缶。癸亥卜，殻贞：我使毋其𢦡缶。"（《合集》
6834）"癸未卜，古贞：黄尹保我使。贞：黄尹弗保我使。"（《合集》
3481）"贞：舌方出，不惟我田。贞：我西使亡田。"（《合补》1807）"庚
子卜，争贞：西使旨有田。庚子卜，争贞：西使旨亡田。由。"（《合集》
5637）"贞：在北使有获羌。贞：在北使亡其获羌。"（《合集》914）使
人似设置于与方国接壤之地，所以商王卜问是否遭受羌方、方方、舌方的
侵扰。"甲申卜，出贞：令多吏（使）眔方。"（《英藏》1978）商王命令
多位使人至方方。使人设置于外服地区，与方国接触较多，主要职责应
是沟通大邑商与外服关系，似乎还有俘获羌人的职责。

　　以上从四个方面看商代行政事务官的层级构成，商王之下，由王朝
卿事主理朝政，犹如西周至春秋时期的王朝卿士，担任王朝卿事者的职
官可能不尽相同，如伊尹称"保""小臣"，甘盘称"师"，巫咸称
"巫"，可能一时期王朝卿事也不止一人，如成汤时期有伊尹、仲虺、咎
单，大戊时期有伊陟、臣扈、巫咸，武丁时期有甘盘、傅说。王朝卿事
之下有参与决策的"多君"，如西周时期的多公，参与王朝政策的制定。
"多君"决策团体之下是具体执行政务的各级长官"多尹"。此外，还专
设了王庭与外服之间联系沟通的"使人"，使人亦非固定职守，可以临时
因事派出使人巡查或军事行动，在一些重要外服常设"使人"，便于王庭
与外服的联系，以及对外服周边局势的监控。

　　殷商王朝各族事务由宗工、五正管理，卜辞如"□戌卜，[贞]：共
众宗工"（《合集》19）。"庚□[卜]，贞：共[众]宗工。"（《合集》
20）《左传》定公四年："分唐叔以怀姓九宗、职官五正。"《左传》隐公
六年："翼九宗五正顷父之子嘉父逆晋侯于随，纳诸鄂。"九宗、五正是
翼都怀姓九宗的协调者称五正，杨伯峻指出："足见此乃殷商以来传世之
官职。"①

---

① 杨伯峻编著：《春秋左传注》（修订本），中华书局 1990 年版，第 49 页。

二　经济事务官

商王朝注重对经济资源的掌控，在王畿地区及外服建立大量田产、牧场和手工业作坊，设置官吏从事多种农事活动和农业管理。

1. 农官

农业是商代国家经济的主体，是商代最为重要的生产部门。商王朝设置管理农业事务的职官，如管理农耕、田间管理和收获之类的职官，殷墟卜辞有小耤臣、小刈臣等。"己亥卜，贞：令𠂤小耤臣。"（《合集》5603）耤字象人手扶耒、脚踏耒以耕土，示在田间耕作。卜辞意为商王命令𠂤为小耤臣，掌管商王朝耤田事务。"贞：叀小臣令众黍。一月"（《合集》12）黍在此辞为动词，意为种黍，即占卜命令小臣带领众人去种黍。"壬辰，贞：叀𠂤呼小众人臣。"（《合集》5597）这条卜辞的语序当为"壬辰卜，贞：叀小臣𠂤呼众人。"小臣𠂤呼命众人，承前𠂤为小耤臣，此条卜辞可能也是小臣𠂤呼命众人耕耤之事。"刈小臣"（《合集》9017 正）、"呼小刈臣"（《合集》9566）。《说文》："乂，芟草也"乂或体作刈。段玉裁注："是则芟草、穫谷总谓之乂。"[1]《国语·齐语》云："时雨既至，挟其鎗、刈、耨、镈，以旦暮从事于田野。"韦昭注："刈，镰也。"小刈臣应为掌管农作收获一类事务的职官。

2. 牧官

殷墟卜辞中的主要畜牧生产者称"刍"，对于刍的身份，胡厚宣认为："乃是一种刈草饲养牲畜的奴隶。"[2]刍的身份是否为奴隶，不易确定，但其为役者应无疑。内外服皆有贡献"刍"者。如："贞：侯以骨刍。"（《合集》98 正）"庚辰卜，宾贞：呼取扶刍于囗。"（《合集》110正）"己丑卜，㱿贞：即以刍，其五百唯六。"（《合集》93 正）骨、扶、即都曾为贞人，这里表示的是三个族，作为内服族属的可能性较大。侯是外服侯，外服侯致送的是骨刍，即骨族之刍。内外服贡献来的刍，来源比较复杂，有的甚至是俘获的羌人（《合集》94 正），应有统一的管理

---

① 许慎撰，段玉裁注：《说文解字注》，上海古籍出版社 1981 年版，第 627 页。
② 胡厚宣：《甲骨文所见殷代奴隶的反压迫斗争》，《考古学报》1976 年第 1 期。

者，卜辞"贞：呼刍正"（《合集》141 正）。《尔雅·释诂》："正，长也。"该条卜辞占卜命令刍长践行王事。殷墟卜辞还记载具体掌管某类牲畜饲养的职官，"叀豕司"（《合集》19209）。"叀羲司用。"（《合集》19884）"叀豕司卫，吉。"（《合集》19212）"甲戌卜，师：司犬。"（《合集》20367）"……羊、豕司。"（《合集》19210）《说文》："司，臣司事于外者。"《广雅·释诂三》："司，主也。"主管饲养羊、猪、犬等的职官称某司。

商代畜牧养殖设有牧场，其主事者称"牧"。殷墟卜辞如："戊戌卜，宾贞：牧匄人，令菁以（与）受。"（《合集》493）商代青铜器铭文亦有关于"牧"："亚牧，父戊"（《集成》502）、"亚牧"（《集成》2313、2322）、"牧，丙"（《集成》8016）这些牧可能是畜牧生产的管理者。商王朝对各牧常规的管理和视察，可能设有总管各牧的职官，殷金文中的"牧正"或许就是这类职官。如"牧正"（《集成》5575）、"牧正，父己"（《集成》6406），或如裘锡圭的意见牧正是总管畜牧的官员。①

3. 百工

《尚书·酒诰》称述商代内服中有"宗工"。殷墟卜辞中有大量与手工业相关的事项，如建筑、制陶、纺织、制简、木作、冶铸、制玉石、制骨、酿造等行业。卜辞以"多工""百工"称述不同的手工行业，如"甲寅卜，史贞：多工亡尤"（《合集》19433）。"乙未酌，多工率条遣。"（《合集》11484）"癸未卜，有田百工。"（《屯南》2525）商王命令多工践行王事，并为多工践行王事的安危担忧。商代的手工业主要掌控在王朝，实行"工商食官"② 制度，商王朝专设管理建筑工程和手工业生产的职官，称"司工"。从考古发现的商代遗址看，商王朝建立起带有城墙的巨大城市，城市中布局有很周全的规划，有规模宏大的宫殿宗庙、居住区、手工业区，四通八达夯土的大路，大型庭院园囿建筑，这些大规模

---

① 裘锡圭：《甲骨卜辞中所见的"田""牧""卫"等职官的研究——兼论"侯""甸""男""卫"等几种诸侯的起源》，《文史》（第 19 辑），中华书局 1983 年版。

② 《国语·晋语四》："工商食官"，韦昭注："工，百工。商，官贾也。《周礼》：府藏皆有贾人，以知物价。食官，官禀之。"（见上海师范大学古籍整理研究所校点《国语》卷 10《晋语四》，上海古籍出版社 1998 年版，第 373 页）

的建筑，需要周密的规划，动用大量人力物力，以及强大的管理和组织能力方能实现。殷墟甲骨文载有商王册命"司工"职官，如"壬辰卜，贞：叀冒令司工"（《合集》5628）。朱彦民认为，司工职官就是文献中的"司空"，即掌管建筑房屋工程之职。① 杨升南认为"叀冒令"即"令冒"，"令冒司工"即商王任命冒为"司工"这一职官，主管王朝的手工业生产。② 司工当是建筑业和手工制造业的总管。"己酉，贞：王其令山司我工。己酉，贞：山由王事。"（《合集》32967）辞意是商王命令山掌管其工匠事务，即任命山为司工之职，恪尽王事。从甲骨卜辞看，百工分为"左工""右工"，可能是具体的工种区别，其长官称"左尹工""右尹工"，卜辞如："翌日戊，王其省牢右工，湄日不雨。"（《合集》29685）"□□卜，余……左工……"（《合集》21772）宋镇豪认为"右工""左工"，皆为工官之属。③ "丁亥卜，宾贞：令鼜孳右尹工于✿［侯］。"（《合集》5623）"丁卯卜，贞：令追孳右尹工。"（《合集》5625）如有大型造作仅靠百工是不足用的，需要征调人力、物力，"庚□贞：共［众］宗工"（《合集》20）。大概就是征召众人，向工匠提供劳动力。

4. 山川林虞

商代的山林川泽归以商王为代表的王室占有，作为商王室的重要财产。商王设置相关职官进行管理，卜辞所见有小丘臣（《合集》5602）、犬官、司鱼。殷墟卜辞比较多地记载了商王的田猎行为，有"某犬"向商王报告猎物出没的情况，如："盂犬告鹿，其比，擒。"（《合集》27921）"王其田，叀成犬比，擒，亡灾。"（《合集》27915）"牢犬告，王其比，亡灾，擒。"（《合集》27920）"惟㟒犬光比，亡灾。"（《合集》27903）"叀祝犬比，亡灾。"（《屯南》106）某犬之某是地名，是商王经常田猎的地方，犬应是商王设置于该地区的职官。据杨升南统计，甲骨文中设立犬官的田猎地有二十余处。④ 如上举几条卜辞，这些犬官既要向商王报告猎物的出没，还要协同商王一起田猎。各个田猎地都设有犬官，

---

① 朱彦民：《从考古资料谈商族的发展》，《中国文物报》1997年12月28日（第51期）。
② 杨升南：《商代经济史》，贵州人民出版社1992年版，第578页。
③ 宋镇豪：《夏商社会生活史》，中国社会科学出版社2005年版，第119页。
④ 杨升南：《商代经济史》，贵州人民出版社1992年版，第315页。

其集合称谓"多犬",如:"□戌卜,永贞:令旨以多犬卫比多罍羊☒比□。"(《合集》5666)"壬戌卜,㱿贞:呼多犬网鹿于麓。八月。"(《合集》10976 正)"贞:多犬及畀、徵。贞:多犬弗其及畀、徵。"(《合集》5663)"己酉卜,亘贞:呼多犬卫。"(《合集》5665)多犬除为王田猎侦察猎物,协助王进行田猎活动,有时还肩负保卫,甚至从事就近征伐敌方的军事行动。商王朝似已设立管理渔业的官员,卜辞有"司鱼"之称,"壬子卜,其燎司鱼,兹用"(《合集》29700)。王贵民认为卜辞"司鱼"系管理养殖和捕捞鱼产品的官员。[①] 捕鱼亦为商王朝一项重要的田猎活动,"癸卯卜,豪获鱼其三万不"(《合集》10471)。"乙未卜,贞:其获有鱼,十二月。允获十六以羌六。"(《合集》258)卜问臣子豪于十二月田猎是否捕获鱼,验辞是果然捕获大鱼十六条与俘获羌人六人。商王要亲与捕鱼活动,如"贞:王鱼"(《合集》10488)。"戊寅,王狩膏,鱼擒。"(《合集》10918)商王田猎擒获大鱼。"辛卯卜,㱿贞:王往延鱼,若。辛卯卜,㱿贞:王勿延鱼,不若。"(《合集》12921 正)对于商王是否前往渔猎进行占卜。"[丙]寅卜,宾[贞]:翌丁卯鱼饗多□。贞:不其鱼。"(《合集》16043)商王以田猎捕获之鱼饗宴。鱼作为商王朝日常生活的重要组成部分,商王设置相关职官掌管渔猎之事,十分可能。

5. 仓储官

商代农业区生产的主要产品是粮食,粮食收获后并没有全部运到京师,而是储藏于各地仓廪,这些仓廪的管理、保卫主要由当地的族属负责。甲骨文记录商王占卜派臣子巡视各地仓廪,如:"庚寅卜,贞:叀束人令省在南廪。十二月。"(《合集》9636)"己亥卜,贞:令多马、亚伲、菁、祓,省陕廪。"(《合集》5708 正)"戊寅卜,方不至。之日又曰:方在崔廪。"(《合集》20485)仓廪的设置有大邑商附近,如"在南廪",应是在大邑商之南的仓廪。外服属地也设有仓廪,可能考虑为与方国的战争提供物资。受命巡视仓廪的臣子率领军事力量,以防敌方侵掠。卜辞有"多贾",可能是商王朝设置的官商,为王室日常生活需要提供服务。

---

① 　王贵民:《商朝官制及其历史特点》,《历史研究》1986 年第 4 期。

三　军事职官

《左传》成公十三年云："国之大事，在祀与戎。"殷墟甲骨文所见有关军事的卜辞占了很大比重，商代的军事职官组织似已形成一定系统，如卜辞"韦师寮"（《合集》36909）、"师寮"（《合集》24272—24330），说明军事职官僚属已经产生。殷卜辞所见军事职官大致有师、亚、马、射、戍等，或已形成了不同的兵种。

1. 师

师应为商王朝设立的常备军最大单位，西周金文有"殷八师"，而在商代大邑商周边常备军的驻扎地有多个，应是战略意义重要的地区，或许这些驻军地点成为"殷八师"之称的来源。如："□□卜，㱿贞：王往于鹿师。"（《合集》8219 甲）"在师会卜"（《合集》22606）、"在师允卜"（《合集》24253）、"在师木"（《合集》24270）、"在师非卜"（《合集》24266）、"在师攸"（《合集》24260）、"在师奠"（《合集》24259）、"王在师襄获。王在师畐获"（《合集》24255）。"在师析"（《合集》24262）、"在师殷卜"（《合集》24264）、"在师寮卜"（《合集》24272）、"在师裘卜"（《合集》24276）、"在师寅"（《合集》24279）、"在师鬲"（《合集》24280）、"在师羌"（《合集》24281）、"在师滴卜"（《合集》24340）、"在师鼠卜"（《合集》24347）、"于辔师"（《合集》33100）、"于柯师"（《合集》33101）、"在师桅"（《合集》24256）、"雀师"（《合集》40864）、"王其比犬师"（《合集》41529）、"王其比虎师，惟辛"（《英藏》2326）等，这近三十处"师某"或"某师"大多为某地驻军之称，各师之长官或称"师长"，如《尚书·盘庚》载商王盘庚言"邦伯、师长、百执事之人"。殷金文中已经出现以师职命名的人名，如弜师赏赐属下（《集成》4144 商晚期），师作为军事长官于西周金文较为常见。

2. 亚

殷墟卜辞中有官名为亚者，经常参加军事行动。"甲辰卜，贞：乞令￥以多马亚，省在南。"（《合集》564）"贞：多马亚其有田。"（《合集》5710）"□□卜，贞：……亚以王族眔黄［示］，王族出西￥，亚［唐］东￥，在……"（《合集》14918）"贞：其令马、亚射麋。"（《合集》

26899）"乙巳卜，何贞：亚旁以羌其御用。"（《合集》26953）"乃呼归卫、射、亚……"（《合集》27941）壬戌日占卜方方出动，商王调动戍、马、亚军事组织抵御，商王占卜以亚协同讨伐方方，是否受到神灵祐助（《合集》28011）。"甲子卜，亚𠦪耳龙，每，启。其启，弗每，有雨。"（《合集》28021）　"贞：叀马、亚涉兕。贞：惟众涉兕。"（《合集》30439）"……以多田、亚、任……"（《合集》32992 反）"己亥卜，在微贞：王［令］亚其比𡆥伯伐□方，不𠧟𠦪，在十月又□。弗𠦪，雉众。"（《合集》36346）亚或参加武装巡查，或参加俘羌行动，或征伐方国，商王亦为亚践行王事的安危担心，担心族众武装遭受损失。

"丁酉卜，其呼以多方屯小臣，其教戍。亚立，其于右利。其于左利。"（《合集》28008）宋镇豪认为"教戍"，指教习攻守搏击及阵法。亚为教官，"亚立"即"亚位"，指教官所处位置。[①] 武丁时期的雀、𡙡都曾任亚职，如亚𡙡（《合集》31983、32273、32274、33114、33115，《屯南》340、580、961、1051、2378），亚雀（《合集》21623、22092）。殷金文所见以"亚某"为族氏名号者颇多，应是该族族长曾任王朝亚官的证明。

3. 马

商代军队组成可能已经有骑兵，卜辞称"马"，也以左、中、右陈列，卜辞常以多马践行王事。"丙申卜，贞：肇马左、右、中人三百。六月。"（《合集》5825）调动分为左、右、中三阵的马队，三百人表明每个马队一百名骑兵和一百匹马。马队的首领称马，调动骑兵称"令马""呼马"，多个马队称"多马"。"叀戍、马呼𥝩往。"（《合集》27966）"壬戌卜，狄贞：叀马、亚呼执。壬戌卜，狄贞：叀戍呼执。"（《合集》28011）"王……众……弜令多马。"（《屯南》4029）"癸巳卜，宾贞：多马遘戎。"（《合集》5715）"甲戌卜，殼贞：我马及戎。"（《合集》6943）"甲辰卜，贞：乞令𡧱以多马、亚省在南。"（《合集》564 正）"贞令马、亚射麋。"（《合集》26899）"贞：叀马、亚涉兕。贞：惟众涉兕。"（《合集》30439）"来告大方出，伐我师……叀马小臣令。"（《合

① 宋镇豪：《从甲骨文考述商代的学校教育》，载王宇信、宋镇豪、孟宪武主编《2004 年安阳殷商文明国际学术研讨会论文集》，社会科学文献出版社 2004 年版，第 225 页。

集》27882）"丙寅卜，叀马小臣［呼］。叀戌马冒呼，允王受有祐。王其呼，允受有祐。"（《合集》27881）马队也有担任巡察、田猎、征伐方国之责，马小臣似乎与马的管理有关。殷金文中有豪马（《集成》1889）、𩫖马（《集成》5749）、何马（《集成》6997、6998）、马羊失（《集成》2000）、戈马（《集成》10857）等，"马"加上族氏名构成族氏徽号，这类"马"的性质很可能是其族族长曾做过马这类职官的标记。

4. 射

商代军队中有专门的射手组成的兵种，"丙午卜，永贞：登射百，令萑□□"（《合集》5760），"登射三百。勿登三百射"（《合集》698正）。"贞：盖三百射，呼。"（《合集》5777）征召射手三百。射手组成的兵种，其首领称"射"，"乃呼归卫、射、亚"（《合集》27941）。射手由各族提供，各族形成各自小规模的射手部队，卜辞称"射某"，应是指某族的射兵长官。"己丑卜，宾贞：令射佣卫。一月。"（《合集》13）"□□卜，殼贞：射歔……曰叀既己卯……获羌十。"（《合集》163）"丙午卜，贞：伊射𢧵。"（《合集》5792）"贞：令射串于彭。"（《英藏》528）多位射某的集合构成"多射"，射官掌管和训练射手，其职责在于护卫，或配合车战需要，奉命预先到达某地，射还有参加田猎猎获羌人等义务。殷金文中有以"射某"为族氏者，如"射休，父丙"（《集成》5208），"射兽，父癸"（《集成》1895），或表明其族族长曾任王朝射职官。

5. 戌

殷墟卜辞中"戌"一般是指戌守部队，其首领因军队兵种而为官称"戌"。戌守部队一般置于边境或与敌对方国犬牙交错的战略要地，但武丁之后疆土的开拓，商王朝领域的扩大，原来戌守的边境变成了后方，戌守部队也由边防力量向正规军事力量转化，戌成为一种职官，但戌守部队依然经常参与征伐敌方的军事行动。戌的职责尚不固定，可以践行多种王事。"壬戌卜，狄贞：叀马、亚呼执。壬戌卜，狄贞：叀戌呼执。"（《合集》28011）"己未卜，王其呼戌求（咎），在……"（《合集》28045）"叀戌中往，有𢧵。"（《合集》27975）"戌再其遭戎。"（《合集》28044）"……叀入戌辟，立于大乙，［自］之徇羌方，［不雉人］。［叀入戌］辟，立于寻，自之徇羌方，不雉人。"（《合集》26895）戌官还可以参与求雨之事，"叀戉呼舞有大雨"（《合集》30028）。"王其呼戉舞，盂有雨。"（《合集》28180）"叀田罘戉舞。"（《合集》27891）戉官还担负保卫任务，如商代青铜器戉甬鼎铭文记载戉甬跟随宜子出使西方巡察，担负保卫任务，顺利完成任务，回到商都后受到商王赏赐（《集成》2694）。戉官还可以参加祭祀，如："己酉，戉铃尊宜于召，康麇带九律，带商（赏）贝十朋，丏犺，用铸丁宗彝。在九月，惟王十祀，舂日五，惟来东。"（《集成》9894）"丙午，王赏戉嗣贝二十朋，在阑俞，用作父癸宝鬶。惟王飨阑大室。在九月，犬鱼。"（《集成》2708）戉某因参与祭祀仪礼，而受到商王赏赐。

四　宗教文化职官

自殷墟甲骨发现以来，经几代学者的研究，肯定商代具有强烈的神权政治色彩。殷墟卜辞反映商王朝神事活动极多，国家大事往往要问诸鬼神以决疑，经以商王为首的贵族判断吉凶，然后确定是否执行。商王朝已形成一套系统的宗教文化类职官。

1. 占卜职官

《尚书·洪范》记载商朝贵族箕子向周武王讲述，商代稽疑决策大事的步骤，"择建立卜筮人，乃命卜筮。……三人占，则从二人之言。汝则有大疑，谋及乃心，谋及卿士，谋及庶人，谋及卜筮。"甲骨文反映商代参与占卜决疑的职官有三类：一类是执掌龟卜的贞人，二类是执掌筮占的筮人，三类是利用其他手段或现象进行预测的巫人。占卜职官不仅掌握着精神领域的力量，也是商代政治生活中的重要成员。在殷墟甲骨文中存在大量贞人，贞人起着与神灵沟通的重要作用，在神权政治时代的商王朝至为重要。自董作宾发现贞人并将其作为甲骨文分期断代的标准之一后，学术界一直持续对贞人进行研究，形成不少有代表性的研究成果。据学者统计"从武丁时期到帝辛时期的甲骨文中，出现的贞人有120个左右，以武丁时最多，有约70个，祖庚祖甲时22个，康丁时18个，武乙时最少只有 1 个，帝乙帝辛时 6 个"①。同一王世存在多位贞人，同一贞人可能不仅服务于一世商王。自武丁以后，卜辞显示的贞人越来越少，同比其他内外服职官见于卜辞的也寥寥，卜辞中更多突出商王的行为或国家大事，经常出现内服、外服的集合性称谓。或许说明商王的权力集中和加强，内外服仍然存在，且践行王命时并不书其具体族属，内外服权利较之武丁时期逐渐萎缩。甲骨卜辞中的与"王卜"对称的是"多卜"，如"□子（巳）王卜。……多卜曰……"（《合集》24144）多卜应指多个贞人。贞人的构成比较复杂，但大体上来自地方大大小小的各族。据宋镇豪研究，商代已经形成元卜、左卜、右卜三大卜官的建制，一般情况下一卜用三骨已成为常制。试举以下辞例：

庚申卜，旅贞：叀元卜用。在二月。　　　　　（《合集》23390）

习元卜。（《合集》31675）

己酉卜，大贞：叀右卜用。　　　　　　　　　（《合集》25019）

丁卯右卜，兄不岁用。　　　　　　　　　　　（《合集》41496）

……王祼……非，左卜有求（咎）……　　　（《合集》15836）

……入商。左卜占曰：弜入商。　　　　　　　（《屯南》930）

丙寅卜，疑贞：卜竹曰：其侑于丁牢，王曰：弜畴，翌丁卯率若。八月。

己巳卜，疑贞：骨曰"入"。王曰："入。"允入。

　　　　　　　　　　　　　　　　　　　　　（《合集》23805）

丁丑卜，竹、争、大贞：令翌以子商臣于盖。　（《合集》637）

元卜、右卜、左卜，可以分指三块卜用甲骨，或因由三人同时占之，故亦指人，设职以称。② 前引《尚书·洪范》所载箕子述商王朝政治决策的另一重要参考是筮占，从事筮占的宗教职官称筮人。出土殷墟甲骨刻

　　① 王宇信、杨升南：《中国政治制度通史》第二卷《先秦》，人民出版社 1996 年版，第 232 页。

　　② 参宋镇豪《论古代甲骨占卜的"三卜"制》，《殷墟博物苑苑刊》（创刊号），中国社会科学出版社 1989 年版，第 142 页。

辞和出土器物反映，商代筮法是存在的。例如：

　　　　阜九，阜六。

　　　　七七六七六六。贞吉。

　　　　六七八九六八。

　　　　六七一六七九。

　　　　友，八八八八八。（易卦卜甲，《考古》1989 年第 1 期）

　　　　一一六六一五。

　　　　六八八八六六。

　　　　九七七。（《华夏考古》1997 年第 2 期）

　　殷墟四盘磨出土的卦画文字：

　　　　七八七六七六曰隗。

　　　　八六六五八七。

　　　　七五七六六六曰魁。（《中国考古学报》1951 年第 5 期）

　　经前辈学者研究这是商代筮法占测的记录。[1] 作为商王朝发挥重要作用的成熟之占卜方式的筮占，必然有从事相应专业人员被任以职官。《世本·作篇》称："巫咸作筮。"[2]宋衷注："巫咸不知何时人。"张澍举证相关文献后，提出："神农、黄帝、唐尧、殷商时，皆有巫咸也。又案《古史考》'伏羲作卦始有筮，其后殷时巫咸善筮。'则筮不起于巫咸矣。"[3]《尚书·君奭》载大戊时有贤臣巫咸，或以其善于以筮手段沟通神灵，参与商王朝决策而得大戊重用。根据以筮法为王朝决策服务的职事特点，对比以占卜为职事的贞人，及古文献称谓习惯，称这些从事筮法工作的

---

　　①　张政烺：《试释周初青铜器铭文中的易卦》，《考古学报》1980 年第 4 期。

　　②　《周礼·春官·龟人》郑玄注引，阮元校刻《十三经注疏》上册，中华书局 1980 年影印本，第 804 页。

　　③　参张澍《世本稡集补注》，第 14—15 页，宋衷注，秦嘉谟等辑：《世本八种》，中华书局 2008 年版。

人员为"筮人"。《周礼·春官·筮人》："筮人掌三易，以辨九筮之名。一曰连山，二曰归藏，三曰周易。九筮之名：一曰巫更，二曰巫咸，三曰巫式，四曰巫目，五曰巫易，六曰巫比，七曰巫祠，八曰巫参，九曰巫环，以辨吉凶。凡国之大事，先筮而后卜。"郑玄注："此九'巫'读皆当为'筮'，字之误也。"① 据此或许可以说《尚书·君奭》之巫咸与巫贤，实为筮咸与筮贤，其得名或因其善筮，而以九筮之一的筮名"筮咸"称之。殷墟卜辞所载过去释读为"巫"的部分辞例，亦应读为筮，是掌管筮占的职官。"丙戌卜，□贞：巫（筮）曰敜贝于妇，用，若。一月。"（《合集》5648）"丙戌卜，□［贞］：巫（筮）曰：御……百于师……六月。"（《合集》5649）这两条卜辞中的巫应读为筮，卜辞是对筮人占筮的结果进行龟卜。这与《周礼·春官宗伯》所载"凡国之大事，先筮而后卜"正相吻合。

2. 史官

《尚书·多士》载："惟尔知，惟殷先人有册有典，殷革夏命。今尔又曰：'夏迪简在王庭，有服在百僚。'"周公诰教殷遗多士时，提及商人的祖先有典与册，记录了殷革夏命的历史。殷遗多士述及商灭夏后任用夏遗臣的史实。这表明商人很早就有了历史记载及史官设置。刘桓将殷墟卜辞所见殷代史官分为三类：作册、大史、四方之史即御史。② 殷卜辞、金文所见可能与史官相关的职事主要有：作册、大史、小史、右史等。而"御史"非史官，应读为"御事"，是内外服职事的集合称谓，亦可以作为王对臣子的命语，即命令臣子践行王事，如"贞：呼弹人御事"（《合集》5558）。殷墟卜辞中"作册"少见，如"作册"（《合集》1724反）"作册西"（《合集》5658反），作册为职官，西应为其名。1977年甘肃庆阳出土殷代玉戈，戈上有刻铭"作册吾"，称名方式与此同，吾为其名。发掘者根据玉戈形制、大小、风格皆与殷墟妇好墓出土玉戈相似的情况，判断其时代为商王武丁时期。玉戈铭文与这两例宾组卜辞的时

---

① 郑玄注，贾公彦疏：《周礼注疏》卷24《春官宗伯·筮人》，阮元校刻《十三经注疏》上册，中华书局1980年影印本，第805页。

② 参见刘桓《殷代史官及其相关问题》，《殷都学刊》1993年第3期。

代相同，可以视为商王武丁时期的作册职官。商代青铜器铭文中关于作册的记载较多，如《作册丰鼎》："癸亥，王䢞于作册般新宗，王赏作册丰贝，大子易东大贝，用作父己宝鼎。"（《集成》2711）《作册般觚》："王令般觅米于䣄丂甬，甬用宾父己。来。"（《集成》9299）《作册般鼋》："丙申，王䢞于洹，获。王一射，㹠（赞）射三，率亡废矢。王令寝馗觅于作册般，曰：'奏于庸，乍（则）母（毋）宝。'"（《铭图》19344）《作册般甗》："王宜夷方无敄，咸。王赏作册般贝，用作父己尊。来册。"（《集成》944）《寝农鼎》："庚午，王令寝农省北田四品。在二月，作册友史（使）赐囊贝，用作父乙尊。羊册。"（《集成》2710）《六祀邲其卣》："己亥，邲其赐作册㩁珪一、琼一，用作祖癸尊彝。在六月，惟王六祀，翌日。亚獏。"（《集成》5414）"作册兄（祝）。"（《铭图》1015）刘桓认为，商代作册职责有参与商王举行的祭祀，甚至奉商王命致祭于某地即主持该祭祀；参与商王的册命赏赐；掌管图法。[①]《作册般甗》可以证明作册般因参与商王"宜夷方"的大事而受到赏赐。《作册丰鼎》所载商王来到作册般的新立小宗，商王赏赐作册般之弟作册丰贝，此贝乃大子所赠东方大贝。作册丰因受到商王赏赐而为亡父作祭器纪念。《作册般觚》《寝农鼎》《六祀邲其卣》三器铭皆为作册职官奉商王命对作器者进行赏赐。《作册般鼋》则记述商王举行射礼，商王命寝官转赐射礼用的大鼋，令作册般将射礼之事铭记在庸器上，大鼋则不要以之为宝。此为作册般记事职责的体现。

殷墟甲骨文有"大史""小史"，如"乙丑卜，出贞：大史必酒，先酒，其侑报于祊卅牛。七月"（《合集》23046）。"□□卜，出贞：大史其酒，告于盟室。十月。"（《合集》25950）"贞：于来丁酉酒，大史易日。"（《合集》24929）"贞：于来丁酉酒，大史易日。八月"（《合集》25934）"丙戌卜，大贞：于来丁酉酒，大史易日。"（《合集》25935）"贞：叀大史夹令。七月。"（《合集》5634）"庚午卜，叀大史析舟。叀小史析舟。"（《合集》32834）"惟小史。"（《合集》32835）"己卯卜，贞：叀大史。己卯卜，贞：小史。"（《屯南》2260）刘桓认为殷代大史

---

① 参见刘桓《殷代史官及其相关问题》，《殷都学刊》1993 年第 3 期。

参加商王举行的祭祀，并主持其中的某一祭祀。在祭祀中，大史可能参加祭典的制作。大史在祭祀中担任另一项职责是参与占卜，在占卜记时日方面也起重要作用。① 所谓"四方之史"应为四方之使人，是商王朝设置于外服地区巡察、沟通中央与地方的重要职事，并且多拥有武装力量。上举卜辞中"大史"与"小史"对贞，小史当与大史职官类型相近。

3. 乐官

《礼记·郊特牲》载祭祀："殷人尚声，嗅味未成，涤荡其声，乐三阕，然后出迎牲。声音之号，所以诏告于天地之间也。"结合殷墟卜辞所载用乐及考古出土商代乐器的情况，说明商代已经形成一定的礼乐制度。宋镇豪认为商王朝拥有乐师和大量乐器，非常重视音乐在生活、事礼和祭祀中的作用。② 《史记·殷本纪》载周武王克商后，"表商容之闾"，《史记集解》引郑玄说："商家典乐之官，知礼容，所以礼署称容台。"③据文献和甲骨文所载，商代的典乐职官主要有大师、少师、万等。甲骨文中有关于乐舞的记载，多用于祭祀活动，如：

"惟商奏。叀美奏。叀聿奏。"（《合集》33128）"叀戚奏。叀旧奏。"（《合集》31027）"万叀美奏，有正。叀庸奏，有正。于孟庭奏。于新室奏。"（《合集》31022） "戊戌卜，争贞：王归奏玉其伐。"（《合集》6016）"甲午卜，㱿贞：王奏兹玉，咸，左。甲午卜，㱿贞：王奏兹玉，咸，弗左。"（《合集》6653 正） "甲辰卜，㱿贞：我奏兹玉，黄尹若。贞：我奏兹玉，黄尹弗若。"（《合集》10171）"庚寅卜，辛卯奏舞，雨。庚寅卜，癸巳奏舞，雨。庚寅卜，甲午奏舞，雨。"（《合集》12819）以上卜辞奏乐舞的名目、地点，奏玉一般指祭祀山，奏舞一般见于祈雨卜辞，指乐舞祭祀以祈雨。

商代的乐官有称"师"者，《史记·殷本纪》载商纣王"于是使师涓作新淫声，北里之舞，靡靡之乐"。师涓应是商王受时的乐舞长官之一。商代末年，内服朝臣与商王受之间矛盾激烈，引起大批内服贵族外

---

① 刘桓：《殷代史官及其相关问题》，《殷都学刊》1993 年第 3 期。

② 宋镇豪：《夏商社会生活史》（增订本），中国社会科学出版社 2005 年版，第 514—532 页。

③ 司马迁：《史记》卷三《殷本纪》，中华书局 2013 年修订本，第 140 页。

逃，其中就包括礼乐职官。《殷本纪》称"殷之大师、少师乃持其祭、乐器奔周"，《周本纪》称："大师庇、少师强抱其乐器而奔周。"《论语·微子》载："大师挚适齐，亚饭干适楚，三饭缭适蔡，四饭缺适秦，鼓方叔入于河，播鼗武入于汉，少师阳、击磬襄入于海。"《尚书·微子》亦述及微子向大师、少师征询意见，皮锡瑞谓："是则大师、少师为殷之乐官。"① 若《论语·微子》记载可信，商代的乐官乐师已形成较大的乐团，包括大师、亚饭、三饭、四饭、鼓者、播鼗者、少师、击磬者等多种乐师，大师、少师似是这个乐团的长官。

　　殷墟甲骨文有从事乐舞的万，万应为其职业，有单称"万"，还有"多万""万某"之称。多万是多个万之意，乃万的集合称谓。万某表示万为乐舞职业，某为其名，指具体的某个人。"万舞，其……"（《屯南》825）"惟万舞。"（《合集》31033）"惟万呼舞，有大雨。叀万呼舞。"（《合集》30028）"叀万舞盂田，有雨。"（《合集》28180）"王其呼万舞于……"（《合集》31032）"丁丑卜，狄贞：万于父甲。"（《合集》27468）"□未卜，其□（呼）多万［于］父庚。"（《屯南》4093）裴锡圭指出："万显然是主要从事乐舞工作的一种人"，商代从事乐舞之业的"万"人很多，故卜辞称"多万"②。万既从事乐舞，参与商王朝举行的各种活动，如田猎、祭祀等王事，同时肩负有教授贵族子弟乐舞的职责。"多万……入教，若。"（《英藏》1999）"丁丑卜，在𢁘（柚京），子其叀舞戊，若。不用。子弜叀舞戊，于之若。用。多万有灾，引祁。"（《花东》206）"丁酉卜，今日丁万其教。"（《屯南》662）甲骨卜辞有"万某"，"癸酉卜，贞：万𢀜肩兴有疾。十二月"（《合集》21052）。商王关心万某的身体健康情况。商代晚期𫄨尊铭文："辛未，妇尊宜在阑大室，王饗酒，奏庸新宜坎，在六月，鲋十冬（终）三朕。𫄨前，王赏，用作父乙彝。大万。"（《铭图续编》③ 790）器主以"大万"职官为族氏徽号，𫄨应是多万的首领，奏乐之后，上前接受商王赏赐。

---

① 皮锡瑞：《今文尚书考证》，中华书局1989年版，第226页。
② 裴锡圭：《释万》，《甲骨文中的几种乐器名称》之附录，《中华文史论丛》第2辑，上海古籍出版社1980年版。
③ 吴镇烽编著：《商周青铜器铭文暨图像集成续编》第三册，上海古籍出版社2016年版。

4. 祝官

殷墟甲骨文中载较多的祝祷行为，如祝于宗庙，祝于祖先，册祝，祝祈以祓禳灾祸①，或许表明商代已经设置专门的祝官。《说文》："祝，祭主赞词者。"祝职官的职责是祭祀时向神祷告。《礼记·曾子问》载"祫祭于祖，则祝迎四庙之主。"郑玄注："祝，接神者也。"《仪礼·少牢馈食礼》："吉，则乃遂宿尸，祝摈，主人再拜稽首。"郑玄注："祝为摈者。尸，神象。"祝在祭礼中负责迎神，礼神，告神，起到沟通人与神的重要作用。殷墟卜辞显示，商王多次充任祝的职责，向祖先神祝告，如《合集》1076、15276、22919、22920、22984、23275、25916—25918、25921、23367、25353，《怀特》1026 等；其他表示祝的礼神职事，或皆为祝官充任。如非王卜辞"祝亚束龏"（《合集》22130），由祝官或该宗族长子进行祝告。

五　内廷事务职官

商王王宫内有大量女子和小臣等，构成了服事商王的职事主体。按照西周金文中为周王服务的臣子职责亦被称"服"的情况，可以确定为商王服务的臣子群体也是商代国家内服的重要组成部分。负责商王生活的臣子，一般被称作内廷事务官。内廷事务官主要有后、妇、宰、多食、毁小臣、卤小臣、寝、小疾臣等。

1. 后宫的管理者和侍者——后与妇

殷墟甲骨文有大量关于"妇"的记载，据学者统计达 157 位之多。单见于殷金文的妇有 47 位，合计商代诸妇总数达到了 204 位。② 殷卜辞称"多妇"（《合集》22258、2658、2825、2826），载有妇的卜辞多为传统分期断代的一期及所谓的"历组"卜辞。这些妇的身份不尽相同，有部分应为商王的配偶，如妇好、妇井为武丁配偶，内外服臣子的配偶，如师般妇、亚侯妇、望乘妇，诸子的配偶，如子宾妇。也有一些是在宫

---

① 参见连劭名《殷墟卜辞中的"祝"》，《殷都学刊》2005 年第 3 期。

② 徐义华：《甲骨刻辞诸妇考》，《甲骨文明暨纪念三星堆文明发现七十周年国际学术研讨会论文集》，社会科学文献出版社 2003 年版，第 294—296 页。

中执事的女官，还有许多充当侍者。殷墟卜辞反映，妇在贵族家庭中的职责和活动具有丰富的内容。其中一项颇为重要的是关于妇的生育，这可能是妇的自然职责。商王关心妇生育是否吉利，关心孕妇、产妇安危，关注妇所产子息的安危、吉嘉，尤其是对生男生女给予特别的关注。如占卜妇好分娩辞例:"甲申卜，殻贞:妇好冥（娩），妫（嘉）? 王占曰:'其惟丁冥（娩），妫（嘉），其惟庚冥（娩），引吉。'三旬又一日甲寅冥（娩），不妫（嘉），惟女。甲申卜，殻贞:妇好冥（娩），不其嘉? 三旬又一日甲寅冥（娩），允不嘉，惟女。"（《合集》14002 正）甲申日商王占兆判断妇好若丁日分娩，产下子嗣为嘉，庚日分娩为大吉日。结果妇好于三旬又一日的甲寅日分娩，不嘉，因为生了女孩。商王关心分娩的妇某及子嗣的健康情况，"丙戌卜，争贞:妇蝶娩，嘉。七月。贞:妇蝶娩，不其嘉。七月。贞:妇蝶娩，嘉，惟卒"（《合集》14019 正）。"御妇鼠子于妣己。允有嬴。"（《合集》14118）"贞:妇鼠子不蕴。"（《合集》14119）

　　商王也关心妇的疾病，向祖先祭祀祷告，为诸妇被除灾祸。商王为妇某举行御祭，被除妇某不祥、灾祸、疾病。"己卯卜，殻贞:御［妇］好于父乙宀羊又豕，晋十宰。"（《合集》271 正）"戊寅卜，宾贞:御妇井于母庚。"（《合集》2725 正）"甲寅卜，争贞:勿御妇蝶于唐。"（《合集》2774 正）"贞:勿御妇蝶于母庚。"（《合集》2777）"贞:祷妇好于父乙。"（《合集》2634 正）"贞:妇好肩兴有疾。贞:妇弗其肩兴有疾。"（《合集》709 正）"妇好弗疾齿。"（《合集》773 甲）"贞:惟龚司（后）蛊（害）妇好。不惟龚司蛊（害）妇好。"（《合集》795 反）"贞:不惟父乙蛊（害）妇女。"（《合集》2822 正）"甲申卜，御妇鼠妣己二牝、牡，十二月。一牛御妇鼠妣己。一牛、一羊御妇鼠妣己。"（《合集》19987）商王为妇好举行御祭，祭以羊和豕。御妇井于母庚。御妇蝶于唐。御妇蝶于母庚。为妇好向父乙祈祷。商王希望妇好病情好转。商王占卜是否父乙、夒后降害于妇好。商王为妇鼠举行御祭，祭祀妣己，献以牛羊为牲。商王为妇某被除灾祸的御祭对象主要是父乙、母庚、妣己、唐等。

　　妇在商王朝宗教生活中亦发挥着重要作用，如在记事刻辞中反映了妇在征集、整治、贡纳甲骨方面的重要贡献。目前所见甲骨文只有妇井参与了征集卜用龟骨之事，如"妇井乞自……"（《英藏》783 反）甲骨文中"气"字经于省吾识出，其用法有三：一为气求之气，一读为迄至之迄，一读为终止之讫。[①] 胡厚宣认为五种记事刻辞中的"三"，亦应释气，读为取。《周礼·春官·龟人》载："凡取龟用秋时"，气龟即取龟之义，犹言采龟也。[②] 诸妇在占卜活动中的重要职责是整治贡纳的甲骨，如"攽入。妇𦥑示十，殻"（《合集》656 反甲桥刻辞）。"见入九。妇閃示四。"（《合集》7103 反）"𡦦入五十。妇巳示十，争。"（《合集》13338 反）"良子弗入五。［妇］好示五，宾。"（《合集》938 反）"壬子，妇丰示屯，敝。"（《合集》2725 臼）"乙未，妇妌示屯。争。"（《合集》6552 臼）"戊戌，妇喜示一屯。岳。"（《合集》390 臼）"癸巳，妇井示一屯，亘。"（《合集》130 臼）"妇利示十屯，争。"（《合集》1853 臼）"妇好示十屯，宾。"（《合集》2631 臼）　"甲辰，妇（木臣）示二屯，岳。"（《合集》5545 臼）"庚午，妇宝示三屯，岳。"（《合集》6451 臼）"妇井示百，殻。我以千。"（甲桥刻辞《合集》9012 反）"妇丙示百，殻。我以千。"（甲桥刻辞《合集》9013 反）示为动词，即为视字。《诗经·小雅·鹿鸣》："视民不恌，君子是则是效。"郑玄笺："视，古示字也。"《周礼·春官·大卜》载："凡国大贞，卜立君，卜大封，则视高作龟；大祭祀，则视高命龟；凡小事，莅卜。"在表示整治甲骨的辞例后面，刻有贞人的名字。这类署名表示经妇整治的甲骨由该贞人接收。这类署名字体与妇整治甲骨的文字出自同一人手笔，存在着署名贞人为该版甲骨文契刻者的可能性。也就是说这类记事性的文字可能出自署名的贞人。还有一种可能是，该版所有甲骨文都出自同一人之手，与该版甲骨文上出现的人物无关，而是另外的负责记事、契刻的史官。妇某的另一项重要职责是参与商王朝的祭祀，在祭祀中担任服务，甚至主持某种祭祀，也是诸妇职责的重要体现。妇经常主持的是侑祭，如"贞：妇好侑"

---

① 于省吾：《甲骨文字释林》，中华书局1979年版，第81页。

② 参见胡厚宣《武丁时五种记事刻辞考》，《甲骨学商史论丛初集》，河北教育出版社2002年版，第437—438页。

（《合集》2609）。“贞：呼妇好侑。”（《合集》2606）“妇井侑。”（《合集》2742反）“翌庚子妇井侑母庚。”（《合集》39665）“癸未卜，妇鼠侑母庚青。”（《英藏》1765）商王命令妇好、妇井举行侑祭，妇鼠以豕、羊为牲侑祭妣己、妣庚。“贞：呼妇㝉于父乙宰，⿱冊曰三宰，又㞢。”（《合集》924正）商王命妇㝉祭祀父乙以羊为牲，且以册的形式献三只羊牲和俘虏。“贞：妇好侑⿱冊曰于多妣酌。”（《合集》2607）妇好侑祭于多位先妣，以酒为祭品。“于来，妇井祼。”（《合集》2727反）妇井举行祼礼。“壬辰卜，［争］贞：妇好不往［于］妣庚。”（《合集》2643）妇好往祭于妣庚。“贞：叀妇好呼御伐。”（《合集》2631正）呼命妇好御祭伐牲。“妇好燎一牛。”（《合集》2640）“贞：勿呼妇好往燎。”（《合集》2641）呼命妇好举行燎祭。“己丑卜，妇石燎爵于南庚。”（《屯南》2118）妇石燎祭于南庚。“贞：翌丁亥呼妇井宜于磬京。”（《合集》8035）呼命妇井举行宜祭。以上妇某受命祭祀的先人主要是武丁的生父小乙和母庚，以及妣庚、妣己，仅有一例祭祀南庚。

商王的正妻“后”应为多妇的管理者，如《合集》2658：“贞：呼妇好见多妇于徉。”《合集》2672“后妇好”，似表明妇好地位在多妇之上，妇好生称“后”，死后其子辈称她为母辛、后母辛、后辛。诸妇群体亦可能存在等级差别。如仅见妇好、妇井是否受年的占卜，表明二人拥有土地。妇好参与征伐土方、巴方、人方、召方，妇井参与征伐龙方，而不见其他妇某参与战争。

2. 王饮食官——宰

殷墟甲骨及商代金文中皆有宰官相关记录，为探讨商代宰官职守提供了可能的素材。关于商代晚期宰官的职守，王贵民认为“主持烹割饮食之事”①。商代甲骨文、金文中关于宰的事例如下：

（1）乙未卜，□［贞］：宰立事［于南］，右从我，［中］从舆，左从曾，十二月。贞：勿立事于南。（《合集》5512正）

（2）壬午，王田于麦麓，获商戠兕，王赐宰丰，寝小䭣兄

① 王贵民：《商周制度考信》，河北教育出版社2014年版，第133页。

（覭）。在五月，唯王六祀彡日。　　　　　　　　（《合补》11299 反，① 骨匕）

（3）王曰：宜大乙飙，于白麓侑。宰丰。　　　　　　（《合集》35501）

（4）王来兽自豆麓，在瞍次，王飨酒，王光宰甫贝五朋，用作宝彝。　　　　　　　　　　　　　　　　　　　（《集成》5395 宰甫卣）

（5）庚申，王在阑，王格，宰椃从，易（赐）贝五朋，用作父丁尊彝。在六月，唯王廿祀翌又五。　　　　　　（《集成》9105 宰椃角）

《左传》昭公九年载，晋侯卿佐荀盈故去，尚未安葬。"晋侯饮酒，乐。膳宰屠蒯趋入，请佐公使尊，许之。而遂酌以饮工，曰：'女为君耳，将司聪也。辰在子、卯，谓之疾日，君彻宴乐，学人舍业，为疾故也。君之卿佐，是谓股肱。股肱或亏，何痛如之？女弗闻而乐，是不聪也。'又饮外嬖嬖叔，曰：'女为君目，将司明也。服以旌礼，礼以行事，事有其物，物有其容。今君之容，非其物也。而女不见，是不明也。'亦自饮也，曰：'味以行气，气以实志，志以定言，言以出令。臣实司味，二御失官，而君弗命，臣之罪也。'公说，彻酒。"晋侯宴饮、奏乐，由膳宰自道其职守为"司味"，因掌管饮食之事，得以参与宴饮而进谏。由此材料观之，上引第四例商王狩猎途中，在驻军地行宴飨饮酒礼，宰甫因在行礼中服事而受赏。宰甫所服事内容亦应为饮食之事。第三例中王举行祭祀大乙礼仪，宰丰服事其中，祭祀需要准备牺牲，应与宰丰职责有关。第二例为骨栖，正面雕刻精美蝉纹、饕餮纹、龙纹，并装饰绿松石，背面契刻记事文字。商王田猎于麦麓，捕获杂色兕，赏赐给宰丰，由商王近臣寝官转赐。大型动物由负责准备饮食的宰官处理，当再合适不过了。宰丰将兕的一对前腿骨做成了礼器骨栖，并精雕细刻以绿松石装饰起来，表示珍视商王的赏赐。宰官除在王左右服事，负责王之饮食之事，还有可能受王派遣到王都以外执行某项职事，如上举第一例卜辞，商王命令宰"立事于南"，因卜辞涉及军事组织之右、中、左，当与征伐南土的军事行动有关。宰官衔负王命，超出其本职的办事内容，与商代

---

① 该版最早著录于《殷契佚存》518 号，《合集》11300 反面为同文刻辞，残，应是一对骨匕，兕的两条前腿骨加工而成。

官制的特点多临时任命且职责与职事尚未固定，以及王之喜好有着密切关系。

3. 后厨事务官——多食

"勿见多食，受……"（《合集》30989）"多食"与卜辞所载"多侯"、"多伯""多田""多卫""多尹""多马"等类似，"多"后一字都是职事称谓，食很可能也是职事称谓，其职责应主要为商王饮食服务。

4. 酒类、盐类官——酓小臣、卤小臣

《合集》27876"……酓小臣肩立"。酓小臣是管理酒类的职官。"卤小臣其有邑。"（《合集》5596）卤指食盐，专家指出卤小臣的职务是负责商朝"卤"事的一位小臣，是商王朝的一位盐务官员。①

5. 宫寝管理者——寝官

殷墟卜辞中有一些关于商王宫寝的记录，如大寝、王寝、东寝（《合集》13569、13570）、西寝、新寝。寝是商王经常活动的场所，已经设置专门管理寝的职事，为商王近臣。如殷墟甲骨文载："□未卜，宾，令寝往温。"（《合集》13575）"壬午，王田于麦麓，获商戠兕，王赐宰丰，寝小戠兄（貺）。在五月，唯王六祀彡日。"（《合补》11299 反）已有学者对这一职官进行了研讨。② 晚商金文所见的寝官当是殷商寝职事存在的反映。"庚午，王令寝农省北田四品，在二月。作册友史赐橐贝，用作父乙尊。羊册。"（《集成》2710 寝农鼎）"辛亥，王在寝，赏寝敊□贝二朋，用祖癸宝尊。"（《集成》3941）安阳大司空村 M539 出土的寝出器组"寝出"（《集成》8295 爵、3238）、"寝玄"（《集成》8296 爵）；"寝处"（《集成》10029 盘）、"亚寝珢室（铸）父乙"（《集成》5203 卣），河南省安阳市大司空村南地 M25、M29 出土商代晚期寝印爵，有铭文"寝印"（《铭图》6985—6988）、殷墟西区墓地 M1713 出土寝鱼礼器，簋铭"辛卯，王赐寝鱼贝，用作父丁彝"（《铭图》4635），爵铭"寝鱼"（《集成》9101）。山西曲沃晋侯墓地出土殷商器物寝孳方鼎："甲子，王易寝孳赏，

---

① 参考杨升南《从卤小臣说武丁征伐西北的经济目的》，《甲骨文发现一百周年学术研讨会论文集》，台湾师范大学国文系、"中研院"历史语言研究所 1998 年版，第 221—230 页。

② 罗琨：《商代的寝官》，《中国社会科学院古代文明研究中心通讯》第 17 期，2009 年。

用作父辛彝，在十月又二，遘祖甲晉日，唯王廿祀。"（《铭图》2295）近年中国国家博物馆收藏晚商青铜器作册般甗："丙申，王迤于洇，获。王一射，叔（赞）射三，率亡废矢。王令寝馗贶于作册般，曰'奏于庸，乍（则）母（毋）宝'。"（《铭图》19344）在诸上寝职事的铭文中，作为人名的寝某，寝作为职事名，寝后一字为其族名。[1] 寝为商王近臣，除管理王寝、宫寝一类事务外，因在商王左右，有时也临时接受商王命令，外出办事，践行诸如转赐有功臣子、"省田"等王事。相关殷金文所载，寝某完成商王任命的事务，受到商王的赏赐，而作宗族祖先祭器。

6. 医生——小疾臣

"呼……小疾臣。"（《合集》5599 正）"小疾臣得。"（《合集》5600）"小疾臣不其得。"（《合集》5601）张永山认为："'小疾臣'是商王及其家族的'医生'。"[2]"己巳卜，亘贞：王梦珏，不惟值小疾臣。"（《合集》5598 正）"惟值小疾臣，告于高妣庚。"（《合集》5598 反）小疾臣似乎还可以解梦，驱邪，同时还向高妣庚祷告祈福。

综上，按照以往研究所分商代职官类型，对殷墟卜辞所见有职名的内服进行再梳理，对既往研究有继承亦有所发展。商王朝尚处于早期国家阶段，其设官分职尚不详备，且职官与职事不一致的情况居多，或许职官的职责尚不固定。还存在大量因事而命令各大小族群临时性的行为，所以考察商代重要族氏践行王事的情况，亦是商代服制研究的重要内容。

第二节　殷墟王卜辞中多子与子某践行王事考

殷墟王卜辞中的"多子"与子某称谓，自甲骨文发现以来备受学界关注，相关研究成果较多，主要集中于子的身份及史迹研究。王卜辞内容多数彰显商王权力，反映商王朝国家事务。从践行王事的视角，考察

---

① 陈絜：《从商金文的"寝某"称名形式看殷人的称名习俗》，《华夏考古》2001 年第 1 期。

② 张永山：《殷契小臣辨正》，《甲骨文与殷商史》，上海古籍出版社 1983 年版，第 65 页。

多子与子某的史迹，对于认识商代国家与社会无疑具有重要意义。

一 多子与子某研究概况

董作宾《甲骨文断代研究例》一文，在"人物"断代标准下曾对殷墟王卜辞中的"子某"作出初步的判断，举出武丁时期的"子某"二十人，皆为武丁之子，不能断定子某为武丁之子者二人。后在《五等爵在殷商》一文中指出：子某即王子某，在卜辞中子对王而言，当然就是王子了。称"某子某"或"某子"的不是王子，乃是封爵。王子亦但称"子"不署名，许多王子，称"多子"，王子之后裔称"子族"。许多子族称"多子族"。判断子某为武丁之子者 19 人，尚有三人不能判断。① 此后胡厚宣《殷代婚姻家族宗法生育制度考》一文，认同董先生的判断，并将卜辞中的子某皆视为王子，指出武丁之子有 53 人，大部分是子某，也有 6 位是某子。在其《殷代封建制度考》一文中，根据卜辞中子某之某与地名、伯某、侯某之某同名的材料，以及卜辞有"有来艰，子某告曰"材料，提出商王分封子某于各方的观点。② 这一考察视角对后来的研究有重要的启发。岛邦男将其搜集到的有关子某、某子材料与董作宾、胡厚宣所举进行对比，指出卜辞中存在同一"子某"称谓见于两期以上的例子，将子某全部视为武丁之子实有不妥。认为"子"并不是武丁的王子或爵名，乃是称与殷同姓氏的一族，而受封于多方者，为后世"子爵"这一爵名的渊源。③ 林沄《从武丁时代的几种"子卜辞"试论商代的家族形态》一文，认为不能把卜辞中的"子某"一概认为是商王之子，也很难确定那些与商王有血缘关系的子某究竟是时王的子辈、兄弟辈还是父辈。"多子"最有可能是与商王同姓的贵族，"多子族"是这些贵族

---

① 董作宾：《甲骨文断代研究例》，载《庆祝蔡元培先生六十五岁论文集》，"中研院"历史语言研究所 1933 年版；《五等爵在殷商》，《"中研院"历史语言研究所集刊》第 6 本第 3 分，1936 年。

② 两文收入胡厚宣《甲骨学商史论丛初集》，河北教育出版社 2002 年版。

③ ［日］岛邦男：《殷墟卜辞研究》（日文版），弘前大学文理学部中国学研究会 1958 年版，第 443—451 页。

家族的总称。"子"则是这些家族男性首脑的通称。① 裘锡圭《关于商代的宗族组织与贵族和平民两个阶级的初步研究》一文，认为一期卜辞中的子某有不少不是商王武丁的儿子或子辈，而是与商王同姓的贵族族长。商代铜器铭文中的"子"与"子某"也是指族长；"黄多子"是指黄族（黄尹之族）的多位族长；卜辞中的"多子"也有不少并非时王诸子而是商族的很多族长。② 李学勤《释多君、多子》一文，认为卜辞中的"多子"是对大臣或诸侯一类人的称呼，"多子族"是大臣或诸侯的亲族组成的队伍。③ 张秉权认定甲骨文中不同时期的"子某"达 120 位，认为他们即使不是时王之子，也应属于与王室有密切关系的近亲。"不仅表示一种亲属身份，也是一种爵位的名称，而且也不仅限于男性。"④ 朱凤瀚对殷墟王卜辞中的"子"及商代晚期金文中的"子""小子"身份进行了考察，认为殷金文中的"子"为其家族之族长，小子为其家族分族之小宗之长。殷墟甲骨文中的子名主要集中于师组、宾组卜辞，将近一百一十名，习见者三十余名。"他们均是商王之子，亦即诸王子。"不限于时王之子。⑤ 宋镇豪《夏商社会生活史》将商代甲骨金文中 185 名"子某"中人地同名的 90 例进行考察，这些地名"大致分布于王畿区内外周围一带，属于商王朝政区结构中基层地区性单位"，"这批子已成家立业，以其受封的各自土田相命名，由此构成分宗立族的家族标志"。⑥《甲骨学一百年》区分卜辞中的子为已故与在世两种，在世的子大致包含四种意思：王之子；大臣、诸侯等贵族之子；商同姓的子姓；爵称的子爵。⑦ 刘源《从国博所藏甲骨谈殷墟王卜辞中的子某》一文对以往关于商代"子某"

① 林沄：《从武丁时代的几种"子卜辞"试论商代的家族形态》，《古文字研究》第 1 辑，中华书局 1979 年版，第 314—336 页。

② 裘锡圭：《关于商代的宗族组织与贵族和平民两个阶级的初步研究》，《古代文史研究新探》，江苏古籍出版社 1992 年版，第 306 页。

③ 李学勤：《释多君、多子》，载胡厚宣主编《甲骨文与殷商史》，上海古籍出版社 1983 年版，第 18 页。

④ 张秉权：《甲骨文与甲骨学》，台北"国立"编译馆 1988 年版，第 429 页。

⑤ 朱凤瀚：《商周家族形态研究》（增订本），天津古籍出版社 2004 年版，第 49—50 页。

⑥ 宋镇豪：《夏商社会生活史》，中国社会科学出版社 2005 年版，第 265—266 页。

⑦ 王宇信、杨升南主编：《甲骨学一百年》，社会科学文献出版社 1999 年版，第 451 页。

的研究情况进行了梳理，肯定既往研究已取得的成绩，在此基础上，将
担任商王朝重臣的贵族与若干子某事类进行对比，认为相较而言子某对
商王朝承担的政治、经济、军事相关职责要少得多，反映子某的政治、
军事、经济实力比较薄弱。① 以上研究对于探讨子某在商王朝服王事非常
具有启发性。

殷墟王卜辞中的"子某"称谓，专指某个人或某个族，而"多子"
则是对"子某"这类身份者的集合称谓。以往研究多认为"子某"的身
份与商王有着或远或近的亲缘关系，或为王子，或是与商王有较近关系
的同姓贵族。这些是从"子某"与商王、王室的血缘关系考虑得出的结
论。这些"子某"各自拥有规模不同的宗族组织和势力范围，以其族众
力量践行王事，应是商王朝内服的重要组成部分。如果从为商王朝服政
事的角度考察，或许可见商王与"子某"君臣关系的政治内涵。

二 王卜辞中的多子践行王事考

学界对殷墟卜辞中的"多子"身份大体有四种看法，前举林沄文章
认为多子是与商王同姓的家族族长。朱凤瀚认为"多子"指多位"子某"
即诸王子，有些子某可能即属于王族，另一些当已从王族分出，有自己
的家族，他们本人即是一族之长，但同时也可以担任王官，犹如周王朝
王之卿士，春秋时诸侯之卿，其采邑在下边，其族属或另有族居地，本
人则为朝官，而以官庇其族。② 王贵民认为多子有两种含义，一种指多个
"子"族之长，另一种指宗族内的兄弟们。即甲骨文中一些未见有族邑的
"子某"们。③ 林沄指出殷墟卜辞中的"多子"既可以指多位家族族长
"子"，又不能排除指多位"子某"（未从王族中分出的王子和其他家族

---

① 刘源:《从国博所藏甲骨谈殷墟王卜辞中的子某》,《中国国家博物馆馆藏文物研究丛
书·甲骨卷》,上海古籍出版社 2007 年版,第 305—312 页。

② 朱凤瀚:《商周家族形态研究》(增订本),天津古籍出版社 2004 年版,第 55 页。

③ 王贵民:《商周贵族子弟群体的研究》,《夏商文明研究》,中州古籍出版社 1995 年版,
第 362 页。

未成家立业的贵族子弟）。① 若准确判断卜辞中"多子"的身份，主要方法是深入卜辞辞例进行综合分析。

王卜辞中"多子"应指多个子，子为族长称号，多子应为多个族长之义。多子族是指多个以子为族长的族属。"王多子"是商王的多位王子。多子由多位"子某"构成，如《合集》2940："丁亥卜，内贞：子商有［绝］在田。丁亥卜，子商亡绝在田。丙戌卜，争贞：父乙求（咎）多子。翌辛卯燎三牛。"子某既可以指王子，也可以是某宗族长。标明族属的多子，应为该族氏的多位族长，如"贞：呼黄多子出牛，侑于黄尹"（《合集》3255）。商王呼命黄尹后代黄氏宗族诸分族多位族长，献牛以祭祀黄尹。

殷墟卜辞反映多子践行王命，为商王所做王事主要有征伐、祭祀、田猎、参与商王的宴飨礼。商王关注多子就学的情况，关心践行王事的多子及其族属的安危，设宴款待多子。《殷墟甲骨辑佚》573："多子其蕙伐。"（无名类）蕙读为偕，"多子偕伐"是众臣的部队一起征伐，是一次规模较大的战事。② 多子接受商王命令，践行王事。如："贞：惟多子呼往。"（《合集》787）多子田猎，商王关心是否有所执获。"壬午卜，贞：多子获鹿。"（《合集》810）"贞：多子逐……"（《合集》1822）"贞：多子不其获。多子获。"（《合集》3242）"……多子逐鹿。"（《合集》3243）"贞：多子获鹿。"（《合集》10275）"贞：多子逐鹿。"（《合集》10302 甲）"勿呼多子逐鹿。"（《合集》10306）"……多子逐麋获。"（《合集》10386）"癸未卜，㱿贞：多子获……"（《合集》10501）以上卜辞记载商王占卜多子从事田猎王事时，是否会俘获猎物。

多子接受商王命令从事征伐敌方的王事，如上举《殷墟甲骨辑佚》573"多子偕伐"是内服贵族的部队一起征伐。多数情况是内服贵族多子与外服协同行动，典型的事例是多子的军事组织与外服协同伐周，如商王命令多子军队与外服犬侯的协同伐周，"己卯卜，㱿贞：令多子族比犬

---

① 林沄：《再论殷墟卜辞中的"多子"与"多生"》，《古文字与古代史》第三辑，台北"中研院"历史语言研究所 2012 年版，第 107—124 页。

② 李学勤：《〈殷墟甲骨辑佚〉序》，《殷墟甲骨辑佚》，文物出版社 2008 年版。

侯扑周，由王事。五月。贞：勿呼归。五月"（《合集》6812）。"贞：令多子族比犬侯扑周，由王事。贞：令多子族比兀罥回蜀，由王事。"（《合集》6813）"贞：令多子族罥犬侯扑周，由王事。贞：令多子族比兀罥回蜀，由王[事]。"（《拼合集》45 与《合集》6813 同文卜辞，宾三类）或者呼命内服重臣旃率领多子军队扑周。"癸未卜，争贞：令旃以多子族扑周，由王事。"（《合集》6814）"癸未[卜，争贞]：令旃[以多子]族扑周，由[王]事。"（《合集》6815）或命令多子军队协同外服罥侯伐周，践行王事。"……贞：令旃比罥侯扑周，[由王事]。"（《合集》6816）"……以多[子族比]罥侯扑周，由王事。"（《合集》6817）关于卜辞的分析，已见前文外服罥侯部分。要之，商王命令内外服武装协同行动，讨伐敌方，为商王朝军事行动的重要原则，同时反映商代国家结构内外服的优势，调动不同的臣属族氏践行王事。

商王命令多子族协同外服回蜀践行王事，如："贞：惟尹令比回蜀，由王事。贞：惟多子族令比回蜀，由王事。丁巳卜，允[贞]：令王[族比]回蜀，[由王]事。"（《合补》4152）"乙丑卜，允贞：令羽罥鸣以束尹比回蜀，由事，七月。"（《合集》5452）商王命令多子的族氏武装讨伐猶方，"贞：更惟多子呼伐猶"（《英藏》601）。商人贵族宗族是商王朝对外征伐敌方的支柱性力量，为王朝统治的基础。商王为践行王事的多子安危担忧，希望父乙不要降灾咎于多子，如："丁丑卜，宾贞：父乙允术（恍）多子。贞：父乙弗术（恍）多子。"（《合集》3238）"丙戌卜，争贞：父乙术（恍）多子。"（《合集》2940）

殷卜辞中还有过世的"多子"，商王占卜向多子举行御祭，为现世的臣子除灾，"御小箕于多子"（《合集》3239）。商王命令周向多子征乞牛，《甲骨拼合集》42 "甲午卜，[□贞]：更周[令]乞牛[于]多子……甲午卜，宾贞：令周乞牛多[子]……"多子，是指商族的很多族长。① 多子作为内服职事主体，也要向商王朝贡纳，表达对王权的服从与认同。

---

① 林沄：《从武丁时代的几种"子卜辞"试论商代的家族形态》，《古文字研究》第 1 辑，中华书局 1979 年版，第 324 页。裘锡圭：《关于商代的宗族组织与贵族和平民两个阶级的初步研究》，《古代文史研究新探》，江苏古籍出版社 1992 年版，第 306 页。

三 子某践行王事考

据宋镇豪统计甲骨金文中称"子某"者有 156 名，称"某子"者有 29 名，其中人地同名者有 90 例，约占总数 185 名的 49%。与子名相应的地名，在卜辞中或为卜受年之地，或为登人征集劳役之地，或为王田于、步于、往于、在于之地，或为使人于、令于、呼于之地，或为来贡一方等，大致分布于王畿区内外周围一带，属于商王朝政治地理结构中的基层地区性单位。子名与地名相应，表明这些子已成家立业，以其各自的土田族邑相命名，由此构成分宗立族的家族标志。受有土田族邑的子名，性质或接近《国语·周语下》"命姓受氏，而附之以令名"。商王朝封授子某以土田的同时，土地上的普通平民宗族成员亦随着土田一同归于子某名下，子某成为有土有众的采邑主，形成以"子某"贵族核心宗族为主干，包括若干异姓或不同族系在内的非单一血缘群体相组合的政治区域性族邑组织。这种大邑商边缘的政治区域组织，类似于周代册命赏赐王朝大臣以采邑，所建立的甸服政治区域。商王封赐子某土田、人众建立宗族，子某成为有土有民之君，为商王朝担负一定的政治职责，可能要献纳贡物，还要听从王命，践行王事。"国之大事，在祀与戎"（《左传·成公十三年》），子某践行王事活动主要体现在祭祀神事活动与对外战争。

子某参与商王朝的祭祀与占卜神事活动，如王室贵族子渔，践行商王命令，侑祭父乙、祖乙，向娥册告。如《合集》130："贞：翌乙未呼子渔侑于父乙牢。"《合集》2975 正："□午卜，殻贞：翌乙未呼子渔侑于父乙牢。"《合集》2972："贞：呼子渔侑于祖乙。"《合集》14780："□酉［卜□］贞：子渔有瞏于娥，酚。"子渔向直系先王神主举行祭祀，"子渔登于大示"（《合集》14831）。"翌乙酉呼子商酚、伐于父乙。"（《合集》969）"乙卯卜，宾贞：翌丁丑子昌其侑于丁。"（《合集》3077）"贞：呼子汰祝一牛侑父甲。翌乙卯子汰酚。"（《合集》672 正）"［子］汰玉于祖丁、大乙。"（《合集》3068）"丙申卜，贞：翌丁酉子央岁于丁。"（《合集》3018）子雍参与王室祭祀，"丁丑卜，宾贞：子雍其御王于丁妻二妣己，宰羊三，册羌十"（《合集》331）。"贞：翌乙卯酚，我、雍伐于厅。"（《合集》721 正）"丙寅卜，贞：来丁亥子美见，以岁于示、于丁、于母庚、于妇□。"（《合集》3101）子美朝觐商王，以他贡纳的物品用于祭祀神示、丁、母庚及某妇。"壬戌，子央示二屯。岳。"（《合集》11171 曰）"［子］渔示五。"（《合集》17594 甲桥刻辞）子央贡纳两对骨版，子渔贡纳五只龟。

商王为子渔安危祸福担忧，向祖先祭祀被除子渔祸殃。《合集》13619："癸巳卜，殼贞：子渔疾目，福告于父乙。"《合集》13871："贞：翌乙巳子渔肩兴，宾侑祖戊。"《合集》13872："贞：翌癸卯子渔不其肩兴。"《合集》14536："贞：子渔惟有蛊；贞：子渔亡蛊。"《合集》2984："贞：御子渔。"《合集》729："贞：御子渔于父乙侑一伐卯牢。"《合补》3985："丁亥卜，□贞：子渔其有疾。丁［亥卜］，□贞：子渔亡疾。三月。"商王为子渔疾病向祖先举行御祭，被除子渔疾病。商代晚期铜器《集成》5542、9174 皆有"子渔"族氏铭文，表明子渔宗族在商代晚期仍有作为，子渔已经成为宗族名号。"癸亥卜，殼贞：御于祖丁。晋祖丁十伐、十宰。"（《合集》914 正）"呼子商爵、侑祖。子商有疾。"（《合集》914 反）子商有疾，商王呼令子商酒侑祭祖丁。商王为禳除子商之疾，向祖丁举行御祭，并用牲十人、十羊。"丙戌卜，争贞：父乙术（祟）多子。丁亥卜，内贞：子商亡绝在田。"（《合集》2940）子不有疾，"贞：子不其有疾"（《合集》14007）。"庚寅卜，争贞：子不肩兴有疾。"（《合集》223）"□寅卜，韦贞：御子不。御子不。"（《合集》586）商王为子不举行御祭被除灾害。子犾参加王室祭祀，"呼子犾侑于祖丁"（《合集》1840）。子犾生病，商王为其举行禳除灾祸的御祭，"贞子犾肩兴有疾"（《合集》13874 正）。"贞：犾其死。"（《合集》938 正）"丁巳卜，宾：御子犾于父乙。□□卜，宾：御子犾于兄丁。"（《合集》3186）"丁□卜，殼贞：勿御子犾……于妣己福子犾。福于母庚。王占曰：吉。犾亡田。"（《合集》3187）"己未卜，出贞：子旨毋有疾，不［死］。"（《合集》235531）"癸亥卜，出贞：丁卯子旨弗疾。有疾。"（《合集》23532）商王担心子旨患病或故去。"贞：子汰惟田。"（《合集》3063）"癸卯卜，由：御子汰［于］父［乙］。癸卯卜，由：御子汰［于父］乙。□月。"（《合集》20028）子汰有灾，商王向父乙举行御祭去除其灾。子央参与王室祭祀，"贞：彭，子央御于父乙"（《合集》3013）。"癸未卜，争贞：子央惟其有疾。三月。"（《合集》10067）"贞：御子央于母庚。"（《合集》3010 反）子央有疾，王为之御祭母庚。

商王对子某下达命令，令其践行征伐类王事和纳贡，说明这样的子某已经分宗立族，拥有封地、族众。如"壬寅卜，争贞：昌由王事。壬寅卜，争贞：昌弗其由王事"（《合集》667 正）。"庚寅卜，争贞：子奠惟令。辛卯卜，争贞：子𢄼齐不惟令。"（《合集》3195 甲乙）子某族邑多处于大邑商周边，其军事藩卫职责是首要的。如位于大邑商东部的子画向商王朝汇报敌情"三日乙酉，有来自东，画呼盾告旁捍"（《合集》6665 正）。"甲午卜，亘贞：翌日乙未，易日。王占曰：有求（咎），丙其有来艰。三日丙申允有来艰自东，画告曰：兒［伯］……"（《合集》1075 正）"子嬕告曰：昔甲辰，方围于𡿺，俘人十又五人。五月戊申，方亦围，俘人十又六人，六月。"（《合集》137 反）子渔族氏武装亦是商王朝对外征伐的倚重力量，如："子渔有比。"（《合集》169）"贞：子渔亡其比。"（《合集》369）商王就是否协同子渔武装而卜问。子央随行武丁田猎（《合集》10405 正）。

殷卜辞中子某宗族为商王朝尽军事征伐的职责，如子画征伐舌方，"贞：叀子画呼伐［舌方］。贞：叀师般呼伐舌方。贞：叀昌呼伐舌方。贞：叀王往伐舌方"（《合集》6209）。子商伐基方缶，"乙酉卜，内贞：子商𢦤基方。丙戌卜，内：我乍基方羋［𢦤］，四月。"（《合集》6570）"辛丑卜，殻贞：今日子商其羋基方缶，𢦤。五月。辛丑卜，殻贞：今日子商其羋基方缶，弗其𢦤。壬寅卜，殻贞：自今日至于甲辰，子商𢦤羋基方。壬寅卜，殻贞：自今至于甲辰，子商弗其羋基方，𢦤。壬寅卜，殻贞：尊雀叀回羋基方。壬寅卜，殻贞：子商不䵂𢦤基方。贞：自今壬寅至于甲辰，子商𢦤基方。曰子商于乙敦。曰𠂤甲敦。壬寅卜，殻贞：曰子商𠂤癸敦。五月。甲辰卜，殻贞：翌乙巳曰子商敦，至于丁未𢦤。贞：曰子商至于屮丁乍山，𢦤。勿曰子商至于屮丁乍山，𢦤。"（《合集》6571 正）子商获先方俘虏（《合集》6834 正）；子画与外服兒伯军事配合（《合集》1075 正、3397），子画讨伐方方（《合集》33059，历二）等。"甲申卜，王贞：余征獋，六月。贞：叀王自往西。叀子商令。叀子效令西。"（《合集》6928 正）商王命令子效、子商前往西土讨伐獯方。"呼子画涉。王勿比奚呼［伐下危］。令子衒涉。贞：翌乙酉王往途若。"（《合集》6477 反）商王命令子画等讨伐下危。

分宗立族的子某有贡纳职责，如贡牛、贡龟、贡巫等，"凡牛入商"（《合集》22274 师大类）。"彖入［十］。"（《合集》9223 反，甲桥刻辞）"以子巫。"（《合集》5874）"甲子卜，亘贞：立事。贞：呼取丘、汰。"（《合集》5510）"贞：子汰来。"（《合集》3064）"壬申卜，翌乙亥子汰其来。子汰其惟甲戌来。"（《合集》3061 正）商王命令子汰征取射手（《合集》5758），命子汰狩猎获鹿（《合集》10314）。

商王命令子某回归到商王都，朝见商王，如："癸巳卜，贞：禽、子彖归。六月。"（《合集》3076）"子汰其惟甲戌来。"（《合集》3061 正）"贞：今十三月，画呼来。"（《合集》11000）商王占卜令子禽、子彖回到大邑商，希望子汰甲戌日来朝见，呼命子画来朝。"乙未卜，宾贞：令永奎（途）子央于南。"（《合集》6051）子央来朝，商王命令永迎逆子央于南地。

综上，商王与分宗立族的子某为君臣关系，子某多与王室有血缘关系，分宗立族的子某有自己的族众、封地，以其族众、封地为商王朝践行王事，除征伐、祭祀等王事外，还有献纳土产和占卜、祭祀之物等王事。商王亦关心子某践行王事的安危，以及关心子某疾病好转，《合集》3224："贞：子𠭯亡疾。"为子某疾病、灾祸向祖先举行御祭、祈祷，祓除其祸咎。①

第三节　非王卜辞所见贵族践行王事考

本节所述子卜辞的种类，主要依据蒋玉斌《殷墟子卜辞的整理与研究》，即甲种（《合集》第七册丙二）、乙种（《合集》第七册丙一）、丙种（《合集》第七册乙一）、圆体、劣体（《合集》第七册乙二）。殷墟花

① 对于子某具体事类的系统研究，参考宋镇豪主编，韩江苏、江林昌著《商代史》卷二，《〈殷本纪〉订补与商史人物徵》，社会科学文献出版社 2010 年版，第 339—392 页。

园庄东地非王卜辞材料最为丰富，学术界研究较多，其主人子与商王关系密切，争议较大，有学者认为子为武丁太子孝己，与一般的贵族身份有别，故对其践行王事的探讨暂时从略。学术界对各类子卜辞的研究是逐步深入的，林沄首次明确指出非王卜辞的主人"子"是商代贵族的首脑，并对各类子卜辞反映的商人家族形态作了开创性的研究。① 某一类子卜辞中的"子"，一般是该类卜辞占卜主体，也是该占卜机构所属宗族的族长。

一　甲种子卜辞所见"子"践行王事活动

甲种子卜辞反映了其宗族构成情况。该类卜辞的占卜主体为子，该族以子为族长，子之下的重要亲属子启、启弟，与子关系密切的妇率，以及与子或子某关系密切的"多妇"构成该宗族贵族群体，其下还有"多臣"臣属组织，如《合集》22258"丙午贞：子。丙午贞：启。丙午贞：启弟。丙午贞：妇率。丙午贞：多妇亡疾。丙午贞：多臣亡疾。癸丑卜，畐邕中母，羌又友"。

该类卜辞习见占卜"我有事"，应是占问是否有王命践行王事。"辛巳卜，我贞：我有事。十一月。"（《合集》21663）"壬午，余卜，于一月有事。"（《合集》21664）"□子（巳），子卜，贞：[我] 有事。今二月。"（《合集》21665）"辛卯卜，贞：今四月我有事。癸巳卜，翩贞：今四月 [我有事]。癸巳卜，翩贞：五月我有事。"（《合集》21666 + 21667 =《缀续》497）"甲午卜，翩贞：今六月我有事。"（《合集》21668）"戊辰，子卜，贞：今岁有事。"（《合集》21671）"丁卯卜，翩贞：庚我有事。丁卯卜，翩贞：我奭妣丁自父庚。"（《合集》21677）"庚寅卜，翩贞：辛我有事。"（《合集》21680）"辛巳卜……我有事。辛巳卜，贞：乙王有事。"（《合集》21681）"己亥卜，翩贞：□来史以，惟比我有事。"（《合集》21696）"[戊] 午卜，我贞：今秋我入商。"（《合集》21715）"壬戌卜，我 [贞]：弗入商，我有 [事]。"（《合集》

---

① 林沄：《从武丁时代的几种"子卜辞"试论商代的家族形态》，《古文字研究》第 1 辑，中华书局 1979 年版，第 314—336 页。

21716）"辛未，狆卜：我入商，屎我御事。"（《合集》21717）该族族长
"子"对于是否"有事"非常关注，卜问入大邑商，御服王事。

该族曾追随商王，当是该族践行王事活动，如《乙编》8971"☑比
王"，同类王卜辞辞例有"惟小臣墙令呼比王受祐"（《合集》27888 无
名）。"甲午卜，贞：呼疋比王☑"（《合集》8282）该族参与王朝的军事
征伐，践行王事，如《合集》22405："克甫。贞：勿薳，多口亡囧。多
舌亡囧。"甫为方国名，克甫之事见于师宾间类王卜辞，如《英藏》1818
"□卯卜，克甫……"《甲骨缀合集》321"壬申卜，贞：雀弗其克𢧄失
（佚）。壬申……雀克［𢧄］失。□未卜，□：弜□其丧。癸丑卜，☒其
克甫、失。"克甫与克失战争同时发生，参与征伐的主将有雀、☒。该类
子卜辞反映子的族属也参与了这一系列的王朝征伐行动，可作为该族践
行王事活动的证明。

《合集》20086："［乙］亥卜，☒叩伯屎。十一月。乙亥卜，☒息伯
引。十一月。"《合补》6922："乙亥卜，☒叩伯屎。十一月。乙亥卜，☒
息伯引。十一月。"☒为动词，见《合集》20366："［呼］巫☒。"黄天树
认为该字"从𦥑从大，象两手捽抴一人之形，可能是曳之异体。"[1]《说
文》："曳，束缚捽抴为曳。"甲骨文中该字为动词，后接人名，可能是捆
绑拖抴该人，应与擒获之类的行为有关。甲类子卜辞中有涉及逮捕擒获
叩伯屎和息伯引的占卜，说明该族参与了王朝征伐这两个邦伯的军事行
动，是该族践行王事的又一明证。

二 乙种子卜辞所见"子"践行王事活动

乙种子卜辞（《合集》第七册丙一，午组），据蒋玉斌统计经缀合整
理有 200 多片，分布于殷墟小屯村中、村南、村北，还有花园庄南地。这
类卜辞最早由陈梦家从董作宾"文武丁卜辞"中划分出来，其依据是字
体与称谓自成一系，判定其属于武丁时代。经学界研究，午组卜辞所
谓的贞人"午"实为"御"字之省，但午组的称法早已相沿袭下来。黄
天树对该类卜辞有专门研究，对该类卜辞的特征、卜辞内容和时代都进

---

① 黄天树：《黄天树古文字论集》，学苑出版社 2006 年版，第 129 页。

行了较好的探讨。①

该族有其族居地，该类卜辞占卜居地是否安宁，如："家亡震。有其震。"（《屯南》2672）反映该宗族居地称"家"。该族臣属于商，如："丙子卜，贞：朕臣商。"（《屯南》2672）朕，为第一人称代词，我臣属于商，说明"朕"不是商王而应为该族族长。该族族长称"子"，"壬申卜贞：有事。壬申卜，子其亡事"（《合集》22069）。"□申卜，御子自祖庚至于父戊，抑。"（《合集》22101）族长子之下尚有子某（子梦、子亳）＼内乙量（《合集》22097、22092），为子的弟或子辈；诸妇，为子的妻妾或弟媳、儿媳。在该宗族内部结构方面，子与子某可能构成大宗与小宗的关系，如："壬戌卜：子梦见（献）邑羍父戊。"（《合集》22065）子梦为人名，奉献其邑所捕获俘虏，作为牺牲用于祭祀父戊。说明子梦有自己的居邑，应视为独立的小宗族实体。

该族有独立的宗族经济，从祈雨卜辞看，其宗族经济当与农业种植有关（《合集》22048、22487、22088）。从田猎及获羌刍的卜辞看，该族经济还与畜牧业有密切关系，如《合集》22043"［丁］未卜，贞：其田于东。丁未卜，田于西。庚戌卜，贞：余令比羌田，亡田（忧）。庚戌卜，往田东。往南。庚戌卜，贞：余令陕比羌田，亡田。庚戌卜，贞：比羌田于西，田。""庚戌卜，朕耳鸣，屮御于祖庚羊百，屮用五十八，屮女三十，匄，今日。"（《合集》22099）"丙子卜：祷牛于祖庚。"（《合集》22186）"丁未卜，贞：令戊、光有获羌刍五十。"（《合集》22043）"戊戌□我牛于川取。"（《英藏》1921）该族有田猎地，从祭祀用牛、羊牺牲来看，可能还有牧场。

该族有其宗族武装，"戊寅卜，步师"（《合集》22043）。"丙戌卜贞：卒至师，亡若。"（《合集》22088）时常进行军事活动，如："丁未卜，其征戎，翌庚戌。丁未［卜］：不征戎，翌庚戌。"（《合集》22043）"□□卜：戈。允戈。月一。"（《合补》2172）其军事活动是自发行为还是商王所命，尚未有充分证据。

---

① 黄天树：《午组卜辞研究》，《黄天树古文字论集》，学苑出版社2006年版，第133—148页。

该族臣属于商王,并有贡纳义务,"□□卜:余□□有工(贡)□□戊午"(《合集》21772)。该族最主要的职责是"由王事",如:"壬申卜贞:子唯由。弜由。壬申卜,贞:亚雀由。月一。"(《合集》22068)"由"可能是"由王事"的省略,如王卜辞中"贞:行由王事。行由"(《合集》5455)。王卜辞中亦有雀"由王事"(《合集》10125),"由王事"即践行王事。卜辞占卜是由该族族长"子"还是由"亚雀"来践行王事。该族由王事的具体内容,目前没有相关卜辞能够加以说明。

三　丙种子卜辞所见"子"践行王事活动

丙种子卜辞(《合集》第七册乙一)即通常所说的子组卜辞,经贝塚茂树、陈梦家先后从董作宾所说的"文武丁卜辞"中区分出来,指出其不是王卜辞,称之为"多子族卜辞""子组卜辞",将其时代改订为商王武丁时期。黄天树《子组卜辞研究》一文,围绕该族宗庙祭祀、家族内部结构、家族居地、家族武装和军事活动、家族经济形态等问题进行了系统研讨,并进一步推断该类卜辞时代从武丁早期开始,一直延续到武丁中、晚期之交。[①]

该类卜辞占卜的主体是以该族首领"子"为首的神职系统,如:"己酉,子卜:自征□我宜。"(《合集》21736)"乙巳,侃卜:丁来自征,侃子。"(《合集》21734+21735[②])该族与商王武丁关系很近,祭祀对象与商王武丁所祭基本相同,彭裕商就此认为"'子'不仅是与商王同姓的族长,而且还很可能就是武丁的亲弟兄,至少也是从父弟兄"[③]。该族内亲属成员在族长子之下大致有:子某、妇某、妇某子,以及一些臣属,卜辞称"多臣"。如"癸亥,子卜:多臣呼田羌,允□"(《合集》21532)关于"多臣"的性质,黄天树指出"非王卜辞中的多臣很可能是指家族内协助族长进行管理的家臣。就是说商人家族内存在着一套类似

---

① 黄天树:《子组卜辞研究》,《黄天树古文字论集》,学苑出版社 2006 年版,第 82—98 页。

② 黄天树:《甲骨新缀 11 例》,《考古与文物》1996 年第 4 期,又收入黄天树主编《甲骨拼合集》第 27 则,学苑出版社 2010 年版,第 29 页。

③ 彭裕商:《非王卜辞研究》,《古文字研究》第 13 辑,中华书局 1986 年版,第 63 页。

西周、春秋的家臣制度"①。该条卜辞反映子占卜命令"多臣"田猎于羌族之地,"多臣"听命于子,应视为子之臣属。由前引甲种子卜辞《合集》22258"多臣"与"多妇"、启、启弟、妇率、子等并卜"亡疾",说明多臣地位不会低至奴隶身份,作为子的臣属低级贵族大体应不误。

丙种子卜辞所属的宗族有其居住城邑,但就目前所见材料尚不能确定其居邑地望,如"乙亥,子卜:丁延于我墉"(《合集》40874)。"己亥,子卜,贞:我有呼出邑。"(《合集》21583)"壬辰卜,隔贞:我入邑。"(《合集》21728)该宗族有其独立的经济,以农业为基础,且田猎与畜牧业占有重要比重,也可能进行商贾贸易。②

该宗族有自己的武装,起到保卫宗族以及擒获异族俘虏、牲畜的作用,同时也以其宗族武装践行王事。如:"壬寅卜,丁伐嶷。"(《合集》21555)子宗族关心丁征伐嶷之事。该宗族进行较大的军事活动可能是"幸狳"(《合集》21708),黄天树推测大概是以掠夺异族财产和人口为目的的小规模军事活动。

四 圆体类与劣体类子卜辞主人践行王事活动

陈梦家研究 YH127 坑龟甲时,区分出这两类子卜辞,因有与子组相同的称谓"妣丁""子丁",而将这两类附属于子组之后。③ 其后的研究大体将此两类归入与子卜辞相关的一些卜辞,黄天树根据字体特征,将这两类卜辞命名为"圆体类"与"劣体类",从肶骨整治、字体共版、人物、占卜事项综合考察,认为这两类卜辞的时代主要是武丁中期,④ 基本得到学界的认可。目前对于这两类卜辞的整理研究已经取得了重要成果,然于这两类卜辞所属宗族践行王事的情况关注较少。兹吸收两类卜辞既有整理研究成果,对这方面进行些补充探讨。

---

① 黄天树:《子组卜辞研究》,《黄天树古文字论集》,学苑出版社 2006 年版,第 87 页。
② 参见黄天树《子组卜辞研究》,《黄天树古文字论集》,学苑出版社 2006 年版,第 91—95 页。
③ 详见陈梦家《殷虚卜辞综述》,中华书局 1988 年版,第 166—167 页。
④ 参见黄天树《非王卜辞中"圆体类"卜辞的研究》及《非王"劣体类"卜辞》,收入《黄天树古文字论集》,学苑出版社 2006 年版。

（一）圆体类卜辞主人子及其宗族

圆体类卜辞主人称"子"，并曾亲自占卜，如"□申，子卜：☑"
（《合集》21584）。这类卜辞内容涉及宗族、宗庙、祭祀、征伐、气象、
田猎、商贾、人物等诸多内容。该族与商王关系密切，相关卜辞卜问商
王是否对该族进行赏赐，如："壬戌，贞：商（赏）执。癸亥，贞：子
冥。"（《合集》21886）"☑其易（赐）多射。"（《合集》20647）关心商
王是否驾临宗族居地，如："己丑，王不行自雀。"（《合集》21901）"甲
子，王弗树。"（《合集》21905）子关心商王的出行，商王身在雀处，卜
问"王不行自雀"，似乎表明子不太希望商王从雀处来到本族居地。

从该类卜辞所见生人，又见于王卜辞中，可以大体推测该族人物践
行王事活动概况。如子蛊，"戊申：又（侑）其新，子蛊进"（《合集》
22384 圆体类）。在王卜辞中，商王为践行王事的子蛊的身体担忧，如：
"壬戌贞：子蛊亡□。"（《合集》20050 师小）"丙子卜，宾贞：子蛊亡
疾。"（《英藏》1105 典宾）"戊申卜，殻贞：王孽🐚甾。戊申卜，殻贞：
王勿孽🐚甾。叀子蛊令比🐚甾。［勿佳］子［蛊令比🐚］甾。"（《缀续》
362 ＝《合集》4209 ＋《合补》749 宾一）子蛊要向子家族宗庙进献新
黍，用于祭祀。说明子蛊与子有着臣属关系，子蛊出身于该家族。同时
子蛊践行王命为王做事，可以视子蛊为该家族成员服务于王朝。子蛊践行
的王事涉及战争之事，商王占卜是否以外服🐚执行征伐王事，同时又占卜
是否以子蛊协同🐚共同践行征伐王事。

蚰见于圆体类卜辞，如《合集》21905"……取又父册不……蚰由我
事。……由王，弗束牛九……"应是子的臣属，践行子宗族之事。蚰亦见
于师宾间类卜辞，如："庚午卜，次弗其🐚蚰。"（《合集》7010）"［庚午］
卜：次其🐚蚰，□□败。"（《合集》7009）商王关心蚰是否会遭到次的侵
伐。来这个人见于圆体类卜辞，如"癸酉贞：来以人"（《合集》
21913）。来向子致送人众，很可能是子的臣属或宗族成员。王卜辞中来
践行王事，如："辛丑卜，殻：呼比来取侑兄，以。"（《合集》14198 正，
宾一）商王占卜命从来处征取贡物侑祭兄，是否送达，这说明来还有向
商王朝贡纳祭祀之物的职责。弘在圆体类卜辞中向子致送人众，应为子
宗族的成员之一，"癸酉贞：弘以［人］。癸酉贞：乃以人。癸酉贞：丁

丑受伐虎☒"（《合集》21914）。乃和弘致送人众于子，很可能与丁丑日"受伐虎方"之事有关，子族需要向商王朝伐虎方提供军事力量。王卜辞反映弘亦有致送任务，商王卜问弘是否能及时致送人众，如"□午卜，[贞]：弘不其以☒"（《合集》9106 宾一）。豈见于圆体类卜辞，"庚辰卜贞：豈亡若"（《英藏》1911）。子卜问关心豈之安危，可能与豈践行王事有关。豈与子的关系不可考，但豈践行的王事应有子宗族成员参与，所以子关注豈执行王命时的安危。豈活跃于武丁中晚期，于王卜辞显示其曾践行多项王事，如："[贞]：豈由王事。"（《合集》5449 正宾一）"[贞]：豈往沚，亡田。"（《合集》7996 甲宾一）"壬申卜：王令豈以束尹立于敦。"（《屯南》341 历二）"贞：叀豈令见于琼（崇）。"（《合集》8092 宾三）商王命令豈去往外服沚的领地，商王令豈率领束尹到达敦地，商王派遣豈巡视外服崇侯，商王为践行王事的豈之安危担忧。喜这个人见于圆体类卜辞，"贞：喜以执□献"（《合集》21953）。喜致送俘虏于子。在王卜辞中喜又听从商王命令，如"贞：呼喜☒"（《合集》4515 典宾）向商王贡龟，"喜入五"（甲桥刻辞，《合集》900 反宾一）。可以确认喜为商王朝臣属，但又要向子进献俘虏，或许反映喜出身于子宗族，虽身任王朝职事，但仍要向本族进献俘虏。可以视喜作为子宗族践行王事的代表之一。邑听从族长子的命令，"丁亥，令邑，生月"（《乙编》4810）。王卜辞显示，邑也要听从王命践行王事，"癸亥卜，古贞：翌甲子邑至"（《合集》9976 典宾）。"邑执兕七。"（《合集》10437 宾三）"令弘比栗，由王事。贞：叀邑令比栗。"（《合集》5477 正典宾）"丙寅，邑示七屯，㱿。"（《合集》2225 臼）邑接受商王命令协同栗践行王事，邑田猎捕获兕献于商王，邑还参与王朝占卜之事，担任检视卜骨工作。邑为商王朝臣属无疑，然又接受子的命令，说明邑与圆体类卜辞所属宗族关系密切，很可能出身于该宗族，或是该族在商王朝践行王事的代表之一。

（二）劣体类卜辞主人子及其宗族

劣体类卜辞内容涉及宗族、祭祀、征伐、气象、农业、田猎、商贾、人物诸方面。该族祭祀先人主要有中丁（《合集》21873）、妣丁（《合集》21965）、妣癸（《合集》21877）、子丁（《合集》21965）。该族与商王关系密切，"壬子贞：王用商（赏）"（《合集》21908）。该族占卜希望商王给予赏赐。

该族也是践行王事的重要力量，如："戊子贞：我人亡若。戊子贞：雀亡若。"（《合集》21900）子宗族占卜关心雀及本族族众安危，极有可能是因为雀率领本族族众践行王事。"☑贞：多子亡尤。"（《合集》22406）多子可能是与商王同姓的贵族宗族的一些族长，也可能是本族的多子。"己亥贞：我多臣不见（献）。"（《合集》21872正）"我多臣"显系指本族之"多臣"，"臣正"（《合集》22042、21937）或为多臣之长官，黄天树认为是该族内协助族长进行管理具体事务的诸家臣。① "贞：韦不☑。"（《合集》21902劣体类）武丁时期王卜辞中韦任贞人职官，商王武丁命令韦践行王事，"丁亥卜，殻贞：呼卬比韦取舞臣。"（《合集》634正）韦作为商王朝的内服是明确的。子族占卜关心韦，该族与韦的关系，因材料有限难以明确。或可能韦践行的王事有该族族众参与，所以引起该族的关注。

劣体类卜辞中出现对子涉的占卜，如："戊戌，御子涉。"（《合集》21891劣体类）该族关心子涉，举行御祭为子涉被除不祥。其原因或许从以下卜辞可以得到解释，如："戊戌，其御□舌。己亥，令涉择人。"（《合集》21892劣体类）子能命令子涉择选人众，说明子与子涉是上下级关系，很可能子涉是该族小宗族长，征发人众的目的在于充实军队武装。因同版前一日抵御舌方的占卜，很可能是来自商王的命令，也就是该族受商王命征伐舌方，所以族长子命令小宗子涉征选人众武装。

该族可能还参与了商王朝征伐亘方的军事行动，"幸（执）亘。弗幸。"（《合集》20379）。"祷卒甲。执亘。"（《合集》22397）幸同执，义为捕获。亘为方国名。商王朝征伐亘方发生于武丁中期，师历间类及宾一类卜辞卜问雀执获亘之事，可能雀是征伐亘方的主将。该族占卜是否捕获亘方首领，说明该族也参与了伐亘之役，联系前面提到《合集》

---

① 黄天树：《非王"劣体类"卜辞》，《黄天树古文字论集》，学苑出版社2006年版，第113页。

21900 该族关心"雀"及"我人"的安危，大体明确该族有军事武装参与商王朝征伐亙方的战争，劣体类卜辞所属宗族以提供军事力量的形式，为商王朝践行守土卫国王事。

第 六 章

商周之际服制演变与国家认同转移

商周之际的历史变迁，历来备受关注。自王国维《殷周制度论》发表以来，学术界更加关注商周历史、制度文化之因袭与变革问题。商周之际的制度承袭大于变革，周初周承殷制进行国家制度建设可能是主要方面。随着周王朝政权的巩固，宗法分封制的推行，重构西周国家结构之后，西周王朝至中期逐渐建立起自己的制度体系，殷制的影响逐渐淡化。以下从追寻商周之际服制发展演变的视角，探索商周之际国家制度的重构与治国理政经验。

第一节 商代晚期的政治变革与王权衰落

殷商衰落可能自祖甲晚年已经显现征兆，至帝乙时社会问题已然突出，如《逸周书·度邑》载周武王称："惟天不享于殷，发之未生至于今六十年，夷羊在牧，飞鸿过野。天自幽，不享于殷，乃今有成。"古代学者或将殷商的衰落归于祖甲改制，《史记·殷本纪》曰："帝祖甲淫乱，殷复衰。"此从《国语·周语下》载"玄王勤商，十有四世而兴。帝甲乱之，七世而陨"。祖甲改制之后商王朝势力逐渐转向衰落，以至于帝辛时期亡国。随着甲骨文与殷商史研究的深入，学界对商代晚期的政治局势的认识越发清晰。从祖甲及其以后的卜辞看，占卜内容较之武丁时期发生了巨大变化，商王朝内外服势力践行王事的内容较少占卜贞问。武丁时期活跃的内外服诸职事，不再是商王关注的重点对象，仅有贞人占卜贞问，占卜内容更多的是商王田猎、征伐与祭祀活动。即便因战争而提及内外服职事也多不备举其具体称谓，经常是集合性的称谓，如"五族戍""多侯""多田""多任""多卫""多伯"，或以方位称"西田""东侯"，对于敌对方国则具体称其名号某方，称其首领为某方伯或二邦伯、三邦伯之类的集合称谓。这些都反映祖甲之后，商王权力的强化与对地方控驭的加强。与此相反，内外服与商王朝的关系渐趋疏远，甚至发生反叛之事，从《尚书·微子》《西伯戡黎》等文献可见内服贵族对殷商王朝的失望；从商王命令外服侯、伯讨伐敌方时的踌躇犹豫，知商王与外服关系可能亦较为复杂。

一　祖甲改制强化王权

严一萍论及祖甲改制，谓"祖甲即位，即推行新政，其一，为改革历法。易年终置闰十三月，为年中置闰于无节之月。在月名上加'在'字。其二，为改革祀典。取消武丁、祖庚时代之多种祀典，简化为彡，翌，祭，𩚏，劦五种有组织之祀典，遍祭自上甲以下之先祖，连续循环行之。其三，为考验太卜，常以卜而不贞之方式，对付欲问之政事"[1]。经过祖甲改制，确立的周祭祭祀对象仅限于直系先王，缩小了核心权力的范围，宗教祭祀方面强化了商王室及商王权力。祖甲时期王朝大事的决策权发生了微妙的变化，体现在王与多君对占卜的判断决疑问题。如"戊子卜，疑贞：王曰余其曰多尹，其□二侯上丝𥾝𩰋侯其和□□□周"（《合集》23560）。"辛巳卜，疑贞：多君弗言，余其侑于祝，庚匄。九月。"（《合集》24132）"丁酉卜，疑贞：多君曰：来弟以𥄁。王曰：余其𩁝□王。十月。"（《合集》24133）"辛未，王卜，曰：余告多君曰殷卜有求（咎）。"（《合集》24135）商王与多君的政见共见于命辞，并且商王表达出希望"多君弗言"，不希望多君意见与己相左。

经历武丁时期的开疆拓土，四方来朝的盛况于《诗经·商颂》有很好的描述，于甲骨文中贡纳事类也多有记录，商王朝四国基本稳定。祖庚、祖甲时期对外战争不多，祖庚初年，曾命原武丁朝的重要臣属臯伐舌方"丁酉卜，出贞：臯毚（禽）舌方"（《合集》24145 出一）。祖甲时期，

---

① 严一萍：《殷商史记》上册，台北：艺文印书馆1991年版，第180页。

对商王朝的威胁主要来自方方国，"贞：射幺𢦏方。贞：射封𢦏方"（《合集》24156 正）。"丁巳卜，□贞：𫐓王□册方。"（《合集》24157）商王担心外有祸患，占问地方是否有来报告遇到灾难，自《合集》24158—24214 皆卜当日"亡来艰"，希望不要有灾祸来报。而《合集》24215 "□丑卜，大［贞］：卜（外）有求（咎），其又尤。……来艰"占卜外有咎灾，将带来祸患，结果某地来报遇艰。出类卜辞《合集》24228—24426 记载商王祖甲以田猎巡察于军事驻地和外服等战略要地，甚至在这些地方举行祭祀祖先典礼，来加强对地方的控制。

文献记载，祖甲时期曾经营西土边境，《今本竹书纪年》称："（祖甲）十二年，征西戎。冬，王返自西戎。十三年，西戎来宾。命邠侯组绀。"徐文靖《竹书纪年统笺》曰："按武丁之世，其地西不过氐羌，则祖甲西征，当亦在陇西左右，故即于是年冬而返也。""殷太戊二十六年西戎来宾，距祖甲十三年凡二百五十八年，始因祖甲亲征而来宾。"① 邠侯组绀为周之先公，《史记·周本纪》称："亚圉卒，子公叔祖类立"，《史记索隐》："《系本》云：'太公组绀诸盩。'《三代世表》称'叔类'（按：实为'公祖类'），凡四名。皇甫谧云'公祖一名组绀诸盩，字叔类，号曰太公'也。"② 祖甲时期商朝国势强盛，曾向西经略边疆，迫使西戎方国继大戊之后 258 年再次归附商王朝，朝王纳贡。祖甲册命周族首领太公组绀为新一代邠侯，是继武丁、祖庚之后，对周族首领为外服侯的再次确认。《今本竹书纪年》谓祖甲"二十四年，重作《汤刑》"。"繁刑以携远，殷道复衰。"对此《左传》昭公六年叔向称："商有乱政，而作《汤刑》。"祖甲末年刑罚繁重，且远征边地方国，损耗国力，商王朝呈现衰势。

二　康丁加强对内外服的监督管理

康丁时期近侍小臣用事增多，小臣参与祭祀、战争、管理马队、田猎设置陷阱、向商王汇报军情，管理农事等。康丁时期以田猎为名进行

① 徐文靖：《竹书纪年统笺》卷6，《二十二子》，上海古籍出版社 1986 年版，第 1067 页。
② 司马迁：《史记》卷4《周本纪》，中华书局 2013 年修订本，第 149 页。

的军事巡视地方活动较多，因此犬官频见卜辞，多为王比对象，这些犬官与商王配合田猎，侦查和汇报猎物踪迹。随着商王康丁田猎活动增多，武官亚也频见于卜辞，商王命令亚与马共同践行王事（《合集》27939、27940），此时期马队为田猎、征伐的先遣，如《合集》27945—27957 等。①

　　康丁时期通过征讨共同的敌人以及在作战中的相互配合，来巩固商王与内外服的关系，康丁时期曾征伐方国达 17 国之多，比较大的方国有羌方、羞方（《合集》33019、27976）、齼方、嘉方、方方等。如征伐羌方卜辞，"□丑卜，五族戍弗雉王［众］。戍亚弗雉王众。戍带弗雉王众。戍骨弗雉王众。戍逐弗雉王众。戍何弗雉王众"（《合补》8982）。占卜戍守边境的五族与敌方作战不损失王朝的军队。又如"［叀人］，戍屖立于寻，自之徇羌方，不雉人。叀人，戍屖立于□，［自］之徇羌方，［不雉人］"（《合集》26895）。戍屖奉命征伐羌方。"贞：弜用翭［行］，叀祕行用，戈羌人，于之，不雉人。"（《合集》26896）商王占卜任命内服翭或祕战胜羌人。《合集》27974、27975 载戍征伐羌方。"于父甲莽，戈羌方。"（《合集》27983）显然康丁时期，戍及其武装为商王朝扞御敌方的主力。商王最终战胜了羌方，康丁命令将俘获的羌方二首领杀死，用于祭祀其祖丁即商王武丁和其父甲即商王祖甲。"□亥卜，羌二方伯，其用于祖丁、父甲。"（《合集》26925）商王康丁用内服俘获的羌人进行祭祀，如"乙巳卜，何贞：亚旁以羌其御用"（《合补》9681）。用亚旁致送的羌人进行御祭。"己巳卜，彭贞：御于河，羌三十人。在十月又二卜。"（《合集》26907 正）以俘获的羌人对河神举行御祭。用俘获的羌人为牺牲向祖先进行祭祀，所祭祖先主要有：上甲羌三人（《合集》26923）、大乙羌十人（《合集》26908）、小乙羌五人（《合集》26922）、祖丁（《合集》26932）、中宗祖乙（《合集》26933）、大庚三羌（《合集》26968）等。商王将羌方首领献祭先王，以及选择献羌俘祭祀对象的占卜，反映康丁时期对羌方的战争已经取得阶段性胜利。商王朝对羌方土地进行支

配，很可能部分地区被划为商王朝版图，如卜辞"王叀次令五族戍羌方。弜令次，其每（悔）"（《合集》28053）。"王其田叀羌，弗每（悔）。"（《屯南》3025）羌方部分土地为商王朝占领，成为商王田猎地，商王命令次率领五族族众戍守刚占领的原羌方土地。羌方并未就此一蹶不振，至武乙以及帝乙帝辛时期，仍为商王朝劲敌。

廪辛康丁时期，除羌人方国联盟侵商外，綢方、绊方、兹方、戫方也可能结成联盟，进犯商王朝。"叀可伯⻊呼□绊方、戫方、綢方。弜戫呼。"（《合集》27990）"兹方叀（惠）卢方乍戎。"（《合集》27997）① 前一版卜辞中⻊在动词前，作副词使用，有表示加重语气或有"连续"的意思。后一版卜辞中处于两个方国之间，作连词，或有"连同"之意。② 商王康丁就是否命令外服可伯讨伐三方进行占卜，说明这三个方国可能同时进犯。另一条卜辞是商王康丁占卜兹方与卢方是否联合起兵进犯。康丁时期可能击败了绊方，如卜辞"绊方其用，王受［又］"（《合集》27976）。以绊方首领祭祀，希望商王受到神灵保佑。商王派出戍守军队占领绊方部分土地，"今［秋］叀告戍绊"（《合集》27986）。《合集》27995、27996、27997以及《屯南》3655、3637载戍伐戫方。"贞：王其寻戫方伯�于之，若。"（《合集》28087）擒获了戫方首领，以之祭祀。对于綢方的征讨，除上引呼命可伯的卜辞外，还有"……攻启綢方，其呼伐，其每，［不］曹⻊"（《屯南》2613）。康丁时期，还打败了卢方，俘获了其首领，如"甲戌卜，翌日乙王其寻卢伯澡，不雨"（《合集》27041）。"卢伯澡其延，呼饗。"（《合集》28095）占卜以卢伯澡为牺牲举行寻祭，不会降雨。廪辛康丁时期还发生了规模较大的征伐危方战争，如：

师贮其呼取美，御［事］。王于𢓊，使人于美，于之，及伐，望，王受又。𢓊取美，御事于之，及伐，望，王受又。唯用。王其

---

① 按，两个方国间的"叀（惠）"字，有学者认为是实词，训为"助"，参见黄天树《禹鼎铭文补释》，张光裕主编《古文字学论稿》，安徽大学出版社2008年版，第66页。

② 宋镇豪主编，罗琨著：《商代史》卷九《商代战争与军制》，中国社会科学出版社2010年版，第265页。

比，望称册，光及伐，望，王弗每（悔），有牪。

（《合集》28089 正）

□取美，御事，于之。及伐，望，王受又。唯用。

（《合集》28090）

……危伯美，于之。及［伐］，望……　　　（《合集》28091）

以上三版所卜事项相同，前两例可能是同文卜辞，以《合集》28089 卜辞较为完整。钟柏生认为卜辞反映了望地大反的史实，[①] 罗琨认为与廪辛康丁时期讨伐危伯美的战争有关。[②]《合集》28089 几条卜辞反映商王针对处理反叛的危伯美之事的决策过程。其中的"美"即"危伯美""危方美"，师贮为军事职官，御事，《国语·周语上》："瞽告有协风至，王即斋言，百官御事"。韦昭注："御，治也。"故卜辞"御事"当即治理王事。《说文》："取，捕取也。"商王命令师贮捕取危方美，即治理王事。危方被征服后，商王朝对危方土地的处理，如"于合亩其祝于危方奠。弜祝"（《合集》27999 无名）。

甲骨文载商王朝对彀方的征伐（《屯南》2651），似被征服，成为商王田猎地之一，如《合集》29293、29294、27905。康丁时期对北部方方国的战争，显示此时方方国对于商王朝的威胁不可小觑。"□来告，大方出，伐我师。叀马小臣令……"（《合集》27882）"壬戌卜，贞：不遘方。壬戌卜，狄贞：其遘。壬戌卜，狄贞：有出方，其以来奠。壬戌卜，狄贞：肆勿以来。壬戌卜，狄贞：叀马亚呼执。壬戌卜，狄贞：叀戍呼执。壬戌卜，狄贞：及方。壬戌卜，狄贞：弗及。壬戌卜，狄贞：其有来方，亚旟其牪，王受有祐。壬戌卜，狄贞：弗受有祐。壬戌卜，狄贞：亚旟□牪。壬戌卜，贞：亚旟比，受于方。壬戌卜，狄贞：亚旟其陟，邋入。壬戌卜，狄贞：其㺵入。"（《合集》28011）以上卜辞，反映了商王应对方方的决策。方方出动侵扰，故占卜是否会遭遇方。方出动目的何

① 钟柏生：《殷商卜辞地理论丛》，台北：艺文印书馆 1989 年版，第 220 页。
② 宋镇豪主编，罗琨著：《商代史》卷九《商代战争与军制》，中国社会科学出版社 2010 年版，第 270 页。

在，是否要追击，是派马亚，还是派戍率军出战。对于来犯的方方，派
亚旅去抵御是否能获得祐助，还是亚旅协同其他军队出征更有利。对于亚
旅是让他乘遭还是球，入大邑商接受王命呢。对于方方的进犯，商王朝采
取以防卫为主，由迎击拦截入侵的方方，到追击、驱除方方。"方其征于
门。方不征于门。"（《屯南》591）"方不其出于新……戍。"（《屯南》
1341）"方其至于戍师。弜呼卫，其每（悔）。其呼戍诞卫，弗每（悔）。
弜呼戍卫，其每（悔）。"（《屯南》728）"甲子卜，叭以王族宏方，在
嘉，亡灾。方来降。不降。方不往自嘉。其往。"（《屯南》2301）"其呼
戍御方及。戍弗及方。"（《合集》28013）"及方。弗及。"（《合集》
28015）这几条卜辞记录商王占卜方侵犯所至之地，命令戍师防卫，追击
败退的方，命令叭率领王师讨伐方，迫其来降。

康丁时期可能还有一些小规模的战事，如戍春接受任命讨伐廪土人
和𢓊人（《合集》26898），戍兴伐邸方（《合集》28000）等。从康丁时
期讨伐方国方位来看，除危方居于殷东南外，其他方国皆为西北与羌联
盟诸方国。说明康丁时期商王朝西北的劲敌兴起，并且对商王朝产生较
大震动。

康丁时期似乎已经设立监察机制，如："癸丑卜，叀瞽般监凡。叀
瞽、髟令监凡。"（《合集》27740）"叀瞽、□令监凡。叀瞽□令。丁卯
卜，叀瞽、般⊠。叀瞽、须令监凡。"（《合集》27742）瞽字由裘锡圭释
出①，乃人名，商王卜问命令般或髟配合瞽去监凡。从诸上方面看，商王
康丁时期进一步加强了对地方的管控，向商王朝西部扩展影响，击败羌
人方国联盟，强化军事力量与田猎巡察频繁。商王近臣践行王事较多，
频见于卜辞，商王以近臣加强了对内外服臣子的监督与控制，反映商王
朝更加强化集权的倾向。

三 武乙文丁时期周人的崛起

武乙在位期间，商王朝的外服发生较大变化，对商王朝后来的发展

---

① 裘锡圭:《关于殷墟卜辞的"瞽"》,《2004年安阳殷商文明国际学术研讨会论文集》,
社会科学文献出版社2004年版，第4页，又收入《裘锡圭学术文集》1，复旦大学出版社2012
年版，第514页。

产生重大影响。《今本竹书纪年》称："（元年）邠迁于岐周。"《孟子·梁惠王下》："太王去邠，逾梁山，邑于岐山之下居焉。"《后汉书·西羌传》云："及武乙暴虐，犬戎寇边，周古公逾梁山而避于岐下。"由于武乙无道，戎族内侵，周族被迫迁徙至岐山周原，此后势力逐渐壮大。《今本竹书纪年》称：（武乙）"三年，命周公亶父，赐以岐邑"。商王武乙册命周族首领古公亶父，以岐邑为其领地，承认周族作为独立邦伯的地位及新的领地的合法性。周族以周原为基地，以商王朝册命外服邦伯的名号，征讨周围不服从的小国，逐渐扩大了属地和影响。古公亶父之子王季作为商王朝的外服邦伯，征讨不服从的邦国有大功，商王武乙诏其来朝，厚予赏赐。① 王季继续以商王朝外服伯的身份征讨不服者，《后汉书·西羌传》注引《竹书纪年》："武乙三十五年，周王季伐西落鬼戎，俘二十翟王。"② 西落鬼戎是相类族系的统称，实际上有很多部族组成，王季讨伐西落鬼戎，俘获了二十个部族首领。《史记·周本纪》称："公季修古公遗道，笃于行义，诸侯顺之。"大概是因为季历以义行师，受到周边商王朝外服的拥护，认同其外服之长的地位。

商王文丁时期，周族首领继续以商王朝外服身份征讨周围不服族邦，《后汉书·西羌传》注引《竹书纪年》："太丁四年，周人伐余无之戎，克之。周王季命为殷牧师。"③ 周王季讨伐了商西部和西北的对于商王朝有威胁的戎，来朝见商王文丁，而被册命为殷牧师，即原为外服因有大功而加命得专征伐。周季历获得独立征伐权力后，加快了征讨周围不服之戎的步伐，《后汉书·西羌传》注引《竹书纪年》："太丁七年，周人伐始呼之戎，克之。十一年，周人伐翳徒之戎，捷其三大夫。"④ 周季历伐戎献捷于商王，表明臣子之忠心，却遭到文丁的杀害。文丁杀季历，并未阻止周族的发展壮大。

---

① 《太平御览》卷83引《纪年》"武乙三十四年，周公季历来朝，武乙赐地三十里，玉十珏，马十匹"。武乙赏赐给王季三十个里的土地和土地上的人口，玉十珏，马十匹。
② 《后汉书》卷87《西羌传》，中华书局1965年版，第2871页。
③ 《后汉书》卷87《西羌传》，中华书局1965年版，第2871页。
④ 《后汉书》卷87《西羌传》，中华书局1965年版，第2871页。

四　帝乙时代的四土危机与应对

帝乙即位，商王朝更加衰微。《史记·殷本纪》称："帝乙立，殷益衰。"商王朝出现外服叛离、四夷交困之局面。《太平御览》卷83引《纪年》曰："帝乙处殷。二年，周人伐商。"周人伐商为报文丁杀季历之仇。《今本竹书纪年》载："三年，王命南仲，西拒昆夷，城朔方。"雷学淇考证云："南，国名，姒姓，周之属国。仲，南君之名字也。《世本》曰：'姒姓有南氏。'（《夏本纪索隐》）韩婴《诗序》曰'南在南阳南郡之间'（《水经注》），《逸书·史记篇》曰：'昔有南氏有二臣，贵宠力钧势敌，竞觑争权下争朋党，君弗能禁，南氏以分。'盖即此南氏矣。国分之后子孙或为周太师，《诗》所谓'皇父'者是也。"① 昆夷，西戎国名。《诗·采薇·序》云："文王之时，西有昆夷之患，北有猃狁之难，以天子之命，命将率，遣戍役，以守卫中国。故歌《采薇》以遣之，《出车》以劳还，《杕杜》以勤归也。"②《诗·小雅·出车》三章有云："王命南仲，往城于方。出车彭彭，旂旐央央。天子命我，城彼朔方。赫赫南仲，猃狁于襄。"毛传："王，殷王也。南仲，文王之属。方，朔方，近猃狁之国也。"郑笺云："王使南仲为将率，往筑城于朔方，为军垒以御北狄之难。"《出车》第五章有云："喓喓草虫，趯趯阜螽。未见君子，忧心忡忡。既见君子，我心则降。赫赫南仲，薄伐西戎。"郑笺云："草虫鸣，阜螽跃而从之，天性也。喻近西戎之诸侯，闻南仲既征猃狁，将伐西戎之命，则跳跃而相望之，如阜螽之闻草虫鸣焉。"卒章曰："赫赫南仲，猃狁于夷。"毛传："夷，平也。"郑笺曰："平者，平之于王也。此时亦伐西戎，独言平猃狁者，猃狁大，故以为始，以为终。"③《诗·小雅·出车》所载命南仲伐西戎、猃狁，城朔方之事，当与《纪年》所载命南仲拒昆夷，城朔方为一事。南仲既为周文王之属臣，故《出车》中的王命只能是周文王之命。实际上可能是商王帝乙命周讨伐昆夷，城朔方，而

① 雷学淇：《竹书纪年义证》，台北：艺文印书馆1977年版，第192页。
② 毛亨传，郑玄笺，孔颖达疏：《毛诗正义》卷9，阮元校刻《十三经注疏》，中华书局1980年影印本，第412—413页。
③ 《小雅·出车》之毛传、郑笺俱见《十三经注疏》，中华书局1980年影印本，第416页。

具体执行者则是周之臣属南仲为之。

商代晚期的黄类卜辞记载，四土之外的方国侵犯商王朝，商王朝调动多侯、多伯讨伐敌方。如《合集》36528 反"乙丑王卜，贞：畲巫九备，余乍障（尊），启告侯、田，册歔方、羌方、羞方、缟方，余其比侯、田甾残四封方"。四封方可能是商王朝四国之外的强大方国，也就是说帝乙时期可能面临着四方方国进犯的四土危机。著名的小臣墙刻辞载商王出征敌方，擒获危方柔等方伯数人（《合集》36481）。帝乙时期最大的边患来自东夷，如帝乙十五年曾征伐夷方（《小臣艅尊》，《集成》5990），帝乙命令举族等强宗大族军事力量协同讨伐夷方，如子与小子畬为征伐夷方先导（《小子畬卣》，《集成》5417）等。

帝乙时期，不仅边境不宁，内政也出现了严重的问题，直接影响到商王朝的国运。史载帝乙在立王位继承人时，废长贤而立少嫡，为帝辛亡国埋下了隐患。《史记·殷本纪》曰："帝乙长子曰微子启，启母贱，不得嗣。少子辛，辛母正后，辛为嗣。帝乙崩，子辛立，是为帝辛，天下谓之纣。"此以微子启与纣为异母，《吕氏春秋·当务篇》以为同母，言母当生启时，犹为妾，及生纣时，始正为妃，故启大而庶，纣小而嫡。这两说相同之处都说启长而庶，纣少而嫡。

五　帝辛时期内外交困与王权衰落

帝辛即位，自认为有旷世之才。《史记·殷本纪》云："帝纣资辨捷疾，闻见甚敏；材力过人，手格猛兽；知足以距谏，言足以饰非；矜人臣以能，高天下以声，以为皆出己下。"帝纣才思敏捷，善辩，有勇力，这些作为一国之君是难得的本领，但是嫉贤妒能，刚愎自用，不听忠臣之谏言，倒行逆施，恃才而昏乱暴虐，最终导致内服朝臣的怨恨逃亡，外服诸侯的叛离，以至于身死国灭的下场。

帝纣之时，内服朝臣发生了分裂，大大削弱了商王朝赖以统治的政治基础。帝纣改革了传统的任用贵族旧臣的用人政策，而是任用小人、四方族邦的罪人。《尚书·牧誓》载周武王称纣王"昏弃厥遗王父母弟，不迪。乃惟四方之多罪逋逃，是崇是长，是信是使，是以为大夫卿士，俾暴虐于百姓，以奸宄于商邑"。对于贤臣微子、箕子、比干等不但不加以重用，反而杀害或囚禁或迫使逃亡。"而用费中为政。费中善谀，好利，殷人弗亲。纣又用恶来。恶来善毁谗，诸侯以此益疏。"① 帝纣改革内服朝臣的任职政策，使得在其统治时期，商王朝的内服朝臣分为两派：一派以微子、箕子、比干、胶鬲、三公为代表，严格遵守国家法典，被后世称为贤人、圣人。他们作为商王朝的辅佐之臣，忠于商王朝，对于纣王的暴行进行激烈的斗争，但未能阻止纣王的恶行。另一派以纣王为首的执政派，如费中、恶来、崇侯虎等，他们助纣为虐，更加助长了纣王奢侈腐化的生活及政治的腐败。纣王的任人不当，使得商王朝内外服都出现了叛离的情形。《史记·周本纪》云："太颠、闳夭、散宜生、鬻子、辛甲大夫之徒皆往归之。"《史记集解》谓："刘向《别录》：'鬻子名熊，封于楚。辛甲，故殷之臣，事纣。盖七十五谏而不听，去至周，召公与语，贤之，告文王，文王亲自迎之，以为公卿，封长子。'长子，今上党所治县是也。"②《史记·周本纪》云："太师疵、少师强抱其乐器而奔周"。《殷本纪》作"殷之大师、少师乃持其祭乐器奔周。"王叔岷云："参枫、三本、及《艺文类聚》所引，此文盖作'大师疵、少师强、微子抱其祭、乐器而犇周。'抱乐器者大师疵、少师强也。抱祭器者，微子也。"③ 殷商末年如贵族微子、掌管礼乐的大师、少师这样的职官，畏于商纣王的残暴统治，而去商奔周的内服贵族一定不少。近年在周原附近出土了很多殷遗家族的铜器群，这些器主在周都做了大官，据铭文他们自述，本来是殷商的内外服或服属国，如史墙家族。

帝纣的残暴统治也迫使外服诸侯的叛离。据《史记·殷本纪》的相关记载透露了商末外服体制的演变，纣王"以西伯昌、九侯、鄂侯为三公。九侯有好女，入之纣。九侯女不喜淫，纣怒，杀之，而醢九侯。鄂侯争之强，辨之疾，并脯鄂侯。西伯昌闻之，窃叹，崇侯虎知之，以告纣。纣囚西伯羑里。西伯之臣闳夭之徒，求美女、奇物、善马以献纣，纣乃赦西伯。西伯出而献洛西之地，以请除炮烙之刑。纣乃许之，赐弓

---

① 司马迁：《史记》卷3《殷本纪》，中华书局2013年修订本，第137页。

② 司马迁：《史记》卷4《周本纪》，中华书局2013年修订本，第151页。

③ 王叔岷：《史记斠证》，中华书局2007年版，第125页。

矢斧钺，使得征伐，为西伯"。"西伯归，乃阴修德行善，诸侯多叛纣而往归西伯。西伯滋大，纣由是稍失权重。"诸侯之叛纣归周，盖由于纣之不善政而西伯之善政；西伯之得专征伐，诸侯半被征服。西伯以商王朝外服伯的身份帅诸侯臣服于商，而继续积蓄力量，待时灭商。《左传》襄公四年载韩献子之言："文王帅殷之叛国以事纣，唯知时也。"西伯借助商王朝赐予的征伐权力，继续讨伐商王朝西部的臣属国，《史记·周本纪》载："明年，伐犬戎。明年，伐密须。明年，败耆国。殷之祖伊闻之，惧，以告帝纣。纣曰：'不有天命乎？是何能为！'明年，伐邘。明年，伐崇侯虎。而作丰邑，自岐下而徙都丰。明年，西伯崩，太子发立，是为武王。"① 商王朝西部的西戎、密须、耆国等臣属邦国被周征服后，为周人向东发展提供了稳定的后方。而伐邘、崇两国，则扫清了周人东进道路上的障碍，作丰邑并迁都于丰，为周势力向东推进及周武王灭商创造了条件。

以黄类卜辞与晚商金文为主要材料，对商王帝乙帝辛时期的国势可得较为详尽的了解。从田猎卜辞来看，帝乙帝辛时期频繁田猎巡视地方，说明地方族邦势力并不稳定；从征伐卜辞看，商王频繁调动军队，征讨侵犯的敌对或叛乱的邦方，显示出商王朝面临四土危机。前文在探讨外服侯、外服田问题时，相关卜辞显示，商王就是否调动外服军队协同王师讨伐叛乱邦方时，颇为谨慎，与武丁时代直接命令内外服军事力量协同作战的情况明显不同，这或许反映商王与外服的关系亦较为紧张和敏感。《左传》昭公四年载："商纣为黎之蒐，东夷叛之"，昭公十二年曰："纣克东夷而陨其身"。古代史家亦认为商纣王讨伐东夷耗尽了国力，同时也丧失了天下对商王权的认同感。

第二节　周文王治国经验与王权认同建构

周文王继承古公亶父、王季之业治理周邦，使周邦逐渐兴盛，周公称其"肇造周邦"。周文王治理周邦积累的治国理政经验，以及文王受命

---

① 司马迁：《史记》卷4《周本纪》，中华书局2013年修订本，第153页。

等创举，为周人代商而有天下奠定了基础。故很有必要对周文王治国理政经验进行梳理和总结，对于周文王受天命相关问题，亦需要放在商周之际政治变革的大背景下加以认识。

一　周初诸诰所述文王治国经验

在《尚书》的周初诸诰中，周公总结了周文王治理国家的重要政治经验。归纳起来有如下几点：

第一，周文王重视德教，饮酒彝训、力戒逸乐，防止政治腐化。《尚书·酒诰》载："乃穆考文王，肇国在西土。厥诰毖庶邦庶士越少正御事朝夕曰：祀兹酒。惟天降命，肇我民，惟元祀。天降威，我民用大乱丧德，亦罔非酒惟行；越小大邦用丧，亦罔非酒惟辜。"周文王生活于商末亲历商王朝上自商王、内外服职事，下至庶民百姓皆酗酒。酒本为祭祀飨神之物，而商代晚期君臣与庶民百姓皆饮酒，由饮酒社会风气带来的政治腐败问题，最终葬送了商王朝的国运。周文王以方伯的身份朝夕告诫他治下的众邦君、卿士、各级长官，祭祀方能饮酒①，需思上天降我福命，治理我民，只有举行大祭祀典礼时可饮酒。周文王总结历史经验教训，指出历史上民丧德与大小邦国失国皆因饮酒之罪。"文王诰教小子有正有事：无彝酒。越庶国，饮惟祀，德将无醉。惟曰我民迪小子惟土物爱，厥心臧。聪听祖考之彝训，越小大德。"（《尚书·酒诰》）周文王又告诫子孙和朝中官员毋常饮酒，告诫其治下的众邦国，祭祀饮酒要以德相扶不使之醉。又谓西土之民要教导子孙爱惜粮食，则民心向善。"我西土棐徂，邦君御事小子，尚克用文王教，不腆于酒，故我至于今，克受殷之命。"（《尚书·酒诰》）棐徂，孙诒让认为同声假借读为"匪且"，据《诗经·周颂·载芟》毛传训为"非此"。"言我周西土非自此始，君臣皆尚能用文王教命，不敢厚用酒。"② 所以至今能受殷之天命。周公总结周文王对群臣及臣服族邦进行德教，采取节制饮酒的治国之策，因有

---

① 关于"祀兹酒"的"兹"字，曾运乾曰："兹，则也，声之转。祀兹酒，犹云祀则酒，即下文'诰教小子饮惟祀'也。"（参《尚书正读》，中华书局 2015 年版，第 173 页）

② 孙诒让：《尚书骈枝》，《大戴礼记斠补》所附，齐鲁书社 1988 年版，第 24 页。

德而受天命。

第二，周文王重视农业生产，发展国力，不惮于游乐。《尚书·无逸》："文王卑服，即康功、田功。徽柔懿恭，怀保小民，惠鲜鳏寡。自朝至于日中昃，不遑暇食，用咸和万民。文王不敢盘于游田，以庶邦惟正之供。文王受命惟中身，厥享国五十年"。周文王遵奉后稷、公刘之业，"务耕种，行地宜"①，重视农业的传统，亲躬平治道路、服田力穑之事。文王性格平和、仁爱、恭敬，安保小民，施恩鳏寡。从早忙到晚，甚至于无暇吃饭，是以能够和睦万民。文王不敢逸乐于田猎，忙于与众邦君主恭敬政事。故周文王中年受天佑大命，而其治国达五十年。

第三，周文王善于设立各级长官，重用贤臣辅佐治国。《尚书·立政》载周公曰："亦越文王、武王，克知三有宅心，灼见三有俊心，以敬事上帝，立民长伯。立政：任人、准夫、牧作三事。虎贲、缀衣、趣马、小尹、左右、携仆、百司庶府。大都、小伯、艺人、表臣、百司。大史，尹伯，庶常，吉士。司徒、司马、司空、亚旅。夷、微、卢烝，三亳、阪尹。"周文王、周武王能深知禹、汤设立三类大臣事、牧、准的用意，灼见禹、汤选择三类大臣应取贤德之士的用心，由是敬奉上帝，为民设立各级长官。主要有王的枢密官、王的近臣、执行政务官、处理侯国事务官、处理边疆事务官五类。②"文王惟克厥宅心，乃克立兹常事司牧人，以克俊有德。文王罔攸兼于庶言、庶狱、庶慎；惟有司之牧夫，是训用违。庶狱、庶慎，文王罔敢知于兹。"（《尚书·立政》）周文王因能知所择士之心，故能立此上述官长，用此等官员能大有德于民。文王从不兼摄议论教诲之官、刑狱之官、审讯之官的职权，周文王又能"礼下贤者，日中不暇食以待士，士以此多归之。伯夷、叔齐在孤竹，闻西伯善养老，盍往归之。太颠、闳夭、散宜生、鬻子、辛甲大夫之徒皆往归之"（《史记·周本纪》）。

第四，周文王采取"明德慎罚"治国方略，修明政治，受天佑大命。

———————————

① 司马迁：《史记》卷4《周本纪》，中华书局2013年修订本，第147页。

② 顾颉刚：《"周公制礼"的传说和周官一书的出现》，《文史》第6辑，中华书局1979年版，第2页。

《尚书·康诰》："惟乃丕显考文王，克明德慎罚，不敢侮鳏寡，庸庸祗祗，威威，显民。用肇造我区夏，越我一二邦，以修我西土。惟时怙冒，闻于上帝。帝休，天乃大命文王：殪戎殷，诞受厥命越厥邦厥民"。因周文王实行明德慎罚的治国政策，他的德治闻达于上天，上帝降下休美大命，命文王伐殷，大受其命与其邦其民。清华大学藏战国竹简第五辑收录的《封许之命》亦载周文王受命之事，如第二简"故天劝之无斁，尚纯厥德，膺受大命，骏尹四方"①。天劝导文王，并因其纯德，降受文王大命，使其治理天下四方。

二　文王受命称王与构建王权认同

关于文王受命问题，近年受到学界较多关注，特别是上博简《诗论》、清华简《程寤》公布以来，续有学者研讨。②《清华大学藏战国竹简》（壹）中有《程寤》篇，整理者据《太平御览》引《逸周书·程寤》与简文对读，判断竹简文字可能即是佚失的《逸周书·程寤》，并拟篇名《程寤》。该篇共九支竹简，其内容对于理解周文王受天命的途径具有重要意义。综合整理者释文，俱引清华简《程寤》内容于下：

> 惟王元祀贞（正）月既生魄，大姒梦见商廷惟棘，廼小子发取周廷之梓树于厥间，化为松柏棫柞。[一]寤，敬（惊），告王。王弗敢占，诏大子发，卑（俾）灵名凶，敬（祓）。祝祈被王，巫率被大姒，宗丁被大子发。敝（币）告[二]宗方（祊）社稷，祈于六末山川，攻于商神，望，承（烝），占于明堂。王及大子发并拜吉梦，受商命[三]于皇上帝。兴，曰："发，女敬听吉梦。朋棘𢧜梓

---

① 清华大学出土文献研究与保护中心编：《清华大学藏战国竹简》（伍），中西书局2015年版，图版第39页，释文第118页。

② 王和：《文王"受命"传说与周初的年代》，《史林》1990年第2期；王晖：《周文王受命称王考》，《陕西师范大学学报》2002年第4期；晁福林：《从上博简〈诗论〉看文王"受命"及孔子的天道观》，《北京师范大学学报》2006年第2期。罗新慧：《周代天命观念的发展与嬗变》，《历史研究》2012年第5期；晁福林：《从清华简〈程寤〉篇看"文王受命"问题》，《北京师范大学学报》2016年第5期。

松，梓松柏副，槭橐（覆）柞柞，化为朕。呜呼，可（何）敬（警）
非朋，可（何）戒非［四］商，可（何）用非树，树因欲，不违
材。如天降疾，旨味既用，不可药，时不远。惟商感在周，周感在
商，［五］欲惟柏梦，徒庶言述，引（矧）又勿亡秋明武威，如槭柞
亡董（根）。呜呼，敬哉！朕闻周长不式（贰），务［六］择用周，
果拜不忍，妥（绥）用多福。惟梓敝不义，芜于商，卑（俾）行量
亡乏，明明在向，惟容内（纳）棘，意（億）［七］亡勿用，不憖，
思（使）卑柔和顺，眚（生）民不灾，怀允。呜呼，可（何）监非
时，可（何）务非和，可（何）禩非文，可（何）［八］保非道，可
（何）爱非身，可（何）力非人。人谋强，不可以藏。后戒，后戒，
人用汝母（谋），爱日不跊（足）。［九］①

　　清华简《程寤》载周文王受命的时间是其称王元年正月既生霸，文
王受命称王，应是受殷商之命为"西伯"之时。《史记·殷本纪》载：
"乃赦西伯，赐之弓矢、斧钺，得专征伐。"《竹书纪年》载帝辛三十三年
"王锡命西伯，得专征伐。"清华简《程寤》近于周人史官记录体例，以
文王受命为称王之元年，开启周邦发展的新阶段。上引《程寤》载文王
夫人大姒梦见商庭长满荆棘，太子发取周庭之梓，植于商庭，长成松柏
槭柞。大姒惊醒，将梦的内容告知文王。文王未敢占梦，召太子发并命
神职祓除不祥。祝、巫、宗伯分别为文王、大姒、太子发祓除不祥。告
币于宗庙社稷，祈祷于六末山川，攻于商神，举行望祭、燎祭，占梦于
明堂。文王与太子发并拜吉梦，承受殷商国命于皇天上帝。简文表明周
文王受天命可能是通过托梦、祝祷、祭祀、占梦等一系列宗教活动实现
的。周文王、太子发等主要借助商周之际的社会观念，当时人普遍认为
梦能够预兆吉凶，普遍信奉上帝，梦是上帝对人行为的引导与暗示。大
姒之梦的寓意核心是周将代商，并且最终取代商之人为太子发。梦为上
帝对人类的暗示，周人通过解梦，宣称受上帝之命取代殷商国命。

　　关于文王受命内容的准确表述，见于《尚书·康诰》载周公言："惟

---

　　①　李学勤主编：《清华大学藏战国竹简》（壹），中西书局 2010 年版，第 136 页。

乃丕显考文王，克明德慎罚，不敢侮鳏寡，庸庸，祗祗，威威，显民。用肇造我区夏，越我一二邦，以修我西土。惟时怙冒，闻于上帝。帝休，天乃大命文王：殪戎殷，诞受厥命越厥邦厥民。"以及《逸周书·商誓》载周武王所述文王受命："今在商纣，昏忧天下，弗顾上帝，昏虐百姓，奉天之命。上帝弗显，乃命朕文考曰：'殪商之多罪纣。'肆予小子发，不敢忘天命。朕考胥翕稷政，肆上帝曰必伐之。予惟甲子，剋致天之大罚。"前者谓天命文王，所命内容"殪戎殷，诞受厥命越厥邦厥民"，翦灭大殷，并受殷商国命与殷邦殷民；后者谓上帝命文王"殪商之多罪纣"，仅言翦灭有罪的纣王。由清华简《程寤》及《尚书·康诰》、《逸周书·商誓》所述文王受命内容基本一致，即取代殷商国命，同时又提及武王继承文王所受天命，《康诰》与《商誓》又载周武王完成了上帝之命。而周初重器天亡簋铭文记载周武王克商后，在天室祭祀上帝和文王，将克商完成上帝之命告知上帝与文王。

　　文王受命有着重要的政治意义，周文王、太子发通过祭祀、祷告、占梦等宗教仪式，宣称受上帝之命取代殷商，这实是一种"神道设教"（《周易·观卦》），是利用商周之际社会上普遍认为梦是神灵对人类行为的启示，利用人们对上帝的信仰，为周文王权力的正统性造势，为其准备讨伐商纣的合理性做政治理论宣传。同时又以承受上帝之命取代殷商，来构建各族邦、方国对文王权力的认同。文王受命之说一经提出，就作为周人的政治信仰，牢固不可动摇，从整个西周王朝不同阶段的金文来看，周文王受命已经成为周人的政治信仰和历史记忆与历史记载。如周初天亡簋铭文记载："王同三方"，"天亡又（佑）王，卒祀于丕显考文王，事糦上帝。文王见在上，丕显王乍（则）省，丕肆王乍（则）赓，丕克中（得）衣（殷）王祀"（《集成》4261）。周武王的臣子天亡颂称，周武王实现了文王所受之天命。即铭文中"文王事糦上帝，文王见在上。丕显王乍（则）省，丕肆王则庚，丕克中（得）衣（殷）王祀。"《尚书·无逸》载周公称："文王受命惟中身，厥享国五十年。"周成王时期的何尊载周成王之语"文王受兹天命"（《集成》6014），周康王时期的大盂鼎铭文记载周康王说"丕显文王受天佑大命"（《集成》2837）。西周中期的史墙盘铭文载："上帝降懿德大屏，匍有上下，会受万邦。"

（《集成》10175）西周晚期逨盘铭文载逨称述高祖单公"夹召文王武王达
（挞）殷，膺受天鲁命。匍有四方，并宅厥勤疆土，用配上帝"（《铭图》
14543）。西周晚期周宣王时的毛公鼎铭文还宣称周文王周武王受天命
（《集成》2841）。直至春秋时期楚庄王问鼎中原，王孙满答以"周德虽
衰，天命未改，鼎之轻重，未可问也"，（《左传》宣公三年），打消了楚
庄王进犯中原的意图。

三　清华简《保训》与文王遗命

《逸周书·文传》载："文王受命之九年，时维暮春，在鄗。［召］
太子发曰：'吾语汝我所保所守，守之哉！厚德广惠，忠信爱人，君子之
行。不为骄侈，不为靡泰，不淫于美，括柱茅茨，为爱费。'"文王弥留
之际召太子发，传其"所保所守"治国之道，望太子发守之。据《帝王
世纪》载："文王即位四十二年，岁在鹑火，文王于是更为受命之元年，
始称王矣。"① 那么，文王受命之九年恰为文王即位之五十年。关于文王
传保训之事，清华简《保训》亦载周文王即位五十年，临终前向太子发
传治国宝训，引起学界极大关注，相关研究成果颇多。俱引清华简《保
训》11 支简文内容如下：

　　惟王五十年，不豫。王念日之多鬲（历），恐述（坠）保训。戊
子，自靧水。己丑，昧［一］［爽，被冕服，凭玉几，召太子发，
王］② 若曰："发，朕疾適甚，恐不汝及［二］训。昔前人传保，必
受之以詷。今朕疾允病，恐弗念（堪）终。汝以箸（书）［三］受
（授）之。钦哉！勿淫！

　　昔舜旧作小人，亲耕于鬲（历）茅（丘），恐，救（求）中。
自诣（稽）厥志，［四］不讳（违）于庶万眚（姓）之多欲。厥有
改（施）于上下远迩，乃易立（位），执（设）诣（稽），测［五］

---

① 徐宗元辑：《帝王世纪辑存》，中华书局 1964 年版，第 85 页。
② 所拟补简文见晁福林《观念史研究的一个标本——清华简〈保训〉补释》，《文史哲》
2015 年第 3 期。

阴阳之勿（物），咸川（顺）不逆。舜既得中，言不易实覒（变）名，身兹备，惟[六]允。翼翼不解（懈），用作三降之德。帝尧嘉之，用受（授）厥绪。呜呼，祗之[七]哉！

昔微假中于河，以复（覆）有易，有易伓（服）厥辠（罪）。微亡（无）鬲（害），乃追（归）中于河。[八]微寺（志）弗忘，传贻子孙，至于成康（汤），祗备（服）不解（懈），用受大命。呜呼！发，敬哉！[九]

朕闻兹不旧（久），命未又（有）所次（延），今汝祗备（服）母（毋）解（懈），其有所卣（由）矣，不[十]及尔身受大命，敬哉！母（毋）淫！日不足，惟宿不兼（详）。"[十一]①

以上简文内容分为四个小段，首段叙述文王传《保训》的背景，周文王在位的第五十年，病重未能痊愈，文王担忧坠失保训。戊子日文王亲自洗了脸，翌日己丑拂晓，文王穿戴好冕服，凭靠玉几，召见太子发。告知因病重，只能以授书的形式传保训。告诫太子发敬慎，不要恣意放纵。从简文叙述的情境看，类似于《尚书·顾命》所载周成王传遗命。第二段简文主要载周文王述舜求取"中"的故事，舜志不违背百姓万邦之欲，遍施恩惠于上下远近不同地区与不同层次的人；舜还测量阴阳，建立政治中心的最佳地区。舜得"中"，守"中"，而终受尧之赞誉，并被授予管理当时天下的大业。第三段简文叙述上甲微向河伯借"中"，打败有易氏，有易氏服罪后，上甲微还"中"于河伯。上甲微之志没有被遗忘，而是传诸子孙，至于成汤敬服不怠，方受上天大命。第四段简文述及文王临终前的谆谆嘱咐，文王称听闻"中"时间不长，似尚未深入领会，然命不长矣。告诫太子发对于"中"要敬服不懈，定有所用。恭敬，勿恣肆放纵，时光短暂，要戒惧灾祸。

《保训》所载周文王传太子发保训，训诫的内容是关于治国之道"中"，训诫前后都告诫"敬哉，勿淫！"周文王时期已经争取了众多的殷

---

① 释文参考李学勤主编《清华大学藏战国竹简》（壹），中西书局 2010 年版，第 143 页。晁福林：《观念史研究的一个标本——清华简〈保训〉补释》，《文史哲》2015 年第 3 期。

商外服族氏，形势对周较为有利，但文王依然谆谆告诫，保持恭敬谦逊的传统，团结众多族邦进一步争取他们的信任，方能实现帝赐大命。清华简《保训》记录事件完整，首尾呼应，主题明确，相比较而言清华简《保训》的记录形式更似当时实录其事，具有极高的史料价值。

第三节　周武王时期商周变革与王权认同转移

周人经历大王、王季、周文王时代的发展，势力日益壮大，至周文王时期采取有力措施，使得周在远近的邦国中拥有了很高的声望，多邦日益归服于周。周文王一面以商的外服邦伯身份征服周围不服从的诸邦，稳固了后方，之后向东发展，伐黎、邘、崇，分化和拉拢殷商外服势力。一面又对商王朝谦恭和表示臣服，使商纣王不以周为强敌。经过周文王的努力，出现"三分天下有其二"（《论语·泰伯》）的政治局面，即多数邦国都听从周文王号令。可以说，这时社会上普遍认同以周文王为代表的政权，即对周邦认同意识已经出现，这为周武王代商奠定了基础。周武王即位后，采取了一些治国策略，争取众邦国的认同和支持。

一　上博简《武王践阼》与周武王的治国策略

文王去世后周武王即位，太公望为师，周公旦为辅，召公、毕公左右王师，继续文王翦商大业。周武王向商称臣，接受商王朝外服"西伯"之号，积极谋划翦商大业。曾向师尚父垂询黄帝、颛顼等治国之道，《大戴礼记·武王践阼》大体是以此事为背景的经学文献。近年公布的《上海博物馆藏战国楚竹书》（七）中所收《武王践阼》篇共15支竹简，亦载武王向师尚父垂询黄帝、颛顼、尧、舜的治国之道。其第3—5简载有：师尚父奉书，道书之言，曰："怠胜义则丧，义胜怠则长。义胜谷（欲）则从，谷（欲）胜义则凶。仁以得之，仁以兽（守）之，其运百世；不仁以得之，仁以兽（守）之，其运十世；不仁以得之，不仁以兽

（守）之，及于身。"①

据专家研究上博简《武王践阼》所述周武王垂询师尚父的史事大体是不错的，周武王向其垂询之事也是可信的。② 师尚父以五帝古道训告武王治国经验，其中谈到最为重要的是"仁"与"义"，而武王作铭以警示自己，谈到古道在敬民。师尚父语武王治国经验的精髓在于施行仁、义③，"敬民"以获得天下民众的认同，造成民心所向的政治局势。具体做法是争取天下众邦尤其是殷商外服势力，征服与殷商为敌的方伯。于是周武王继续以殷商外服"西伯"或"周方伯"的身份，讨伐那些殷商的敌方，拉拢那些殷商外服侯伯，积累力量等待时机，讨伐大邑商。

二 周武王设置籍田与祭祀上帝权力转移

周武王承袭"西伯"之号，访师尚父治国策略，乃为灭商在政治上所做准备。《清华大学藏战国竹简》（贰）收录史书性质简文《系年》，为探讨周武王在宗教神权方面准备翦商提供了新材料。清华简《系年》第1—2简："昔周武王监观商王之不龏（恭）上帝，禋祀不寅，乃作帝籍（籍），以登祀上帝天神，名之曰千亩。以克反商邑，敷政天下。"④ 简文以追述历史的口吻，述商纣王不恭上帝。遍检殷墟甲骨黄类卜辞，已不见如商王武丁时期那样，对上帝的敬畏，占卜上帝对王朝大事的影响。见到的是商王称自己的祖先为"帝"，如"文武帝"（《合集》35356）、"文武帝乙"（商代晚期，四祀邲其卣《集成》5413；商代晚期，坂方鼎《铭图》02377），原来仅限于指称上帝神的称谓"帝"，却用于称呼祖先

---

① 马承源主编：《上海博物馆藏战国楚竹书》（七），上海古籍出版社2008年版，图版第17—19页，释文第153—155页。

② 晁福林：《从上博简〈武王践阼〉看战国时期的古史编撰》，《史学理论研究》2011年第1期。

③ 关于"仁"，见于《尚书·金縢》周公祷于三王谓"予仁若考"，周公之仁如文王，古今学者以仁为德，也可以理解为如文王之德。《武王践阼》称治国以"仁"，可能顺应战国时期儒家讲仁政治国的理念，实质上还是讲以"德"治国。关于"义"，就简文来看与"欲""怠"对称，应表示"适宜""准则"等意蕴。关于"义"的内涵参考晁福林《从甲骨文"俎"说到"义"观念的起源》，《考古学报》2019年第4期。

④ 李学勤主编：《清华大学藏战国竹简》（贰），中西书局2011年版，第136页。

神灵，或许反映商王将祖先神的宗教地位置于上帝之上，可能是商代王权集中与强化的表现。《尚书·多士》载周公将成汤至帝乙诸先王与纣王对比，指出"在今后嗣王，诞罔显于天，矧曰其有听念于先王勤家。诞淫厥泆，罔顾于天显民祇。惟时上帝不保，降若兹大丧。惟天不畀不明厥德，凡四方小大邦丧，罔非有辞于罚"。周公亦讲述纣王不敬上天，不听不念先王治国勤家之策，反而淫泆，不顾天意和敬民。于是上帝不保其命，降此大丧，命周代商。

与纣王不敬上帝的情况相反，清华简《系年》载周武王看到纣王废弃祭祀上帝之礼，乃设置籍田，生产祭祀上帝的嘉谷，接替商王祭祀上帝之权力，宣称受上帝之大命。《逸周书·商誓》载周武王克商后对殷商内外服的告诫：

> 王曰：在昔后稷，惟上帝之言，克播百谷，登禹之绩。凡在天下之庶民，罔不维后稷之元谷用蒸享。在商先哲王，明祀上帝，□□□□亦维我后稷之元谷用告和、用胥饮食。肆商先哲王维厥故，斯用显我西土。今在商纣，昏尤（扰）天下，弗显上帝，昏虐百姓，奉（韦）天之命。上帝弗显，乃命朕文考曰："殪商之多罪纣。"肆予小子发，不敢忘天命。朕考胥翕稷政，肆上帝曰必伐之。予惟甲子，矤致天之大罚。□帝之来，革纣之□，予亦无敢违天命。①

周武王述及其祖先后稷奉上帝之命，播植百谷，助成禹治理洪水之功绩。天下庶民无不用后稷所种植嘉谷食用与祭祀祖先。商代的先哲王祭祀上帝，亦用后稷之嘉谷祭祀与饮食。商先哲王因此而使西土显，或即帝乙命王季为西伯。而至于商纣扰乱天下，不顾上帝之命，昏虐百姓，违背天命。上帝乃命周文王杀死多罪的纣王。予小子发不敢忘上天之命，朕考文王遵循后稷之政，故上帝命其伐纣王。至周武王于甲子日致天之罚，诛灭纣王，亦是遵循天命。清华简《系年》载周武王设置籍田，生

---

① 黄怀信、张懋镕、田旭东：《逸周书汇校集注》（修订本）卷5《商誓》，上海古籍出版社2007年版，第452—455页。

产嘉谷祭祀上帝，亦是其获得帝命伐商的表征，更是在宗教神权方面获得了正统性，以此为号召获得更多邦国的支持，也可以视为周武王获取天下邦国认同的重要手段。如《系年》所载周武王终能颠覆商的统治，布大政于天下。

三　清华简《耆夜》与周人积极进取精神

周武王即位第八年，东进讨伐殷商外服耆侯，大败之。周人伐耆之事，《尚书·西伯戡黎》以及清华简《耆夜》都有记录，可以视这两篇文献为商人和周人各自的历史记载。不同的是《尚书·西伯戡黎》所述伐黎者为"西伯"，宋代以前经学家皆认为西伯为文王；宋代学者对伐黎的西伯为文王提出质疑，根据是《竹书纪年》所载西伯伐黎事发生在商纣王四十一年，时周文王已薨。于是提出伐黎者为周武王。① 清华简《耆夜》明确记述伐耆者为周武王，是篇反映周人克耆之后高昂的士气，俱引简文如下：

> 武王八年，征伐郘（耆），大戡之。还，乃饮至于文大室。毕公高为客，召公保奭为［一］夹，周公叔旦为宝，辛公诇甲为立（位），作策逸为东尚（堂）之客，郘（吕）上（尚）父命为［二］司政（正），监饮酒。
>
> 王夜爵酬毕公，作歌一终曰《乐乐旨酒》："乐乐旨酒，宴以二公。絰仁兄弟，［三］庶民和同。方臧方武，穆穆克邦。嘉爵速饮，后爵乃从。"王夜爵酬周公，［四］作歌一终曰《輶乘》："輶乘既祋（饬），人备（服）余不胄；虔士奋甲，殹民之秀；方臧方武，克燮［五］仇雠；嘉爵速饮，后爵乃复。"
>
> 周公夜爵酬毕公，作歌一终曰《赑赑》："赑赑戎备（服），臧［六］武赳赳。毖情（精）谋猷，裕德乃救。王有旨酒，我忧以浮。既醉有蚕（侑），明日勿稻。"周［七］公或夜爵酬王，作祝诵一终

---

① 相关研究参见顾颉刚、刘起釪《尚书校释译论》，中华书局 2005 年版，第 1061—1067 页。

曰《明明上帝》："明明上帝，临下之光，丕显迹（来）各（格），
歆厥禋明（盟），于［八］……月有盈缺，岁有歇行，作兹祝诵，万
寿亡疆。"周公秉爵未饮，蟋蟀［九］趯降于尚（堂），［周］公作
歌一终曰《蟋蟀》："蟋蟀在尚（堂），役车其行；今夫君子，不憙
（喜）不乐；夫日［十］□□，□□□忘（荒）；母（毋）已大乐，
则终以康；康乐而母（毋）忘（荒），是惟良士之迈（方）。蟋蟀在
［十一］席，岁聿员（云）茖（莫）。今夫君子，不喜不乐；日月其
穑（迈），从朝及夕，母（毋）已大康，则终［十二］以复（祚）。
康乐而母（毋）［忘］（荒），是惟良士之惧。蟋蟀在舒，岁聿［员］
（云）□，□□□□，□□□□，［十三］□□□□□，□□□□。
母（毋）已大康，则终以惧。康乐而母（毋）忘（荒），是惟良士
之惧。"［十四］耆夜①

　　是篇简文记载，周武王戡耆之后，还归镐京于文王大室举行饮至之
礼。宴饮礼仪主要由周武王、毕公、召公、周公、辛公、作策逸、吕尚
父参加，毕公或在伐耆之役有大功，而尊毕公为客。召公奭辅助毕公行
礼，周公为主人，献宾、献君，自酢于君。辛甲正君臣之位，作策逸为
东堂之客，吕尚父为司正，监宾主饮酒之礼，各司其职。周武王舍爵酬
毕公，作《乐乐旨酒》，表达以美酒宴乐毕公、召公，兄弟诚信仁爱，能
使百姓和同。正当壮武，能胜任国事。武王舍爵酬周公，作《輶乘》，表
达輶车已整饬，敌服余不胄。军士奋甲，民之秀出。正当壮武，会合伐
仇雠。周公舍爵酬毕公，作《赑赑》，央央戎服，壮武赳赳，谨慎谋略，
乃探求盛德。王虽有美酒，我担忧过饮。既醉乃劝，明日勿过饮。周公
舍爵，酬周武王，诵祝诗篇《明明上帝》，赞美光明的上帝降临人间，丕
显祖神降临，享用祭品，实赞美上帝，赞美丕显受上帝大命。周公秉爵
未饮，有蟋蟀跃降于堂，周公作《蟋蟀》，以蟋蟀起兴，告诫王及诸贵
族。蟋蟀在堂，犹役车之行，意指伐商大业仍在路上。今夫君子，尽情
喜乐。但光阴不复，时不我待。勿甚大乐，终将大康。勿甚大康，终得

①　李学勤主编：《清华大学藏战国竹简》（壹），中西书局 2010 年版，第 150 页。

天子之位。告诫良士，康乐而勿荒怠。

从清华简《耆夜》的结构看，该篇虽述饮至宴饮之礼，饮酒之际赋诗明志，表现周人君臣、贵族对于商周战略形势很是乐观，有上帝和文王之神相助，对于未来充满希望。周公作《蟋蟀》对周人贵族加以告诫"勿甚康乐"，"康乐而毋荒"，大命未达仍要保持谨慎警惕和勤劳之精神状态。

四 《尚书·西伯戡黎》《微子》与殷商亡国征兆

周人克黎之后，商人的反映见载于《尚书·西伯戡黎》，是篇载：

> 西伯既戡黎。祖伊恐，奔告于王。曰："天子，天既讫我殷命，格人元龟，罔敢知吉。非先王不相我后人，惟王淫戏，用自绝。故天弃我，不有康食。不虞天性，不迪率典。今我民罔弗欲丧，曰'天曷不降威，大命不挚。'今王其如台?"王曰："呜呼！我生不有命在天？"祖伊反曰："呜呼！乃罪多参在上，乃能责命于天？殷之即丧，指乃功，不无戮于尔邦。"①

此篇大体语译如下：内服大臣祖伊得知周人克黎，甚为恐慌，奔告于商王受。祖伊所言周人战胜黎，意味着天将终讫殷商国命，即便是贤人与大宝龟也不能判断为吉兆。并不是先王之神灵不祐助我们，乃王淫虐以至自绝于先王神灵。所以上天鄙弃我们，不予康食。当前民众无不欲王亡国，言上天为什么不降下危难惩罚王，大命已不有。祖伊问王现在该怎么办呀。纣王回以生而有天命，表示无所畏惧。祖伊对言：汝罪多累积于天，岂能寄望于天命。殷商若亡国，皆汝之罪，不要辱戮邦家。

与祖伊对商王朝国运的判断接近的还有许多内服重臣，如纣王的庶兄微子及父师、少师，其论见于《尚书·微子》，是篇载：

---

① 孔氏传，孔颖达疏：《尚书正义》卷10《商书·西伯戡黎》，阮元校刻《十三经注疏》，中华书局1980年影印本，第177页。

微子若曰：“父师、少师，殷其弗或乱正四方。我祖底遂陈于上，我用沈酗于酒，用乱败厥德于下。殷罔不小大好草窃奸宄；卿士师师非度。凡有辜罪，乃罔恒获。小民方兴，相为敌雠。今殷其沦丧，若涉大水，其无津涯。殷遂丧，越至于今！”曰：“父师、少师，我其发出狂，吾家耄逊于荒？今尔无所指告，予颠隮，若之何其？”

父师若曰：“王子，天毒降灾荒殷邦。方兴沈酗于酒，乃罔畏畏，咈其耇长、旧有位人。今殷民乃攘窃神祇之牺牷牲用，以容将食无灾。降监殷民，用乂雠敛，召敌雠不怠。罪合于一，多瘠罔诏。商今其有灾，我兴受其败；商其沦丧，我罔为臣仆。诏王子出迪，我旧云刻子。王子不出，我乃颠隮。自靖！人自献于先王，我不顾行遁。”①

该篇所载纣王庶兄微子与王朝大臣父师、少师的对话，反映殷商亡国已是时间问题。微子就如何保住殷商祭祀，咨询父师、少师。微子所述殷商局势：殷商将不国和不能治理四方，祖先神在上，曾拥有光辉伟大的事业，然现在子孙沉湎于酒，败坏祖先美德于下土，大小贵族首领草窃奸宄。卿士和众臣不守法度。凡罪犯，极少捕获治罪。小民普兴，相斗结怨。当前殷商即将沦失，如同渡河而找不到渡口，失去了方向与前进的动力。殷商始终处于危险境地。微子向父师、少师咨询向何地出逃。父师诰告微子，天厚降灾祸，欲亡殷邦。王沉湎于酒，无所畏惧，不敬旧有位的贵族师长。殷民甚有盗窃祭祀神灵的牺牲以为己食，以为食之亦无灾，不信神灵降祸之说。使民好斗聚敛，招致仇敌而不知厌止。商王受的各种罪行，民无处诉说。商邦有灾，我起受其败；但要亡国，我不愿沦为臣仆奴隶，劝告王子出逃，用我昔言于箕子者。王子不出，则我殷颠坠矣。自谋之哉！为了对得起殷先哲王，我不能再瞻前顾后。

---

① 孔氏传，孔颖达疏：《尚书正义》卷10，《商书·微子》，阮元校刻《十三经注疏》，中华书局1980年影印本，第177—178页。

商纣王的庶兄微子为首的贵族"多子"离弃殷邦，诸臣也逃离大邑商，商纣王统治的基础内服贵族集团分裂瓦解。周武王抓住时机，于牧野之战攻克大邑商，诛杀商王受，并派兵遣将，数日内扫清了殷商外服残余势力，取代了商，实现了天命。

第 七 章

服制与西周国家认同建构

武王克商后，主要的任务在于稳固局势，对殷商内外服势力进行争取和诰教，争取这些强宗大族和邦方的支持，可以说武王克商后的短短两年，主要集中于殷商贵族对周王权威的认同构建。而对于国家建构的大问题，依然维系商代的内外服制度形式，并未遽然加以变革。从西周早期历史发展进程看，周武王的统治策略是合理的，至武庚及东方叛乱，给周王朝重建国家结构带来了契机。周成王在周公、召公、师尚父等重臣辅佐下，通过征讨四方扩大疆土，营建洛邑，定天下之中，以宗法封建礼仪的形式重新构建起周代王权国家结构。

第一节　以史为鉴与周初国家认同的建构①

史学大师王国维于《殷周制度论》开篇提出"中国政治与文化之变革，莫剧于殷周之际"的著名论断，殷周间的大变革乃"旧制度废而新制度兴，旧文化废而新文化兴"②。然殷周间的变革、新社会秩序的构建并非一蹴而就完成的，其间经历了制度承袭与发展创新的过程。周初周王朝面临的主要问题是对殷商内外服的治理，梳理周武王到周成王治理殷商内外服的策略，可以考见周初社会秩序建构的历史进程，亦有助于认识殷周之际制度的承袭与变革。以往学术界更多关注的是周王朝处理

---

① 本节内容曾以"以史为鉴与周初社会治理模式的重构"为题，发表于《古代文明》2015 年第 1 期。

② 王国维：《观堂集林》卷 10《殷周制度论》，中华书局 1959 年版，第 451、453 页。

殷遗民问题、周初的商周关系问题，取得的成果较多。① 朱凤瀚将周人对殷遗民诸宗族的处置方式概括为三种：分而治之；以地域规划殷遗民诸宗族组织；使归顺的殷遗民成为周王朝及诸侯国的官吏。② 这些成果考察了周王朝对殷商内服的策略，值得肯定。尚需全面考察周初对殷商内外服的治理政策，以及周初对殷商制度的继承与发展。以下主要以《尚书》中的《周书》以及《逸周书》相关篇章与周代金文、战国竹简相结合，考察周初周武王、周公、周成王在总结三代社会治理经验的过程中，探求治理殷商内外服势力的方法，以及为建立稳固的新秩序所进行的艰辛努力。

一　周武王克商后建构王权认同策略

从周初金文、《逸周书》《史记·周本纪》等相关记载看，周武王时期对待殷商内服势力的主要政策是安抚怀柔③与告诫，并且计划营建新邑安置殷内服势力。周武王对原殷商的外服区别对待，对那些服从于周的外服，只要纳贡表示臣服于周，就承认他们作为一邦之长的权利，不再征伐他们。而对那些一味地与周为敌的殷商外服，则进行彻底的讨伐。

周武王时期治理殷商内服势力采用了安抚策略，这从周武王在殷都停留期间处理的几件大事上体现出来。首先，周武王把克殷以天命转移的方式进行了解释，借助天命以消除殷内服势力的抵触情绪，告诫殷商内服势力安居故土，俯首听命。《逸周书·商誓》篇记载周武王对殷商内服的诰辞，说周伐商是执行上帝的命令和惩罚。纣王惑扰天下，残虐百

---

① 参见傅斯年《周东封与殷遗民》，《"中研院"历史语言研究所集刊》，第 4 本第 3 分，1934 年。汤勤福《论"燮和天下"——周初对殷遗民统治思想新探》，《上饶师专学报》1986 年第 1 期。杨善群《西周对待殷民的政策缕析》，《人文杂志》1984 年第 5 期。潘宏《由〈尚书〉看周初统治政策和商周关系》，《东疆学刊》（哲学社会科学版）1990 年第 4 期。李宏、孙英民《从周初青铜器看殷商遗民的流徙》，《史学月刊》1999 年第 6 期。宫长为、孙力楠《论西周初年的商周关系》，《东北师大学报》（哲学社科版）2000 年第 6 期。

② 朱凤瀚：《商周家族形态》（增订本），天津古籍出版社 2004 年版，第 285 页。

③ 傅斯年：《周东封与殷遗民》，《"中研院"历史语言研究所集刊》第 4 本第 3 分，1934 年。

姓，违背上帝的命令。周武王声明诛杀纣王不是他个人意愿，完全是执行上帝之命。又告知商朝的百姓是无罪的，有罪的是纣王。周武王说自己的命令出自天，如有不听天命而作乱者，就致罚于他。周武王基于殷商内服势力对天的敬畏与信仰，把对殷内服的治理加上天命的色彩，重在安抚殷民，同时也发出警告，若有作乱，则致上天的惩罚。

其次，立纣王子武庚以守殷祀，以削减殷内服对于亡国的悲痛，缓和他们对周人的敌对情绪。同时，命令管叔、蔡叔、霍叔即三监监视殷内服遗民。关于三监，清华简《系年》第三章第13简云："周武王既克殷，乃设三监于殷。"① 《逸周书·作雒》载："武王克殷，乃立王子禄父，俾守商祀。建管叔于东，建蔡叔、霍叔于殷，俾监殷臣。"② 朱右曾云："管叔监殷东之诸侯，蔡叔、霍叔相武庚。"③ 《逸周书·克殷》作"立王子武庚，命管叔相"④。《史记·周本纪》载："封商纣子禄父殷之余民。武王为殷初定未集，乃使其弟管叔鲜、蔡叔度相禄父治殷。"⑤ 按《逸周书·作雒》所记，"三监"是管叔、蔡叔、霍叔，而《汉书·地理志》则以纣子武庚即王子禄父、管叔、蔡叔为"三监"。⑥ 清华简《系年》第13简载武王死后，商邑起来造反，杀掉了三监而拥立录子耿，录子耿即纣王之子武庚禄父。⑦ 显然三监中不包括武庚禄父，《作雒》所载三监为管叔、蔡叔、霍叔是对的。所谓三监是蔡叔、霍叔监武庚及殷内服遗民，管叔监殷东方诸侯。周初立武庚是安抚殷商内服的重要策略，同时管叔、蔡叔、霍叔拥有族众武装以类于诸侯君长的身份监督武庚之国和殷都东方的外服。武庚治下的殷遗民并不是普通的民众，而是商代

① 李学勤主编：《清华大学藏战国竹简》（贰），中西书局2011年版，第45页。
② 黄怀信、张懋镕、田旭东：《逸周书汇校集注》（修订本）卷5《作雒解》，上海古籍出版社2007年版，第510—511页。
③ 朱右曾：《逸周书集训校释》，商务印书馆1937年版，第76页。
④ 黄怀信、张懋镕、田旭东：《逸周书汇校集注》（修订本）卷4《克殷解》，上海古籍出版社2007年版，第356页。
⑤ 司马迁：《史记》卷4《周本纪》，中华书局2013年修订本，第163页。
⑥ 班固：《汉书》卷28《地理志》，中华书局1962年版，第1647页。
⑦ 李学勤：《清华简〈系年〉及有关古史问题》，《文物》2011年第3期。

的统治阶层，如《尚书》诸篇反复告诫的"殷多士"，是商代的强大族属。① 主要是《逸周书·度邑》中周武王所说成汤建国时三百六十族属的后代，构成了商代内服族属的主体。

再次，释放被商纣王囚禁的贤臣、百官，表彰殷贤人商容和被纣王杀害的忠臣比干，革除殷商严刑酷法，救民于水火，用纣王屯聚的财物赈济贫弱百姓。《逸周书·克殷》云："乃命召公释箕子之囚，命毕公、卫叔出百姓之囚，［表商容之间］②。乃命南宫忽振鹿台之钱，散巨桥之粟。乃命南宫百达、史佚迁九鼎三巫。乃命闳夭封比干之墓。"③ 周武王劝以箕子为代表的商贤臣服周，将其带至周，《逸周书·箕子序》："武王既释箕子囚，俾之辟宁于王。" 周武王释放箕子后，使之臣服于王。④《尚书·洪范》载周武王曾就商末周初严峻形势咨询殷商贤臣箕子，后"封箕子于朝鲜而不臣也"⑤。比干强谏纣王而遭剖心，比干的忠君行为使人肃然起敬，周人利用殷人对比干的尊敬，封比干之墓，以获取殷内服势力对周的好感。由此得知，对殷商贤臣的敬重和拉拢也是周武王治理殷商内服的重要举措。"迁九鼎三巫"，《史记·周本纪》作"展九鼎宝玉"，周武王迁九鼎归周，象征主宰天下的权力已经由殷商转移至周。

周武王对殷商内服势力就地安抚的同时，也迁移一部分内服族属至丰镐，⑥ 从各方面发出了告诫。《逸周书·商誓》载周武王言"尔邦冢君

① 彭裕商先生认为周初迁居洛地的"殷遗"，主要是两部分人，"殷多士""殷士"是与商王有血缘关系的殷代贵族，相当于甲骨文中的"王族"和"多子族"。"有方多士"是一些在商代较有势力的异姓贵族，相当于甲骨文中的"多生"。参见其文《周初的殷代遗民》，载王宇信、宋镇豪主编《纪念殷墟甲骨文发现一百周年国际学术研讨会论文集》，社会科学文献出版社 2003 年版，第 572 页。

② "表商容之间"为朱右曾据《史记·周本纪》所补，见朱右曾《逸周书集训校释》，商务印书馆 1937 年版，第 53 页。

③ 黄怀信、张懋镕、田旭东：《逸周书汇校集注》（修订本）卷 4《克殷解》，上海古籍出版社 2007 年版，第 356—359 页。按"振鹿台之钱，散巨桥之粟"为引者据王念孙校读意见改（参王念孙《逸周书杂志》卷 2，载《读书杂志》，江苏古籍出版社 2000 年版，第 10 页）。

④ 《箕子序》原作"武王既释箕子囚，俾民辟宁之以王"。本书称引及解释据黄怀信校读意见，参见黄怀信《逸周书校补注译》，西北大学出版社 1996 年版，第 445 页。

⑤ 司马迁：《史记》卷 38《宋微子世家》，中华书局 2013 年修订本，第 1946 页。

⑥ 张怀通先生认为武王克商后离开商都时，曾将一部分殷遗民上层分子迁居西土。参其文《武王伐纣史实补考》，《中国史研究》2010 年第 4 期。

无敢其有不见告于我有周"，告诫殷内服势力，他们的大邦君长不敢不将他们的举动报告给周人，即殷内服势力处于大邦君长的监管之下。"尔多子其人自敬，助天永休于我西土，尔百姓其亦有安处在彼。宜在天命，□反侧兴乱，予保奭其介有斯。勿用天命，若朕言在周，曰商百姓无罪，朕命在周。其乃先作，我肆罪疾。予惟以先王之道御复正尔百姓，越则非朕，负乱惟尔。"① 其中"多子"是对商代内服贵族的称呼，"尔百姓"是多子的百姓、族人，"在彼"承前所指西土，说明周武王将迁移部分内服的族属于西土。上引文字大意是："你们应人人自敬，帮助上天长久地嘉美我们西土，你们的百姓也会在西土有安居之地。你们该认清天命，若造反作乱，我将再次大规模的征伐。我虽处周，但是我的命令出自上天。若有不听命率先作乱者，我就致罪于他。我只是用你们先王的政策法令再次治理你们。超越法则的不是我，而仗势作乱的是你们。"周武王告诫殷商内服势力认清天命，不要作乱，否则"予则［咸］刘灭之"②。周武王告诫殷遗民，周所得天命不可移易，同时还从宗教祭祀方面对周受天命治理天下的合理性作了证明。周武王克商后，在殷都短暂停留，之后凯旋西归，于克商后第四日到达柬师，赏赐了在克商中有功的右史利。于省吾曾论证柬"应读为管蔡之管"③，地处朝歌之南的郑州商城附近，该地有商王室宗庙，商王曾在此地宗庙赏赐臣子。④ 周武王到达并停留柬地的目的"一方面是镇压商王朝所残存的反周势力，另一方面是要安排管叔在此驻守"⑤。第十二日乙亥日到达天室山即嵩山，登上天室山考察这里的地理形势，望祭四方山川，举行祭天（上帝）大典，⑥ 宣称得

① 黄怀信、张懋镕、田旭东：《逸周书汇校集注》（修订本）卷5《商誓解》，上海古籍出版社2007年版，第459—460页。
② 黄怀信、张懋镕、田旭东：《逸周书汇校集注》（修订本）卷5《商誓解》，上海古籍出版社2007年版，第461页。
③ 于省吾：《利篹铭文考释》，《考古》1977年第5期。
④ 见于省吾编著《商周金文录遗》151篹（中华书局2009年版）、中国社会科学院考古研究所编《殷周金文集成》（修订增补本）2708戍嗣鼎（中华书局2007年版）、《集成》3861篹、《集成》9105宰椃角，以及保利艺术博物馆收藏的坂方鼎，坂方鼎铭文参见李学勤《试论新出现的甂方鼎和荣仲方鼎》，《文物》2005年第9期。
⑤ 晁福林：《论周初历史发展的几个问题》，《北京师范大学学报》1989年第5期。
⑥ 参林沄《天亡篹"王祀于天室"新解》，《史学集刊》1993年第3期。

到了原属于商王祭祀上帝的权力，天亡簋铭文有云："王同三方"，"天亡
又（佑）王，卒祀于丕显考文王，事糦上帝。文王见在上，丕显王乍
（则）省，丕肆王乍（则）赓，丕克中（得）衣（殷）王祀。"（《集成》
4261）乙亥日，周武王举行大礼，王望祭四方山川。祭祀上帝于天室山，
接着从天室下来。天亡佑助王祭祀，完成了对周武王的父亲周文王的祭
祀，并侍奉上帝酒食。文王在天上看着呢，文王省察下面，继任的武王
能继续文王事业，"能够得到'衣（殷）王祀'，意为能够继续进行殷人
对天的祭祀"①。这是周武王的臣子天亡记述周武王祭祀周文王和上帝的
情况，臣子天亡赞颂周文王、周武王，称周武王获得了原属于商王的祭
祀上帝的权力。

　　周武王治理服从周的外服的策略是，不改其原来的称号，进行一些
约束，使其为周王朝服务。《周书序》云："武王命商王之诸侯绥定厥邦，
申义告之，作《商誓》。"② 周武王命令服从周的外服安定其邦，并加以
告诫约束。由《商誓》"尔邦冢君无敢其有不见告于我有周"，知这些服
从周的外服有治理、监督殷民的职责。周武王对待那些不服从周甚至图
谋复兴商的邦国，则兴兵征讨。《逸周书·商誓》有云："其（纣）比冢
邦君我无所攸爱，上帝曰'必伐之。'今予惟明告尔，予其往追。"③
"比"字是"友"字的讹误，④"其友邦冢君"指与纣朋党的诸侯。⑤《逸
周书·世俘》记载了周武王派出太公望、吕他、新荒、侯来、百弇、陈
本、百韦七人率军队征伐与纣朋党的外服势力，被周征伐的有越戏方、
陈、卫、磨、宣方、蜀、厉七邦，之后又派兵遍征四方。《逸周书·世
俘》载周武王征服追随纣王的外服后，回到宗周，举行了一系列典礼，
服从周的邦方也参加了这些典礼。其中犹可注意的是，周王朝对服从周

①　晁福林：《甲骨文"中"字说》，《殷都学刊》1987 年第 3 期。
②　黄怀信、张懋镕、田旭东：《逸周书汇校集注》（修订本）卷 10《周书序》，上海古籍
出版社 2007 年版，第 1129 页。
③　黄怀信、张懋镕、田旭东：《逸周书汇校集注》（修订本）卷 5《商誓解》，上海古籍出
版社 2007 年版，第 457 页。
④　孙诒让：《周书斠补》卷 2《大戴礼记斠补附周书斠补》，齐鲁书社 1988 年版，第 99
页。
⑤　李学勤：《古文献丛论》，上海远东出版社 1996 年版，第 84 页。

的诸侯进行了治理，辛亥日周武王来到周庙，"秉［黄钺］，语治庶国"，并向周的列祖告殷之罪，后"秉黄钺，正国伯"。壬子日武王又来到周庙，"秉黄钺，正邦君"。陈逢衡："庶国，众国也。"潘振云："语，策辞也。"当系发布文诰。顾颉刚认为"国伯"为诸侯之长，属于高级诸侯，"邦君"为次级诸侯。[①] 可见两天间周武王是在处理封绌各地诸侯的大政。[②] 此与《史记·周本纪》所载周武王褒封先圣王后裔及功臣谋士的性质相近，周武王"封诸侯，班赐宗彝，作《分殷之器物》。武王追思先圣王，乃褒封神农之后于焦，黄帝之后于祝，帝尧之后于蓟，帝舜之后于陈，大禹之后于杞。于是封功臣谋士，而师尚父为首封。封尚父于营丘，曰齐。封弟周公旦于曲阜，曰鲁。封召公奭于燕。封弟叔鲜于管，弟叔度于蔡。余各以次受封"[③]。周武王分封诸侯有两个层面：褒封先圣王后裔；册封功臣谋士。齐、鲁受封立国当在周公摄政或成王时期，管、蔡、燕受封并没有举行授民授疆土的礼仪，只是命其率军驻守军事要地。[④] 周武王褒封先圣王的着眼点是古代"兴灭国、继绝世"[⑤] 的传统，承认先圣王后裔固有土地的合法性，其实质只是招徕天下诸侯归附，使更多的诸侯、方国聚集于周王朝的旗帜之下。周武王册封各地外服，很可能只是承认其固有权利，并没有根本改变殷商外服制的格局。

经过以上这些措施，殷商内外服暂时被安置下来，周政权初步得到了巩固。周武王考虑到就地安置殷内服势力不是长久稳妥的办法，计划建都城雒邑，居于天下之中，便于控制殷内服势力及治理四方诸侯。《清华大学藏战国竹简·保训》载周武王遵从周文王遗训，采取"中道"治国，此营建新邑，居于天下之中，可能就是贯彻"中道"的反映。《逸周

[①]　陈逢衡、潘振之说见黄怀信、张懋镕、田旭东《逸周书汇校集注》（修订本），第423页。顾颉刚的观点见同书第425、426页。

[②]　李学勤：《古文献丛论》，上海远东出版社1996年版，第79页。

[③]　司马迁：《史记》卷4《周本纪》，中华书局2013年修订本，第163页。学界对于武王时期是否有分封诸侯之事尚有不同意见，笔者赞成周武王时期已有分封诸侯之事，只是与周公、成王时期分封诸侯的性质不同。

[④]　参晁福林《夏商西周的社会变迁》，北京师范大学出版社1996年版，第350页。

[⑤]　何晏等注，邢昺疏：《论语注疏》卷20《尧曰》，阮元校刻《十三经注疏》，中华书局1980年影印本，第2535页。

书·度邑》记载，周武王病重时告知周公，为了安定殷遗内外服，有营
建洛邑计划。何尊铭文有云："惟武王既克大邑商，则廷告于天，曰：余
其宅兹中或（国）。"（《集成》6014 何尊）周武王克商后，返归途中登祀
天室，告于天神上帝，完成上帝所赐大命，此见于《天亡簋》，而廷告于天
的内容，则为何尊铭文首见。武王祭祀上帝与文王时，曾向上天祷告，计
划营建洛邑，居于天下之中，来治理天下。周武王正是根据古代传统观念
及周文王遗训，计划建都邑于天下之中，稳固统治天下。周武王于登上天
室祭祀上帝之时，观察到伊洛一带地势开阔，距离天下之中的天室山不远，
是营建都邑的最佳位置。但是周武王未来得及实施此计划就病故了。

二　周公、周成王变革商内外服制重建社会结构

周武王去世后，周公作为顾命大臣辅佐周成王即位，周成王即位后
感到自己政治经验不足，希望周公能够给他以行王政的示范，于是周公
摄王政称王。① 管叔为周公之兄，他对周公摄王政非常忿恨。管叔、蔡叔
等先散布流言，称"公将不利于孺子"②，然后"挟武庚以作乱"③。三监
之乱使得刚刚建立的周王朝面临倾覆的危机，周公果断采取东征平叛的
策略。他向友邦及内服官员讲明：虽然形势严峻，但平定叛乱还是有把
握的，并且说"今卜并吉，肆朕诞以尔东征"④。今三卜皆吉，我将率领
你们东征。据《尚书·君奭》知，周公争取甚有威望的召公奭的支持。
于是"周公、召公内弭父兄，外抚诸侯。……二年，又作师旅，临卫攻
殷，殷大震溃。降辟三叔，王子禄父北奔，管叔经而卒，乃囚蔡叔于郭
凌。凡所征熊盈族十有七国，俘维九邑。俘殷献民，迁于九毕"⑤。结合

---

①　关于周公如何由顾命大臣而摄政称王，详见本章第三节中"清华简《周公之琴舞》与
周公摄政"部分的论述。
②　孔氏传，孔颖达疏：《尚书正义》卷13《周书·金縢》，阮元校刻《十三经注疏》，中
华书局 1980 年影印本，第 197 页。
③　司马迁：《史记》卷35《管蔡世家》，中华书局 2013 年修订本，第 1883 页。
④　孔氏传，孔颖达疏：《尚书正义》卷13《周书·大诰》，阮元校刻《十三经注疏》，中
华书局 1980 年影印本，第 200 页。
⑤　黄怀信、张懋镕、田旭东：《逸周书汇校集注》（修订本）卷5《作雒》，上海古籍出版
社 2007 年版，第 516—518 页。

金文与战国竹简，可以勾勒周公东征的大致情形，清华简《系年》第三章第 13 简有云："武王陟，商邑兴反，杀三监而立录子耿。"武王故去，商邑起来造反，杀死了三监的周人吏卒而拥立纣王的儿子禄父与周对抗。① 周成王在周公、召公的辅佐下，打败了武庚叛军，命令康侯驻守商邑（渣司土逨鼎《集成》4059）。武庚即录子耿北逃，周成王命令太保召公奭讨伐录子耿，大保簋铭文云："王伐录子圣，戴厥反，王降征命于大保，大保克敬亡遣。"（《集成》4140）大保能够敬慎并顺利地完成任务，因而获得王的赏赐。周成王亲率大军趁势东征参与叛乱的商奄等熊盈国。清华简《系年》第三章第 14—15 简"成王屎（继）伐商邑，杀录子耿，飞廉东逃于商盖氏，成王伐商盖，杀飞廉，西迁商盖之民于邾虞，以御奴虘之戎，是秦先人，世作周屈（扜）"②。飞廉与商盖都是《逸周书·作雒》所载参与叛乱的盈姓国，周成王伐盖之役获胜，得益于周公旦出谋划策，伯禽号祝辞于鬼神祈求佑助（《禽簋》，《集成》4041）以及众将士特别是殷遗如犅劫（《犅劫尊》，《集成》5977）等的战功。周公又率军往伐东夷诸国，其中丰伯、薄姑等强邦都被平灭，周公归而行饮至之礼（《朢鼎》，《集成》2739）。据柞伯鼎铭文载，周公还征伐了反叛的南部诸侯。③ 周公东征既解决了周的王位之争，又使得试图反叛复国的殷商内服势力被镇压了，追随反叛的殷商外服势力也被彻底制服，皆对周朝王纳贡。周王朝的势力和影响真正达到了东海之滨，这为周王朝统治的巩固奠定了基础。

周公平定叛乱后，对四国多方颁布诰命，反映了周公、成王对归服的殷商外服及多方的政策。《尚书·多方》载周公告诫：夏亡汤兴皆由天命，周代殷治理诸侯亦由天命。谴责诸侯不安天命而叛乱，若再不听命而叛乱，则诛杀不殆。周公、成王沿用商代对外服固有称号称呼他们④，

---

① 杀三监，指杀三监的周人吏卒。录子耿即《大保簋》的录子圣，也即纣王子武庚禄父。参见李学勤主编《清华大学藏战国竹简》（贰），中西书局 2011 年版，第 142 页。
② 竹简释读参考李学勤主编《清华大学藏战国竹简》（贰），中西书局 2011 年版，第 141 页。
③ 朱凤瀚：《柞伯鼎与周公南征》，《文物》2006 年第 5 期。
④ 如《尚书·酒诰》称："殷献臣：侯、甸、男、卫。"《尚书·召诰》称："命庶殷：侯、甸、男、邦伯。"

但对其身份进行了重构，由殷商外服身份而变为"诸侯侯田男"（《令方彝》，《集成》9901），即承认他们作为独立邦君的合法地位，可以在臣属周的情况下，治理自己的邦国。但这些外服诸侯要为周王朝提供力役等表示臣服。如周公作新大邑之时，四方民大和会，侯、甸、男、采、卫、百工、播民都赶来朝见，效事于周王朝。会见周王后又有一系列的活动，《尚书·召诰》记载太保得到卜宅结果，就命令众殷民治宫庙朝市之位于洛汭，位成后，周公到达洛，举行郊祭、社祭后，周公"用书命庶殷：侯、甸、男、邦伯。厥既命殷庶，庶殷丕作"①。并没有提到周的友邦君来为营建洛邑出力役的情况，干活的是庶殷侯甸男邦伯的臣民，他们以提供力役形式表示对周邦的臣服。周公制礼作乐，依据宗法制原则分封诸侯，即如《左传》所载："周公弔二叔之不咸，故封建亲戚，以藩屏周"②，将血缘关系变为政治关系，使血缘政治化。此政策经历周成王、康王时期分封诸侯，将殷商外服诸侯安置于姬姓诸侯之间，建立新的外服制度，并将其纳入周王朝贡赋体系之中，这也意味着周王朝新的国家结构的形成。

周公、成王对待殷商内服，采取分而治之的策略。武庚之乱平定后，周公封微子于宋，迁徙部分殷内服遗民。东征平定叛乱时，将俘获的殷献民"迁于九毕"。九毕，一作"九里"，所据为《玉海》卷15所引，赞成这一说的学者主要受孔晁注的影响，孔晁释"九毕"为"成周之地，近王化"，但周公东征时并未营建洛邑，周的政治中心尚在西土，故孔晁注不可取。对于九毕之地，陈逢衡云："毕即毕原，在今陕西西安府长安、咸宁二县西南。《九经注》引《三秦记》曰：'长安城北有平原，广数百里。'即此九毕也。今考在万年县西南者，即文、武、周公所葬，在长安咸阳西北者，乃毕公高所封。据此，则地之广阔可知，故谓之九毕。"③陕西省长安县等地多次发现时代为西周早中期的具有殷人特征的墓葬群，如

---

① 孔氏传，孔颖达疏：《尚书正义》卷15《周书·召诰》，阮元校刻《十三经注疏》，中华书局1980年影印本，第211页。

② 杜预注，孔颖达疏：《春秋左传正义》卷15僖公二十四年，阮元校刻《十三经注疏》，中华书局1980年影印本，第1817页。

③ 参黄怀信、张懋镕、田旭东《逸周书汇校集注》（修订本），上海古籍出版社2007年版，第520页。

张家坡村东、村南主要为殷遗民族氏墓葬，村西及村西南主要是井叔宗族墓地，张家坡墓地先后出土 88 件有铭铜器，其中有殷人族氏铭文 17 种，即有殷遗民丙族、天族、马族、举族、木族、亚右史、山族、冉族、亚襄族、羊族、蚰族、壴族、亯族、受族、擎族、何族等，① 可知周公东征所俘获殷献民迁居的九毕当在长安县附近。洛邑建成前后又迁居部分殷商内服势力，据《尚书·多士》载周公迁殷内服贵族时称，内服贵族在洛邑将拥有土地，并受到保护。若内服贵族能敬天命，天就会矜怜他们；若不能敬，不但不能保有土地，还会遭到惩罚。内服贵族居住在洛邑，可以继承他们原有的产业，并被保护而永久居于此洛邑，内服贵族的族人也将一同跟从他们迁于雒邑。这些殷商的内服势力曾经追随武庚叛乱，将他们迁徙洛邑，置于周人政治监控之下，并且以"予一人惟听用德"② 来限制殷士的仕途。在洛阳周边发现多处周初殷人族氏墓葬③，可谓周初迁移殷遗民于洛邑的实证。

　　周公、周成王分封诸侯时，将殷商部分内服族属分给了诸侯，亦是分而治之的策略，命令诸侯治理殷民的政策是"明德慎罚"。原殷都的内服势力的一部分分给卫康叔治理，清华简《系年》第四章第 17—18 简载"周成王、周公既迁殷民于洛邑，乃追念夏商之亡由，旁设出宗子，以作周厚屏，乃先建卫叔封于康丘，以侯殷之余民"④。这里提到的殷余民，当指《左传》定公四年所载分给卫康叔的殷民七族即陶氏、施氏、繁氏、锜氏、樊氏、饥氏、终葵氏。命令康叔治理殷民的方法"启以商政，疆以周索"⑤。《尚书·康诰》载有封康叔于卫的任务，"乃服：惟弘王应保

---

　　① 参中国社会科学院考古研究所编《张家坡西周墓》，中国大百科全书出版社 1999 年版。

　　② 孔氏传，孔颖达疏：《尚书正义》卷 16《周书·多士》，阮元校刻《十三经注疏》，中华书局 1980 年影印本，第 220 页。

　　③ 如洛阳东北郊邙山马坡出土的著名令彝组、臣辰诸器，殷人冉氏族墓葬 M13（张剑、蔡运章《洛阳东郊 13 号西周墓的发掘》，《文物》1998 年第 10 期）；洛阳东郊曾发现大量周初殷人墓葬（郭宝钧、林寿晋：《一九五二年秋季洛阳东郊发掘报告》，《考古学报》第 9 册，1955 年）；洛阳西郊涧河沿岸殷人宗族墓葬（河南省文化局文物工作队第二队：《洛阳的两个西周墓》，《考古通讯》，1956 年第 1 期），等等。

　　④ 李学勤主编：《清华大学藏战国竹简》（贰），中西书局 2011 年版，第 144 页。

　　⑤ 杜预注，孔颖达疏：《春秋左传正义》卷 54，定公四年，阮元校刻《十三经注疏》，中华书局 1980 年影印本，第 2135 页。

殷民，亦惟助王宅天命，作新民"。据王国维的句读和理解，则命康叔以三事：宏王应保殷民一事也；助王宅天命二事也；助王作新民三事也。①周成王分封鲁国，商奄之地的部分殷遗民被赐予鲁国，也就是《左传》定公四年所说的"因商奄之民"，竹添光鸿《左氏会笺》云："因者，因而有之。"② 同时也将一部分殷商内服族属赐予鲁公伯禽。《左传》定公四年记载分给鲁公伯禽殷民六族，即条氏、徐氏、萧氏、索氏、长勺氏、尾勺氏，则鲁公伯禽分得殷民六族，还据有商奄的民众。他们并不是被打乱族属分给鲁君，而是"使帅其宗氏，辑其分族，将其类丑，以法则周公，用即命于周。是使之职事于鲁，以昭周公之明德"③。按照固有的宗族组织分给鲁公，殷民六族的族长为鲁国所用有所职事，其普通族人仍是被统治者，与在商朝时相比地位确实降低了。《左传》定公四年也记载了对待商代内服中的夏族的政策，将商内服中的夏族"怀姓九宗、职官五正"④ 分给唐叔，处于夏虚，管理办法是"启以夏政，疆以戎索"。杜预注："夏虚，大夏，今太原晋阳也。亦因夏风俗开用其政。太原近戎而寒，不与中国同，故自以戎法也。"⑤《汉书·地理志》载齐地"殷末有薄姑氏，皆为诸侯，国此地。至周成王时，薄姑与四国共作乱，成王灭之，以封师尚父，是为太公"⑥。傅斯年据此认为齐民主要是殷遗，并从宗教角度论述齐的宗教信仰与殷商关系密切。⑦ 北京房山琉璃河西周墓

---

① 王国维认为"乃服，服训事，言汝之职事也。以冒下文三事"。转见自刘盼遂《观堂学书记》，附于王国维《古史新证》，清华大学出版社1996年版，第274—275页。

② ［日］竹添光鸿:《左氏会笺》，巴蜀书社2008年版，第2152页。

③ 杜预注，孔颖达疏:《春秋左传正义》卷54，定公四年，阮元校刻《十三经注疏》，中华书局1980年影印本，第2134页。

④ 杜预认为怀姓乃唐之余民。日本学者竹添光鸿言"上文皆殷民，则此亦必殷之豪族耳。不言殷民者，文辞之势也"（《左氏会笺》，第2155页）。王国维《鬼方昆夷猃狁考》："此隗国者，殆指晋之西北诸族，即唐叔所受之怀姓九宗，春秋隗姓，诸狄之祖也。原其国姓之名，皆出于古之鬼方。"（《观堂集林》卷13，中华书局1959年版，第590页）傅斯年《周东封与殷遗民》一文认为晋为夏遗民之国。这里的"怀姓九宗"很可能是成汤灭夏后，在商朝为官的夏民后代。

⑤ 杜预注，孔颖达疏:《春秋左传正义》卷54，定公四年，阮元校刻《十三经注疏》，中华书局1980年影印本，第2135页。

⑥ 班固:《汉书》卷28《地理志下》，中华书局1962年版，第1659页。

⑦ 傅斯年:《周东封与殷遗民》。

地 M1193 出土的克罍、克盉铭文记述了周初封燕之事和迁居燕地的殷人诸族，在北京琉璃河墓地西周早期墓葬中共发现 23 种族徽，包括迁居燕地的殷人诸族。陕西宝鸡竹园沟弓鱼国墓地时代为西周早期，出土 36 件有铭文的铜器，共有 20 种族徽。该墓地与距此不远的纸坊头墓地和茹家庄墓地同属于弓鱼国墓地。① 陕西宝鸡地区在西周早期为弓鱼国居地，在该地发现十余个殷遗民族氏，主要有冉族、戈族、子就、秉册、偁戊册、史族、刀族、贯族、茀族、目族、禾子族、倗族等，说明周王朝在分封弓鱼伯时，也分赐了殷遗民诸族氏。以上事实表明，周初将殷商内服势力分赐新封诸侯邦君是较为普遍的现象。

至此，原来聚居于殷商国都的内服势力以及近于殷都的殷商内外服势力彻底被分割支离，难以形成反周复国的力量，周公的治殷方略确实完成了武王治殷的遗愿。从周治理殷内服势力的策略看，周王朝对于殷商内服族属不只是要他们服从，还要彻底臣服，选择他们之中才能卓特的贵族在周中央政府和地方诸侯政权中担任职务，殷人的宗族组织则被纳入周王朝及分封的诸侯国中，逐渐转化为周人的宗族组织，"作新民"完全成为周的臣民。

三　周人以史为鉴的治国方略

周初周王朝治理殷商内外服的政策演变，反映了周初统治者在以史为鉴思想指导下，对重建社会秩序的艰辛探索。周初统治者在总结夏商社会治理经验的同时，根据周初社会现实的需要，扬弃了夏商社会治理经验，逐渐构建了新的社会秩序。周公多次提到要以史为鉴的问题，如《尚书·召诰》中言"我不可不监于有夏，亦不可不监于有殷"②，《尚书·酒诰》中言"古人有言曰：人无于水监，当于民监。今惟殷坠厥命，我其可不大监抚于时"③。以史为鉴既要吸收历史上成功的经验又要汲取

---

① 卢连成、胡智生：《宝鸡弓鱼国墓地》上册，文物出版社 1988 年版。

② 孔氏传，孔颖达疏：《尚书正义》卷 15《周书·召诰》，阮元校刻《十三经注疏》，中华书局 1980 年影印本，第 213 页。

③ 孔氏传，孔颖达疏：《尚书正义》卷 14《周书·酒诰》，阮元校刻《十三经注疏》，中华书局 1980 年影印本，第 207 页。

其失败的教训，还要在历史经验基础上推陈出新。

　　周初统治者沿用商代对外服的称号称呼诸侯，是对传统习惯的承袭。周武王时期褒封先圣王、分封纣子武庚，承认其作为邦君的合法地位，可以在臣属于周的情况下，治理自己的邦国。这说明周武王时期面对复杂的局势，对国家结构的设想依然是夏商以来的内外服制形式。周武王是对周文王时期既定国策的贯彻，即使过去依附于商的外服变为依附于周王朝，使更多的族邦立于周王朝的旗帜之下，周武王成为天下之共主。实际上周武王仍是对商代外服制治理地方模式的沿用。这些服从周的诸侯包括原殷商的外服，他们既要参加周王举行的祭祀大典，献上贡物助祭，还要为周王朝提供力役等表示对周王朝的服从。周武王时诸侯来朝觐并献纳贡物的情况，与商代外服朝觐商王并纳贡的情况如出一辙。至周公平定叛乱后，依据宗法制原则分封诸侯，建立起新的外服制度，外服诸侯依然要朝王纳贡，这仍然是对古代传统的继承。《尚书·康诰》载周公作新大邑之时，周成王受周公之邀率领宗周群臣来到新邑，新邑周围的内外服以各自职事朝觐周成王。《尚书·召诰》记载营建洛邑时，臣服于周的原殷外服侯、甸、男、邦伯以提供力役的形式表示对周邦的臣服；而周的友邦君则以朝觐纳贡的方式表示臣服于周，如"大保乃以庶邦冢君出取币"。"币"，据《说文》训为帛，布帛一般用于赠送或贡献。太保召公奭率众邦君诸侯所取币帛当是诸侯所献。

　　周初周人在总结夏商国家与社会治理经验时，并没有完全照搬夏商治理国家与社会的成功经验，而是根据周初面临的新形势有所取舍和创新。周武王立武庚于殷都，设立三监，朱右曾认为三监"盖本殷制，武王因之"[1]。周武王有鉴于殷末外服体制的破坏，实行了类似于商代后期以诸侯监诸侯的方法。[2] 但"作监者一方面具有一定的武装和民众，近似于诸侯，同时又是听命于周王的官员，诸监实际上是为王室镇抚民众的官，与独擅一国的侯是有区别的"[3]。周初在军事要地置监，实为当时的

---

　　[1]　朱右曾：《逸周书集训校释》，商务印书馆1937年版，第76页。
　　[2]　赵伯雄考察周初的"三监"问题时，言："周初的监殷，看来是一种以诸侯监诸侯之制。"见其著《周代国家形态研究》，湖南教育出版社1990年版，第154页。
　　[3]　晁福林：《先秦社会形态研究》，北京师范大学出版社2003年版，第402页。

形势所迫，乃为稳固局势的临时举措。在社会治理策略上是对外服体制的补充，实质上并没有改变殷周之际内外服制形式的国家结构。周初设置三监的任务和主要职责，便是监视武庚和其治下的殷遗民，以及其他东方殷商原有外服邦国，防止他们起兵反叛。至周成王、康王时分封制大规模实施以后，不但没有废黜设监的策略，还把它作为成功的历史经验加以继承发扬，监国之制由三监而扩大为诸监。① 周公有鉴于殷商外服势力的叛乱以及管蔡之乱，吸收殷商外服制经验，同时又推陈出新，根据宗法血缘亲疏，在重要的战略位置分封兄弟子侄为诸侯，改造了外服体制。经周成王、康王时期大分封诸侯，将殷商外服诸侯安置于姬姓诸侯与异姓姻亲诸侯之间，建立了侯服、宾服诸侯体系。在周成王举行会同四方诸侯的礼仪时，以四方外服诸侯所献贡物作为日后向周王朝纳贡的标准，颁布天下作为制度贯彻落实，通过这种方式将侯服、宾服诸侯及蛮夷要服、戎狄荒服诸方国纳入朝贡服制之中。

周武王、周公、周成王对反叛的殷商内外服都坚决予以征伐，直至迫使其臣服。对于臣服的内外服则宣布政策加以安抚和告诫，《逸周书·商誓》载周武王对殷商内外服训告，说周伐商是执行上天的命令惩罚多罪的纣王。在周公残奄之后，对四国多方及殷侯尹民发布诰令，将夏、商、周政权的更迭赋予天命的转移加以解释，成汤灭夏是天命，周代商亦是天命，殷商内外服不听从命令，就将大罚殛之。在《尚书·召诰》中，周公强调纣王不敬天命，于是上帝转予殷的天命给有德的周文王。天既弃大邦殷之命，殷先贤哲王与殷的后王、后民在天上都服从了天命。周公又以成汤代夏的历史经验来诰教庶殷、四方之民，使其服从天命。周公还从成汤代夏后采取的"明德慎罚"政策以及夏、殷灭亡的历史教训中得到了启示，总结出"敬德""保民"的治国原则。周公、周成王有鉴于武庚三监之乱，于东征胜利后，将殷内服势力分而治之。又根据成汤灭夏后启用夏贵族到王朝做官的治理方略，吸收殷商贵族之中有才能者进入周王朝及诸侯国的官僚体系中，以此拉拢殷商内服贵族对周政权

---

① 西周晚期仲几父簋铭文云："仲几父事（使）几事（使）于诸侯、诸监，用厥宾作丁宝簋。"（《集成》3954）

的认同支持，周公建议"王先服殷御事，比介于我有周御事"①。王重视
任用殷遗官员，接近于周家的治事之臣。即周初任用殷人与任用周人近
乎同样的待遇，将殷商内服势力纳入周王朝新建服制体系之中。周公总
结夏商设立各级行政长官的成功经验与夏商末代君主用人不当的教训，
告诫周成王设置各级行政长官的原则，并建立了甸服制度。可见，在平
定叛乱后，周公对待已经服从的邦国及殷民的策略，更加重视的是说服
教育，使他们认同于周王朝的统治，并以之为周所用，使殷民"有服在
大僚"②。周公提出有别于殷商时期的统治策略——德，强调敬德，以
"德"为政，而不是以力、刑，这主要是有鉴于商纣王时期滥用刑罚的残
暴统治，而采取的另一项争取殷商内外服的策略。周公、周成王把"德"
大加发挥，赋予深刻内涵，并逐渐成为周人治理国家的重要方略。周人
将宗法制、分封制都冠以"德"，并且把"德"观念渗透到社会各个等级
之中，要求不断地把"德"继承和发扬下去。③

　　综上所述，周初周王在以史为鉴思想的指导下，总结夏商兴衰的历
史经验与教训，吸取了夏商治理国家的成功经验，不断探索建立起新的
稳固的社会秩序。周初统治者对夏商社会治理经验的总结是为了更好地
治理周邦，但使我们看到了史学的求真与致用的精神。周初对夏商及周
的历史经验的总结，往往是从具体的历史事件入手，有意地将周遇到的
情况与夏商比较，由异而见同，由夏、商、周各自的特殊而得见一般的
社会治理经验。这样有针对性地总结历史经验为周初社会秩序重构服务，
说明"历史事实的记录虽然从特殊开始，而其发展成为史学则不可避免
地有待于从特殊中体现出一般"④。周人在"以史为鉴"意识指导下所阐

---

① 孔氏传，孔颖达疏：《尚书正义》卷 15《周书·召诰》，阮元校刻《十三经注疏》，中
华书局 1980 年影印本，第 213 页。

② 孔氏传，孔颖达疏：《尚书正义》卷 17《周书·多方》，阮元校刻《十三经注疏》，中
华书局 1980 年影印本，第 229 页。

③ 关于周人将"德"的观念贯彻到政治社会生活中，要求子孙后代不断继承和发扬下去
的观念，参读拙文《从上博简〈诗论〉"天保"看周代分封的理论依据》，《古代文明》2009 年第
2 期。

④ 刘家和：《对于中国古典史学形成过程的思考》，《古代中国与世界——一个古史研究者
的思考》，武汉出版社 1995 年版，第 260 页。

述的夏、商历史，都是根据周初重构社会秩序的现实需要有所选择、取裁的，大致地反映了夏商历史的真实。从这一角度看，周初的"以史为鉴"实质上是根据重构社会秩序的现实需要而进行的改铸历史的认识活动。① 在此历史认识活动中，深化了对夏商社会治理经验的认识，从而提升、发展为重构周代社会秩序的新认识，并以其指导周初社会秩序重构、各项国家制度建设的政治、社会实践。

第二节　周公、成王时代与周初政局演变

周公是伟大的政治家，对于夏商先哲王治国理政经验有深刻的总结，对于夏桀、商纣亡国的教训亦有深刻的认识。他辅佐周武王克商，挽救武王去世后周王朝的危局，主导东征平叛，封建诸侯，营建成周等重大政治活动，但皆以尊成王为前提，并于成王莅临成周行礼时，归政于成王而尽心辅佐。从周公、成王关系演变的视角考察周初政局变化，对于认识周初国家制度与国家认同建设，无疑具有重要学术意义。

一　清华简《金縢》史事考析

《金縢》作为《尚书》中记述周初历史的一篇重要文献，对于研究周初历史具有至关重要的作用。汉代以后的经学家从解经的角度对《金縢》做出了很多细致入微的解读，近代以来史学的发展，学者对《金縢》的研究主要集中在武王克殷后在位的年数、《金縢》篇的创作时间，以及《金縢》篇中相关的"周公居东""我之弗辟"、周公摄政、成王年幼等重要问题。清华简《周武王有疾周公所自以代王之志》的公布，为学界解决《金縢》篇中的理解分歧和周初史事提供了新的材料。从《金縢》所述周公与成王关系角度，对周初重要史事进行梳理显得尤为必要。

---

① "以史为鉴的实质是改铸历史"的观点，参考晁福林《改铸历史：先秦时期"以史为鉴"观念的形成》，《史学史研究》2010 年第 2 期。

表7—1 《尚书·金縢》与清华简《金縢》内容比较

比较内容		不同之处
《尚书·金縢》	《清华简·金縢》①	题名不同
既克商二年，王有疾，弗豫。二公曰:"我其为王穆卜。"周公曰:"未可以戚我先王。"公乃自以为功，为三坛同墠。为坛于南方，北面周公立焉;植璧秉珪，乃告太王、王季、文王。	武王既克殷三年，王不豫有尼(遟)，二公告周公曰:"我其为王穆卜。"周公曰:"未可以戚吾先王。"周公乃为三坛同墠，为一坛于南方，周公立焉，秉璧植珪。	简本增加了"武王"，提示为后来传抄的特征。时间为"二年""三年"的区别。简文明确"我其为王穆卜"是二公告周公之言。简文缺周公自以为功以及北面的内容。"植璧秉珪"在简文则变为"秉璧植珪"。
史乃册祝曰:"惟尔元孙某，遘厉虐疾。若尔三王是有丕子之责于天，以旦代某之身。予仁若考能多材多艺，能事鬼神;乃元孙不若旦多材多艺，不能事鬼神，乃命于帝庭，敷佑四方，用能定尔子孙于下地。四方之民，罔不祗畏。呜呼!无坠天之降宝命，我先王亦永有依归。今我即命于元龟，尔之许我，我其以璧与珪，归俟尔命;尔不许我，我乃屏璧与珪。"	史乃册祝告先王曰:"尔元孙发也，遘害虐疾。尔毋乃有备子之责在上，惟尔元孙发也，不若旦也，是年(佞)若巧能，多材多艺，能事鬼神。命于帝庭，溥有四方，以奠(定)尔子孙于下地。尔之许我，我则晋璧与珪。尔不我许，我乃以璧与珪归。"	传本祷告的对象为"太王、王季、文王"，简本直称"先王"。"丕子"简文作"服子"，"以旦代某之身，予仁若考能多材多艺，能事鬼神"为简文所无，"四方之民，罔不祗畏。呜呼!无坠天之降宝命，我先王亦永有依归。今我即命于元龟"，"归俟尔命"，亦为简文所无。册祝内容，传本逻辑思路清晰，简本似有缺失。且多材多艺能事鬼神，元孙发乃受"命于帝庭，溥有四方……"职责各有不同，"旦代某之身"的理据，简本语言表述时主体不明。

———————————

① 简本《金縢》释文参考李学勤主编《清华大学藏战国竹简》(壹)，中西书局2010年版，第158页。

续表

比较内容		不同之处
乃卜三龟，一习吉。启籥见书，乃并是吉。公曰："体，王其罔害。予小子新命于三王，惟永终是图。兹攸俟，能念予一人。"公归，乃纳册于金縢之匮中。王翼日乃瘳。	周公乃纳其所为功自以代王之敚（说）于金縢之匮，乃命执事人曰："勿敢言。"	简本缺少周公占、筮的内容，周公由占、筮结果判断王无害及新命于三王等内容，亦为简本所无。简本仅言周公祝祷后藏册于金縢之匮，多出命执事"勿敢言"的内容。
武王既丧，管叔及其群弟乃流言于国，曰："公将不利于孺子。"周公乃告二公曰："我之弗辟，我无以告我先王。"周公居东二年，则罪人斯得。于后，公乃为诗以贻王，名之曰《鸱鸮》，王亦未敢诮公。	就后武王陟，成王由（犹）幼在位，管叔及其群兄弟乃流言于邦曰："公将不利于需（孺）子。"周公乃告二公曰："我之□□□□亡以复见于先王。"周公宅东三年，祸人乃斯得。于后，周公乃遗王诗曰《周（雕）鸮》，王亦未逆公。	简文多"就后"这一时间语，"成王犹幼在位"，为简文所独有。对应"我之弗辟"，简文有缺文。"我无以告我先王"，简文作"无以复见于先王"。周公居东二年与三年之别，"罪人"作"祸人"。"为诗以贻王"作"遗王诗"。"未敢诮公"变为"未逆公"。
秋，大熟，未获，天大雷电以风，禾尽偃，大木斯拔，邦人大恐。王与大夫尽弁，以启金縢之书，乃得周公所自以为功代武王之说。二公及王乃问诸史与百执事，对曰："信。噫公命，我勿敢言。"	是岁也，秋大熟，未获。天疾风以雷，禾斯偃，大木斯拔。邦人［大恐，王乃］弁，大夫练，以启金縢之匮。王得周公之所自以为功以代武王之敚（说）。王问执事人，曰："信。噫公命，我勿敢言。"	"是岁也"为简文多出的时间语，大夫弁与端的区别，简文仅有王向执事询问，无"二公"和"诸史"。
王执书以泣，曰："其勿穆卜。昔公勤劳王家，惟予冲人弗及知。今天动威，以彰周公之德，惟朕小子其新逆，我国家礼亦宜之。"	王捕（布）书以泣，曰："昔公勤劳王家，惟予冲人弗及知。今皇天动畏（威），以章公德，惟予冲人其亲逆公，我邦家礼亦宜之。"	简文无"其勿穆卜"内容。成王自称"朕小子"与"予冲人"之别。简本更明确为"亲逆公"。"邦家"之称较"国家"更近古本。
王出郊，天乃雨，反风，禾则尽起。二公命邦人：凡大木所偃，尽起而筑之。岁则大熟。	王乃出逆公至郊。是夕，天反风，禾斯起。凡大木之所拔，二公命邦人尽复筑之。岁大有年，秋则大获。	简文明确载周成王至郊亲迎周公归。简文多"是夕"时间语。

　　对比传本、简本《金縢》，结合周初文献，可见相关史事。周公辅佐武王的灭商大业，克商后二年，武王生病时，"王小子御告叔旦，叔旦亟奔即王"①。武王生病，召见周公旦，有传位于周公的想法，"乃今我兄弟相后，我筮龟其何所即？今用建庶建"②。但周公旦"恐，泣涕共（拱）手"，推辞了周武王的安排。此时太公、召公与周公商议如何应对武王之疾，二公提出敬卜吉凶，周公愿意"以旦代某之身"（《尚书·金縢》）献于先王，为武王向先王祈祷长寿，详见史册祝的内容。祭祷之后，周公藏祝告之册于匮中。周武王临终前，"命诏周公旦立后嗣，属小子诵文及宝典。王曰：'呜呼，敬之哉！汝勤之无盖，□周未知所周，不知商□无也。朕不敢望，敬守勿失，以诏宥小子曰：'允哉！'汝夙夜勤，心之无穷也"③。确定小子诵为继任的周王，周公为辅政大臣。于记述武王丧后，简本《金縢》较之传世本多出"成王犹幼在位"，亦表明成王为继任武王之后的周王。周成王即位后，希望辅政大臣周公能够做出王政示范，于是周公由辅政大臣进而摄行王政，详下文"清华简《周公之琴舞》与周公摄政"部分的分析。

　　管叔、蔡叔等王室贵族流言"公将不利于孺子"，随后与殷遗武庚共同叛乱。《金縢》所记周公告二公的内容，可能与《尚书·大诰》中周公稳固西土局势，团结王室贵胄召公等有关。《大诰》或为东征动员令，而《金縢》记述周公告二公后，即居东二年（三年），"罪人斯得"应是周公东征平定管蔡叛乱。周公赠周成王《鸱鸮》之诗，成王似未解周公之意。到了秋季谷物已熟而未及收获之时，发生天变，周成王启金縢之书，得知周公代武王为质，勤劳王家之美德，出郊迎接周公回朝。至此周公与成王因管蔡流言及叛乱而引起的隔阂得以冰释。

---

　　① 黄怀信、张懋镕、田旭东：《逸周书汇校集注》（修订本）卷5《度邑》，上海古籍出版社2007年版，第468页。

　　② 黄怀信、张懋镕、田旭东：《逸周书汇校集注》（修订本）卷5《度邑》，上海古籍出版社2007年版，第478页。

　　③ 黄怀信、张懋镕、田旭东：《逸周书汇校集注》（修订本）卷5《武儆》，上海古籍出版社2007年版，第485—488页。

二　清华简《周公之琴舞》与周公摄政[1]

周公摄政是西周早期的重要历史，奠定了周代礼乐文化的基础。周公摄政是经学史和先秦史研究的重要问题，古代经学家解经纠结于此，争论颇多。近代学者钱塘《周公摄政称王考》解释《大诰》中周公称王，周公东征时不称王无以令诸侯；周公以子视成王，在成王即政以前，周公和成王只是父、子的关系；殷法兄终弟及，周公本有为王的资格，所以他称王以靖殷遗。[2] 此后关于周公摄政问题，学术界主要有如下四种代表性观点：1. 周公执政称王，在名义上和实际上都是王，无所谓摄位，归政后成王始为实际上的王。[3] 2. 周公摄政称王，成王仍是实际上的周王。[4] 3. 周公以冢宰身份摄政而未称王。[5] 4. 周公既无摄政也未称王。[6] 除此四说外，曾有学者提出周公当政篡国说，此说无视相关文献记载，

---

① 此部分内容发表于《中国史研究》2018 年第 1 期。

② 钱塘：《溉亭述古录》卷 1《周公摄政称王考》，阮元编《清经解》，凤凰出版社 2005 年版，第 6035—6036 页。

③ 顾颉刚遗著：《周公执政称王——周公东征史事考证之二》，《文史》第 23 辑，中华书局，1984 年。支持并补充顾颉刚之说的有刘起釪《由周初诸诰的作者论"周公称王"的问题》，《人文杂志》1983 年第 3 期；郭伟川：《周公称王与周初礼制——〈尚书·周书〉与〈逸周书〉新探》，《周公摄政称王与周初史事论集》，北京图书馆出版社 1998 年版。

④ 金景芳：《周公对巩固姬周政权所起的作用》，《吉林大学社会科学学论丛》历史专集，1980 年，后收入《古史论集》，齐鲁书社 1981 年版；王玉哲：《周公旦的当政及其东征考》，《西周史研究》（《人文杂志丛刊》第二辑），1984 年，第 131—148 页；赵光贤：《说〈尚书·金縢〉篇》《"明保"与"保"考辨》，收入《古史考辨》，北京师范大学出版社 1987 年版，以及赵光贤《再谈有关周初史实的几个问题》，收入《亡尤室文存》，北京师范大学出版社 2001 年版，第 163—172 页。

⑤ 杨向奎：《关于周公摄政称王问题》，中国孔子基金会、新加坡东亚哲学研究所编：《儒学国际学术讨论会论文集》，齐鲁书社 1989 年版，第 528—538 页；《论〈周诰〉中周公的政治地位问题》，《社会科学辑刊》1991 年第 1 期以及《宗周社会与礼乐文明》（修订本）上卷第二建国篇《周公摄政》，人民出版社 1997 年版。支持杨向奎说并进一步论证的主要有彭裕商：《周公摄政考》，《文史》第 45 辑，中华书局 1998 年版；杨朝明：《周公摄政而未称王》，《周公事迹研究》，中州古籍出版社 2002 年版，以及《周公摄政史实诠说》，《文史》第 63 辑，中华书局 2003 年版。

⑥ 马承源：《西周金文和周历的研究》，上海博物馆集刊编辑委员会编：《上海博物馆集刊——建馆三十周年特辑》，上海古籍出版社 1983 年版，后又于《有关周初史实的几个问题》（《中华文史论丛》第 46 辑，上海古籍出版社 2000 年版）加以论述；王慎行：《周公摄政称王质疑》，《河北学刊》1986 年第 6 期。

现已经无人支持。① 杨升南对学界关于周公摄政称王诸说做了深入剖析，认为周公摄政而未称王。同时指出争论的各家都有自己的证据，一时还难以说服对方，故关于这一问题的讨论尚未结束。②

《清华大学藏战国竹简》（叁）中有《周公之琴舞》，共 17 简，其性质同于传世《诗经·周颂》，学术价值很高。《周公之琴舞》内有两段类似于史官的叙事之辞，"周公作多士敬毖，琴舞九絉"和"成王作敬毖，琴舞九絉"，大体可以判断作者是周公和周成王，原作或应有十八篇，简文实录周公所作一首的开始部分以及周成王所作九首乐诗构成。李学勤等专家筚路蓝缕，对这批竹简进行了释读和整理，极大地便利了后来学者的研究。简文公布后引起学界热烈讨论，如围绕《周公之琴舞》的结构③、性质④、创作和成文时代，⑤《周公之琴舞》中诸篇诗的命名⑥、单篇诗的研究⑦、《周公之琴舞》

---

① 以上诸说的研究史详参吕庙军《改革开放以来中国关于周公摄政称王问题研究述评》，《高校社科动态》2011 年第 6 期。

② 杨升南：《周公摄政未称王》，《洛阳师范学院学报》2012 年第 1 期。

③ 李学勤：《论清华简〈周公之琴舞〉的结构》，《深圳大学学报》（人文社会科学版）2013 年第 1 期；黄甜甜：《〈周公之琴舞〉初探》，《深圳大学学报》（人文社会科学版）2013 年第 6 期。

④ 李守奎：《清华简〈周公之琴舞〉与周颂》，《文物》2012 年第 8 期；徐正英、马芳：《清华简〈周公之琴舞〉组诗的身份确认及其诗学史意义》，《复旦学报》（社会科学版）2014 年第 1 期；姚小鸥、孟祥笑：《试论清华简〈周公之琴舞〉的文本性质》，《文艺研究》2014 年第 6 期；吴洋：《从〈周颂·敬之〉看〈周公之琴舞〉的性质》，中国文化遗产研究院：《出土文献研究》（第 12 辑），中西书局 2013 年版，第 40—46 页。

⑤ 李学勤：《再读清华简〈周公之琴舞〉》，《绍兴文理学院学报》（哲学社会科学）2014 年第 1 期；李守奎：《先秦文献中的琴瑟与〈周公之琴舞〉的成文时代》，《吉林大学社会科学学报》2014 年第 1 期。

⑥ 赵敏俐：《〈周公之琴舞〉的组成、命名及表演方式蠡测》，《文艺研究》2013 年第 8 期；姚小鸥、李文慧：《〈周公之琴舞〉诸篇释名》，赵敏俐主编：《中国诗歌研究》（第 10 辑），社会科学文献出版社 2014 年版。

⑦ 廖名春：《清华简〈周公之琴舞〉与〈周颂·敬之〉篇对比研究》，《深圳大学学报》（人文社会科学版）2013 年第 6 期；王克家：《清华简〈敬之〉篇与〈周颂·敬之〉的比较研究》，赵敏俐主编：《中国诗歌研究》（第 10 辑），社会科学文献出版社 2014 年版，第 30—36 页；姚小鸥、杨晓丽：《〈周公之琴舞·孝享〉篇研究》，《中州学刊》2013 年第 7 期。

反映的诗乐关系①、德政思想②等方面展开研究，推进了对《周公之琴舞》的认识和学术价值的挖掘。我们认为清华简《周公之琴舞》补充了史书关于周公摄政史事记载的缺环，不揣谫陋论述于下，以求教于方家。

（一）《周公之琴舞》为周成王嗣位朝庙乐诗

《周公之琴舞》所载这组乐诗之中，仅"成王作"的第一篇有传世本《诗经·周颂·敬之》可供对比研读，可称之为简本《敬之》，余皆佚诗。若探讨《周公之琴舞》的性质、时代以及反映的史事等问题，研讨《周颂·敬之》无疑是一个重要途径。

《敬之》编列于《诗经·周颂》"闵予小子之什"的第三篇，与前后的《闵予小子》《访落》《小毖》应为一组。《诗序》已揭示其间的联系，如"《闵予小子》，嗣王朝于庙也。《访落》，嗣王谋于庙也。《敬之》，群臣进戒嗣王也。《小毖》，嗣王求助也"。《闵予小子序》下《正义》谓"此及《小毖》四篇俱言嗣王，文势相类"③。郑玄认为："嗣王者，谓成王也。"④ 简本《敬之》标明"成王作"，可印证郑玄之说不误。孔颖达进一步解释《敬之》诗旨，谓："《敬之》诗者，群臣进戒嗣王之乐歌也。谓成王朝庙与群臣谋事，群臣因在庙而进戒嗣王，诗人述其事而作此歌焉。"⑤ 是唐以前大体认为《敬之》为周成王朝庙与群臣谋事，群臣进戒成王，诗人记述此事而作。

南宋朱熹提出新说，认为《敬之》为周成王接受群臣告诫后的答复

① 蔡先金：《清华简〈周公之琴舞〉的文本与乐章》，《西北师大学报》（社会科学版）2014 年第 4 期。王志平：《清华简〈周公之琴舞〉乐制探微》，李学勤主编《出土文献》第 4 辑，中西书局 2013 年版；陈鹏宇：《周代古乐的歌、乐、舞相关问题探讨——兼论清华简〈周公之琴舞〉》，李学勤主编《出土文献》第 4 辑，中西书局 2013 年版。〔美〕柯鹤立：《试论〈周公之琴舞〉中"九成"奏乐模式的意义》，清华大学出土文献研究与保护中心编《清华简研究》第 2 辑，中西书局 2015 年版。

② 杨桦：《清华简〈周公之琴舞〉及其德政思想》，《长江大学学报》（社会科学版）2014 年第 6 期。

③ 毛亨传，郑玄笺，孔颖达疏：《毛诗正义》卷 19，阮元校刻《十三经注疏》，中华书局 1980 年影印本，第 598 页。

④ 毛亨传，郑玄笺，孔颖达疏：《毛诗正义》卷 19，阮元校刻《十三经注疏》，中华书局 1980 年影印本，第 598 页。

⑤ 毛亨传，郑玄笺，孔颖达疏：《毛诗正义》卷 19，阮元校刻《十三经注疏》，中华书局 1980 年影印本，第 598 页。

之言，即《敬之》诗为周成王所作，述及群臣告诫之言。他述全篇诗义谓："成王受群臣之戒而述其言曰：敬之哉、敬之哉，天道甚明，其命不易保也。无谓其高而不吾察，当知其聪明明畏，常若陟降于吾之所为，而无日不临监于此者，不可以不敬也。""此乃自为答之之言，曰：'我不聪而未能敬也，然愿学焉。庶几日有所就，月有所进，续而明之，以至于光明。又赖群臣辅助我所负荷之任，而示我以显明之德行，则庶乎其可及尔。'"① 综合孔颖达和朱熹说，《敬之》反映的是周成王嗣位朝庙，群臣告诫成王，成王应答自警并希望臣子尽辅弼之责，诗人述此事而作此歌。由此也可以推断，《闵予小子之什》的前四首可能是周成王嗣位之乐诗。

傅斯年曾将《尚书·顾命》与《周颂·闵予小子》《访落》《敬之》《小毖》对照，发现这四首诗与《尚书·顾命》所载周康王即位礼仪用语有对应处，认为这四首诗是嗣王践阼之舞。② 这一发现无疑具有重要意义。《尚书·顾命》记载周成王去世后，顾命大臣毕公等命虎贲之士迎太子钊入宗庙行丧礼，于丧礼之后，太史宣读周成王命太子钊为继任周王的遗命，王行跪拜之礼后，答曰："眇眇予末小子，其能而乱四方，以敬忌天威。"此为太子钊受遗命为周王后，闵悼伤之言。这种情境与《闵予小子》诗情境相合。《诗·周颂·闵予小子》称："闵予小子，遭家不造。嬛嬛在疚，于乎皇考，永世克孝。念兹皇祖，陟降庭止。维予小子、夙夜敬止。于乎皇王，继序思不忘。"皆为周成王丧父之后的悼伤之言。《诗序》称"闵予小子，嗣王朝于庙也"。郑《笺》："嗣王者，谓成王也。除武王之丧，将始即政朝于庙也。"③ 但由《顾命》知，周成王去世行丧礼，丧礼后就迎立太子钊为周王。故《闵予小子》也应是周武王崩

　　① 朱熹：《诗集传》卷19，中华书局2017年版，第353页。
　　② 傅斯年：《周颂说——附论鲁南两地与诗书之来源》，《"中研院"历史语言研究所集刊》第一本第一分，1928年8月。
　　③ 毛亨传，郑玄笺，孔颖达疏：《毛诗正义》卷19，阮元校刻《十三经注疏》，中华书局1980年影印本，第598页。

后，行丧礼后周成王即受遗命为周王，而不是除武王丧之后。①

《顾命》载周康王自道悼伤之言后，举行康王践阼称王之礼。然后诸侯出庙门，待王命。《顾命》载："王出在应门之内，太保率西方诸侯，入应门左。毕公率东方诸侯，入应门右。皆布乘黄朱，宾称奉圭兼币。曰：'一二臣卫，敢执壤奠。'皆再拜稽首，王义嗣德，答拜。"周康王朝于庙门，太保率西方诸侯，居朝之左；毕公率东方诸侯，居朝之右，朝觐新即位的周康王。此处情境当是嗣王居朝而谋于群臣之事，与《诗序》称 "《访落》，嗣王谋于庙"② 的情境相合。《访落》言："访予落止，率时昭考"，郑笺："（成王）与群臣谋我始即政之事。群臣当循是明德之考所施行。"

《顾命》载："太保暨芮伯咸进，相揖，皆再拜稽首。曰：'敢敬告天子，皇天改大邦殷之命。惟周文、武，诞受羑若，克恤西土。惟新陟王，毕协赏罚，戡定厥功，用敷遗后人休。今王敬之哉！张皇六师，无坏我高祖寡命。'"顾命大臣太保和芮伯上前觐见康王，敬告康王敬保周文王、周武王所受的大命。太保、芮伯向周康王进戒之语与《敬之》前半部分臣子警戒周成王之语——"敬之敬之，天维显思。命不易哉，无曰'高高在上'。陟降厥士，日监在兹"正合。告诫嗣王敬畏天命。康王诰词是嗣王对顾命大臣的进戒的应答，如"王若曰：'庶邦侯甸男卫，惟予一人钊报诰，昔君文、武丕平富，不务咎，底至齐信，用昭明于天下。则亦有熊罴之士，不二心之臣，保乂王家，用端命于上帝。皇天用训厥道，付畀四方。乃命建侯树屏，在我后之人。今予一二伯父，尚胥暨顾，绥尔先公之臣，服于先王。虽尔身在外，乃心罔不在王室，用奉恤厥若，无遗鞠子羞。'"其情境正与《敬之》后半部分成王应答臣子警戒而发出的自警与告诫臣子相近——"维予小子，不聪敬止。日就月将，学有缉熙于光明。佛时仔肩，示我显德行"。王自警，亦望群臣辅弼尽职尽责。但《小毖》与此三首不类，孔疏认为 "《小毖》言惩创往时，则是归政

---

① 关于除丧之后方即位之说，清代学者黄山已经提出质疑，转见王先谦撰，吴格点校《诗三家义集疏》，中华书局1987年版，第1042—1043页。

② 毛亨传，郑玄笺，孔颖达疏：《毛诗正义》卷19，阮元校刻《十三经注疏》，中华书局1980年影印本，第598页。

之后，元年之事"①。虽为成王所作，但不在成王初践阼之时。

对比《尚书·顾命》与《闵予小子》《访落》《敬之》三诗所述情境皆为新王即位，可知《敬之》作于周成王行即位礼之时。而清华简《周公之琴舞》中"成王作"首篇的"'元内启曰'、'乱曰'都是记事之辞，记载的是《敬之》篇演奏的情况，保留了《敬之》篇出世时的原貌"②。清华简《周公之琴舞》所述其他乐诗都保留了其创作之时的原貌，并且内容多与《敬之》有关，用词也多与《尚书·周书》中周初的篇章以及《诗经》中的周初诗篇接近，亦可判断其时代为周初。如《再启曰》中"假哉古之人"与《周颂·雝》"假哉皇考"句式相同，"古之人"见于《大雅·思齐》《周颂·良耜》。"允丕承丕显"，《周颂·清庙》作"不显不承"，《尚书·君奭》作"惟文王德丕承无疆之恤"。《三启曰》中"德元"，见于《尚书·召诰》"若有功，其惟王位在德元"。《四启曰》中"孺子王矣"，是周公说成王嗣位之辞，见于《尚书·立政》，屈万里《尚书集释》"此乃成王亲政之初，周公警之之辞"③。《四启曰》中"皇天"见于《尚书·梓材》。《五启曰》中"诸尔多子"，《尚书·洛诰》"予旦以多子越御事，笃前人成烈，答其师，作周孚先"，孔颖达疏："子者，有德之称。大夫皆称子，故以多子为众卿大夫。"④ 多子之称在晚商甲骨文已有之，可能是商代至周初袭用对贵戚大臣的专称。⑤《六启曰》中"其余冲人，服在清庙"，余冲人即《尚书·大诰》《金縢》中的"予冲人"，李学勤认为是以君王口吻所作，乃周成王自谓。⑥《尔雅·释诂

---

① 毛亨传，郑玄笺，孔颖达疏：《毛诗正义》卷19，阮元校刻《十三经注疏》，中华书局1980年影印本，第598页。

② 廖名春：《清华简〈周公之琴舞〉与〈周颂·敬之〉篇对比研究》，《深圳大学学报》（人文社会科学版）2013年第6期，第68页。

③ 屈万里著，李伟泰、周凤五校：《尚书集释》，中西书局2014年版，第226页。

④ 孔氏传，孔颖达疏：《尚书正义》卷15，阮元校刻《十三经注疏》，中华书局1980年影印本，第216页。

⑤ 李学勤：《释多君、多子》，胡厚宣主编：《甲骨文与殷商史》，上海古籍出版社1983年版。

⑥ 李学勤：《论清华简〈周公之琴舞〉的结构》，《深圳大学学报》（人文社会科学版）2013年第1期，第59页。

上》："服，事也。"清庙，《周颂·清庙》郑玄《笺》谓祭祀周文王的宗庙。① 简文"清庙"应指宗庙，② 周成王有事于宗庙，当指周武王之丧事。这种情况与《尚书·顾命》所载周康王行即位礼后，反着丧服为成王服丧具有相似性。

综上，我们有理由认为《周公之琴舞》作于周武王丧礼后，周成王行嗣位称王大礼时，于时朝臣、诸侯朝觐周成王，周公等顾命大臣进戒成王，成王回应顾命大臣进戒，诗人记述整理而作此组乐诗。

（二）《周公之琴舞》作于周公摄政前

《周公之琴舞》虽为成王嗣位践阼的乐诗，但具体于何时所作，尚有分歧。《敬之》诗作于成王何时，古代经学家和当代学者有不同理解。《闵予小子》郑《笺》谓成王"除武王之丧，将始即政，朝于庙也"。《正义》申说郑《笺》："成王除武王之丧，将始即政，则是成王十三，周公未居摄。于是之时，成王朝庙，自言敬慎思继先绪。《访落》与群臣共谋，《敬之》则群臣进戒，文相应和，事在一时，则俱是未摄之前。后至太平之时，诗人追述其事，为此歌也。"③ 《敬之》郑玄《笺》谓成王"是时自知未能成文武之功，周公始有居摄之志。"④ 皆以《敬之》作于周公摄政之前。《正义》于《敬之》释郑《笺》谓"王既谦虚如是，是自知未能成文武之功。周公于是之时，始有居摄之志。知者以周公若已居摄，则王不得朝庙谋政，明于此时未摄政也。周公之摄必当有因，王自知不堪，思任辅弼，周公之志宜因此兴，故于是乃有摄意也"⑤。赞成郑玄主张的《敬之》作于周武王去世后而周公未摄政之前。

---

① 《毛诗正义》卷19，阮元校刻《十三经注疏》，中华书局1980年影印本，第583页。
② 《左传》桓公二年载臧哀伯言及"清庙"，孔颖达疏谓："清庙者，宗庙之大称。"参杜预注，孔颖达疏《春秋左传正义》卷5，阮元校刻《十三经注疏》，中华书局1980年影印本，第1741页。
③ 毛亨传，郑玄笺，孔颖达疏：《毛诗正义》卷19，阮元校刻《十三经注疏》，中华书局1980年影印本，第598页。
④ 毛亨传，郑玄笺，孔颖达疏：《毛诗正义》卷19，阮元校刻《十三经注疏》，中华书局1980年影印本，第599页。
⑤ 毛亨传，郑玄笺，孔颖达疏：《毛诗正义》卷19，《十三经注疏》，中华书局1980年影印本，第599页。

但孔颖达《正义》释《闵予小子》谓："武王崩之明年周公即已摄政，成王未得朝庙，且又无政可谋，此欲夙夜敬慎，继续先绪，必非居摄之年也。王肃以此篇为周公致政，成王嗣位，始朝于庙之乐歌。"①《正义》又不同意郑玄《敬之》作于周公摄政之前说，《正义》实受王肃影响，"非居摄之年"未必一定是周公致政成王时，亦有可能是武王丧礼后的嗣位。问题的症结可能在于，王肃观点的前提是成王之于武王有三年之丧礼，而周公于武王崩后明年摄政，所以推出成王服完三年丧礼后正值周公摄政，不可能嗣位朝庙，而有《敬之》作于周公致政成王嗣位之说。

从《尚书·顾命》所载成王去世到康王即位，并没有时隔三年，而是举行了成王丧礼仪式后，接着举行了康王的嗣位践阼大礼，礼毕后康王释朝服而着丧服，为成王服丧。同理，行周武王丧礼仪后，即行周成王的嗣位践阼之礼。此处涉及古代经史学家争论的周公摄政称王问题，如前举主要有四种观点，现在看来周公曾摄王政是可以论定的，但是自汉代以来没能解释清楚周公如何由顾命大臣而摄王政，即便是居冢宰之官，亦无由代行王政，专家们的论述亦存在着重要的史实缺环。关于《敬之》创作时代，除上举郑玄、王肃观点外，值得注意的是清代学者牟庭解诗义"成王出郊迎周公归使摄位辅政，而成王受学焉"②。将诗作时代归于《尚书·金縢》风雷之变后，周成王出郊迎周公摄位辅政。牟庭之说非常具有启发性，即周公摄政是成王所命，成王向周公学习如何行王政。

清华简《周公之琴舞》中"成王作"的"四启曰"有"孺子王矣"之称，与《尚书·立政》周公称成王"孺子王矣"相同，而一般认为《立政》是周公致政成王后所作。李学勤根据这一情况，认为《周公之琴舞》可能作于周公致政成王嗣位之时。③但《尚书·大诰》载周公动员

---

① 毛亨传，郑玄笺，孔颖达疏：《毛诗正义》卷19，《十三经注疏》，中华书局1980年影印本，第598页。

② 牟庭：《诗切》，齐鲁书社1983年版，第2638页。

③ 李学勤：《再读清华简〈周公之琴舞〉》，《绍兴文理学院学报》（哲学社会科学）2014年第1期。

东征平叛，称"洪惟我幼冲人，嗣无疆大历服"，表明周成王此前已嗣王位。同篇周公又称成王为"予冲人"。《尚书·金縢》载管蔡及群兄弟流言称"公将不利于孺子"，"周公居东二年，则罪人斯得。于后，公乃为诗以贻王"。《尚书·召诰》载周公称"有王虽小，元子哉"，"今冲子嗣，则无遗寿耇"。《洛诰》载周公称"孺子来相宅"。"孺子"，稚子也，是长辈对晚辈的称呼。在周公还政成王以前，周公称成王为孺子和王，只是未见连言而已。所以不能以《立政》作于还政之后，就据《立政》"孺子王矣"对照清华简《周公之琴舞》中"成王作"的《四启曰》中"孺子王矣"，而判断《周公之琴舞》作于周公还政成王之后。再由前文论及的《周公之琴舞》六启曰中"其余冲人，服在清庙"，既言周成王有武王之丧，诗文所作背景就不可能是周公摄政七年后的还政于成王之时。

从战国秦汉文献记载看，周公摄政似为周公的主动行为，如《尚书大传》云："武王死，周公身居位，听天下为政。"《淮南子·缪称训》："武王既没，周公践东宫，履乘石，摄天子之位。"《史记·鲁世家》："武王既崩，成王少，在襁褓之中。周公恐天下闻武王崩而畔，乃践阼，代成王摄行政当国。"《史记·周本纪》："成王少，周初定天下，周公恐诸侯畔周，公乃摄行政当国。"《史记·卫康叔世家》："武王既崩，成王少。周公旦代成王治，当国。"《史记·宋微子世家》："武王崩，成王少，周公旦代行政当国。"这些记载皆谓周武王去世后，成王年少甚或说年幼在襁褓之中，不足以践阼称王，于是周公摄政，甚至说周公践阼王位。这些记载与先秦文献记载不符，多有赞美周公旦而失实的倾向。据古本《竹书纪年》称武王去世时年54岁①，其时成王当已经成年。春秋晚期铜器晋公盆铭文称成王弟唐叔曾"左右武王"（《集成》10342），是唐叔在武王时已经年长，那么说周武王死时成王年幼甚或在襁褓之中，皆于理难通。或因周成王未能参加周武王伐纣诸役，未经商周鼎革的政治历练，不谙于政事，较为接近历史实际。②

---

① 《路史·发挥》卷4及金履祥《通鉴前编》卷6皆引《竹书纪年》"武王年五十四"。参见方诗铭、王修龄《古本竹书纪年辑证》（修订本），上海古籍出版社2005年版，第44页。

② 参沈长云《先秦史》，人民出版社2006年版，第102页注释2。

　　《逸周书·度邑》载周武王谓"乃今我兄弟相后,我筮龟其何所即?今用建庶建。叔旦恐,泣涕拱手"。周武王有感于自己命不长久,欲以兄弟相后即兄终弟及继位方式传位于周公,周公恐惧、泣涕拱手推辞。因周公不肯接任,于是周武王传王位于自己的儿子诵。《逸周书·武儆》载周武王病重,"丙辰,出金枝郊宝、开和细书,命诏周公旦,立后嗣。属小子诵文及宝典"。陈逢衡谓金枝郊宝、开和细书"俱周家典册"。"出者,取诸太史而设之也。"① 命令召见周公旦,交待立王位继承人之事。"诵,周成王名。属,以天位付属之,文则命立之文,如后世大行传位诏书是也。宝典,书名,见第二十九。及者,并与此书亦陈也。"② 据此周武王临终前立其子诵为王即周成王,周公旦只是顾命大臣。清华简《金縢》与传世《尚书·金縢》在文句上有一个重要的差异,在记述武王去世之后,多了"成王犹幼在位"③ 一句,成王虽年轻但已嗣位践阼在王位。足可以与《逸周书·武儆》互补,说明周成王在武王死后称王,而不是周公代之称王。

　　综上,《敬之》是周成王嗣位践阼的乐诗,周成王是继任周武王之后的一代周王,则其行嗣位践阼之礼,当在举行周武王丧礼之后,如《尚书·顾命》所载周康王嗣位之礼。如此亦可大体判断《周公之琴舞》反映的是周武王丧礼后举行的周成王嗣位践阼之事,此时周公为顾命大臣身份,尚未有摄政之事,但周公摄政之事借由此礼而产生。

　　(三)《周公之琴舞》补证周公摄政史事

　　如前所述,周武王临终前立其子诵为王即周成王,周公旦只是顾命大臣。那么,周公旦摄政称王之说又是缘何而来的呢?《左传》定公四年载"周公相王室,以尹天下"。《逸周书·明堂》载武王崩,"成王嗣,幼弱,未能践天子之位,周公摄政君天下,弥乱"。《尸子》《礼记·明堂

---

　　① 黄怀信、张懋镕、田旭东:《逸周书汇校集注》(修订本),上海古籍出版社2007年版,第517页。

　　② 黄怀信、张懋镕、田旭东:《逸周书汇校集注》(修订本),上海古籍出版社2007年版,第518页引陈逢衡说。

　　③ 李学勤主编:《清华大学藏战国竹简(壹)》下册,第6—7简释文,中西书局2010年版,第158页。

位》《礼记·文王世子》《淮南子·汜论》《荀子·儒效》《史记·周本纪》《鲁周公世家》《管蔡世家》皆谓成王幼少，不能行王事，于是周公摄政行天子事。又《尚书·康诰》载："王若曰：孟侯，朕其弟小子封！惟乃丕显考文王……"《大诰》开篇亦以"王若曰"，两篇中的"王"乃指称周公，一般认为是周公称王的直接证据。但是"王若曰"一般是史官记事之语，在当时史官看来，周公就是行王政的王，并不能证明周公称王。但据《周颂·闵予小子》《访落》《敬之》三诗为周成王在武王故去后行即位之礼的乐诗，那么文献说周成王未能践天子之位，就成了问题。古代学者对《尚书·大诰》等篇称成王为"我幼冲人""予冲人""孺子"的误读，造成成王幼弱甚或说尚在襁褓之中的谬说，进而引申出周公主动摄政称王之说。

清华简《周公之琴舞》所载周成王回应顾命大臣进戒而作自警之诗，与周初周公摄政史事密切相关。分析周成王自警之辞，可以补充周公由顾命大臣到摄政者转变的史事缺环。前述汉代材料如《尚书大传》《史记·周本纪》等都视周公摄政为周公主动行为，而清儒牟庭提出新见，认为周公摄政为成王所命，成王向周公学习为王政。牟庭之见可视为对简本《敬之》的最好注解。试析"成王作敬毖"的第一首，来说明这一问题。

> 元纳启曰：敬之敬之，天惟显帀。文非易帀（思），毋曰高高在上。陟降其事，卑监在兹。乱曰：讫（遹）我夙夜，不兔（逸）敬之。日就月将，学其光明。弼寺（时）其有肩，貱（示）告余显德之行。①

周成王所作这首乐诗与《诗·周颂·敬之》相似，《敬之》云："敬之敬之，天维显思。命不易哉，无曰'高高在上'。陟降厥士，日监在兹。维予小子，不聪敬止。日就月将，学有缉熙于光明。佛时仔肩，示

---

① 李学勤主编：《清华大学藏战国竹简》（叁）下册，第2—3简释文，中西书局2012年版，第133页。

我显德行。"敬之，又见于《周颂·闵予小子》"夙夜敬止（之）"，郑《笺》："敬，慎也。"① 而《大雅·常武》"既敬既戒"，郑玄读敬如警字，训为戒。后世学者多从之，至清马瑞辰读为警、儆，"警与儆音义并同，故《说文》儆、警二字均训为戒。……敬与儆古通用"②。《闵予小子》中"夙夜敬之"，乃周成王自道，训为慎是可取的。《敬之》中"敬之敬之"是他人告诫之言，强调的是言之戒也，应该读为警，训为戒。显字，毛《传》："显，见。"见犹视也。"币"，句末虚词。③ 诗句意为戒之戒之，天视察人间。此种观念与《尚书·高宗肜日》"天监下民"是一致的。"命"与"文"或为传本不同所致，"命不易哉"有《诗·大雅·文王》"骏命不易"词句的支持。"文不易哉"没有直接的文献支持，仅《国语·周语下》："夫敬，文之恭也"，韦昭《注》："文者，德之总名也。"④ 如果据此"文"为"德"的总名，那么简文无疑将周所受天命与"德"联系起来，与《尚书·康诰》记载周文王受命确因其能"明德慎罚"相符。但在诗文语境中，当以"命不易"更合理。简文"币"与文献之"思"相通，思乃哉之借，⑤ 皆句末虚词。马瑞辰谓："《大雅·文王篇》'骏命不易'，《释文》述毛云：'不易，言甚难也。'此诗'命不易哉'义当与彼同。"⑥ 不易宜释为难得，天命难得之义。"无曰'高高在上'"，《汉书·郊祀志》匡衡、张谭奏议引《诗》作"毋曰高高在上"，与简文相同，不要说天高高在上之意。陟降厥事即君王或人间的一举一动之事。卑字释为下是对的，但指人间则不妥，卑修饰动词"监"，于此不可能为名词。"兹"指代"陟降厥士"，诗义为君王或人间的一举一动之事，上天都俯视着。

简文"乱曰"后诗句与传本差别较大，整理者谓："讫，句首语气

① 毛亨传，郑玄笺，孔颖达疏：《毛诗正义》卷19，阮元校刻《十三经注疏》，中华书局1980年影印本，第598页。

② 马瑞辰：《毛诗传笺通释》卷27，中华书局1989年点校本，第1024页。

③ 李学勤主编：《清华大学藏战国竹简》（叁）下册，中西书局2012年版，第135页。

④ 《国语》卷3《周语下》，上海古籍出版社1998年版，第96页。

⑤ 王引之：《经传释词》卷8，岳麓书社1985年版，第172页黄侃眉批。

⑥ 马瑞辰：《毛诗传笺通释》卷30，中华书局1989年点校本，第1096页。

词，疑读为'遹'或'聿'。《大雅·文王有声》'遹骏有声，遹求厥宁，遹观厥成'，朱熹《诗集传》云：'遹，疑与聿同，发语词。'兔，疑为'逸'之省形。夙夜不逸，义同下文'夙夜不解'。"① 简文意惟我夙夜，不懈敬之。比较而言，传本"日就月将，学有缉熙于光明"理解起来困难，简本文句顺畅、文意明了。"日就月将"见于西周时期史惠鼎铭文，李学勤据《淮南子·修务》引《敬之》诗，高诱注"《诗·周颂·敬之》篇，言为善者日有所成就，月有所奉行"来理解史惠鼎铭文②，高诱注对于理解此句诗义较为允恰。传本诗句的关键在于"有"和"于"字的解释，以往诸家皆以之为实词，实则应作为语虚之词进行解释，王引之《经传释词》："有，又也。""于，为也。"③ 诗句义为学又渐积为光明，即学又积累而达到光明。简文"学其光明"的意义与传本相近，"其，乃也"④。学乃光明，即通过学的方式达到光明。简本"弼寺（时）其有肩，眡（示）告余显德之行"与传本文字出入较大，寺读为时，叠韵，邪、禅舌齿准双声⑤。郑玄读"佛"为"弼"，训为辅。"有"为句中语助词，"弼"，名词，辅弼也，辅佐君主的人。"其"，之也。"肩"，任也。"弼时其有肩"语序当为"时（是）弼，其有肩"，意为辅弼者之责任。清人牟庭认为辅弼指周公。⑥《周公之琴舞》中辅弼专指周公，其他大臣被称为"尔多子"。贾谊《新书·礼容语（下）》引《诗》作"视我显德行"，清陈奂谓："示，古视字，我，天下也"⑦。郑玄解释"示我显德行"句："示道（导）我以显明之德行也"。孔颖达《正义》谓："欲

①　李学勤主编：《清华大学藏战国竹简》（叁）下册，中西书局 2012 年版，第 135—136 页。

②　李学勤：《史惠鼎与史学渊源》，《新出青铜器研究》，文物出版社 1990 年版，第 123 页。

③　王引之：《经传释词》卷 3，岳麓书社 1985 年版，第 61 页；卷 1，岳麓书社 1985 年版，第 21 页。

④　王引之：《经传释词》卷 5，岳麓书社 1985 年版，第 110 页。

⑤　具体通假实例参见王辉《古字通假字典》，中华书局 2008 年版，第 30 页。

⑥　牟庭：《诗切》，齐鲁书社 1983 年版，第 2638 页。

⑦　陈奂：《诗毛氏传疏》卷 28，凤凰出版社 2018 年版，第 1054 页。

使辅弼之人示语己也。"① 竹添光鸿谓: "显德行谓明明德行也。"② 示、视古韵同在脂部,视为禅母,示为船母,二字旁纽迭韵。亦视为使动用法,意为将明德之行告知我和给我看,实际是以明德之行给我作示范。作为王的明德行,当然是如何践行王政。《诗·周颂·敬之》与简本《敬之》合观,知周成王回应辅弼大臣进戒时,提出希望周公能为其做出行王政的典范,这应是周公摄政的缘起。

周武王去世后,继承周王位的是周成王,出现周公摄政称王乃时势使然。如果从周初历史发展进程来看周公摄政称王问题,学界以往的争论似可冰释。周成王即位后回应顾命大臣进戒而作自警之辞谓"维予小子,不聪敬止。日就月将,学有缉熙于光明。佛时仔肩,示我显德行"。经由前文考证,周成王自谓不聪慧敏疾,希望日有所成就、月有所奉行地学习而达到光明之境。辅弼之臣的任务是,给周成王做出明德之行的行政典范。所以郑玄说"周公始有居摄之志"。周公本为周武王临终前的顾命大臣,辅佐周成王是其重要职责,而周成王即位后希望周公能够给他做出行王政的示范。鉴于当时殷商强宗大族尚在,殷都东方诸侯仅有三监镇守,随时有叛乱倾覆周邦的可能。于是周公顺应成王之意欲摄王政之事。富有野心的管叔、蔡叔远在东方驻守军事要地,听闻周武王病故,由周公辅政且摄王政,心中不忿。散播谣言"公将不利于孺子"(《尚书·金縢》),勾结武庚发动叛乱,东夷之国也趁机叛乱。受管蔡流言的影响,周成王及西土周王族之人对周公也产生了怀疑。刚刚建立的周王朝面临倾覆灭亡的危险,于是周公挺身而出,为稳固局势,在王室内部和王朝做了大量解释安抚工作。以王的身份而颁布命令,作《大诰》团结周王族,拉拢太公望、召公奭,辅佐周成王亲征讨伐叛乱。

关于周公摄王政期间所作大事,《尚书大传》称"周公摄政,一年救乱,二年克殷,三年践奄,四年建侯卫,五年营成周,六年制礼作乐,

---

① 毛亨传,郑玄笺,孔颖达疏:《毛诗正义》卷 19,阮元校刻《十三经注疏》,中华书局 1980 年影印本,第 599 页。

② [日]竹添光鸿:《毛诗会笺》,凤凰出版社 2012 年版,第 2211 页。

七年致政成王"①。在这些政治大事中都有周成王参加，周成王从中学习为王治国的经验，与周公携手逐渐构建了新的社会治理模式。周公行王政并不影响周成王为周王的事实，②周公行王政只是为了救周之难，并未改王号，平定叛乱之后，王权逐渐向周成王转移，洛邑建成后，周成王开始全面行使了王权。周公摄政之事之所以成为有争议的问题，童书业早有允当的论断，"周公摄政称王，犹多尔衮之为摄政王专政也。春秋时人所以罕言周公摄政而但称'相王室'者，则宗法礼制思想作祟。至于战国末年，古'宗法'制已解体，《荀子》等书即明言周公摄政践阼矣"③。相关史料记载表明，周公曾行王政，但未行践阼称王改元之礼。

综上，由《敬之》为周初周成王嗣位的乐诗，作于周武王故去后，周公摄政之前。大体可以判断清华简《周公之琴舞》亦是此类王嗣位乐诗，以及创制于周公摄政之前。《敬之》中周成王自警之辞，为解读周公由顾命大臣而摄王政补充了史事缺环，可以说清华简《周公之琴舞》为周公摄王政做了政治铺垫，周公摄王政应出自成王之意。为了镇服殷遗武庚与殷商外服叛乱，周公摄王政行使王权，采取了一系列有力措施，平定了叛乱，重新建构了周王朝的社会治理模式，在此过程中，周成王一直参与这些国家大事，学习为王政经验。清华简《周公之琴舞》补足了周公由顾命大臣到摄王政的史实缺环，其学术价值弥足珍贵，有待继续深入研究。

三　清华简《皇门》与周公摄政之诰

《清华大学藏战国竹简》第一辑收录《皇门》篇，共有 13 支竹简，其诰文背景似与周公摄政之事有关。俱引清华简《皇门》简文如下：

---

① 皮锡瑞：《尚书大传疏证》卷五，《续修四库全书》，第 55 册，上海古籍出版社 2002 年版，第 769 页。关于周公摄政史事，前举顾颉刚、金景芳等先生已有系统论述，此不赘述。

② 清华简《系年》载周成王伐商邑，伐商盖事，即说明周公摄政时周成王亦称王。参李学勤主编《清华大学藏战国竹简》（贰），下册，第 13—14 简释文，中西书局 2011 年版，第 141 页。

③ 童书业著，童教英校订：《春秋左传研究》（校订本），中华书局 2006 年版，第 32—33 页。

惟正 [月] 庚午,公格在库门。公若曰:"於(呜)呼!朕寡邑少(小)邦,蔑有耆寿虑事屏朕立(位)。肆朕冲人非敢不用明刑,惟莫开 [一] 余嘉德之兑(说),今我卑(譬)少(小)于大。我闻昔在二有或(国)之折(哲)王,则不共(恐)于卹,乃惟大门宗子迲(迹)臣,橉(懋)易(扬)嘉德,乞(迄)有宝,以 [二] 助厥辟,董(勤)卹王邦王家。乃方(旁)救(求)巽(选)睪(择)元武圣夫,羞于王所。自釐臣至于有贫(分)厶(私)子,句(苟)克有谅,亡不懔达,献言 [三] 在王所。是人斯助王共(恭)明祀,敷明刑。王用有监,多宪正(政)命,用克和有成,王用能承天之鲁命。百眚(姓)万民用 [四] 亡(无)不扰比在王廷。先王用有蘿(劝),以濒(宾)右(佑)于上。是人斯既助厥辟,董(勤)劳王邦王家。先神示(祇)復式用休,卑(俾)备(服) [五] 在厥家。王邦用宁,少(小)民用叚(假),能稼嗇(穑),牫(并)祀天神,戎兵以能兴,军用多实。王用能盍(奄)有四邻远土,不(丕)承子孙用 [六] 穬(蔑)被先王之耿光。

至于厥后嗣立王,乃弗肯用先王之明刑,乃惟诅诅(汲汲)疋(胥)区(驱)疋(胥)教于非彝。以家相厥室,弗 [七] 卹王邦王家,维俞(媮)德用,以闻求于王臣,弗畏不恙(祥),不肯惠圣(听)亡(无)罪之辞,乃惟不训(顺)是治。我王访良言于是 [八] 人,斯乃非休德以应,乃维乍(诈)区(诟)以答,卑(俾)王之亡(无)依亡(无)助。卑(譬)女(如)戎(农)夫,乔(骄)用从阩(禽),其由(猶)克有获?是人斯乃谗恻(贼) [九] □□,以不利厥辟厥邦。卑(譬)女(如)梏夫之有恣(媚)妻,曰'余蜀(独)备(服)在寝',以自零(落)厥家。恣(督)夫有埶(迹)亡(无)远,乃穿(弁)盍(盖)善 [十] 夫,善夫莫达在王所。乃惟有奉俟(疑)夫,是楬(扬)是绳,是以为上,是受(授)司事帀(师)长。正(政)用迷乱,狱用亡(无)成。少(小)民用祷亡(无)用祀。 [十一] 天用弗保,恣(督)夫先受咨(殄)罚,邦亦不宁。

於（呜）呼！敬哉，监于兹。朕遗父兄眔朕尽臣，夫明尔德，以助余一人忧，母（毋）[十二]惟尔身之懹，皆卹尔邦，假余宪。既告汝元德之行，卑（譬）女（如）主舟，辅余于险，临余于淒（济）。母（毋）作俎（祖）考羞哉！”[十三]①

周公摄政作《皇门》之诰，由史官实录而流传于后世。简文开头“惟正[月]庚午，公格在库门”。是史官记事之言，交代周公作诰的地点。“库门”于《逸周书·皇门》作“左闳门”，孔晁注：“路寝左门曰皇门，闳，音皇也。”但关于此诰的具体背景，简文没有明确的提示。以往研究《逸周书·皇门》多认为该篇作于周成王即位元年，但仍存在是周公还政成王亲政，还是周武王去世后成王即位之年的差异。如刘师培谓：“此篇系于《作雒解》后，当作于成王即政元年（即周公摄政第八年）。”卢文弨谓：“此诰在成王元年，见《竹书》。”陈逢衡谓：“公盖欲弥流言于初起之时，大合群门以诰之，故特言会。”②此说盖谓《皇门》作于周公摄政之初。而《竹书纪年》谓该篇作于成王元年，经由上文论证，成王元年即周公摄政之年，所以两说并不矛盾。从《皇门》内容来看，周公引述夏商哲王及贤臣治国经验，主要目的是告诫群臣团结一心，辅助周公，共保周室。若是周公还政成王，而会群臣，诰文内容当告诫群臣尽心辅佐周王，但《皇门》内容却非如此。所以，我们认为陈逢衡所述《皇门》之诰的目的是周公欲弥流言，团结王室贵胄、群臣所作，时代在成王即位元年也即周公摄政初年。

简文载周公称“朕寡邑少（小）邦，蔑有耇耉虑事屏朕位。肆朕冲人非敢不用明刑，惟莫开余嘉德之兑（说），今我卑（譬）少（小）于大”。叙述当时周邦的情势，我小邦周没有（如殷邦那样的）老成人、贤达辅保王位。刚即位的成王并非不用明德之刑，只因尚未受教余嘉德之说，现我以微言譬喻大道。然后周公以夏商哲王治国经验为训，夏商二

---

① 李学勤主编：《清华大学藏战国竹简》（壹），中西书局 2010 年版，第 164—165 页。

② 诸说参见黄怀信、张懋镕、田旭东《逸周书汇校集注》（修订本）上册，上海古籍出版社 2007 年版，第 544 页。

代贤王不恐于忧，在于大门、宗子、近臣美扬嘉德，辅保其君，勤劳王邦、王家之故。二代哲王广求贤达聚于王廷，自釐臣至于诸庶子小宗，敬能有信，无不懔达，积极向王献言献策。得此贤人之助，王恭敬明祀，广被明刑。王因有此监，多法政命，治国有成，王因此能承天之美命。百姓万民也因此无不拥护王庭。此等贤人既助其君，勤劳王邦王家，是以祖先神再降休美，使服事于王家。王邦因宁，小民向善，能稼穑农事，咸祭祀天神，因以能起戎兵，备军资。是以王能拥有四邻远土，后继子孙大大发扬先王的圣光。

但到了夏商末世之王，不用先王明德，未得贤臣辅佐，以至亡国。后嗣王不用先王创制的祥刑，而汲汲于驱使教唆于非法。士人以助于大夫私家，不忧王邦、王家，以为巧德。再看朝臣，不畏惧不善，不肯惠听无罪之讼辞，以不顺从治罪。王咨政于这等人，则不以美德以答，乃答以欺诈，使王无依无助。譬如农夫而令其从事捕猎，又怎能有所擒获。这等人实为谗贼，不利于君及邦家。再如夫为人正直而有爱妒忌的妻子，谓"余独事在寝"，故自废其家。易妒忌的小人有近无远虑，掩盖善夫，使善夫不能达于王所。于是奉此疑忌之人，隐其恶扬其善而大加誉美，获授官职。是故政出多门而迷乱，狱以贿行而无成。小民亦用祷求而无敬祀先祖之心。天乃弗保，易妒忌的小人先受到殄绝刑罚，邦亦不得安宁，以至亡国。

最后周公告诫周室贵胄群臣，以此夏商二国亡国君臣为监，我的父兄及忠臣，勉尔等之德，以辅助我度过忧患，不要仅敬尔身，宜协和忧恤国家，致余为政典范。已告汝善德之行，譬如撑船，辅助我度过险境，监临我于济水。勿使祖考蒙羞！

周公总结夏商先哲王治国理政成功之处在于有众贤臣辅佐，夏商亡国之君不用先王明德，亦不用先王创制的刑罚，未得贤臣辅佐，士人皆亲附于贵族私家，不肯为王分忧。朝臣不辨善恶，以不顺从治罪。王咨询这些朝臣，往往得到欺诈的意见，最终导致王朝的覆亡。《皇门》应是周公摄政之后，团结王室贵族和群臣的一篇重要诰文，诰教王室贵族和朝臣辅助周公度过忧患，一同尽心辅佐周成王，使国家度过危难，勿使文武受大命坠失而蒙羞。

四　周公与召公、师尚父共辅成王东征平叛

关于周公东征问题，古代没有大的疑问，以周公为东征主帅，东征的范围稍有不同意见。随着金文研究的深入，学界将部分东征有关金文中的"王"判断为周公或周成王，从而出现对东征主导者的疑问。由管蔡流言至武庚叛乱，并引东夷诸国的反叛，使得刚刚建立的周王朝面临倾覆的危机，周公应成王之命而摄王政，作《皇门》稳固周室及群臣。

周公作《大诰》动员群臣及友邦君，果断采取东征平叛的策略。《尚书·大诰》载诰命对象"大诰尔多邦越尔御事""肆予告我友邦君越尹氏、庶士御事"。周公动员东征之诰分为以下层次。

（一）告邦君及众臣，当前艰难局势，文王遗留大宝龟曾令其受天命，以此占问天命而得吉兆，率邦君及众臣讨伐殷遗可行。

弗吊，天降割（害）于我家，不少延。洪惟我幼冲人，嗣无疆大历服，弗造哲，迪民康，矧曰其有能格知天命？已！予惟小子，若涉渊水，予惟往求朕攸济。敷贲，敷前人受命，兹不忘大功。予不敢闭于天降威，用宁王遗我大宝龟，绍天明。即命曰："有大艰于西土，西土人亦不静，越兹蠢殷小腆诞敢纪其叙；天降威，知我国有疵，民不康。曰：'予复！'反鄙我周邦，今蠢今翼。曰民献有十夫予翼，以于敉宁、武图功。我有大事，休？"朕卜并吉。肆予告我友邦君越尹氏、庶士、御事，曰："予得吉卜，予惟以尔庶邦于伐殷逋播臣。"尔庶邦君越庶士、御事罔不反曰："艰大，民不静，亦惟在王宫、邦君室。越予小子考翼，不可征，王害不违卜？"肆予冲人永思艰，曰："呜呼！允蠢鳏寡，哀哉！"予造天役，遗大役艰于朕身，越予冲人，不卬自恤。义尔邦君越尔多士、尹氏、御事绥予曰："无毖于恤，不可不成乃宁考图功！"已！予惟小子，不敢替上帝命。天休于宁王，兴我小邦周，宁王唯卜用，克绥受兹命。今天其相民，矧亦唯卜用。呜呼！天明威，弼我丕丕基！

以上诰文大致语译如下：不幸！天降害于我周家不稍间断。年轻的成王继承了祖先远大悠久的事业，未遇明者导民于安，何谈有能度知天命者？我若渡深水，只求我所以渡过之法。大龟辅助前人受天命，至今我不忘其大功。天降威（三监淮夷之叛），我不敢闭藏大龟而不用，我以文王遗留的大宝龟，卜问天命。就龟命曰："今有大难降于西土，西土之民心不宁，此蠢动的殷小主竟敢组织其余众，趁武王之丧，民心不静，扬言复国，反图谋我周邦，今已发动驱驰。近日有殷遗贵族十余族属来辅助我国，我与之完成文武大功，我有戎事，休否？"三卜皆吉。当我告知友邦君与尹氏、庶士等御事众臣，我得吉卜，将以你们众邦往伐殷逋播臣。但尔众邦君与庶士御事以难大，民心不安，且有王室成员管蔡以及你们的父兄为由，以为或不可征讨，言王何不违卜？今成王长思难曰"（武庚等）叛乱，实扰动小民，诚可哀也。予遭天之役使，大任以艰难之事于我身"。成王无暇自忧。尔邦君与尔多士、尹氏御事宜安慰我曰"不可被忧患所恐惧，不可不成就文考所图之大功"。我不敢废上帝之命，天嘉美文王，兴我小邦周，文王唯卜是用，能安受此命。今上天将相助我民，况我亦唯卜是用呼！庶邦当敬畏天命，辅佐我伟大事业。

（二）王诰教文武旧臣，助王完成文武大业。《大诰》载：王曰："尔惟旧人，尔丕克远省，尔知宁王若勤哉。天閟毖我成功所，予不敢不极卒宁王图事。肆予大化我友邦君：天棐忱辞（斯），其考我民，予曷其不于前宁人图功攸终？天亦惟用勤毖我民，若有疾，予曷敢不于前宁人攸受休毕？"汝等为旧臣，多能远知过去，知文王如何勤劳。天告我成功之所在，我不敢不速终文王所图之事。今我告导友邦君，"天辅助以诚信之辞，或成就我民，我岂能不往完成祖先所谋功业？天或勤劳我民，若有疾病，我曷敢不以文王所受之善禳除之"。

（三）针对邦君及众臣所说困难大得很，以三个譬喻说明祖先开创的基业，后辈必须完成的道理。《大诰》载王曰："若昔朕其逝，朕言艰日思。若考作室，既底法，厥子乃弗肯堂，矧肯构？厥父菑，厥子乃弗肯播，矧肯获？厥考翼其肯曰：'予有后弗弃基？'肆予曷敢不越卬敉宁王大命？若兄考，乃有友伐厥子，民养其劝弗救？"如前我所诰教，我于艰难的事反复考虑：譬如父造室，已定法，其子不肯造基，况肯盖屋？父耕田，其子不肯播种，况肯收获乎？其父又岂肯谓"我有后人不弃基业？"故我曷敢不于我身完成文王之大命乎！若兄终，而有友伐其子，民养奸相劝而不救呼？针对邦君艰大不可征之说，周公以造屋和耕田为喻，表示要坚决完成并巩固文王所受天命。

（四）针对邦君"违卜"之说，勉励邦君众臣天命早定，三卜并吉，天命所示东征必胜，不可违卜。《大诰》载王曰："呜呼！肆哉，尔庶邦君越尔御事，爽邦由哲，亦惟十人迪知上帝命越天棐忱，尔时罔敢易法，矧今天降戾于周邦？惟大艰人诞邻胥伐于厥室，尔亦不知天命不易？予永念曰：天惟丧殷，若穑夫，予曷敢不终朕亩？天亦惟休于前宁人，予曷其极卜？敢弗于从率宁人有指疆土？矧今卜并吉？肆朕诞以尔东征。天命不僭，卜陈惟若兹！"

勉哉，尔众邦君与尔御事，邦之爽明，必由哲人，此十人导知上帝命与天辅助诚信之人，尔无敢轻视此事，何况天已降定命于周邦呼？大罪人管蔡引导邻敌相伐，不知天命，尔等亦不知天命之不改易乎？我常念谓："天思丧殷，如农夫之去草，我曷敢不终我田亩之事乎？天亦思嘉美前文人，予何为放弃吉卜乎？我敢不前往重循祖先之美好疆土？何况今卜皆吉？"故我大用尔等东征。天命无有差错，卜之所陈惟顺从哉！针对邦君违卜之说，强调不可怠易天命。

周公向友邦君及王朝官员讲明：虽然形势严峻，但平定叛乱还是有把握的，并且说"今卜并吉，肆朕诞以尔东征"[①]。今三卜皆吉，我将率领你们东征。周公还争取甚有威望的召公奭的支持，事见《君奭》。于是周公、召公"内弭父兄，外抚诸侯。……二年，又作师旅，临卫攻殷，殷大震溃。降辟三叔，王子禄父北奔，管叔经而卒，乃囚蔡叔于郭凌。凡所征熊盈族十有七国，俘维九邑。俘殷献民，迁于九毕"[②]。《逸周书·作雒》概述了东征的结果，但周公东征应分为两个阶段，《金縢》所载"周公居东二年"应为东征第一阶段，主要是周公率师平

①　孔氏传，孔颖达疏：《尚书正义》卷13《周书·大诰》，阮元校刻《十三经注疏》，中华书局1980年影印本，第200页。
②　黄怀信、张懋镕、田旭东：《逸周书汇校集注》（修订本）卷5《作雒解》，上海古籍出版社2007年版，第516—518页。

定管蔡叛乱，即《逸周书·作雒》所载："二年，又作师旅，临卫攻殷，殷大震溃。降辟三叔，王子禄父北奔，管叔经而卒，乃囚蔡叔于郭凌"。初步平定东方叛乱，以师占领几个军事要地，如以康叔据守商邑（《集成》4059 渣司土逆鼎）等。周公则回朝向成王汇报，但周成王不加理会，直至天变周成王开启金縢之书，得知周公勤劳王家之德，出郊亲迎周公回朝，周公、成王之间嫌隙得以冰释。

此后开启东征的第二阶段，周成王亲征。成王时期铜器小臣单觯记载了成王平定武庚叛乱，为践奄做准备。铭文云："王后坒克商，在成师，周公易小臣单贝十朋，用作宝尊彝。"（《集成》6512）坒，陈梦家据《说文·土部》"汝颍之间谓致力于地曰圣。从又土，读若兔鹿窟"。认为圣就是掘，假作屈、诎、绌、黜。王后绌克商，是成王第二次克商，即克武庚之叛。① 其说可取。《尔雅·释诂》训杀为克，"克商"，直意就是杀死武庚。成师当是成地的师戍。既克武庚之叛，周公在成师赏赐给小臣单贝，可能是小臣单有军功的缘故。成师无疑是周进一步东进的战略基地。据《史记·周本纪》载淮夷、蒲姑是武庚管蔡之乱的鼓动者，武庚之乱既定，征讨的目标指向东夷、奄侯。结合金文与战国竹简，可以大体勾勒出东征第二阶段的情况。周成王在周公、召公的辅佐下东征，周成王命令太保召公奭讨伐北逃的录子圣，大保簋铭文云："王伐录子圣，戫厥反，王降征命于大保，大保克敬亡遣。"（《集成》4140）大保能够敬慎并顺利地完成任务，因而获得王的赏赐。周成王亲率大军趁势东征参与叛乱的东夷及商奄等熊盈国。西周早期器物保卣簋铭文②记载周王伐东夷前先燎祭天，铭文有云："惟王既燎，厥伐东夷。"《说文》："寮，柴祭天也。"甲金文中都有此种祭礼，其对象是天地神灵，目的是求福佑。燎祭上天之后，举行大伐东夷的军事行动。清华简《系年》第三章第14—15 简"成王屎（继）伐商邑，杀录子耿，飞廉东逃于商盖氏，成王伐商盖，杀飞廉，西迁商盖之民于邾虞，以御奴獻之戎，是秦

---

① 陈梦家：《西周铜器断代》，中华书局 2004 年版，第 10 页。
② 张光裕：《新见保卣簋铭试释》，《考古》1991 年第 7 期。

先人，世作周屏（扞）"①。飞廉与商盖都是《逸周书·作雒》所载参与
叛乱的盈姓国，周成王伐盖之役获胜，得益于周公旦出谋划策，伯禽号
祝辞于鬼神祈求佑助（《集成》4041 禽簋），以及众将士特别是殷遗如犅
劫（《集成》5977 犅劫尊）等的战功。周公又率军往伐殷商属国东夷诸
国，其中丰伯、薄姑等强国都被平灭，周公归而行饮至之礼（《集成》
2739 塱鼎）。周公还率师伐南国，开拓南国疆域。中国国家博物馆 2005
年征集入藏了一件西周晚期铜器柞伯鼎，其铭文有虢中（仲）追述周公
的功绩，铭文有云："唯四月既死霸，虢中令柞伯曰：才（在）乃圣祖周
公繇又（有）共（功）于周邦，用昏无及，广伐南国。今汝其率蔡侯左
至于昏邑。"虢仲以周公的事迹勉励柞伯，是因为柞（胙）是周公之
后。② 周公"繇又（有）共（功）于周邦，用昏无及，广伐南国"。朱凤
瀚读共若功，即周公曾有功绩于周邦。"用昏无及"，昏当读为暋，努力
尽力之意，《尚书·盘庚》"惰农自安，不昏作劳"。《经典释文》曰"本
或作暋，音敏。《尔雅》昏、暋皆训强"。即周公勤勉无人能及。③ "广伐
南国"，周公征战区域广阔。周公南征于西周文献没有明确的记载，《荀
子·王制》明言："周公南征而北国怨，曰何独不来也！东征而西国
怨，曰何独后我也。"如前文分析《逸周书·作洛》所记周公所征熊盈
即楚之氏应在东南部，即包括在柞伯鼎所说的南国范围内。关于西周时
期周人所称的"南国"范围，朱凤瀚研究认为主要区域应东起今江苏
北部，经今安徽北部、河南东南部（今信阳地区），西抵今河南西南部
（今南阳地区），西南抵今湖北北部地区，大致即在淮水流域，南阳盆
地与汉淮间平原一带。④ 周公广伐南国未必到达如此广大的地域，但可
以肯定的是到达了江苏北部安徽北部，周康王时期的宜侯夨簋载徙侯于
宜，器物发现于江苏丹徒，当是周公南征势力到达此地。南征的结果是

①　竹简释读参考李学勤主编《清华大学藏战国竹简》（贰），中西书局 2011 年版，第 141
页。

②　《左传》僖公二十四年载"凡、蒋、邢、茅、胙、祭，周公之胤也"。杜预注："胤，嗣
也。"

③　朱凤瀚：《柞伯鼎与周公南征》，《文物》2006 年第 5 期。

④　朱凤瀚：《柞伯鼎与周公南征》，《文物》2006 年第 5 期。

南部邦国表示臣服，为巩固周公南征胜利的成果而有徙封之事。

总之，柞伯鼎说明周公南征确属事实，文献所载成王时期伐东国实际上已经达到周人所说南国范围内。同时，师尚父率师讨伐东夷，直至海边，占据齐地。东征的第二阶段，周初三公周公、召公、师尚父辅佐周成王亲征，周公家族出力犹多，挫败东夷熊盈诸国，使其成为周王朝的帛贿臣。

五 营建洛邑时的周公、召公与成王

周成王、周公、召公遵周武王遗命作大邑于天下之中，《尚书大传》称营建洛邑在周公摄政的第五年，《尚书·康诰》《尚书·召诰》《尚书·洛诰》记载周公摄政的第七年，完成营建新邑的最后工程。① 《尚书·召诰》载二月乙未日周成王一早由镐京来到丰邑，召公、周公受命营洛，召公先于周公出发视宅。三月五日戊申一早召公到达洛，卜宅。既得吉卜，划定基址。逾三日庚戌，召公命庶殷治基址于洛汭，逾五日甲寅，基址落成。次日乙卯周公朝至于洛，通观新邑之营域。逾三日丁巳，以二头牛为牺牲于郊。次日戊午，立社于新邑，祭以牛、羊、豕各一头。逾七日甲子，周公以分配功役之书，命庶殷侯甸男邦伯，既命之后，庶殷乃任劳役。

太保与庶邦长君出取币帛，复入，以币帛献于周公。周公答谢王及召公，作诰诰教庶殷，特讲大讲文武因德受命，殷先哲王在天上已服天命，告诫殷民听命。告诫王敬德，以夏商因"不敬厥德，乃早坠厥命"的历史经验告诫成王，如何保佑大命，于天下之中建造新邑，敬德保民，"欲王以小民受天永命"。

周公营建洛邑时，邀请周成王率领朝臣来新邑，诸侯、方国陆续来到洛邑朝觐周成王，效事于周邦。据《尚书·召诰》所载始作新邑当从召公奭卜宅和定方位算起，即太保召公奭来到洛时，已有诸侯陆续到来，

① 朱凤瀚先生认为《召诰》《洛诰》所载不是周公经营洛邑，此时洛邑已经建成，周公、召公所营建的是成王的王宫。(见《〈召诰〉、〈洛诰〉何尊与成周》，《历史研究》2006 年第 1期) 但成王王宫亦属于洛邑的组成部分，此前所营建的当是洛邑的城墙、各种民用设施等。

所以才有召公奭命庶殷侯、甸、男攻位之事。《今本竹书纪年》称："七年，王如东都，诸侯来朝。"这与《尚书·洛诰》所载周公邀周成王率朝臣来洛邑，于时诸侯朝觐周成王为一事。这次朝觐会同的典礼见载于《逸周书·王会》①，《逸周书·王会序》云："周室既宁，八方会同，各以其职来献，欲垂法厥后，作《王会》。"朱右曾云："职，职贡也。""垂法厥后"即以此次朝会的诸侯、方国所献职贡作为周代的制度确定下来，后世遵照执行。此次成周会盟时，周公旦主东方诸侯、方国所贡，召公奭主西方诸侯、方国所贡。

《尚书·洛诰》载周成王在新邑举行祭祀文王、武王之礼，"戊辰，王在新邑，烝，祭岁，文王骍牛一，武王骍牛一。王命作册逸祝册，惟告周公其后。王宾，杀禋，咸格，王入太室，祼。王命周公后，作册逸诰，在十有二月。惟周公诞保文武受命，惟七年。"周成王告文王、武王完成了巩固天受大命的使命，告以周公镇守东方，为新邑君。成王册命周公，由作册逸宣读诰文，事在是年十二月，周公大保文武受命的第七年。在营建洛邑前后，周公、周成王可能有目的的重构了周代国家结构，建构起五服制的国家形态结构，详见下文的分析。周公镇守东方，成王亦时常问政，《上海博物馆藏战国楚竹书》第八册收录整理者题篇名的《成王既邦》，或许反映了这方面的内容。"成王既邦（封）周公二年，而王厚其任，乃访［于周公］"，成王在镐京，召周公旦咨询天子之正道，成王曰："青（请）问天子之正道？"周公曰："皆欲舍其亲而亲之，皆欲以其邦就之，是谓天子之正道。弗朝而自至，弗密而自周，弗会而自断……"② 简文"成王既封周公二年"，可能是《尚书·洛诰》载周成王命周公镇守洛邑，命周公后的第二年。

---

① 关于《逸周书·王会》的时代，古代学者信其为西周时代作品，用以研究西周地理方物，近代以来，因《王会》语言文字较为通俗而受到学界怀疑，如刘起釪先生认为《王会》是战国或西汉的作品。参其《尚书学史》，中华书局1989年版，第97页。张怀通先生研究认为《王会》是原本制作于西周，是对成周之会的历史实录，但经过世代流传到战国时代定型时已经被修改得在语言上与原作有较大距离的篇章。参其著《〈逸周书〉新研》，中华书局2013年版，第350页。

② 马承源主编：《上海博物馆藏战国楚竹书》（八），上海古籍出版社2011年版，第178—180页。

　　周公退居臣位,尽心辅佐成王治国,上博简《成王既邦》可能是成王向周公请教治国之策的相关记载。周公年老致仕,周成王就王朝大事向周公征求意见,如《令方彝》载周成王命周公之子明保接替周公镇守东方,也向周公告知,得到周公首肯之后,明保方东行上任,于成周宣告王命(《集成》9901)。

第 八 章

西周五服制的国家形态及其发展演变

先秦时期国家的君主将一切臣属地区和大小族群，按照向国家尽"服"的不同标准，加以分类管理，从而使这些臣属地区和族群成为国家的组成部分。亦可以说先秦时期国家主要是通过建立和贯彻落实服制的方式，建构起国家结构形态，实现国家治理社会的功能。先秦时期服制形态大体有内外服和五服，服的内涵包括职、事与贡赋。西周五服制继承和发展了虞夏商的服制，且其服制形态最具典型性，传世文献与出土材料相对丰富，可以作为重要案例对先秦时期国家制度建设与国家治理等问题进行剖析。

第一节　西周五服制的国家形态建构①

关于西周的服制形态问题，古代文献记述有五服说、六服说和九服说。如《国语·周语上》载周代五服为邦内"甸服"，邦外"侯服""宾服""要服""荒服"。《逸周书·王会》载会盟之诸侯、方国，"应侯、曹叔、伯舅、中舅，比服次之，要服次之，荒服次之"②。应侯、曹叔、伯舅、中舅，为同姓与异姓姻亲诸侯，相当于《周语上》的侯服诸侯，

---

① 本节内容曾以"西周五服制的国家形态与国家治理"为题，发表于《古代文明》2021年第2期。

② 黄怀信、张懋镕、田旭东：《逸周书汇校集注》（修订本），上海古籍出版社2007年版，第808—809页。

与比（宾）服①、要服、荒服并列，加之甸服，亦为五服。《周礼》则将王畿与服分开，如《周礼·夏官·职方氏》则载王畿之外有九服：侯服、甸服、男服、采服、卫服、蛮服、夷服、镇服、蕃服。《周礼·夏官·大司马》与此近同，仅将服换成畿，即以邦畿之外又有九畿的区划。《周礼·秋官·大行人》则载邦畿之外有六服及蕃国：侯服、甸服、男服、采服、卫服、要服、蕃国。以上文献所载，《国语·周语上》《逸周书·王会》较为可信，而《周礼》所载很可能是将殷周诸侯侯、田、男、卫等称谓与服名糅合在一起，构建出来的服制系统。外服或诸侯的称谓与服名是两个方面的问题，必须区分开来，这应是我们探讨相关问题的前提。

古代经学家或囿于经典的权威，对文献所记周代服制的可靠性少有质疑。直至 1932 年郭沫若的《金文丛考》出版，其中的《金文所无考》方指出畿服之分是春秋时人的纸上规划，古代并没有这种制度。畿服的名号本于《尚书》诸篇及金文中对殷商诸侯的异称，并非地域之区划。②1934 年王树民发表《畿服说成变考》，指出畿服说出于战国时人的政治设想。③ 这两位先生区分了诸侯名号与服名，但也基本否定了服制存在。20世纪 40 年代，束世澂发表《畿服辨》，以甲骨文、金文考察记载畿服说的传世文献，认为殷周时期确有畿服制度，但只有侯服、甸服，侯服在外，甸服在内。④ 是后，顾颉刚的《浪口村随笔·畿服》认为畿服制中的甸服、侯服、要服为古代所实有，宾服、荒服乃文家从侯服、要服中析出。⑤ 这两说肯定服制的存在，但对其存在形态有不同认识，前者以为殷

① 关于"比服"的解释，参见黄怀信、张懋镕、田旭东《逸周书汇校集注》（修订本），上海古籍出版社 2007 年版，第 808—809 页。此处同意孙诒让的意见，比服相当于《国语·周语上》的"宾服"。

② 参见郭沫若《郭沫若全集·考古编》5，科学出版社 2002 年版，第 95—101 页。

③ 王树民：《畿服说成变考》，北京大学潜社编：《史学论丛》第 1 册，1934 年 5 月。后来王先生的观点又发生了变化，肯定周代五服制的存在，详见后文的称引。

④ 参见束世澂《畿服辨》，《史学季刊》第 1 卷第 1 期，1940 年，第 22—27 页的相关论述。

⑤ 顾颉刚：《浪口村随笔》卷 2《畿服》，辽宁教育出版社 1998 年版，第 37 页。顾颉刚：《史林杂识初编·畿服》（中华书局 1963 年版）增加了一些金文材料，主要观点未变。

周一体，且将诸侯称谓与服名混同了。后者否定《国语·周语上》所载"宾服""荒服"的存在性。改革开放以来，学术界大体肯定周代确曾存在服制，对周代服制形态主要有内外服制①和甸服、侯服、宾服、要服、荒服的五服制②两说。实际上这两说并不互相排斥③，西周初年可能经历了由继承商代内外服制方式到重新建构五服制的转变，④ 这或许较为符合周初历史发展实际。周初周武王时期曾继承商代内外服制度形式，至周成王、周公时期经东征、北伐、南征开疆拓土，内外服体制已不能容纳新开拓的疆土和征服的方国族群，周公、周成王对内外服制度加以改革，重构国家结构形态为五服制。西周五服制在实质上反映了国家形

---

① 　内外服制的代表观点有如下：〔日〕贝塚茂树：《周代の土地制度——とくに新出西周金文を通じて見た》，《贝塚茂树著作集》第二卷，中央公論社 1978 年版，第 179 页，第 188 页。徐中舒、唐嘉弘：《论殷周的外服制——关于中国奴隶制和封建制分期的问题》，《人文杂志》增刊《先秦史论文集》，1982 年。王冠英：《殷周的外服及其演变》，《历史研究》1984 年第 5 期。〔日〕松井嘉德：《西周郑（奠）考》（徐世虹译），刘俊文主编：《日本中青年学者论中国史》上古秦汉卷，上海古籍出版社 1995 年版，第 40—84 页。〔日〕松井嘉德：《周的国制——以封建制与官制为中心》，刁小龙译，〔日〕佐竹靖彦主编：《殷周秦汉史学的基本问题》，中华书局 2008 年版，第 70—87 页。李零：《西周金文中的职官系统》，《李零自选集》，广西师范大学出版社 1998 年版，第 112—123 页。王玉哲：《中华远古史》，上海人民出版社 2000 年版，第 588 页。刘源：《"五等爵"制与殷周贵族政治体系》，《历史研究》2014 年第 1 期。冯时：《殷周畿服及相关制度考》，刘庆柱主编：《考古学集刊》第 20 集，社会科学文献出版社 2017 年版，第 113—135 页。

② 　五服制的代表性观点如下：陈恩林《先秦两汉文献中所见周代诸侯五等爵》，《历史研究》1994 年第 6 期。王树民：《畿服说考略》，收入其著《曙庵文史杂著》，中华书局 1997 年版，第 60—76 页。罗志田：《先秦的五服制与古代的天下中国观》，载陈平原、王守堂、汪晖主编《学人》第十辑，江苏文艺出版社 1996 年版，第 367—400 页。王晖：《西周蛮夷"要服"新证——兼论"要服"与"荒服"、"侯服"之别》，《民族研究》2003 年第 1 期。张铮：《论周代五等爵制与五服制》，《求索》2007 年第 12 期。

③ 　若以周邦为参照，西周服制从形式上亦可泛称之为内外服，内服服名为甸服，外服有四种服名：侯服、宾服、要服、荒服。商代的服名只有内服外服，内服由百僚、庶尹等职官构成，外服由侯田男卫邦伯等构成。商周服制形态的区别是明显的，宜尊重文献记载和金文材料，确认西周服制形态为五服制似更准确些。

④ 　这方面的思考参见罗志田《先秦的五服制与古代的天下中国观》，载陈平原、王守堂、汪晖主编《学人》第十辑，江苏文艺出版社 1996 年版，第 367—400 页。张利军：《服制与中国早期国家管理模式》，《中国社会科学报》（《国家社科基金专刊》第 107 期）2016 年 3 月 1 日第 7 版。

态，学界已有不少成果探讨周代国家形态问题,[①] 但尚未有对西周五服制的建构问题做出正面论证。不揣谫陋,尝试将传世文献与出土材料相结合,对西周五服制国家形态的建构及其反映的国家治理问题做出初步探讨。

一 册命朝臣与奠置邦君建立甸服

《国语·周语上》载祭公谋父谏周穆王征犬戎时谈到先王制度"邦内甸服",应是指周邦内设有甸服,而不能认为周邦等同于甸服。[②] 周邦即京师王畿,在西周金文中称"内国"(《集成》5419)。关于周代甸服如何建立,目前学界尚未有明确的论述。裘锡圭在探讨殷墟卜辞中的"奠"问题时,指出《国语》所载周代甸服"属于王的被奠者,当然都是奠于王所控制的地区,也就是约略相当于后世所谓王畿的地区之内的。所以'甸服'、'畿甸'的'甸'这个词,其语源很可能就是上文所讨论的、见于卜辞和金文的'奠'"[③]。裘先生的研究对于认识周代甸服的构建具有重要的学术意义。也可以说周人继承和发展了商代奠置被征服异族于商王直接控制地区的做法,奠置一部分臣服的异姓族氏于周邦之内,成为甸服的重要组成部分之一。就政治构成方面言,《尚书·康诰》载参与

---

① 关于西周国家形态学术界提出多种理论,如城市国家、领土国家、封建国家、分立国家、邑制国家,参见李峰《西周的政体——中国早期的官僚制度和国家》第 7 章,生活·读书·新知三联书店 2010 年版。李峰在分析这几种理论大都"与中国当时的历史事实和考古学证据有所矛盾"之后,提出西周国家形态为"权力代理的亲族邑制国家"。诚如李峰所言这些理论运用于解释西周国家形态时,都或多或少与中国传统文献记载或考古学证据相矛盾。若如李峰之说,亲族之外的宗族当被排除在国家之外,这显与周代社会实际不符。诸种国家形态理论皆非据中国固有史料总结归纳而得出,《国语·周语上》所载周穆王时期重臣祭公谋父述及的周先王制定与实施的五服,可视为周人自述的国家结构形态。

② 此甸服为服名,与商周时代外服或诸侯的称谓不同,《尚书·酒诰》述及商代外服侯、甸、男、卫、邦伯,有学者受孔传影响理解外服称谓为服名,于是将王畿内设置的甸服与外服称谓相混淆。实际上文献所见外服称谓的"甸",在甲骨文金文中皆作"田",学者多受郭沫若读甲骨文"多田"为"多甸"的影响,实当以称"田"为是,其职责与田猎训练军队等武事有关,与治田入谷的"甸服"关系不大。

③ 裘锡圭:《说殷墟卜辞的"奠"——试论商人处置服属者的一种方法》,《"中研院"历史语言研究所集刊》第 64 本第 3 分,1993 年,收入《裘锡圭学术文集》第五卷,复旦大学出版社 2015 年版,第 190 页。

成周会盟的政治势力有"侯、甸（田）、男、邦、采、卫"①，据令方彝铭文"诸侯：侯、田、男"（《集成》9901），知侯、田、男称谓属于诸侯系统，邦、采、卫或为甸服内的政治势力。甸服内的政治势力包括周王朝册命邦内朝臣和奠置姬姓族邦以及被征服的异姓族邦。甸服的建立还与古代邑制结构有关，《国语·周语上》云："邦内甸服"，韦昭注："邦内，谓天子畿内千里之地。京邑在其中央。"② 就都邑制度而言，西周甸服的结构，应是以宗周王都与成周为两个政治中心，王邑之外围一定范围内为甸服区域。甸服内应设有行政机构和长官，协调大小宗族和邦君关系及管理王畿地区事务，但目前所见材料尚未发现王畿内的最高行政长官。③

周成王在周公、召公、师尚父等重臣的辅佐下，平定武庚叛乱，征服淮夷，天下既定，班师回到丰京之后，对功臣、将领加以赏赐，册命官职，是建构甸服的重要举措之一。《尚书·立政》谓："立政：立事、准人、牧夫④作三事；虎贲、缀衣、趣马、小尹，左右携仆、百司庶府；大都小伯、艺人、表臣百司，太史、尹伯、庶常吉士；司徒、司马、司空、亚旅；夷微卢烝，三亳阪尹。"⑤ 主要是周王的枢密官、近臣、执行

---

① 孔氏传，孔颖达疏：《尚书正义》卷14，《周书·康诰》，阮元校刻《十三经注疏》，中华书局1980年影印本，第202页。

② 上海师范大学古籍整理研究所校点：《国语》，上海古籍出版社1998年版，第4页。

③ 王畿地区以五邑为核心，西周金文反映周王设置统领五邑事务的职官，如军事方面的册命师官管理五邑走马驭人（《虎簋盖》，《铭图》05399；《师兑簋》，《集成》4275），册命祝迁为五邑宗教性职官，"赞司五邑祝"（《集成》4296），册命柞掌管五邑农事职官，"五邑佃人"（《集成》133）册命救掌管五邑水利工程，"用大備（服）于五邑守堰"（《集成》4243）。五邑又各自设有行政管理机构，最为突出的是师永盂铭文（《集成》10322），邑的最高长官尚无材料得以证实，但各邑设有司徒、司马、司空"三有司"职官系统是非常明确的。战国以后各诸侯国直接控制区域设内史为王畿或京师最高长官，一直延续到西汉时期。

④ 按，此处原作"立政任人准夫牧"，疑有错简，且难以理解。据《立政》另外两处"继自今，我其立政：立事、准人、牧夫"，"自古商人亦越我周文王立政：立事、牧夫、准人"。新近公布的《清华大学藏战国竹简（拾）·四告》载周公旦言："惟作立政：立事、百尹、庶师，俾助相我邦国，和我庶狱庶慎。"［清华大学出土文献研究与保护中心编：《清华大学藏战国竹简》（拾），中西书局2020年版，第111页］亦以立正长三类职事，故改《立政》文若此。

⑤ 孔氏传，孔颖达疏：《尚书正义》卷17《周书·立政》，阮元校刻《十三经注疏》，中华书局1980年影印本，第231页。

政务官、处理诸侯国事务官、处理边疆事务官五类。① 周公总结的"继自今立政，其勿以憸人，其惟吉士"② 以及遵循文王以来任用"有德"的立官长原则，任用职官的范围不限于周多士，还有殷多士、多方之士。周成王遵循此原则，在文王武王时期五类官长设置基础上进行补充完善，建立起以王朝卿士总领卿事寮的中央官署，又逐渐形成了卿士寮和太史寮为首的两大中央官署。③ 卿士寮、太史寮的最高长官一般由贵族某公担任，被称为王官伯。④ 周成王册命王朝各级行政长官时，继承周武王赏赐有功大臣以一定数量的里及里中居民作为采邑的措施，⑤ 将王畿内的土地及族众授予被任命者，作为他们为周王朝服务的经济基础，以及他们所在宗族的生产、生活资料。宗族长世袭在王朝任职，并世袭领有此采邑，以官庇其族。⑥ 以《大盂鼎》所载周康王对贵族盂的册命为例，可得较好的证明：

　　王若曰："今我唯即井（型）亩（禀）于文王正德，若文王令二

---

　　① 关于这五类官的详细分析，参见顾颉刚《"周公制礼"的传说和周官一书的出现》，《文史》第 6 辑，中华书局 1979 年版，第 2 页。

　　② 孔氏传，孔颖达疏：《尚书正义》卷 17《周书·立政》，阮元校刻《十三经注疏》，中华书局 1980 年影印本，第 232 页。

　　③ 关于西周中央权力机构分为卿士寮、太史寮两大官署，参杨宽《西周中央政权机构剖析》，《历史研究》1984 年第 1 期，又收入其著《西周史》，上海人民出版社 2003 年版，第 315—335 页。或认为西周中央权力机构于西周中期以后发展为卿士、太史、公族三大官署，参木村秀海《西周官制の基本構造》，《史学雑誌》第 94 编 1 号，1985 年。

　　④ 邵蓓：《西周伯制考索》，《中国史研究》2008 年第 2 期。

　　⑤ 《吕氏春秋·慎大篇》记载周武王克商后，"与谋之士封为诸侯，诸大夫赏以书社。"高诱注："大夫与谋之国，以书社赏之，二十五家为社也。"书社，《史记·孔子世家》载"（楚）昭王将以书社地七百里封孔子"，《史记索隐》："古者二十五家为里，里则各立社，则书社者，书其社之人名于籍。"里是商周时期的基层社会组织，各里立有社，则周武王赏赐大夫书社，是赏赐一定数量里的土地及里中居住的人众。

　　⑥ 周初册命的朝臣有一种特别的出身，即其父辈为开国功臣或王室贵胄，父辈受封为诸侯但未就国，而由长子就封诸侯国君，及父辈致仕，次子接替父辈继续在王朝任职。通过此种方式进行分宗、建宗，成为甸服朝臣与侯服诸侯的重要构成方式，这方面的鲜明例证如周公、召公、师尚父、南公、毕公等。详细论证参见李学勤《论西周王朝中的齐太公后裔》，《烟台大学学报》2010 年第 4 期；高婧聪《师盉钟、姬寏母豆铭文所见人物关系与族属——兼论西周国家建构模式》，《管子学刊》2019 年第 1 期。

三正。今余唯令汝盂召（绍）荣，敬雍德巠（经），敏朝夕入谏，享奔走，畏天畏（威）。"王曰："而令汝盂井（型）乃嗣祖南公。"王曰："盂，廼召夹死司戎，敏谏罚讼，夙夕召我一人烝四方，雩我其遹省先王受民受疆土，易（赐）汝鬯一卣、冂（裳）、衣、市、舄、车、马，易（赐）乃祖南公旂，用狩，易（赐）汝邦司四伯，人鬲自驭至于庶人六百又五十又九夫，易（赐）尸（夷）司王臣十又三伯，人鬲千又五十夫，亟域迁自厥土。"王曰："盂，若敬乃正（政），勿灋（废）朕令。"（《集成》2837）

周康王秉承文王之德，效法文王册命朝臣，册命盂佐助荣管理诸戎之事。小盂鼎铭文述盂告伐鬼方之事，是其司戎的明证。周康王告诫盂要敬和德经，朝夕进谏服王事，乃命令盂效法其祖南公。周康王所称的"先王"当指周成王，周康王仿效周成王时期册命朝臣授民授疆土的做法，而对贵族盂册命时，赏赐鬯酒、服饰、车马仪仗等物，以及其先祖南公之旗，用狩，并赐予盂邦长官四伯，人鬲自驭至于庶人六百五十九夫；臣服周王朝的夷人长官十三伯，夷人族众人鬲一千零五十夫，所赐族众即刻迁往盂土。此册命未标明盂之土，因铭文已言"汝妹晨有大服"，盂早有大的职事，即盂早被任命王朝职事，当已有邦土（采邑）。大盂鼎于清道光年间出土于郿县礼村沟岸中，[1] 或大体可判断盂邦在今陕西郿县礼村，应属于畿内贵族采邑性质。

西周早期铜器遣卣、遣尊铭文载周王易（赐）遣趄为采地（《集成》5402、5992），中方鼎铭文记录周王觐昇中禠土作为采地（《集成》2785）。静方鼎铭文载周王命静"俾汝司在曾、鄂师"，并赐静"鬯、旂、市、采霥"（《铭图》[2] 02461），召圜器铭文载召初入仕途，服事周王，而被周王赏赐毕地五十里（《集成》10360）。西周中期永盂铭文载周王赏赐给师永洛河流域的田地及原属于师俗父的田地（《永盂》，《集成》

<hr>

① 参见吴大澂《愙斋集古录》第 4 册，第 15 页，涵芬楼影印本。
② 吴镇烽编著：《商周青铜器铭文暨图像集成》第 5 册，上海古籍出版社 2012 年版，第312—313 页释文及拓片。

10322）；卯簋铭文载卯受赐四处不同地点的土地（《卯簋》，《集成》4327）；大克鼎铭文载周王赏赐给克分布在七处地方的田地，其中有些原属于强宗大族井氏（《大克鼎》，《集成》2836）。在西周晚期金文中赏赐官员土地的情况锐减且土地面积很小，如敔簋铭文载敔抵御南淮夷有功，得到周王赏赐两个不同地点的土地共一百田（《敔簋》，《集成》4323）。不娶簋铭文载不娶击败猃狁后，周王赏赐他十田（《不娶簋》，《集成》4328）。大簋盖铭文载周王将一位官员领有的土地改赐给官员大（《大簋盖》，《集成》4298）。以上数例反映，自周成王以后周王朝册命王朝官员并授予采地、人众情况普遍存在，册命朝臣而赐采地、赐民可能已经成为周代甸服的基本制度。

甸服内还册封邦君，即学者所说的内诸侯或畿内诸侯。如西周中期五祀卫鼎铭文中的"邦君厉"（《集成》2832），豆闭簋铭文中豆闭受周王命接替其祖考事之一"司窆骹邦君司马"（《集成》4276），豆闭被周王任命掌管窆骹邦君司马之职。义盉盖铭文载"王在鲁，会即邦君、诸侯正、有司大射"（《集成》9453），将邦君、诸侯之官长与周王的官长（有司）并列，说明周王于邦君、诸侯都设有官长，邦君、诸侯、王朝有司是三种不同的政治力量。以上所举提及邦君的器物，五祀卫鼎出土于岐山县董家村西周窖藏，豆闭簋传出西安，义盉盖出于长安县沣西大原村 M304，俱在王畿范围之内，这几位邦君应居于甸服之内。清华简《系年》第二章载："幽王起师，回（围）平王于西申，申人弗畀，曾人乃降西戎，以攻幽王，幽王及伯盘乃灭，周乃亡。邦君、诸正乃立幽王之弟余臣于虢，是携惠王。立廿又一年，晋文侯仇乃杀惠王于虢。周亡王九年，邦君、诸侯焉始不朝于周，晋文侯乃逆平王于少鄂，立之于京师。三年，乃东徙，止于成周。"① "邦君、诸正"及"邦君、诸侯"对称，亦表明邦君、诸正、诸侯是不同的政治势力，并且居于王都地区的是邦君与诸正，故有立王之事。诸正是对居于邦内王朝各级职官的称谓，邦君则应指畿内臣服的族邦首领。除上举的邦君厉、窆骹邦君，西周金文所见可能是甸服内异族邦君的，如

① 李学勤主编：《清华大学藏战国竹简》（贰），中西书局2011年版，第138页。此处所引根据整理者释文，对一些不好处理的古文字皆改为通行字。

"郑姜伯"(《郑姜伯鼎》,《集成》2467),曩伯(《公贸鼎》,《集成》2719),弜伯(《集成》507、895),《集成》908"弜伯作井姬用甒",表明弜伯与姬姓的井氏有婚媾关系,宝鸡弜伯墓地的发现证实王畿内臣服于周的异姓弜邦君的存在。此外还存在姬姓的邦君,如矢邦,西周金文中有矢王、矢伯、矢仲、矢叔,矢王为西周早期矢邦国君之称,1974年出土于陕西宝鸡贾村公社上官村的矢王簋盖铭文"矢王作郑姜尊簋"(《集成》3871),郑姜应为其夫人。郑姜可能出自郑姜族氏,其首领称"郑姜伯",畿内郑地的姜伯族邦与矢王邦联姻。矢伯(《集成》871、西周早期矢伯鬲《集成》514—515),矢伯鬲于1981年出土陕西省宝鸡市纸坊头西周墓M1。矢仲见于陕西陇县曹家湾南坡6号西周墓矢仲戈(《集成》10889),矢叔见于1984年陕西岐山县青化乡丁童村出土的矢叔簋(《铭图》04231),近年湖北枣阳郭家庙墓地出土的西周晚期矢叔铜匜(M43:2)载:"矢叔鞷父媵孟姬元女匜盘"。① 矢叔为其长女孟姬作媵器,表明矢为姬姓。② 伯、仲、叔为排行,矢伯、矢仲、矢叔各有居地,应是矢邦三个宗族分支,矢伯作为大宗,为畿内矢邦君。

诸上所举事例表明,周成王一方面采取册命王朝各级行政长官并赐采邑、人众;另一方面迁徙被征服异姓族邦奠置于周邦内,册命其首领为邦君,册封部分可能先周时期已经存在的姬姓族氏首领为邦君,如矢王等。在邦内周王通过册命朝臣赐采与奠置旧有姬姓族氏和征服的异族等方式逐渐构建起甸服。

关于甸服职责,《国语·周语上》载"邦内甸服,甸服者祭",韦昭注:"供日祭也。此采地之君,其见无数。"③ 采地之君包括周王朝册命的朝臣和邦君,有供献其采邑所产,助祭于周王朝祭礼的职责,还要服王朝政事,如西周金文所见职与事,西周早期《班簋》:"唯八月初吉,在

① 武汉大学历史学院等:《湖北枣阳郭家庙墓地曹门湾墓区(2015)M43发掘简报》,《江汉考古》2016年第5期拓片四、图版二二。
② 矢为姬姓尚有两例,如西周早期前段的陵王尊铭文"陵王作矢姬宝尊彝"(《文博》2008年第2期,《铭图》第21册,11684器)该器陵王为其夫人矢姬作器。西周晚期散伯簋载"散伯作矢姬宝簋"(《集成》3777、3778),散伯为其夫人矢姬作簋。矢姬即出自矢邦的姬姓女子。
③ 上海师范大学古籍整理组校点:《国语》,上海古籍出版社1998年版,第5页。

宗周，甲戌，王令毛伯更虢城公服，屏王位，作四方极，秉繁、蜀、巢令。"（《集成》4341）西周中期《吕服余盘》："王曰：服余，令汝更乃祖考事，胥备仲司六师服。"（《集成》10169）西周晚期《番生簋盖》："丕显皇祖考，穆穆克哲厥德，严在上，广启厥孙子于下，勋于大服，番生（甥）不敢弗帅型皇祖考丕丕元德，用申■（固）① 大令，屏王位，虔夙夜尃求不潜德，用谏四方，柔远能迩，王令缵司公族、卿事、太史寮。"（《集成》4326）清华简《摄命》是周王册命伯摄的册命文书，记述王册命伯摄的职事，第 3 简："摄，今余既明命女（汝）曰：肇出内（纳）朕命"，第 8 简："乃事亡他，汝唯言之司。唯言乃事，我非易。"②周王册命伯摄的职事"司言"，可能与《尚书·尧典》载舜命龙"命汝作纳言，夙夜出纳朕命"接近，伪孔传："纳言，喉舌之官，听下言纳于上，受上言宣于下，必以信。"③ 另外，西周册命赏赐金文习见"用事"一词，多用于册命赏赐之后，即因王之册命赏赐而用事于王朝，也即服王事、践行王事之意。

邦君可能以朝觐周王，参与周王朝举行的礼仪，在礼仪中服务，表达对周王朝的臣服。《义盉盖》载："唯十又一月，既生霸甲申，王在鲁，会即邦君、诸侯正、有司大射，义蔑历罘于王，遂义易（赐）贝十朋，对扬王休，用作宝尊盉，子子孙孙其永宝。"（《集成》9453）周王在鲁地会合邦君、诸侯、王朝职官举行大射礼，按照《礼记·射义》及《说文》释"侯"，王举行的大射礼政治意义在于镇抚天下四方，是检核臣子尽服和臣服的重要王朝典礼。《静簋》载周王于六月命静司射学宫，教授贵族子弟射箭，八月王与吴来、吕牭会豳蒊师、邦君射于大池（《集成》4273）。邦君参与周王举行的竞射礼仪，表达对周王朝的臣事。

近几十年在陕西周原、丰镐都城、河南洛阳等地及其周边的王畿范围发现大量分属不同宗族的周代聚落遗址、墓葬群、宫殿遗址、窖藏青

---

① 申■一词，金文习见，旧多读为申佫，近年读为"申固"，可从。参李学勤《枣庄徐楼村宋公鼎与费国》，《史学月刊》2012 年第 1 期。

② 李学勤主编：《清华大学藏战国竹简》（捌），下册，中西书局 2018 年版，第 110 页。

③ 孔氏传，孔颖达疏：《尚书正义》卷 3，阮元校刻《十三经注疏》，中华书局 1980 年影印本，第 132 页。

铜器、手工业作坊遗址等，说明在这三个地区有着丰富的西周采邑类聚落。证实西周王朝是通过册命各级行政长官、建立邦君，并赏赐采邑的方式建立甸服。周王通过检核甸服内的臣子履职、践行王事等方式，实现对王畿地区社会的治理。

二　分封诸侯制度与侯服、宾服的建构

关于西周分封诸侯问题，学界相关研究成果颇多，以葛志毅《周代分封制度研究》、任伟《西周封国考疑》为代表性成果。近年随着周代诸侯国遗址的持续发现，西周封国问题成为研究的热点。① 周公、周成王时期通过平定武庚叛乱，东征讨伐东夷，南征、北伐解决了周王室内部的王位纷争，粉碎殷商内外服势力反周复国的图谋，社会秩序重归稳定。周王朝获得了可供支配的大面积土地与大量人口。如何以周人有限的政治、军事力量来治理广袤的疆土，周公首创宗法制与分封制来解决这一问题。根据战略需要，通过宗法分封形式建立地方诸侯国，可能是由于诸侯来源与担负的职责不同，周王朝将他们区分为侯服与宾服诸侯。

关于侯服诸侯的封建，新出材料提供了不少新知识。如《清华大学藏战国竹简·系年》第17—18简"周成王、周公既迁殷民于洛邑，乃追念殷商之亡由，方（旁）设出宗子，以作周厚屏，乃先建卫叔封于康丘，以侯殷之余民"②。周公总结夏商"惟不敬厥德，乃早坠厥命"，"肆惟王其疾敬德，王其德之用，祈天永命"（《尚书·召诰》），周公、成王用德祈天长命的具体措施之一，是从兄弟子侄中"选建明德"者册封为侯服诸侯，拱卫周邦。周公通过"制礼作乐"的形式对夏商以来外服制度进

---

① 葛志毅：《周代分封制度研究》（修订本），黑龙江人民出版社2005年版。任伟：《西周封国考疑》，社会科学文献出版社2004年版。近年发现的周代诸侯国墓地遗址如北京琉璃河西周燕国墓地，山西北赵天马－曲村晋侯墓地，山西绛县横水西周倗国墓地，山西翼城大河口霸国墓地，陕西韩城梁带村芮国墓地，河南平顶山应国墓地，湖北随州叶家山西周曾国墓地，随州枣树林及文峰塔春秋时期曾国墓地；湖北随州安居羊子山噩国墓地，宁夏固原彭阳县新集乡姚河村发现西周诸侯墓等，这些诸侯墓地出土大量文物，其中包括数量众多且有长篇铭文的青铜器，个别墓地还出土了甲骨文，相关研究成果较多。

② 李学勤主编：《清华大学藏战国竹简》（贰），中西书局2011年版，第144页。

行改革,"他所制的'礼'首当其冲的便是分封诸侯"①。周公制礼依然
借助外服制传统社会治理模式,而对其内涵进行了变革,通过册命分封
姬姓支子为小宗,授予小宗宗子土地、职官、百工、族众等,建构起众
多诸侯小宗,这些诸侯小宗多以"侯"为称号,遂形成侯服诸侯体系。
周王朝分封同姓,建立侯服诸侯的原则按照春秋时人的说法是"选建明
德"(《左传》定公四年)、"封建亲戚"(《左传》僖公二十四年)、"建
母弟"(《左传》昭公九年),《清华大学藏战国竹简·系年》则称"旁设
出宗子"。《左传》定公四年所载周分封诸侯共有职责是"藩屏周",即
作周邦的屏障。周成王分封卫叔封为侯服诸侯时,命以《康诰》。分封鲁
侯时,命以《伯禽》,分封晋侯时命以《唐诰》。这里的"命"有两层含
义:"一是它表示周王朝对诸侯的任命,并且今后诸侯依然要随时接受周
王朝的命令;一是它表示诸侯受周王朝之命以后而有了合法权力,从而
也是这些受命的诸侯的特殊身份地位的标识。各国诸侯对于自己所属的
卿大夫进行再分封的时候,也依此模式而赐'命'。"②

周代所分封的诸侯具体数目不详,相关文献所载只是个概数,如
《吕氏春秋·观世》谓"周之所封四百余,服国八百余"。周初所分封诸
侯,以姬姓居多,《荀子·儒效》谓周公"兼制天下,立七十一国,姬姓
独居五十三人",《左传》昭公二十八年称"兄弟之国十有五人,姬姓之
国者四十人"。这些姬姓诸侯据《左传》僖公二十四年载富辰言:"昔周
公弔二叔之不咸,故封建亲戚以藩屏周。管、蔡、郕、霍、鲁、卫、毛、
聃、郜、雍、曹、滕、毕、原、酆、郇,文之昭也。邘、晋、应、韩,
武之穆也。凡、蒋、邢、茅、胙、祭,周公之胤也。"分别为周文王的子
辈、周武王的子辈、周公的子辈,"姬姓所封诸国,多在古黄土层,或冲
积地带,就当时农业生产而论,是最好或较好之土地"③。即封国地望多
在今关中地区和黄河中下游一带,占据了当时经济最发达的地区,形成
了周王朝统治的政治经济核心地带。

---

① 晁福林:《夏商西周的社会变迁》,北京师范大学出版社 1996 年版,第 265 页。
② 晁福林:《先秦时期爵制的起源与发展》,《河北学刊》1997 年第 3 期。
③ 杨伯峻编著:《春秋左传注》(修订本),中华书局 1990 年版,第 423 页。

表8—1　　　　　　　　　　　金文所见侯服诸侯略表

诸侯国	器名	出处及时代	备注
燕侯	克盉、克罍；匽侯旨卣	《铭图》14789、13831，西周早期；《铭续》① 874，西周早期，"匽侯旨作姑妹宝尊彝"。	北京琉璃河西周墓 M1193；山西翼城大河口西周墓地 M1，召公奭之后
虞侯政	虞侯政壶	《集成》9696，西周晚期	虞仲之后
宜侯	宜侯夨簋	《集成》4320，周康王	
楷侯	楷伯簋；楷侯簋盖；楷侯壶；楷侯盉	《集成》4205，西周早期；《集成》4139，西周中期；《集成》9553，西周中期；《铭续》968，西周中期	出于毕公之后
曾侯	曾侯鼎，曾侯谏鼎，曾侯谏簋；曾侯狱簋；曾侯舸；曾侯子钟甲—辛；曾侯宝，曾侯求，曾侯与舸；曾侯钟	《铭续》83；《铭续》96—101；《铭续》365—367；《铭续》262—263；《铭续》239；《铭续》1001—1008，春秋早期；湖北随州枣树林墓地 M168 出土铜鼎及编钟铭文"曾侯宝"，合葬异穴墓 M169 出土铜缶及编钟铭文"芈加""楚王媵随仲芈加"，M190 出土铜壶铜鼎及编钟铭文"曾公求"，M191 出土铜鼎及铜舸铭文有"曾夫人渔"；《铭续》240 春秋晚期，文峰塔 M1.19；《铭续》1025 春秋晚期，文峰塔曾国墓地 M4	西周时期曾侯出土于湖北随州叶家山西周曾侯墓；春秋中期曾侯器湖北随州枣树林墓地，芈加墓出编钟铭文"余文王之孙"；春秋晚期曾侯器出土于文峰塔曾国墓地，曾侯与钟铭有"稷之玄孙"；曾为姬姓，乃文王之后，曾亦称随，为一国。（《湖北日报》2019 年 8 月 6 日）
芮伯	子方鼎、芮伯壶	《铭图》02412，西周早期；《集成》9585 西周中期	陕西韩城梁带村芮国墓地，西周晚期至春秋时期
郑伯	南父甗，来献盘	《铭续》284，西周晚期；《铭续》938 西周中期	郑伯小臣南父；郑伯大小臣来献作盘匜

① 吴镇烽编著：《商周青铜器铭文暨图像集成续编》，上海古籍出版社 2016 年版。简称《铭续》。

　　以上这些诸侯的分封并非同时，而是延续了较长的历史时期，如郑国始封晚至周宣王时期。侯服诸侯主要是姬姓以及与姬姓联姻的异姓，其君长称谓主要是侯，称伯者或因始封时处于邦内之故，他们的共有职责是藩屏周邦。如燕侯镇守东北部边疆，统辖六大异族。山西的晋侯与迁封于河北邢台的邢侯，镇守中北部边疆，防范荒服戎狄。山东的齐鲁与迁封东土的宜侯，巩固周初开拓的东土。曾侯据守南土，是周王朝经营淮夷、荆蛮要服的重要据点。此外，据《国语·周语上》"邦外侯服""侯服者祀"，韦昭注："邦外，邦畿之外也。方五百里之地谓之侯服。侯服，侯圻也。言诸侯之近者，岁一来见也。""贡月祀也。尧舜及周，侯服皆岁见也。"① 侯服诸侯还有每年朝觐周王之职责，并且献纳月祀之物。

　　《国语·周语上》祭公谋父所述先王之制"五服"时，说"侯、卫宾服"，韦昭注："谓之宾服，常以服贡宾见于王也。"宾是相对姬周族而言的臣服的异族，如《左传》僖公二十四年载："皇武子曰：宋先代之后也，于周为客。"此侯、卫很可能是《尚书·酒诰》所述商代外服"侯、田、男、卫、邦伯"之省称。周王朝可能是对夏商后裔以及夏商以来一直延续的异姓族邦（包括外服）进行册封，建立了宾服。如《史记·周本纪》载周武王克商之后，"追思先圣王，乃褒封神农之后于焦，黄帝之后于祝，帝尧之后于蓟，帝舜之后于陈，大禹之后于杞"。近年新见周代诸侯国青铜器及考古遗址，为认识西周封建的宾服诸侯提供了新素材。

表8-2　　　　　　　　　　　金文所见宾服诸侯略表

诸侯	器物时代、器名及出处	备注
杞伯	西周中期史密簋，《铭图》05327，称"杞夷"；春秋时期杞伯双联鬲，《铭续》262，杞伯每亡（《集成》2494、《铭续》836），又称杞子每亡（《集成》2428）	夏后裔于商代称"杞侯"（《合集》13890），于周因参与东夷叛周，而被称为"杞夷"，春秋时期金文称"杞伯"

　　① 上海师范大学古籍整理研究所校点：《国语》卷1《周语上》，上海古籍出版社1998年版，第5页。

续表

诸侯	器物时代、器名及出处	备注
宋	西周早期北子宋盘，《集成》10084；西周早期疑尊（《铭续》792），疑卣（《铭续》881）称"宋伯"	商后裔封宋，西周早期称"北子宋"，"宋伯"
鄙侯	商代晚期《集成》10559、6464；西周早期《集成》3504、3513、西周晚期鄙侯簋盖，《铭图》04939；鄙伯《公贸鼎》，《集成》2719；西周晚期鄙侯弟鼎，《集成》2638	商代外服鄙侯见于殷墟黄类卜辞和殷金文，至周鄙侯仍封侯，且其族发生分化，出现鄙伯之称，似为畿内邦君。在山东出土西周晚期鄙侯为弟作器
奄侯	西周早期禽簋，《集成》4041	周武王时期延续，周公、成王东征时被灭
献侯	西周早期献侯鼎，《集成》2626	出自殷商天黿族系
相侯	西周早期殳簋，《集成》4136	现藏上海博物馆
鄂侯①	西周早期鄂侯鼎，《铭图》1555—1556，鄂侯鼎，《铭续》84；西周早期疑尊，《铭续》792，疑卣《铭续》881；西周早期鄂侯弟尊，《集成》5912，鄂侯弟卣，《集成》5325；西周早期鄂侯卣，《铭图》13046；西周早期鄂侯罍，《铭图》13803、13804；西周早期鄂侯盘，《铭图》14363；西周晚期鄂侯驭方鼎，《集成》2810；西周晚期鄂侯簋，《集成》3928—3930，《铭图》4831，"鄂侯作王姞媵簋"，表明鄂为姞姓	《史记·殷本纪》载鄂侯为纣王时三公之一，至周代仍继续为诸侯，至周厉王时期被灭国。鄂侯器多出土于湖北随州安居羊子山西周墓地，其封地或在此附近
薛侯	西周晚期《集成》2377、10133；春秋时期《集成》10263"薛侯作叔妊襄媵匜"	滕州前掌大墓地属商代外服薛侯之族，族氏铭文多标志"史"，妊（任）姓

---

① 李学勤：《论周初的鄂国》，《中华文史论丛》2008年第4期。

诸侯	器物时代、器名及出处	备注
息伯	西周早期，《集成》5385、5386"惟王八月，息伯易贝于姜，用作父乙宝尊彝"	河南省罗山县蟒张乡后李商代墓地出土大量有铭青铜器，其中"息"族氏铭文最多，学界多认为是商代外服息国族墓地。此息伯应是商代外服降周后的称谓
过伯	过伯簋，"过伯从王伐反荆"（《集成》3907）	过为夏代旧国，地处山东掖县，参《西周青铜器铭文分代史徵》
矕侯	西周中期矕侯鼎，收藏于保利艺术博物馆，著录《铭图》01428；西周晚期遣小子鉶簋，《集成》3848"作矕男、王姬羞彝"；此诸侯称谓发生变化，于西周中期称"侯"，到西周晚期称"男"	该侯名用字见于商代金文，为商王征夷方所处地名（《集成》9102），周代分封于该地的异姓诸侯，或许与该地的原殷商族氏有关，西周晚期与周王室联姻
佣伯	山西绛县横水西周墓 M2508.2 出土佣番生簋，"佣番生作囗媿媵簋"（《铭续》370），绛县西周墓 M2158.85 西周中期前段《佣姬盘》（《铭图》924）	媿姓的佣伯与姬姓联姻，绛县西周墓M2158.84 西周中期前段芮伯盘"芮伯拜稽首，敢作王姊盘，其粜佣伯万年，用饗王逆覆"（《铭续》939）姬姓芮伯为其姊作媵器
霸伯	西周早期霸伯簋，《铭图》4296；西周中期霸伯簋，《铭图》5220；霸伯盂，《铭图》6229；霸伯罍，《铭图》13806；霸伯甗，《铭图》3311，山西翼城大河口西周墓 M2.37；西周中期霸伯盘《铭续》949，山西翼城大河口西周墓 M1017.41；霸伯豆，《铭续》529	山西曲沃县天马—曲村晋侯墓地；其他出自山西翼城县大河口村西周墓地，霸伯盘铭文"惟正月既死霸丙午，戎大捷于霸，霸伯搏戎，获讯，霸伯对扬，用作伯姬宝盘，孙孙子子其万年永宝用"
軝侯	叔趯父卣，《集成》5428、5429；臣谏簋，《集成》4237，軝侯是同姓、异姓尚未有明确证据加以证实	河北省元氏县西张村西周墓，墓主伖为谏（叔趯父）的母弟，为軝侯之臣，北戎出于軝，邢侯抵御戎，命谏率领师众居于軝，辅佐軝侯，共御戎族进犯。谏及其母弟伖臣事于軝侯，伖之长子留在邢国继承谏的职位
莓伯	西周晚期莓伯簋，铭文收录《集成》3722	铭文"莓伯作井姬宝簋"，莓伯与姬姓井氏有联姻关系

续表

诸侯	器物时代、器名及出处	备注
韩侯	西周早期韩伯豐鼎，《铭图》2426，第5册；西周中期前段伯晨鼎《集成》2816	韩伯豐或为韩侯伯豐之省称，周王册命韩侯伯晨"嗣乃祖考侯于韩"，即师晨鼎铭文（《集成》2817A）的师晨在其父去世后继位为韩侯
邓伯	西周早期邓伯（盂爵，《集成》9104）；西周晚期邓公簋，邓公为嫁到应国的嫚姓女子作媵器，见《铭图》4648—4651同铭；春秋中期邓子旁邨甗，《铭续》281	《中甗》载中省察南国诸侯"邓"，《集成》949，邓为南国宾服诸侯；邓国为嫚姓，曾与姬姓应国联姻。
陈侯	西周晚期陈侯簋，《集成》3815；西周晚期陈侯盉，《铭续》975	由二器铭文"陈侯作王妫媵簋""陈侯作姬缯宝盉"，陈为妫姓，且与姬姓联姻。
戴侯	西周早期子鼎（《铭图》02412—02413），西周中期遇甗（《集成》948）	西周晚期戴叔信姬鼎《集成》2767，戴叔簋《集成》4552，戴叔戴姬簋《铭图》05057—05062；春秋时期戴侯之孙陈鼎《铭图》01745；戴为媿姓，与姬姓联姻
陵伯	西周早期陵伯方鼎（《集成》2160、2161），陵伯簋（《集成》3524、3525），陵伯尊（《集成》5847），陵伯卣（《集成》5224、5225），陵伯盉（《集成》9414）	甘肃灵台白草坡西周墓M2；西周早期前段的陵王尊铭"陵王作夨姬宝尊彝"（《铭图》11684）陵王为其夫人夨姬作器，亦表明夨为姬姓，陵王为异姓族邦君主。
泾伯	西周早期泾伯尊（《集成》5848），泾伯卣（《集成》5226、5227）	甘肃灵台县白草坡西周墓M1
许男	西周晚期许男鼎（《集成》2549），"男"为许国君主称谓	此鼎1976年出于陕西长安县马王村西周窖藏。据鼎铭许男为成姜逼母所作媵器，许与宗周成氏联姻。
宁男	西周早期宁男鼎（《铭图》1897）、宁男甗鼎（《铭图》1898）铭文内容："宁男作父丁宝尊彝。子甗""宁男甗作父丁宝尊彝。子甗"	宁男鼎传出山西，宁男甗鼎为海外回流文物，宁应为邦国名，男为诸侯称号，甗为作器者私名。子甗，为作器者族氏，应出于商代王室贵族。

这些受封的异姓诸侯，其称谓大致有侯、男、伯三种，大概是因为符合拥护周王朝"明德"标准，对于姬姓来说是客，故被纳入宾服当中进行管理。周王朝有意识地扩展姬姓与异姓诸侯之间的联姻，诸异姓诸侯通过联姻的方式巩固其在周王朝的权势地位，于是更多的异姓诸侯也纳入"封建亲戚"的行列，作为周王朝的"藩屏"。如春秋时人称"昔挚、畴之国也由大任，杞、缯由大姒，齐、许、申、吕由大姜，陈由大姬，是皆能内利亲亲者也"①。可以说侯服与宾服最初可能有所差别，但随着历史的推移，越来越多的宾服诸侯与姬姓贵族联姻，成为周王朝的藩屏。宾服诸侯除藩卫周邦职责外，《国语·周语上》载"宾服者享"，还以"服贡"宾见于王，所谓"服贡"，当是服与贡，韦昭谓："供时享也。享，献也。""其见也，必以所贡助祭于庙。"则宾服诸侯于藩卫周邦之外，朝觐王并助祭亦是其职与事，献助祭之物品谓之贡。

周王朝分封诸侯与周王朝的发展相始终，但以周公、成王、康王时期最集中，至西周中期以后，在中原与周边区域的广袤土地上，姬姓诸侯与异姓诸侯国交错并列其中。这种情况持续到西周晚期，如周幽王时期的周太史史伯曾经概述东都成周附近侯服、宾服诸侯与要服、荒服方国分布情况："当成周者，南有荆蛮、申、吕、应、邓、陈、蔡、随、唐；北有卫、燕、狄、鲜虞、潞、洛、泉、徐、蒲；西有虞、虢、晋、隗、霍、杨、魏、芮；东有齐、鲁、曹、宋、滕、薛、邹、莒。是非王之支子、母弟、甥舅也，则皆蛮、荆、戎、狄之人也。"② 西周晚期成周地区诸侯国分布的状况，大体反映了周王朝建立五服制后的基本概况，即成周东西以姬姓诸侯为主，南北则异姓诸侯居多。

周王朝建立诸侯时，分封的具体内容见载于《左传》定公四年及周康王时期的《宜侯夨簋》。通过对分封内容的剖析，可见被分封诸侯的权力与义务，以及其与周王朝的关系。以分封鲁国为例："分鲁公以大路、大旂、夏后氏之璜、封父之繁弱，殷民六族：条氏、徐氏、萧氏、索氏、

---

① 《国语·周语中》载富辰言。《清华大学藏战国竹简》（伍）有《封许之命》，记载吕丁受王册命"侯于许"的情况，可供参考。

② 上海师范大学古籍整理研究所校点：《国语》卷16《郑语》，上海古籍出版社1998年版，第507页。

长勺氏、尾勺氏，使帅其宗氏，辑其分族，将其类丑，以法则周公，用即命于周。是使之职事于鲁，以昭周公之明德。分之土田、陪敦，祝、宗、卜、史，备物、典策，官司、彝器。因商奄之民，命以《伯禽》而封于少皞之虚。"分赐鲁公仪仗、玉瑁、良弓，确定鲁侯享有的礼仪等级及征伐权力；赏赐殷民六族、商奄之民，表明鲁侯有作为君主治理百姓的权力及协助周王治理殷遗民的义务；土田陪敦与《诗经·閟宫》"土田附庸"及五年琱生簋"仆庸土田"（《集成》4292）相近，指附着在土田上的原住民。赐祝、宗、卜、史官员，规定鲁国可设置的职官，《伯禽》为受命典策，少皞之虚为分封的疆土。宜侯夨簋载周康王命令虞侯名夨者迁国于宜地，并厚予赏赐。"锡秬鬯一卣、商瓒一□，彤弓一，彤矢百，旅弓十，旅矢千。锡土：厥川三百……〔田〕，厥……百又……厥宅邑三十又五，〔厥〕……百又四十。锡在宜王人〔十〕又七里。锡奠七伯，厥〔庐〕千又五十夫。锡宜庶人六百又……六夫。"（《集成》4320）周康王赐予宜侯鬯酒、圭瓒、弓矢等礼仪性物品，代表着周王朝从政治上对诸侯国的任命和支持。分封的宜地至少是由拥有三百多条灌溉渠道组成的一些土地，以及 35 个宅邑构成的。土地上的人口由在宜地的王人、西部郑地迁过来的七个大族及其仆庸、宜地的庶人六百多家构成多层族群结构。分封宜侯时举行的授民授疆土的礼仪，表示宜侯拥有治理土地和民众的权力。从这两处记载看，周王朝分赐给诸侯最重要的是土地和族众，按照血缘亲疏、所赐土地、民众的多寡形成了大小不等的诸侯。故分封不仅确立了周王与诸侯在政治上的君臣关系，也确立了经济关系，即诸侯封国的大小是其向周王朝纳贡赋的标准之一，分封诸侯授予封土的大小和享有礼仪的多寡，又可能确定了诸侯间的等级秩序。周初建立侯服、宾服诸侯即命以职事，规定了他们的"服"。以分封卫为例，《尚书·康诰》载周公告诫康叔"乃服：惟宏王应保殷民，亦惟助王宅天命，作新民"。即是说康叔的服有三事：宏王应保殷民，一事也；助王宅天命，二事也；助王作新民，三事也。[1]《康诰》又云："有叙时，

_____

[1]　王国维认为"乃服，服训事，言汝之职事也。以冒下文三事"。转见自刘盼遂《观堂学书记》，附于《古史新证》，清华大学出版社 1996 年版，第 274—275 页。

乃大明服，惟民其敕懋和。"告诫康叔能顺此即能够遵循"明德慎罚"原则，勉励地践行自己的职事，则民能够勤勉于和。《康诰》又云："惟命不于常，汝念哉！无我殄享，明乃服命，高乃听，用康乂民。"殄，绝也。① 天命不常，告诫康叔不要断绝祭祀，要勉力于职事。以周王册命康叔之例推知，周王朝册命其他侯服诸侯时，亦当有此三事。此三事具体表现在诸侯对周王朝要朝觐、贡纳、参与周王朝国家祭祀、接受王命参加重要军事行动来夹辅周室等义务。

周王朝通过分封方式所建立起来的诸侯与夏商时代的外服于形式上类似，但有实质的不同。周代按照宗法关系进行分封建国，形成了远近不一的血缘关系网，作为周王与诸侯间关系脉络的是宗法。周代封建制度下的侯服、宾服诸侯国与夏商时代的外服的主要差别便是，周代的诸侯国大部分都处于宗法制度的网络之中，作为一个小宗的宗子而同时又是诸侯国君，而夏商时代的外服未形成这种网络。西周时期周王与所建立的诸侯是君臣关系，这在西周康王时期的邢侯簋铭文中有明确的记载：邢侯受到任命职事和赏赐后，行拜手稽首之礼。邢侯因受天子的多福而嘉美天子宣誓要为周王奔走上下效力，希望上帝不要终结周的天命。即是邢侯尽其为臣职事和助王谋知天命的职事。邢侯追孝于其祖考，宣誓不敢有失职命，昭显盟誓，要勤勉地臣事周天子。（《集成》4241）

周代的分封是由天子向下多层次进行的，不仅限于以往关注较多的诸侯层面，如是构成了从中央到地方的社会结构体系，实现了周王朝对中央及地方社会的治理。春秋时期晋国的臣子师服总结到："天子建国，诸侯立家，卿置侧室，大夫有贰宗，士有隶子弟，庶人、工、商，各有分亲，皆有等衰。"（《左传》桓公二年）依据宗法关系，周天子的嫡长子继位为天子，庶子被分封出去为诸侯。诸侯的嫡长子继位为诸侯，庶子被分封为大夫。大夫的嫡长子继位为大夫，庶子被分封为士。如是形成了周王朝的诸侯体系，这样不仅在诸侯国内形成"皆有等衰"的政治

---

① 《说文》："殄，尽也。"段玉裁注："《尔雅·释诂》、《大雅·瞻卬》毛《传》同。《邶风》'篯籧不殄'，《传》曰：'殄，绝也。'此尽义之引伸也。"（许慎撰，段玉裁注：《说文解字注》，上海古籍出版社1981年版，第163页）

局面，这种局面还扩散到整个周代社会，这是夏商时代从未出现的社会格局，周代的"封建亲戚是对氏族血缘关系的利用改造"①。周王朝以"选建明德"和"封建亲戚"的原则，将宗法制与分封制结合起来，在具有重要战略意义的地方，封赐一块征服地、分领若干族群和命以国号建立侯服、宾服诸侯，从而实现了周王朝对地方社会的治理。据《左传》定公四年及宜侯矢簋铭文知，周王通过特定的册命礼仪向受封为诸侯者授以"备物、典策、彝器"确定受封者享有的礼仪等级；授以受封者四类属民，即有受封者的私属或宗族；受封的有司官员、土著官长及其族属；领有殷遗民诸族；封地的土著人群；赐以诸侯治理民众、管理殷遗民的权力与义务。分封少皞之虚、殷墟、夏虚、宜地为鲁、卫、唐、宜侯服诸侯的疆土，表明诸侯有治理一方疆土的权力和为周王朝守土的义务。从周王朝分封诸侯建立侯服、宾服的过程来看，分封实际上是将社会族群进行了重组，每一个诸侯都分领不同的族群建立周王大宗之下的另一小宗，这些不同族群在新的历史与地域环境中逐渐融合，形成诸侯小宗的族属。故可以说周代建立五服制实为重建社会结构的举措，周代社会逐渐形成为以周天子为大宗，分封的侯服、宾服诸侯为小宗，不同的社会族群逐渐融合为周代大小宗族的族属，实现了"作新民"的政治目的。"周初的分封，其主要特色表现为周统治族群、归附的友族移民和封地土著族群的政治糅合。"②

三　成周会盟与西周国家形态的形成

日本学者松井嘉德认为周王朝是由各自以周王为中心，外围分别是王都之地、内服之地、外服之地的三级结构构成。③ 但这并非周代国家结构的完整表达，周王朝建立侯服、宾服诸侯时，册命文书中规定了他们

---

① 葛志毅：《周代分封制度研究》（修订本），黑龙江人民出版社2005年，第64页。
② 宋镇豪：《试论周初分封和华夏国家社会的形成》，《西周文明论集》，朝华出版社2006年版，第4页。
③ ［日］松井嘉德：《西周郑（奠）考》，徐世虹译，刘俊文主编：《日本中青年学者论中国史》上古秦汉卷，上海古籍出版社1995年版，第72页。详参［日］松井嘉德《周代国制の研究》，汲古书院2002年版。

各自的职责，除此外他们还要根据各自封地大小承担着向周王朝贡纳的义务。而周边的蛮夷戎狄等多方势力经过周初的征伐，都已臣服于周，也要向周王朝尽朝王纳贡的义务，成为周代国家的组成部分，这是内外服系统无法囊括的，故周王朝继承和发展了夏商两代服制内涵中的朝贡，将朝贡融入五服制之中，即将诸侯与服从周的方国编制到朝贡体系之中，朝贡成为服的内容之一。周代朝贡的建立，与经营洛邑有直接关系。① 这与周武王基于靠近天室，建都居于天下之中便于治理四方而计划营建洛邑的初衷是相符的。② 周王朝封建诸侯之后，天下基本平定。于是周成王、周公、召公遵周武王遗命作大邑于天下之中，《尚书·康诰》《召诰》《洛诰》记载周公摄政的第七年，完成营建新邑的最后工程。③

周公营建洛邑时，邀请周成王率领朝臣来新邑，诸侯、方国陆续来到洛邑朝觐周成王，效事于周邦。这次朝觐会同的典礼见载于《逸周书·王会》，通过这次会同典礼基本确立了四方诸侯、方国的职贡，并作为周代的基本制度确定下来。《逸周书·王会序》云："周室既宁，八方会同，各以其职来献，欲垂法厥后，作《王会》。"朱右曾云："职，职贡也。""垂法厥后"即以此次朝会的诸侯所献职贡作为周代的制度确定下来，后世遵照执行。这次会盟确定的朝贡服制的具体形态宜如《国语·周语上》祭公谋父所说先王之"五服"制。《国语·周语上》云：

> 夫先王之制：邦内甸服，邦外侯服，侯、卫宾服，蛮、夷要服，戎、狄荒服。甸服者祭，侯服者祀，宾服者享，要服者贡，荒服者王。日祭、月祀、时享、岁贡、终王，先王之训也。有不祭则修意，有不祀则修言，有不享则修文，有不贡则修名，有不王则修德，序成而有不至则修刑。于是乎有刑不祭，伐不祀，征不享，让不贡，告不王。于是乎有刑罚之辟，有攻伐之兵，有征讨之备，有威让之

---

① 参见葛志毅《周代分封制度研究》，黑龙江人民出版社 2005 年版，第 158 页。
② 参见《逸周书·度邑》。
③ 朱凤瀚先生认为《召诰》《洛诰》所载不是周公经营洛邑，此时洛邑已经建成，周公、召公所营建的是成王的王宫。（见《〈召诰〉、〈洛诰〉何尊与成周》，《历史研究》2006 年第 1 期）但成王王宫亦属于洛邑的组成部分，此前所营建的当是洛邑的城墙、各种民用设施等。

令，有文告之辞。布令陈词而又不至，则增修于德而无勤民于远。①

此处的"先王之制"当指周成王时期确定的朝贡服制，② 这则材料中"服"包含职、事和贡三层含义。③ "甸服""侯服""宾服""要服""荒服"是周成王时期确定的朝贡服制的服名，与商代和周初"侯、甸、男、卫、邦伯"为外服名号是不同的。要之，五类服表明西周王朝对朝臣宗族与邦君、地方诸侯、方国的治理方法，即将不同地域、不同层次的臣子分门别类纳入周王朝的朝贡体系之中，使其更好地为周王朝服务。五服制具体内容是：邦内的宗族、邦君为甸服，向周王朝履行每日助祭祀的义务。邦外且为周王朝按照宗法关系分封的诸侯属于侯服，起到藩屏周邦的作用，向周王朝履行每月献纳祭品助祭祀的义务。侯、卫是臣服于周的原殷商外服侯、田、男、卫、邦伯的省称，属于宾服，向周王朝履行四时以服贡宾见的义务。关于要服与荒服的区分，蒙文通谓："东南只有要服而无荒服，西北只有荒服而无要服。这个说法就当时四裔民族来考察，是合适的。周秦以来西北是游牧之族，是行国，故说他是恍惚不定，是荒服；而东南则是农耕之族，可以要约羁縻，是要服。"④ 经周成王、周公东征与南征，使南部、东部的蛮夷方国臣服，并被纳入要服，向周王朝履行每年来朝贡的义务。迫于召公奭北征的影响，西部、北部的戎狄亦臣服于周王朝，被纳入荒服，向周王朝履行朝见嗣王及己即位来朝贡的义务。按照五服制规定朝臣与邦君、诸侯、方国纳入五服之中，所尽职责皆与周代国家祭祀密切相关⑤，诸侯与方国朝王而参与国家祭

---

① 上海师范大学古籍整理研究所校点：《国语》，上海古籍出版社 1998 年版，第 4 页。

② 金景芳：《中国奴隶社会史》，上海人民出版社 1983 年版，第 124 页。

③ 关于周代文献、金文中的服有职事、贡赋含义，参考晁福林《从士山盘看周代"服"制》，《中国历史文物》2004 年第 6 期。董珊《谈士山盘铭文的"服"字义》，《故宫博物院院刊》2004 年第 1 期。职与事有别，宜分为职、事、贡三项。

④ 蒙文通：《略论〈山海经〉的写作时代与产生地域》，《古学甄微》，巴蜀书社 1987 年版，第 64 页。

⑤ 要服、荒服所献也与周代国家祭祀有关，如《左传》僖公四年所述要服之列的荆楚有向周王朝献祭祀时缩酒用的菁茅的职贡；《国语·周语上》、伯唐父鼎铭文载荒服犬戎有贡献白鹿、白狼的义务，被用于周穆王祭祀的牺牲。

祀，使得诸侯与方国成为周代国家的重要组成部分。

　　周成王成周会盟天下四方诸侯、方国还确立了保障服制落实的措施，据前引《国语·周语上》祭公谋父言，若邦内宗族不尽甸服义务，那么周王朝先修志意自责。邦外诸侯不尽侯服，周王朝就修改对其的号令。侯、卫诸侯不执行宾服，周王朝就修改管理他们的典法。蛮夷方国不纳贡，周王朝先修对他们尊卑职贡的名号。戎、狄方国不执行荒服，周王朝则修文德使之归服。若周王朝如是做了之后，诸侯、边远方国仍不履行职责，那么周王朝将采取刑、伐、征、让（言语谴责）、告（通告天下）等措施对不执行服的诸侯、方国加以制裁，但在采取惩罚措施之前要"布令陈词"以示警告，再不执行"服"，则落实惩罚措施。成周会盟建构以周王所在的王都之地为中心，其外是甸服之地，侯服、宾服之地，要服、荒服等几个区域构成的国家结构形态。

　　王晖以金文证明西周时期确实存在要服，以及蛮夷要服向周王朝提供职贡的具体内容，如蚕丝与丝织品，禾谷粮食以及苞茅、铜锡等特产，还有做事和服兵役，服从物品交换的管理及纳税职责。[①] 周宣王谓"淮夷旧我帛晦臣"（《师寰簋》，《集成》4313）、"王令甲政司成周四方责（积），至于南淮夷，淮夷旧我帛晦（贿）人，毋敢不出其帛、其责（积）、其进人，其贾毋敢不即次、即市，敢不用令，则即井（刑）撲伐"（《兮甲盘》，《集成》10174）。当东夷南夷与周王朝关系融洽尽服时，周王朝视其为臣服于己的族邦，其首领被周王朝称为夷伯（《作册睘卣》，《铭图》13320；《作册睘尊》，《铭图》11788），受到周王朝的礼遇与安抚。当东夷南夷与周王朝关系紧张甚或发生战争时，周王朝称南夷东夷为"服子"。如周厉王《胡钟》载"王肇通省文武堇（觐）疆土，南国服孳（子）敢臽（陷）处我土，王敦伐其至，撲伐厥都，服孳（子）迺遣间来逆昭王，南夷、东夷俱见二十又六邦"（《集成》260）。晋侯苏编钟载周厉王亲通省东国南国，王师与晋侯苏指挥的军队配合击败夙夷和入侵的南夷族邦（《铭图》15298—15313）。经过周厉王的征服，

───────────

　　① 王晖：《西周蛮夷"要服"新证——兼论"要服"与"荒服"、"侯服"之别》，《民族研究》2003 年第 1 期。

东夷南夷再次臣服纳贡。

荆蛮亦为要服，《史记·楚世家》称荆楚臣事文王武王，周成王时期"封熊绎于楚蛮，封以子男之田"①，周成王为岐阳之盟，楚子前来朝觐并在会盟礼仪中尽服，《国语·晋语八》载："昔成王盟诸侯于岐阳，楚为荆蛮，置茅蕝，设望表，与鲜卑守燎，故不与盟。"②据《左传》僖公四年载楚国的贡物是"包茅"，或与此置茅蕝有关，应属于裸礼的准备工作。周原甲骨有"曰今秋楚子来，告父后□"（H11：83），"楚伯乞今秋来即于王，其则"（H11：14），"其微、楚；厥燎，师氏舟燎"（H11：4）③。这三条卜辞似与岐阳之盟有关，周王关心楚子是否来朝觐，以及其所尽守燎的王事。直至昭王时期荆楚叛周，如"过伯从王伐反（叛）荆"（《集成》3907）。周昭王两度讨伐荆楚，似有所获，如《集成》3732"真从王成（伐）荆，孚，用作饙簋。"《集成》3950"唯九月，堆叔从王、员征楚荆，在成周，諆作宝簋。"《集成》3976"狀驭从王南征，伐楚荆，有得，用作父戊宝尊彝。吴"。西周中后期的史家对昭王伐荆楚颇为赞赏，如史墙盘载："弘鲁昭王，广能荆楚，唯寏南行"（《集成》10175），逨盘载逨自述其"皇高祖惠仲盠父，致和于政，有成于猷，用合昭王、穆王，盗政四方，扑伐楚荆"（《铭图》14543），至春秋中期仍视楚荆为周王朝要服诸侯，如子犯编钟载："诸楚荆不听命于王所，子犯及晋公率西之六师，搏伐楚荆，孔休大功，楚荆丧厥师，灭厥太子。子犯宕（佑）晋公燮，诸侯得朝王，克奠王位。"（《铭图》15200—15203）要服内臣服于周王朝者虽通称蛮夷，但其具体邦国的君长皆称"伯"，其主要职责是向周王朝每年朝贡，所献贡物大体为各地特产。在朝觐期间接受周王命令，在周王朝举行的典礼中服事，以表达对周王朝的臣服。

周初荒服的存在主要依赖于前引《国语·周语上》祭公之语，乃周成王时期确立的制度。西周早期《䚄簋》载驭戎进犯楷，楷侯臣䚄搏戎

①　司马迁：《史记》卷40《楚世家》，中华书局2013年修订本，第2030页。
②　上海师范大学古籍整理研究所校点：《国语》，上海古籍出版社1998年版，第466页。
③　曹玮编著：《周原甲骨文》，世界图书出版公司北京公司2002年版，第63、14、4页。

（《铭图》05179），周康王时期的《臣谏簋》载山西北部的戎进犯軧侯，邢侯搏戎（《集成》4237），说明荒服是不稳定的。周穆王讨伐荒服犬戎的目的是加强对西北部的经营，试图以宾服来管理戎狄，并以强兵征服手段欲达到制服戎狄诸族，结果只是迁移部分戎族到大原，任命戎生的祖先宪公"用建于兹外土，遹司蛮戎，用扞不廷方"（《戎生钟》，《铭图》15240）。此后荒服不至，意味着周王朝对部分戎狄诸族失去了管控。当荒服方国不朝王，周王朝则派兵征讨，迫使其尽服，如西周中期的霸伯盘铭文载霸伯搏戎之事，[①] 以及《古本竹书纪年》载"（周）夷王衰弱，荒服不朝，乃命虢公率六师，伐太原之戎，至于俞泉，获马千匹"[②]。至西周晚期的厉宣时期，荒服方国不断进犯周邦，厉王、宣王更是以征服戎狄彰显王权，见于《多友鼎》（《集成》2835）、《不娶簋》（《集成》4328）、《虢季子伯盘》（《集成》10173）、《四十二年逑鼎》（《铭图》02501、02502）等器铭。甘肃庆阳市文物普查小组于 2009 年 5 月在合水县何家畔乡何家畔村东南平原地带发现一处西周晚期墓葬，该墓出土的一件铜鼎内壁铸有铭文 60 字，载："唯王三月初吉辛丑，伯硕父作尊鼎，用道用行，用孝用享于卿事辟王、庶弟元兄，我用与司赤戎、驭方。伯硕父、申姜其受万福无疆，蔑天子光，其子子孙孙永宝用。"（《铭图》02438）"驭方"见于《不娶簋》"驭方猃狁广伐西俞"（《集成》4328），《薔簋》"驭戎大出于楷"（《铭图》05179），据这两处驭戎与猃狁并提，应是指西北猃狁之类的戎。西周晚期伯硕父参与治理戎狄事务，当出于周王之任命。《国语·楚语上》载春秋时期楚庄王大夫士亹言："若民烦，可教训。蛮、夷、戎、狄，其不宾也久矣，中国所不能用也。"[③] 荒服不

---

① 霸伯盘铭文见载于山西省考古研究所等：《山西翼城大河口西周墓地 1017 号墓发掘》，《考古学报》2018 年第 1 期。关于霸伯盘铭文所载霸伯搏戎，或理解为霸伯抵抗淮夷，即以"戎"为淮夷之之称，其主要依据在于晋侯铜人铭文载晋侯接受周王命令讨伐侵犯格的淮夷，霸伯器中有一件铭文作"格伯"，遂以晋侯铜人铭文之"格"为"霸"，认为晋侯与霸伯协同讨伐淮夷，从而视霸伯盘铭文"搏戎"为讨伐淮夷。期间论证多有缺环，故本文不取此说。晋侯与霸伯皆分封于山西，其本职在于镇守北土抵御戎狄。

② 《后汉书·西羌传》李贤注引，方诗铭、王修龄：《古本竹书纪年辑证》（修订本），上海古籍出版社 2005 年版，第 57 页。

③ 上海师范大学古籍整理组校点：《国语》，上海古籍出版社 1998 年版，第 527 页。

服从周王朝久矣，盖因不能被周王朝用也。

综上，在西周五服制的国家结构形态中，周王直接控驭的甸服区域相对来说较为稳定，侯服、宾服诸侯大体听从周王号令，践行王事。要服方国在周王朝实力强大时，来朝来献职贡表达臣服；周王朝势力衰落时，要服方国不朝不献甚至侵伐内国，成为西周时期较为强大的对手。然西周后期王朝对要服的征服与控制，使得至于春秋时期要服方国的影响力逐渐减弱。戎狄荒服在西周前期较好地臣服于周王朝，但于西周晚期王朝政治动荡时期，成为王朝的劲敌，不断向周邦劫掠。西周晚期，西周王朝在与要服、荒服方国的战斗中逐渐衰落下去，并最终走向了灭亡。

第二节　西周五服制落实的制度保障

周初周王朝通过建立甸服、侯服、宾服等方式实现了国家对王畿地区与地方社会的治理，通过制定朝贡服制实现了国家对边疆地区的治理。周王作为国家的最高统治者，被称为"天子"，拥有最高的统治权，周王通过对五服制的贯彻与维护来实现对整个社会的治理。周王朝制定和实行了一系列措施来贯彻和维护服制，如对甸服朝臣、邦君的考核制度，朝见述职、派重臣巡视等方式检核监督诸侯职事，设置专门职官管理要服、荒服献贡事宜，以方伯监督诸侯及要服、荒服尽职，周王甚至通过干预诸侯国事务，加强对诸侯国的治理。

一　对甸服臣子职事的考核制度

周王对甸服臣子执行服的情况进行检查，尽职好的受到奖励，不好的要受到惩罚。如周穆王时期小臣静的职事是在天子学宫教贵族子弟习射。到了秋天，周穆王与师氏、小子在辟雍行射礼，以此来检验小臣静教射的情况，也就是检核静所尽服的情况，结果静"教射无斁"而受到周王的奖赏（《集成》4273，《静簋》）。对甸服职事的检核不限于周王对臣子的考核，也见于上级官员对下级官员履行职事的检查，闻尊铭文提供了检核职事方面的信息，其铭有云："师多父令闻于周，曰：'余学事，女（汝）毋（无）不善，胥朕采达田、外（设）臣仆，女（汝）毋（无）又（有）一不（否）。'"（《铭图》11810）铭文"余学事"，余乃师多父自称，学宜读为"敩"，有"教"义。铭文说师多父训戒闻。① 另一说认为，学读为效，意思是"考效"，"效事"犹"考效事功"。铭文是说：师多父考核检查事功，闻无一不善；闻佐助师多父管理采地达田、臣仆，这两件事闻没有一个过失，即两事无一不善。② 从铭文看闻受到蔑历赏赐，"考效事功"说似更合理。经过师多父检查闻工作尽职、效果良好，故闻受到嘉奖赏赐。铭文记录了周王朝师官对其属官检核职事后的嘉奖赏赐。这表明西周时期上级对下级尽职的检核可能具有普遍性，是督促甸服臣子恪尽职守的重要举措。上级对下级履行职事不好的会有惩罚措施，如西周早期师旂鼎铭文载师旂的众仆不从王征伐方雷，于是师旂派他的僚属弘把此事告知长官伯懋父。伯懋父本来要惩罚师旂价值相当于三百孚的财产，还要流放师旂的众仆，后来因为众仆又回归于师旂麾下，于是伯懋父没有流放众仆，也撤销了对师旂罚金的命令（《集成》2809，《师旂鼎》）。新见夋器铭文载鲁侯对其臣子夋教诲鲁人、整顿社会秩序的职事进行检查，"余既省，余既处，亡（无）不好，不处于朕诲"。结果没有不好的，没有不顺从鲁侯的教诲的。于是鲁侯赏赐了臣子夋。③

上举三例对理解周王朝考核甸服臣子践行职事的情况有重要的参考意义。或可说明，西周时期上级对于下级执行服的考核是普遍存在的事实。西周金文中有一个重要而习见的词汇"蔑历"，学界对其考释者颇多，解释的思路有别，其释义大致取与勉励相近之义，实际上是一种口头的夸奖、奖励。④ 这种口头奖励与实物嘉奖并行，是对甸服臣子工作的肯定和赞许，也可能是甸服臣子职位晋升的基础。周王命令甸服臣子参

---

① 参张光裕《新见乐从堂斝尊铭文试释》，《古文字学论稿》，安徽大学出版社 2008 年版，第 5—10 页。

② 参见董珊《读闻尊铭》，复旦大学出土文献与古文字研究中心网站，http：//www.gwz.fudan.edu.cn/SrcShow.asp? Src_ID=413，2008 年 4 月 26 日。

③ 朱凤瀚：《夋器与鲁国早期历史》，《新出金文与西周历史》，上海古籍出版社 2011 年版。

④ 晁福林：《金文"蔑历"与西周勉励制度》，《历史研究》2008 年第 1 期。学术界对"蔑历"的诸多解释可参见该文的统计分析。

与国家典礼，通过赞美故去的臣子德行与功绩，来勉励当世的臣子，册命其继承祖考职事等途径，使甸服臣子及其宗族备受荣耀，从而为周王朝恪尽职守。周王朝对于那些经考核尽服不好甚至犯罪的臣子，处以罚金、削夺其职位、采邑，将其所领有的采邑、族氏成员赏赐给其他臣子。如西周早期周王朝的军事长官师旂管理师众不善，导致师众不听命于伯懋父出征，伯懋父对师旂处以罚金（《集成》2809）。西周晚期周王将本属于趞曋的一个里大小的土地，转赐给大（《集成》4298，《大簋盖》）。又如在周穆王至恭王时期，周公后裔井氏宗族的几代宗族长井伯都曾在周王朝中担任司马要职，在具体的王朝政治活动中非常活跃，经常参加册命礼仪并在其中担任重要角色，可能是周王朝的执政重臣，属于王朝卿士之列。至周懿王后期井氏宗族的大宗井伯不见于金文，或可能已经失去了在王朝中要职地位。由禹鼎铭文看，禹祖幽太叔开始已经为武公臣属，而大克鼎铭文记载周懿王册命给克的田土中就有井氏宗族旧地及井氏臣妾、民人（《禹鼎》，《集成》2833；《大克鼎》，《集成》2836）。周夷王时期的散氏盘载矢偿付散的田地中有井邑一部分田地，表明井氏宗族部分采地曾转移到矢手中。这些或可以说明畿内井氏宗族在西周懿王以后开始衰落，其宗族虽存但已经降为武公臣属，封邑或被周王赏赐给其他宗族，小部分旧有采地虽名义上仍由井氏宗族治理，但在事实上由其君武公掌控。

二　检核诸侯职事的系列措施

周王朝采取多种措施监督诸侯尽服的具体情况，首先是在中央任命重臣管理四方诸侯在中央的政务。① 诸侯有朝觐周王的职责，诸侯朝王时往往分列，由不同的王朝卿士率领一方诸侯觐见周王，似形成王朝卿士主管一方诸侯的局面，该项措施贯穿西周王朝始终。西周前期主要是两位王朝卿士分管东西方诸侯，《逸周书·王会》载周成王时期周公旦主东方诸侯，召公奭主西方诸侯。《尚书·顾命》载周康王举行即位大典时，

① 邵蓓称此类重臣为《左传》昭公十一年叔向所言的"王官伯"，参《西周伯制考索》，《中国史研究》2008年第2期。

王朝卿士太保、毕公分别率领西方、东方诸侯觐见周康王的情况。对此《尚书序》称:"成王将崩,命召公、毕公,率诸侯相康王。"西周中期似变为一位王朝卿士主管四方诸侯,如周穆王时命令毛伯班继承虢成公的职位,保卫王位,作四方的准则,受命掌管繁、蜀、巢令(《集成》4341,《班簋》)。西周晚期的柞伯鼎铭文载虢仲命令侯服诸侯柞伯率领蔡侯出征之事①,虢仲作为王朝大臣而具有号令诸侯的权力,显示其为王朝卿士。周宣王时曾任命毛公治理一方诸侯,以宏大周邦(《集成》2841,《毛公鼎》)。周宣王还曾任命诸侯樊侯为王朝卿士,管理王朝百官和四方诸侯在中央的政务。②

在地方上,周王朝任命诸侯之长管理一方诸侯,督促诸侯履行职责。周初分封的鲁、齐、晋、燕、卫都是代表天子坐镇一方,享有征伐大权的方伯。③《尚书·康诰》载:王若曰:"孟侯,朕其弟,小子封。"伪孔传:"孟,长也。五侯之长,谓方伯,使康叔为之。"④ 康叔被册命为卫侯时,已经明确其诸侯之长的地位。《诗序》:"《旄丘》,责卫伯也。狄人迫逐黎侯,黎侯寓于卫,卫不能修方伯连率之职,黎之臣子以责于卫也"。⑤ 即认为卫作为方伯应该尽到保护周围小国,率领周围小国敬奉周王室的职责。此外,齐国始封君太公望在周初分封时也被赋予诸侯之长的权力,《左传》僖公四年载管仲称:"昔召康公命我先君太公曰:'五侯九伯,女实征之,以夹辅周室!'赐我先君履,东至于海,西至于河,南至于穆陵,北至于无棣。"周初太公望受封时被授予征伐五侯、九伯的权力,协助周王治理如上广大区域内的诸侯、方国。西周晚期周宣王任命

---

① 朱凤瀚:《柞伯鼎与周公东征》,《文物》2006 年第 5 期。

② 《诗·大雅·烝民》:"王命仲山甫,式是百辟,缵戎祖考,王躬是保。出纳王命,王之喉舌,赋政于外,四方爰发","肃肃王命,仲山甫将之,邦国若否,仲山甫明之"。毛传:"仲山甫,樊侯也。"周宣王命令樊侯:法此百官,继承其祖考,保卫王身。出纳王命,作王的喉舌,布政于四方,四方诸侯无不响应。严敬的王命由仲山甫即樊侯贯彻行之,诸侯若有为恶者,仲山甫则使之明也。即仲山甫以诸侯作为王朝卿士有治理百官和管理四方诸侯的权力。

③ 陈恩林:《先秦两汉文献中所见周代诸侯五等爵》,《历史研究》1994 年第 6 期。

④ 孔氏传,孔颖达疏:《尚书正义》卷 14,阮元校刻《十三经注疏》,中华书局 1980 年影印本,第 203 页。

⑤ 《毛诗正义》卷 2,阮元校刻《十三经注疏》,中华书局 1980 年影印本,第 305 页。

侯服诸侯申伯为南部诸侯之长，掌管南方诸侯之事，《诗·大雅·崧高》载："王命召伯，定申伯之宅。登是南邦，世执其功。王命申伯，式是南邦。因是谢人，以作尔庸。王命召伯，彻申伯土田。王命傅御，迁其私人"。任命韩侯为北部诸侯之长，管理北方诸侯之事。《诗·大雅·韩奕》载：韩侯受命，"王亲命之：缵戎祖考，无废朕命。夙夜匪解，虔共尔位。朕命不易，幹不庭方，以佐戎辟"。王亲赐命韩侯使继世为诸侯，告诫韩侯修其职事，扞御不来朝之国，佐助周王。韩侯受命为诸侯后，执其赘封圭前来朝觐周王。"溥彼韩城，燕师所完。以先祖受命，因时百蛮。王锡韩侯，其追其貊，奄受北国，因以其伯。实墉实壑，献其貔皮，赤豹黄罴。"广大的韩城是始封时燕师帮助修建的，因韩之始封君为百蛮之长，赐之追、貊，领受北国，使为之方伯。使修其城池，治其田亩，正其税法，而贡其所有于王。从上举材料看，诸侯之长的权限为以军事力量保护周围小国，共同抵御外敌入侵，约束这些小国为周王朝尽职纳贡。尚无直接材料反映诸侯之长对周围小国在行政上的统属情况，[①] 设置诸侯之长管理一方诸侯，是周王朝赐予了一部分权力给诸侯之长，使一方诸侯更好地为周王朝尽服，但并不意味着周王朝放弃这些小国给诸侯之长统治。

在蛮夷戎狄势力强大的地区任命势力强大的诸侯为方伯，管理蛮夷、戎狄，监督蛮夷戎狄对周王朝应尽的要服、荒服义务。目前所见材料可知，周初分封燕侯对北方、西方诸方国进行管理，克盉、克罍铭文记载燕侯克受封时奉命治理西部、北部的羌、马、叡、雩、驭、微六族之众。[②] （《铭图》14789、13831）西周早期鲁国对东夷、徐国的管理，《诗·鲁颂·泮水》云："明明鲁侯，克明其德。既作泮宫，淮夷攸服。"表明鲁侯有为周王朝管理淮夷诸方国的职责。《尚书序》称："鲁侯伯禽宅曲阜，徐、夷并兴，东郊不开，作《费誓》。"伪孔传："伯禽为方伯，

---

① 参邵蓓《西周伯制考索》，《中国史研究》2008 年第 2 期。

② 朱凤瀚：《房山琉璃河出土之克器与西周早期的召公家族》，《远望集：陕西省考古所华诞四十周年纪念文集》，陕西人民美术出版社 1998 年版，第 303—308 页。另关于此六国地望和族属，学者分歧较大，诸说参见周宝宏《近出西周金文集释》，天津古籍出版社 2005 年版，第 72—100 页。

监七百里内之诸侯，帅之以征。"① 当淮夷发生叛乱之时，周王朝命令甸服大臣明公统率王朝军队，并命令鲁侯帅军共同征讨淮夷，鲁侯尊铭文载，王命令明公派遣三族征伐东国，鲁侯有猷功。(《集成》4029) 铭文意为伐东国之役，明公为主帅，而鲁侯也有重要功勋。邢侯有为周王朝监管北部戎狄方国职责，由臣谏簋铭文记载"唯戎大出于軝，邢侯搏戎，诞令臣谏□□□亚旅处于軝"(《集成》4237)。河北之戎大肆进犯軝侯之地，周王命令邢侯搏击戎，邢侯命令臣谏率领军队驻扎在軝侯之地抵御戎族进犯。

西周中期士山盘铭文记载，"王呼作册尹册命山，曰：于入中侯，出，徵都、荆、方服，暨大藉服、履服、六孳服。中侯、都、方宾贝、金"。(《铭图》14536) 周王命令士山先到中侯之地，然后再去征验都、荆、方应尽的职贡，说明中侯是周王朝在这一地区的重要据点，中侯很可能是西周中期周王朝设置的监管都、荆、方诸方国的诸侯。② 驹父盨盖铭文载："南仲邦父命驹父即南诸侯率（帅）高父见（视）南淮夷，厥取厥服，谨夷俗。遂不敢不敬畏王命，逆见我，厥献厥服。我乃至于淮，小大邦无敢不储具逆王命。四月，还至于蔡"(《集成》4464)。南仲为周宣王时期王朝卿士，③ 邦父为其字，曾任司徒之官。驹父是南仲的属下，由其还至蔡地，知其可能出自侯服诸侯蔡。南诸侯帅就是南国诸侯之长，④ 名为高父，可能为西周晚期周王朝设置的监管南部诸侯之长。驹父受命至南国诸侯之长高父之地，视察南淮夷并征取南淮夷应尽的服，整饬南淮夷向周进贡的旧俗。南淮夷诸部不敢不敬畏王命，前来迎见驹父，遂献其服。驹父顺势到了淮水流域，当地大小邦国没有不迎逆王命的。王朝卿士南仲派遣属下驹父到南部诸侯之长高父辖地视察，亦有检视南部诸侯之长管理南部诸侯、方国为王朝尽职情况的目的。

---

① 孔氏传，孔颖达疏：《尚书正义》卷20，阮元校刻《十三经注疏》，中华书局1980年影印本，第254、255页。

② 铭文的释读理解参考晁福林《从士山盘看周代"服"制》，《中国历史文物》2004年第6期。

③ 见于《诗经·小雅·出车》、無叀鼎铭文。

④ 马承源主编：《商周青铜器铭文选》（三），文物出版社1988年版，第311页。

鄂侯曾嫁女于周王，与周形成姻亲关系（《集成》3928，《鄂侯簋》），故周王朝设置其为监管南淮夷、东夷的方伯。商代有鄂侯曾为纣王三公而被脯，"商鄂侯之国原在野王，鄂亦作邘。后武王子封于此，则鄂南迁至于南阳，为此地之一强邦"。"鄂据有南国腹地，西扼淮水，南控江汉，战略地位极为有利，乃成为诸夷的领袖。"① 鄂侯驭方鼎铭文载周厉王时期要服南淮夷诸部进犯江汉之北，周厉王亲征讨伐南国叛乱的服子，班师途经鄂侯之地，赏赐鄂侯醴酒，举行宴飨之礼、大射礼，礼仪结束后，周厉王又赏赐鄂侯玉五对、马四匹、矢五百铤（《集成》2810）。周厉王举行宴飨礼、射礼是为了拉拢鄂侯，缓和双方关系；鄂侯迫于周厉王亲征的军事压力而参与周厉王的宴飨礼、射礼，在行礼过程中确认鄂侯对于周王朝的臣属关系。但此后不久，鄂侯就反叛了周王朝，鄂侯驭方率南淮夷、东夷诸部广伐南国、东国，至于历内。周厉王命令西六师、殷八师扑伐鄂侯驭方老幼无遗，最后在武公下属禹帅武公兵力并联合西六师、殷八师打败了反叛联军，擒获了反叛的鄂侯驭方（《集成》2833 禹鼎）。作为南淮夷、东夷诸部之长的鄂侯，因其势力强大，周王朝任命其为方伯，成为周王朝治理南淮夷、东夷的重要依靠力量，此时反而成为周国家安全的最大威胁，但最终被周王朝强大军事征伐而灭国，南国诸方国再次纳入周王朝的要服系统继续尽朝王纳贡义务。从以上诸例看，周王朝设置管理要服、荒服的方伯多是周王的同族或姻亲，其封地处于蛮夷异族势力强大之地，具有军事征伐的特权，起到拱卫周邦的作用。这样的方伯主要起到军事镇服要服、荒服，督促他们向周王朝尽朝王纳贡的职责。

周王朝还以多种方式检核诸侯的职事与贡赋，以及要服、荒服方国朝王纳贡的义务。首先是通过诸侯的朝觐述职，考察诸侯执行服的情况。《周礼·秋官·大行人》："春朝诸侯而图天下之事，秋觐以比邦国之功，夏宗以陈天下之谟，冬遇以协诸侯之虑，时会以发四方之禁，殷同以施天下之政。"据《小行人》载诸侯亲来则施以"朝、觐、宗、遇、会同，君之礼也"。《小行人》云："令诸侯春入贡，秋献功，王亲受之，各以其

---

① 马承源主编：《商周青铜器铭文选》（三），文物出版社 1988 年版，第 281 页。

国之籍礼之。"西周金文中的"见服""见事""朝见"俱是诸侯为王朝服务的表现，或以职事，或以贡物。诸侯、方国来朝见王称为"见事""见服"，即效事，朝见于王表示自己要效事于周王朝。① 诸侯朝觐于周王向王述职，并接受新的王命即新的"服"。如西周早期的匽侯旨鼎铭文"匽侯旨初见事于宗周……"（《集成》2628）匽侯旨首次以其政事朝见王于宗周。麦方尊铭文载周康王徙封邢侯于邢，邢侯受封两个月后去宗周觐见周康王，赶上周康王在莽京举行祭礼，邢侯赶到莽京觐见，周康王为之举行大射礼，相关礼仪完成后又赐予丰厚礼品（《集成》6015）。有时周王朝也派遣甸服朝臣出使方国，征召方国首领至京师见王。如乖伯簋载周王命令益公征召乖国首领眉敖，次年乖国首领眉敖至周觐见献贡，而受到周王赏赐（《集成》4331）。被周王朝征服的诸侯、方国也要来朝见献贡，以表示对周王朝的臣服。宗周钟铭文载周厉王征服侵犯周土的南国服子，结果南夷、东夷俱来朝见者二十又六邦（《集成》260），皆为表示臣服的朝见。朝见的一种特殊形式是殷见，周王派臣子召集诸侯、方国来至国都附近，周王殷见诸侯、方国，古书往往以"朝""享""命""誓""蒐"等描述周王会盟、殷见诸侯之事。周王以殷见礼仪检核诸侯、方国执行"服"的情况。② 作册魆卣铭文载"唯公太史见服于宗周年，在二月既望乙亥，公太史咸见服于辟王，辨（遍）于多正"（《集成》5432）。公太史以政事朝见周王及朝中执政者。保卣铭文载："王令保及殷东国五侯，诞贶六品……遘于四方，会王大祀，祐于周"。荆子鼎铭文载："丁巳，王大祐。戊午，荆子蔑历，敞（赏）白牡一；己未，王赏多邦伯，荆子麗，赏圅卣、贝二朋。用作文母乙尊彝。"③ 李学勤谓保卣铭文、荆子鼎铭文所记为周成王时期于岐阳会盟诸侯之事。④ 王会盟诸侯的传统早已有之，"夏启有钧台之享，成汤有景亳之命，周武有孟津之

---

① 参见杨筠如《尚书覈诂》，陕西人民出版社 2005 年版，第 255 页。

② 拙文：《保卣铭文所见周王朝对内外服的统治策略》，《中国国家博物馆馆刊》2012 年第 10 期。

③ 湖北省文物考古研究所、随州市博物馆：《湖北随州叶家山西周墓地发掘简报》，《文物》2011 年第 11 期。

④ 李学勤：《斗子鼎与成王岐阳之盟》，《中国国家博物馆馆刊》2012 年第 1 期。

誓，成有岐阳之蒐，康有酆宫之朝，穆有涂山之会，齐桓有召陵之师，晋文有践土之盟。""夫六王二公之事，皆所以示诸侯礼也，诸侯所由用命也。"（《左传·昭公四年》）召集会盟的王以君主的名义召集诸侯大会盟，检核诸侯、方国应尽的职贡，申明天子对诸侯的君臣名分，明确天子与诸侯之间的宗主关系和朝贡义务。

周王对来朝的诸侯中尽职尽责者以恩赐、礼遇等安抚方式，加强与诸侯的亲密关系。西周早期的献侯鼎铭文载周成王在宗周举行大袚之祭礼，赏赐了献侯佇贝。盂爵载"王命孟宁邓伯"，周王命令贵族盂前往安抚慰问邓伯。周王命来朝见的诸侯参加射礼、祭礼，在行礼中实现团结诸侯，和谐社会秩序的目的。如周康王时期麦方尊铭文记载麦叙述周王命令他的君邢侯出怀，侯于邢地。二月麦的君主邢侯到宗周朝见周王，朝觐之礼很顺利。正赶上周王在蒡京举行饗祭。第二天在辟雍，周王乘舟于环水上行大礼，王射大鸿雁，并射中。邢侯乘坐挂有赤色旗帜的船相随，大礼之事都完成了。是日，周王与邢侯入宫寝，赐给邢侯有黑色戈鞘的镂纹装饰的戈。王至辟雍岸边，邢侯行暮见君主之礼，赏赐邢侯男奴二百家，赏赐邢侯王所乘车马、服饰等物品，邢侯朝觐受赐后回到封地（《麦方尊》，《集成》6015）。周昭王时期配合南征，王姜命令作册罶向姜姓的夷伯问安，拉拢夷伯，分化追随楚的诸侯（《作册罶尊》，《集成》5989）。周昭王曾赏赐望土给相侯（《作册折尊》，《集成》6002），以此拉拢与楚关系近的诸侯，分化以楚为核心的诸侯联盟。

除通过诸侯来朝方式检查诸侯执行服的情况外，周王还派王朝大臣到诸侯、方国之地去检查、征取他们应尽的服。西周早期铜器邢侯簋载"王令（命）荣暨内史曰'菁邢侯服，易臣三品：州人、重人、庸人。'"（《集成》4241）菁，字在此铭为动词，读为句，训为求。周王命令荣伯与内史"害（句）邢侯服"，即求邢侯之"服"的情况，意即命令荣伯和内史检查、核实邢侯履行其"服"的情况。① 大概因为邢侯职事没有过错，因而赐给臣三类：州人、重人、庸人。邢侯的职事在此铭文中没有

---

① 关于菁字的释读，有多种解释，参晁福林《从士山盘看周代"服"制》，《中国历史文物》2004 年第 6 期。

反映，但从臣谏簋铭文所载邢侯与来侵犯的戎搏斗的情况看，邢侯的一项重要职事应是藩屏周王朝北部地区，为周王朝守护中北边疆。西周中期铜器士山盘铭文载周王命士山"于入中侯，出，徵都、荆、方服，暨大藉服、履服、六孳服。中侯、都、方宾贝、金"。周王命士山所徵验的服应包括职事性与事务性两种，具体包括后边三个服，应是三种具体的职事或贡物。据专家研究大暨服即庶民耕田的义务；履服即勘定都、荆、方三国所种籍田的位置、地界和数量，也就是检查三国对所种籍田的管理情况。六孳服就是诸国向周王朝进献六种谷物以助祭的任务。[1] 周王命令士山此行肩负的任务是先到中侯之地，检查中侯为周王朝镇守西南边疆的职事，又来到中侯统辖下的都、荆、方三个方国，征验他们应尽的职贡。中侯、都、方这三个小国宾赠士山贝和铜作为礼币，而荆却没有宾赠此种礼币。这或许反映了荆、周关系的复杂性。西周晚期铜器驹父盨盖铭载名驹父者遵照周王朝官员南仲邦父之命到达南国，驹父首先来到了南部诸侯的首长高父之处，检视南部诸侯对周王朝臣服尽职事的情况。之后与高父一同检视南淮夷诸国，为的是征取他们应尽的贡赋，整饬他们的习俗。于是这些南淮夷部族都献上他们的贡赋，当驹父来到淮水时，南淮夷的大小邦国没有敢堕弃王命的，皆来迎受王命（《集成》4464）。周宣王时的兮甲盘铭文载兮甲奉命掌管四方贡赋之事，兮甲来到南淮夷地区征取贡赋，因淮夷在周初成、康时期已经确立为周王朝的"帛贿臣"，淮夷不敢不提供赋税、委积和力役。兮甲检查了关市贸易秩序，征取诸侯、百姓及淮夷的关市赋税（《集成》10174）。从西周早期至晚期，周王朝都存在派遣重臣至诸侯、方国之地巡视，检查他们应尽的职责和应纳的贡物的行为，表明这是周王朝维护服制、进行地方社会治理的一项重要举措。

三　周王干预诸侯国事务

周王还通过干预诸侯国事务，来行使治理地方的权力。《礼记·王

---

[1]　参考朱凤瀚《士山盘铭文初释》，《中国历史文物》2002年第1期。晁福林《从士山盘看周代"服"制》，《中国历史文物》2004年第6期。

制》载："大国三卿，皆命于天子。""次国三卿，二卿命于天子，一卿命于其君。""小国二卿，皆命于其君。"周王通过任命诸侯国卿士来干预诸侯国事务，如《左传》僖公十二年载齐侯命令管仲平定戎乱，管仲献俘于周襄王，"王以上卿之礼飨管仲。管仲辞曰：'臣，贱有司也。有天子之二守国、高在，若节春秋来承王命，何以礼焉？陪臣敢辞'"。此说明周王朝曾册立齐国国、高二卿。李峰认为这是周王朝在诸侯国设置的世袭监国，扮演着周王"监察人"的角色，随时向周王反馈诸侯国的信息。① 周王对诸侯国建造宫室的等级规格有一定的限制权力，雍伯鼎铭文载"王命雍伯鄙于屮为宫"（《集成》2531），据《左传》僖公二十四年载，雍为"文之昭"，受封为诸侯。周王命令雍伯营造宫室。"晋侯作宫而美，康王使让之。"② 周康王曾责让晋侯建造的宫室过于奢华。周王还通过干预诸侯国册立储君，而影响诸侯国的发展。《国语·周语上》《史记·鲁周公世家》载周宣王时期，鲁武公带领长子括、少子戏朝见周宣王，周宣王立少子戏为鲁国太子。周宣王此举违背了周代国家根本制度——宗法制中嫡长子继承制原则，而废长立少，导致后来鲁国发生君位争夺的内讧。《史记·鲁周公世家》载鲁武公死后，由戏即位，是为鲁懿公。九年后鲁国卿大夫支持括之子伯御弑君代立。又两年后，周宣王讨伐鲁，杀死伯御，立鲁懿公的弟弟称为国君，是为孝公。"自是后，诸侯多畔王命。"③ 西周王朝也因此陷入了更加被动的境地，逐渐失去侯服、宾服诸侯的支持。

第三节　五服制视角下西周王朝治边策略与国家认同④

周初经历了由继承商代内外服到重新建构五服制的转变，以五服制

① 李峰：《西周的灭亡：中国早期国家的地理和政治危机》，上海古籍出版社 2007 年版，第 131—132 页。

② 《北堂书钞》卷 18《帝王部》引古本《竹书纪年》，方诗铭、王修龄：《古本竹书纪年辑证》（修订本），上海古籍出版社 2005 年版，第 44 页。

③ 《史记》卷 33《鲁周公世家》，中华书局 2013 年修订本，第 1839 页。

④ 本节内容发表于《东北师大学报》2017 年第 6 期，收入书中略有改动。

为西周服制的基本内容，这可能较为符合周初历史发展实际。对于五服制的性质，马大正等指出"西周的五服制是周朝对国内诸侯及边疆民族方国所规定的朝贡制度"①。五服制中的确包括朝贡的内容，以朝贡为主要的政治形式，这是颇具道理的。五服制又不限于朝贡，朝贡仅是五服制落实的表现形式。随着士山盘等青铜器铭文、清华大学藏战国竹简的刊布以及西周史研究的推进，对五服制性质的认识亟待转变。若从西周国家结构的视角出发，五服制中甸服、侯服、宾服、要服、荒服都可视为西周建构国家的组成部分，其中要服、荒服是西周王朝将边疆族邦纳入国家组成部分的特殊方式。关于西周边疆问题，学者从不同角度做出了有益的探讨，如毕奥南在判断先秦国家形态演变，即由夏商邑土国家到周代领土国家转变的基础上，考察了先秦时代边疆的形成问题，认为周代的疆域格局由王畿和封国构成。② 初晓波、张童心则从考古发现西周地方遗址考察了西周疆域的动态发展过程。③ 有鉴于学界对五服制与西周王朝边疆治理及边疆族邦国家认同关系等问题尚有一些模糊之处，仍有进一步探讨的空间。以下将新出土材料与传世文献所载相结合，以五服制为视角，考察西周王朝边疆治理的策略及边疆族邦国家认同问题。

一　要服、荒服：征服后的文化认同建构

西周王朝治理边疆的首要措施是对周边族邦的征服，并将其纳入西周王朝五服制系统之中加以治理。《左传》昭公九年载春秋时期的詹桓伯称："我自夏以后稷，魏、骀、芮、岐、毕吾西土也。及武王克商，蒲姑、商奄，吾东土也。巴、濮、楚、邓，吾南土也。肃慎、燕、亳，吾北土也。"至周成王时期以平定武庚之乱为契机，征服周边部族，初定四

---

① 马大正主编：《中国边疆经略史》，中州古籍出版社 2000 年版，第 24 页。类似观点还见于李云泉《五服制与先秦朝贡制度的起源》，《山西师范大学学报》（人文社会科学版）2004 年第 1 期。

② 毕奥南：《从邑土国家到领土国家的边疆——先秦时代边疆形成考察》，《中国边疆史地研究》2011 年第 4 期。

③ 初晓波、张童心：《论西周外缘区域——建立在考古材料基础上的分析》，《东南文化》2015 年第 3 期。

方疆土。周成王曾东征讨伐殷商外服奄侯，以及东夷集团的徐、丰伯、薄古等熊盈之族所建族邦。《逸周书·作雒》云："周公立，相天子，三叔及殷东徐、奄及熊盈以略。"《禽簋》记载了周成王、周公、伯禽伐商外服奄侯之事（《集成》4041），伐奄侯是周成王亲为之事，周公仅出谋划策。清华简《系年》第三章第14简亦称"成王伐商盖"[1]。《㿱鼎》记载了周公往伐东夷诸国[2]，东夷族的丰伯、薄古被残灭，周公归而行饮至之礼（《集成》2739）。《逸周书·作雒》则载周公、成王东征，所征服熊、盈族17国。周成王既平定东方，后挥师北上追剿北逃的殷商贵族王子禄父，拓展北部疆土。王子禄父为纣子，《逸周书·克殷》称"王子武庚"，《清华简·系年》称"录子耿"，日本学者白川静认为大保簋铭文中的录子聑即王子禄父。[3] 大保簋记载成王伐录子圣，铭文云：

> 王伐录子聑（圣），叡厥反。王降征令于大保，大保克敬亡遣，王永大保，易（赐）休余土，用兹彝对令。　　　　　　　　　（《集成》4140）

因大保执行王命顺利即打败反叛的录子圣，于是王嘉美大保并赐给他余地之土地。大保在征伐录子时可能到过燕地，周初铜器小臣𫗦鼎云："召公□匽，休于小臣𫗦贝五朋，用作宝尊彝。"（《集成》2556）铭文中第三字，裘锡圭释为"建"字，意为召公建燕。即召公亲自莅燕，安排建国大事。[4] 陈恩林指出封燕是在召公平定了燕地之后随之发生的，是成王、周公镇服北方的战略部署。[5] 说明召公伐录子时曾到过燕，甚至占领军事要地。

周成王曾以周公为主帅南征，征服了南部方国。《柞伯鼎》载周公

---

① 李学勤主编：《清华大学藏战国竹简》（贰），中西书局2011年版，第114页。

② 张懋镕先生指出东夷乃泛称，淮夷指具体族氏，故东夷可包容淮夷；而淮夷是东夷集团中势力最强大的一支，它可以代表东夷集团，故伐东夷也可径呼之为伐淮夷。参张懋镕《西周南淮夷称名与军事考》，《古文字与青铜器论集》，科学出版社2002年版，第166页。

③ ［日］白川静：《金文通释》卷一上，东京：白鹤美术馆1964年版，第60页。

④ 建字释读参见裘锡圭《释"建"》，《古文字论集》，中华书局1990年版，第353—356页。

⑤ 陈恩林：《鲁齐燕的始封及燕与邶的关系》，《历史研究》1996年第4期。

"彔又（有）共（功）于周邦，用昏无及，广伐南国"（《铭图》02488）。
朱凤瀚考释谓周公曾有功绩于周邦。周公勤勉无人能及。"广伐南国"，
谓周公征战区域广阔。西周时期周人所称的"南国"范围，应东起今江
苏北部，经今安徽北部、河南东南部（今信阳地区），西抵今河南西南部
（今南阳地区），西南抵今湖北北部地区，大致即在淮水流域，南阳盆地
与汉淮间平原一带。① 周公广伐南国到达了江苏北部、安徽北部，周康王
时期的宜侯夨簋载徙侯于宜，器物发现于江苏丹徒，当是周公南征势力
到达此地。

　　周成王平定四方之后，以会盟诸侯、方国的大典礼，将征服的周边
族邦方国以朝王纳贡的政治形式纳入西周王朝国家结构体系之内。《逸周
书·王会序》云："周室既宁，八方会同，各以其职来献，欲垂法厥后，
作《王会》。"朱右曾云："职，职贡也。""垂法厥后"即以此次朝会的
诸侯所献职贡作为周代的制度确定下来，后世遵照执行。会盟确定的朝
贡服制具体形态宜如《国语·周语上》祭公谋父所说先王之"五服"制：

　　　　夫先王之制：邦内甸服，邦外侯服，侯、卫宾服，蛮、夷要服，
　　　戎、狄荒服。甸服者祭，侯服者祀，宾服者享，要服者贡，荒服者
　　　王。日祭、月祀、时享、岁贡、终王，先王之训也。

"先王之制"当指周成王时期确定的朝贡服制，② "甸服""侯服""宾服"
"要服""荒服"是周成王时期确定的朝贡服制的服名，五类服确立了西
周王朝对地方族氏、诸侯、周边族邦的管理方法，即将不同地域、不同
层次的诸侯、方国纳入西周王朝的朝贡体系之中，使其更好地为西周王
朝服务。东部、南部被征服的蛮夷，纳入要服，向西周王朝履行每年来
朝贡的义务。西部、北部被征服的戎狄，纳入荒服，向西周王朝履行朝
见嗣王及己即位来朝贡的义务。按照五服制规定边疆部族方国所献贡物

---

① 朱凤瀚：《柞伯鼎与周公南征》《文物》2006 年第 5 期。
② 金景芳：《中国奴隶社会史》，上海人民出版社 1983 年版，第 124 页。

皆与周代国家祭祀密切相关，① 边疆族邦因朝王以献祭或献力役的形式参与西周王朝国家祭祀，成为国家的重要组成部分。从这个角度讲，西周王朝对边疆族邦的治理策略是，使边疆族邦以朝贡方式表达政治上对西周王朝的臣服，以献祭或献力役参与王朝国家祭礼方式表达对周王朝的宗教文化认同。西周王朝以军事力量平定边疆族邦的叛乱，维护要服、荒服秩序，贯穿于西周历史发展的始终。

二 建侯置伯：管理周边族邦

西周王朝在征服四方族邦建立要服、荒服的同时，在边疆的重要战略位置建立侯伯，帮助西周王朝镇服边疆族邦。西周王朝曾分封燕侯巩固东北边疆。1986 年，中国社会科学院考古研究所、北京市文物研究所琉璃河考古队对北京琉璃河 1193 号大墓进行了发掘，得克罍、克盉等重要周初铜器，其铭文关涉分封燕侯的史事，学界一致认定琉璃河遗址为周初燕国所在。《克罍盖》云：

> 王曰："大保，唯乃明（盟）乃鬯享于乃辟，余大对乃享，令克侯于匽，旋（使）羌、马、叡、雩、驭、微。克往匽，入土眔厥［有］司，用作宝尊彝。"
>
> （《铭图》13831）

一般认为是周成王时代器。"乃盟乃鬯"就是既盟既鬯，已行盟誓与饮过鬯酒。乃辟即指周成王，大保享于成王，周王大对其享。大对乃享的具体措施就是"令克侯于匽，旋（使）羌、马、叡、雩、驭、微"，克为王命封侯的对象，即封为匽侯者。旋释为事或使，意为任使。"羌、马、叡、雩、驭、微"，学者多认为是分封给燕国的六个族名，这是正确的见解。此六族曾是殷商的方国，羌为羌方，乃西北少数民族，卜辞习见，殷商常以羌族人为祭祀的牺牲。马即指马方，是商代的重要敌国之一。

① 要服、荒服所献也与周代国家祭祀有关，如《左传·僖公四年》所述要服之列的荆楚有向周王朝献祭祀时缩酒用的菁茅的职贡，《国语·周语上》、伯唐父鼎铭文载荒服犬戎有贡献白鹿、白狼的义务，被用于周穆王祭祀的牺牲。

敔亦为商代重要方国，在卜辞中与羞方、羌方、縄方合称四封方（《合集》36528 反），雫可能即是卜辞中的盂方。因与羌、马、敔在一起，当相距也不远。铭文中的驭也是族名，可能与御方有关。《逸周书·世俘》载"太公望命御方来"，证明周初御方仍然存在。周王令克侯于匽，可以任使以上六族首领，大概是出于被大保所征服的原因。"入土"学者多读为纳土，即接纳（王赐）土地。"厥［有］司"，据陈平意见补足如是，即克至匽前，该处旧有的政府机构及执事人员。[①] 克罍铭文中透露的关键信息是王令克任使的六个部族，这六个部族名义上归匽侯克任使职事，实际上是对这六族的控制与拉拢，以巩固周王朝的东北部边疆。这些商朝的旧方国在燕国的建设及与周邦的交往中起了重要的作用。值得注意的是，匽器中伯矩诸器、中鼎、亚盉、攸簋、复鼎、圉簋等器铭表明，周初燕国多有殷民为御事之臣，是周初周王朝巩固东北部边疆的重要策略。由北京向北，经承德、凌源、宁城、喀左，再沿着大凌河至朝阳、北票，通向辽阔的东北地区，此一带为周初由燕通往肃慎之重要通道，多有商周遗物出土。[②] 不少窖藏青铜器铭文显示了器主与燕国的密切关系，表明燕国控制着东北方。

　　西周康王时期徙封邢侯巩固王朝中北部边疆。邢侯为西周王朝设置监管北方戎狄方国的诸侯之一，《麦方尊》载"王令辟（邢）侯，出矾，侯于井（邢）"（《集成》6015）。邢侯原来的封地在矾，据王献唐称 1929年邢侯簋于江苏扬州城北六十里的公道桥镇挖河出土[③]，知矾可能在江苏扬州附近。从前述臣谏簋铭文所载邢侯与来侵犯的戎搏斗的情况看，邢侯徙封于邢地的一项重要职事应是藩屏西周王朝北部地区，是防止戎族入侵的一道屏障。

　　西周王朝在山西北部分封晋国、霍国，监管戎族，扼守王朝北部边疆。《史记·晋世家》载："武王崩，成王立，唐有乱，周公诛灭唐。"《左传》昭公元年载："及成王灭唐，而封大叔焉"。《左传》定公四年

①　陈平：《克罍克盉铭文及其有关问题》，《考古》1991 年第 9 期。
②　杨伯峻编著：《春秋左传注》（修订本），中华书局 1990 年版，第 1308 页。
③　陈梦家：《西周铜器断代》上册，中华书局 2004 年版，第 82 页。

载："分唐叔以大路、密须之鼓、阙巩、沽洗，怀姓九宗，职官五正。命以《唐诰》而封于夏虚，启以夏政，疆以戎索。"唐叔被封在夏虚，近于戎狄，有为西周王朝守土及抵御戎狄藩屏周邦的职责。受民怀姓九宗，有对于周王朝尽管理殷民的职责。唐叔受封于唐地，并未称晋侯，《史记·晋世家》谓"唐叔子燮，是为晋侯"。则至唐叔儿子燮即位后才称为晋侯。觉公簋铭文云："觉公作妻姚簋，遘于王命易（唐）伯侯于晋，唯王廿又八祀。囟。"[1] 作器者觉公自道，其为妻子作器，时在王命唐伯侯于晋，时王二十八年。此铭唐伯受王命侯于晋，始称晋侯，唐叔之子燮父在受命侯于晋前称唐公。据李学勤研究该簋是周康王时器[2]，则命唐公为侯于晋的周王是周康王。觉公为其妻子作器以唐公封为晋侯的大事记时，说明觉公是唐国的臣子。山西天马—曲村晋侯家族墓地的发现，表明晋国封地地望所在。在山西洪洞县永宁堡曾于 1957 年发现时代为西周早期的青铜器，1980 年又发现了一批西周早期延续到西周晚期的墓葬，确认霍国封于此地。[3] 西周王朝西北地区的黄土高原并未见封国，由小盂鼎铭文载周康王时期大规模征伐鬼方，可能使其势力一蹶不振甚至消亡，在周初似彻底解决了这一地区的边患。

　　西周王朝对西部边疆主要是渭河上游和泾河上游地带尤为重视，因其距离关中平原的王畿最近。周人对西部边疆的治理可能始自周文王时期，周文王时期曾伐密，《诗经·大雅·皇矣》："密人不恭，敢距大邦，侵阮徂共。王赫斯怒，爰整其旅，以按徂旅。以笃于周祜，以对于天下。"攻占密须后分封姬姓的密国，即《国语·周语上》所载的密国，控制泾河古道。考古发现甘肃灵台有周人的聚落中心，"地处泾渭之间，北接陇原，南依岐凤，东临关中。殷末周初，这一带分布着许多异族方国，仅泾水流域就有关、阮、彭、卢、密须、虞、芮诸国"[4]。在黑河和达溪

① 朱凤瀚：《𫧳公簋与唐伯侯于晋》，《考古》2007 年第 3 期。

② 李学勤：《论觉公簋年代及有关问题》，《庆祝何炳棣先生九十华诞论文集》，三秦出版社 2008 年版，第 13 页。

③ 参见解希恭《山西洪赵县永凝东堡出土的铜器》，《文物参考资料》1957 年第 8 期；张索琳：《山西洪洞永凝堡西周墓葬》，《文物》1987 年第 2 期。

④ 史可晖：《甘肃灵台县又发现一座西周墓葬》，《考古与文物》1987 年第 5 期。

河之间的狭长地带，发现八处西周墓葬，墓葬规模和等级都较高，多随葬有大量的青铜礼器、兵器、玉器，据白草坡 M1、M2 出土铜器铭文有"潶伯""𢼸伯"，以及后来距此不远处发现的一座较大型墓葬出土一件青铜甗，有铭文"并伯"，墓葬大致在西周康王时期。① 《尔雅·释诂》："伯，长也。"在西周早期青铜器铭文中某伯通常是军事长官，潶伯、𢼸伯、并伯可能是西周王朝册命于灵台一带贵族宗族首领，管理一定的土地作为其宗族采邑，同时又是驻扎此地的军事长官，担负扞御周王朝西部疆土的任务。

西周成王时期分封齐、鲁巩固东部边疆。西周早期分封鲁国，加强对东夷、徐国的管理。当淮夷发生叛乱之时，西周王朝命令明公统帅周朝军队，并命令鲁侯帅军共同征讨淮夷，鲁侯有猷功（《鲁侯尊》，《集成》4029）。周初曾册封齐侯为方伯，不仅负责监督东部地区的诸侯向周王朝尽服，而且还有督促蛮夷要服向周王朝献服的职责。《左传》僖公四年载齐桓公伐楚时，管仲谓"昔召康公命我先君大公曰：'五侯九伯，女实征之，以夹辅周室！'赐我先君履，东至于海，西至于河，南至于穆陵，北至于无棣。尔贡苞茅不入，王祭不共，无以缩酒，寡人是征。"楚国于周初臣服于周，但西周王朝一直视其为荆蛮，将其列于要服之中。春秋时期齐国征讨楚国，仍以维护西周时期确定的要服秩序为借口，并称是周初齐国始封时便获赐这样的职权。

西周成王时期分封曾国加强对东南淮夷的管理。湖北随州文峰塔出土的曾侯與编钟，其铭文前半部分追述先祖伯括（南宫括）辅佐周文王、周武王伐殷，定天下。因此"王遣命南公，营宅汭土，君比（庇）淮夷，临有江夏"（《铭续》1029）。据李学勤考证，这是周成王册命南宫括于汭土建曾国，管辖东南淮夷各族，并控制江汉地区。② 西周王朝徙封虞侯建立宜国，巩固东南边疆。东夷既服，其部分势力向南迁移，周王朝开拓了疆土，版图扩大到东国地区，周康王适时作出徙封宜侯夨至江汉流

---

① 参见甘肃省博物馆文物工作队《甘肃灵台白草坡西周墓》，《考古学报》1977 年第 2 期。甘肃省文物工作队《甘肃崇信于家湾周墓发掘简报》，《考古与文物》1986 年第 1 期。史可晖《甘肃灵台县又发现一座西周墓葬》，《考古与文物》1987 年第 5 期。

② 李学勤：《曾侯腆（與）编钟铭文前半释读》，《江汉考古》2014 年第 4 期。

域的决策，以拱卫东国疆土。宜侯矢簋铭文云：

> 唯四月辰才（在）丁未，王省武王、成王伐商图，诞省东或
> （国）图。王立（莅）于宜，内（入）土（社），南向。王令虞侯矢
> 曰："迁侯于宜。易（赐）鬯卣一卣、商瓒一囗，彤弓一、彤矢百，
> 旅弓十、旅矢千。易（赐）土：厥川三百囗……厥宅邑三十又五，
> 厥囗百又四十。易（赐）在宜王人囗（十）又七里，易（赐）奠七
> 白（伯），厥庐囗［百］又五十夫，易（赐）宜庶人六百又囗六
> 夫。"宜侯矢扬王休，作虞公父丁尊彝。（《集成》4320）

　　此器于1954年江苏丹徒县烟墩山出土，已有不少学者做过考释。省，《尔雅·释诂》训为察，《说文》训为视。"武王成王伐商图"，是军事地图，"东国图"是行政地图。[1] 立读为莅。迁字，李学勤比照大盂鼎铭文作如是读，此字残形与何尊"迁"字最相像，隶定为迁字甚为可取。周王赐给宜侯香酒一卣、璋瓒一件、弓矢、土地、民众。周康王因征伐东反夷而到达东国，来到宜地，观察军事地图后又省视东国地图，做出徙封虞侯至宜地的决策。宜地应在东国的范围内，在周人可控制的疆域内。周康王赐给宜侯宜地王人至少67个里，宜地王人以里为组织单位，当有里君。宜地可能有城邑，因宜这一城邑而得侯名。康王徙封虞侯至宜地为侯，是考虑到东夷与熊盈诸族的南徙江汉流域，在宜地建立侯国可以拱卫周的东土。至西周晚期，周王朝将与周有姻亲关系的鄂侯（《鄂侯簋》，《集成》3928）设为监管南淮夷、东夷的方伯。"鄂据有南国腹地，西扼淮水，南控江汉，战略地位极为有利，乃成为诸夷的领袖。"[2] 但西周王朝还设置了鄂监，监管鄂侯向周王朝尽职尽责。[3]

　　西周中期青铜器铭文表明，西周中期周王朝置中侯巩固西南边疆。士山盘铭文记载：周王命令士山先到中侯之地，然后再去征验都、荆、

---

① 李学勤：《宜侯矢簋与吴国》，《文物》1985年第7期。
② 马承源主编：《商周青铜器铭文选》（三），文物出版社1988年版，第281页。
③ 田率：《新见鄂监簋与西周监国制度》，《江汉考古》2015年第1期。

方应尽的职贡，说明中侯是西周王朝在这一地区的重要据点，中侯很可能是西周中期周王朝设置的监管都、荆、方诸方国的诸侯。① 驹父盨盖铭"南诸侯率（帅）高父"，南诸侯帅就是南国诸侯之长，② 西周晚期曾设南部诸侯之长管理南部边疆族邦。王朝卿士南仲派遣属下驹父到南部诸侯之长高父辖地视察，亦有检视南部诸侯之长管理南部诸侯、方国为王朝尽职的目的。

从以上诸例看，西周王朝设置管理要服、荒服的诸侯、方伯多是周王的同族或姻亲，属于西周五服制中的侯服，其封地多处于蛮夷、戎狄异族势力强大之地，具有军事征伐的特权，起到拱卫周邦，军事镇服要服、荒服，督促他们向周王朝尽朝贡纳贡职责的作用。

三 朝觐与巡视：周边族邦的国家认同

西周王朝通过朝觐、巡守礼仪，使边疆族邦参与王朝典礼，加强王朝与边疆族邦的交流，构筑边疆族邦对周王朝的政治与文化认同。《周礼·春官·大宗伯》记载："以宾礼亲邦国，春见曰朝，夏见曰宗，秋见曰觐，冬见曰遇，时见曰会，殷见曰同。"郑玄注："此六礼者，以诸侯见王为文。殷，犹众也。十二岁王如不巡守，则六服尽朝。朝礼既毕，王亦为坛，合诸侯以命政焉。所命之政，犹王巡守。殷见，四方四时分来，终岁则遍。"清代学者金鹗所作《会同考》把会同之礼分为四类：

"王将有征讨，会一方之诸侯。"即《周礼·大宗伯》所言"时见曰会"。"王不巡守，四方诸侯皆会京师"，即《周礼·大宗伯》所言"殷见曰同"。"王巡守，诸侯会于方岳"，称为巡守会同。"王不巡守而殷国，诸侯毕会于近畿"，即《周礼·大宗伯》所云"殷国"。

前两类行之境内，后两类行之境外，"时见时巡所会皆止一方诸侯，是会同之小者也"。"殷见、殷同所会则四方六服诸侯毕至，故曰殷，是会同之大者也。"③ 依据成周会盟建立的五服制，西周王朝周边族邦要按

① 晁福林：《从士山盘看周代"服"制》，《中国历史文物》2004 年第 6 期。
② 马承源主编：《商周青铜器铭文选》（三），文物出版社 1988 年版，第 311 页。
③ 金鹗：《求古录礼说》，王先谦编：《清经解续编》，凤凰出版社 2005 年版，第 3253 页。

时朝王纳贡。《国语·周语上》谓："要服者贡，荒服者王。"韦昭注："供岁贡也。要服六岁一见也。""王，王事天子也。"即终王义务。关于"终王"，韦昭注："终，谓终世也。朝嗣王及即位而来见。"① 列入要服的族邦首领每年向西周王朝献贡，六年一朝觐周王。列入荒服的族邦首领要朝觐新即位的周王，荒服族邦首领即位时也要赴周朝觐王。若仅是要服、荒服的觐见为"会同之小者"。若《逸周书·王会》载周成王时期成周会盟及各边疆臣服方国的朝觐周王而献贡，则为"会同之大者"。周王朝以朝觐礼仪来拉拢诸侯和边疆族邦，如《左传》昭公四年载周成王时期有"岐阳之盟"，康王时期有"酆宫之朝"，穆王时期有"涂山之会"。保卣、斗子鼎等铭文证明周成王时期确有岐阳之盟，② 《太保玉戈》："六月丙寅，王在豐，令太保省南国，帅汉，遂殷南；令厉侯辟，用龟（驹）走百人。"周王在豐命令太保即召公巡省南国，循汉水南下，会见南土诸侯。其目的或为引导南土诸侯朝觐周王。表明周康王时期的酆宫之朝或确有其事。

西周王朝派遣甸服内的王朝大臣到要服、荒服方国之地去巡视、征取他们应尽的服。如前举西周中期的《士山盘》所载周王命令士山征验都、荆、方的服应是三种具体的职事或贡物。据专家研究大藉服是庶民耕种籍田的义务；履服，即勘定都、荆、方三国所种籍田的位置、地界和数量，也就是检查三国对所种籍田的管理情况。六孽服就是诸国向西周王朝进献六种谷物以助祭的任务。③ 西周晚期《驹父盨盖》载南仲邦父命驹父征验南淮夷诸部向周王朝应尽的职贡。周宣王时《兮甲盘》所载的兮甲奉命掌管四方贡赋之事，兮甲来到南淮夷地区征取贡赋，因淮夷在周初成、康时期已经确立为西周王朝的"帛贿臣"，淮夷不敢不提供赋税、委积和力役。兮甲检查了关市贸易秩序，征取诸侯、百姓及淮夷的关市赋税。（《兮甲盘》，《集成》10174）从西周早期至晚期，周王朝都有派遣朝廷重臣至诸侯、方国之地巡视他们应尽的职责和应纳的贡物，

---

① 韦昭注见上海师范大学古籍整理研究所《国语》，上海古籍出版社 1998 年版，第 6 页。
② 李学勤：《斗子鼎与成王岐阳之盟》，《中国国家博物馆馆刊》2012 年第 1 期。
③ 朱凤瀚：《士山盘铭文初释》，《中国历史文物》2002 年第 1 期。

维护关市贸易秩序，表明这是西周王朝维护服制、进行边疆社会治理，与边疆族邦进行经济交流的重要举措。

　　周王还根据某区域局势，或亲自巡视诸侯、方国尽服的情况。如周昭王时期加强对南国的经营，周昭王派遣大臣中先行循省南国贯通其道路，在夔障真山、曾地设王驻扎之所。史官名兒者来到中的所在，传以周昭王的命令，令其出使于大小邦国，巡视南国大小邦国对西周王朝尽服的情况（《中觯》，《集成》949；《中方鼎》，《集成》2752）。周厉王三十三年曾亲自巡视东国、南国，周厉王巡狩的原因可能是"南国服子敢陷处我土"，于是王"敦伐其至，扑伐厥都"。厉王命令晋侯稣率其军队讨伐进犯的夙夷等东夷、南夷诸部，取得几次战役的胜利。[①] 最后被征服者来朝见周厉王，"南夷东夷俱见二十又六邦"（《宗周钟》，《集成》260）。"服子"是西周王朝对臣服的部族、方国的称呼，服子不是具体的一个方国，据伯戈父簋铭文知服子主要有艅、桐、潏，[②] 很可能会有更多方国。兮甲盘（《集成》10174）载周王称东夷、南夷为周的帛贿人，有献贡赋的义务，是属于周"服"之列的。[③] 周厉王亲征叛乱的要服诸邦，南国服子再次臣服，向周王朝朝王纳贡。

　　综上，西周王朝以军事征服边疆族邦后，将其纳入朝王纳贡体系要服、荒服加以治理。这个前提和基础决定了西周王朝治理边疆的首要特点是，以军事力量维系朝贡服制。周以蕞尔小邦而取代大邑商，并征服了周边部族，但其军事力量尚不足以直接控制周边族邦，故吸取夏商朝贡服制的经验，纳边疆族邦于朝贡体系，而赋予这些族邦拥有较大自治权。西周王朝以边疆族邦献纳贡物参与国家祭礼方式，强化边疆民族对西周王朝的政治文化认同。由周初所确定的甸服、侯服、宾服、要服、荒服五服制的国家结构，决定了西周王朝尚需分予一部分权力给分封于

---

　　① 马承源：《晋侯稣编钟》，《上海博物馆集刊》第七期，上海书画出版社1996年版。

　　② 李学勤：《谈西周厉王时器伯戈父簋》，安作璋先生史学研究六十周年纪念文集编委会编：《安作璋先生史学研究六十周年纪念文集》，齐鲁书社2007年版，第86—89页。

　　③ 兮甲盘铭文所载的"帛贿人"相当于《周语上》之"要服""荒服"之类。这也说明《周语上》所谓的先王服制并非空虚，应有一定的史事依据。详参王晖《西周蛮夷"要服"新证——兼论"要服"与"荒服"、"侯服"之别》，《民族研究》2003年第1期。

边疆地区的诸侯，任命他们为伯，借助诸侯的实力，管理控制边疆族邦向西周王朝尽服。西周边疆族邦按照要服、荒服的规定，定期朝觐周王并献纳贡物，周王朝以朝觐之礼待之。西周王朝根据需要召集四方诸侯、边疆族邦至周都附近举行殷见礼，检查他们对王朝尽职的情况。西周王朝还以派遣甸服重臣巡视地方诸侯和边疆族邦的方式，维护边疆地区的经济秩序，检视边疆族邦对西周王朝应尽的服。根据边疆地区政治军事发展的需要，周王可能会亲自巡视或征伐叛乱的边疆族邦。

第四节　周代五服制的发展、演变①

服制反映的是早期国家结构与国家治理的重大问题，以往研究周代服制偏重于是否存在服制以及服制形态问题。20 世纪 30 年代集中于周代服制有无的争论，趋势是怀疑古代文献所载服制。② 20 世纪 40 年代以后大都肯定周代确曾实行过服制，但围绕周代服制的形态探讨，主要有内外服③和五服制④两种不同意见，研究者大体上肯定《国语·周语上》所载"五服"为周初所实有。而关于周代服制的建立、发展、演变等重要问题，尚未见学界有专门探讨。周公、周成王时期通过平定武庚叛乱、东征、南征、北伐、建立服制等措施，建构了新的国家结构与国家管理

---

① 本节内容曾发表于谢乃和、张利军、刘芮方、陈剑《封建制与商周早期国家管理模式研究》，黑龙江人民出版社 2017 年版，第 267—282 页。

② 如郭沫若先生认为畿服之分为春秋时人的规划，古代并无此制。参《金文所无考》，《郭沫若全集考古编》（5），科学出版社 2002 年版，第 101 页。王树民认为畿服说为战国时期的政治设想，参《畿服说成变考》，北京大学潜社编《史学论丛》第 1 册，1934 年 5 月。

③ 相关研究可参见束世澂《畿服辨》，《史学季刊》第 1 卷，第 1 期，1940 年，第 22—27 页。［日］贝塚茂樹：《中国古代の社会制度》，《贝塚茂樹著作集》第二卷，中央公論社 1978 年版，第 179 页，第 188 页。王冠英：《殷周的外服及其演变》，《历史研究》1984 年第 5 期。李零：《西周金文中的职官系统》，《李零自选集》，广西师范大学出版社 1998 年版，第 112—123 页。王玉哲：《中华远古史》，上海人民出版社 2000 年版，第 588 页。刘源：《"五等爵"制与殷周贵族政治体系》，《历史研究》2014 年第 1 期。

④ 主要代表性意见有王树民《畿服说考略》，载上官鸿南、朱世光主编《史念海先生八十寿辰学术文集》，陕西师范大学出版社 1996 年版，收入其著《曙庵文史杂著》，中华书局 1997 年版，第 60—76 页。罗志田《先秦的五服制与古代的天下中国观》，载陈平原、王守堂、汪晖主编《学人》第十辑，江苏文艺出版社 1996 年版，第 367—400 页。

模式，巩固了周代国家政权。五服制建立问题已见前文探讨，此仅就周代服制的发展、演变，提出一些粗浅看法。

一 西周前期疆域的开拓与服制的巩固

周成王、康王、昭王时代是周王朝巩固和向外拓展影响的重要历史时期。周成王早年通过平定武庚叛乱、东征、南征、北伐、分封诸侯等措施，扩大了周王朝的疆域。册命朝臣与诸侯建立服制管理模式，会盟诸侯与方国确立朝贡五服制度。周成王晚年，原本被征服而列入周王朝服制系统要服的淮夷诸部再次反周，伯懋父等奉命率领殷八师讨伐东夷，沿着山麓打到了海边，然后返回到牧师（《小臣谜簋》，《集成》4238）。周康王初年淮夷再次被征服，重又纳入要服系统接受周王朝管理。周康王在战胜淮夷的基础上，决定向东南开拓疆土，迁封虞侯矢到东土宜地建立宜侯（《宜侯矢簋》，《集成》4320），以增强周王朝在东国地区的影响，加强对淮夷的管理。周康王还向西北地区开拓势力，经营荒服犬戎。如周康王征服北部方雷（《师旂鼎》，《集成》2809），徙封周公后裔邢侯于今河北邢台一带（《麦方尊》，《集成》6015），巩固北部边疆。周康王晚年，荒服诸戎反周，周康王命大贵族盂率军讨伐诸戎中的鬼方，一次斩杀四千八百余人，俘获一万三千多人和三十辆战车、三百五十头牛的辉煌战果（《小盂鼎》，《集成》2839），軝侯、邢侯的军队也是抵御诸戎入侵的重要力量（《臣谏簋》，《集成》4237），经过此役重创鬼方势力，使其短时间内无力再与周抗衡，西北部边疆大体安固。在经营要服、荒服成功基础上，周王朝召集诸侯会同朝觐周康王于酆宫（《左传》昭公四年），检验诸侯对周王朝的职贡。经过周成王、周康王时期的开疆拓土、治理四方，周王朝基本政治格局已经形成，在此基础上社会经济得以顺利发展。

周昭王时期，周王朝凭借强盛的国力，着重向南发展，以南征要服荆楚为其特征，而对北方荒服的戎族采取守势。楚的祖先鬻熊曾经"子事文王"，三传至熊绎，于周成王时期受封，如周原甲骨H11：83有"楚子来"，① 即是受封之后来朝觐周成王，并参与周成王会盟诸侯的"岐阳之蒐"②。楚经过周成王、康王、昭王时期五六十年的发展，与周初分封在长江中游和汉水一带的姬姓诸侯发生摩擦，楚国逐渐对汉阳姬姓诸侯展开蚕食。③ 鉴于这种局势，周昭王为维护要服秩序而进行南征，主要战事有伐会（《员卣》）、伐虎方（《中方鼎》《中甗》《载甗》），以及影响最大的南征荆楚。周昭王伐楚是西周历史上的大事，《左传》《楚辞》《竹书纪年》《吕氏春秋》等古书皆有记载。古本《竹书纪年》载周昭王曾于十六年和十九年两次大举讨伐荆楚，并有青铜器墙盘、薰簋、海鼎、狀驭簋、过伯簋、小子生尊、中方鼎、静鼎、载甗、京师畯尊、作册睘卣等佐证，南征荆楚确实有所获。但周昭王在第二次南征归途中，"丧六师于汉"④。周昭王虽死，然伐楚是成功的，周王朝挫败了荆楚，使其重归要服系统加以管理，扩大了周王朝在南国的影响力。直至春秋时期管仲仍认为周昭王是有道明君，效法文武之道征服远方成名天下。⑤ 但周昭王与其率领的西六师全军覆灭于汉水之中，意味着周王朝军队损失近半，贵为天子的周昭王丧命于南蛮，这给周王朝带来严重的政治打击，成为周王朝由盛趋衰的转捩点。

综上，周王朝通过建立服制等措施而达到了治理社会、稳定统治的目的。成王、康王时代，周王朝以开拓经营东方和东南方为重点，昭王时代凭借强盛的国力，着重向南发展征服南部邦国。西周前期周王朝通过向外征讨不服的方式，巩固并扩大周王朝的影响力，强化这些区域对周王朝的认同和加强对这些区域的社会治理。

---

① 楚于周成王时期受封，其国君被周王朝称为"楚子"，该片甲骨的时代为周成王时期。参王宇信《西周甲骨探论》，中国社会科学出版社 1984 年版，第 235 页。

② 《左传》昭公四年载楚大夫椒举之言，见杜预注，孔颖达疏《春秋左传正义》卷 42，阮元校刻《十三经注疏》，中华书局 1980 年影印本，第 2035 页。

③ 春秋时人说"汉阳诸姬，楚实尽之"（《左传》僖公二十八年）。"周之子孙在汉川者，楚实尽之。"（《左传》定公四年）

④ 《初学记》卷 7《地部下》引《纪年》，方诗铭、王修龄：《古本竹书纪年辑证》（修订本），上海古籍出版社 2005 年版，第 46 页。

⑤ 上海师范大学古籍整理研究所校点：《国语》卷 6《齐语》，上海古籍出版社 1998 年版，第 223 页。

二 西周中期服制的完善

从西周金文看，在周穆王、共王、懿王、孝王、夷王时期，周王朝的册命庭礼已渐完备，甸服朝臣势力逐渐崛起，并干预甚至决定王朝政治走向。番生簋铭文反映西周中期行政组织已经由前期的卿士寮发展至由公族寮、卿士寮、太史寮并列的"三分"结构。① 据文献所载，共懿孝夷四王时期周王室显现衰落迹象，周王朝的甸服朝臣与侯服、宾服诸侯及要服、荒服逐渐强大起来。

周穆王时期，周王朝重建六师，进一步向外拓展影响，转向加强对北方、西北的荒服犬戎诸部的管理，以犬戎不以"宾服之礼"即四时享祭的义务来朝觐为借口，征讨犬戎，结果擒获犬戎五王、四白鹿、四白狼而归，② 并将戎迁至今甘肃平凉一带的太原。③ 周穆王还成功维护要服统治秩序，据古本《竹书纪年》称，周穆王时期与淮夷诸部中叛周的徐方发生过大规模的战争，"周穆王四十七年，伐纡（徐），大起九师，东至于九江，比鼋以为梁"④。周穆王命令王朝卿士毛公班统率各诸侯步兵、车兵等征伐东国徐夷，并命令吴伯之部为左师，吕伯之部为右师护卫中军，共同讨伐反叛的东国徐夷，经过三年激战安定了东国（《班簋》，《集成》4341）。相关铭文反映，此次东征主将还有伯雍父，他统领成周师氏成守在古师，以道（今河南汝南附近）和獣（安徽阜阳附

---

① 据铭文确实是并列的三寮，日本学者木村秀海据此认为公族寮构成了与卿士寮和太史寮平行的西周政府中的一个独立部门，以宰官为最高长官。参见［日］木村秀海《西周官制的基本構造》，《史学雜誌》第 94 編第 1 号，東京：山川出版社 1985 年版，第 55—56 页。但其他学者认为整个西周时期周王朝中央政府由卿士寮和太史寮两大部门组成。参见杨宽《西周中央政权机构剖析》，《历史研究》1984 年第 1 期，又收入其著《西周史》，上海人民出版社 2003 年版，第 315—335 页。

② 周穆王征犬戎擒获其五王、四白狼四白鹿事见《后汉书·西羌传》，《国语·周语》仅言擒获四白鹿、四白狼而归。

③ 《后汉书·西羌传》云："王遂迁戎于太原。"

④ 《太平御览》卷 305《兵部》引古本《竹书纪年》，李昉等：《太平御览》，中华书局 1960 年影印本，第 1402 页。

近）① 两个小国为前哨，伯雍父来往于此三地。追随伯雍父的将领有见于录𫊣诸器的录伯𫊣，见于贤尊的贤，见于遇甗的遇等。在抵御淮夷战斗中，最为关键的一次战役是𫊣率领成周的军队追击淮夷中的徐戎部，在𢦏林（今河南叶县东）② 一场激战获敌耳百，活捉敌首两人，俘获兵器一百三十五件，夺回被敌俘的一百一十四人。周穆王时代对要服、荒服的经营，奠定了西周中期稳定的政治环境，为周王朝的发展提供了良好的基础。

周共王时期对诸侯的控制仍较有效，《国语·周语上》载泾水流域的密国君主密康公由于没有献美女于周，便被周共王灭国。九年卫鼎记载共王九年正月既死霸庚辰日，"王在周驹宫，各庙。眉敖者（诸）肤（虏）卓使见（觐）于王，王大黼（致）"（《集成》2831）。周共王九年正月，在岐周的驹宫宗庙，眉敖国君遣使来朝觐，周共王穿着有刺绣纹饰的盛装接见眉敖使者。但此后眉敖没有亲自朝见周王，是年九月周共王派遣益公去催促眉敖朝觐周共王。次年二月，眉敖朝觐周共王并献帛表示臣服，周共王命令臣子仲转赐给眉敖国君乖伯貂裘，以及转达表示友好的祝辞，使眉敖国君乖伯悦服于周。周共王提到周的先祖文王、武王受天命伐商，得到了乖伯的祖先的辅助，使周得有大命。乖伯感谢周共王，赞美天子没有忘记小裔邦（《乖伯簋》，《集成》4331）。史墙盘所颂周共王时期"方蛮亡不𫔶见"（《集成》10175），确非虚言。相关金文反映，从周共王开始，周王朝对甸服臣子的册命廷礼日趋规范化、制度化。考察相关册命金文得见，册命的内容主要有赏赐甸服朝臣；任命臣子以职司或事务；命令臣子对周王室表示忠诚、忠心；册命铭文的最后一般是受赐者对周王的感恩之言和对自己祖先的孝以及对宗族的忠诚。随着册命廷礼的繁盛，朝臣系统中太史寮属官逐渐在王朝事务中发挥重要作用。但册命廷礼繁盛的掩盖下，甸服内在周王朝服务的大宗族势力逐渐兴起，以致周王朝不得不采取各种手段加以拉拢，周王朝将目光转

---

① 关于道和胡的地理位置，参见徐少华《周代南土历史地理与文化》，武汉大学出版社1994 年版，第 157、213 页。

② 关于𢦏林的地理位置，参见裘锡圭《论𫊣簋的两个地名——𢦏林和胡》，《古文字论集》，中华书局 1992 年版，第 386—393 页。

向对甸服势力的治理和国家内部治理能力的提升。甸服内宗族势力逐渐
壮大，从所做青铜器器主多为掌管军事的太师及其属官师，知军事长官
所在的宗族在周王朝政治生活中的地位渐隆，并影响着周王朝政治的
发展。

《史记·周本纪》载，西周王朝在周懿王时开始衰落，这表现在周王
权威的下降，甸服内王臣不施行先王的法度，多施威虐于庶民，可谓百
官懈怠、政事废弛。故周懿王扩大司士牧的职权，由原来负责狱讼之事，
扩大到听察百官的施政情况（《牧簋》，《集成》4343）。周懿王时期周王
朝的朝贡服制也受到来自南淮夷的卢、虎以及他们纠集的杞夷、舟夷、
观国等的挑战，这些反叛势力广伐东国，直接威胁到周王朝的政治中心
东都成周。周懿王命令师俗率领族兵、齐国的军队、遂人，史密率领自
己的族兵以及宾服釐伯的军队、僰国的军队分兵两路，夹击侵入的南夷，
阻止住了南淮夷的入侵，维护了周代朝贡服制（《史密簋》，《铭图》
05327）。周王室内部矛盾斗争亦趋于剧烈，周懿王死后，共王之弟、懿
王之叔辟方可能是争取了以王室贵族为首的甸服内强宗大族的支持，夺
取了王位。

周孝王时期大力提拔番生作王朝卿士，总领王族、卿士寮、太史寮
（《番生簋盖》，《集成》4326），加强对军队的掌控，特别是加强对都城
丰京的守卫能力（《元年师旋簋》，《集成》4279），强化并集中王权。周
孝王面对王室日衰的局面，注重培养王室或王家势力，聚敛财富，这表
现在为周王服务的内侍官系统的发展，具体表现在以宰官为首的王家行
政的完善。在西周早期已经出现王家财产与中央政府控制和管辖的国家
财产相区别的观念，如宜侯夨簋铭文中周王册命宜侯的人众中包括"在
宜王人"与受赐的其他族属明显不同，应属于王家财产。传世蔡簋铭文
记载了周孝王册命蔡为王家行政长官"宰"的情况，王家已经成为隶属
于周王室的私有财产系统，并且这些财产由周王任命的宰官等职官管理
和经营，说明王家的管理已经从周王朝的行政系统中脱离出来，有其独
立的以宰官为首，下属各地方王家财产管理者构成的职司系统、臣妾仆
庸、手工业者、周王侍从等构成的运行制度。王家行政脱离周王朝甸服
官制的独立发展，可能造成了朝臣与周王关系的进一步疏远，王权观念

发生了深刻的变革。李峰指出："该区分可能使得很多西周官员尤其是那些不隶属于王家的官员认识到他们的作用，即他们并不是作为周王的私人属臣（因为有另一些人被明确称之为'王臣'），而是作为体现在文王和武王神圣地位中的西周国家的职能者。"①　王家财产与王家行政的独立，在西周中晚期逐渐衍生出甸服朝臣与王家行政管理者的竞争，甸服朝臣利益与王家利益的矛盾。

　　周孝王死后，"诸侯复立懿王太子燮，是为夷王"②。周夷王由诸侯拥戴而立王，说明周王朝在立王问题上斗争尖锐，需要借助诸侯力量来夺取王位。故周夷王对诸侯礼遇有加，诸侯朝觐时，夷王"下堂而见诸侯"③。但当时周夷王在国家事务中颇有威信力，"至于夷王，王愆于厥身，诸侯莫不并走其望，以祈王身"④。据杜预注"愆，恶疾也"。望为祭祀境内名山大川的祭名。周夷王染恶疾，诸侯皆遍祀其境内的山川，为之祈祷健康。周夷王还加强对诸侯和荒服的治理，齐哀侯"荒淫田游"⑤，纪侯告知于周，周夷王遂"致诸侯，烹齐哀侯于鼎"⑥。而立齐哀侯的弟弟静为齐侯，并派遣王朝大臣接管了齐国军队的指挥权。山东高青陈庄墓葬群出土引簋铭文记载周王任命引管理齐国军队，对于说明周王朝与齐国关系至为重要。引簋铭文云："惟正月壬申，王格于龚大室，王若曰：'引，余既命汝更乃祖觥司齐师，余唯申命汝，赐汝彤弓一、彤矢百、马四匹，敬乃御，毋败绩。'引拜稽首，对扬王休，同随追，俘

---

① 李峰：《西周的政体——中国早期的官僚制度和国家》，生活·读书·新知三联书店2010年版，第74页。

② 司马迁：《史记》卷4《周本纪》，中华书局2013年修订本，第179页。

③ 《礼记·郊特牲》，《礼记正义》卷25，阮元校刻《十三经注疏》，中华书局1980年影印本，第1447页。

④ 《左传》昭公二十六年载王子朝告诸侯语，见杜预注，孔颖达疏《春秋左传正义》卷52，阮元校刻《十三经注疏》，中华书局1980年影印本，第2114页。

⑤ 司马贞《史记索隐》引宋衷言，见《史记》卷32《齐太公世家》，中华书局2013年修订本，第1481页。

⑥ 《太平御览》卷85《皇王部》引古本《竹书纪年》，李昉等《太平御览》，中华书局1960年影印本，第402页。《史记·周本纪》"是为夷王"，《正义》引《纪年》云："三年，致诸侯，烹齐哀公于鼎。"

兵，用作幽公宝簋，子子孙孙宝用"①。由周王命辞看，引的祖父曾经任职管理齐国军队，引亦曾受命继承祖父管理齐国军队，此铭是周王重申前命，命引管理齐国军队。由赐物"彤弓一、彤矢百"相当于赏赐诸侯的规格，② 引可能属于周代的"监"。③ 引受命后，指挥齐国军队作战，俘获了兵器，但铭文并未交待引率领齐师与谁作战。周夷王对荒服也加强管理，"荒服不朝，乃命虢公率六师，伐太原之戎，至于俞泉，获马千匹"④。周夷王还加强对南部诸侯的管理，曾南征反叛的南国服子角、鄑等部。敔簋铭文记载敔成功抵御了南淮夷两个部族的进犯，获得一次战役大胜，并夺回被俘的周人（《集成》4323）。但并没有征服南淮夷，于是周夷王亲征南淮夷。鄂侯驭方鼎⑤载:

> 王南征，伐角、遹，唯还自征，在坏。鄂侯驭方内（纳）豊于王，乃饗之，驭方侑王。王休宴，乃射，驭方会王射，驭方休阑。王宴，咸饮。王亲易（赐）驭方玉五瑴，马四匹，矢五［束］。驭方拜手稽首，敢对扬天子丕显休赘，用作尊鼎，其迈（万）年，子孙永宝用。（《集成》2810）

伐角、鄑，即蓼生盨中伐角、鄑、津、相的简称，此四国皆淮夷邦国。坏地非常重要，是伐淮夷的重要基地。鄂地所在亦有三说，未知孰是。⑥

---

① 释文参考李学勤《高青陈庄引簋及其历史背景》，《文史哲》2011 年第 3 期。

② 这个赏赐规格见于宜侯夨簋铭文中周康王赏赐宜侯夨，《尚书·文侯之命》中周平王对晋文侯的赏赐，《左传·僖公二十八年》中周襄王对晋文公的赏赐，受赏者皆为诸侯身份。

③ 西周时期周王朝在地方设有诸"监"，西周中晚期仲几父簋云:"仲几父事（使）几事于诸侯、诸监，用厥宾作刊宝簋。"（《集成》3954）诸侯与诸监相列，诸侯是一国的国君，而诸监身份地位近于邦君，负有监视、监察其邦国的任务，可能也包括指挥诸侯国军队，是直接听命于周王的官员。按另说以引为齐国上卿，地位与国、高二氏相类。

④ 《后汉书·西羌传》注称见《竹书纪年》，范晔:《后汉书》卷 87《西羌传》，中华书局1965 年版，第 2872 页。

⑤ 关于鄂侯驭方鼎的时代有争议，郭沫若《两周金文辞大系图录考释》定为周夷王时，陈梦家《西周铜器断代》定为周孝王时，唐兰《西周青铜器铭文分代史徵》定为周穆王时，马承源主编《商周青铜器铭文选》定为周厉王时，本书取周夷王时代说。

⑥ 陈梦家:《西周铜器断代》，中华书局2004 年版，第 217 页。

"内豊"即纳礼，是驭方献给王礼物。王"乃饗之，驭方侑王"，如王国维谓王裸驭方也，驭方酢王也。① 周夷王南征归还至矿地，大概近于鄂侯的管辖地，鄂侯来朝见周王，并献上"礼"，王设宴招待鄂侯，中间休宴王举行射礼，鄂侯参与射礼。可能此时鄂侯与周的关系已经紧张，鄂侯驭方受到周夷王南征的军事威慑，暂时采取了朝见于王并纳贡礼的措施。周王设宴招待鄂侯并举行射礼，由鄂侯驭方赞射，并且亲赐玉五对、马匹、矢五束等物，是对鄂侯驭方求好行为的认可，并在行礼中进一步巩固双方关系。周夷王身患恶疾，继位八年后死于疾病。② 周夷王死后南国也随之动荡起来，鄂侯驭方率领东夷、南夷反叛周王朝。

综上，西周共、懿、孝、夷四王时期，周王朝虽呈衰落趋势，但周王仍能控制甸服内朝臣，号令和治理诸侯，并且取得抵御蛮夷、戎狄入侵的胜利，维护了周初建立的朝贡服制，可视为周王朝继续巩固扩张成果和发展的重要阶段。

三 西周晚期服制的异化

周厉王即位后暴虐，甸服朝臣及王都民众不堪，袭击厉王，厉王出奔到彘地，这是周王朝历史上重大的政治变动——"国人暴动"，而诸侯不但没来勤王，反而有诸侯代行王政。如《史记·周本纪》索隐引《纪年》说"共伯和干王位"。清华简《系年》第2—3简有云："至于厉王，厉王大虐于周，卿士、诸正、万民弗忍于厥心，乃归厉王于敢（彘），龙（龚）伯和立。"③ 这次暴动波及甚广，有广泛的社会阶层参与，甸服朝臣及其宗族势力为"国人暴动"的主要力量。而周宣王时期的一件盨铭载参加暴动的还有"邦人、正人、师氏人"（《集成》4469），师氏是周王朝军队的长官单称师某，师氏人即军人，说明周厉王并没有得到军事长官师某及其所掌军队的保护，以镇压暴动，反而军队势力也参加了此次暴动。周厉王逃往晋境的彘邑避难，至死未能复王位。国人暴动说明，

---

① 王国维：《观堂别集·释宥》，《观堂集林》，中华书局1959年版，第1330页。

② 周夷王身患恶疾见于《左传》昭公二十六年王子朝语，今本《竹书纪年》称周夷王"八年，王有疾，诸侯祈于山川。王陟"。似周夷王继位八年因身患恶疾不治而死。

③ 李学勤主编：《清华大学藏战国竹简》（贰），中西书局2011年版，第136页。

周王朝的甸服势力强大到足以左右王朝政治发展甚至废立周王。在周代世卿世禄制度下，历代周王持续不断地册命甸服臣子职事以及相应的采邑，甸服内宗族的势力逐渐强大，周王直接掌控的土地可能逐渐减少，周王室赖以统治的经济基础受到了威胁。周厉王试图改革甸服内宗族主导王朝政治、经济的局面，强化王权，然其改革措施触犯了强宗大族的利益，导致被放逐的结果。作为天子的周厉王被放逐，使得社会观念发生了重大变化，特别是社会上尊王观念开始淡薄。周厉王在位时期还发生了荒服戎狄寇掠之事，周厉王命伐戎，但没有取得成功。[①] 要服南淮夷、东夷诸族邦发生叛乱，周厉王亲征淮夷，南国服子中的东夷、南夷诸部有二十六邦国再次表示臣服，重归周王朝贡纳服制体系之中。（《宗周钟》，《集成》260）

共伯和代行王政，但并未否定周厉王，周王朝出现"二王并立"的政治局势。在共伯和摄王政的十四年时间内，周王朝的服制也发生了较大变化。从甸服朝臣暴动驱逐周厉王，以及诸侯入朝摄政称王的事实，反映全社会对周王权威的不信任、不认同，并且加剧了这一观念的蔓延。西周王朝自周懿王时期已经出现诗人作刺诗的情况，但周王威望尚存，如周夷王生病了，"诸侯莫不并走其望，以祈王身"（《左传》昭公二十六年）。但是到了周厉王以后，周王成为全社会舆论抨击的对象，如周厉王时期国人谤王，厉王止谤。《诗经》中的《小雅》自《六月》以后的58篇，《大雅》自《民劳》以后的12篇，被郑玄称为"变雅"，依据《诗序》所说多为刺厉王或幽王之作。说明周厉王以后周王的权威大大下降，人们对周王的天命权威信仰发生了动摇，王权观念由以前的尊崇、敬畏到讽刺、批判，人们的舆论开始转向对王朝大臣如共伯和、申伯、甫侯等的赞美，反映西周晚期王权衰落，甸服权臣与地方诸侯势力崛起的社会现实。

至周宣王继位，改革内政，稳固了周王室的统治地位，南征北伐，巩固了边疆，维护了周代确立的要服、荒服制度，国势复兴，取得了显著的成果。周宣王力图挽回周王朝的颓势和恢复周王的威信，对甸服朝

---

① 范晔：《后汉书》卷87《西羌传》，中华书局1965年版，第2871页。

臣册命时往往宣扬文武受命不可改易，希望甸服朝臣恪尽职守。(《毛公鼎》，《集成》2841)侯服、宾服诸侯也复宗周朝觐周宣王，尽其职事。周宣王经营荒服、要服树立王权威望，"及宣王立，四年，使秦仲伐戎，为戎所杀。王乃召秦仲子庄公，与兵七千人，伐戎破之，由是少却"①。淮夷多次被周王朝征服纳入要服之列，但总是趁周王朝衰落之时而内侵掠夺城邑和人口。周宣王继位后，对内侵的淮夷大举征伐，俘获其首领四人，彻底打服了淮夷，重建"淮夷旧我帛贿人"的服制体系，再次确立周王朝在南国的统治秩序。但到了他统治的晚年，国内和周边局势都发生了巨大的变化。

甸服权臣宗族日益强大，周宣王已不能掌控局势。周宣王干涉鲁国君位继承废嫡立庶，自毁周王朝根本制度——宗法制度，亦造成与诸侯关系恶化。《国语·周语上》载："三十二年春，宣王伐鲁，立孝公，诸侯从是而不睦。"《国语·周语上》载内史过言周"其衰也，杜伯射王于鄗"。韦昭注："杜国，伯爵，陶唐氏之后也。《周春秋》曰：'宣王杀杜伯而不辜，后三年，宣王会诸侯田于圃，日中，杜伯起于道左，衣朱衣，冠朱冠，操朱弓、朱矢射宣王，中心折脊而死也。'"②周宣王无罪而诛杀诸侯杜伯，也是其与诸侯不睦的一个重要原因。周边部族势力崛起，王师不断败北于戎族。《后汉书·西羌传》："二十七年，王遣兵伐太原戎，不克。后五年，王伐条戎、奔戎，王师败绩。后二年，晋人败北戎于汾隰，戎人灭姜侯之邑。明年，王征申戎，破之。"《国语·周语上》："三十九年，战于千亩，王师败绩于姜氏之戎。""宣王既丧南国之师，乃料民于太原。"千亩之战，周宣王调集戍守在南国的军队讨伐姜氏之戎，不幸战败溃不成军，于是为重建军队而料民征发兵员。宣王晚年，武力征伐已成强弩之末，频频败绩于诸戎，内部政治矛盾日益彰显，短暂的中兴局面一去不复。周宣王死于与诸侯的田猎活动中，一般都记述为被宣王杀死的诸侯杜伯的鬼神所杀。

---

① 范晔：《后汉书》卷87《西羌传》，中华书局1965年版，第2871页。

② 上海师范大学古籍整理研究所校点：《国语》卷1《周语上》，上海古籍出版社1998年版，第32页。

周幽王时期，荒服方国叛离了周王朝，《左传》昭公四年："周幽为大室之盟，戎狄叛之。"周幽王命伯士率军讨伐戎，但以失败告终，"后十年，幽王命伯士伐六济之戎，军败，伯士死焉"①。《国语·郑语》载周太史论周之兴衰谈及周末服制的情况，"王室将卑，戎狄必昌。"周幽王又违背了周公确定的用人政策，而重用佞人，如任命善于谄媚的虢石父为卿士。在王位继承制度方面，破坏宗法制中立嫡长为后的原则，废黜太子宜臼而另立褒姒之子伯服为太子，结果引发了王位之争，诸侯干预周王朝君位继承，《左传》昭公二十六年"携王奸命"，孔疏引《汲冢书纪年》云："平王奔西申，而立伯盘以为大子，与幽王俱死于戏。先是，申侯、鲁侯及许文公立平王于申，以本大子，故称天王。幽王既死，而虢公翰又立王子余臣于携。周二王并立。"②清华简《系年》第5—10简有云："王与伯盘逐平王，平王走西申。幽王起师，围平王于西申，申人弗畀。缯人乃降西戎，以攻幽王，幽王及伯盘乃灭，周乃亡。邦君、诸正乃立幽王之弟余臣于虢，是携惠王。立二十又一年，晋文侯仇乃杀惠王于虢。周亡王九年，邦君、诸侯焉始不朝于周。晋文侯乃逆平王于少鄂，立之于京师。三年，乃东徙，止于成周。"③太子宜臼被逐而奔往母家申侯，申侯、鲁侯与许文公拥立宜臼为天王。周幽王与伯服征讨天王，申侯、缯人与西戎共攻周幽王，周幽王与伯服皆被杀。部分诸侯和王朝大臣拥立周幽王的弟弟余臣为携惠王，与天王形成"二王并立"的局面。晋文侯二十一年（前760年），晋文侯杀死惠王，于少鄂迎立天王至京师继承周王位。继位三年，迁往东都成周。在周幽王被杀后的九年里，处于携惠王与天王的"二王并立"局面，《诗·小雅·雨无正》谓："周宗既灭，靡所止戾。正大夫离居，莫知我勚。三事大夫，莫肯夙夜。

---

①　《后汉书》卷87《西羌传》注称见《竹书纪年》，见《后汉书》，中华书局1965年版，第2872页。

②　杜预注，孔颖达疏：《春秋左传正义》卷52，阮元校刻《十三经注疏》，中华书局1980年影印本，第2114页。

③　李学勤主编：《清华大学藏战国竹简》（贰），中西书局2011年版，第138页。

邦君诸侯，莫肯朝夕。庶曰式臧，覆出为恶。"此诗当是周幽王被杀后所作，[1] 反映了周"二王并立"时期周王朝朝中大臣和诸侯的状态。"周宗既灭，靡所止戾"当指周幽王被杀，周王位在携王与天王之间不能确定的情况。正大夫、三事大夫指甸服朝臣，甸服朝臣间矛盾与分裂，多数朝臣无所适从，惶惶不可终日。奔散而去，不肯早晚勤劳政事尽服；邦君诸侯亦不肯朝夕尽职尽服。

四　东周的重构与服制的衰退

周平王迁居雒邑，标志着东周王朝的开始，对整个先秦历史的发展都产生了重大影响。关于周平王东迁史事，晁福林已有较好的研究。[2] 甸服贵族势力多随周平王东迁，重新构建了东周王朝。周代的政治结构发生巨大的变化，原本朝臣与诸侯分居西部王都与东方的格局被打破，全部居于东方，呈现出甸服与诸侯势力杂处的新局势。

春秋前期，周王朝朝臣系统比较稳固，大规模的庶孽之乱尚未出现，周王尚有左右王朝卿士和王室贵族的能力。晋楚等国尚未勃兴，西戎、北狄被秦、虢、晋等国牵制，尚未对东周王朝构成威胁。东周王朝不仅承袭西周而有天下共主之名，且一定程度上也有共主之实。特别重视保持传统的威严，尚能维护诸侯体制。如对于不按时朝见的诸侯给予惩罚，《左传》鲁隐公九年（前714年），因宋殇公不按时朝见周王，所以郑庄公以周王朝卿士身份率师伐宋，并将周王伐宋的命令通告于其他诸侯国，齐鲁两国还为王命伐宋之事会见于防，商议伐宋之事。翌年，鲁隐公、齐僖公、郑庄公两次集会谋伐宋，皆起因于周王的威信尚存。各诸侯国虽然以维护周王威望而行动，但反映出诸侯国应按时朝见周王并且服从王命，仍为一般社会舆论所承认。

春秋中期，由于王室的庶孽之乱、朝中大臣叛乱以及卿士贵族大臣

---

① 郑玄谓此诗是刺周厉王之作，将背景放在周厉王流于彘后。但厉王流于彘而周宗未灭，所以郑玄说不可取。《诗序》谓"大夫刺幽王"，但作此诗时周幽王已死，诗文描述的是周幽王死后，周王朝二王并立无有正统时，王朝出现的混乱局面。

② 晁福林：《论平王东迁》，《历史研究》1991年第6期；《清华简〈系年〉与两周之际史事的重构》，《历史研究》2013年第6期。

间争权而使得各种矛盾激化，这些使周王朝国势急剧下跌。东周王朝力求保持自己在诸国中的特殊地位，稳坐天下共主的宝座。但是面对日益强大的诸侯国，东周王朝通过赐予更多礼数方式，拉拢强大的诸侯国，帮助稳固周王室和周天子威望。周王室更加衰落，主要依靠诸侯的拥护而行使王权，诸侯开始以强并弱，齐、楚、秦、晋始大，国家大政由方伯出。《左传》桓公五年记载周平王的孙子周桓王在位时，发生了周、郑交恶事件，周桓王罢黜郑伯王朝卿士的职务，郑伯不朝王。周桓王帅部分诸侯的军队讨伐郑国，双方战于郑地繻葛，王师大败，郑国的大夫祝聃射中了周桓王肩部。此后周王不复天子之尊，礼乐征伐自诸侯出，维护周王朝统治秩序的服制已经名存实亡。春秋后期，东周王室庶孽之乱与卿士贵族间的激烈斗争错综复杂，更加剧了周王朝的衰弱，完全依赖诸侯大国维系统治。周王朝的卿士贵族和诸侯大国对周王的废立都拥有很大的权力，周王室已经衰落到任人摆布的境地。

春秋时期诸侯称霸为主流政治，周王的权威日趋衰落，日渐沦为诸侯称霸的工具。西周时期的朝贡服制已名存实亡，逐渐成为称霸诸侯控制其他诸侯的重要方法。如在周王朝朝贡服制下，楚国有贡献祭祀所用茅草职责，至齐桓公称霸时，打着维护周王朝服制的幌子，以楚国"尔贡包茅不入，王祭不供，无以缩酒"①为由，讨伐楚国。按照周王朝的朝贡服制规定，周王会盟诸侯或诸侯朝王时，都要献纳应尽的贡物，表示对周王朝的臣服。至于春秋时期，称霸的诸侯在会盟诸侯时，仿照周王会盟诸侯的传统，排列诸侯歃血次序，要求追随的小国附庸也要向霸主献上贡物，表达臣服。如晋文公践土会盟时，以周初分封诸侯所确定的诸侯秩序为据，制定盟书录诸侯歃血次序："王若曰，'晋重、鲁申、卫武、蔡甲午、郑捷、齐潘、宋王臣、莒期。'"②与周王朝服制衰落的同时，周代服制下产生的一些社会观念却被一再地强调，一方面春秋时期仍然以商周以来的外服称谓称呼诸侯，并且对诸侯的称谓愈加重视，以

---

① 《左传》僖公四年载管仲语，杜预注，孔颖达疏《春秋左传正义》卷12，阮元校刻《十三经注疏》，中华书局1980年影印本；第1792页。

② 《左传》定公四年所载子渔语，杜预注，孔颖达疏《春秋左传正义》卷54，阮元校刻《十三经注疏》，中华书局1980年影印本，第2135页。

西周服制下所形成的诸侯等级秩序来为本国争取利益。另一方面诸侯会盟时，还经常述及他们在周朝中的列位和应尽的职贡，来为本国应尽的职贡辩护。如《左传》昭公十三年所载郑国据其在周王朝的班次，争辩其国不应承担过重的职贡。春秋时期的秦公钟铭文亦表明服制在春秋时期仍有影响，秦公称颂秦国祖先丰功伟绩，称秦曾拥有"盗百蛮俱即其服"（《集成》265）的盛况，即秦国周围的小国就其职事与献纳贡物于秦。鲁庄公二十八年（公元前666年），鲁国发生饥荒，《国语·鲁语上》载臧文仲如齐告籴事，"文仲以鬯圭与玉磬如齐告籴，曰：'天灾流行，戾于弊邑，饥馑荐降，民羸几卒，大惧乏（珍）周公、太公之命祀，职贡业事之不共而获戾。不腆先君之币器，敢告滞积，以纾执事；以救弊邑，使能共职。岂唯寡君与二三臣实受君赐，其周公、太公及百辟神祇实永饗而赖之！'齐人归其玉而予之籴。"[1] 臧文仲请求平价购买齐国粮食述及以下理由：鲁国遭遇天灾而致饥荒，民众病弱近尽，畏惧绝周公、太公所命鲁国祭祀制度，鲁国遭灾不共周王朝职贡业事而获罪。臧文仲提到的鲁国要向周王朝共职贡业事，这是自西周初年鲁国受封时制定的服制，也就是说鲁国等分封的诸侯向周王朝尽服的内容包括职、贡、事三项，至春秋时期仍对鲁国甚至是称霸的齐桓公有很大的影响。

到了战国中晚期，政治上一统的趋势愈加显著，思想领域百家思想交融趋同，出现了融汇各家之说的杂家；出现了根据商周时期服制描绘未来统一国家治理方式的政治思想，如《周礼·职方氏》"九服"、《尚书·禹贡》九州、五服的理想规划，这些说明周代服制对后世政治思想的影响很大。《禹贡》所载根据各地土地物产确定贡物，及以五百里为一服征收贡赋的情况，是杂糅了虞夏商时期根据各地物产确定贡赋的制度与周人确定的有服名、服区的五服制度，结合战国时期的地理情况所做出的政治建构，《荀子·王制》篇谓王者之法"相地而衰政，理道之远近而致贡"当是这种设想的高度概括。但按区域划分纳贡赋的情况也是有依据的，其据可能是西周中期以后诸侯、方国纳贡赋已成定制，在事实上形成了纳贡赋的一定区域，而《禹贡》作者是把西周中晚期的这种情

---

① 上海师范大学古籍整理研究所标点：《国语》，上海古籍出版社1998年版，第158页。

况变为了制定纳贡赋的依据。《尚书·禹贡》所载服制既有大禹治水后根据各地土地物产制定贡赋的虞夏服制，又受到周代五服制在交纳贡赋时形成一定服区的影响，设计了以传统的王畿为中心，按照距离王畿远近不等划定服区而构建的统一国家治理天下的制度。《周礼》集中论述服制的三处记载有所出入，侯、甸、男、采、卫服是三处记载共有的，这可能是受到《尚书·康诰》所载"周公初基作新大邑于东国洛，四方民大和会。侯、甸、男邦，采、卫，百工、播民和，见事于周"的影响，侯、甸、男邦是对周诸侯的称呼，《酒诰》中周公讲到商代的外服有侯、甸、男、卫、邦伯。而《周礼》一书把《尚书》中对商代外服侯、甸、男、卫、邦伯的称谓，以及《国语·周语上》祭公谋父所述周初确定的甸服、侯服、宾服、要服、荒服的五服制以及五服贡献之物多与祭祀相关的情况杂糅在一起，制定出以邦畿为中心，其外部按不同区域向王朝进贡的九服制。

先秦服制的历史影响

　　中国先秦时期以血缘为纽带的社会组织氏族、宗族一直作为社会结构的主体，国家的制度建构以此社会组织为基础，是最具中国特色的国家建构理念与实践。国家通过建章立制，充分吸收社会各层次的族氏力量，参与国家的制度建设和国家对社会的治理。先秦时期的服制是早期中国制度建设的重要方面，其内涵分为事、职、贡三个方面，皆起源于前国家社会的氏族、宗族、族邦共同体，伴随着早期国家的出现而通过建构国家结构形式形成国家制度。而服制的贯彻落实，体现了早期国家的治理功能。以上八章主要集中探讨服制起源、夏商周时期服制形态及先秦服制的具体内容，以及服制反映的国家认同内涵和社会治理功能的阐发。具体表述如下：从概述先秦服制的研究入手，引出本书研究的内容。利用出土文献和传世文献所载有关服制的情况，界定先秦服制的内涵为事、职、贡。从国家起源理论、新石器时代社会的演进、五帝时代族邦联盟国家的发展三个方面探讨先秦服制的起源与初步确立为国家制度。考察服制与夏代王权国家的建立发展及衰亡的关系，服制随着夏商之际社会变革而发生的改变。成汤通过建立内外服制度的形式完成国家机构的建设和对社会的管理。主要以甲骨文、金文为主，并结合传世文献从殷礼的视角对商代外服职事的命名进行了探讨。对甲骨文、金文反映的外服侯、田、男（任）、卫、伯的身份、史迹、职责等相关问题进行了系统梳理。利用甲骨文、金文材料对商代内服职官分类梳理，对于王卜辞中"多子"践行王事进行了考察；对非王卜辞所反映的商代贵族家族践行王事进行了探讨。商周之际服制变革问题，追溯到祖甲改制直至帝辛的逐渐衰败。梳理周文王、周武王治国经验，从商周局势对比看商周之际国家认同的转移。西周初年的服制建设与国家认同建构，主要从"以史为鉴"的视角考察周人对殷商内外服的诰教、争取，获得殷遗多士和多方之士对周政权的认同。从周公、成王关系演变的角度，看周初政权的稳固历程以及西周国家认同的建构。首次论证了西周五服制即甸服、侯服、宾服、要服、荒服的建立及其运行的制度保障问题，从五服制的视角考察了西周王朝治理边疆的策略与国家认同问题，梳理西周五服制的发展演变，对五服制反映的国家认同内涵与社会治理功能进行了较为细致的论析。

先秦服制对后世古代社会有着重要的影响，服制内涵中的事、职、贡皆随着先秦社会向秦汉社会的转型，而融入新的社会之中，转化为秦汉时期国家的相应制度。服制影响下形成的一些重要政治思想、治国理政理论，皆对秦汉以后政治思想和国家治理有重要影响。先秦服制并没有随着王权时代的终结而消隐于历史，而是作为一种政治遗产被秦汉以后的国家制度建设所吸收，成为中国古代不同时期国家制度建设的重要理论来源。

一　王畿建构对后世的影响

服制政治传统下形成作为王者直接控制的邦最为重要，是"天下"之中，是王权运行和王朝统治的基础，邦内由王朝官员和奠置的臣服族邦构成，邦内的行政由王者设置专门职官管理。邦外根据地域与亲疏关系采取各不相同的治理办法，形成不同名目"服"的地方行政系统。

秦始皇统一前的秦国采取周制，对其直接控制的区域称"邦"，如《里耶秦简》第一册编号为8—461简文载："王室曰县官。公室曰县官。内侯为轮侯。徹侯为列侯。……骑邦尉为骑□（都）尉。郡邦尉为郡尉。邦司马为郡司马。乘传客为都吏。毋曰邦门曰都门。毋曰公□曰□□。毋曰客舍曰宾□。"① 该简文时代为秦始皇称帝以后较短时间，其内容一

---

① 湖南省文物考古研究所编著：《里耶秦简》（壹），文物出版社 2012 年版，图版第 68 页，释文第 33 页。

般认为是秦统一后名号更替汇编。以往所见秦简中诸"邦"意蕴，简牍研究者意见分歧较大，或以邦为郡，或以邦指代秦国，以邦指秦都邑，杨振红于辨析诸说基础上提出卓识，谓："秦为诸侯国时当沿用周制，将国都或国君直接统治的区域称作邦（即国），这个'国'应就是我们熟知的周代'国野'制度的'国'。"① 简文中的邦尉、邦司马均为管理邦的职官。秦统一前将王直接控驭的都邑及周边区域称"邦"，应是延续先秦服制下王畿称邦的政治传统。统一后秦王改称始皇帝，改秦邦为都，在行政序列中相当于郡，下设辖县。据杨振红研究邦或都的行政长官是内史，与郡为同一级别行政单位。秦统一后虽行郡县制，仍特设内史职官总领都内事务。内史设置可能一直影响到汉成帝时，才由郡县体制最终取代。② 秦及汉初采取京师与地方分治的统治办法，依然是先秦服制中王畿与地方分治治国理念的延续。张家山汉简《二年律令·置吏律》云："……县道官之计，各关属所二千石官。其受恒秩气禀，及求财用年输，郡关其守，中关内史。"③ 郡上报于郡守，中上报于内史。"中"参照先秦时期政治观念乃天下之"中"，即王者所居都城"京师"④。那么，汉简所载与地方郡对称的"中"当为皇帝所居的京师。王者所居都城称京师且为天下中心的观念，亦延续于先秦服制政治理论。⑤ 秦汉以后历代帝王对京师周边地区都特别的重视，抑或是受先秦服制政治理念的影响。

先秦服制反映的按照不同区域和族群分而治之的治国理论，对秦汉郡县设置、国家治理方面产生重要影响。如秦自战国时期至统一六国设置的三十六郡，有学者将秦郡分为四类：第一类是设置于战国时期秦国

---

① 杨振红：《出土简牍与秦汉社会》（续编），广西师范大学出版社2015年版，第9页。

② 参考杨振红《出土简牍与秦汉社会（续编）》第一章"从秦'邦''内史'的演变看战国秦汉时期郡县制的发展"，广西师范大学出版社2015年版，第13—29页的相关分析。

③ 张家山二四七号汉墓竹简整理小组：《二年律令释文注释》，《张家山汉墓竹简［二四七号墓］》，文物出版社2001年版，第161页。

④ 王者所居都城称"京师"，殷墟甲骨文已有记载，见《合集》36909。

⑤ 周武王克商后，计划营建东都雒邑，"余其宅兹中国，自之乂民"，（《何尊》，《集成》6014），周公营建洛邑，称其处于天下之中，"四方入贡道里均"（《史记·周本纪》），便于对四方的治理，亦是服制政治背景下产生的政治观念。

固有领土的各郡，称为内史。第二类是超越国境，建立于被侵占领地区、当然也是沿秦国国境地区所置各郡。第三类是在歼灭六国后，接管的六国各郡。第四类是统一全国之后扩张领土时所设各郡。① 秦对其战国时期固有疆土设置郡县称"内史"，犹如服制体系中的邦畿；而其外围设置郡县犹如西周时代分封侯服诸侯起到拱卫藩屏"内史"即邦的作用，而征服的东方六国所设置郡县，政治寓意类似于西周五服制中的宾服，但本质上是中央对地方的直接掌控。秦统一之后向北向南与匈奴和百越作战而征服地区设置郡县，是对西周五服制中的荒服、要服治边体系的进一步发展。

二　从先秦"服事"到两汉"算事"

先秦服制内涵之一的"事"，主要是臣服于王权的地方大小族群接受王的命令践行王事，大小族群在其族长的带领下为王朝服务，服务的内容包括做事和交纳实物。② 经历春秋战国时代的社会变革，尤其是战国授田制的推行，族作为最基本的社会生产组织单位逐渐被家庭取代，以族的形式为国家服务转变为以编户齐民的个体家庭为主。在两汉三国吴时期的简牍材料中，有关于"算""事"的内容，为探讨先秦服制中"事"内涵向后世的转化提供了新材料。《长沙东牌楼东汉简牍》中木牍 82 号"凡口五事□，筭三事，訾五十"③，与此相同的格式见于《长沙走马楼三国吴简·竹简》（壹）中记录各户家庭情况的户籍结尾句式"凡口×事×　筭×事×"，×代表数字。仅举代表性简文如下：

---

①　[日]鹤间和幸:《始皇帝的遗产:秦汉帝国》，马彪译，广西师范大学出版社 2014 年版，第 56、58 页。

②　从甲骨文"由王事"到金文"用事"，皆为王命臣子践行王命的用语，接受命令者或为王朝职官，或为某族族长，所做事情大体可分为事务性和交纳实物两类。甲骨文、金文中"服"字使用广泛，其基本义为事，前辈学者多有阐发，董珊先生综合以往研究及新出金文材料，提出金文中的服字义可归纳为事务性的服和实物性的服两类，具体就是做事和献纳物品。参见董珊《谈士山盘铭文的"服"字义》，《故宫博物院院刊》2004 年第 1 期。

③　长沙市文物考古研究所、中国文物研究所编:《长沙东牌楼东汉简牍》，文物出版社 2006 年版，第 108 页。

　　凡口四事三　　筭二事一　　中筭　五　〔十〕2907

　　凡口五事四　　筭三事二　　筭☒　　　2943

　　凡口六事五　　筭四事二　　筭　　五　〔十〕3005

　　凡口四事三　　筭二事一　　中筭　五　〔十〕3076

　　凡口七事六　　筭四事三　　筭　二百　7347①

　　与此相关材料是 2006 年公布的安徽省天长市安乐镇纪庄村 19 号西汉墓中出土一方木牍（M19：40—1），A 面题名为《户口簿》，记录西汉东阳县户数和口数，以及具体下辖南乡、都乡、杨池乡、鞠乡、垣雍北乡、垣雍南乡的户数及口数，B 面题名《筭簿》是以《户口簿》统计的人口数为据，记录了西汉东阳县八月、九月"事筭"和"复算"总数，以及八月东阳县下辖各乡的"事筭"数。《筭簿》内容如下：

　　筭簿

　　·集八月事筭二万九，复筭二千卌五。

　　都乡八月事筭五千卌五。

　　南乡八月事筭三千六百八十九。

　　垣雍北乡八月事筭三千二百八十五。

　　垣雍南乡八月事筭二千九百卅一。

　　鞠乡八月事筭千八百九十。

　　杨池乡八月事筭三千一百六十九。

　　·右八月。

　　·集九月事筭万九千九百八十八，复筭二千六十五。卿②

　　① 长沙简牍博物馆编：《长沙走马楼三国吴简·竹简（壹）》，文物出版社 2003 年版。

　　② 天长市文物管理所、天长市博物馆：《安徽天长西汉墓发掘简报》，《文物》2006 年第 11 期第 14 页图二十四。杨以平、乔国荣：《天长西汉木牍述略》，载卜宪群、杨振红主编《简帛研究二〇〇六》，广西师范大学出版社 2008 年版，第 199—200 页。

以上简牍中的"算",学者多认为指算赋。① 学者理解的分歧点在于"事"的含义,诸家表述虽不同,但大体认为户籍简第一个"事×"为应服役人数,后一个"事×"表示实际服役人数②,或认为表示实际交纳的算数。③ 将"事"理解为徭役有文献依据,如《汉书·高帝纪下》高帝五年(前202年)诏曰:"军吏卒会赦,其亡罪而亡爵及不满大夫者,皆赐爵为大夫。故大夫以上赐爵一级,其七大夫以上,皆令食邑,其七大夫以下,皆复其身及户,勿事。"颜师古注引应劭曰:"不输户赋也。"引如淳曰:"事,谓役使也。"颜师古自注:"复其身及一户之内皆不徭赋也。"④ 据此汉代"事"兼徭与赋二义。杨振红提出卓识,认为诸上简牍中"事"都应为动词,解释为"服事"。所谓"事算"即服事"算"的义务,与"复算"即免除"算"的义务恰好相对。算是国家计征赋税和徭役的单位,上举走马楼吴简的"口×事×"户内家庭人口总数与向国家服"事"的人口数,应兼有徭与赋二义,"算×事×"的"算×"指达到服"算"义务年龄的口数,"事×"表示实际服"算"义务的口数。⑤ 杨说极是且具启发性。愚以为诸上简牍中"事"应是先秦服制内涵之一"服王事"在两汉三国时期的表现。先秦服制中的"事"指"政事""王事",服王事的主体是作为国家臣民的大小族群。而在秦汉及以后服王事的主体是编户齐民的个体家庭,作为国家臣民需要服"王事"的政治理念没有改变,服事的主要内容是纳赋和徭役。上揭木牍所载西汉东阳县户口簿与算簿相配,作为征收算赋依据,"事算"应为服事算赋

---

① 算赋见于《汉书·高帝纪上》高帝四年条:"八月,初为算赋。"颜师古注引如淳曰:"《汉仪注》民年十五以上至五十六出赋钱,人百二十为一算,为治库兵车马。"(《汉书》卷一上,中华书局1962年版,第46页)。

② 相关研究参见于振波《"算"与"事"——走马楼户籍简所反映的算赋和徭役》,《汉学研究》(台湾)第22卷第2期,2004年。胡平生:《〈长沙走马楼三国吴简〉第二卷释文校证》,中国文物研究所编:《出土文献研究》第七辑,上海古籍出版社2005年版,第123—125页。

③ 孟彦弘:《吴简所见"事"义臆说——从"事"到"课"》,长沙简牍博物馆、北京吴简研讨班编:《吴简研究》第二辑,崇文书局2006年版。

④ 班固:《汉书》卷1《高帝纪》,中华书局1962年版,第54页。

⑤ 参见杨振红《出土简牍与秦汉社会(续编)》第七章"出土'算''事'简与两汉三国吴时期的赋役结构——'算赋'非单一税目",广西师范大学出版社2015年版,第165、175页。

之意，"复算"为免除算赋之意，此"算"无关徭役①。东汉及三国吴简中的"算""事"简，"凡口六事五，算四事二"，第一个事应为动词服王事之意，第二个"事"与"算"对举，应指徭役。此户六口人中可服王事者五人，其中算赋四人，徭役二人。实际是地方郡县依据户籍统计的应服王事数，赋税、徭役的数量以及免除赋税、徭役的数量，作为上计的重要材料，是国家向该地方征收赋税与徭役的量化依据。中国古代王朝虽多次进行赋税制度改革，但向国民征税和征发徭役的制度渊源于先秦服制中"服王事"内涵。

三　从服王事的职责到官僚体系建构

先秦服制内涵之一还表现在大小宗族首领接受王者册命职事，通过践行职责的方式表达对王的臣服。这一政治制度随着王朝的更替，逐渐向官僚制度转化，直至秦汉时期形成较为完备的官僚制度。《尚书·立政》简要述及夏商周有德君王，任用有德之士治国，彰显君王明德，天下大治，桀纣失德任用暴德之人，终致亡国。提出立官长"勿以憸人，厥惟吉士"的原则，举用"成德之彦"治理国家。经历夏商周政治实践逐渐形成一定的职官体系，如西周王朝中央官僚机构主体由王之下执政卿事管辖卿事寮、太史寮两大中央官署组成。然三代的职官职责尚不明确，职官与职事往往不统一，王权对职官职责和具体践行哪些王事的影响很大，似尚未形成完备的官僚体系。

至战国时期成书的《周礼》一书记载了较为系统的职官制度，成为秦汉及其后王朝建构官僚制度的重要参照。经三代王朝积累的选拔官吏重视德行等治国经验，成为中国政治文化的要素，影响至今。西周金文反映周王对甸服朝臣和地方诸侯履行职事有一系列检查和奖惩措施，如周王对朝臣是否尽职进行考核，尽职尽责者会受到王的蔑历和赏赐。周王考核诸侯尽服，采取王亲巡视地方诸侯或命重臣衔王命巡察地方，诸侯朝觐述职等方式。以上这些措施逐渐形成官僚考绩制度、上计制度、

---

① 参王彦辉《从〈堂邑元寿二年要具簿〉解析秦汉徭役制度的几个概念——事、算与事算》，《古代文明》2021 年第 1 期。

巡守制度等，贯穿于中国古代治国政治实践。

四 由臣子贡纳向藩属者朝贡的转变

先秦时期一切臣属于王朝的族群皆有贡纳义务，贡纳的实现形式多为臣属族群首领或派遣使者朝觐王的礼仪形式，形成多元一体的统一王朝政治格局，至秦汉以后贡纳制度逐渐向外推广，成为中国古代王朝对于新征服地区实施的重要治理办法之一，形成别具特色的朝贡体制。朝贡服制以王朝为天下之中，四方臣服者朝王纳贡的国家治理形式，成为秦以后中国古代王朝对边疆地区少数民族地方政权的治理方式，而到了宋元及以后朝贡制不仅限于对边疆民族政权的治理方式，还扩展到对亚洲地区的其他政权的政治藩属体制。通过朝贡制的实施，中原王朝与边疆少数民族政权之间进行经济、文化交流，在相当长一段历史时期内中原文化占据着优势地位，不断向周边扩散并影响着周边文化的发展，甚至扩展到带动整个古代亚洲地区政治模式与文化发展方向。

总之，服制是先秦时期国家建构与国家治理的重要政治制度创新，是中国早期国家形成和发展的特色。服制包括事、职、贡三部分内涵，皆孕育于史前时代。服制伴随着夏商周政权更迭而发生形态演进逐渐完善。服制内涵中的职官部分，为战国以后中国古代官僚制度的发展提供政治理论依据。服制内涵中的以族力量"服王事"则逐渐演变为编户齐民向国家缴纳赋税和服徭役，可视为古代国家征收赋税徭役的理论依据。服制内涵中的贡纳，则为后世中原王朝对边疆地区进行治理提供政治理论素材和政治实践依据。先秦时期的服制与礼乐文明是留给后世古代中国王朝甚至是亚洲地区最大的政治、文化遗产，也是对世界文明的卓越贡献。

主要参考书目

基本典籍及重要注释本

班固：《汉书》，中华书局 1962 年版。

蔡沉：《书集传》，中华书局 2018 年版。

陈奂：《诗毛氏传疏》，凤凰出版社 2018 年版。

陈奇猷：《吕氏春秋校释》，学林出版社 1984 年版。

董增龄：《国语正义》，巴蜀书社 1985 年版。

范晔：《后汉书》，中华书局 1965 年版。

方诗铭、王修龄：《古本竹书纪年辑证》（修订本），上海古籍出版社 2005 年版。

胡培翚：《仪礼正义》，江苏古籍出版社 1993 年版。

黄怀信、张懋镕、田旭东：《逸周书汇校集注》（修订本），上海古籍出版社 2007 年版。

黄以周：《礼书通故》，中华书局 2007 年版。

雷学淇：《竹书纪年义证》，台北：艺文印书馆 1977 年版。

李昉等：《太平御览》，中华书局 1960 年版。

［日］泷川资言考证、水泽利忠校补：《史记会注考证附校补》，上海古籍出版社 1986 年版。

马瑞辰：《毛诗传笺通释》，中华书局 1989 年。

皮锡瑞：《今文尚书考证》，中华书局 1989 年版。

秦嘉谟等辑：《世本八种》，中华书局 2008 年版。

阮元校刻：《十三经注疏》，中华书局 1980 年影印本。

上海师范大学古籍整理研究所校点：《国语》，上海古籍出版社 1998 年版。

司马迁：《史记》，中华书局 2013 年修订本。

孙希旦：《礼记集解》，中华书局 1989 年版。

孙星衍：《尚书今古文注疏》，中华书局 2004 年版。

孙诒让：《大戴礼记斠补》（附周书斠补），中华书局 2010 年版。

孙诒让：《周礼正义》，中华书局 1987 年版。

王叔岷：《史记斠证》，中华书局 2007 年版。

王先谦：《尚书孔传参正》，中华书局 2011 年版。

王先谦：《诗三家义集疏》，中华书局 1987 年版。

吴静安：《春秋左氏传旧注疏证续》，东北师范大学出版社 2005 年版。

徐元诰：《国语集解》（修订本），中华书局 2002 年版。

杨伯峻编著：《春秋左传注》（修订本），中华书局 1990 年版。

杨筠如：《尚书覈诂》，陕西人民出版社 2005 年版。

杨守敬、熊会贞疏：《水经注疏》，江苏古籍出版社 1989 年版。

曾运乾：《尚书正读》，中华书局 1964 年版。

《战国策》，上海古籍出版社 1998 年版。

周秉钧：《尚书易解》，华东师范大学出版社 2010 年版。

朱熹：《诗集传》，中华书局 2017 年版。

朱右曾：《逸周书集训校释》，商务印书馆 1937 年版。

诸祖耿：《战国策集注汇考》（增补本），凤凰出版社 2008 年版。

［日］竹添光鸿：《左氏会笺》，巴蜀书社 2008 年版。

甲骨文、金文、竹简著录书

［日］贝塚茂樹：《京都大学人文科学研究所藏甲骨文字》，京都大学人文科学研究所 1960 年版。

蔡哲茂：《甲骨缀合集》，台北：文渊阁文化事业有限公司 1999 年版。

蔡哲茂：《甲骨缀合续集》，台北：文津出版有限公司 2004 年版。

曹玮编著：《周原甲骨文》，世界图书出版公司 2002 年版。

长沙简牍博物馆编：《长沙走马楼三国吴简·竹简》（壹），文物出版社 2003 年版。

长沙市文物考古研究所、中国文物研究所编：《长沙东牌楼东汉简牍》，文物出版社 2006 年版。

段振美、焦智勤、党相魁、党宁编著：《殷墟甲骨辑佚：安阳民间藏甲骨》，文物出版社 2008 年版。

郭沫若主编，胡厚宣总编辑：《甲骨文合集》，中华书局 1979—1982 年版。

郭若愚编集：《殷契拾掇》，上海古籍出版社 2005 年版。

湖南省文物考古研究所编著：《里耶秦简》（壹），文物出版社 2012 年版。

黄德宽主编：《清华大学藏战国竹简》（拾），中西书局 2020 年版。

黄天树主编：《甲骨拼合集》，学苑出版社 2010 年版。

黄天树主编：《甲骨拼合三集》，学苑出版社 2013 年版。

黄天树主编：《甲骨拼合四集》，学苑出版社 2016 年版。

黄天树主编：《甲骨拼合五集》，学苑出版社 2019 年版。

黄天树主编：《甲骨拼合续集》，学苑出版社 2011 年版。

李学勤、齐文心、艾兰编：《英国所藏甲骨集》，中华书局 1985 年版。

李学勤、齐文心、艾兰编：《瑞典斯德哥尔摩远东古物博物馆藏甲骨文字》，中华书局 1999 年版。

李学勤主编：《清华大学藏战国竹简》（贰），中西书局 2011 年版。

李学勤主编：《清华大学藏战国竹简》（叁），中西书局 2012 年版。

李学勤主编：《清华大学藏战国竹简》（伍），中西书局 2015 年版。

李学勤主编：《清华大学藏战国竹简》（壹），中西书局 2010 年版。

林宏明：《醉古集：甲骨的缀合与研究》，台北：万卷楼 2011 年版。

马承源主编：《上海博物馆藏战国楚竹书》（八），上海古籍出版社 2011 年版。

马承源主编：《上海博物馆藏战国楚竹书》（二），上海古籍出版社

2002 年版。

马承源主编:《上海博物馆藏战国楚竹书》(九),上海古籍出版社2012 年版。

马承源主编:《上海博物馆藏战国楚竹书》(七),上海古籍出版社2008 年版。

马承源主编:《上海博物馆藏战国楚竹书》(一),上海古籍出版社2001 年版。

[日] 松丸道雄:《东京大学东洋文化研究所藏甲骨文字》(图版篇),东京大学东洋文化研究所发行1983 年版。

宋镇豪编著:《符凯栋所藏殷虚甲骨》,上海古籍出版社2018 年版。

宋镇豪、焦智勤、孙亚冰编著:《殷墟甲骨拾遗》,中国社会科学出版社2015 年版。

宋镇豪、玛丽娅主编:《俄罗斯爱米塔什博物馆藏殷墟甲骨》,上海古籍出版社2013 年版。

宋镇豪主编,赵鹏编纂:《笏之甲骨拓本集》,上海古籍出版社2016 年版。

吴镇烽编著:《商周青铜器铭文暨图像集成》(全35 册),上海古籍出版社2012 年版。

吴镇烽编著:《商周青铜器铭文暨图像集成三编》(全四册),上海古籍出版社2020 年版。

吴镇烽编著:《商周青铜器铭文暨图像集成续编》(全四册),上海古籍出版社2015 年版。

许进雄:《怀特氏等收藏甲骨文集》,加拿大皇家安大略博物馆1979 年版。

张家山二四七号汉墓竹简整理小组编:《张家山汉墓竹简(二四七号墓)》,文物出版社2001 年版。

中国社会科学院考古研究所:《小屯南地甲骨》,中华书局1980—1982 年版。

中国社会科学院考古研究所编:《殷周金文集成》(修订增补本),中华书局2007 年版。

中国社会科学院考古研究所编著：《殷墟花园庄东地甲骨》，云南人民出版社 2002 年版。

中国社会科学院考古研究所编著：《殷墟小屯村中村南甲骨》，云南人民出版社 2012 年版。

中国社科院历史研究所编：《甲骨文合集补编》，语文出版社 1999 年版。

工具书

曹锦炎、沈建华编著：《甲骨文校释总集》，上海辞书出版社 2006 年版。

董莲池编著：《新金文编》，作家出版社 2011 年版。

段玉裁：《说文解字注》，上海古籍出版社 1981 年版。

高享：《古字通假会典》，齐鲁书社 1989 年版。

桂馥：《说文解字义证》，中华书局 1987 年版。

何景成编著：《甲骨文字诂林补编》（全二册），中华书局 2017 年版。

胡厚宣主编：《甲骨文合集释文》，中国社会科学出版社 1999 年版。

李孝定编述：《甲骨文字集释》，"中研院"历史语言研究所专刊之五 1965 年版。

李宗焜编著：《甲骨文字编》，中华书局 2012 年版。

刘钊主编：《新甲骨文编》（增订本），福建人民出版社 2014 年版。

容庚编著，张振林、马国权摹补：《金文编》，中华书局 1985 年版。

王辉编著：《古文字通假字典》，中华书局 2008 年版。

王念孙：《广雅疏证》，江苏古籍出版社 1984 年版。

王引之：《经传释词》，岳麓书社 1985 年版。

吴镇烽编撰：《金文人名汇编》（修订本），中华书局 2006 年版。

吴镇烽编著：《商周青铜器铭文暨图像集成索引》，上海古籍出版社 2019 年版。

徐中舒主编：《甲骨文字典》，四川辞书出版社 1988 年版。

姚孝遂主编：《殷墟甲骨刻辞类纂》，中华书局 1989 年版。

于省吾主编：《甲骨文字诂林》，中华书局 1996 年版。

张桂光主编：《商周金文辞类纂》，中华书局 2014 年版。

中国社会科学院考古研究所编辑：《甲骨文编》，中华书局 1965 年版。

周法高编撰：《金文诂林补》，台北："中研院"历史语言研究所 1982 年版。

周法高主编：《金文诂林》，香港中文大学 1975 年版。

朱骏声：《说文通训定声》，中华书局 1984 年版。

专著与研究文集

［日］白川静：《西周史略》（袁林译，徐喜辰校），三秦出版社 1992 年版。

［日］贝塚茂树：《贝塚茂树著作集》，中央公论社 1978 年版。

曹定云：《殷墟妇好墓铭文研究》，云南人民出版社 2007 年版。

常玉芝：《商代周祭制度》，线装书局 2009 年版。

晁福林：《春秋战国的社会变迁》，商务印书馆 2011 年版。

晁福林：《上博简〈诗论〉研究》，商务印书馆 2013 年版。

晁福林：《天玄地黄——中国上古文化溯源》，巴蜀书社 1989 年版。

晁福林：《夏商西周的社会变迁》，北京师范大学出版社 1996 年版。

晁福林：《夏商西周史丛考》，商务印书馆 2018 年版。

晁福林：《先秦社会思想研究》，商务印书馆 2008 年版。

晁福林：《先秦社会形态研究》，北京师范大学出版社 2003 年版。

陈恩林：《逸斋先秦史论文集》，吉林大学出版社 2010 年版。

陈汉平：《西周册命制度研究》，学林出版社 1986 年版。

陈剑：《甲骨金文考释论集》，线装书局 2007 年版。

陈梦家：《西周铜器断代》，中华书局 2004 年版。

陈梦家：《殷虚卜辞综述》，中华书局 1988 年版。

陈成国：《中国礼制史》（先秦卷），湖南教育出版社 2002 年第 2 版。

陈絜：《商周姓氏制度研究》，商务印书馆 2007 年版。

崔述著，顾颉刚编订：《崔东壁遗书》，上海古籍出版社 1983 年版。

［日］岛邦男：《殷墟卜辞研究》，弘前大学文理学部中国学研究会

1958 年版。

丁山：《甲骨文所见氏族及其制度》，中华书局 1988 年版。

丁山：《商周史料考证》，中华书局 1988 年版。

杜勇：《清华简与古史探赜》，科学出版社 2018 年版。

杜勇：《〈尚书〉周初八诰研究》（增订本），中国社会科学出版社 2017 年版。

杜勇：《中国早期国家的形成与国家结构》，中国社会科学出版社 2013 年版。

方稚松：《殷墟甲骨文五种记事刻辞研究》，线装书局 2009 年版。

［日］冈村秀典：《中国古代王権と祭祀》，（东京）学生社 2005 年版。

高婧聪：《宗法制度与周代国家结构研究》，中国社会科学出版社 2020 年版。

葛志毅：《周代分封制度研究》，黑龙江人民出版社 2005 年版。

［日］宫本一夫：《从神话到历史：神话时代、夏王朝》，吴菲译，广西师范大学出版社 2014 年版。

顾栋高：《春秋大事表》，中华书局 1993 年版。

顾颉刚：《浪口村随笔》，辽宁教育出版社 1998 年版。

顾颉刚：《史林杂识初编》，中华书局 1963 年版。

顾颉刚、刘起釪：《尚书校释译论》，中华书局 2004 年版。

郭沫若：《郭沫若全集考古编》（1～10），科学出版社 2002 年版。

韩江苏：《殷墟花东 H3 卜辞主人"子"研究》，线装书局 2008 年版。

［日］鹤间和幸：《始皇帝的遗产：秦汉帝国》，马彪译，广西师范大学出版社 2014 年版。

胡厚宣：《甲骨学商史论丛初集》（外一种），河北教育出版社 2002 年版。

胡厚宣等：《甲骨探史录》，生活·读书·新知三联书店 1982 年版。

胡厚宣主编：《甲骨文与殷商史》，上海古籍出版社 1983 年版。

黄然伟：《殷周史料论集》，三联书店（香港）有限公司 1995 年版。

黄天树：《黄天树古文字论集》，学苑出版社 2006 年版。

黄天树：《殷墟王卜辞的分类与断代》，科学出版社 2007 年版。

金景芳：《中国奴隶社会史》，上海人民出版社 1983 年版。

［美］李峰：《西周的灭亡：中国早期国家的地理和政治危机》（增订本），徐峰译，汤惠生校，上海古籍出版社 2016 年版。

［美］李峰：《西周的政体：中国早期的官僚制度和国家》，吴敏娜等译，生活·读书·新知三联书店 2010 年版。

李学勤：《东周与秦代文明》，上海人民出版社 2007 年版。

李学勤：《李学勤文集》，上海辞书出版社 2005 年版。

李学勤：《李学勤自选集》，安徽教育出版社 1995 年版。

李学勤：《新出青铜器研究》，文物出版社 1990 年版。

李学勤：《殷代地理简论》，科学出版社 1959 年版。

李学勤：《中国古代文明研究》，华东师范大学出版社 2005 年版。

李学勤主编：《中国古代文明与国家形成研究》，云南人民出版社 1997 年版。

李云泉：《万邦来朝：朝贡制度史论》（修订本），新华出版社 2014 年版。

林沄：《林沄文集》，上海古籍出版社 2019 年版。

刘家和：《古代中国与世界》，武汉出版社 1995 年版。

刘雨：《金文论集》，紫禁城出版社 2008 年版。

刘源：《商周祭祖礼研究》，商务印书馆 2004 年版。

吕思勉：《吕思勉读史札记》（增订本），上海古籍出版社 2005 年版。

吕文郁：《周代的采邑制度》（增订版），社会科学文献出版社 2006 年版。

罗新慧：《二十世纪中国古史分期问题论辩》，百花洲文艺出版社 2004 年版。

罗新慧主编：《首阳吉金疏证》，上海古籍出版社 2016 年版。

罗振玉：《殷虚书契考释三种》，中华书局 2006 年版。

马承源主编：《商周青铜器铭文选》（三），文物出版社 1988 年版。

《马克思恩格斯选集》，人民出版社 2012 年版。

彭裕商：《述古集》，巴蜀书社 2016 年版。

彭裕商：《西周青铜器年代综合研究》，巴蜀书社 2003 年版。

钱杭：《周代宗法制度史研究》，学林出版社 1991 年版。

钱玄：《三礼通论》，南京师范大学出版社 1996 年版。

钱宗范：《周代宗法制度研究》，广西师范大学出版社 1989 年版。

裘锡圭：《裘锡圭学术文集》，复旦大学出版社 2012 年版。

饶宗颐：《殷代贞卜人物通考》，香港大学出版社 1959 年版。

任伟：《西周封国考疑》，社会科学文献出版社 2004 年版。

沈长云、张渭莲：《中国古代国家起源与形成研究》，人民出版社 2009 年版。

沈建华：《初学集——沈建华甲骨学论文选》，文物出版社 2008 年版。

宋镇豪：《夏商社会生活史》，中国社会科学出版社 2005 年版。

宋镇豪主编：《商代史》11 卷，中国社会科学出版社 2011 年版。

孙庆伟：《鼏宅禹迹：夏代信史的考古学重建》，生活·读书·新知 三联书店 2018 年版。

孙诒让：《契文举例》，齐鲁书社 1993 年版。

孙诒让：《古籀拾遗古籀余论》，中华书局 1989 年版。

唐兰：《唐兰先生金文论集》，紫荆城出版社 1995 年版。

唐兰：《西周青铜器铭文分代史徵》，中华书局 1986 年版。

唐兰：《殷虚文字记》，中华书局 1981 年版。

童书业：《春秋左传研究》（校订本），中华书局 2006 年版。

王贵民：《商周制度考信》，河北教育出版社 2014 年版。

王国维：《古史新证》，清华大学出版社 1994 年版。

王国维：《王国维遗书》，上海古籍出版社 1983 年版。

王和：《历史的轨迹——基于夏商周三代的考察》，商务印书馆 2013 年版。

王晖：《古史传说时代新探》，科学出版社 2009 年版。

王晖：《古文字与商周史新证》，中华书局 2004 年版。

王世民、陈公柔、张长寿：《西周青铜器分期断代研究》，文物出版社 1999 年版。

王彦辉：《秦汉户籍管理与赋役制度研究》，中华书局 2016 年版。

王彦辉、薛洪波：《古史体系的建构与重塑——古史分期与社会形态理论研究》，河南大学出版社 2010 年版。

王引之：《经义述闻》，江苏古籍出版社 1985 年版。

王宇信：《西周甲骨探论》，中国社会科学出版社 1984 年版。

王宇信、宋镇豪主编：《纪念甲骨文发现一百周年国际学术研讨会论文集》，社会科学文献出版社 2003 年版。

王宇信、杨升南：《中国政治制度通史》第二卷《先秦》，人民出版社 1996 年版。

王宇信、杨升南主编：《甲骨学一百年》，社会科学文献出版社 1999 年版。

王玉哲：《中华远古史》，上海人民出版社 2000 年版。

王震中：《中国古代国家的起源与王权的形成》，中国社会科学出版社 2013 年版。

王震中：《中国古代文明的探索》，云南人民出版社 2005 年版。

王震中：《中国文明起源的比较研究》（增订本），中国社会科学出版社 2013 年版。

吴其昌：《殷虚书契解诂》，武汉大学出版社 2008 年版。

谢维扬：《中国早期国家》，浙江人民出版社 1995 年版。

徐少华：《周代南土历史地理与文化》，武汉大学出版社 1994 年版。

徐中舒：《徐中舒历史论文选辑》，中华书局 1998 年版。

许倬云：《西周史》（增订本），三联书店 1994 年版。

严志斌：《商代青铜器铭文研究》，上海古籍出版社 2013 年版。

杨宽：《西周史》，上海人民出版社 2003 年版。

杨升南：《甲骨文商史丛考》，线装书局 2007 年版。

杨升南：《商代经济史》，贵州人民出版社 1992 年版。

杨树达：《积微居甲文说》，上海古籍出版社 2006 年版。

杨树达：《积微居金文说》（增订本），中华书局 1997 年版。

杨树达：《积微居小学述林》，中华书局 1983 年版。

杨向奎：《宗周社会与礼乐文明》（修订本），人民出版社 1997 年版。

杨振红：《出土简牍与秦汉社会》（续编），广西师范大学出版社 2015 年版。

姚孝遂、肖丁：《小屯南地甲骨考释》，中华书局 1985 年版。

［日］伊藤道治：《中国古代王朝的形成——以出土资料为主的殷周史研究》（江蓝生译），中华书局 2002 年版。

于省吾：《甲骨文字释林》，中华书局 1979 年版。

于省吾：《双剑誃吉金文选》，中华书局 1998 年版。

于省吾：《双剑誃群经新证双剑誃诸子新证》，上海书店 1999 年版。

詹子庆：《古史拾零》（增订本），东北师范大学出版社 2015 年版。

詹子庆：《走近夏代文明》，东北师范大学出版社 2006 年版。

张亚初、刘雨：《西周金文官制研究》，中华书局 1986 年版。

张光直：《中国青铜时代》，生活、读书、新知三联书店 1999 年版。

张怀通：《〈逸周书〉新研》，中华书局 2013 年版。

张政烺：《张政烺文史论集》，中华书局 2004 年版。

赵伯雄：《周代国家形态研究》，湖南教育出版社 1990 年版。

赵诚编著：《甲骨文简明词典——卜辞分类读本》，中华书局 1988 年版。

赵光贤：《古史考辨》，北京师范大学出版社 1987 年版。

赵光贤：《周代社会辨析》，人民出版社 1980 年版。

赵平安：《金文释读与文明探索》，上海古籍出版社 2011 年版。

赵世超：《周代国野制度研究》（修订本），人民出版社 2020 年版。

日知主编：《古代城邦史研究》，人民出版社 1989 年版。

中国国家博物馆编：《中国国家博物馆馆藏文物研究丛书·甲骨卷》，上海古籍出版社 2007 年版。

中国国家博物馆编：《中国国家博物馆馆藏文物研究丛书·青铜器卷·西周》，上海古籍出版社 2020 年版。

中国社会科学院考古研究所：《殷墟的发现与研究》，方志出版社 2007 年版。

中国社会科学院考古研究所编著：《中国考古学·两周卷》，中国社会科学出版社 2004 年版。

中国社会科学院考古研究所编著：《中国考古学·夏商卷》，中国社会科学出版社 2003 年版。

中国社会科学院考古研究所编著：《中国考古学·新石器时代卷》，中国社会科学出版社 2010 年版。

钟柏生：《殷卜辞地理论丛》，台北：艺文印书馆 1989 年版。

朱凤瀚：《商周家族形态研究》（增订本），天津古籍出版社 2004 年版。

邹衡：《夏商周考古学论文集》，文物出版社 1980 年版。

［日］佐竹靖彦主编：《殷周秦汉史学的基本问题》，中华书局 2008 年版。

论文

查昌国：《友与两周君臣关系的演变》，《历史研究》1998 年第 5 期。

晁福林：《论平王东迁》，《历史研究》1991 年第 6 期。

晁福林：《清华简〈系年〉与两周之际史事的重构》，《历史研究》2013 年第 6 期。

晁福林：《先秦国家制度建构的理念与实践》，《历史研究》2020 年第 3 期。

晁福林：《从甲骨文"俎"说到"义"观念的起源》，《考古学报》2019 年第 4 期。

晁福林：《从上博简〈诗论〉看文王"受命"及孔子的天道观》，《北京师范大学学报》2006 年第 2 期。

陈恩林：《先秦两汉文献中所见周代诸侯五等爵》，《历史研究》1994 年第 6 期。

戴向明：《文明、国家与早期中国》，《南方文物》2020 年第 3 期。

董珊：《试论殷墟卜辞之"周"为金文中的妘姓之琱》，《中国国家博物馆馆刊》2013 年第 7 期。

董珊：《谈士山盘铭文的"服"字义》，《故宫博物院院刊》2004 年第 1 期。

段渝：《论殷代外服制和西周分封制》，载四川联合大学历史系编《徐中舒先生百年诞辰纪念文集》，巴蜀书社 1998 年版。

范毓周：《试论灭商以前的商周关系》，《史学月刊》1981 年第 1 期。

冯时：《殷周畿服及其相关制度考》，刘庆柱主编：《考古学集刊》第 20 集，社会科学文献出版社 2017 年版。

宫长为、孙力楠：《论西周初年的商周关系》，《东北师大学报》2000 年第 6 期。

韩江苏：《从殷墟花东 H3 卜辞排谱看商代弹侯礼》，《殷都学刊》2009 年第 1 期。

韩江苏：《甲骨文中的沚𢀉》，《殷都学刊》2003 年第 3 期。

韩江苏：《释甲骨文中的"𢽤"字》，《殷都学刊》2006 年第 2 期。

韩江苏：《沚𢀉参加商王朝的军事活动浅论》，《殷都学刊》2004 年第 3 期。

胡平生：《〈长沙走马楼三国吴简〉第二卷释文校证》，中国文物研究所编：《出土文献研究》第七辑，上海古籍出版社 2005 年版。

黄盛璋：《驹父盨盖铭文研究》，《考古与文物》1983 年第 4 期。

［日］吉本道雅：《春秋五等爵考》，《東方學》第 87 辑，1994 年。

［美］李峰：《论"五等爵"称的起源》，《古文字与古代史》第三辑，台北"中研院"历史语言研究所 2012 年版。

李零：《论㰱公盨发现的意义》，《中国历史文物》2002 年第 6 期。

李零：《西周金文中的职官系统》，《李零自选集》，广西师范大学出版社 1998 年版。

李西兴：《卿事（士）考——兼论西周政体的演变》，《人文杂志》1987 年第 3 期。

李学勤：《论㰱公盨及其重要意义》，《中国历史文物》2002 年第 6 期。

李学勤：《论卿事寮、太史寮》，《松辽学刊》1989 年第 3 期。

李学勤：《曾侯腆（與）编钟铭文前半释读》，《江汉考古》2014 年第 4 期。

李云泉：《五服制与先秦朝贡制度的起源》，《山东师范大学学报》

2004 年第 1 期。

　　连劭名:《殷墟卜辞所见商代王畿》,《考古与文物》1995 年第 5 期。

　　刘起釪:《周初的"三监"与邶、鄘、卫三国及卫康叔封地问题》,《历史地理》(第二辑),1982 年版。

　　罗新慧:《春秋时期天命观念的演变》,《中国社会科学》2020 年第 12 期。

　　罗新慧:《周代天命观念的发展与嬗变》,《历史研究》2012 年第 5 期。

　　罗志田:《先秦的五服制与古代的天下中国观》,载陈平原、王守堂、汪晖主编《学人》第十辑,江苏文艺出版社 1996 年版。

　　孟彦弘:《吴简所见"事"义臆说——从"事"到"课"》,长沙简牍博物馆、北京吴简研讨班编:《吴简研究》第二辑,崇文书局 2006 年版。

　　齐文心:《关于商代称王的封国君长的探讨》,《历史研究》1985 年第 2 期。

　　裘锡圭:《燹公盨铭文考释》,《中国历史文物》2002 年第 6 期。

　　裘锡圭:《甲骨卜辞所见的"田""牧""卫"等职官的研究——兼论"侯""甸""男""卫"等几种诸侯的起源》,《文史》第 19 辑,中华书局 1983 年版。

　　裘锡圭:《说殷墟卜辞中的"奠"——试论商人处置服属者的一种方法》,《"中研院"历史语言研究所集刊》第 64 本第 3 分,1993 年。

　　饶宗颐:《燹公盨与夏书佚篇〈禹之总德〉》,《华学》第六辑,紫荆城出版社 2003 年版。

　　沈长云:《说殷墟卜辞中的"王族"》,《殷都学刊》1998 年第 1 期。

　　沈之瑜:《试论卜辞中的使者》,《中原文物》1990 年第 3 期。

　　束世澂:《畿服辨》,《史学季刊》第 1 卷第 1 期 1940 年 1 月。

　　宋镇豪:《从新出甲骨金文考述晚商射礼》,《中国历史文物》2006 年第 1 期。

　　宋镇豪:《论商代的政治地理架构》,载《中国社会科学院历史研究所学刊》第一集,社会科学文献出版社 2001 年版。

天长市文物管理所、天长市博物馆：《安徽天长西汉墓发掘简报》，《文物》2006 年第 11 期。

田昌五：《周原出土甲骨中反映的商周关系》，《文物》1989 年第 10 期。

田率：《新见鄂监簋与西周监国制度》，《江汉考古》2015 年第 1 期。

王冠英：《殷周的外服及其演变》，《历史研究》1984 年第 5 期。

王贵民：《商朝官制及其历史特点》，《历史研究》1986 年第 4 期。

王贵民：《试论贡、赋、税的早期历程——先秦时期贡、赋、税源流考》，《中国经济史研究》1988 年第 1 期。

王贵民：《"卫服"的起源和古代社会的守卫制度》，《中华文史论丛》1982 年第 3 辑。

王晖：《出土文字资料与五帝新证》，《考古学报》2007 年第 1 期。

王晖：《清华简〈厚父〉属性及时代背景新认识——从"之�匿王乃渴失其命"的断句释读说起》，《史学集刊》2019 年第 4 期。

王晖：《西周蛮夷"要服"新证——兼论"要服"与"荒服"、"侯服"之别》，《民族研究》2003 年第 1 期。

王晖：《周文王受命称王考》，《陕西师范大学学报》2002 年第 4 期。

王龙正、姜涛、袁俊杰：《新发现的柞伯簋及其铭文考释》，《文物》1998 年第 9 期。

王世民：《西周春秋金文中的诸侯爵称》，《历史研究》1983 年第 3 期。

王贻樑：《概论西周内服职官的爵位判断》，《中华文史论丛》1989 年第 1 期。

王震中：《从复合制国家结构看华夏民族的形成》，《中国社会科学》2013 年第 10 期。

王震中：《商代都鄙邑落结构与商王的统治方式》，《中国社会科学》2007 年第 4 期。

王子杨：《揭示帝乙、帝辛时期对西土的一次用兵》，载宋镇豪主编《甲骨文与殷商史》新 8 辑，上海古籍出版社 2018 年版。

吴镇烽：《新出秦公钟铭考释与有关问题》，《考古与文物》1980 年第 1 期。

肖楠:《试论卜辞中的"工"与"百工"》,《考古》1981 年第 3 期。

徐喜辰:《论伊尹的出身及其在汤伐桀中的作用》,《人文杂志》1990 年第 3 期。

徐义华:《商王朝的外服职官制度》,载王宇信、宋镇豪、徐义华主编《纪念王懿荣发现甲骨文 110 周年国际学术研讨会论文集》,社会科学文献出版社 2009 年版。

杨升南:《甲骨文中所见商代的贡纳制度》,《殷都学刊》1999 年增刊。

杨升南:《商代甲骨文所见夏代诸侯》,《四川文物》2014 年第 3 期。

姚大力:《中国历史上的民族关系与国家认同》,载刘东主编《中国学术》(2002 年第 4 期总第 12 辑),商务印书馆 2002 年版。

于振波:《"算"与"事"——走马楼户籍简所反映的算赋和徭役》,载《汉学研究》(台湾)第 22 卷第 2 期,2004 年。

岳红琴:《〈禹贡〉五服制与夏代政治体制》,《晋阳学刊》2006 年第 5 期。

张亚初:《商代职官研究》,《古文字研究》第 13 辑,中华书局 1986 年版。

赵平安:《〈厚父〉的性质及其蕴含的夏代历史文化》,《文物》2014 年第 12 期。

赵世超:《服与等级制度》,《陕西师范大学学报》2014 年第 2 期。

赵世超:《巡守制度试探》,《历史研究》1995 年第 3 期。

赵世超:《指定服役制度略述》,《陕西师范大学学报》1999 年第 3 期。

郑若葵:《殷墟"大邑商"族邑布局初探》,《中原文物》1995 年第 3 期。

钟柏生:《卜辞中所见殷代的军礼之二——殷代的大蒐礼》,《中国文字》(新 16 期),中国文字社 1992 年版。

朱凤瀚:《觊公簋与唐伯侯于晋》,《考古》2007 年第 3 期。

朱凤瀚:《爯公盨铭文初释》,《中国历史文物》2002 年第 6 期。

朱凤瀚：《关于西周封国君主称谓的几点认识》，载陕西省考古研究院上海博物馆编《两周封国论衡：陕西韩城出土芮国文物暨周代封国考古学研究国际学术研讨会论文集》，上海古籍出版社 2014 年版。

朱凤瀚：《关于殷墟卜辞中的周侯》，《考古与文物》1986 年第 4 期。

朱凤瀚：《士山盘铭文初释》，《中国历史文物》2002 年第 1 期。

朱凤瀚：《殷墟卜辞中"侯"的身分补证——兼论"侯"、"伯"之异同》，《古文字与古代史》第四辑，台北："中研院"历史语言研究所 2015 年版。

朱凤瀚：《〈召诰〉、〈洛诰〉何尊与成周》，《历史研究》2006 年第 1 期。

朱凤瀚：《作册般鼋探析》，《中国历史文物》2005 年第 1 期。

朱凤瀚：《柞伯鼎与周公南征》，《文物》2006 年第 5 期。

后　记

　　本书是国家社会科学基金青年项目"夏商周服制的国家认同内涵与社会治理功能"（13CZS008）的结项成果，2019年经通讯鉴定结项后，又有所增改。具体增加了"先秦服制研究概述"一章和余论"先秦服制的历史影响"，对书中各章节内容也进行了较大幅度的修改，吸收了一些学者的最新研究成果。该书是继《商周服制与早期国家管理模式》之后，对先秦服制问题进行更加深入系统的探讨，是我研究这一学术问题的总结。

　　先秦史的研究向来被认为是最为繁难的工作，需要学习的知识和掌握的技能颇多。如需要掌握一定的史学理论，对先秦社会历史有一个整体的把握。要对传世典籍《诗》《书》等文献进行解读，熟悉这些古典的流传、重要注释本和文本特点。广泛学习出土文献，掌握古文字考释方法，及时吸收最新的古文字研究成果。关注先秦时期的重要考古发现，学习研读考古发掘报告，从中提取出对研究有用的信息。要积极学习吸收学术前辈大家的研究成果，对于最新的学术研究成果也要及时了解和吸收。做到这些恐怕需要多年不断的学术积累，对于任何一个研究者来说，都是非常艰辛的事情。既然选择了这条道路，就要坚定地走下去。

　　本书追述服制起源问题，上溯到新石器时代，借鉴了考古学者对新石器时代社会形态演进的分析，考察服制事、职、贡三方面内涵的起源。对于考古学研究，我还是个外行，暂时只能借助考古学者的研究成果，但激励我将自己的研究领域向前推进，积极地学习考古学资料和研究方法。对于商代内外服制度的研究，主要根据甲骨文、金文材料进行专题研究，搜集和使用的甲骨卜辞之多，反复参照拓片、各书的释文，查找相关古文字考释成果，现在回想起来期间的辛劳几乎令人窒息。通过这部分的研究，给我深刻的警示，研究学问必须认真对待每一则材料，不能有一点马虎错误，否则直接影响所提出观点的可信性。总之，从事这项研究过程中，体会到做学问的不易，学问似乎才刚刚起步。对考古学者、古文字学者以及那些整理古籍和出土文献的专家、先秦史的同行，致以敬意。书稿写作持续时间较长，使用各类材料较多，疏漏和错误之处，诚请学界专家批评指正。

该项目的顺利完成，要感谢项目参与人田率兄弟的支持与帮助，提供青铜器和金文方面的新资料和新的研究动态；感谢项目参与人吾妻高婧聪给予具体研究思路和处理材料的诸多建议，项目完稿又帮助我校读了书稿。感谢学界同行专家对该项目立项的支持以及国家社科基金项目经费的支持。感谢学界匿名评审专家对结项书稿提出的宝贵修改意见，促进了书稿的完善和学术质量的提升。书中部分章节已经发表于期刊，感谢这些期刊及外审专家给予我的指点和帮助。该书的顺利出版要感谢历史文化学院"双一流"学科建设经费的大力支持，感谢多年来给予我学术研究诸多支持和帮助的韩东育先生、王彦辉先生、赵轶峰先生、董灏智院长、郑升滨院长。感谢责任编辑安芳老师对书稿所付出的辛劳。

感谢我的恩师晁福林教授、罗新慧教授多年来的培养和教诲。

张利军

2021 年 12 月